U0925694

杨鹏飞 张玉霞 主编

图书在版编目（CIP）数据

世界史教学与研究. 第四辑 / 杨鹏飞，张玉霞主编
. -- 兰州 : 兰州大学出版社，2020.9
ISBN 978-7-311-05822-7

Ⅰ. ①世… Ⅱ. ①杨… ②张… Ⅲ. ①世界史－教学研究－高等学校－文集 Ⅳ. ①K1-4

中国版本图书馆CIP数据核字(2020)第189982号

策划编辑 梁建萍
责任编辑 马继萌
封面设计 汪如祥

书　　名 世界史教学与研究 第四辑
作　　者 杨鹏飞 张玉霞 主编
出版发行 兰州大学出版社 （地址:兰州市天水南路222号 730000）
电　　话 0931-8912613(总编办公室) 0931-8617156(营销中心)
　　　　 0931-8914298(读者服务部)
网　　址 http://press.lzu.edu.cn
电子信箱 press@lzu.edu.cn
印　　刷 广东虎彩云印刷有限公司
开　　本 710 mm×1020 mm 1/16
印　　张 34(插页2)
字　　数 536千
版　　次 2020年9月第1版
印　　次 2020年9月第1次印刷
书　　号 ISBN 978-7-311-05822-7
定　　价 66.00元

目 录

地区国别史研究

国际关系史研究

思想理论与社会经济研究

综述与教学研究

地区国别史研究

从冲突到和解：意大利统一以来的政教关系综论①

信美利

在意大利学术界，“国家与教会”（Stato e Chiesa）是一个历久而弥新的重要论题。其中，意大利与罗马教廷在1929年签署《拉特兰条约》从而结束长达半个多世纪的对峙冲突达成和解，这一问题尤其颇受关注。②大致来看，意大利史家们的观点集中在以下两个方面：其一，意大利与罗马教廷的和解非一日之功，而是经历了漫长的“对立—缓和—对立”的交替变化过程；由于梵蒂冈在《拉特兰条约》签订之后成为独立的主权国家，“罗马问题”可解读为意梵关系的重要组成部分。其二，墨索里尼和法西斯政府的巨大让步是造成双方和解的重要因素。本文在此基础之上，试图站在构建意大利民族国家的立场，梳理《拉特兰条约》签署前意大利与罗马教廷为解决“罗马问题”

【作者简介】信美利，中国社会科学院世界历史研究所助理研究员。

① 本文为2020年度中国社会科学院青年科研启动项目“意大利统一以来的政教关系（1870—1948）”阶段性研究成果，主体部分发表在中国社会科学院世界历史研究所《欧美史研究》（第3辑）（社会科学文献出版社，2020年5月）。

② 相关论著参见：Pietro Scoppola, *La Chiesa e il Fascismo—Documenti e Interpretazioni*, Bari: Editori Laterza, 1971; Pietro Scoppola, *Chiesa e Stato nella Storia D'Italia: Storia documentaria dall' Unità alla Repubblica*, Bari: Editori Laterza, 1967; A cura di Elio Guerriero, *La Chiesa in Italia: Dall' unità ai nostri giorni*, Milano: Edizioni San Paolo, 1996; Giovanni Sale, *Fascismo e Vaticano prima della Conciliazione*, prefazione di Pietro Scoppola, Milano: Jaca Book, 2007; Andrea Piola, *La Questione Romana nella Storia e nel Diritto-Da Cavour al Trattato del Laterano*, Padova: Casa Editrice Dott. Antonio Milani, 1931; Ernesto Vercesi e Dott. A. Mondini, *I Patti del Laterano—La Questione Romana da Cavour a Mussolini*, Milano: la Libreria d'Italia, 1929; Abele Castoldi, *L' Imbroglio del Concordato— storia e commento articolo per articolo dei Patti del Laterano. In appendice testo del progetto di recisione del "nuovo" Concordato*, Genova: Offlanterna, 1977.

所做之历史选择，揭示促成双方和解的条件，从国际关系，尤其从民族国家统一的角度来分析，以期加深对20世纪意大利政教关系的理解。

一、意大利自由宪政时期的政教关系

从领土和外交争端角度来看，“罗马问题”产生于1870年。1870年7月19日，法国与普鲁士因西班牙王位继承问题发生冲突而宣战。德意志各邦国站在普鲁士一方，法国大败。1870年9月4日，拿破仑三世的帝国政权崩溃，巴黎于1871年1月28日投降，2月26日双方签订和约预备性条款，5月10日订立《法兰克福和约》。后世史家们认为：“意大利偶然地获得了罗马，仅仅是普鲁士赢得普法战争的一个副产品。”[①]“（普法）战争的失败和拿破仑帝国的崩溃决定了罗马的命运。”[②]

1870年8月，作为教宗国保护国的法国开始撤离其驻罗马的卫队。意大利军队在拉法埃莱·卡多纳（Raffaele Cadorna）将军的率领下越过边界，9月18日兵临罗马城下。20日早上，意大利军队与教廷卫队经过短暂的战斗，皮亚门（Porta Pia）被突破，最终意大利军队伤亡49人，教廷卫队损失19人。意大利军队开进罗马城，卡多纳与教廷方面的指挥官康茨勒尔达成协定，教廷卫队投降、解散。临时罗马政府成立，准备进行公民投票。10月2日，全民公投通过了王国第5903号法令（10月9日颁布）。该法令规定，教宗仍然拥有“尊贵和不可侵犯”的地位，同时拥有“进行统治的全部个人特权”（该法第2条）。此外还给予教廷“物质条件保障”“领土豁免权”以及“行使精神权的自由”，保障教宗的独立自主（该法第3条）。[③]同日，经王国议会通过，全民投票表决后，罗马被定为意大利王国首都（1861至1865年皮埃蒙特-撒丁王国首都为都灵，之后至1870年前为佛罗伦萨）。出于对教宗的敬畏和争取舆论考虑，王国给时任教宗庇护九世（Pio Ⅸ，1846—1878年在位）保留了台伯河右岸圣天使城堡至梵蒂冈城一片区域。

---

① Denis Mack Smith, *Modern Italy-A political history*, New Haven and London: Yale University Press, 2003, p.89.

② 路易吉·萨尔瓦托雷利：《意大利简史：从史前到当代》，沈珩、祝本雄译，商务印书馆，1998年版，第523页。

③ Scoppola, *Chiesa e Stato nella Storia D' Italia: Storia documentaria dall' Unità alla Repubblica*, p.71.

1871年11月1日，庇护九世发布《回顾》（*Respicientes*）通谕，称："我们向全世界天主教教徒再次重申，我们被禁锢于枷锁之中，无法获得持续的安全保障，在履行主教权威方面完全不自由。"[①]教宗仍然试图引起全世界天主教教徒的同情和愤慨。然而，在武力和强权面前，教宗没有与之相抗衡的实力，他所能依靠的一则是外国干预，一则便是天主教众。自罗马城破之日起，教宗闭门不出，对外宣布不再踏出梵蒂冈城，自称"梵蒂冈囚徒"。

表面上，"罗马问题"（Questione Romana）是罗马的归属权问题，而实质上是意大利在构建现代民族国家过程中，与罗马教廷既有的世俗权（potere temporale）之间产生的难以调和的矛盾。

公元8世纪，罗马教廷的世俗权得以确立。教宗斯特法诺二世（Stefano Ⅱ，752—757年在位）试图利用法兰克人的武力反对意大利本土的伦巴第王国，于是与法兰克国王丕平达成了政治交易：丕平允诺保卫罗马教会和罗马人民，让伦巴第国王将其权力和所占领土归还教会；作为交换，754年，教宗给丕平及其两个儿子涂抹圣油（受封为"罗马贵族"）。"丕平视教宗如罗马大公国，总督辖地和彭塔波利的元首。"[②]由此，教宗的世俗权得以产生。此时，教宗国的领土包括：拉文纳（Ravenna），里米尼（Rimini），佩萨罗（Pesaro），切塞纳（Cesena），卡托利卡（Cattolica），法诺（Fano），塞尼加利亚（Senigallia），耶西（Jesi），佛林波波利（Forlimpopoli），佛尔利（Forlì），卡斯特罗卡洛（Castrocaro），蒙特费尔罗（Montefeltro），阿尔切纳（Arcena），卢卡罗山（Monte di Lucaro），伯爵山脉（Serra dei Conti），圣马力诺城堡（Castello di S. Marino），萨尔西纳（Sarsina），乌尔比诺（Urbino），卡利（Cagli），康齐亚诺（Canziano），古比奥（Gubbio），科马奇奥（Comacchio），纳尔尼（Narni），罗马和坎帕尼亚（Campagna）。[③]

如同世俗君主一般，教宗对这部分领地拥有最高立法、司法、行政权。

---

① Scoppola, *Chiesa e Stato nella Storia D' Italia: Storia documentaria dall' Unità alla Repubblica*, p.71.

②路易吉·萨尔瓦托雷利：《意大利简史：从史前到当代》，沈珩、祝本雄译，商务印书馆，1998年版，第84页。

③ Claudio Rendina, *I Papi: Storia e segreti, Dalle biografie dei 265 romani pontefici rivivono restroscena e misteri della cattedra di Pietro tra antipapai, giubilei, conclavi e concili ecumenici*, Roma: Newton Compton editori, 2006, p.226.

《君士坦丁惠赐书》（*Constitutum Constantini*）正是为教宗世俗权进行辩护的伪造文件。如此一来，教宗既拥有上帝授予的教权（神权），又获得了世俗君主赠予的俗权，教宗国成为政教合一的封建国家——基于教会封建主义[①]和僧侣等级集团。漫长的中世纪充斥着教宗与世俗君主的权力纷争，教宗国的领土以及教宗的世俗权在这个过程中多有变化。当世俗国家或帝国强大时，教宗国处于依附地位，如查理大帝时期，教宗利用其手中的神权为世俗君主保驾护航，而世俗君主则回报以领地和武力保护；一旦世俗国家或帝国式微，教宗则谋求独立自主的世俗统治，甚至发展出教权高于俗权的理论，如英诺森三世（1198—1216年在位）曾指出：

> 教宗是基督在尘世的代表，是彼得的接班人，彼得又是主把他留在尘世管理教会和世界的，因而教宗握有两把宝剑：一把是他直接使用的精神宝剑，一把是他委托君王使用的世俗宝剑。在君王违反神律的情况下，教宗有最高控制和指挥权。[②]

由此可见，教宗不仅要求对其领地行使世俗君主一般的权力，而且声称自己高于一般世俗君主，因为其手中握有“精神宝剑”；若世俗君主违背神律，教宗有权取而代之，行使最高指挥权。教宗实际上充分利用了意大利本土政权发展的一些规律来维持其统治，如地方主义兴盛和城市国家的传统。虽然在不同时期，教宗国强弱程度不同，但它始终屹立于亚平宁半岛的核心区域。

13、14世纪是教宗国领土扩张和定型期。往北与威尼斯共和国、米兰大公国毗邻，往西至佛罗伦萨共和国和锡耶纳共和国的边界，往南紧靠那不勒斯王国，东北和西南到达亚得里亚海岸和第勒尼安海岸。[③]从16世纪起，教宗国实际上丧失了对意大利的政治统治，而民族国家兴起也大大削弱了教廷对整个欧洲的控制。只是因为意大利民族国家构建的大幕迟迟未拉开，教宗国在意大利中部的统治虽然遇到了种种危机，却始终屹立不倒。这主要是因

---

① 查理大帝及其继任者们向教堂和寺院分封大量的土地并许以豁免权。主教和寺院主持开始变为大领主，同伯爵和边境省省长并肩参加王国和帝国的议会。

② 路易吉·萨尔瓦托雷利：《意大利简史：从史前到当代》，沈珩、祝本雄译，商务印书馆，1998年版，第167页。

③ Mario Caravale e Alberto Caracciolo, *Lo Stato pontificio: da Martino* Ⅴ *a Pio* Ⅸ, Giuseppe Galsasso, *Storia d'Italia*, vol. ⅩⅣ, Torino: UTET, 2005, p.4.

为教宗懂得在何时、以何种方式依附于世俗强权。拿破仑时代，教宗选择了政教协定的形式争取自保。1800年7月16日，教宗与拿破仑的政教协定正式签署。由此，教宗国勉强保持其在意大利中部地区的统治。但是，拿破仑宣称自己是“罗马皇帝”，教宗实际上变成帝国俗权的附庸，教宗国就是拿破仑帝国的附属国。[①]

到19世纪20年代意大利复兴运动兴起，自由主义以及共和革命运动的浪潮极大地压缩了教宗国的统治空间，包括精神统治权也被极大地削弱。所以，教宗庇护九世才试图采取温和的自由化措施来维持教宗国岌岌可危的统治，然而这些改革并未触及问题的根本。[②]教宗国国家性质并没有改变，仍然是一个守旧、等级森严、依附列强的神权国家。到1860年底，教宗国领土仅剩拉齐奥地区，包括都城罗马，面积被压缩至1.2万平方公里。[③]在意大利民族国家构建这条主线上，复兴运动是一个里程碑，1861年意大利王国的成立是复兴运动的成果。长久以来，“意大利”都只是一个简单的“地理概念”[④]，指阿尔卑斯山往南以亚平宁半岛为主体的区域。[⑤]当其他欧洲国家由强有力的君王统一起来的时候，意大利人仍然在为维持政治上的分裂而斗争。……直到1861年，撒丁国王、萨伏依王朝的维克托·伊曼纽尔才在法国军队、加里波第的志愿军和共和派革命分子的帮助下，成为意大利国王。在这以前的几个世纪里，任何人、任何诸侯、任何革命领袖、任何共和派或王侯家族，都从来没有强大到足以把整个意大利聚集到一个旗帜、一个法律之下。[⑥]

意大利构建统一的民族国家的历程曲折而艰难，这是由其政治的、历史的和宗教文化的一些特点所决定的：地方自治传统根深蒂固；保守却又强大的天主教势力；历史上长期被外国强权控制，各个部分之间四分五裂，经济

---

① Mario Caravale e Alberto Caracciolo, *Lo Stato pontificio*: *da Martino V a Pio* Ⅸ, p.582.

② Rendina, *I Papi*: *Storia e segreti*, p.767.

③ Mario Caravale e Alberto Caracciolo, *Lo Stato pontificio*: *da Martino V a Pio* Ⅸ, p.711.

④ 奥地利梅特涅亲王（Klemens Wenzel von Metternich，1773—1859）语。参见路易吉·萨尔瓦托雷利：《意大利简史》，沈珩、祝本雄译，商务印书馆，1998年版，第461页。

⑤ Denis Mack Smith, *Cavour*, Milano: Gruppo Editoriale Fabbri-Bompiani-Sonzogno Etas, 1988, p.3.

⑥ 路易吉·巴尔齐尼：《意大利人》，刘万钧、张天润、张军译，生活·读书·新知三联书店，1986年版，第344-345页。

文化等甚少交流，难以形成具有统一认同感的民族。从某种程度上说，意大利的这些特点也正是它构建民族国家的障碍。而在这些障碍之中，天主教会的阻碍作用显得较为突出。因为，天主教会本身就是意大利一支强大的地方分离主义势力；同时，为了保住其既有的世俗权和利益，其最高统治者教宗和统治集团罗马教廷，更是想方设法地阻止意大利境内形成任何足以统一意大利的政权。而教宗本身没有武力后盾，他所依靠的是外国列强，由此意大利完全就成为各种外来势力的竞技场，到皮埃蒙特-撒丁王国兴起之前基本没有出现过比较强大的意大利本土政权。所以，到意大利复兴运动发展起来时，天主教会几乎与外国压迫者并列为首要的攻击对象。

所谓“现代民族国家”，对意大利而言，应该包括以下两个方面的内涵：一是对外的独立自主；二是对内的国家权威，其中就包含国家的世俗化。作为意大利构建现代民族国家的第一步，复兴运动的口号是“复兴”，实质是“民族独立”；相应的，“罗马问题”实质上关乎现代民族国家构建的后续步骤当中的若干重要问题，包括统一的意大利国家政权的强化；意大利国家政治的世俗化、民主化；构建意大利本民族的历史文化认同感和民族共同体等。

资深意大利史家丹尼斯 · 麦克 · 史密斯曾指出，意大利复兴运动最引人注目的谢幕动作莫过于成功夺取教宗的世俗权。① 按照民族主义者阿尔弗雷多 · 罗科（Alfredo Rocco）的观点：“教会与国家的关系问题，可以追溯到皮埃蒙特成为复兴运动领导人开始。”② 意大利复兴运动将国家独立统一作为目标，教会不可避免地被卷入这场运动的大潮中。复兴运动后期的领导人——皮埃蒙特-撒丁国王早在下决心领导独立自由事业之时，就决定先从教会政策改革入手。

皮埃蒙特-撒丁王国国王维克托 · 伊曼纽尔二世（1849—1878年在位）“是一位强有力和倾向个人统治（他受过严格的独裁教育，反对政治-立宪观念）的君主”。③ 他从1850年起开始着手经营意大利的独立自由事业。皮埃蒙

① Denis Mack Smith, *Cavour*, pp.6-7.

② Alfredo Rocco, “Chiesa e Stato”, *Il Resto del Carlino*, 4 aprile 1922, da Scoppola, *Chiesa e Stato nella Storia D' Italia: Storia documentaria dall' Unità alla Repubblica*, p. 54.

③ 路易吉 · 萨尔瓦托雷利：《意大利简史：从史前到当代》，沈珩、祝本雄译，商务印书馆，1998年版，第505页。

特-撒丁国王自知无法通过战争实现独立，于是先动手改革内政以期振兴国家。而其第一批改革目标便是教会。1850年4月颁布的《西卡尔迪法》[①]取消了教会法庭和教会的庇护权，这引起了教会的强烈抗议。都灵大主教弗朗佐尼态度强硬，与当局发生冲突，后来该事件以大主教被捕和放逐告终。[②]

1852年出任王国首相的卡米洛·本索·加富尔（Camillo Benso Cavour）也开始全力推行自己当议员时所阐述的政策：通过1855年5月法令，宣布取消所有不传教、不教育和不援助病人的修会，取消修会的法人资格，还没收修会名下的部分土地，利用征集的财物成立“教会基金会”。这一法令激起天主教徒和保守分子的强烈反对；教宗极力谴责该法令，对相关责任人处以绝罚，开启皮埃蒙特-撒丁王国与罗马教廷冲突之端。从这以后，皮埃蒙特-撒丁王国牢牢掌握着意大利民族复兴运动的领导权。1853年，皮埃蒙特-撒丁王国参与克里米亚战争；1859年，联合法国拿破仑三世对奥地利作战吞并艾米利亚和托斯卡纳；1861年2月18日，皮埃蒙特-撒丁国王在都灵组织意大利新议会，通过了只有一项条款的法律：“国王维克托·伊曼纽尔二世为自己、为其后裔领取意大利国王之头衔。”2月28日，此法律在上议院通过，3月14日在下议院通过，17日由国王签署批准，他自称“承上帝和民族意愿之光的意大利国王”。由此，君主政体传统与人民主权原则融为一体。

1861年3月25日至27日，王国下议院就定都罗马问题展开辩论，加富尔发表了长篇演讲。他首先强调定都罗马的重要意义，而后用大量篇幅来论证意大利占领罗马合情合理，并且不会损害教宗的权威性，意大利王国绝对无心伤害天主教徒的感情。他提出用以解决国家与教会关系的原则就是“自由国家之中的自由教会”（Libera Chiesa in Libero Stato）。加富尔在议会辩论时重申意大利真正的首都是罗马。[③] 3月27日，议会辩论结束，通过议案，“罗马，全国舆论呼唤的首都，意大利联合起来”。此时，新诞生的意大利王国隔

---

① 《西卡尔迪法》：意文 *Leggi Siccardi*，该法由1850年4月9日第1013号法令和1850年6月5日第1037号法令组成，法律提案最初由时任司法大臣朱塞佩·西卡尔迪（Giuseppe Siccardi）提出。

② 路易吉·萨尔瓦托雷利：《意大利简史：从史前到当代》，沈珩、祝本雄译，商务印书馆，1998年版，第506页。

③ 路易吉·萨尔瓦托雷利：《意大利简史：从史前到当代》，沈珩、祝本雄译，商务印书馆，1998年版，第517页。

空宣布罗马为王国首都，等于是对仍盘踞罗马的教宗国的挑衅和宣战。

“意大利王国注定要以罗马为首都。”[1] 加富尔反复强调，罗马是意大利理所当然的首都，“选择首都所考虑的因素，不是气候，也并非地形；如果由气候和地形因素来决定定都何处，那么英国的首都不会选在伦敦，而法国的首都也就不是巴黎了。”[2] 加富尔指出，意大利之所以选择罗马，完全是“道德因素”决定的。这里的“道德因素”，加富尔其实说的是民心所向，他说“人民的意志决定了定都罗马以及与之相关的一切问题”。显然，他希望说明，不是意大利王国的国王或者他本人选择罗马作为首都，而是所有意大利人民心意所向，民心不可违。所以定都罗马的决定也绝不会因为任何因素或压力而改变，包括教宗和教会的压力。

但是，意大利进驻罗马必须解决两大问题，加富尔指出：首先，必须与法国达成协议；其次，必须消除罗马以及意大利其他地区乃至意大利以外的天主教徒们的疑虑，即意大利王国并非剥夺了教宗的独立自主权，王国政府也无意否定教宗的精神领袖地位。加富尔认为只要达成了后者，与法国的协议便会水到渠成。他提醒王国议会和政治精英们注意，罗马的归属权问题仅仅依靠武力无法解决，也不是单纯的外交斡旋能解决的问题，而是人数众多的天主教众的民心向背问题。

加富尔“自由国家之中的自由教会”原则的内涵是：教宗放弃世俗权，意大利国家承诺保障教宗的独立自主和天主教会的自由。他深知，教宗不会轻易放弃世俗权，而他演讲的主要目的与其说是为了说服教宗，倒不如说是为了说服意大利国内外的天主教徒：

> 意大利王国入主罗马并不会使教宗颜面尽失，也不会使其失去原有的独立自主性，教宗仍然是全世界天主教徒的领袖，这种地位不会因罗马并入统一的意大利王国而改变，天主教徒不必担忧这一点。如果事实真如天主教徒们担忧的那样，那么可以说将罗马并入王国不仅彻底伤害

---

① *Atti parlamentari*, *Camera*, Discussioni, leg. Ⅷ, sessione 1861, tornate del 25 e 27 marzo, pp. 284-286, pp.288-289, p.332, da Scoppola, *Chiesa e Stato nella Storia D' Italia*: *Storia documentaria dall' Unità alla Repubblica*, pp.6-7.

② Scoppola, *Chiesa e Stato nella Storia D' Italia*: *Storia documentaria dall' Unità alla Repubblica*, p.5.

了天主教众，更是整个意大利的灾难。我不希望看到因为世俗权与宗教权被政府统统掌控而使得意大利虔诚的民众陷入极大的灾难中。在世界任何角落，一切历史都证明着一条亘古不变的规律，即世俗权与宗教权被某一个政治人物或团体所集中掌握时，就容易出现邪恶的专制主义。①

加富尔非常肯定，入主罗马必须建立在保持教宗独立自主的精神权基础上，但他驳斥了支持教宗争取世俗权的理论。加富尔的论证是：

在过去的若干个世纪里，欧洲的世俗国家法律均以教会法为纲，教会法为公共世俗法提供统治的合法性，当时欧洲所有的统治者都遵循着这一原则。因此，欧洲的世俗统治者自然也就成为教宗国的保护者，他们给予教宗国世俗的领地及其统治权，直到1789年以前，这种世俗权的确保证了教宗的独立自主性。但是，世俗法与教会法的这种关联在1789年以来的现代世界已然改变，几乎所有政府都不约而同、理所当然地重申大众在政治生活中的重要性。大众对于政府的支持是其不可或缺的支柱，而以保证教会世俗权为条件获得教会的支持已然不是政治统治的根基。对于教会而言，世俗权也就不再是其独立自主的前提。②

加富尔此番论证的重点是，在现代世俗化的民族国家兴起的背景下，教宗丧失世俗权是历史的必然。实际上，民族国家兴起，就是旧的社会信仰体系逐渐瓦解、新的信仰体系逐步建立的过程。法国大革命之后，欧洲的社会历史背景发生了深刻改变，各国几乎都面临两个迫切而重要的问题：

(1) 急需设计一套新的政府形式以实现对所有国民直接而且有效的管辖与监督；

(2) 人民对国家及统治体系的认同问题。

过去，国家统治者是通过宗教和社会等级等纽带来控制人民，然而随着革命年代的到来，旧制度崩溃，统治者必须直接面对人民。③这就能理解为

① Scoppola, *Chiesa e Stato nella Storia D' Italia*: *Storia documentaria dall' Unità alla Repubblica*, p.8.

② Scoppola, *Chiesa e Stato nella Storia D' Italia*: *Storia documentaria dall' Unità alla Repubblica*, p.9.

③ 埃里克·霍布斯鲍姆：《民族与民族主义》，李金梅译，上海人民出版社，2000年版，第82-88页。

何加富尔如此强调意大利定都罗马是民心所向。

加富尔指出，教会自由最坚强的后盾是意大利人民，这源于意大利人民身上体现出来的可贵品质：

> 他们是十分虔诚的天主教徒，从未试图损害教会，只是希望改革教会的世俗权。而这种改革是古往今来众多思想家都考虑过的，我们从达布雷夏（Arnaldo da Brescia）、但丁（Dante Alighieri）、萨沃纳罗拉（Girolamo Savonarola）、萨尔皮（Paolo Sarpi）、詹诺内（Pietro Giannone）等人的著作中，都能找到这种改革思想的痕迹，然而谁都没有驳斥过天主教教义。[①]

加富尔进一步论证，因为没有了世俗权的羁绊，教宗不必终日束缚于各种各样的政教协定。表面上看，通过这些协定教宗可以同时维护自己手中的精神权和世俗权，实际上，教宗乃至所有天主教徒都得时刻防备着世俗政府，不论是意大利的还是意大利以外的，他们随时有可能借助世俗手段对教宗的精神权加以限制。由此，从长远来看，教宗的权威只会日渐削弱。

"自由国家之中的自由教会"原则另一个需要阐述的重点就是，一旦教宗放弃争夺罗马，放弃了世俗权，那么教宗的自由独立如何保障？对此，加富尔的主要观点就是两权（政权与教权）分离：

> 政教分离得越明确、彻底和决绝，教会的自由权就越能得到保证，教宗的独立自主就比现在更加有保障。
>
> ……
>
> 在我看来其中的道理是不言而喻的，我相信任何一位虔诚的天主教徒、热心积极从事宗教事业的神父都必然会舍弃世俗的特权和地位而选择宗教活动自由权。若非如此，我们就可以认为这些天主教徒的信仰不够坚定虔诚，他们的宗教情感不过是获得世俗利益的手段罢了。[②]

对意大利来说，统一的民族国家构建包含对外民族独立和对内国家权威的建立，后者就包括国家世俗化，首要的就是政教分离。之所以如此，是因

---

① Scoppola, *Chiesa e Stato nella Storia D' Italia*: *Storia documentaria dall' Unità alla Repubblica*, pp.10–11.

② Scoppola, *Chiesa e Stato nella Storia D' Italia*: *Storia documentaria dall' Unità alla Repubblica*, pp.9–10.

为如教宗国历史以及意大利复兴运动史所显示的，教宗以及罗马教廷从来都反对意大利独立和统一，更不可能充当意大利民族国家的代表；其与封建旧势力、外国强权的密切联系也促使一切支持意大利民族国家构建事业的人将其视为敌人。况且，此时，教宗依然盘踞罗马，阻碍着意大利王国的领土统一。因此，政教分离与进驻罗马对意大利构建民族国家而言是同等重要的。当然，意大利定都罗马，现代民族国家政权取代教廷行使对罗马的主权，这一事实本身就象征着意大利政教分离的决心。

然而，罗马教廷在世俗权问题上表现得相当强硬。1861年3月18日，庇护九世发布《我们久已辨明》（*Jam dudum cernimus*）通谕，重申其不放弃教宗国的坚定决心。他指出，天主教主义坚决不会与“进步主义、自由主义和现代文明”达成任何妥协。教廷甚至粗暴地将加富尔的谈判代表赶出了梵蒂冈。[①]

加富尔去世后入主内阁的贝蒂诺·里卡索利（Bettino Ricasoli）秉持着“自由国家之中的自由教会”原则，试图从法国方面进行突破。虽然取得了初步成果缔结了协定，但是却激起了教宗新的抗议，政教关系反而恶化。

1861年9月10日，里卡索利致信庇护九世，重申了加富尔的“自由国家之中的自由教会”原则：

> 教会需要自由，我们在意大利王国内给教会带来了自由。我们全心全意地希望教会拥有自由权，因为教会的自由是王国安定繁荣的保障；为了实现这种自由，教会必须摆脱政治枷锁。迄今为止，教会因反对我们而借助外国列强之手，实则是自缚于政治桎梏之中。……如果教宗您能放下世俗领地欲求，就是帮助王国摆脱困境，意大利将给予您和教会安全、自由和新的崇高地位。您将不再受世俗君主之累，但仍然是至高无上的教宗；天主教会的地位一如往昔，如您所愿，教宗国可以作为自由而独立的国家存在。意大利是您钟爱的女儿，您若愿意聆听她的请求，那么在她心里您就是灵魂王国的君主，希望您能仁慈地为罗马、为世界各国祈祷，注视各国，助他们恢复法律秩序，我们也将像从前一样尊奉

① Denis Mark Smith, *Cavour*, pp.274-275.

您，如守护神一般。[①]

1866年11月8日，再次担任王国首相的里卡索利在给麦克奈特夫人（F. M. Macknight）[②]的信中，把政教冲突的两个主体概念从意大利王国与教廷换成"罗马人民"与"教宗"：

> 教宗没有世俗统治权，但仍拥有独立统治的权力。罗马人民因此获得了选举的权利，他们可以按照政治程序，选出他们认为最符合自身利益的政府。如果教宗与罗马人民之间的争执能和解，我将第一个为此鼓掌欢呼。[③]

在最关键的世俗权问题上，王国并不打算让步。连教宗目前所驻的梵蒂冈城，里卡索利明确表示可以划出区域给教宗使用，但其主权仍然属于意大利：

> 它（梵蒂冈城）是罗马的一部分，尽管有别于其他部分，但它与其他部分是紧密相连的。在过去很长的历史时间里，它都是教宗的皇宫和城堡所在，为教宗所有，并且捍卫着教宗，使教宗在罗马人民多次的倾轧纷乱中得以保证人身安全。因此，我想可以划出该城一直延伸到大海的一条狭长的领土作为教宗驻地，保证其能自由畅通地与整个世界保持联络。

但是，教宗对这片领土没有主权，因为他手上没有武装力量，无法保障这片领土的安全。有鉴于此，教宗应首先同意大利王国达成协议，其次再与其他国家达成一致，所有天主教国家可以同心协力，敬奉教宗，捍卫天主教教义，这样教宗驻地的安全才有保障。为了保障教宗的自主独立，意大利王国可以提供一部分武装力量，驻守教宗驻地。[④]

1864年9月15日，意大利与法国签订了《圣克劳德协定》（*Saint-Cloud*

---

① *Atti Parlamentari*, *Camera*, Documenti, leg. Ⅷ, sessione 1, Vol. Ⅱ, pp. 363-365, da Scoppola, *Chiesa e Stato nella Storia D' Italia*: *Storia documentaria dall' Unità alla Repubblica*, pp.39-40.

② 麦克奈特夫人，英国人，天主教徒，在梵蒂冈社交圈中很有影响力。

③ B. Ricasoli, *Lettere e documenti*, a cura di M. Tabarrini e Aurelio Gatti, Firenze 1898, vol. Ⅸ (1866-67), pp. 10-11, da Scoppola, *Chiesa e Stato nella Storia D' Italia*: *Storia documentaria dall' Unità alla Repubblica*, p.47.

④ Scoppola, *Chiesa e Stato nella Storia D' Italia*: *Storia documentaria dall' Unità alla Repubblica*, pp.47-48.

Convenzione）[①]，拿破仑三世同意撤出其驻教廷的军队。该协定是意大利绕过教宗与法国签署的外交性质的协议，没有教宗参与却协商处置了教宗的驻地事宜。得知意法订立了秘密协定后，庇护九世十分恼怒，称其像一份“遗弃书”[②]。教宗庇护九世在意大利与法国秘密磋商的时候正致力于加强教宗在整个天主教世界的权力，“打击任何一种不那么正统的、不那么赞成完全服从教皇的倾向；他（庇护九世）变得越来越僵化，抗击当代一切思潮和倾向”[③]。1869年12月8日，庇护九世在圣彼得大教堂主持召开第一届梵蒂冈公会议（Concilio ecumenico Vaticano Ⅰ）。1870年7月经过两轮投票表决，通过了经修改确定的信仰宪章。该宪章主要的精神之一就是“教宗永无谬误论”：教宗在处理教会事务方面享有最高裁判权，其个人言论具有准确无误性。该理论的支持者认为，凭此即可反驳某些天主教国家的教会自治论（主张民族教会独立自主）。而民族教会自治论者以及反对“教宗无谬误论”者则提出，教宗在整个教会体系中，扮演的是总主教角色，只是根据教义来引导教徒，并不表示他是最高权威。对此，教宗庇护九世针锋相对地振臂高呼：“朕即传统。”（La tradizione sono io !）[④]

可以看到，“罗马问题”并不仅仅是罗马的归属权问题，非简单的领土主权争端，也不是外交斡旋可以解决的问题。它的实质是意大利构建统一的现代民族国家的目标与罗马教廷世俗权以及既得利益之间的冲突。

---

① 该协定内容：首先，意大利不得进攻1860年以来教宗所拥有的领土，并且有义务保护教宗的这部分领土免受外国进攻；其次，法国将在两年内逐步撤走驻教廷的军队，帮助教廷组织自己的卫队；再次，意大利政府同意教廷组织自己的卫队，这支卫队由外国人组成，旨在维护教宗的权威以及教宗国的安全稳定。这支卫队不会成为抵抗意大利政府的武装；最后，意大利须准备与教宗国订立一份协议，对教宗国部分领土被占领所受到的损失做出补偿。Ernesto Vercesi, e Dott. A. Mondini, *I Patti del Laterano—La Questione Romana da Cavour a Mussolini*, pp.91-92；路易吉·萨尔瓦托雷利：《意大利简史：从史前到当代》，沈珩、祝本雄译，商务印书馆，1998年版，第518页。

② Ernesto Vercesi, e Dott. A. Mondini, *I Patti del Laterano—La Questione Romana da Cavour a Mussolini*, pp.91-93.

③ 路易吉·萨尔瓦托雷利：《意大利简史：从史前到当代》，沈珩、祝本雄译，商务印书馆，1998年版，第519页。

④ Rendina, *I Papi: Storia e segreti*, p.770.

二、罗马教廷的观念转变

（一）“资本主义教宗”①

“站在19世纪与20世纪相交的门槛上，透视纷乱迷繁、气象万千的历史烟云，就会发现，此时正处在从近代工业文明向现代世界起承转合的关节点上。发源于欧洲的资本主义近代工业文明，向世界其他地方的扩展到此告一段落，资本主义工业文明的世界体系已基本建立。”②列宁则把19世纪末至20世纪初欧美资本主义的发展形态定义为“以垄断为特征的垄断资本主义”，即帝国主义。霍布斯鲍姆的《十九世纪三部曲》，将1875年至1914年命名为“帝国的年代”：“资本年代的矛盾渗透并支配了帝国的年代。”“由工业资本主义所创造，也为工业资本主义所特有的工人阶级，其大规模的有组织的运动已在这期间突然出现，并且要求推翻资本主义。”“在这个时代，资产阶级自由主义的政治和文化制度，已经延伸到或行将延伸到资本主义社会的劳苦大众。”③

对于资本主义社会的发展，1878年当选为教宗的利奥十三世一改其前任庇护九世的不妥协态度，开始努力使他领导下的罗马教廷和天主教会适应资本主义的新时代。利奥十三世统治罗马教廷长达25年，是一位“跨世纪”的教宗。意大利著名政治史家乌尔巴诺·拉塔齐（Urbano Rattazzi）评价利奥十三世，“毫无疑问是一位具有重要价值的人物，他有着非凡的毅力，在履行自身职权时表现出不同寻常的严厉风格”，“他是一位值得称赞和仰慕的神父，兼具政治上的远见卓识和极渊博的科学知识”。④他最引人注目的特点有二：一是不遗余力地企图重建教宗权威；二是他重建教宗权威的方式与其前任截然不同，他改变策略，开始正视时代的变化并努力使天主教会适应这种变化。

为重建和巩固教宗权威，利奥十三世即位后着手改组教廷人员组成，基

---

① 利奥十三世被称为“第一个‘资本主义教皇’”。参见刘明翰：《罗马教皇列传》，东方出版社，1995年版，第186页。

② 马克垚主编：《世界文明史》（下册），北京大学出版社，2004年版，第41页。

③ 艾瑞克·霍布斯邦：《帝国的年代》，王章辉、张晓华、贾士蘅译，国际文化出版社，2006年版，第10-11页。

④ Francesco Paolo Casavola (Istituto della Enciclopedia Italiana fondata da Giovanni Treccani), *Enciclopedia dei Papi*, Roma: Romagraf s.r.l., 2008, p.578.

本上都选用其在佩鲁贾主教任职期间的一套领导班子，因为他认为只有这部分人员能够“无条件执行教宗的政治路线”。由此，他可以按照自己对教会和新的意大利政治形势乃至国际形势的判断，指挥这些“温和的、忠诚的、活跃的”[①]人士来实现其重建教宗无上权威的目的。

1878年4月，即利奥十三世当选教宗仅两个月时，他致信当时的奥匈帝国皇帝弗兰茨·约瑟夫一世（Franz Joseph Ⅰ，1830—1916），表达了将教廷迁出意大利的想法。他担心，如果教廷继续留在罗马，“整个天主教世界都会被禁锢在此不得解脱”[②]。他打算向奥地利求援，可是随着奥匈与意大利结盟，外逃计划落空。这也表明利奥十三世挣脱梵蒂冈“牢笼”的迫切心情。“他野心极大，企图通过经济和社会渠道将天主教势力慢慢渗入意大利国家，以此来重建教宗至上的世俗权力。”[③]

利奥十三世非常重视扩大罗马教廷的经济利益。1880年3月，教宗将梵蒂冈拥有的财产转化为金融资本，与意大利一些大银行家合作，建立了罗马银行（Il Banco di Roma）[④]，积极参与金融业务、证券、贷款等活动。[⑤]此后他还开办公司，扩大投资，又通过罗马银行给意大利帕切利家族（Pacelli）贷款，创立了著名的庞泰涅拉面粉公司（Pantanella），该公司当时垄断了罗马的面粉业，至今仍存在。梵蒂冈的信贷机构，包括罗马银行、罗马通用银行、手工业者银行、信贷银行。19世纪80年代，这些梵蒂冈的金融机构拨出巨款在罗马大量兴建房屋。据统计，此时梵蒂冈在罗马房地产投入资金超过200万里拉。[⑥]两家梵蒂冈企业“不动产公司”和“贫苦者与劳动群众房屋建

---

① Casavola, *Enciclopedia dei Papi*, p.579.

② Rendina, *I Papi: Storia e segreti*, pp.774-775.

③ Rendina, *I Papi: Storia e segreti*, p.780.

④ 罗马银行：到一战前该银行在意大利各地都开设有分行，并成为第一家在国外开设分行的意大利银行。一战后，银行资本大量投入意大利工业，二战时形成全国性的银行系统并积极开拓海外业务，重点为地中海地区、中东和东非。1991年集中重组，1992年联合罗马储蓄银行（la Cassa di Risparmio）和圣灵银行（il Banco di Santo Spirito）组建成新的“罗马银行”（la Banca di Roma）。

⑤ Alfredo Capone, *Destra e Sinistra da Cavour a Crispi*, *Giuseppe Galsasso*, *Storia d'Italia*, vol. ⅩⅩ, Torino: UTET, 2004, p.512; John F. Pollard, *Money and the Rise of the Modern Papacy: Financing the Vatican, 1850-1950*, New York: Cambridge University Press, 2005, pp.62-67.

⑥ Pollard, *Money and the Rise of the Modern Papacy: Financing the Vatican, 1850-1950*, p.63.

筑公司”从事房地产的投机事业。梵蒂冈的代理人在意大利各地遍设水灾、火灾、人寿等保险公司。到19世纪末，罗马教廷的金融资本已经垄断了罗马的面粉、自来水、交通运输、建筑、电力和煤气等行业。[①]

利奥十三世意识到工人运动和社会主义活动的蓬勃发展对教宗和教会构成威胁。1878年4月21日，他发布了即位后的第一封通谕，名为《深奥莫测之天主》（*Inscrutabili Dei Consilio*）。阐发的一个中心便是“古代社会政治秩序已被恶势力扰乱”：

> 这些恶徒们给各地的普通百姓都造成了伤害，我们举目四望看到的是哀鸿遍野。他们掘毁了社会之根基，颠覆了原本令人满意的社会秩序；他们天性固执，容不下哪怕一点古代秩序的残余；他们经常性地煽动不和的情绪，导致社会内部的争夺，还挑起残酷和血腥的斗争。他们蔑视一切符合道德的、公正的法律；对眼前暂存的物质利益贪得无厌，对那些永恒之物却毫不在乎；他们总是煽动疯狂和暴怒，导致普通人的不幸甚至死亡；他们没有什么管理的才能，只知滥用破坏，肆意贪墨公共财产。然而，他们却妄图蛊惑大众，让人们相信他们是祖国、自由和法律的捍卫者。这些致命病菌将蔓延至社会机体的每一个角落，有可能带来恐怖的灾难，令人担忧。[②]

其中，最让利奥十三世不能忍受的就是工人阶级运动“藐视”天主教会：

> 天主教会乃是因上帝之名义统领人间，代表一切合法正当之权力（复仇之权和保护之权），可他们却蔑视和否定教会神圣庄严之权威。[③]

终其一生，利奥十三世都在号召加强社会活动，同“离经叛道思想”做斗争。在他看来，社会主义显然不是解决劳资问题的最佳办法。在1891年5月15日颁布的《新事物》通谕[④]中，利奥十三世具体地阐述了他的社会思想。概括起来就是要求统治者与被统治者，资本家与劳工阶级形成“合作”，所以他的思想也被称为“合作主义”（corporativismo）。对劳资冲突和由之引发的社会问题，利奥十三世建议，政府要遵循道德法，尽力避免阶级斗争，采取

① 刘明翰：《罗马教皇列传》，东方出版社，1995年版，第187-189页。

② Casavola, *Enciclopedia dei Papi*, p.580.

③ Casavola, *Enciclopedia dei Papi*, p.580.

④ 拉丁文 *Rerum Novarum*，中文出版物也将其译为《劳工通谕》。

具体的措施帮助贫困的底层人民，建议资本家和劳工达成合作。政治史家对这一通谕评价并不高：

> 这（指《新事物》通谕）既非社会的也非福音的，而是归尔甫派主张的中世纪城市的行会合作主义。为了平息社会主义大潮，利奥十三世只有以回到中世纪行会相召唤，舍此没有更好的办法。……他是一位赞同罢工权利的教宗，不反对建立天主教工会，他成了一个时代的象征：20世纪已经来临。①
>
> 此乃天主教会针对劳工世界的第一次表态；通谕一方面企图打击在欧洲各国政治中居主导地位且大多持反教权态度的自由阶层，另一方面使工人阶级免受日益增长的社会主义的影响。不过，尽管通谕引起的反响巨大，还是迟到了一步，白费力气；社会主义已经为大众所接受，教宗则完全成了贵族代言人。②

尽管如此，仍然可以看到，自利奥十三世开始，罗马教廷不得不重视资本主义现实问题，被迫应对社会主义浪潮。

（二）政治参与

开始重视政治参与是教廷新世纪新思维的另一重要表现。针对“天主教徒是否参与意大利选举”这一问题，庇护九世曾明令禁止。教廷官方下达教令*Non Expedit*，拉丁文本义是“不适当”（以下称“不适当”教令）。这一教令是庇护九世时期教廷提出，而后在利奥十三世时得到强调，在庇护十世即位后约束力减弱，直至本笃十五世正式宣布取消的。这一教令由严格遵守到逐渐不遵守，再到最后废除的过程正体现了教宗领导的罗马教廷的又一个思维转变。这种转变促成了日后天主教徒广泛参与政治的局面，尤其是与自由派联合起来在政治上打压社会党。显然，政治上的联合或者说在意大利国家统治者与教廷之间出现了新的共同利益，无疑最有利于双方和解。

1861年1月8日，虔诚的教权主义者唐·马尔戈蒂（don Margotti）在《和谐》（*Armonia*）刊物上提出口号“不当选亦不投票”（Né eletti né elettori）。这一口号被其他主张教权主义的刊物频繁转载，从1865年至1868年间其见报率

① Rendina, *I Papi*: *Storia e segreti*, p.778.

② Rendina, *I Papi*: *Storia e segreti*, pp.777-778.

很高，引起了天主教界的广泛关注和讨论。应天主教众的要求，1866年12月1日，道德法庭（la Penitenzieria）在训令中提出教廷反对天主教徒参与意大利选举。随后最高宗教法庭（Sant' Ufficio）[①]、道德法庭（la Penitenzieria）[②]和枢机主教特别教务会议（la Congregazione degli Affari Ecclesiastici Straordinari）[③]在相关指示中重申了教廷的态度。从1864年到1865年，仅道德法庭就曾先后三次下达指示，反对天主教徒参与选举和被选举。[④]

1868年2月29日，道德法庭下达教令（decree），提出"不适当"一说，禁止天主教徒参与选举。关于天主教徒该不该参选和投票的问题在教会和教众中间一直有讨论，1871年，宗教法庭为回应教徒的争议，做出新的指示，提出了天主教徒参与选举是"不适当"的说法。这是"不适当"说法第一次出现在教廷官方言论中。此后关于该说法的议论不断，于是1874年，宗教法庭又出面释疑，称："参加政治选举集会，和参与一切与选举有关的活动都是不适当的，对出任罗马下议院议员和上议院议员的人（指天主教徒），我们绝不宽恕。"[⑤]同年，教宗庇护九世在一次讲话中重申了这一说法。但是1877年1月29日，在对"天主教青年最高委员会"（Consiglio Superiore della Gioventù Cattolica）的简短发言中，庇护九世却宣称教廷尚未对该问题做出盖棺定论。道德法庭是在1874年、1883年和1886年下达指示，明令禁止天主教徒参与选举。

---

① 最高宗教法庭：1542年教宗保罗三世下达训令在罗马成立了一个直接隶属于他的宗教裁判法庭，由教宗选任枢机主教和高级教士组成，主要任务是保持和捍卫天主教信仰的纯正，审查并废除错误及虚假的教义。曾一度成为天主教会内部最重要的裁判法庭，后来其他地方的宗教裁判所也能受理与教义相关的案件，于是罗马的宗教裁判法庭成为管理各地方宗教裁判所的最高机构。1633年，该法庭曾对天文、物理学家伽利略做出过审判决定。

② 道德法庭：是罗马教廷于12世纪时建立的司法部门，直接隶属于教廷，为天主教会最高法庭之内庭。其中有一位告罪大神父、一位执行官、五名高级教士、一位检察官和一位副检察官，主要裁定判决关乎伦理、婚姻等罪行的豁免和特赦，根据案件轻重程度依次由执行官、告罪大神父及教宗来判定。

③ 枢机主教特别教务会议：1814年由教宗庇护七世建立，旨在应对拿破仑帝国崩溃后恢复教廷机构和教宗国的相关事务。由八位枢机主教、一位书记和五位顾问组成，从成立之日起主要处理教廷与法国的重大外交、经济、社会和宗教事务，统一管理教廷其他各机构。

④ Guerriero, *La Chiesa in Italia: Dall' unità ai nostri giorni*, pp.203-204.

⑤ Guerriero, *La Chiesa in Italia: Dall' unità ai nostri giorni*, p.205.

“不适当”教令实则是教廷对抗意大利王国的一种手段。正是在“罗马问题”引起的政教冲突达到顶点的那段时期，即1871年意大利占领罗马之后不久，教廷三令五申地禁止天主教徒参与意大利选举，并逐渐明确了“不适当”的范围，而且教宗庇护九世也在公开场合强调这一说法。1871年意大利形式上实现了统一，也进入了现代民族国家构建的实质性阶段，即经济、政治和社会、文化等多领域的开展。在政治方面，要建立中央集权政府，发展完善君主立宪政体，具体来说就是要促进议会政党政治、扩大选举权。然而，意大利民众普遍信仰天主教，“不适当”教令一出，也就意味着这部分意大利国民不能参与意大利政治选举。诚然，该教令对意大利的影响，南方和北方有所区别。由于南方政治民主程度较低，那里的天主教徒对“不适当”教令的执行力度就较大；北方则反之，相对不那么遵守。

> “不适当”教令的贯彻执行产生了极大的影响，刺激了自发的弃权主义的兴起，即放弃选举权。可以肯定地说，这阻碍了普选权的扩大，若没有“不适当”教令，普选权的发展速度可以更快。[①]

在“是否允许天主教徒参与意大利选举”的问题上，利奥十三世不仅继承甚至还强化了庇护九世的政治保守性。他要求所有天主教徒遵守庇护九世的“不适当”教令，即天主教徒“不当选亦不投票”[②]。利奥十三世试图渗入意大利民族国家的各个领域，而政治是他不能绕开的，但是他“却不相信天主教的知识分子们；他认为在教会僧侣集团与这些天主教独立的知识分子中间存在裂痕”[③]。利奥十三世抨击的具有独立思想的天主教知识分子主要就是指教会当中主张“基督教民主”（democratico cristiano）和现代主义（il modernismo）的教徒。他1901年的通谕《民主之重罪》（*Graves de communi re*）认为：“基督教民主对许多善良的教徒造成了恶劣的影响，因为这种思想的基础是模糊不清且危险的。”“因为某些人可能利用基督教民主，争取民众力量以掩盖其政治目的，为的是维持现有的统治而不是推翻它。”与庇护九世一样，利奥十三世也极力反对教会内部的现代主义，宣称“世界上有一种对不明智

---

① Guerriero, *La Chiesa in Italia: Dall'unità ai nostri giorni*, p.206.

② Rendina, *I Papi: Storia e segreti*, p.774.

③ Rendina, *I Papi: Storia e segreti*, p.780.

的和可悲的革新的向往，但是僧侣应该高于凡人的意见和制度的可变性”。[①]

利奥十三世于1903年7月去世，继任教宗的是朱塞佩·萨尔托（Giuseppe Sarto）主教，称庇护十世（Pio X，1903—1914年在位）。他出生于意大利北部特雷维索（Treviso）附近的一个贫寒之家。因为出身关系，庇护十世的性格谦恭且乐善好施。“他完全继承了利奥十三世的衣钵，不同的是，利奥出身贵族，庇护是乡村教士出身；利奥有远见卓识和外交才干，庇护则缺乏才能，但却执拗地忠诚于教会活动。”[②]

庇护十世在即位后第一封通谕中就强调，“教宗是天主教社会之唯一最高领袖”。但他同时也说：“教宗与国家首脑及世俗当局基于自愿而相互建立关系十分必要。”[③]庇护十世常说的一句话是“朕必须关心政治”，他支持天主教徒与自由派秘密结盟（1913年《真蒂洛尼密约》），还着手组建天主教徒的政治组织，让温琴佐·奥托里诺·真蒂洛尼（Vincenzo Ottorino Gentiloni）[④]担任这些政治组织的领导人。教廷得以控制天主教选票，使“基督教民主”分子苦心经营的事业四分五裂，让其领导人如罗慕洛·穆里（Romolo Murri）[⑤]和唐·路易吉·斯图尔佐（Don Luigi Sturzo）[⑥]等人远离“神圣之天职”[⑦]。

---

① Rendina, *I Papi: Storia e segreti*, p.780.

② 刘明翰：《罗马教皇列传》，东方出版社，1995年版，第201页。

③ Casavola, *Enciclopedia dei Papi*, pp.596-597.

④ 温琴佐·奥托里诺·真蒂洛尼（1865—1916），意大利政治家、“公教进行会”领导人。1909年由教宗庇护十世授权领导“意大利天主教选举联盟”，直至去世。1913年意大利全国大选，他领导下的选举联盟与意大利自由派达成秘密协议，该协议以他的名字命名，称“真蒂洛尼密约”。

⑤ 罗慕洛·穆里（1870—1944），意大利天主教士、政治家。曾积极推动天主教徒参与意大利政治，因1909年进入议会而被教会开除教籍。他的思想影响了20世纪意大利天主教民主政治的发展。

⑥ 唐·路易吉·斯图尔佐（1871—1959），意大利天主教士、政治家。曾积极参与“公教进行会”的活动，与罗慕洛·穆里私交甚笃。1919年1月组建意大利人民党（Il Partito Popolare Italiano），1924年7月被迫辞去人民党书记职务，之后长期流亡海外。二战后回到意大利，继续从事政治活动直至去世。

⑦ Rendina, *I Papi: Storia e segreti*, p.783.

庇护十世改组了“公教进行会”（l’ Azione Cattolica）[①]，将其划分为三个“联盟”：“意大利天主教人民联盟”（Unione popolare fra i cattolici italiani）、“社会经济联盟”（Unione economico-sociale）和“选举联盟”（Unione elettorale）。其中第一个“联盟”主要负责文化和宣传活动，后两个则负责经济和选举。在此之前，1867年，部分在俗教徒建立了一个“意大利天主教青年团”（Società della gioventù cattolica italiana）[②]；1908年庇护十世又组建了“意大利天主教妇女联盟”（Unione fra le donne cattoliche d’ Italia）。所有这些组织均一致遵守“公教进行会”的纲领。[③]

庇护十世试图将发动天主教民众的领导权牢牢控制在自己的手中。放松“不适当”教令实则是不得已而为之。因为普选权扩大和政治民主化是意大利构建现代民族国家的必经之途，在这条道路上，不论是执政的意大利自由政府还是处在上升期的社会党，都已经开始如火如荼地争夺选民，而选民中天主教徒占有重要份额。[④]此时，作为天主教会首领的教宗自然不能置身事外，正如其前任利奥十三世不得不出面澄清教廷对资本主义社会矛盾的立场一样，庇护十世也必须面对新的形势。

---

① “公教进行会”：“L’Azione Cattolica”，主要由天主教在俗教徒组成，由庇护九世创建于1868年。当时，教宗国受到意大利民族运动的冲击，为挽救危局，教宗号召意大利天主教徒组织起来以行动保护教会，故命名“公教进行会”。其麾下有许多分支组织，包括工会、学生组织、妇女组织等，具有国际性。凡天主教徒不分性别、年龄、阶级、职业，均可以参加。

② 意大利天主教青年团：最初由两位在校大学生马里奥·法尼（Mario Fani）和焦瓦尼·阿夸代尔尼（Giovanni Acquaderni）在博洛尼亚圣彼得城堡（Castel San Pietro dell’Emilia）建立。该团体的箴言是“祈祷，行动，牺牲”，有四项基本的组织原则：服从教宗；致力于教育；遵循基督教主义的生活；以接济弱势群体和穷人为己任。1868年5月，该团体得到教宗庇护九世的首肯。此后发展迅速，影响几乎遍及全意大利。庇护十世改组“公教进行会”后，该团体纳入其中。

③ Casavola, *Enciclopedia dei Papi*, p.602.

④ 据贾科莫·马丁纳对相关资料的统计，18世纪中期，都灵神职人员占人口比例为1.67%，博洛尼亚为2.2%，托斯卡纳为1.2%，而那不勒斯王国为2.25%，拿破仑统治时期平均比例为1.8%。至1850年前后，意大利境内（按照现在的国界线）居民约2300万，天主教士总数约6万，教俗界神职人员总数约10万；1861年教士87744人，修士30632人；1871年教士10万，修士9163人；1881年教士84834人，修士7191人。参见Guerriero，*La Chiesa in Italia: Dall’ unità ai nostri giorni, p.33, p.125*；*Alfredo Capone, Destra e Sinistra da Cavour a Crispi, Giuseppe Galsasso, Storia d’ Italia*, vol. XX, pp.124-127.

（三）“新俗权主义”

1922年2月，来自米兰的保守派主教阿基莱·拉蒂（Achille Ratti，1857—1939年）登上教宗宝座，称庇护十一世。与本笃十五世支持天主教徒参与选举、进入国家政治领域不同，庇护十一世排斥基督教民主主义，对天主教政党之类不感兴趣。他非常注重天主教慈善、教育、道德和社会工作，在他看来只有通过这些工作，实施天主教会所阐述的基督精神，才是用以对抗“令人目眩的、混乱的现代生活”的唯一武器。为此，他热心于组建专注慈善、教育、道德和社会工作的“公教进行会”。

庇护十一世一心想将天主教大众导向“公教进行会”而不是政党，明令禁止天主教士加入任何政党。他积极地组织“公教进行会”活动，主要有四大分支：青少年男子团、成年男子团、青少年女子团、成年妇女团，该组织网遍布所有教区。“这一分布广泛的团体网络必然有助于捍卫耶稣基督在这个国家社会生活中的威严。”[①] 庇护十一世的根本目的是要形成一股“坚如磐石”的天主教力量来应对现代民族国家的新形势，他要把天主教大众统一在以保守派为领导人的新天主教组织里。在经济和社会事务上庇护十一世坚持保守主义立场，很大部分原因在于他的朋友和熟人圈里有很多是温和教权派资本家和贵族。

1922年法西斯夺权成功后，教宗庇护十一世对墨索里尼有一番评价刊登在1922年10月29日的《罗马观察家报》（*L' Osservatore Romano*）上，他指出“墨索里尼阁下开始启动合作式的政府管理模式，联合各种力量，尤其将人民的利益放在首位”。[②] 需要指出的是，庇护十一世亲法西斯的一个重要原因是他与国务卿加斯帕里一样也深惧共产主义。在任教廷驻波兰大使三年期间，他亲身经历了苏联波兰战争，目睹红军在1920年8月入侵华沙，这种经历对其后来敌视共产主义的情绪有决定性作用。

与国务卿加斯帕里一样，庇护十一世也迫切希望解决“罗马问题”。他曾在教宗加冕式之后现身圣彼得广场发表公开演说（按照1870年以来的惯例，新当选的教宗在圣彼得大教堂加冕后均在教堂内致辞，而庇护十一世是多年来第一位公开露面发表加冕演说的教宗）。他声明，与意大利和解将是他任内

① Rendina, *I Papi: Storia e segreti*, p.791.

② Rendina, *I Papi: Storia e segreti*, p.790.

的一项主要任务。而他对于"罗马问题"的看法主要受其"新俗权主义"（neo-temporalismo）思想的影响。

教宗传记作家们把拉蒂对世俗权的看法称为"新俗权主义"，主要是为了突出其与过去几任教宗的不同之处。还在任米兰大主教时，拉蒂就曾发表言论指出：

> 教宗乃是意大利最崇高之荣耀，尤其在乱世。教宗所具有的国际地位和超越民族国家之上的至高权威将给我们这个国家（指意大利）带来难以想象的特权和优势。①

拉蒂坚信教宗应该拥有世俗权，但他所强调的"世俗权"已经较庇护九世所坚持的教宗国的"世俗权"在内涵和外延上都扩大了。即不仅仅是领土主权意义上的"世俗权"，还要包括在现代民族国家、现代国际社会当中无可比拟的崇高地位和至上权力。

> 他（庇护十一世）企图在世界范围内逐步重建天主教神权，充分利用一切机会建立教廷与世界各国的关系，不论这些国家是何体制。学校、政党之中都有天主教新的大本营，这些都是"新俗权主义"在现代世界的实践。②

在庇护十一世在位期间，梵蒂冈与意大利、德国、奥地利、波兰等多个欧洲国家陆续签订了政教协定。

三、意大利国家政策转向与政教和解

（一）民族国家观念与天主教主义趋向"和解"

理论上，意大利民族主义似乎与天主教价值观格格不入。因为民族国家观念本质上是独立、排他的，而意大利民族国家的构建史又是从反对天主教权开始的。从复兴运动起，天主教主义就被认为是意大利建立统一的民族国家的大敌；另一方面，天主教价值观是普世、泛爱众人的，且在教宗国的历史上，教会从来就只是如何想方设法去阻止意大利本土强权的产生，避免该强权统一意大利。但不能否认的是，历来思考意大利民族国家构建的重要历史人物，如马志尼、加富尔等都在试图促成这二者的"和解"。

---

① Rendina, *I Papi: Storia e segreti*, p.790.

② Rendina, *I Papi: Storia e segreti*, pp.791-792.

复兴运动的杰出思想领袖马志尼较早地在意大利民族国家观念与基督教普世思想和宗教价值观之间架设了一座沟通的“桥梁”。1831年，马志尼在法国马赛创立“青年意大利”。他指出，该组织是“相信进步和义务法则的意大利人的兄弟会，他们相信意大利会被称作一个国家，相信能够凭借自己的力量创造这个国家……他们团结一致将其思想和行动奉献于将意大利建成一个自由、平等的国家，一个独立、主权的国家的这一伟大信念之中”。马志尼“将政治纲领和思想革新行动及造福于全体人类的宗教思想极好地糅合在一起，从而将意大利的复兴运动提高到一个极其崇高的高度，没有东西比这更能赋予它以普遍的价值”。[①] 虽然没有明确提及天主教和基督教，仍然能从马志尼的崇高理想中读出基督教的普世意味。

如果说马志尼在沟通宗教与民族方面做了有效的尝试，是从思想和情感上为意大利民族国家进一步接受天主教做了铺垫，那么加富尔所提出的“自由国家之中的自由教会”原则就是这种尝试在国家政治主张中的高调展现。加富尔在论述“自由国家之中的自由教会”原则时不断强调，教会自由最坚强的后盾是意大利人民，这源于意大利人民身上体现出的可贵品质。1861年2月21日，加富尔给潘塔莱奥尼的秘密谈判做出的指示也强调，保持人民的天主教信仰对政治统治十分必要。[②]

意大利人虔诚的天主教信仰是任何思考政教关系与意大利现代民族国家构建的人士都不能忽略的事实。天主教信仰已经内化为意大利人内心情感的一部分，从加富尔的言论中就能看出。到意大利王国建立时，“意大利”这一国家的概念远不及天主教信仰深刻。意大利民族国家需要人为有意识地构建出来，而宗教文化方面的努力对意大利来说显得尤为重要。所以，天主教主义固然与现代民族国家观念存在根本的冲突之处，但是并非没有妥协和调和的可能。况且，“罗马问题”的产生已经证明，天主教主义、天主教会、教宗和教廷都是意大利民族国家构建事业无法回避的重要问题，也不是简单的武力压制能够解决的。所以，加富尔才会尝试从理论上调和意大利民族国家观

---

① 路易吉·萨尔瓦托雷利：《意大利简史：从史前到当代》，沈珩、祝本雄译，商务印书馆，1998年版，第478页。

② Scoppola, *Chiesa e Stato nella Storia D' Italia: Storia documentaria dall' Unità alla Repubblica*, pp.30–31.

念与天主教主义，不过他主要还是从现实统治需要出发，提醒意大利统治阶层要重视天主教问题，并试图用自由主义统辖民族国家与天主教。他的“自由国家之中的自由教会”原则一直指导着1861年以来历届自由派政府。直至20世纪初，意大利民族主义运动兴起，民族国家观念与天主教价值观才真正开始直接沟通、妥协并调和。如果说，加富尔树立的传统是民族国家被动地接受“意大利人民几乎全是天主教徒”这一事实，那么从20世纪初意大利对外殖民战争起，民族国家开始主动寻求天主教主义的有利因素，择其之长为己服务。在政治合作之外，意大利民族国家又找到了与天主教和解互利的另一个基础。在这一方面，积极甚至近乎狂热的民族主义者功不可没。

19世纪末20世纪初，世界进入了“帝国的年代”，欧美主要的资本主义国家陆续走上对外扩张之路。在这个过程中，意大利属于“后进之国”，它走上对外扩张的帝国之路的时间比英、法等国要晚，这主要是受其国内资本主义发展程度的限制。虽然较晚，热情却高涨，到一战前，意大利民族主义者已经开始逐渐地在意大利民族国家与民族帝国之间画上等号。20世纪意大利民族主义的提倡者是阿尔弗雷多·奥里亚尼（Alfredo Oriani）和加布里埃莱·邓南遮（Gabriele D’Annunzio）。反教权主义已经过时，取而代之的理论认为“宗教情绪”是社会秩序的支柱，天主教主义应当被尊奉为意大利民族精神的伟大缔造者，宗教的慰藉将强化为祖国奉献牺牲的精神。一些民族主义者甚至认为基督教乃是外来的闪米特精神的产物，而天主教则属于罗马人和帝国。[①]

首先，虽然民族主义者描绘的帝国图景相当虚幻和理想化，但在一些天主教徒看来，至少比秉持不可知论的自由国家显得更高尚些。青睐民族主义的天主教徒们将组织化的民族国家与国家控制下的劳工组织视为天主教“合作主义”理论的现实实践。1911—1912年意大利发动对利比亚的殖民战争，民族主义者就充分利用了这些天主教徒对民族主义的好感。民族主义鼓吹者焦瓦尼·帕斯科利（Giovanni Pascoli）和加布里埃莱·邓南遮用对外殖民扩张战争和帝国主义理想激发了天主教徒的热情。众多天主教舆论媒体不仅将支持利比亚战争当作一种爱国义务，更视为一场“圣战”。既有利于天主教福

① Webster, *The Cross and the Fasces: Christian Democracy and Fascism in Italy*, p.24.

音的传播，更是一种实现教会世俗利益的途径。因为意大利对外殖民扩张所夺取的利益当中也有罗马教廷的份额：作为“教会之家”的罗马银行在非洲利比亚不仅有正常的金融收入，它还拥有五艘蒸汽船并经营着一条运输线。此外，教会希望借助意大利对利比亚进行战争的机会巩固其在非洲的传教成果。

意大利下议院的“天主教徒议员”（deputati cattolici）支持意大利对利比亚的战争，如博诺梅利主教（Geremia Bonomelli，克雷莫纳主教）认为若能赢得利比亚，不仅意大利能获得开放的市场、殖民地和又一道海上屏障，而且“在意大利三色旗飘扬的地方，我能看到十字架正冉冉升起的光辉……意大利自然会尊重当地人们的宗教信仰，但它（意大利）或许同样希望传教士们在王国的支持和保护下耐心从事当地人改宗天主教的工作，尽管这一改宗过程相当缓慢”。[①] 1913年1月9日，民族主义者F.科波拉（F. Coppola）在周刊《民族观念》（*Idea nazionale*）上发表题为《“傻瓜”之思考者与“观察家”之学者之间》的文章。提出：

> 首先，反天主教主义是一种过失……因为天主教主义是秩序、纪律、等级制度，能约束个人专制，否定成体系的革命主义；所以它是道德的教育，公民的教育，政治的教育。在本质上，主张民主的个人主义与反天主教主义是一丘之貉，正因为如此我们才反对反天主教主义的观念，拒绝反对天主教。[②]

路易吉·费代佐尼（Luigi Federzoni）在1914年民族主义者大会（il Congresso nazionalista）召开前夕的评论中写道：

> 民族主义者应该考虑到宗教信仰对民族国家统一的重要性，它可以变成一种凝聚力，由此可以保障民族共同体免受分离势力的破坏。宗教信仰给予每个人一种精神力量，使其易于接受超越性，这样就与我们的根本宗旨（民族主义）不谋而合，且无论如何都不会与物质主义（社会

---

① Webster, *The Cross and the Fasces: Christian Democracy and Fascism in Italy*, p.30.

② Franco Gaeta, *La crisi di fine secolo e l' età giolittiana*, Giuseppe Galsasso, *Storia d' Italia*, vol. XXI, p.457.

主义或共产主义）妥协。[①]

在寻求民族国家观念与天主教主义和解的同时，民族主义者也没有放弃其根本立场，即不希望国家变成教会的工具。在这个立场上，对民族国家与天主教会关系论述较详细的是阿尔弗雷多·罗科（Alfredo Rocco）[②]。作为法西斯主义的先行者，罗科在他1922年的著作《教会与国家》[③]中称：

> 原始基督教是个人主义的“分解力量”，而民族主义正是一种民族的宗教，要求自愿奉献和日常的自我克制。在个人自律和服从集体这一层面上，基督教原始教义与民族主义存在不谋而合之处。[④]
>
> 原则上不能使国家沦为教会的工具，即使事关教会，国家也必须坚定地行使其主权。天主教和教会的确是国家生活中极为重要的部分，但必须首先保障国家主权，然后才是尽量照顾到天主教的利益。在意大利国家生活中，要保障国家主权有必要采取尊重意大利天主教徒信仰自由的政策，禁止打着反教权民主派的旗帜从事宗教迫害活动。……甚至，将来或许能更进一步，让国家与天主教会订立政教协定，哪怕只是秘密协定，由此天主教组织就可以为意大利民族国家在世界范围内的扩张做出贡献。[⑤]

（解决教会与国家关系问题）最优的方案就是，意大利以自身实力为后盾对外拥有独立自主权；而教廷依然保持其在国际上的固有地位，双方公开地握手言和。国家承担一定的宗教义务，积极维护天主教在意大利的国教地位；教会停止干预意大利国家内政，真正为促进意大利民族国家繁荣而出力。[⑥]

---

① Luigi Federzoni, Maurizio Maraviglia, *Alla vigilia del congresso*, *L' Idea nazionale*, *14 maggio 1914*, *da Scoppola*, *La Chiesa E il Fascismo—Documenti e Interpretazioni*, p.37.

② 阿尔弗雷多·罗科（Alfredo Rocco），1875—1935，意大利政治家、法学家。1921年进入下议院，1924年5月24日—1925年1月5日担任下议院议长；1925年1月—1932年7月20日担任意大利司法部部长。

③ Alfredo Rocco, “Chiesa e Stato”, *Il Resto del Carlino*, 4 aprile 1922, da Scoppola, *La Chiesa E il Fascismo—Documenti e Interpretazioni*, pp.54-58.

④ Webster, *The Cross and the Fasces*: *Christian Democracy and Fascism in Italy*, p.37.

⑤ Alfredo Rocco, *Scritti e discorsi politici di Alfredo Rocco*, *3 vols. Milan*: *A. Giuffrè*, *1938*, *I*, *p. 81*, *da Scoppola*, *La Chiesa E il Fascismo—Documenti e Interpretazioni*, p.58.

⑥ Alfredo Rocco, “Chiesa e Stato”, *Il Resto del Carlino*, *4 aprile 1922*, *da Scoppola*, *La Chiesa E il Fascismo—Documenti e Interpretazioni*, p.59.

罗科的这些观点对意大利与罗马教廷后来的和解有重要的理论意义。1929年教廷与法西斯进行和解谈判时，罗科亦是直接参与谈判的代表之一。

（二）墨索里尼对政教关系的认识转变及政策转向

墨索里尼早期曾公开反对教权，著有小说《枢机主教的女儿》。他在书中将神父比喻为“黑色的细菌，就像结核病菌那样使人类致命”。1919年，墨索里尼时任《意大利人民报》（*Popolo d' Italia*）编辑，他曾在报上写道：“由于我们憎恶各种形式的基督教……所以我们对现代异教崇拜力量与勇气的复兴便怀有极大的同情。”他还说：“我们党（法西斯党）要求政教分离，取消天主教的一切特权，没收教会财产。国家必须把教会作为一个民法管辖下的纯粹私人结社，宗教活动必须限制在教堂内进行。”[①]1919年11月18日，他撰文高呼反教权主义，甚至激进地喊出“将教宗逐出罗马”的口号。[②]教宗本笃十五世对此曾提出公开抗议，反对“这位不正当地自称意大利人民的代表发表诽谤我们神圣救世主的可怕渎神言论”。[③]

1919年6月，全国大选开始前夕，法西斯党的战斗纲领规定：没收一切宗教修会的教产；教区主教们的薪俸开支造成了巨大的国家财政赤字，应全部废止，同时废除他们拥有的部分特权。之后到1920年5月，法西斯政治纲领再次强调了这些规定。[④]但是到1920年秋，墨索里尼开始认识到教会在意大利政治生活中的极端重要性，他在给邓南遮的信中写道：“我相信在意大利向世界扩张的过程中，天主教主义可资成为最强有力的一个武器。”[⑤]1921年6月21日，他在下议院发表演讲——这是他在议会政治舞台上的首次露面，宣称“法西斯主义既没有实践过也从未宣扬过反教权主义”[⑥]，不会像共济会（Massoneria）那样作茧自缚。他指共济会是戚戚小人和琐碎小事的聚集所，自己断然不会与他们为伍。他又提出只要意大利教会放弃其“世俗梦想”，他

① 巴尔齐尼：《意大利人》，刘万钧、张天润、张军译，生活·读书·新知三联书店，1986年版，第135页。

② Scoppola, *La Chiesa E il Fascismo—Documenti e Interpretazioni*, p.34.

③ 《意大利人民报》1919年5月11日，转引自段琦：《梵蒂冈的乱世抉择（1922—1945）》，金城出版社，2009年版，第9页。

④ Pollard, *The Vatican and Italian Fascism(1929-32):A study in conflict*, p.22.

⑤ Pollard, *The Vatican and Italian Fascism(1929-32):A study in conflict*, p.22.

⑥ Scoppola, *La Chiesa E il Fascismo—Documenti e Interpretazioni*, pp.52-54.

便可以为之提供物质资助。在1921年11月4日教会举行的一次庆典上，拉蒂主教（后来的庇护十一世）允许法西斯旗帜进入米兰大教堂。此后不久，拉蒂当选为教宗，墨索里尼便感到由衷的高兴。

墨索里尼于1922年10月被国王任命为王国首相，此后他积极活动促成与教廷和解。首先，他规劝教宗放弃世俗权要求：

> 如果梵蒂冈肯完全放弃世俗权要求，那么意大利愿意为梵蒂冈提供一切物质保障，如学校、教堂、医院等等设施，我相信梵蒂冈已然走上了这条道路（指放弃世俗权）。天主教徒的数量必将随着全世界40亿人口的增长而与日俱增，世界各地的教徒无不注视着罗马，作为意大利人，这一点对我们裨益良多而且让人倍感自豪。①

在取得政权后，墨索里尼声称，自己是“奉天主的旨意”来治理国家，“愿天主帮助我圆满地完成这个沉重而艰巨的任务”。此后他多次发表这类言论，在意大利实行宗教自由政策的同时，“要特别关照天主教，使之居于主导地位”。他还曾对一位西班牙新闻记者说：

> 意大利人不仅尊教宗为宗教领袖，也把他本人视为罗马教会的象征。缺少这种象征，我们自中世纪以来的历史就无法理解。今天，意大利的许多政治现象是一种精神复苏现象，尽管尚未完全为世人所理解。因此，意大利政府的宗教政策不能不寻求一种全新的基础。②

墨索里尼甚至提出：

> 天主教主义是拉丁传统以及罗马帝国在当代的象征，如果说当代罗马还存在某种普世性思想的话，那么有且只有梵蒂冈有发言权。③

其次，墨索里尼尽一切努力塑造“虔诚教徒”的形象。1923年，墨索里尼让自己的孩子们都受洗皈依天主教，与妻子蕾切尔补办天主教仪式婚礼。他早期写的《上帝不存在》以及有关约翰·胡斯的小册子或已绝版，或已停

---

① B. Mussolini, *Scritti e discorsi*, vol. Ⅱ, *La Rivoluzione fascista, 23 marzo-28 ottobre 1922, Milano 1934, pp. 183-186, da Scoppola, La Chiesa E il Fascismo—Documenti e Interpretazioni*, p.53.

② Anthony Rhodes, *The Vatican in the Age of the Dictators*(*1922-1945*), N. Y.: Holt, Rinehart and Winston, 1973, p.29.

③ B. Mussolini, *Scritti e discorsi, vol.* Ⅱ, *da Scoppola, La Chiesa E il Fascismo—Documenti e Interpretazioni*, p.53.

止发行，教宗不会再因这些“教会禁书”而迁怒于他。[①] 在教会十分在意的离婚立法问题上，他极力迎合教会观点：

> 从内心深处来说，我不是一个支持离婚的人士，因为感情的问题无法通过司法程序来解决。[②]

他指出，意大利人可以同时效忠国家和教会，两者并不冲突。他承诺将改善政教关系的任务列入其重要工作日程，且是不可或缺的部分。在社会公共生活层面，他还做出了一系列努力[③]：

其一，恢复宗教标志。国家规定法庭上必须悬挂十字架，以“作为神圣公正的标志”。在学校里，国王像旁边要悬挂十字架，并强制恢复宗教教育。1925年，法西斯政府恢复古罗马圆形剧场上的十字架[④]。

其二，恢复宗教仪式。教会的节日成为公众的节假日，而对一些可能伤害教廷感情的节日则保持低调。如不再像以往那样大肆庆祝占领罗马日。政府还主动配合一些大型宗教活动，如为1923年9月在热那亚举行的圣体大会提供方便。当时的参加者之中有40位枢机主教，群众队伍长达15公里。为表示对教会的友善，政府恢复了一系列自1870年以来在公共场所早已停止的教会活动。例如在复活节时敲响罗马市政厅的大钟以示庆祝；恢复罗马大学内的教堂——“智慧堂”（La Sapienza）的宗教活动。对教会看重的圣人百年纪念和圣年等活动，政府也十分重视。为庆祝1924年12月24日开始的圣年，当局修好了通往圣彼得大教堂的道路，并大大改善罗马四大教堂之间的交通，此举深受天主教界的欢迎。1925年为筹备来年纪念圣方济各逝世700周年的活动，墨索里尼亲自写信给意大利驻外使团，为前来参加活动的各国来宾提供便利，并且为教宗特使梅里·德尔瓦尔（Merry Del Val）枢机主教派出专列接送。当德尔瓦尔主教途经奥尔托、特尔尼、斯帕莱托站时，月台上奏起

---

① 丹尼斯·麦克·史密斯：《墨索里尼其人》，许其鹏、陆炳华译，军事译文出版社，1985年版，第202-203页。

② B. Mussolini, *Scritti e discorsi*, vol. Ⅱ, da Scoppola, *La Chiesa E il Fascismo—Documenti e Interpretazioni*, p.52.

③ Scoppola, *La Chiesa E il Fascismo—Documenti e Interpretazioni*, pp.52-54.

④ 这里是历史上基督教第一批殉道者流血之地，为了表示纪念，教会于675年在此地竖起十字架。意大利民族独立运动期间，该十字架被共济会人士摧毁，取而代之的是“罗马凯旋者”雕像。

意大利国歌；到达西西里时，还鸣放了21响礼炮以示欢迎。在正式举行纪念活动这天，教宗旗帜与意大利国旗并排飘扬，担任仪仗队的士兵们穿上了节日盛装。这些举动都感动了这位一直对法西斯抱有“不妥协”态度的枢机主教，他热情称赞墨索里尼对国家和宗教做出的杰出贡献。

其三，恢复渎神罪。该项罪行被自由政府取消多年，如今得以恢复。法西斯政府对那些渎神及败坏天主教规的行为给予处罚。1923年，定居罗马的美国新教“美以美会”信徒买下了梵蒂冈附近马里奥山的大片土地，打算盖一所“美以美会”大学、一座教堂还有一所中学，使梵蒂冈变成新教徒的朝圣之地。他们对教廷态度不恭，甚至谩骂天主教会是“巴比伦淫妇”。为此，罗马教廷求助意大利政府，政府立即宣布“不能宽容这类亵渎罗马的行为”。同时还表明要从“美以美会”手中赎回这些土地，若他们不肯，就没收，改建成但丁博物馆，费用将由公众捐款和意大利新闻界来资助。[①]

为赢得教宗好感，墨索里尼还大刀阔斧地在国家层面采取有利于教会的措施：

首先，撤换教育部部长。原担任教育部部长的焦瓦尼·真蒂莱（Giovanni Gentile）是位哲学家，他坚决反对在其新的中学教改计划里引入宗教教育，同时继续坚持执行不允许神父担任教师的禁令[②]。1924年6月代替他出任教育部部长的是一位天主教徒，佩斯特罗·费代莱（Pestro Fedele），耶莫洛评价他：“不论什么事情，他（费代莱）都准备向教廷让步。”[③]

其次，撤换司法部部长。1925年1月，墨索里尼撤换了不合作的阿尔多·奥维利奥（Aldo Oviglio），由原民族主义分子阿尔弗雷多·罗科出任该职。在此之前，马太-真蒂利（Mattei-Gentili）被任命为司法部副书记。罗科出任部长意味着司法部已经完全被亲教权派所掌控。1918年12月，罗科在一篇政治声明中写道：“罗马天主教会运用其精神的和传统的力量在意大利人民心中树立了令人景仰的丰碑，意大利不能也绝不应该忽视这一点。换言

① 段琦：《梵蒂冈的乱世抉择（1922—1945）》，金城出版社，2009年版，第15页。

② 到1926年，真蒂莱在法西斯党内的地位已受到严重威胁，他最后一次政治亮相是在1928年，他举旗反对已箭在弦上的政教协定的签署，以失败告终。

③ Arturo Carlo Jemolo, *Chiesa e Stato in Italia negli ultimi cento anni*, Torino: Einaudi, 1965, p.225.

之，教会仍然享有最广泛的声望，它进行普世宣传的潜力无可限量。”[①] 而在1922年4月发表的一篇文章中，罗科的亲教权倾向更进一步。他指出，复兴运动的自由传统应该摒弃，意大利国家应该对天主教更加开放、更加积极，国家应该用促进和捍卫天主教的实际行动来回报教会对意大利社会、政治秩序的大力支持。[②] 无疑，他在鼓吹恢复19世纪“王座与圣坛”的联盟。[③]

再次，打击共济会。共济会几个世纪以来一直被教廷视为反教权的大本营。1923年2月，墨索里尼打响了反共济会的第一枪，他宣布共济会支部分子的身份与法西斯政党支部成员的身份不可兼得。到1924年底，意大利许多地区的共济会办事处都成为法西斯分子打击的对象，共济会成员沦为法西斯暴力团的受害者。[④] 1925年1月，罗科在议会提出一项法案，旨在打压共济会机构，将隶属于共济会及其他秘密组织的世俗人员定为犯罪分子。[⑤]

最后，撤换法西斯党书记。1926年4月，法西斯党书记反教权主义派罗伯托·法里纳奇（Roberto Farinacci）被免职。他的去职不仅是梵蒂冈期望的，也标志着墨索里尼取得了控制法西斯党的最终胜利。而继任书记的奥古斯托·图拉蒂（Augusto Turati）则坚定不移地支持墨索里尼的宗教政策。[⑥]

对墨索里尼讨好教会的政策，罗马教廷也做出了积极的回应——迫使被法西斯党视为眼中钉的意大利人民党（Il Partito Popolare）[⑦]解散。1923年7月

---

① Adrian Lyttelton, ed., *Italian Fascisms From Pareto to Gentile*, London : Weidenfeld and Nicolson, 1973, p.267.

② Roland Sarti, ed., *The Axe Within: Italian Fascism in Action*, New York: New Viewpoints, 1974, p.37.

③ Pollard, *The Vatican and Italian Fascism, 1929-32—A study in conflict*, p.40.

④ Adrian Lyttelton, *The Seizure of Power: Fascism in Italy, 1919-29*, London : Weidenfeld and Nicolson, 1973, pp.280-282.

⑤ Daniel Anthony Binchy, *Church and State in Fascist Italy*, London : Oxford University Press , 1970, p.143.

⑥ Pollard, *The Vatican and Italian Fascism, 1929-32—A study in conflict*, p.41.

⑦ 1919年由西西里神父唐·路易吉·斯图尔佐所组建。其纲领主要有三点：独立于天主教会；与社会党争夺选票；抨击自由主义。

10日，罗马教廷勒令人民党书记斯图尔佐（Don Luigi Sturzo）辞职，此后他被迫流亡国外。阿尔奇德·德加斯佩里（Alcide De Gasperi）[①]出任人民党书记。人民党在1925年6月28日至30日召开了最后一次大会后名存实亡。1925年12月，德加斯佩里也被迫辞去人民党书记一职。到1926年底时，该党彻底解散，甚至连地下政治组织都不复存在。在促使人民党解体的过程中，罗马教廷拉近了与法西斯党的关系。

结　语

通过梳理《拉特兰条约》签署前意大利与罗马教廷为解决“罗马问题”所做之历史选择，可以获得以下几点认识：

第一，“罗马问题”并非1870年意大利武力占领罗马后突然产生的一个外交性问题，所牵涉的亦不仅仅是罗马的归属权问题，其本质上是复兴运动以来，意大利构建现代民族国家的目标与罗马教廷世俗权及既得利益之间的矛盾总和。既涉及古老的教宗国与新兴意大利王国的冲突，也涉及意大利国家内部的政教矛盾。

第二，政教分离是现代民族国家发展的必然结果，不论是意大利自由政府时期提出的“自由国家之中的自由教会”还是法西斯政府时期促成政教和解的观念，其中都天然地包含政教分离原则。教会必须纳入民族国家的框架之中，这一点始终不变。

第三，意大利与罗马教廷的和解条件经历了数十年的积累过程，是双方所做之历史选择的共同结果。在此过程中，罗马教廷尤其历任教宗面对资本主义新时代的经济、政治、社会变化，或主动或被迫适应，与意大利达成和解符合天主教会发展的利益。

第四，对意大利而言，天主教是其不可分割的历史组成部分，民族国家构建尤其资本主义对外扩张都需要与罗马教廷进行和解。意大利国家本身是

① 阿尔奇德·德加斯佩里（1881—1954），当代意大利著名政治家，基督教民主党领导人。1919年12月被选为意大利人民党地区书记，1921年以人民党议会党团主席身份进入下议院，1923年7月接任人民党书记，1925年12月辞去书记职务，1927年3月被法西斯当局逮捕，判刑2年半。1928年7月，由于特伦提诺主教亲自向国王求情，他被释放；1929年4月进入梵蒂冈图书馆担任图书管理员，1942年末至1943年初秘密组织建立基督教民主党（Democrazia Cristiana），之后主持意大利战后重建。

人为构建而成，克服地方自治传统和分离主义是重中之重，天主教固然能为其建立民族认同、进行对外扩张所用，也给其民族国家建构埋下多种隐患，即使政教暂时达成和解，意大利国家仍须面对政教关系的后续问题。

美国共产党建立过程中的跨国因素及其影响①

邓　超

美国共产党（以下简称“美共”）始终坚持在资本主义大本营为实现社会主义而奋斗，迄今已达整整100年。自诞生之日起，美共大部分时间都在极其恶劣的环境中挣扎求存。在最强大的资本主义国家内部建立共产党，意味着要随时提防来自统治阶级的政治迫害与疯狂打击，同时还必须时刻面对世界上最强势的资产阶级政治文化压力。但是，这绝非美共一直未能发展壮大的根源。因为将资产阶级过于强大作为理由，就等于说历史不会发展前进。何况，美共的发展轨迹与西欧大多数共产党总体上并无二致，只不过显得异乎寻常的微弱罢了。所以，美共的历史既带有发达工业国家共产主义运动的共性，也带有其自身独特的个性。

对于美国社会主义运动微弱的原因，学界历来众说纷纭。现有研究大多将其根源归结于美国独特的政治、经济、文化等国内因素，这些研究结论的取得与视角上以民族国家为单位的传统研究方法有着莫大关系。美国的疆界不是美国社会主义运动的天然容器，只是研究者人为设定的樊篱。美国社会主义运动是世界社会主义运动的组成部分，必然要受到作为整体的世界历史千丝万缕的影响。研究者越是将视角聚焦于跨国因素，就越能发现传统研究中那些已知的事实还存在被前人忽略的联系及意义。

值此美共建党100周年之际，本文选取美共建党前后的一小段史实，尽

【作者简介】邓超，中国社会科学院世界历史研究所副研究员。

①本文系2019年度国家社会科学基金一般项目“‘美国社会主义例外论’研究”（项目编号：19BKS016）的阶段性成果，已正式发表于《当代世界与社会主义》2019年第6期。

可能多地关注跨国因素对于美共建党的影响，以求从局部历史中展开对美国社会主义运动微弱原因的新思考。此外，回顾与反思美共建党前后的经验和教训，对于国际共产主义运动的复兴或可提供有益的启示。

一

美国社会主义运动历史相当悠久。从19世纪上半叶空想社会主义者在美国进行的共产主义社区试验、19世纪70年代第一国际总部最终迁往美国，甚至1883年马克思逝世后纽约举行的当时世界上最大规模（6000人）的隆重悼念活动，均可以看出美国人接触社会主义的历史非常之早。

最早的美国共产党人大多是在19世纪末的十多年间出生的一代人，基本上都曾是美国社会党党员。也就是说，美共直接源于美国社会党。美国社会党成立于1901年，发展速度很快，缴费党员人数1904年为20763名，1908年为41751名，1911年为84716名，到1912年时，达到了历史最高的118045名。[①]社会党还在1912年的总统大选中赢得了近百万张普选票，占选票总数的5.9%。许多历史学家将这一年视为美国社会主义运动的顶峰，后来的美共直到今天也没有超越这个成绩。

宗派主义是世界社会主义运动的痼疾。彼时的欧洲社会主义政党内部大致都先后出现了左、中、右三派，美国社会党也不例外。社会党领袖是尤金·德布斯（Eugene V. Debs），其中左派的主要领导人是路易斯·弗莱纳（Louis C. Fraina），中派的主要领导人是莫里斯·希尔奎特（Morris Hillquit），而右派的主要领导人是维克托·伯杰（Victor L. Berger）。三派之间争吵不断，革命还是改良、战争还是和平、对工会政策和对中产阶级的态度等，都会成为党内斗争的导火索。有时，同一个词在不同派别那里意味着不同的事情。例如“革命”这个词，对于右派仅仅意味着社会制度发生深刻的、根本性的改变，与渐进的改革并不矛盾，而对于左派则意味着夺取政权的方式和结果。[②]有必要指出的是，由于中派和右派的立场比较接近，后来在党内斗争中

① Jack Ross, *The Socialist Party of America: A Complete History*, Nebraska: Potomac Book, 2015, p. 142.

② Theodore Draper, *The Roots of American Communism*, New Brunswick: Transaction Publishers, 2003, pp.27–28.

常常共同进退，所以两派几乎合流了。

第一次世界大战爆发后，美国社会党内部在战争问题上发生了激烈分歧。除了一些著名的党员支持战争，大部分党员都坚持反战立场，社会党全国执行委员会还一再重申党的“反战立场不变”。美国参战以后，一些党员的反战立场有所后退。到1918年，由于德国发动了对苏俄的进攻，多数社会党人改变了反战立场。但是，美国政府已经对社会党和反战人士进行大举镇压。早在1917年6月，国会就通过了《惩治间谍活动法》。不久，社会党的主要刊物被取缔，世界产业工人联盟的办事处遭到袭击，工会领导人被逮捕，其他约100人受到审讯、判刑和监禁。1918年5月，国会通过了《惩治叛乱法》，进一步扩大镇压的力度和范围。在此后的千余起公诉案中，最著名的要数德布斯和伯杰的案件。德布斯由于发表了一篇反战演说，被判处10年监禁。而伯杰在报上发表社论，认为参战是资本家的阴谋诡计，也遭到20年监禁的处罚。这段时期，许多社会党党员被审讯和判刑，全国总部遭到洗劫，地方党组织也被不同程度袭击或破坏。总之，一战期间的镇压使社会党遭到了比较沉重的打击。然而，残酷的镇压并没有摧毁社会党。

1917年1月，大约20位社会党左派在纽约布鲁克林区开会，目的是讨论出一个左派行动纲领，以便将美国社会主义运动中的激进力量组织起来。因为此时的左派虚弱而混乱，基本没有能力组织有效的行动。[①]参加会议的除了美国左派弗莱纳等人，还有俄国流亡人士托洛茨基、布哈林以及日本移民片山潜等人。会议上，托洛茨基和布哈林展开了漫长而激烈的争论。布哈林主张左派从社会党中分裂出来，另外组建政党。托洛茨基坚持让左派留在社会党内，并创办独立的机关报，以宣传左派立场。这场争论最后以投票告终，托洛茨基胜出。

俄国十月革命的胜利极大地鼓舞了世界各国的共产主义者。一些欧洲国家如匈牙利、奥地利、保加利亚、德国和意大利等先后爆发了革命，共产主义风暴席卷众多国家。这场风暴自然也波及美国，社会党的力量迅速壮大，社会党左派更是增强了信心。紧随其后，美国工人运动也呈现上升态势。美国历史学家指出，1919年是美国历史上罢工人数最多的一年，共有超过400

① Theodore Draper, *The Roots of American Communism*, New Brunswick: Transaction Publishers, 2003, p.81.

万工人参加了3600起罢工。[①]在有些罢工和示威过程中，工人们还一度喊出了建立苏维埃共和国的口号。

不过，十月革命对美国社会主义运动的影响并不都是积极的，正是它引发了社会党内部的严重分裂。工人运动的高涨让左派相信美国资本主义已濒临崩溃边缘、整个国家正处于革命的前夜，主张按照暴力革命路线改造社会党。右派则完全不同意左派的判断，两派因此争执不下。美国历史学家认为："引发左派和右派分裂的不在于是否支持革命，而在于这次革命是一场发生于值得团结的遥远国度的民主革命，还是一场美国工人应该效仿的工人阶级夺权行动。"[②]

从1919年春季开始，党内越来越多的地方组织表态支持左派路线。就连左派要求社会党退出第二国际加入第三国际的动议，也在党内投票中以压倒性的优势获得通过。在这种明显有利的态势下，左派开启夺取党内领导权的行动，而右派和中派也采取措施针锋相对。在3月举行的新一届全国执行委员会选举中，左派赢得了总共15个席位中的12席。右派不愿接受选举结果，提出质疑和谴责。左派只好寻求德高望重的领袖德布斯的支持，但他拒绝在内部斗争中表态："我对派系斗争毫无兴趣，不想把精力消耗在这上面……我只能与资本家斗争，而不是自己的同志。"[③]而4月以后，他就进了监狱服刑。

关键时刻，希尔奎特在报纸上发表文章，直截了当地主张进行党内清洗，他写道："两个内部一致而和谐的社会主义小党，要比一个泥足巨人一般被内部纷争撕裂的虚弱大党好上一百倍。行动的时刻即将来临，让我们清除障碍吧！"[④]他的文章面世三天后的5月24日，在社会党全国执行委员会上，右派首先将追随左派的密歇根社会党整个驱逐出党，随后清除了七个左派外语联

① 沃尔特·拉菲伯、理查德·波伦堡、南希·沃格奇：《美国世纪：一个超级大国的崛起与兴盛》，海南出版社，2008年版，第108页。

② Jacob A. Zumoff, *The Communist International and US Communism, 1919–1929*, Leiden: Koninklijke Brill, p.34.

③ Jacob A. Zumoff, *The Communist International and US Communism, 1919–1929*, Leiden: Koninklijke Brill, p.36.

④ Theodore Draper, *The Roots of American Communism*, New Brunswick: Transaction Publishers, 2003, pp.157–158.

盟，共计26000多名党员遭到清洗。[①]此外，委员会还决定8月30日在芝加哥召开一次全国紧急会议，重新举行选举。由此可见，当时美国社会党实际上仍然掌控在右派手中，十月革命并没有真正改变社会党领导层的力量对比。

1919年6月21日，社会党左派全国代表大会在纽约召开，来自20个州的94名代表齐聚一堂。实际上，这次大会是未来大部分美共领导人的第一次集体亮相。在立即成立共产党还是夺取社会党的领导权问题上，参会代表产生分歧。多数代表否决了前者，而支持后者。支持前者的外语联盟和密歇根集团等大约1/3的代表退出了大会。留下的大约2/3继续开会，并最终决定：如果老社会党的全国紧急会议如期举行，左派将努力赢得控制权，将其改造为共产主义政党；如果大会未能举行，或左派未能获胜，那么就将于9月1日在芝加哥举行自己的大会，以组建真正纯粹的共产党。也就是说，无论结果如何都将诞生一个共产党。

8月30日，社会党全国紧急会议在芝加哥机械工人大厦如期举行。然而，右派控制的资格审查委员会拒绝那些留在社会党内的左派代表出席会议。左派打算强行参会，但是他们的行动计划提前泄露了。右派做好了准备，并叫来警察，将左派驱赶出会场。此时即使党内仍有与左派保持一致的代表，也已是少数派，紧急会议以右派胜利告终。清除了“障碍”的美国社会党并没有走向兴盛，在组织上的一系列大分裂之后，从此一路衰落下去。党员人数从1919年1月的109589人锐减到7月的39750人。[②]希尔奎特得偿所愿，他收获了一个人数足够少的社会党，只是后来的历史表明，小社会党远非他所期望的那么“一致而和谐”。

8月31日傍晚，被禁止参会的来自21个州的82名左派代表回到机械工人大厦，这些人原来主张留在社会党内继续斗争。代表们在约翰·里德（John Reed）和本杰明·基特洛（Benjamin Gitlow）等人的领导下，模仿布尔什维克党成立了美国共产主义劳工党（以下简称“劳工党”），总部设在克利夫兰市克拉克大街3207号。阿尔弗雷德·瓦根克内希特（Alfred Wagenknecht）当

① Theodore Draper, *The Roots of American Communism*, New Brunswick: Transaction Publishers, 2003, p.158.

② Guenter Lewy, *The Cause that Failed: Communism in American Political Life*, Oxford: Oxford University Press, 1990, p.5.

选为执行书记。不过，新党的名字直到9月2日才最终确定下来。

9月1日正午，密歇根社会党和外语联盟共128名代表齐聚俄语联盟的总部（代表们称之为“斯莫尔尼宫”），这些人原本支持立即脱离社会党。他们在查尔斯·鲁登堡（Charles E. Ruthenberg）等人领导下，成立了美国共产党，总部设在芝加哥蓝岛大街1219号，机关报为《共产党人》。鲁登堡担任全国书记，弗莱纳任国际书记和党报主编。两党都坚持马克思列宁主义，忠于俄国十月革命精神，接受共产国际的领导。

回头来看，正是十月革命引发了社会党内的致命分裂。比较1917年年初社会党左派会议中托洛茨基的主张与十月革命后的事态发展，这一点就变得更为明显。正如美共主席鲁登堡后来所说：“正是十月革命创建了美国共产主义运动。”①

美国共产主义运动起步后的第一年，就面临两大艰难处境：外部镇压和内部分裂。这双重危机指向了同一个结果，即美共的力量很难发展壮大。这种困境此后不断困扰着美共，使其一直未能积聚起有效对抗统治集团的足够实力。

二

1919年是急剧变化的一年，世界大战的硝烟刚刚散去，人们似乎都在忙着为了战后安排而博弈，世界上很多地方都充满了抗议、冲突、暴力和动荡。从年初开始，柏林总罢工、罗马尼亚出兵、巴黎和会开幕、朝鲜反日起义、共产国际建立、五四运动爆发……诸多改变历史的重大事件纷至沓来。美国社会不仅同样处于动荡和不安之中，而且内政外交方面许多亟待解决的问题都影响到其国内的社会稳定，关系着其能否实现夺取世界霸权的总目标。

首先，战时状态向和平状态的转换。为了大战，美国政府曾被迫短暂实施国家计划的命令经济，成立战时工业委员会，扩大政府的规模。战后，旨在恢复战前状态的经济调整又带来不少混乱。而且，美国国内大批工业一战中转入军工生产，战后这些工业又面临转为民用的问题。同时，400多万海外军人陆续退伍复员，仅停战协定签署后的数周内，就有60多万士兵返

① Theodore Draper, *The Roots of American Communism*, New Brunswick: Transaction Publishers, 2003, p.97.

乡。[1]这些退伍军人很少得到安置，几乎全部涌入求职市场，其内心的愤懑和不满可想而知。普通民众则必须面对转型带来的经济衰退、失业率增加和物价飞涨，而他们的收入却几乎没涨。

其次，劳资冲突加剧。工会力量经过多年发展，到1919年已经不容小觑，仅美国劳工联合会会员已经超过400万人。经过进步主义改革，政府在劳资纠纷中担当起调停人和仲裁者的角色，工会的地位在一定程度上得到承认。组织起来的劳工态度更加强硬，期望增加工资和改善工作条件。资方的想法恰恰相反，希望战后进一步削弱工会，以夺回对工商业的全部控制权。当工人们期望落空时，连绵不断的罢工就开始了。1919年2月6日，西雅图爆发了大规模的工人大罢工。当天六万余工人参加，加上受到波及的其他行业，共有十万余人停止工作，全城几近瘫痪，场面极为震撼。这是美国历史上第一次由不同行业参与的总罢工，也是战后首次大规模罢工活动，而它仅仅是当年3600多起罢工活动的开幕式。

最后，种族矛盾激化。一战期间，大量黑人进入工业领域和军事部门，为协约国的胜利做出了很大贡献。战后，他们乐观地希望凭借战争中的付出，换回平等权利，改变国内的种族歧视现象，提高黑人在美国社会中的地位。然而，许多习惯了白人至上的美国人认为黑人受到教唆和蛊惑，必须坚决反击回去。所以，1919年夏天在美国南方发生了一系列私刑处死黑人的事件，在北方一些城市发生了多起种族骚乱。[2]

可以看出，以上这些方面主要是美国战后经济转型所带来的负面后果，不能将其简单归结为民众反对资本主义制度的革命行动。然而，在统治阶级的强势话语下，特别是在新闻媒体的大肆渲染和蓄意建构之下，当时许多身在其中的美国人将这些混乱和冲突看作是布尔什维克影响的结果，是企图颠覆政府的激进行为，是“革命即将到来”的信号。

这种社会心理不是突然形成的，而是经历了一个过程。1917年俄国二月革命以后，美国认为俄国将迎来民主，所以率先承认临时政府的合法性。但

---

① Todd J. Pfannestiel, *Rethinking the Red Scare: The Lusk Committee and New York's CruSade against Radicalism, 1919–1923*, New York: Routledge, 2003, p.4.

② Regin Schmidt, *Red Scare: FBI and the Origins of Anticommunism in the United States, 1919–1943*, Gylling: Narayana Press, p.25.

十月革命胜利后，美国却极为反感，不仅拒绝与之发展外交关系，而且希望其尽早垮台。美国态度的变化不足为奇，因为两者意识形态是根本对立的。可是，双方并非一开始就剑拔弩张，这是由于强烈的现实需求——布尔什维克需要生存，而美国需要援手。美国国内舆论之所以发生根本性转变，源自1918年3月《布列斯特和约》的签署。刘疆等人发现，美国媒体丑化布尔什维克的大量负面宣传是从1918年下半年以后开始的。[①]1918年8月，美国正式加入武装干涉苏俄的行列。9月，《西森文件》（*The Sisson Documents*）正式出笼，致使美国民众错误地相信，《布列斯特和约》的签署证明德国操纵了俄国革命。11月，列宁的《给美国工人的信》在美国发表。他向美国无产阶级解释了签署《布列斯特和约》的理由，鼓励他们不要怕犯错误，要以最大的热情和决心投入战斗，即使采取恐怖的手段，也要“毫不调和地反对美帝国主义”[②]。这一系列事件使美国政府与民众对布尔什维主义的敌意逐步加深，最终在客观上消除了两国接近的现实基础。

十月革命后，欧洲的系列革命只是让美国统治阶级担心潜在的革命威胁，而列宁的呼吁和共产国际的成立则进一步增强了这种焦虑。对于如何反对美帝国主义，列宁写道：“阶级斗争在一切国家总是不可避免地要采取国内战争的形式，而没有极严重的破坏，没有恐怖，没有为了战争利益而对形式上民主的限制，国内战争是不可想象的。”[③]1919年3月，共产国际在莫斯科成立，以统一指导和协调日益增长的各国无产阶级革命运动。共产国际号召全世界无产阶级联合起来夺取政权，实行无产阶级专政，令美国统治阶级惊恐不已，决心把布尔什维克的威胁阻挡在国境之外。

如果说此前许多美国人只是担心和焦虑，那么从1919年2月开始的密集大罢工则使他们相信，这些担心正在一步步变为现实。由于大罢工所造成的严重影响，美国参议院决定成立一个专门委员会，调查布尔什维主义的威胁程度。经过一个多月的调查，没有直接的证据表明这些罢工是由社会主义者发动的，但是资产阶级却寝食难安，日益认定革命之火正在酝酿。

---

① 参见刘疆、王培利：《“恐赤”的由来——俄国十月革命与美国第一次“红色恐惧”》，载《天津行政学院学报》2010年第4期。

② 《列宁选集》第3卷第3版修订版，人民出版社，2012年版，第557页。

③ 《列宁选集》第3卷第3版修订版，人民出版社，2012年版，第564页。

此外，从年初就开始的一系列邮包炸弹，使统治阶级本就绷紧的神经更加紧张。4月28日，西雅图市长办公室收到一枚自制炸弹。次日，亚特兰大市一名前参议员也收到一枚炸弹。30日，纽约市邮局又发现了十几个装有炸弹的邮包。随后，全国又发现了更多的邮包炸弹。直到6月2日，炸弹在司法部部长米切尔·帕尔默（Mitchell Palmer）的住宅前爆炸。虽然警方没有查到这些炸弹的来源，但是帕尔默断定，炸弹与无政府主义者和布尔什维克都有关系。新闻舆论以担忧的口吻谈论“红色威胁”，美国统治集团和普通民众的“红色恐慌”逐渐走向高潮。

9月9日晚，两大美国共产主义政党成立之后没过几天，波士顿1000多名警察就举行大罢工，导致全城陷入混乱。9月22日，全国27万余名钢铁工人举行罢工。一周后，罢工人数上升至36万人。秋季罢工潮又开始了，规模和持续时间都超过以往，似乎某种程度上响应了列宁和共产国际的号召。但实际上，此时的美共与工会会员之间联系很少，在工会领导层更没有什么影响力。[①]已经深陷“红色恐慌”的美国政府和大多数民众，此时毫不犹豫地相信，一定是共产党煽动了这些罢工，革命的烈火已经引燃，必须“挽救美国”。

事实上，美国国内的革命情绪的确在上升，只不过被极度夸大了。根据美国历史学家西奥多·德雷珀（Theodore Draper）的推算，美国两大共产主义政党建党初期的注册党员人数比较可靠的范围是25000～40000。[②]这个人数在美国全部人口中只占极小的比例。平心而论，许多社会冲突都有深刻的历史及现实原因，是长期积累的结果，不都是革命行为。可是在那种情势下，几乎没有人愿意做出认真合理的分析，普通群众更容易被狂热的情绪所引导。今天看来，世界性的革命风暴、密集的罢工浪潮和接连不断的炸弹袭击，继而引发社会心理的巨大恐慌，丝毫都不奇怪。就这样，“红色恐慌”不断蔓延深化，最终发展为一场席卷全美的噩梦。

1919年秋天之前，美国政府忙于应付战后紧急事务。仅巴黎和会就开了

---

① Theodore Draper, *The Roots of American Communism*, New Brunswick: Transaction Publishers, 2003, p.198.

② Theodore Draper, *The Roots of American Communism*, New Brunswick: Transaction Publishers, 2003, pp.188-190.

五个多月，一直到6月28日才结束。在9月的西行演说中，美国总统威尔逊意外中风，无法正常工作，政府实际上处于首脑缺位的状态。所以，除了一些零星的打击行动，美国政府并没有展开大规模的镇压。但从10月开始，野心勃勃的帕尔默悍然采取迫害措施，矛头直指“红色激进分子”。克利夫兰警察逮捕了劳工党的领导人，纽约警察袭击了纪念十月革命的群众大会，而这些行动只不过是大规模镇压的前奏。[①]1920年1月2日，帕尔默命令全国23个州30多个城市的数百名警探集体出动，抓捕目标锁定美国两大共产主义政党。[②]此次行动中有4000多人被捕，驱逐数百名俄籍侨民，这就是臭名昭著的“帕尔默大搜捕”。到1920年2月，几乎所有共产党的领导人都被投入监狱，组织机构遭到严重破坏，两个党被迫关闭全国总部，大部分组织活动转入地下。

大搜捕过后，党员人数只剩下不到一万人。遭此重挫，两大美国共产主义政党组织意识到，当前的迫切任务是统一起来。

三

回想建党之时，两个共产主义组织的纲领都是以共产国际的纲领为基础，又都在同一座城市开会建党，前后相差不过一天，为什么就不能共同组建一个党？这要从两个共产主义组织的差异说起。

实际上，两个共产主义组织之间的不同之处极少，主要差别在于内部人员构成。劳工党以讲英语的本土美国人为主，理论素养较低，但在美国社会中根基较深，比较了解国内实际情况。美共则以分属不同语言联盟的东欧移民为主，富有政治斗争经验，但与广大的美国社会联系较少，对真实社会状况缺乏接触。双方都称自己的党员人数超过对方。美共自称有58000名党员，对方只有大约10000名党员。根据劳工党的说法，自己有30000名党员，而对方只有27000名党员。

双方在建党时不是没有考虑过合并问题，而是在领导权问题上无法达成共识。劳工党起初极力要求两党合并，但是共产党认为对方是机会主义者，

① 威廉·福斯特：《美国共产党史》，世界知识出版社，1957年版，第184页。

② M.J. Heale, *American Anticommunism: Combating the Enemy Within (1830–1970)*, Baltimore: The Johns Hopkins University Press, p.72.

容易低估外国出生的工人在美国阶级斗争中的作用，而自己的党员更有革命性，因此建议对方以党员和支部的身份加入共产党。[①]这明显不是平等的联合，双方不欢而散。1919年12月9日，美国社会主义劳工党[②]领导人亨利·库恩（Henry Kuhn）在给驻共产国际代表鲍里斯·莱因斯坦（Boris Reinstein）的一封信中写道："出现两个共产主义组织，很大程度上是因为领导权的争夺；别的分歧很小。"[③]提起建党时的分裂，德雷珀如此评论："这次分裂明显是不必要的，在美国共产主义运动中，鲜有其他事情能比它留下更深刻和更持久的影响。因为这次分裂是多年以后所有分裂和宗派主义的预演和原型。"[④]

两党建立初期，无数精力都耗费在一些无谓的争论之中。双方对于马列主义都处于摸索学习阶段，在一些新概念的理解上自然存在不同，但仅仅对于一些表述方式上的分歧，如"群众行动"（mass action）和"群众的行动"（action of the masses）到底孰对孰错，都互不相让，争得你死我活。双方还在各自出版的报纸上相互抨击对方，有时甚至到了吹毛求疵的地步。劳工党提出，一个美国的运动不应该由外语联盟控制。共产党立即反唇相讥，指责前者还没有剪断与社会党"美国主义"意识形态的联系，根本没有国际主义精神。[⑤]在这种状况下，讨论合并根本没有可能。许多党外同情者看到这些事情之后，要么困惑不解，要么冷淡疏远。党内也出现了厌倦情绪，如大部分密歇根集团成员于1919年12月脱离美共，另外成立了无产者党。

实际上，帕尔默搜捕并不足以令两党捐弃前嫌，真正起作用的是来自共产国际的命令。1920年1月，季诺维也夫曾致信两党，指出分裂极大损害了美国共产主义运动，导致革命力量分散、机构重叠、实际工作的隔阂、派系

① 威廉·福斯特：《美国共产党史》，世界知识出版社，1957年版，第186-187页。

② 该党创建于1877年，因党内发生两次分裂而衰落，19世纪90年代以后在美国工人运动中日渐失去影响力。

③ Jacob A. Zumoff, *The Communist International and US Communism, 1919-1929*, Leiden: Koninklijke Brill, p.41.

④ Theodore Draper, *The Roots of American Communism*, New Brunswick: Transaction Publishers, 2003, p.169.

⑤ Theodore Draper, *The Roots of American Communism*, New Brunswick: Transaction Publishers, 2003, p.187.

斗争中无谓的争吵和精力的浪费。因此，要求两党立即合并。①

当月，鲁登堡率先发起统一倡议，劳工党做出积极回应，甚至提出合并中央委员会、统一进行组织和宣传工作等建议。美共却答复，六个月内召开联合大会，而且对方必须首先承诺保留外语联盟的特权地位。这种态度令劳工党难以接受。几乎同时，鲁登堡的统一建议在美共内投票时，被外语联盟否决。这一结果表明，鲁登堡的支持者在美共内是少数派，而外语联盟占据多数地位。2月，美共中央提议散发传单，号召铁路罢工工人举行武装暴动。鲁登堡表示反对，因为这样将授人以柄，为美国政府提供镇压口实。但是，外语联盟多数派坚持己见。凡此种种，几乎每一件事在美共内部都足以引起派系斗争。到4月20日，美共终于发生分裂。鲁登堡和洛夫斯顿等人负气出走，成立了另外一个美共。就是说，这段时间实际上同时存在着两个美共。

大约一个月后，鲁登堡领导的共产党与劳工党成功合并。新党名为“统一共产党”，双方各有五人进入中央执行委员会。瓦根克内希特被提名为执行书记，鲁登堡任党报主编，机关报名称仍为《共产党人》，所以两个共产党机关报报头看起来是一样的。到1921年春，统一共产党声称共有5927名党员，其中3566名缴费党员。②不过，这个新党的党员人数还是没有超过分裂后的美共，后者当时有大约9000名党员。

1920年6月，共产国际执行委员会又发出一封措辞大致相同的信件。信中指出，应该采取一切手段消除分裂，创建一个强大美国共产党的唯一方式，就是立即实现统一，继续分裂下去是“绝对不允许的”③。1921年春天，共产国际执行委员会给美国共产主义者发出最后通牒，要求他们解决分歧。这次的措辞相当严厉，美国共产主义政党迟迟不完成统一只会“损害共产国际的权威”，如再拖延就构成了“对抗共产国际的罪行”。④为了强调后果的严重

① Jacob A. Zumoff, *The Communist International and US Communism, 1919–1929*, Leiden: Koninklijke Brill, p.44.

② Jacob A. Zumoff, *The Communist International and US Communism, 1919–1929*, Leiden: Koninklijke Brill, p.43.

③ Jacob A. Zumoff, *The Communist International and US Communism, 1919–1929*, Leiden: Koninklijke Brill, p.44.

④ Harvey Klehr, John Earl Haynes, and Kyrill M. Anderson, *The Soviet World of American Communism*, New Haven: Yale University Press, pp.16–17.

性，共产国际甚至威胁要取消他们在国际代表大会上的参会资格，停止他们在国际中央执行委员会中的代表资格，直到完成统一为止。

即使在如此强大的压力之下，统一进程还是没有完全按照共产国际的指示进行。双方的统一谈判虽继续进行，问题的症结却依然如故。美共坚持自己的代表要占多数，而统一共产党主张双方代表数量一样。不能完成统一的主要原因还是，外语联盟始终是美共内部的主导性力量。这种局面反映出美国社会主义运动中的一个重要特点，美国工人阶级是由不断涌入的各国移民构成的。恩格斯在1893年就已经敏锐地注意到这一点，他将美国工人阶级区分为"本国人"和"外国人"，而外国人又分为很多小团体。他一针见血地指出，"每个小团体只了解这个团体里面的人"，"从这些人里面组成一个党，需要格外强有力的诱因。时常有一种突然的猛烈的爆发，但资产阶级只需消极地等待着，工人阶级中不同的分子又会分裂开来"。[①]时间过了近30年，情况并没有发生多少实质性变化。总体上，美共的统一问题涉及"本国人"（以说英语为主）与"外国人"（以说外语为主）不同族群之间的民族主义，种族意识压倒了阶级意识。

为了最终解决美国共产主义运动的统一问题，共产国际不得不加大力度。"美洲局"就是为此成立的专门机构，由片山潜出任主席，坐镇美国督促两党统一。1921年4月，共产国际命令美洲局在6月1日前完成使命，否则将舍弃美国现有两个党组织而另组新党。在最后通牒的重压下，没有退路的统一共产党和美共经过艰难谈判，于1921年5月在纽约州渥斯托克正式合并。统一后党的名称定为美国共产党，总部设在纽约，鲁登堡当选为执行书记。在新的十人中央执行委员会中，原来的两党各有五名委员。此时的美共有党员一万余人，其中外语联盟依然占据大多数地位，享有很大的自治权，可以召开会议，但无权召开代表大会。至此，美共表面上完成统一，但内在问题并没有从根本上获得解决。

四

在考察一国社会主义运动兴衰原因时，传统上往往从内部因素和外部因

① 《马克思恩格斯给美国人的信》，人民出版社，1958年版，第311页。

素入手。但是，自从跨国研究兴起之后，研究者常常发现，在很多情况下内部因素和外部因素并不容易截然分清。或者外部因素的变动通过内部因素发生作用，或者两者交互共同发生作用。回顾美共建立的前后过程，我们可以看到跨国因素扮演着至关重要的角色。一如文中所述，十月革命引发了动荡的国内外形势，增强了左派的革命情绪，导致美国社会党内发生严重分裂。一战后的转型、共产国际的成立和美俄关系的恶化等因素，共同推动了美国第一次“红色恐慌”，统治阶级对激进力量展开疯狂镇压。“外国人”在美共中占据多数地位与共产国际的强力干预，为美国社会主义运动埋下隐患。这些跨国因素直接或间接地导致了美国社会主义运动内部的多次分裂。

社会主义运动作为一种群众性集体行动，只有团结起大多数民众才能形成强大的力量，以实现改变世界的目的。然而，社会主义运动中广泛存在的宗派主义和派系斗争往往会造成整个运动的分裂。最典型的例子当属法国社会主义运动，不同派系之间的纷争持续了相当长的时间。特别是1881年之后，法国社会主义运动先后分裂为盖德派和可能派，此外还有布朗基派、阿勒马派、无政府主义派和独立社会主义派。即使统治阶级的残酷镇压也未能终止这种状况，宗派主义成为法国社会主义运动软弱性的根源。在意大利，马克思主义者、工团主义者和改良主义者之间的激烈斗争使社会主义运动内部极难制定共同的政策。

其他国家社会主义运动中出现的宗派主义问题，美国社会主义运动不仅没有避免而且更严重。纵观美共的建立过程，外语联盟是历次分裂的主导因素，土生美国人一直都是少数派。美共实际上由“外国人”占据党内优势地位，况且以共产国际马首是瞻。这种情况的后果就是，美共制定的斗争策略往往容易忽视美国的基本国情。恩格斯晚年就曾明确指出，美国社会主义工人党应该美国化，实际上已经揭示了美国社会主义运动反常状况的重要症结之一。

至于政府镇压，并不能从根本上削弱社会主义运动。在世界社会主义史上，遭受过镇压的政党不计其数。镇压在短期内的确会给社会主义运动造成沉重打击，但从长期来看，不仅不一定会摧毁社会主义运动，反而可能会强化社会主义者的斗争能力。例如，俾斯麦对社会主义运动的镇压遭到严重的失败，德国社会主义者在选举中得到的选票总体上越来越多。斯托雷平政府对社会主义者的残酷镇压不但没有使运动平息下去，相反却使俄国革命政党得到锻炼，变得更加有组织、有纪律。更何况，镇压这种极端措施也不大可能长期持续下去。一方面，社会主义者可以转而采取合法的斗争手段，让统治集团失去镇压理由。另一方面，依靠恐怖手段长期维持统治在近现代历史上还没有先例。因此，只要社会主义者获得了本国民众源源不断的支持，就能在沉重打击之下依然发展壮大。

可是，美国共产主义者却没有做到这一点。美共面对的民众不是来自惨遭殖民压榨的农业国家，而是来自世界上最强盛的工业国家。那里的工人阶级理论素养或许不深，但对实际利益的追求却清晰而坚定。如果美共不能满足他们实际的利益诉求，不能带给他们家庭生活和工作场所真正的改善，那就不可能获得越来越多的支持。然而，党内外国移民占据多数的事实和共产国际的干预，决定了美共不大可能走出有美国特色社会主义的道路，而更容易陷入教条主义的泥潭。

论近代英国贵族精神与绅士风度①

石　强

一、贵族精神与绅士风度的辩证关系

从中世纪到近代化的整个过程中，英国贵族阶层不仅得以长期延续发展，而且长盛不衰，在政治、经济和文化活动中长期处在主导地位，这使得贵族阶层在社会变革与转型的浪潮中不仅没有迷失自己，反而通过其在各方面的主导地位保持了自身的独立性，在长期的存在与发展过程中积淀并形成了自身独特的精神风貌与文化身份，那就是贵族精神与绅士风度，并对整个社会群体的价值取向及精神风貌产生重大影响。所谓的贵族精神就是贵族阶层在长达数百年发展历程中所形成的共同的文化心理与意志品质，是贵族阶层区别于其他阶层的质的差异，是贵族阶层存在与发展的精神力量与文化支柱。贵族精神虽非物质与外在的表现形态，然而贵族阶层却是依赖这种超越物质层面的力量扩大强化着所拥有的物质基础，以文化的力量支撑着自身在经济、政治方面的优势。物质与非物质的力量相依相成并相互作用，物质的力量促成了精神力量的形成，精神力量巩固并强化着物质的力量，才能使贵族阶层长时期保持优越的身份和地位，并对整个社会发挥重大影响。贵族精神人格化的外在表现即是人们津津乐道的绅士风度。绅士风度是贵族阶层言谈举止、举手投足、性格品质的外在体现。对整个阶层而言则是其精神和文化内涵的

【作者简介】石强，陇东学院历史与地理学院教授。

① 本文系国家社会科学基金项目“近代英国文化发展与国家崛起的互动关系及启示研究”（项目编号：12XSS002）的阶段性研究成果。

群体外露，贵族精神是绅士风度所要表现的内涵，而绅士风度则是贵族精神的外在表现，两者的区别是精神内涵与外在表现形式的区别。贵族精神与绅士风度的重要之处在于超越了阶级的局限性，而对其他社会阶层产生了广泛而深远的影响，成为各阶层普适的价值取向和行为规范。“英国的特殊之处在于：贵族精神从来没有被社会否定过，未曾受到过任何真正的挑战。”①因而作为贵族精神人格化的外在表现形式的绅士风度就一直成为社会各阶层人们所学习效仿的榜样。“风度对个人而言，是指其举止、言谈、品行等内在素养和气质的外在体现，对一个民族而言，则是其文化内涵的群体外露。”②贵族精神与绅士风度实际上成为英国优秀的文化传统而不断得以继承和发展，成为不列颠民族共同认可的文化心理的重要组成部分，成为民族精神和外在风貌的主要因素，这对于培养人们的精神内涵和行为方式、调整社会关系、形成良好的社会秩序方面都发挥了重要作用。

绅士风度作为贵族精神人格化的外在显现形式，必然和贵族阶层与贵族精神有着天然的联系，在很多方面是趋同一致的而不是相反对立的。贵族阶层长期以来在社会各方面都处于优势地位。在经济上，各级贵族占有大量的土地并积极投身于工商业而不断增强自身的经济实力，以税赋的形式从经济上支撑着国家机器的运转，以乐善好施的形式扶危济困，影响控制着社会下层民众。在政治上，贵族阶层作为君主统治的支柱，在议会掌握着政治话语权，以法律的形式限制君主的权力，从而使英国的君主制并没有走向绝对的专制而是在后来走上了君主立宪的道路。在社会转型时期，贵族阶层中的大部分成员以其自身的蜕变而同新兴资产阶级有了共同的经济利益，双方没有走向水火不容的对立反而结成了一定的同盟，贵族阶层作为封建等级制的产物不仅没有被消灭反而在近代得以长期生存和发展，依然在政治上执掌一定的权柄。在文化上，从中世纪起教会和世俗的贵族阶层就是所有文化形态的垄断性力量，随着经济社会的发展，教会学校开始向世俗学校过渡，神学教育开始向社会教育发展，但贵族阶层在文化教育上的主导地位并没有受到削弱。贵族通过家庭教育、骑士教育、兴办学校教育、资助文化艺术创作或学术团体等手段依然在文化教育上占据主导地位。正是文化上的先进性，才引

①钱乘旦、陈晓律：《英国文化模式溯源》，上海社会科学院出版社，2003年版，第292页。

②钱乘旦、陈晓律：《英国文化模式溯源》，上海社会科学院出版社，2003年版，第264页。

导着贵族阶层在近代化的大潮中积极调整自身的发展方向，顺应时代发展要求而积极投身于变革的洪流之中，在传承与创新之间寻求最理想的平衡点，促使英国社会在近代化的过程中平稳而有序地发展。基于贵族阶层在社会各方面的优势地位，与贵族精神中主人翁责任感、忠君爱国等品质相一致，绅士风度的首要表现就是在各项社会活动中自然而然地流露出来的优越感和自信心。这种优越感和自信心并非盲目的自信和虚无的高傲，而是来自高贵的血统，来自奢华威严的门第，来自良好的教育，来自稳重守成的保守，来自文化上的自信。一个人的自信心是其行动的内在动力，决定了其行动起点的动能和态势，甚至可以决定行动的过程和结果。绅士风度的出发点正是高度的自信心，是敢于迎接挑战的决心和勇气，是能够克服困难的智慧和毅力，是处乱不惊的沉着与冷静，是面对胜利的谨慎和理性，是面对失败的坦然和思考。诸如起源于中世纪骑士阶层的决斗，也是后来形成绅士风度的一个重要因素。尽管双方决斗的结果必然有一方失败或两败俱伤，但双方都有着高度的自信心，都怀着必胜的信念而坚信在决斗中倒下的是对方，胜利的是自我。一场看似简单的决斗却蕴含着两个充满自信的强大的自我，是对挑战和对手的藐视，是大无畏的勇气甚至对牺牲自己的生命也无所畏惧，是对爱情或真理超越生命的向往和崇尚，还包含着一种光明磊落、公平竞争、平等对决的手段，赢要赢得光明正大，输要输得尊严体面。后来的绅士风度也批判地汲取了骑士决斗的某些精神，如高度的自信心和强大的内心世界，正大光明和公平公正的斗争手段，大无畏的勇气和魄力，为了正义和真理的牺牲精神。正是这种绅士风度的优越感和自信心，才激励着一个个英国人在各个方面有了拼搏竞争的动力，敢于扬帆远航，驶向人类从未进入过的海洋；敢于披荆斩棘，攀上人类从未到达过的山峰；敢于执着思考，提出前人未曾想到的学说理论；敢于实验创新，攻克前人不曾解决的技术难关；敢于将这种绅士风度作为整个民族的精神风貌，是对国家和民族的主人翁责任感，是对国家和民族高度的认同和自信，是对国家和民族无比的热爱与忠诚，是致力于国家和民族发展的奉献精神。与此相适应的是英国在近代世界舞台上主导地位的确立，是“世界工厂”的建立，是“日不落帝国”的形成。在进入20世纪之前，英国是世界上当之无愧的主导性力量。国家实力与绅士风度两方面相互促进，相得益彰。绅士风度激发着人们的爱国奉献热情，团结凝聚着民族力量，促使人们为民族和国家各项事业的发展积极贡献力量。而国家的崛起又强化着整个民族的绅士风度，增强着整个民族的优越感和自豪感。其实质也是一种对整个国家和民族的文化自信，使不列颠民族不仅在国内满腔热忱地投身于各项建设事业，而且有信心走向世界，在文化传播、海上探险、海外贸易、殖民扩张等各项活动中敢于拼搏并不断取得胜利，最终屹立于世界民族之巅。不列颠民族的绅士风度中所体现的民族优越感并非像有些民族所宣扬的“种族优越论”。两者的最大区别在于绅士风度中所体现的民族自信心和优越感是一种文化自信的自然传承，以文化的力量彰显其民族的优越，用先进文化来征服落后文化，虽然在目的上也有民族利己性，在方式上也不排除使用武力，但结果往往却伴随着文明和进步；而“种族优越论”是一种盲目的自信和虚无主义的自负，以暴力来显示其民族的优越，肆意践踏其他弱小民族的权益，充满着血腥和掠夺。

绅士风度并非一个贵族或绅士所表现出来的一举一动，而是过去主要由贵族阶层所表现出来的良好行为品质的集中体现，是被全社会认同的贵族精神的外在表现，是被人们普遍所肯定并接受的优秀的行为规范。绅士风度的第二个表现就是讲究而得体的衣着、优雅而高贵的精神风貌、温文尔雅的言谈举止、文明礼貌的行为准则。贵族制度从起源到形成的过程中，逐步形成一套界限森严的等级特权制度，从爵位名号、佩戴纹章、衣着服饰、侍从排场、座位次序、门第住宅、马匹车辆等都有着严格的规定和区别，普通民众在这些方面不得仿效僭越，从而来保证贵族阶层的特权及心理上的优势，彰显其社会地位的与众不同并造成凌然在上的高贵势态。贵族的社会交往、婚配关系、活动范围大多集中于贵族阶层或贵族集团内部，除非特殊的场合和需要，一般情况下并不与普通民众有过密的来往。贵族阶层在其长期的社会交往中，形成了特殊的社交礼仪和规范，构成了贵族文化的组成部分。无论是在议会的上议院还是贵族私人交往的社交场合，贵族们都极为重视自己的爵秩地位和尊卑等级，力求用服饰、礼仪、言谈、行为、举止等外在的表现来传递自己的等级地位、思想观念、学识素养、气质风度乃至能力水平，由此形成了为社会民众羡慕并效仿的绅士风度。当然贵族阶层这种外在的风度是其内在精神品质的真实具体的表现，并非装腔作势地虚张声势，而是其高贵优越的地位、丰富渊博的学识、坚定强烈的自信、高尚良好的修养等贵族文化内涵在行为上的自然表现。“在漫长的历史发展中，贵族逐渐成为‘天然长上’，他的言行也成为民众的表率。在这样的环境下，贵族不仅意味着一种地位和头衔，也意味着社会的一种追随的目标。向上等人看齐，逐渐成为社会风尚的取向。”①

在传统社会的观念中，贵族的“高贵”品质是由高贵的血统、优秀的品行、优越的生活方式、卓越的社会贡献诸多因素集合而成的。与此相应，爵秩这种体现贵族品格的形式亦具有了某种庄严高贵的色彩。整个社会，无论是封赐者、受封者还是追求者乃至普通民众，都对贵族的内在品格和外在显现形成了一定的规范的认同。由此之故，贵族阶层一直是整个社会生活的核心和尊奉的模范。贵族成员豪华的气派、慷慨而潇洒的风度、优雅的举止、文儒的谈吐皆为中产阶级极力模仿的范式；贵族的府邸是社交的中心，艺术的殿堂；贵族的生活方式是社会生活的最为典雅的代表。而实际上，贵族内心充满着极度的自私自傲。傲慢与偏见可谓是其精神世界最为明显而顽固的特质本性。然而就是这样一个阶层，凭借庞大的地产家业和手中强大的政治权势，以种种方式、手段控制着甚至引导着社会生活的各个方面，享有极高的社会地位和威望。②

二、贵族精神与贵族文化

贵族精神及文化虽然是社会上占主导地位的价值取向与文化参照系，但却有一定的保守性和封闭性。贵族们为了维护自身的特权及高贵地位，将自己的社交活动严格局限于贵族阶层内部。社交活动的中心也极为有限，平时主要集中于贵族们的宅第，在议会召开时主要集中于议会上院，高爵位贵族特别是公爵、侯爵、伯爵等往往担任宫廷或地方的要职，或在军队担任高级将领，是君主统治的股肱之臣，因而也经常奉诏出入宫廷。绅士风度主要表现为严格考究的服饰，蓬勃向上的风貌，威严整洁的仪态，谦虚谨慎的态度，光明磊落的胸怀，虚怀若谷的气度，温文尔雅的气质，彬彬有礼的言行举止。但是因为贵族们的社交圈子极为有限，绅士风度虽然为人们所仰慕肯定，但其社会影响主要局限于贵族阶层内部，其影响扩大的契机则是商品经济的发

①钱乘旦、陈晓律：《英国文化模式溯源》，上海社会科学院出版社，2003年版，第386页。
②姜德福：《社会变迁中的贵族》，商务印书馆，2004年版，第13、14页。

展和城市的勃兴。社会转型时期经济和文化活动的多样化也促使贵族们社会活动的增加和社交圈子的扩大。贵族们在新兴的经济活动中不得不直面日益崛起的市民、富裕的租地农场主、地产日益扩大的乡绅、约曼等无爵位的普通民众，而且很多贵族因为参与新兴的经济活动本身也逐步成为新贵族，与资本主义经济有了千丝万缕的联系。贵族阶层对文化教育的垄断局面也日益被打破，贵族的家庭教育逐步让位于公共教育，教会教育也让位于世俗教育。贵族子弟也走出富丽堂皇的家宅，进入公学或大学，与普通市民的子弟同处一室接受公共教育。绅士风度的影响也突破了贵族集团的狭小范围，成为普通民众普遍接受并学习效仿的行为规范。“在以前的时代，精英文化主要集中于王室，体现在富丽堂皇的建筑、奢华的陈列、精致的艺术品，由这些组成了熠熠生辉的舞台，皇家的悲喜剧就在这舞台上演。这些艺术在传统上主要依靠王室和贵族的赞助，从17世纪晚期开始，这种上层文化逐步走出朝廷，走进城市多元化的空间——走进咖啡厅、阅览室、会议室、俱乐部、艺术馆和音乐厅；从以前王室的仆从变成了一种商业活动的参与者。”[①]新兴的资本主义经济的迅速发展不仅改变了人们交往的方式，而且扩大了交往的范围，加深了联系的程度，使不同的阶级、不同的集团都开始自觉不自觉地打破以前自然经济时代自我树立的藩篱屏障，在商品和市场经济中日益密切地联结在一起。伴随人们社交对象的日益扩大，社交活动的日益频繁，社交场所的不断增加，也需要一整套健全的社交规范来约束人们的言行，规范人们的举动，创设和谐愉快的社交环境，使不同阶层的人都能坦然以待，友好相处，提高社交及协作的效率，从各项社会活动中满足自己不同的需求。在此过程中，因为贵族阶层长期以来在社会各项活动中的主导地位，体现贵族精神的绅士风度自然成为各阶层学习效仿的榜样。以前局限于贵族阶层的上层文化逐步发展演变为大众文化。“在17世纪晚期，城市生活的时尚为人们提供了一种新的社会交往的规范，那就是礼貌。在一个商业及利益关系渐趋浓厚的社会里，党派竞争也日趋激烈，礼仪代表了一种现代社会追求和谐的价值观，消费主义的时代观。礼貌将使英国社会交往的主流发生改变，从积极的公民意识和神圣的爱国主义、隐喻庄严色彩的自我否定和政治斗争转变成淡化党

①Jeremy Black, *Culture and Society in Britain 1660-1800*（杰里米·布拉克：《不列颠文化与社会》），Published by Manchester University Press，1997，p.35.

派意识、更为和谐友好的模式。”[①]礼貌是培养良好行为举止的规范，不需要刻意造作的礼节，不需要高贵的品位，也不需要追求时尚的潮流和奢侈的物品。礼貌为社会交往创设了基本的原则，被人们广泛地运用于新型的、广阔的城市生活中，诸如俱乐部、会议室、咖啡厅。[②]

三、贵族精神与绅士风度的社会影响

绅士风度也表现为一种尊重他人甚至是对手的博大胸怀，这种尊重是出于人文主义对人的价值的肯定，是平等地尊重和对待每一个人的人格。贵族阶层的存在与发展是等级社会的产物，但是随着人文主义和理性主义思想的传播，人人生而自由平等的观念也被贵族阶层所接受。在16和17世纪，“王室是国家权力的中心，是国王与贵族斗争与合作的竞技场。随着国王逐步减少最能体现其权力的武力行动，贵族也日益接受了人文主义者的思想，崇尚学习和审美，正如过去对军事及勇猛的崇尚，王室也逐步成为文化和艺术的中心”[③]。在不平等的社会中，有识之士努力追求一种人格上的理想平等，并为之采取一些力所能及的措施，也就是绅士风度中所体现出来的庇护弱小、尊重女性、同情弱者、乐善好施、宽爱仁慈、慷慨大方的做派，实则是贵族精神中责任与担当精神的具体表现。中世纪时贵族是一方封土的领主，封土里的民众都是其附庸和部属，要向领主缴纳各种贡赋，承担徭役兵役；但贵族领主也是其封土里所有附庸的主人，有责任庇护其民众的安全，维护正常的社会秩序，特别是在频繁的战争时期，贵族领主就是军事将领，要率领部众抵御侵略，保卫自己的家园。贵族领主经常还要自募武装力量跟随国王南征北战，贵族领主与附庸双方对立统一的关系在这种情况下更多地体现出了统一性，成为生死相依、荣辱与共的战时同盟，贵族要求附庸的将士忠诚勇武甚至勇于奉献牺牲，而附庸的将士则要求贵族领主能够不负众望，庇护下

① David Scott, *The Rise of Britain as a World Power*（戴维·斯科特：《世界大国不列颠的崛起》），Published by Harper Press，2013，p.267.

② David Scott, *The Rise of Britain as a World Power*（戴维·斯科特：《世界大国不列颠的崛起》），Published by Harper Press，2013，p.268.

③ John Brewer, *The Pleasures of the Imagination: English Culture in the Eighteenth Century*（约翰·布鲁尔：《创造力的乐趣：18世纪英国文化》），Published by Harper Collins Publishers，1997，p.4.

属。此外，中世纪时整个贵族阶层也是国家的主人，从经济基础到上层建筑的各个方面均处于主导地位，民众的生产与生活状况是其政治支配、经济控制、文化引导的结果，也就是民众的生活是贵族阶层主导与支配的结果。长此以往，贵族阶层就形成了对国家和民众的主人翁责任感，特别是贵族阶层在与王权的博弈中也不断取得胜利，以法律的形式对国王的权力做出了限制，在封建时代就建立起了庞大的议会机构并世代长期掌握上议院的话语权，有效地阻滞了专制主义中央集权制度的进一步强化，实则是贵族阶层与国王分享了政治权力。在英国，近代民族国家形成时期中央权力的加强及国家机器的强化不是朝着加强君主权力的途径在前进，而是朝着加强议会制与健全内阁制的方向前进。贵族阶层世袭出席议会上院的权力并没有改变，在工业社会到来之前，其经济地位也没有动摇。议会制的加强除了使新兴的资产阶级分享了政治权力之外，必然进一步扩大贵族阶层的权力，贵族阶层的责任意识和担当精神自然有增无减，其人格化的外在具体表现就是庇护民众、同情弱小、扶危济困的慷慨风度。贵族阶层的自我意识中，民众就是贵族的根基，只有坚固而庞大的根基，才能支撑起贵族等级社会的塔尖，因而贵族阶层有责任维持正常的社会秩序，使民众能维持基本的生活。但是从中世纪到近代的社会变迁，就是将所有阶层都与市场联系起来并将这种联系不断深化的过程，有市场经济就有竞争，有竞争就有分化，有分化就会形成弱势群体，在特殊的环境下弱势群体的生产和生活就会陷入困境。贵族阶层有能力、有责任也有必要对生产和生活陷入困境的弱势群体进行扶持救助，否则陷入困境的弱势群体必然为生存而铤而走险，危及现有的社会秩序，进而削弱贵族统治的基础。英国历史上较早较完整的《济贫法》正是贵族阶层所倡导和支持的结果。1597年11月19日，议会任命了一个庞大而又有影响的委员会，就救济和扶助贫民问题进行立法讨论。该委员会的活动涉及了13个法案，议会中一些著名的贵族人士都是该委员会的成员。其中包括弗兰西斯·培根爵士、托马斯·塞西尔爵士和爱德华·柯克爵士，还有对贫民问题比较了解的爱德华·海克斯特和“贫民卫士”托马斯·罗斯爵士。委员会的会议在伦敦的一所法学院里召开，重点讨论了12个法案，标题如下：“建感化院，惩办恶棍和健康乞丐；为贫民征收一定数量的救济税；救济教区贫民、老年人、残疾人、盲人；救济监狱犯人和其他因偶然遭遇不幸而致穷的人；救济贫民；小额罚金；进一步救济士兵和水手；妥善地管理慈善院和用于济贫的土地；清除乞丐；反对私生子；为贫民安排工作；建慈善院或住所及贫民习艺所。”[①]最后议会产生了一系列从各个不同方面解决贫民和流民问题的法令，即1597年《济贫法》。法令对救济方式及各级官员的责权也做了详细的规定，其中救济贫民的工作主要由教会执事和济贫管理员负责；济贫管理员由治安法官在每年的复活节任命，只要有两名治安法官同意，济贫管理员就可以采取适当措施在一定程度上救济贫民和流民。救济资金向“每个居民和每个土地所有者”征收。该《济贫法》经过了充分的辩论，集以往惩治和救济流民之经验，汇各教区市镇之教训，收纳了近百年来行之有效的政策与措施而构成了比较完备的法令，被誉为“旧济贫法”的1601年伊丽莎白《济贫法》就是在1597年法令的基础上对个别条款做了一些增补而形成的，而增补的条款在内容上与原来条款也无大的区别，以后十年又做了若干补充规定，形成了较为完备的《济贫法》，使英国长期以来的济贫制度的主要内容从法律上得到确认和巩固，也为近代乃至现代英国社会的福利政策奠定了思想理论和实践基础。“通过议会1597年和1601年通过的《济贫法》，这一过程在都铎时期达到顶峰。该立法是通过向富裕的教区民众征收财物以救济贫穷的民众，从而使这些贫穷的邻居不至于忍饥挨饿。这一措施不仅在大陆的城镇得以模仿，也激发了地方上扶危济困的创造精神。”[②]英国在现代之所以形成完备的社会保障制度，建成世界上第一个福利国家，与这种绅士风度的文化传统也不无关系。

贵族阶层除在维持正常的社会秩序、扶助救济贫民方面承担更多的责任和义务外，还在兴建学校、修桥补路以及建造和修缮教堂、剧院、浴池等公共设施的过程中也是主要的捐资者，对地方上公共事业的发展发挥着带头作用。更为重要的是贵族阶层对文化事业的发展也慷慨解囊。他们不仅对文化事业的发展提供经济上的支持，而且给予多方面的庇护。“贵族对文化活动的庇护表现在各个方面，他们充当作家、科学家、艺术家、建筑师的庇护人，向文学、哲学、考古学等协会提供庇护。他们庇护文学创作活动，在物质上

① 尹虹：《十六、十七世纪前期英国流民问题研究》，中国社会科学出版社，2003年版，第155、156页。

② David Scott, *The Rise of Britain as a World Power*（戴维 · 斯科特：《世界大国不列颠的崛起》），Published by Harper Press，2013，p.101.

赞助那些献书助兴的作者。”[①]在1695年《出版印刷法》被废除之前，图书出版印刷受到严格的审查和控制，贵族的庇护是各种创作成果得以顺利出版的必要条件，而且其资助也是各类文化创作的前提基础。16世纪英国戏剧的繁荣时代，也正是得到了贵族阶层的大力扶持。1574年，莱斯特伯爵创办了第一个专业性的剧团，在各地巡回演出受到广泛的欢迎和赞誉。伊丽莎白女王自幼身受古典教育的影响，对古希腊的悲喜剧颇感兴趣，酷爱戏剧演出，在圣诞节等一些重要节日期间经常征召剧团进宫演出。哪个剧团能进宫为女王及大臣演出，不仅是对这个剧团演出水平和成就的肯定，也是赞助这个剧团的贵族的荣耀。这也推动了贵族从各个方面对剧团进一步的支持。之后贵族们竞相从剧本创作、剧团组建、戏剧演出等各个方面大力支持戏剧事业的发展，贵族也因剧团的声誉和演出活动而博得支持演艺事业的声名，有时甚至因此而得到伊丽莎白女王的首肯和赏识。贵族对剧团的赞助为戏剧的发展特别是城市剧院的发展提供了政治庇护，更为重要的是为戏剧的发展提供了可靠的经济保障，使戏剧走入了极其繁荣的“莎士比亚时代”。

17世纪早期，很多著名的作家都与王室有着紧密的联系，但到18世纪，这种联系荡然无存。结果，为了谋生度日，他们不得不向贵族个人或普通大众寻求资助，很多人做出了这样的双重选择：将他们的著作献给贵族，从而得到贵族在金钱上的支持；同时将自己的著作也尽可能地推向市场进行销售。[②]在绘画领域，“更为常见的是贵族成为庇护人和收藏家，收藏绘画和资助艺术家成为上流社会的时尚。贵族们加入各种学会和协会，进行观察实验，接受其他作者题献的新著作。如同其他领域的文化一样，对科学的支持将少数真正的热衷者和大批仅仅追求时尚的贵族集中到一起，后者主要是为了寻求作为新派人物所带来的社会地位。对科学起到积极作用的贵族是第五代达德利勋爵这样的贵族，他们对工业中的新技术革新提供鼓励和资金”。[③]贵族阶层对文化发展的高度重视和慷慨支持，在近代相当长的历史时期内，是英

①姜德福：《社会变迁中的贵族》，商务印书馆，2004年版，第288页。

②Monod Paul Kleber, *Imperial Island: A History of Britain and Its Empire, 1660–1837*（莫诺·保罗·克莱博：《帝国群岛：不列颠及其帝国史》），A John Wiley & Sons Ltd., Publication, 2009, p.133.

③姜德福：《社会变迁中的贵族》，商务印书馆，2004年版，第289、290页。

国文化发展的重要源泉和动力，也是贵族阶层高度社会责任感的体现，形成了绅士风度所体现出来的高雅的生活品位和文化追求。贵族阶层并非将自己所拥有的财富都用于个人享乐和消费，而是达则兼济天下的宽广胸怀。绅士风度所表现出来的不仅仅是乐善好施和慷慨大方，也体现了热心社会公益的奉献精神和高尚的价值取向。

法兰西工业力量的成长与法国政治稳定的实现

杨鹏飞

法兰西民族是一个激情澎湃的民族，也是一个充满理想主义的民族，对共和制情有独钟，并进行了不懈追求。自1789年革命推翻了长达1000多年的君主专制制度之后，政体就一直不稳，多次反复，先后出现了君主立宪制、第一共和国、第一帝国、波旁复辟王朝、七月王朝、第二共和国、第二帝国和第三共和国。从1792年第一共和国的诞生到1879年共和制确立，经历了近一个世纪的时间，法国才实现了制度的稳定。法兰西民族本想通过一次激进的革命开法兰西万世之太平，可历史偏偏和他们过不去，让他们为此吃尽了苦头。[①]我们认为，近代法国政治体制之所以出现多次反复，原因就在于当时法国工业资产阶级的力量还不够强大。当时的法国，还缺乏坚实的资本主义经济基础和强有力的工业资产阶级集团，资产阶级确立其全面统治的经济条件还没有完全成熟。后来法国共和制度的确立、政治制度稳定的实现，与法兰西工业力量的成长有着密切关系。

一

法兰西工业力量的成长，农村经济和劳动者改造的完成，为共和制度的确立和政治制度的稳定提供了丰富的共和资源。

在欧洲大陆，法国是最为典型的封建国家。15、16世纪以后，随着城市

【作者简介】杨鹏飞，西北师范大学历史文化学院教授。

① 周明圣：《走向共和——近代法兰西共和制度确立研究》，中央编译出版社，2004年版，第2页。

的兴起和商业的繁荣，资本主义生产关系开始渗透到欧洲许多国家的农村，瓦解着封建制度的基础，但在法国，封建制度却依然根深蒂固，直到18世纪末革命前夕，法国还是一个以农业为主的封建国家。据统计，在全国2500万人口中，农民有2200万，约占全国人口的90%，其中41%没有土地，剩余的农民虽然拥有少量土地，但不足以维持生计。同时，法国又是长期受专制君主制影响的封建国家，即使遭到如此的压迫，农民也觉得反对现状是大逆不道的。在人们的心目中，特别是农民的心目中，君主制是维护国家良好秩序的唯一形式。法国农民身处社会底层，愚昧、忠君是其一个重要特征，他们的封建意识、忠君意识、臣民角色在革命前没有发生多少变化。

1789年，政治革命的爆发拉开了法国政治现代化进程的序幕，为了配合从政治制度上消灭封建制，君主立宪派政府采取一系列措施，宣布将封建制度全部加以废除，规定废除残存的农奴制、农民的人身劳役和一切人身义务，废除领主的狩猎权、司法特权、免税特权，对于农民最关心的土地贡赋，如常年地租、代役租、继承税，实行有偿废除，对教产进行拍卖。在这个过程中，部分农民获得了土地。

在吉伦特派、雅各宾派执政时，农民得到的土地又有所增加，尤其是雅各宾派执政的1793年颁布的第二个土地法令，规定200年来被地主、贵族夺去的农村公社土地以及牧场、森林归还农村公社，如果农村公社有1/3的居民赞成，就可以把公有土地按人口进行分配，不论男女老幼，也不分新户、老户，在家或外出，凡在农村公社中居住满一年者，每人都能分到同等的一份土地。这一法令，使10万余法国农民受益。

上述土地分配方式，符合当时刚从臣民向公民转变的法国农民的心理，激发了法国农民投身革命的积极性，而农民群体的积极参与，不仅最终导致封建制的彻底废除，而且赋予这场政治革命以社会变革的深刻内涵，同时也改变着农民的命运。

农民占法国人口的大多数，是近代法国的一支重要力量，他们的行动直接决定着重大事变的成败，对历史进程有重大影响。但是，法国农民对共和政体的态度却反复无常。在革命期间，出于对封建制度的仇恨和获得土地的强烈愿望，他们积极投身革命，与城市平民一起成为反封建的主力。在雅各宾派统治时期，他们获得了小块土地。在第一帝国时代，《拿破仑法典》以法律的形式确认了他们对土地的所有权，因此，他们对拿破仑抱有好感，并迷信拿破仑。1848年12月，在总统选举中，他们把数百万张选票投给了路易·波拿巴。

综观整个帝国时代，政府对农业和农民尤为重视。在第一帝国时期，造就了大批小土地所有者，农民地位稳定，自信心增强，他们成为拿破仑政权的坚定维护者。在第二帝国时，小土地所有制在法国政治现代化进程中发挥着巨大的威力，同时农民小生产者的保守性也逐渐显现。

法国农民角色转变的过程，和法国近代政治现代化的过程一样，也历经了一个曲折的过程。农民的生产方式、经济利益和社会历史地位决定了在传统社会向现代社会演化的进程中，农民既可以充当革命角色，又可能成为极端保守的社会集团。

政治革命后，法国的小农经济是新兴的资本主义经济的组成部分，是进步的，他们成为反对封建主义的主力军，农民为得到土地、废除封建权利和贵族特权，开始追随资产阶级，拿破仑给他们土地的许诺，他们又拥护拿破仑，甚至其侄子。法国农民不能代表先进生产力，他们与封建主义势不两立，与资本主义经济也存在矛盾，具有明显的反资本主义倾向。随着法国资本主义的发展，农民不断贫困化，土地兼并成为必然，于是农民又往往站在保皇主义和教权主义一边，反对资产阶级，复辟时期以及1848年的小农先后同几个先进的阶级进行斗争，顽固坚持小土地所有制，这个过程既造成社会动荡，也不利于农业资本主义的发展，给法国近代政治现代化进程带来不利影响。

在近代法兰西历史进程中，法国农民的保守性和落后性一再反映出来。革命所要建立的是以交换和市场为核心的资本主义经济体系，而农民特别是落后地区的农民，却长期保留着自给自足的封建经济的心态。在革命后很长一段时间里，对于多数法国农民来说，只要能有效地保护他们的土地所有权，他们无所谓帝制或者共和制。

到第二帝国末期，由于拿破仑三世减轻赋税的诺言没有兑现，致使农民对帝制感到失望，开始抛弃对波拿巴主义的迷恋，走上了反拿破仑三世的道路，特别是1870年普鲁士军队的入侵，从根本上动摇了他们对帝制的信念，但真正对法国传统经济和劳动者完成改造的是工业力量。

法国工业革命开始于政治革命时代，完成于第二帝国时期。特别是在19

世纪后半期，随着工业革命的推进，自给自足的小农生产逐渐为市场经济所改造，传统的农业社会逐渐崩溃，小土地观念被新的社会思想所削弱，在此情况下，法国农民才从传统社会影响的庇荫下走出来，与现代社会融合。

农民的转变，不仅表现在观念上，而且表现在社会生活的各个方面。19世纪后期，随着农村人口的疏散，农民的生活水准得到了快速提升。就他们的生活条件来说，和城市居民更为接近。潮流是挡不住的，此时的法国农民，也肯花钱去买一些诸如葡萄酒、烧酒、香烟、报纸和化妆品等奢侈品，也开始仿效手工业工人，尽管学得没有那么彻底，但学习的结果却动摇了他们对传统的信仰。虽然他们是出于实用的目的仍着工装，但他们已经放弃了本地的服装和星期日所戴的本地的土帽。乡村的妇女，也开始模仿巴黎的时尚，其衣服、头部饰物，甚至鞋子等也时髦起来。

就整体而言，19世纪后期的法国农民，已比较独立，不愿再为资产阶级当仆役。农民的这种新的独立的感觉，动摇了家庭的传统。一般地说，父亲不再让儿子替自己做无报酬的工作，或把女儿关在家里。同时，法国乡村的特殊的精神生活，已随着“夜间聚会”一同消失，因为煤油灯或电灯的便利使用，使上述古老的习惯变得无用。仿效城市的结果，使农民丧失了地方民间舞和民歌这两种他们独有的艺术。[①]

产业革命的完成，最终使农民得到了改造，农民的落后性与保守性被改变，使他们从帝制的拥护者成为共和制的拥护者。法国农民的这一转变，为法兰西共和政体的确立和制度的稳定提供了丰富的共和资源。

二

法国产业革命的推进，工业资产阶级力量的壮大，中产阶级共和化的完成，为共和制的确立与政治的稳定开辟了广阔和现实的道路。

法国资本主义的发展不同于英国。革命前的法国，不仅没有出现英国式的资产阶级化的新贵族阶层，而且是一部分资产阶级通过购买土地和官职获得贵族头衔，成为封建化贵族化的资产阶级。这种出卖官职和爵位的方法，有利于把资产阶级吸引到君主政体方面。在革命初期，多数的革命领导者都

① 瑟诺博斯：《法国史》，商务印书馆，1972年版，第506-507页。

不是共和主义者，也没有提出建立共和国的政治要求，甚至就连最激进的雅各宾派的主要领导者也都拥护君主政体。随着工业力量的成长，再加上国内外敌人的威胁以及民众革命运动的推动，法国资产阶级才不断共和化。

法兰西第一和第二共和国都是在紧急情况下建立的[①]，它们的建立，并不能说明得到了当时法国社会大多数阶层的理解和赞同，更不能说明当时法国工业资产阶级的力量已经强大到足以确立其全面统治的地步。就当时来说，君主派的力量是比较强大的。如果再考虑到当时农民的立场，那么，共和派的力量是比较弱小的。若要共和制被大多数人所接受并巩固下来，必须首先完成对非共和派的改造，使其共和化，而要做到这一点，就必须首先实现法兰西工业力量的成长与壮大。

法国工业革命晚于英国，开始于本国政治革命时期，到第二帝国时代基本完成。法国工业革命的发生，有着自己的条件。革命扫除了封建障碍，为大工业的发展创造了有利条件；封建领主土地制的废除，有利于农民的自由流动，为大工业的发展提供了劳动力；革命后的农村经济尤其是富农经济的发展，增加了对工业品的需求，为工业品提供了销售市场；利用英国的先进技术和设备，把英国的机器和先进设备用于丝织、棉纺和毛织等当时最时髦最具发展潜力的部门；政府采取鼓励资本主义发展的政策，促进了大工业的发展。

由于产业革命的推动，法国的社会生产力得到了长足发展。1789—1830年，尽管经历了多年的战争，但法国的工农业生产仍得到了较大的迈进。1830年以后，由于推翻了复辟的波旁王朝，工农业提速更为明显。在第二帝国时期，经济再迈新的台阶，并完成产业革命。到帝国末期，法国的实力已仅次于英国，成为一个名副其实的工业强国。

从革命结束到拿破仑帝国，是法国工业革命的起步阶段。此时，法国的个别企业已开始使用机器，帝国政府也推行了一系列鼓励和扶持工商业发展

---

① 1792年9月，法国革命面临内外敌人联合进攻的威胁和同年8月10日巴黎人民起义的直接推动，吉伦特派和山岳派才转向共和主义，宣布建立法兰西第一共和国。七月王朝时期，因为大多数资产阶级被高标准的选举资格排斥于政权之外，才掀起共和运动。二月革命成功后，由于民众包围了市政厅，要求在24小时内宣布成立共和国，否则再次起义推翻临时政府，临时政府才被迫宣布建立法兰西第二共和国。

的措施，比如实行发明专利制、国家订货、奖励竞赛和举办博览会等。这一阶段，法国生铁增产1倍多，毛织品增产3倍。据统计，1810年，规模最大的棉纺织厂的雇佣工人近13000人。在此阶段，由于连年对外战争，国民经济陷入困境，法国仍远远落后于英国，总体上还处在工场手工业阶段。①

从波旁王朝复辟到七月王朝垮台，从时间上说是1815—1848年，是法国工业革命大规模展开阶段。随着1825年英国解除机器输出的禁令，法国便大规模输入英国的机器，拉开了工业革命大发展的帷幕。

在纺织工业领域，据统计，到40年代末，法国已有棉纺织厂566家，纺织品产量仅次于英国，位居世界第二。在冶金采矿业方面，由于设备的更新和新技术的采用，生产得以迅速增长。据统计，1818年，法国的生铁产量仅11万吨，到1830年即增至25万吨，1848年达400万吨。在煤炭的开采方面，成就也很大。据统计，1815年，法国的煤产量为88万吨，到1848年即增至400万吨。②

在蒸汽机的使用和交通运输业方面，进步也很快。据统计，1815年，法国拥有蒸汽机200台，1832年增至525台，1848年达4850台。同时，交通运输业也得到了初步发展，1823年，建造了第一条20多公里长的铁路，1848年铁路总长已达1320公里。40年代末，法国的公路已达35000公里。此外，运河的开凿也颇为迅速，1822年有730公里，1845年达3200公里。③

总的来看，1815—1848年，法国的工业总产值年均增长率达3%～3.5%，接近于英国的水平。值得关注的是，在这一时期，法国建立了一批大型工厂，掀起了铁路建设的热潮。据统计，在有些年份，铁路建设的投资占至国民总产值的7.2%。法国主要的战略铁路，都是在1850年以后的30年里铺设的，里程是过去30年之和的7倍。1850年，法国的铁路是3200公里，到1870年，已达19200公里。④铁路的修筑，意义极为重大，它不但加强了工业部门之间

① Dansette, *Histoire du Second Empire*, Paris, Hachette, 1967, p. 376.

② 杨鹏飞：《从传统社会到现代文明——十六至十九世纪世界政治经济秩序的重建与社会变迁》，兰州大学出版社，2015年版，第126页。

③ 杨鹏飞：《从传统社会到现代文明——十六至十九世纪世界政治经济秩序的重建与社会变迁》，兰州大学出版社，2015年版，第126页。

④ 德尼兹·加亚尔、贝尔纳代特·德尚、阿尔德伯特等：《欧洲史》，人民出版社，2010年版，第495-499页。

的联系，扩大和进一步完善了国内市场，更重要的是产生了推动经济持续增长的供求反馈效应。

在第二帝国时期，法国的工业出现较大幅度的增长。据统计，钢铁制造年均增长率超过10%，其他工业部门的年均增长率也达3%～6%。[①]

随着工业革命的发展，法国工业资产阶级的队伍也不断壮大，影响日益扩大。据统计，1866年，法国的工厂厂主已达200万人。1855年，在巴黎举办了第二届国际博览会，参加厂商有24000多家，参观者达500万人次。1867年，举办了第三届国际博览会，参加厂商比上一届增加一倍多，观众达1500万人次。

在农业方面，延续了数个世纪的农业徘徊的局面被打破，出现了农业改良活动。工业的发展，改变了田间工作，打麦机、割稻机、刈草机、播种机等农业机械陆续发明并使用，使农业实现了工业化，特别是在巴黎附近种小麦和甜菜的土地上。小块经营的方式尽管还有存留，但它仅适用于园艺、乳品制造、牲畜饲养和大部分的葡萄园。[②]

法国产业革命的完成，为资产者迈向政治中心奠定了物质基础。在帝国后期，一大批工业力量的代表、律师、记者、教授和医生等工业和知识界的精英构成了共和派的领导群体，他们活跃于法国政治舞台，为共和国摇旗呐喊。

总的来看，到19世纪后期，法国已经是一个先进的资本主义国家，无论是现代化水平还是国民素质，都是比较高的。现代工业改造了法国的所有制关系，工业资产阶级建立全面统治的条件已经成熟。

三

法兰西工业力量的成长，社会革命、社会转型的完成，普通民众生活方式的改变，为共和制的确立与政治的稳定提供了坚实的社会基础。

一场政治革命的影响是有限的，一场社会革命的影响是深远的。政治革命可以急风暴雨式的方式冲刷大地，在短时间内完成，而社会革命则是一个复杂、漫长的过程。

---

① Dansette, *Histoire du Second Empire*, Paris, Hachette, 1967, p. 61.

② 瑟诺博斯：《法国史》，商务印书馆，1972年版，第497页。

从政治革命爆发，到社会革命的基本完成，法兰西大约历经了一个世纪的时间。直到19世纪后期，整个法国社会才发生了翻天覆地的变化。

在19世纪后期的法国，由于工业、商业和农业的迅速发展，使物质财富急剧增加，各种工业品和农产品均蜂拥上市。此前，人们从来没有见过如此丰富的产品。随着生产的发展和财富前所未有的增加，从1870年开始的社会变革也大为加速。这场变革，使法国一切阶级的生活方式都发生了根本的改变。

在居住条件方面，贫富悬殊还比较明显。富人们住在环境幽雅的高级住宅区，那里的卫生设备、自来水、煤气、下水道等一应俱全；而中下层人士的住房状况却普遍不佳，房租昂贵，设施也极为简陋；尤其是工人及其家属，他们多住在城郊脏乱不堪的地区，不仅住得很拥挤，而且还缺乏最起码的生活设施。①

贵族阶层置身于一切政治活动之外，不能再保持他们原先的优越地位，只是在社交场合还有相当高的威望，这是他们还保有头衔和仪态的缘故。②

资产阶级仿效英国人，进行海水浴、游山玩水，尽最大努力仿效英国的体育运动、卫生、清洁甚至英国人的舒适生活。

生活变化最大的莫过于富家小姐。富家小姐可以不用女仆或亲戚陪伴而单独出门，可以随自己的心愿选择丈夫，甚至没有陪嫁费也可以结婚，这就是说，她们得到了和贫家女儿几乎相等的自由。除上所述，她们在经济上也开始获得一定的独立地位。她们不仅可以担任中学教员，而且还可以担任商店和银行的秘书、会计员之职。自从女子可以进大学医科和法科之后，医生和律师的职业也允许她们参与。③

在饮食、服装、举止、语言和娱乐各方面，法国的小资产阶级也都效颦大资产阶级。上述二者的区别，只有住宅和家具，陈设讲究的客厅仍是大资产阶级特有的标记。

就手工业工人和技工群体来说，他们的物质和精神生活水准均大为提高，和商店职员的生活相比，已不相上下。他们有同样的食物、服装和娱乐，甚

① 吕一民：《法国通史》，上海社会科学院出版社，2002年版，第257页。

② 瑟诺博斯：《法国史》，商务印书馆，1972年版，第499页。

③ 瑟诺博斯：《法国史》，商务印书馆，1972年版，第504-505页。

至放弃了法国传统的游戏，仿效资产阶级，热衷于英国的足球、拳击和网球等体育运动，去看赛马、参加打赌、到运动场和自行车比赛场地欣赏各种比赛。

由于价格的大幅下降，自行车已从富人才买得起的高档商品变成平民百姓的代步工具。与此相应，自行车运动迅速成为当时法国最热门的体育活动。①

财富的增加，人口向城市的移动，从根本上改变了法国民众的生活。在社会生活的新潮中，城市工人起了引领作用，他们以资产阶级为样板，也过起了像模像样的生活。最初，是采用肉类、葡萄酒、烈性酒和咖啡等上层群体的食物，后来是从大商店购置家用器皿和工艺品，再次是衣服和帽子。就整个工人群体来说，不再穿粗布衣，也不戴工人便帽，而是直接从“裁缝”商店购置上层人士所用的礼帽和服装。工人之家的妇女，也开始穿“太太”们的服装，戴“太太”们的帽子和装饰品。在娱乐方面，19世纪后期的法国工人，也开始阅报、看戏、喝咖啡、看赛马，去游山玩水、进行海水浴，甚至模仿上层发“请客帖子”，印制名片以及照相等。②原来专供富家消费的如肉类、家禽、蛋类、奶油、牛奶、水果、葡萄酒等农产品，到19世纪后期均变成了城市一般居民的消费品。③

普通民众生活方式的改变，缩小了居民之间地位的巨大差别。以前仅是城市里少数人能过的宽裕的生活，到19世纪后期已普及于全国民众包括数千年来被牺牲的农民。社会中最贫苦的那一部分民众，也第一次享受到了现代文明生活的甜蜜。随着生活的宽裕，此前只限于资产阶级享受的各种物品，也已基本普及。

当生活条件提高到人们应得的水平时，风俗也随之改变，并更接近于18世纪哲学家所勾画的理想。到19世纪后期，法国社会上的粗暴行为已逐渐减少，甚至变成丑事。一般民众的打架，变成了罕见的事情。除了喝醉酒的时候，男人也不再打骂妻子和儿女，学校里的体罚也随之消失。④

① 吕一民：《法国通史》，上海社会科学院出版社，2002年版，第258页。

② 瑟诺博斯：《法国史》，商务印书馆，1972年版，第505-506页。

③ Guillemin, *Les Origines de La Commune*, Paris, Gallimard, 1966, p. 279.

④ 瑟诺博斯：《法国史》，商务印书馆，1972年版，第507页。

随着生活水准的提高和风俗的改变，社会关怀也越来越广泛。医院、助产所、施药局、养老院、疗养院等卫生机关迅速增加和改良，对病人、残疾者和老年人的援助，对疫病、水灾、火灾的受害者募捐的踊跃，也是社会关怀的重要表现。在19世纪后期的法国，慈善事业发展得也比较快，慈善甚至成了一种习惯。[①]

从社会等级方面说，等级虽依然存在，但等级之间的距离却已大为缩短。对于婚姻，人们历来都讲究并重视门当户对，但门当户对的观念到19世纪后期已颇为淡薄，资本家的儿子和女职员甚至女工结婚已成常事。还有，社会强调人人平等，这种平等的标志很多，其表面标志之一是一切女士都称为“太太”或“小姐”。当时，各阶层的民众都倾向仿效资产阶级。这种仿效，不仅表现在物质生活方面，而且表现在语言、态度和礼貌等各个方面。

除物质生活以外，法国民众的精神生活也发生了深刻变化，最为明显的首先是教育的发展。法国的公立小学创办于1832年，在1882—1884年间发生了深刻变化，取消了宣传宗教信仰的公立学校，确立了免费的、强迫的和世俗的教育原则[②]，建立了许多校舍宽敞、光线充足、空气流通条件较好的学校，并添聘了许多在师范学校里受过专门训练的教师。新的教学和训导方法，改变了小学的性质。儿童不再惧怕学校，学生已习惯于在校生活，甚至觉得比在家里还要愉快。

中等教育的改革，是改革和改进教学内容，在拉丁文和数学之外，增开物理科学、自然科学、现代语言、历史和地理。相比较而言，中等女子教育的变化更大一些。国立女子中学，采取简易的走读制度，由非教会的女教师担任教学和行政工作，讲授现代学科。

高等教育的改革，主要是学习德国。在1870年以前，政府对高等教育的关注度较低，之后才重视起来，依照德国大学的模式进行改革，并录取女生。学校给教授规定的工作，除授课之外，还有学术研究。[③]

文化生活的丰富，也是法国民众精神生活变化的重要内容。在19世纪后期的法国，报纸变成了一种工业的经营，读报已不再是资产阶级的特权，它

---

① Guillemin, *Les Origines de La Commune*, Paris, Gallimard, 1966, p. 291.

② 瑟诺博斯：《法国史》，商务印书馆，1972年版，第509页。

③ 瑟诺博斯：《法国史》，商务印书馆，1972年版，第511页。

已成为包括工人在内的中下层人士最重要的日常消遣之一。[①]读书的习惯，以前仅限于极少数人，现在则扩大到几乎所有的城市居民，特别是报纸所登载的讨论各种问题的专论。小说的阅读，特别是报纸上每天连载的小说的阅读，变成城市居民甚至农村居民的习惯。据研究，在19世纪后期，法国一般民众的知识水准，总体上不低于1848年以前的资产阶级。

总的来看，到19世纪后期，法国已经是一个先进的资本主义国家，现代工业已经彻底改造了法国社会。对于这样一个现代国家来说，确立共和制度已属水到渠成之事。

1875年，法兰西第三共和国宪法通过。1879年1月，参议院进行改选，共和派新增66个席位，这个结果使共和派在参议院中第一次超过君主派。是月30日，共和派人士格列维当选为总统。至此，共和派不仅控制了参、众两院，而且还掌握了内阁，拥有总统职权。历经多年的风雨和数代人的努力，共和制度至此在法国确立。

1879年6月，参、众两院从凡尔赛迁至巴黎，巴黎作为第三共和国的首都得以确认。1880年议会通过法令，宣布7月14日为法兰西共和国国庆节。1884年，政府进一步修改宪法，规定共和制度永远不得动摇，凡统治过法国的家族成员不得担任总统之职。这一规定，根除了波旁家族、奥尔良家族及拿破仑家族复辟帝制的可能性，确保了共和政体的巩固，实现了制度的稳定。

综上所述，法兰西共和制度的确立，是一个历史的运动过程，包含着共和制度的实践性探索以及探索过程中出现的挫折和不断的经验积累。共和制度确立的历程，又从实践角度展现了西方世界对如何管理国家、使用与分配政治权力的探索。正是由于法国工业力量的成长，对农村经济和劳动者改造的完成，由于工业资产阶级力量的壮大，中产阶级共和化的实现，以及社会革命、社会转型的完成，法兰西共和制度才得以确立并实现了政治的稳定。

---

① 吕一民：《法国通史》，上海社会科学院出版社，2002年版，第258页。

罗斯福新政与现代美国丰裕社会的形成

沈亚男

罗斯福新政是世界历史上重要的成功的改革，其直接目的是克服经济危机，挽救处于崩溃边缘的社会经济。然而，通过新政后数十年美国的发展来看，新政的历史价值远不止这些，它从根本上改变了美国政府的职能，开辟了经济宏观调控的经济管理道路，强化了政府对经济运行的有效监控，开创了美国的福利国家制度。新政的作用，不仅仅是应对经济萧条和其引发的社会问题，其更长远的意义在于促进了现代美国丰裕社会的形成。

一

罗斯福新政使美国的国民经济得到了长足发展，为丰裕社会的形成提供了经济基础。

20世纪30年代后期，欧洲战场的形势日益严峻，罗斯福政府的工作重心已逐渐由内政转向外交，没有在改革方面提出新的措施和立法，新政告一段落。总的说来，新政改革最直接的作用就是缓解经济危机导致的负面影响，以及恢复经济发展。在这方面，我们可以从以下几个方面加以考察。

国内生产总值①作为一国经济的总体指标往往用来衡量该国的总体经济形势。从这一角度来看，自新政实施以来，美国国内生产总值呈上升趋势，尤其是在1934年，国内生产总值较前一年增长了17.02%，截至1939年，国内

【作者简介】沈亚男，上海大学文学院博士生、甘肃农业大学人文学院教师。

① Gross Domestic Product，简称GDP，是按市场价格计算的一个国家或地区所有常住单位在一定时期内生产活动的最终成果，是全部最终产品和劳务的价值总额。

生产总值总体呈现增长趋势。

通过个人收入水平的变化可以看出，个人总收入和可支配收入在1929至1933年呈下降趋势，到1934年个人收入开始回升，和国内生产总值相一致，在1938年由于放弃赤字财政政策，出现了短暂的衰退。这是由于占总收入60%左右的工资收入在新政时期得到了很大的提高，这应该归功于新政的全国工业复兴法以及其他相关法案，它们对工人的工资做了最低标准的规定。从这方面可以看出，新政的实施在经济危机时期提高了工人的收入，改善了工人的生活水平。

从总投资和储蓄的数据来看，从1929年以来的下降趋势到1934年得以缓解，该年度的总储蓄比1933年将近翻了一倍，这是由于个人收入的增长，人们的物质生活需要得到一定程度满足，更多剩余的钱被存入银行。更重要的是，新政使人们对银行重新恢复了信心，愿意将手中多余的钱存在银行里。1934年的总投资也在1933年的基础上有了很大程度的增长，尤其是国内民间投资，从1933年的17亿美元增长到1934年的37亿美元，1935年达到67亿美元，增长率分别为117.65%和81.08%。国内民间投资是评价一国经济是否有增长动力的重要指标，可见，新政的实施对美国当时经济有很强的拉动作用。

从就业方面看，1933年开始，就业人员开始增多，尤其在1934年和1936年，分别比前一年增长了6.87%和9.86%。就业人数在1938年有下降的趋势，但到1939年又重新上升。同样我们可以看到，1934年结束了从1929年以来的工资水平下降的趋势，而在1938年工资水平没有再受到很大的影响。这是由于新政时期工会组织力量的加强，再加上工资的抗降性，使得工资在短时期内很难受到波动因素的影响。

从新政实施以来，就业情况和工资水平都开始好转，直到1938年，由于新政受到各种反对的压力，放弃其赤字开支转向以平衡预算为目的，经济又出现衰退的迹象。直至1939年放弃预算平衡的努力，继续实施新政，经济又才开始好转。

在考察经济的过程中，一个国家的物价水平是否稳定，标志着该国的供需是否平衡，有效需求是否足够，以及经济活力的大小。危机使得美国经济发生了严重的通货紧缩，直到1934年，物价开始回升，供需之间的严重不平衡才得到暂时的缓解。经过1938年短暂的下降，1939年又重新回升。

从上述指标来看，新政的实施对美国经济确实起到了拉动的作用。1933—1939年，工农业平均价格比率从58%上升到77%，全国农民的净收入从26亿美元增加到44亿美元，失业工人减少近400万，政府公务人员从3380万增加到4560万。工人周工资从16.73美元增长为23.86美元，实际工资增长了20%。按人口平均可自由支配的个人收入[①]，1933年为893美元，而到1940年增加为1259美元[②]，经济总体形势大为好转。

二

新政在一定程度上调整了美国的劳资关系，确立了国家、劳方和资方之间的新型关系。

新政以前，国家一般是不干预劳资纠纷的，即使政府介入，也是站在资方的立场上压制劳方。完全任由垄断资本自行其是，不对它们的行为有所限制，这样就会使广大工人群众的经济政治地位恶化，基本生活得不到保障，购买力持续降低，资本主义秩序也不可能正常运行。

罗斯福认为，要按照消费调整生产，更公平合理地分配财富和产品，使得现存的经济组织适应为人民服务的需求。政府在处理同企业关系方面的任务，应该是促成一种经济上的民权宣言，一种经济上的宪法秩序，这是政治家和企业家的共同任务，是建立一种更为长久的安定秩序的最起码要求。[③]要建立这样一种新的秩序，对私人垄断进行限制，改善中下层人民的处境，仅仅靠个人或者个别团体是无法办到的，只有依靠政府的强大行政力量才能实现。罗斯福政府开始从资产阶级长远总体利益出发，不再执行自由放任政策，而是站在总资本家的立场上，逐渐摆脱与私人垄断资本的关系，开始尝试改善工人群众的经济、政治处境，通过实施劳工法来缓解劳资矛盾，以达到维持垄断资本继续健康运行的目的。

美国政府于1933年颁布了《全国工业复兴法》，据此对工业进行调整和

① 以1958年美元计算。

② 吉尔伯特·C.菲特、吉姆·E.里斯：《美国经济史》，辽宁人民出版社，1981年版，第738页。

③ 1932年9月23日，在旧金山联邦俱乐部所做的关于进步政府的竞选演说：《新的情况对政府及其领导人提出的新的要求》。富兰克林·罗斯福：《罗斯福选集》，商务印书馆，1982年版，第15页。

改革。该法承认了工人组织工会和集体谈判的权利，要求资方不得干涉工人组织工会和集体谈判，不能以是否加入公司工会作为雇佣的条件，并且规定了资方要保证最低工资、最高工时并改善劳动条件。

1935年《全国工业复兴法》被宣布违宪后，国会又通过了《全国劳工关系法》，建立全国劳工关系委员会。该法指出，美国的政策是保障商务的自由流动，鼓励工人组织并指定他们自己选择的代表，通过集体谈判的做法和程序，来消除这些障碍；同时规定雇员有权自己组织、建立、参加或援助劳动组织，通过他们自己的代表进行集体谈判，从事协调的活动，以达到集体谈判或其他互助保护的目的。在雇主方面，规定雇主不得干预雇员行使自己的权利，不得干预或通知任何劳工组织，或者给予财务捐赠或其他支持，不得在任何劳动组织中对雇佣期限、雇佣条件和环境，或对会员进行鼓励或不鼓励的事情上进行歧视，不得拒绝同男女雇员经适当程序选择出的代表进行集体谈判。[①]该法的出台使劳资冲突的解决有法可依，有组织劳工的正当权益也有了不受侵犯的法理依据。政府过去明显偏袒资方的立场发生了扭转或者至少有了收敛。[②]

1938年实施的《公平劳动标准法》则规定了工人工作的最高工时和最低工资，使劳动者的工作处境和收入得到了保证，联邦政府第一次承担起保障工人生活的责任，基本上使收入分配关系开始向较为公平的方向发展。

另一方面，罗斯福政府建立了职能部门专门负责处理劳资关系问题，如《全国劳工关系法》中规定设立的全国劳工关系委员会被授权主持各地工会选举，禁止并纠正雇主反工会的不公正行为等。这些政府职能部门具有调节劳资纠纷的权力，将劳资冲突作为社会问题加以解决，降低了罢工等抗议方式给劳资双方带来的巨额经济损失，对缓和两大阶级之间的对立关系也起到了一定的作用。可以说，这些立法的出台与机构的设立标志着政府等权力机关开始发生角色转换，逐渐发展成为劳资关系中不可或缺的调节者，社会化因

① 陈宝森：《美国经济与政府政策——从罗斯福到里根》，世界知识出版社，1988年版，第721页。

② Dumas Malone, Balone: *Empire For Liberty: The Genesis and Growth the United States of America, Vol.5, War and Troubled Peace: 1919–1939*, New York: Division of Meredith Publishing Company, 1960, pp.229–231.

素得到了进一步增强。

新政在工业方面的一系列措施得到了工人群众的热烈响应，借助各项工业法令的颁布，各种工会组织迅速发展起来。其中，美国矿工联合会、纺织工人联合会、国际女装工人工会、混合成衣工人工会等发展最快。除此以外，橡胶工人、电气工人、西部铜矿工人、石油工人、天然气工人、记者、旅馆和饭店服务员以及其他各行业未组织起来的工人，也纷纷加入工会。据统计，全国所有工会[①]的会员数，由1933年的297.3万人增加到1935年的388.86万人。[②]

自此，包括黑人、妇女和其他少数民族工人在内的所有工人都有组织工会和通过自选代表与资方进行集体谈判的权利。虽然，这时劳资双方的关系仍然是被剥削与剥削的关系，但这是自近代工业社会形成以来，工人第一次有了发言权，不再像从前那样完全受制于资方。同时，工人在国会也有了自己的代言人，并能通过自己的组织进行院外活动[③]，积极参与到国家的政治生活当中去。

我们看到，在新政期间，为了挽救垄断资本主义制度，联邦政府不再介入具体的劳资纠纷，而只以总资本家的身份，在广大工人的支持下，使垄断资产阶级承认劳工组织工会、进行集体谈判的权利，并适当改善工人的经济、政治处境。[④]同时，将劳工运动纳入政府改良政策的轨道，使其放弃了争取社会主义的政治斗争，使美国的垄断资本主义制度得以在新的基础上继续运行。美国的工人阶级仅仅是为了活得更为舒适而“斗争”，工会成了美国资本主义制度的一个组成部分，而这种国家、劳方和资方之间的新型关系，一直保持至今。

三

新政的实施，在一定程度上改善了美国民众的生活环境，提升了美国人

① 包括独立于劳联之外的工会。

② 梁晓滨：《美国劳动市场》，中国社会科学出版社，1992年版，第72页。

③ 指利益集团为了满足自己的特定要求，有意识地进行影响政府决策的活动，也称为“院外活动”。

④ 中国社会科学院世界经济与政治研究所综合统计研究室编：《苏联和主要资本主义国家经济历史统计集1800—1982年》，人民出版社，1989年版，第337页。

民的生活质量。

在新政过程中，政府通过建立公共工程局、民间资源保护队、公共振兴局等机构，主持举办了规模空前的公共工程建设。这些措施，不但刺激了经济，缓解了就业压力，同时也使自然资源得到合理开发与保护，城市得到全面建设，功能愈加完善。

与城市公共建设不同，居民住宅的建设则与社会经济政治的联系更为紧密。住房关系到普通民众的基本生存，关系到整个社会的稳定和谐，住房问题的解决，是改善民生的关键因素之一。

30年代的经济危机，对住房建造业冲击严重，更加威胁到了大量普通民众的住宅。由于失业而无法偿还抵押贷款，1932年就有25万个家庭失去住宅，到了1933年上半年，平均每天有1000多所住宅被取消赎回权。费城司法当局平均每月举办1300起拍卖。随着取消房产赎回权的比率增加，储蓄银行和保险公司因蒙受损失而不愿发放新的房产抵押贷款。金融机构减少建筑贷款和房地产抵押贷款的发放，更进一步加速了建筑工业和房地产市场的崩溃。

1933年4月，罗斯福要求国会通过新的立法保护房主房产赎回权。6月13日，总统签署了《资助房主法》。该法仿照农场抵押法，建立房主贷款公司，由复兴金融公司拨款2亿美元，授权房主贷款公司发行20亿美元的联邦政府债券。[①]1933年夏，房主贷款公司用政府债券购买房主持有的抵押借款单14000美元，从而使即将失去房产赎回权的房主保住了自己的房产。

该公司延长了抵押贷款还贷期限并降低了贷款利率，贷给房主现金以支付税收和房屋修理费用，其数额可达房产价值的50%。此外，该公司还帮助房主赎回1930年1月以后失去赎回权的抵押财产。据估计，全国非农业居民中，大约有1/5的房主向房主贷款公司提出申请，其中约一半房主得到贷款。到1936年2月29日，该公司共向100多万房主贷款超过30亿美元，相当于房主贷款公司资助了大约20%的城市抵押房产，或承担了城市住房抵押债务总额的1/6。[②]在短期内房主贷款公司扭转了房地产市场即将崩溃的颓势，重新

① 到1935年5月，增加至47.5亿美元。

② Dumas Malone, Balone: *Empire For Liberty: The Genesis and Growth the United States of America, Vol.5, War and Troubled Peace: 1919–1939*, New York: Division of Meredith Publishing Company, 1960, p. 227.

启动了金融机构的房产抵押贷款业务。罗斯福政府也因此赢得了中产阶级的广泛支持。

为了使房主进一步得到必要的贷款以修缮住房和建筑新房从而刺激房地产交易市场和重工业，1934年6月28日，总统签署了《国家住房法》。根据该法建立了联邦住房管理局。该局主要任务是为发放修房和建筑新房贷款的银行、抵押贷款公司、建筑与贷款协会提供联邦保险。复兴金融公司向该局提供2亿美元的资金，联邦住房管理局分别对2000美元以下的修缮住房贷款，对不超过贷款机构资产20%的贷款，不超过1.6万美元优先抵押贷款，1000万美元以下的低成本住房建筑贷款予以保险。

根据《国家住房法》，联邦政府还建立了联邦储蓄和贷款保险公司，对建筑与贷款协会、储蓄与贷款协会的存款予以保险。到1937年，住房抵押利息率从6%下降为4%[①]。据统计，在1934至1940年之间，该局共帮助发放长期低息修缮住房贷款230万次，合计9.45亿美元，建筑新房贷款55.4万次，合计23亿美元。

房主贷款公司和联邦住房管理局的主要任务是帮助有房产的中产阶级家庭，但并没有满足无房或城市贫民窟的穷人的需要。因此，在参议员瓦格纳和一批倡导城市改革者及社会工作者要求下，1937年，总统签署《瓦格纳—斯蒂高尔住宅建设法》，根据该法设立了美国住宅管理局，该局是内政部下属的一个公营公司。拥有5亿美元资金，有权发放相当于建设廉价住宅费用的90%的贷款。该局还对地方机构发放六年期的低息贷款帮助建设廉价住房。为了表示对小城镇的关注，该局确保人口少于2.5万的小镇可以得到总额1/10以上的贷款。到1940年末，该局全部贷款合同的金额约6.9亿美元，共有511个工程项目在建或建成。

在新政之后的数十年中，美国的住房状况[②]有了很大的改善，住房资产总

---

① Dumas Malone, Balone: *Empire For Liberty: The Genesis and Growth the United States of America, Vol.5, War and Troubled Peace: 1919-1939*, New York: Division of Meredith Publishing Company, 1960, p. 227.

② 根据1949年通过的住房立法，美国政府把为每个家庭提供体面的住房和适宜的生活环境作为目标。有关专家对居住标准的定义是：有牢固的屋顶和墙壁，有仅限房主使用的没有毛病的浴室和厨房，有集中供热系统，在某些地区的气候下有空气调节器，一间居室不超过一个人。

额由1930年的1852亿美元上升为1980年的18230亿美元[1]，增长了8.8倍，居民人数由1930年的12307.7万人上升为1984年的23668.1万人，每个居民平均占有的住房资源由1930年的1504美元上升到1984年的7702美元。同时，住房质量也有了提高，1940年，带有卫生设施的住房占总住房数的55.4%，1970年，占到住宅总数的94.9%，1980年，没有卫生设施的住宅仅占全国总住宅的2.2%。1940年，坍塌住房占总住宅的18.1%，1970年下降到3.7%，而自1970年起，全国就再没有关于坍塌住房的报告。人均住房面积有所扩大，1940年，每个房间使用率超过1.5人被视为拥挤，到了60年代，这个使用率被视为严重拥挤。1940年，拥挤的家庭占全国总数的9%，1980年，下降为1%。到1981年，全美有8600万栋可全年使用的住房，共计4.5亿个房间，平均每个家庭成员拥有两个房间。[2]

在公共卫生方面，1937年到1944年间，国会先后通过了《国民癌症法令》《性病控制法》和《公共卫生署法》，出台了一系列保障措施，其中包括对公共卫生和健康方面的研究，卫生及健康从业人员的技能训练，水和空气污染的治理等。据统计，在1945年，联邦政府拨款近6558.5美元用于公共卫生方面，其中4.5%用于研究和训练，9.5%用于医疗保障、公共援助、服役军人及家属、母亲、儿童、残疾儿童的公共卫生和联邦雇员的医疗照顾。

四

新政的实施，推动了美国社会结构的变化，壮大了美国中产阶级队伍，保障了现代美国社会的基本稳定。

18世纪和19世纪前期，构成美国农业社会主体的是农民、小企业主和小商人组成的中产阶级，即老式中产阶级，他们约占当时人口的80%。随着工业化的发展，旧式中产阶级开始发生分化，在工业化的冲击下，部分农民和小企业主相继破产，他们和新移民一道加入了工人阶级的行列。到了19世纪末，美国社会两极分化严重，贫富差距加大。在新政期间，政府进行一系列制度改革和调整，抑制社会贫富分化。

---

① 以1972年不变价美元计算。

② 陈宝森：《美国经济与政府政策——从罗斯福到里根》，世界知识出版社，1988年版，第779页。

在市场竞争起点和平等方面立法。基于市场经济是竞争经济这一基本特点，竞争就应当是公平的竞争，而公平就体现在机会平等、人们参与竞争时力量的相对平等上。在新政实施过程中，通过保障教育机会的均等，禁止就业歧视，出台遗产税法等方式确立了以上这些平等原则。主要政策有制定累进制的个人所得税制度，对拥有丰厚土地、房屋等不动产资产的居民征收财产税，对奢侈品消费征收消费税等。

社会保障法形成了社会安全网，防止居民陷入贫困。具体内容有建立覆盖全社会的社会保险体系，如养老保险、雇佣保险、健康保险等；实施社会救济，政府对残疾人、病人、长期失业者和生活贫困者直接提供社会救济和补助。这些立法对政府全面干预经济，消除贫困产生了重大作用。

美国的社会结构出现了显著的变化，农业劳动力急剧下降，1935—1937年，大量农村人口涌向城市。到1940年，美国农业地区人口仅占43.5%，而实际住在农场并从事农业生产的仅有23%。1940年，农业人口占总劳动力比重为17%，1960年下降为6.2%。据统计，1970—1980年，美国的农业、林业和渔业劳动力占总劳动力的比重从4%下降到3.5%。1985年，美国全部农业人口仅占总人口的2.5%，而城市人口占全国总人口的比例从56.5%上升到59.6%，城市人口增加1500多万人。同期，东北部增加50%，北部中央各州增加57%，西部各州增加275%。①

系统全面的社会保障体系，发达和平等的教育机会，工业技术进步和专业化的发展，劳动生产率得到前所未有的提高，使得许多蓝领工人及其子女可以有机会通过接受教育而跻身于白领阶层，蓝领工人数量锐减，而白领阶层不断扩大，也使得中产阶级群体迅速壮大。有一个材料显示，在1920年，美国的白领阶层只占工人总数的25%，到了1960年，这一比例增长到43%，到了1981年，则超过了53%。1965年，美国白领人员要比蓝领工人多出800万人，而这种趋势一直继续着。据统计，1970—1980年，美国的经济管理人员增加了58%，卫生人员增加了118%，公务人员增加了76%，银行人员和系统分析人员都增加了83%，计算机操作人员增加了346%，律师增加了一倍以上。到了克林顿新经济政策时期，白领人员的数量有了更明显的增加。

① 刘绪贻、杨生茂：《美国通史》（第六卷），人民出版社，2005年版，第610-615页。

由于战后美国经济持续繁荣，国内工人阶级的实际收入和生活水平有很大改善，占总人口大部分的白领阶层和部分蓝领成为中产阶级，大资产阶级和穷人都成为社会中的少数。就是极少数生活在贫困线以下的人，通过社会保险和社会救济，一般也能维持较为舒适的生活，他们的贫困，实际上是指没有中产阶级生活的那样富足。新政之后的历届美国政府不断进行经济改革，促成美国“两头小、中间大”的社会分层结构，即在全国大力扩展中产阶级，抑制豪富与赤贫阶层的扩大。广大中产阶级占社会的绝大多数，他们从事稳定的工作，生活体面，衣食无忧，成为社会稳定的中坚力量。战后，即使在经济衰退时期，美国也没有面临大规模的失业和严重的社会动荡，社会经济平稳发展，这和以中产阶级为主的社会结构有着密切的关系。

综上所述，罗斯福新政是世界历史上重要的成功的改革，改革不仅挽救处于崩溃边缘的美国经济，改变了美国政府的职能，强化了政府对经济运行的有效监控，开创了美国的福利国家制度，而且在一定程度上调整了美国的劳资关系，扩大了中产阶级队伍，促进了现代美国丰裕社会的形成。

当代俄罗斯联邦穆斯林的文明交往研究[①]

张来仪

纵观俄罗斯历史，在东正教与伊斯兰教之间，在斯拉夫人与突厥人之间，在当地人与外来者之间，虽然存在着冲突，但绝不是彼此互不相容、互为排斥的异质文明载体的绝对对立的状态。卷入日益高涨的全球化浪潮中的当代俄罗斯人，在享受着全球范围内（包括伊斯兰世界在内）商品、思想、人员的自由流动之时，又都看到了不断发生的主流文明——东正教文明与伊斯兰文明之间的冲突和摩擦。东正教文明与伊斯兰文明之间的交流和冲突成为当代俄罗斯发展的重要问题，并且还将持续共存漫长的时间。因此，如何尊重文明的多样性，注重文明交流、文明互鉴、文明共存，促进和而不同、兼收并蓄的文明交流对话，在现代社会发展进程中相互取长补短，在文化交流互鉴中共同发展，缔造命运共同体，这不仅是俄罗斯治国理政者应当思考的问题，也启示研究俄罗斯历史的学者进一步开展对历史上不同文明之间的碰撞与交流的深入研究，以便为客观理解历史症结和看清未来方向提供一些经验和教训。

苏联解体后，俄罗斯联邦宣布宗教合法化。俄罗斯联邦的主体民族——俄罗斯族人中的绝大多数信仰东正教，但在伏尔加河流域和南方高加索地区有38个信仰伊斯兰教的民族，人口多达2000万[②]，政府批准重建的清真寺有

【作者简介】张来仪，华南师范大学历史文化学院教授，西北师范大学中亚研究院研究员。

① 本文为国家社会科学基金重点项目“南俄草原的历史交往研究”（项目编号：19ASS008）与广东省社科基金项目“丝绸之路西段北线史研究”（批准号：GD17CLS01）的阶段性成果。

② Алексей Малашенко, *Ислам для России*, Москва: Росспэн, 2007, с.10.

7000多座，而且还有越来越多的斯拉夫人改信伊斯兰教。由于战乱、通婚，中亚穆斯林和高加索的阿塞拜疆人、车臣人及其他民族的人纷纷涌入俄罗斯中部地区，使俄罗斯联邦成为世界上拥有穆斯林最多的国家之一。因此，俄联邦是一个东正教和伊斯兰教并存的国家。东正教和伊斯兰教共同构成了俄罗斯文化的根基，是两种最重要的俄罗斯“传统宗教”。俄罗斯官方所追求的目标是将自己的国家打造成一个东正教和伊斯兰教之间保持互利共生关系的典型代表。

在当代俄罗斯伊斯兰教史研究方面，马拉申科的《伊斯兰教对于俄罗斯》全面系统地介绍了当代俄罗斯伊斯兰教的概况——穆斯林人口及其分布、清真寺数目、伊斯兰教流派、伊斯兰教与政治和东正教的关系等等重要话题。辛兰奇耶夫的《当代伊斯兰教史》内容丰富，资料翔实，也是不可多得的学术研究著作。阿·亚尔雷卡波夫的《高加索的伊斯兰教及其对俄罗斯地区冲突的影响》（齐昕编译，载《俄罗斯文艺》，2013年第4期）论述了高加索伊斯兰教发展变化的新趋势。艾丽卡·塞西莉亚·楚拉诺维奇的《俄罗斯东正教会与伊斯兰教的关系》客观评述了伊斯兰教的生存策略及其与当权者和东正教的关系。国内学者王冠宇的《俄罗斯伊斯兰组织状况综述》（《国际资料信息》，2005年第10期）、臧颖的《俄罗斯伊斯兰教宗教机构及其社会功能》（《中国穆斯林》，2012年第2期）等等论文都为国人了解当代俄罗斯伊斯兰教做出了贡献。总体而言，有关介绍当代俄罗斯伊斯兰教生存状况的论著言简意赅，缺乏细节，显得非常简略。笔者欲抛砖引玉，期望学术界进一步深化对该课题的全面研究。

当代俄罗斯伊斯兰教的生存画面是：在宗教自由和社会生活多元化的浪潮中，俄罗斯奉公守法的伊斯兰宗教界参政热情高涨，创建政党，参加选举；积极改善与主流社会的关系；以乐观的态度开展丰富多彩的社会活动。少数精英人物政治表演与广大民众的宗教生活水乳交融，呈现出一个令人眼花缭乱的争奇斗艳景象。俄罗斯穆斯林的主流所追求的目标与活动能量大都是正面的和建设性的。

一、积极参与政治生活

1990年6月在阿斯特拉罕召开的全苏联伊斯兰复兴党成立大会是伊斯兰

政治化的起点。该党的组织结构、活动特点如同俱乐部，于20世纪90年代中期完全消失。尽管这个党作为社会组织毫无建树；但它在北高加索（尤其是在达吉斯坦的部分地区）发挥了重要作用；它还刺激了中亚伊斯兰政治运动的积极化，一些中亚共和国，如塔吉克斯坦、乌兹别克斯坦出现了伊斯兰复兴党的组织机构。

伊斯兰教的复兴为其宗教组织的建立和发展提供了客观条件与思想准备。在俄司法部登记注册的伊斯兰组织有2500多个，没有注册的组织大约也有这个数目。它们代表着俄罗斯穆斯林各方利益，活跃在社会、宗教和政治生活的各个方面，对伊斯兰教的复兴有极大的推波助澜作用。总体来说，伊斯兰组织在俄罗斯的复兴具有积极意义，维护了处于转型变革时期的社会稳定，促进了伊斯兰文化的发展。俄罗斯伊斯兰组织表现出越来越积极涉足政治生活的倾向，试图参与和影响国家内外政策的制定与实施；与此同时，国内外各种政治力量也在积极利用这些组织为各自的政治利益服务等现象也是值得关注的。

苏联解体后，俄罗斯伊斯兰教党派不断出现。90年代初有“伊斯兰复兴党”“伊斯兰民主党”和伊斯兰激进党——“伊季法克”；1995年年中，伊斯兰教的政治组织穆斯林运动“努尔”（Нур）、俄罗斯穆斯林联盟和“俄罗斯穆斯林”等积极参加第二届国家杜马竞选活动。[①]同年12月，穆斯林联盟领导人纳季尔·哈奇拉耶夫当选俄罗斯国家杜马议员，并试图在议会建立穆斯林议员团。

在俄罗斯，允许包括伊斯兰教在内的社会组织染指政治生活，即允许宗教政党存在。伊斯兰复兴党、伊斯兰民主党、伊斯兰激进党等都是合法的政治组织。伊斯兰教徒也能进入俄罗斯联邦的高级决策层，例如车臣人哈斯珀拉托夫曾经是俄联邦议长，盖达尔曾经当了一届俄罗斯联邦总理。

早在苏联时期，穆斯林中就萌生了以伊斯兰教信徒身份参与政治的意图，而不是因为要参加政治进程而抹去或隐瞒自己的宗教标识。1995年，在俄罗斯穆斯林联盟的第一次大会上，当时的总书记阿赫米德·哈宁托夫（Ахмед Халитов）说：“只有当我们失去我们的穆斯林身份之时，我们才能出现在所

---

① Р.Силантьев, *Новейшая история ислама в России*, Москва: Алгоритм, 2007, с.73.

有的领域。”[①]此话的弦外之音是：要争取以伊斯兰教徒的身份登上政治舞台。随后要求恢复“穆斯林身份”的政治权利成为“伊斯兰复兴”的组成部分。当时出现了一些带有特定政治目的政党、组织、运动；这些五花八门的政治组织都要诉诸宗教思想和复兴宗教的口号；无论是当权者支持还是反对的派别都要以“伊斯兰”的名义进行活动。

1995 年出现了“全俄穆斯林运动”（Общероссийское мусульманское движение，Нур）、俄罗斯穆斯林联盟（Союз мусульман России）和俄罗斯伊斯兰委员会（Исламский комитет России）；1996年出现了主张积极参加社会政治运动的“俄罗斯穆斯林”（мусульмане России）；1997年出现了引人注目的政治组织——伊斯兰文化中心，其首脑阿卜杜罗-瓦赫特·尼亚饶夫（Абдул - Вахед Ниязов）提出再创建一个联邦政党——穆斯林联盟（Мусульманский союз）的愿望。一些穆斯林血统的政治家参加该组织，起先的纲领是将其作为一个法律中心，但后来制定的章程和其他文件与原先的设计有较大的出入。俄罗斯穆斯林联盟的首脑拉特尔沙赫·哈奇拉耶夫（Надршах Хачилаев）坚决反对成立另外一个“俄罗斯穆斯林联盟”。1998年阿卜杜罗-瓦赫特·尼亚饶夫创建了“列法赫（Рефах）运动”。

每逢国家杜马和总统选举前夕，大量冒牌的诉诸伊斯兰教的政治组织都会在社会上蠢蠢欲动，它们最主要的职志是力图参与国家的政治生活，在政治舞台上占有一席之地，以寻找获取物质利益的通道，满足个别领袖人物的虚荣心和炫酷心理。伊斯兰教对这些政治人物来说能起到宣传工具的作用。尽管这些组织确实是由穆斯林所组成的，但这些人的着眼点不是宗教复兴，而是为了追求名利。这些宗教政客与政治政客巧舌如簧，游刃有余，例如，他们在车臣问题上批评当局后，马上会补充一句：“支持与恐怖主义进行斗争。”

在2003年通过的《俄罗斯穆夫提委员会决议》中，建议将“俄罗斯穆斯林的选举观”的社会调查作为学术研究课题，内容包括跟踪研究俄罗斯穆斯林对选举的看法、选举倾向等，同时观察伊斯兰教管理机构的影响和前景，以及宗教领袖进入权力机构的前景预测等等。

---

① Алексей Малашенко, *Ислам для России*, Москва: Росспэн, 2007, с.23.

在国家秉持世俗政治体制的框架下，伊斯兰政治组织的合法活动不会取得重大成就。在1995年的选举中，“全俄穆斯林运动”只获得了0.28%的选票（在车臣和印古什为23%）。俄罗斯穆斯林联盟由于没有完成法定的登记注册程序，未参加1995年的选举，后来在1999年的选举中，它以伊斯兰委员会的名称独立参选，也仅获得了0.5%的选票。①

1995—1996年，人们既能看到积极活跃的伊斯兰政治行动，又能发现“奉公守法的伊斯兰”。当时俄罗斯的每一个政治家都企图争取穆斯林的选票。当叶利钦在雅罗斯拉夫表明自己对伊斯兰教的好感后，有一份地方报纸公开发表了一篇文章：《鲍里斯·阿克巴尔!》（《Борис Акбар》），此文在坚持伊斯兰立场者看来是属于“异端”言论。②

尽管在1996年的总统选举中，穆斯林的主要组织联合支持当局的候选人叶利钦，但在选举结束后发现，许多穆斯林还是将选票投给了共产党的候选人。在达吉斯坦的第一轮选举投票中，叶利钦只是获得了28.52%，而反对派的候选人、共产党领袖久加诺夫得到了63.2%的选票。在第二轮选举投票中，由于政治形势的变化，叶利钦才升至53.7%，而久加诺夫得到了45.5%的选票。③

正是在这样的政治氛围里，一些穆斯林的政治家开始思考在国家杜马里组建跨党派的“穆斯林党团”（Мусульманская фракция），就像在1907年俄国第二届国家杜马时，在自由主义的立场上达到穆斯林议员的联合。但大多数穆斯林议员认为，在共同宗教信仰的基础上组成党团是毫无益处的，同时也不会引起克里姆林宫的重视，结果这个提议被搁置。

在1999年、2003年的议会选举以及1999年和2003年的总统选举中，当局不再看重伊斯兰教的作用。在各种宗教管理机构属下的伊斯兰政党几乎公开地试图用选票与自己的拥护者做交易。宗教政客自己只能作为“添加剂”进入主要参选者的选战。1999年“石油天然气公司”的利奥拉特·拉夫考夫（Леонард Рафиков）和马拉特·海列乌宁（Марат Хайрулин）宣布组建选举联盟（Меджлис），许多伊斯兰政治组织，如列法赫运动、俄罗斯穆斯林、全

① Алексей Малашенко, *Ислам для России*, с.25.

② Алексей Малашенко, *Ислам для России*, с.25.

③ Алексей Малашенко, *Ислам для России*, с.25.

俄伊斯兰会议和全俄穆斯林运动都加入了该联盟。选举联盟的任务是支持竞选中飙出的黑马政党——“我们的家园——俄罗斯”（НДР）；但有部分穆斯林议员脱离了“我们的家园——俄罗斯”，理由是在这里缺乏亲切感。“我们的家园——俄罗斯”自身的发展势头也很快成为明日黄花，并没有成为有影响力的政治组织。聪明的列法赫领袖尼亚饶夫明白，需要改弦易辙投向克里姆林宫支持的跨地区联盟“统一党”（Единство）。果然“统一党”获得了选举胜利，取得了多数议席。列法赫领袖进入了国家杜马。

1999年的选战是在“统一党”和由莫斯科市市长尤里·卢日科夫宣布组建的“祖国——所有俄罗斯人”联盟之间竞逐。俄罗斯穆夫提委员会支持卢日科夫联盟。但选举结果是“统一党”获胜，俄罗斯穆夫提委员会及其支持者在一定时间远离了克里姆林宫，但更有影响力的穆斯林政治家和宗教人士，包括塔朱金等积极靠拢克里姆林宫。

毫无疑问，当代俄罗斯的政治形势发生了很大变化，宗教作用在政治家的心目中已经没有那么重要了。从前高举伊斯兰旗帜的组织开始淡化宗教色彩，将自己打扮成少数族裔利益的捍卫者，仍然将伊斯兰作为团结俄罗斯穆斯林民族的重要因素。2001年3月，列法赫改为以“幸福”为名的俄罗斯欧亚党（Евразийская партия России “Благоденствие”），随后它成为名为“伟大的俄罗斯——欧亚联盟”（Великая Россия—Евразийский союз）选举联盟的一个组成部分。“伟大的俄罗斯——欧亚联盟”宣布，与伊斯兰教没有任何关系。①

后来虽然出过现伊斯兰参政的情况，但都是短暂的。2003年创建的俄罗斯伊斯兰党（Исламскская партия России，ИПР）拥有一定的知名度，其领袖、达吉斯坦的企业家马考莫德·拉扎波夫（Магомед Раджапов）说：“在达吉斯坦就有70万名俄罗斯伊斯兰党的成员。”②俄罗斯伊斯兰党在选举中仅获得了0.25%的选票。这颗政治流星很快就在俄罗斯的天幕上消逝了，主要原因是在其政治仕途上遭遇到了更受穆斯林欢迎的“俄罗斯真正爱国者”的竞争。③

---

① Алексей Малашенко, *Ислам для России*, с.26.

② Алексей Малашенко, *Ислам для России*, с.27.

③ Алексей Малашенко, *Ислам для России*, с.27.

伊斯兰政治组织在当代俄罗斯政治舞台上失利的内因有四点：一是领导者个人的傲慢，脱离普通的穆斯林大众；二是对民族因素缺乏考虑，没有理解鞑靼人与巴什基尔人之间明显不同的心理；三是创建穆斯林团队的政治家和分析家的才能与威望欠佳；四是它们提出的各类方案都明显缺失福利问题，它们的首领不是穆斯林的伊玛目。当然，其失利更为重要的原因是外部环境的变化：俄罗斯社会已经是一个世俗社会，大多数人对超越宗教属性的政党更有兴趣。尽管如此，伊斯兰组织实现了自己的使命，唤醒了穆斯林参与社会活动的兴趣，促进了穆斯林公民意识的成长和关注政治的积极性。

屈从于克里姆林宫压力的“政治伊斯兰元素”的重复表演空间越来越小。随着时间的流逝，克里姆林宫对来自宗教组织支持的兴趣越来越小。因为俄罗斯只需要一个最传统的宗教，将特权的阳光洒向所有的宗教是不可能的，而这个最传统的宗教毫无疑问便是东正教。但对于普京来说，东正教在选举中的现实意义也是越来越小。虽然不能不承认俄罗斯东正教会确实有进军政界的企图，但俄罗斯政客已经意识到，最重要的还不是利用宗教，而是挖掘俄罗斯民族主义的思想资源。

尽管伊斯兰未能染指俄罗斯联邦中央范围的政事，但穆斯林的一些协会组织仍然参与了一些地区的社会政治生活，当地的穆夫提支持那些与他们共同信仰伊斯兰教的地方领导人。有些地方行政管理者以宽容的心态和理解的态度对待穆斯林的愿望，如伊斯兰宗教管理部门与莫斯科市市长卢日科夫之间就有良好的互动关系；伏尔加地区的穆夫提与萨拉托夫州州长之间有密切的合作。楚瓦什总统尼古拉·费多廖夫（Николай Федоров）在2005年底建议共和国议会改革当地的行政管理体制之时，在鞑靼斯坦的报纸《瓦克林特》（《Вакыт》）不失时机地刊登了穆夫提科尔甘诺夫（А. Крганов）的声明：号召宗教界支持、帮助有关进行地方行政管理体制改革的法规。

最引人注目的是，一些伊斯兰教的宗教领袖参与地方上的斗争而陷入难堪处境。例如在奔萨州创建的独立的伊斯兰管理机构（НДУМ）支持时任州长阿拉多利·考夫列亚科（Анатолий Ковлягин），与此同时，统一的穆斯林管理机构却站在与其竞争的对手瓦西里·鲍奇卡列夫（Василий Бочкарев）方面。鲍奇卡列夫获胜后，独立的穆斯林管理机构在新州长的压制下消逝了。有时，穆夫提的首脑为了战胜对手采用一些特殊的斗争方式，要求州或共和国提供帮助，有时，甚至是经常发生世俗行政当局与伊斯兰宗教界之间的公开对抗。例如，在2001年滨海边疆区伊斯兰社团（казыят）的首领阿里穆罕·马格鲁波夫（Алимхан Магрупов，乌兹别克族）散发传单，传单上写着："穆斯林要夺回能建立清真寺的神圣土地。"他被符拉迪沃斯托克的市长弗拉基米尔·考宾诺夫（Владимир Копылов）宣布为有罪。当地宗教管理部门的首领拉夫古拉·阿什廖夫（Нафигулла Аширов）为了避免再次出丑，便将马格鲁波夫直接撤职，并委任了一个非常圆滑的教长。[①]

综观伊斯兰教的基本现状，当权者仍让那些温和的、循规蹈矩和奉公守法的伊斯兰宗教和宗教政治组织在政治生活中继续存在，这也符合国家的宗教自由政策精神。各种各样象征性的伊斯兰团体参与官方政治可以看作符合传统习惯的善举，在俄罗斯100名有影响的政治家名单中就有穆夫提拉维尔·盖卢特金的名字。[②]

下诺夫哥罗德州的穆夫提乌玛尔·伊特林索夫（Умар Идрисов）认为，由于鞑靼人长期生活在没有自己国家的条件下，"伊玛目——伊斯兰社会的宗教领袖，自然而然地成为世俗统治者，因为在伊斯兰社会没有世俗生活与宗教生活的区分"。这样的认识在穆斯林民族中具有普遍性，宗教职称就是官职名称。伊斯兰场所是俄罗斯穆斯林聚居区（尤其是在北高加索）政治生活的正式组成部分。在虔诚的伊斯兰信徒看来，清真寺是具有重要社会意义的地方。车臣的阿布哈尼夫（Абу Ханифы）伊斯兰学院的院长伊斯玛仪-哈吉·鲍斯塔诺夫（Исмаил-хаджи Бостанов）认为，宣布宗教与国家相分离的宪法是极其荒谬绝伦的。[③]

关于穆斯林的社会团体无法彻底拒绝远离政治运动，还可以从他们自然而然地要求在俄罗斯联邦设立副总统职位得到证明，并主张副总统职位应由穆斯林的代表来担任，提出这一建议者中就有盖卢特金。反对这个建议的人，如拉夫古拉·阿什廖夫（Нафигулла Аширов）则说，这是标新立异和自命不凡的表现，给穆斯林预先留下副总统岗位可能会成为通过选举使穆斯林进入国家最高级领导岗位的障碍。

---

① Алексей Малашенко, *Ислам для России*, с. 28.

② Алексей Малашенко, *Ислам для России*, с. 29.

③ Алексей Малашенко, *Ислам для России*, с. 29.

有的伊斯兰组织致力于独立自主地发挥作用，也有的是作为有影响力的政治组织的同盟者发挥辅助作用。无论效果如何，这些组织都在代表穆斯林利益的旗帜下，为俄罗斯的政治地图打上一抹鲜明的伊斯兰烙印。俄罗斯伊斯兰政治化的进程中出现的伊斯兰宗教组织具有多样化的特征，大多数是合法的、温和的，因此绝不能将俄罗斯的伊斯兰政治化与伊斯兰极端主义混为一谈。

二、积极改善与主流社会的关系

苏联解体后，俄罗斯社会在意识形态领域出现了真空，最高当局开始宣传东正教的文化功能；东正教俨然成为俄罗斯的准国教。然而，俄罗斯是一个多民族、多宗教的国家；由于穆斯林人数的不断增加，伊斯兰复兴意味着俄罗斯多元文化的不断增强。伴随着俄罗斯族人口比重的持续下降，多元文化的走向与态势越来越明显。所以，如何应对宗教多元化是各级政府与各种宗教载体都无法回避的课题。

俄罗斯当权者对伊斯兰教的态度是各种伊斯兰团体虽然可以作为独立行动的主体，但要在实现对内和对外政治目标的进程中加以操纵和利用它们。当局期望“驯服”伊斯兰，使之更加温和地与国家政治相兼容。具体说，首先要求穆斯林政治上遵法守纪；其次是要接受国家对宗教和宗教政治活动的检查；再次是杜绝任何伊斯兰旗帜下的反对派活动。

俄罗斯的绝大多数穆斯林都十分愿意与政府合作，因为他们是弱势群体，只有在政府主持公道的情况下，伊斯兰教才能够在气势如虹的东正教的挤压之下谋求相对有限的生存空间，达到在穆斯林聚居区持续发挥影响力的目的；政府资助是伊斯兰社团维持生存的重要条件。伊斯兰教的主要宗教团体都在寻求政府的支持，多数穆夫提也都希望与政府保持密切关系，缘由是唯有政府的资助才能够保护穆斯林，避免自己作为“东正教国家的少数派”而被边缘化。从总体上来看，伊斯兰教与东正教保持着和睦共处的状态。

伊斯兰复兴及其参与政治生活是苏联解体前宗教热浪的一个重要部分。它在一定程度上对苏联演变起了推波助澜的作用。苏联解体后伊斯兰教复兴仍是影响俄罗斯联邦社会发展中的不可忽视的意识形态因素和政治因素之一。

宗教和谐是社会稳定的重要方面。1998年俄罗斯确立了联邦论坛——不同宗教对话的机制，此后俄罗斯所有的联邦行政区内几乎都成立了地区性的跨信仰委员会。“俄罗斯穆斯林中央精神理事会”和“俄罗斯穆夫提委员会”的领袖关注宏观性的宗教生态，希望寻求制定一项清晰可辨的关于限定俄罗斯东正教会及其在国家中的角色的政策。而地区性的宗教社团总是在一些具体问题（如公共场所新建圣坛或宗教标志）上争论不休。许多地方的穆斯林领袖只是想要成为本种族——宗教群体，特别是地区层面的代言人。

在俄罗斯的穆斯林社团中，还没有公认的、唯一的、作为整体的、能够在联邦层面为之争取利益的穆斯林政治精英。在俄罗斯仅有车臣总统卡德罗夫、鞑靼斯坦前总统沙弥夫等几位穆斯林领袖的名气较大。在俄罗斯穆斯林中非常流行的网站上的排名情况是：无论是在俄罗斯穆斯林领袖序列，还是在俄罗斯穆夫提委员会序列，第一把交椅都由俄罗斯穆夫提的领袖拉维尔·盖卢特金占据，排在第二位的当属古斯曼·伊斯哈科夫穆夫提（鞑靼斯坦共和国伊斯兰宗教管理局局长）。塔朱金、阿斯罗夫、贝尔迪耶夫也可以归到这个群体，这也证明着四个主要机构的穆夫提在俄罗斯“乌玛”中的巨大影响。[①]

20世纪90年代，主要的竞争发生在苏联穆斯林机构的继任者和新机构之间，两大阵营都有强力领袖：“旧教士阶层”以塔朱金为代表，“分离主义者”以拉维尔·盖卢特金为代表。

在车臣战争中，塔朱金始终支持政府，而盖卢特金的回应则难以捉摸和充满矛盾：时而支持政府，时而呼吁穆斯林为权利而战。这位俄罗斯穆夫提委员会的主席还因为同情鞑靼人的激进组织而令克里姆林宫生厌。此后，塔朱金作为俄罗斯“乌玛”的非官方领袖的地位似乎相当稳固。但是，这位穆夫提在2003年美国袭击伊拉克之后，呼吁穆斯林加入伊斯兰圣战反美，名誉受损。后来，塔朱金试图通过加强与克里姆林宫的新宠——北高加索穆夫提贝尔迪耶夫的联系来改善他的形象。实际上，塔朱金—贝尔迪耶夫组合一方面积极参与反对伊斯兰极端主义的斗争，一方面关心与俄罗斯东正教会的良好关系。而盖卢特金—阿斯罗夫组合对极端主义者持更加宽容的态度，承认“瓦哈比派”不总是与恐怖主义同在。此外，他们要求移除公共场所和国徽中

① 艾丽卡·塞西莉亚·楚拉诺维奇：《俄罗斯东正教会与伊斯兰教的关系》，孙家宝译，http：//www.sara.gov.cn/zzjg/yjzx/ywxyyjzx/16435.htm。

的东正教标志，并将伊斯兰教法的部分元素加入俄罗斯法律体系中。

在当代，怎样对待伊斯兰极端主义派别？如何评价东正教会在公共领域的角色？对欧亚主义持什么态度？是标志穆斯林领袖之间观点异同的三个核心问题。在塔朱金看来，欧亚主义意味着伊斯兰教和东正教作为俄罗斯文化的平等两极。穆哈伊金·阿里相信，欧亚主义是一种对其他民族同样有吸引力的意识形态，应该成为俄罗斯文化对西方主流文化的回应。然而，盖卢特金接受这种政治观点时十分勉强，他宁愿赞成“法律应对”，也就是将一些伊斯兰教的制度吸收到俄罗斯体系中，比如银行业规章、金融文书等。

伊斯兰教委员会负责人盖达尔·泽马尔在谈到穆斯林成为改变世界、带来公义与和谐的力量时，强调了宗教共同体的重要意义，认为一个“伊斯兰教国家”的观念是不着边际的，因此，穆斯林应当首先支持“扎玛特”（伊斯兰社团）。泽马尔并不反对俄罗斯政府，他的关注点在于保持严格的宗教身份认同和“乌玛”之内的社团意识。

美国发生“9·11”恐怖袭击事件后，一些不明真相者将伊斯兰教作为极端、恐怖、暴力的代名词；俄境内的伊斯兰教也因车臣极端分子不断制造恐怖事件而成为众矢之的。在此情况下，普京总统明确表示，伊斯兰教与极端恐怖主义完全是两码事。俄罗斯是多民族、多宗教国家，把恐怖主义和伊斯兰教混为一谈不仅会适得其反，而且会带来危害。打着伊斯兰旗号的恐怖分子跟这个世界性的宗教毫无共同之处。2001年12月，普京强调，俄罗斯是世界上伊斯兰教和基督教数百年来和谐相处的唯一地方。[①]普京此话虽言过其实，但对于建立良好的宗教生态关系具有重大意义。当然，消除宗教误解绝非一朝一夕之功。当局的美妙言辞还无法抚平伊斯兰教徒受歧视的隐痛，穆斯林与主流社会的疏远依然如故。一些伊斯兰教人士对自身所处的地位愈加不满，尤其对当局偏袒东正教、给予其“准国教”地位感到不公，认为自己被冷落。一些穆斯林自然把咎由归到当局和东正教身上，从而使其与东正教的隔阂再度加深，在东正教徒和穆斯林混居的地区矛盾尤显突出。东正教与

① 艾丽卡·塞西莉亚·楚拉诺维奇：《俄罗斯东正教会与伊斯兰教的关系》，孙家宝译，http：//www.sara.gov.cn/zzjg/yjzx/ywxyyjzx/16435.htm。

伊斯兰教之间的龃龉不断增多，导致东正教声望有所下降。[①]

伊斯兰教是俄罗斯境内仅次于东正教的第二大宗教。伊斯兰教在俄罗斯同样拥有悠久的历史和众多的信徒。据统计，目前俄居民中有1500万～2500万人信仰伊斯兰教，约占俄人口的1/7。[②]但由于伊斯兰教组织的多元性、分散性使当局轻而易举地控制了伊斯兰教的大多数派别。在2002年至2004年间一系列恐怖主义袭击之后，政府感觉到需要一个伊斯兰教的中央机构来扮演政府和穆斯林之间中间人的角色。2004年5月20日，贝尔迪耶夫、塔朱金和盖卢特金携手建立了“反恐怖主义和极端主义俄罗斯宗教理事会穆夫提联合会”，可以看作是部分伊斯兰教教职人员迎合克里姆林宫意愿的一种尝试。

塔朱金提议为所有俄罗斯“乌玛”建立一个统一的机构。他提出的计划是在三个穆夫提议会（俄罗斯穆斯林中央精神理事会、俄罗斯穆夫提委员会和北高加索地区穆斯林协调中心）之外，应当建立一个总部设在喀山的全俄伊斯兰机构，它的领袖应当是伊斯兰教法权威，并被视为全俄罗斯的穆夫提，候选人为盖卢特金。还建议全俄罗斯的“卡迪”（伊斯兰教法官）位置应交给贝尔迪耶夫。另外，需要建立长老委员会、乌里玛委员会和社团委员会。2009年12月5日，三家伊斯兰教机构代表在乌法举行了首次磋商，这次协商唯一的结果就是决定建立一个工作组，开展伊斯兰团体之间的联络工作。此外，塔朱金还给时任总统的梅德韦杰夫写了一封正式信件，请求支持其倡议。

在俄罗斯东正教积极开展社会活动的压力与启发之下，俄罗斯穆夫提委员会以俄罗斯东正教的社会工作纲领为样本，于2001年发布了《俄罗斯穆斯林社会程序基本准则》，除强调在多民族多信仰的俄罗斯联邦国家实行宗教与政府分离的特别意义外，还表达了俄罗斯穆斯林对国家的忠诚，将遵守世俗法律和保卫祖国作为宗教义务，一再表明俄罗斯伊斯兰宗教机构有义务遵守法律，忠于国家，保持政治中立，捍卫道德，加强爱国主义，缓解社会张力，与其他“传统宗教”对话，在社会关怀、保护家庭价值、戒毒等领域与政府组织开展密切合作等。该准则还指出，俄罗斯伊斯兰教机构在国际领域活动

---

① 艾丽卡·塞西莉亚·楚拉诺维奇：《俄罗斯东正教会与伊斯兰教的关系》，孙家宝译，http：//www.sara.gov.cn/zzjg/yjzx/ywxyyjzx/16435.htm。

② 艾丽卡·塞西莉亚·楚拉诺维奇：《俄罗斯东正教会与伊斯兰教的关系》，孙家宝译，http：//www.sara.gov.cn/zzjg/yjzx/ywxyyjzx/16435.htm。

的最重要目标就是要与伊斯兰会议组织、阿拉伯国家联盟以及一些主要的伊斯兰国家，如沙特阿拉伯、科威特、土耳其、伊朗和埃及等建立关系。一些穆夫提还进一步提出了“建立俄罗斯联邦与伊斯兰国家之间战略伙伴”的战略。

伊斯兰世界是俄罗斯对外政策中的一个重要矢量。俄罗斯在处理与伊斯兰世界的关系方面有广阔的空间。俄罗斯外交部门游刃有余地将俄伊关系当作表现其作为大国自主外交的重要舞台。俄罗斯与伊朗、叙利亚、巴勒斯坦等伊斯兰国家有特殊的关系。克里姆林宫的独特立场在国际社会为俄罗斯树立了敢于说“不”的大国形象。俄罗斯根据自己的实际利益将伊斯兰世界看作是统一的文明体系与具体国家这两个层面。所以，俄罗斯对待伊斯兰世界不止一个方针，而且具有矛盾性的特征，这是一种实用主义的政策和策略。

俄罗斯没有参加由美国主导的“大中东民主计划”，但支持欧洲和美国清除伊斯兰极端主义。因为俄罗斯也要反对国内的伊斯兰极端主义。在“伊斯兰威胁”——爆炸、穆斯林移民面前，俄罗斯当局尽力将伊斯兰世界的怒火引向西方，以便给自己的国家利益带来好处。如果西方寻找新伊斯兰，那么俄罗斯就愿意看到旧伊斯兰。俄罗斯传统伊斯兰的主要特点是要复兴已经在苏维埃时代消失的价值观。传统伊斯兰会给作为政治反对派的激进伊斯兰制造障碍。

三、丰富多彩的社会生活

许多学者将苏联解体前后的十多年时间称为“伊斯兰复兴”，有时使用“再度伊斯兰化”的术语。但俄罗斯的一些伊斯兰神学家、伊玛目和穆斯林思想家不同意使用这两个术语。他们认为，伊斯兰教在任何时候都未消亡，因此“复兴说”是不准确的。在他们看来，更正确、精准的说法应当是：宗教信仰在人们思想意识中的强化；在社会生活中恢复伊斯兰教应有的作用或可称作为“伊斯兰合法化”。其实，“伊斯兰复兴”和其他解释伊斯兰教蓬勃发展方面的派别不存在原则性问题，只要一触及“伊斯兰价值观复兴”的话题就能触发各种各样的奇谈怪论。

伊斯兰复兴虽是人为（有意识地）创造出来的一个概念。一些知识分子、宗教人士、政治家出于各种各样的个人目的“折腾”出一个“伊斯兰复兴”

来提高自己的知名度。但伊斯兰复兴确实是一种发展趋势，这不仅是根据穆斯林思想意识方面的变化，即穆斯林对宗教文化所展现出一种热情洋溢的态度来断定伊斯兰复兴，而且还依赖于静态的注册统计数字。早在20世纪90年代初，居住在俄罗斯各地的鞑靼人认为自己是穆斯林的占67%；在1999年，有70%的鞑靼年轻人认为自己信仰伊斯兰教。在北高加索显示出的比例要更高，几乎所有的达吉斯坦、印古什、车臣人都认为自己是穆斯林，接近100%。[①]

根据北高加索政治研究所的资料，在回答“宗教在社会生活中应该发挥什么样的作用”时，有60%的车臣人、41%的印古什人、30%的达吉斯坦人、30%的阿瓦尔人、20%的库梅克人、30%的卡巴尔达人、17%的巴尔卡尔人回答说，“宗教应当在社会生活的各个领域发挥作用”。而21%的车臣人、31%的印古什人、13%的达吉斯坦人、33%的阿瓦尔人、43%的库梅克人、34%的卡巴尔达人、48%的巴尔卡尔人确信，“宗教应当给社会生活以决定性的影响”。北高加索保存着伊斯兰传统文化的属性。伊斯兰化程度最高的区域是其东部：达吉斯坦、印古什、车臣，而其西部地区的伊斯兰化则稍微逊色。在最近10多年，这里的伊斯兰教势力一直在增长。北高加索的伊斯兰化分为两部分，四个次区域。第一层次是达吉斯坦，第二层次是印古什，第三层次是卡巴尔达—巴尔卡尔，第四层次是北奥塞梯。伊斯兰教在当代俄罗斯穆斯林社区占有重要地位，逐渐深入民族生活的方方面面，积极填补因苏联解体而出现的意识形态领域的真空。在北高加索热点地区的各种冲突中，也能看到伊斯兰教的影子。伊斯兰教往往被作为斗争的旗帜和口号。

重新伊斯兰化引发了穆斯林民族主义意识中的尖锐、敏感性神经，在很大程度上加剧了联邦中央与地方当局之间的矛盾。20世纪90年代，在鞑靼斯坦表现得尤为明显，当时，诉诸伊斯兰教的民族主义的政治组织是“伊提法克”（Иттифак）。在1996年通过的纲领性文献《鞑靼圣歌》中就讲到复兴沙里亚和扎吉德主义的必要性。伊提法克提出了“面向伊斯兰教的具有民族特色的发展道路”。在21世纪初，全鞑靼斯坦社团中心（ВТОЦ）坚决支持激进倾向的伊欧丁兹（Йолдыз）清真寺。

---

① Алексей Малашенко, *Ислам для России*, с. 15.

皈依和认同伊斯兰教的情感在俄罗斯穆斯林的思想世界中占据主导地位。伊斯兰渗入民族文化之中，水乳交融，难分难解。根据在北高加索东部的调查资料，有56%的阿瓦尔人、50%的达吉斯坦人、43%的车臣人、41%的印古什人、48%的列兹金人认为自己真是穆斯林。对于其他的更重要的“高加索伊斯兰”的具体属性，也就是沙斐仪教派、哈乃斐教派或者一个具体的苏菲教团。在北高加索西部地区，有88%的阿迪格人、94%的切尔克斯人、86%的卡巴尔达人、80%的巴尔卡尔人认为自己是真正的穆斯林。在鞑靼斯坦，根据90年代中期的资料，有44.6%的农村居民和33.5%的城市居民认为，“宗教与自己的民族密切相关”；有41%的鞑靼市民将普世性的伊斯兰节日当成是民族节日。①

大多数穆斯林认为，“真正的穆斯林”应当宽容、理解、善待其他信仰伊斯兰教的民族；但令人遗憾的是，许多穆斯林习惯上将“普世伊斯兰”与自己本民族的传统文化如信仰、道德价值、伦理标准看成是同一个概念。对于俄罗斯穆斯林而言，他们与其他的伊斯兰世界隔绝，孤立存在了70年，这个特征最明显，尤其是在新一代的非传统的年轻人中。

追踪俄罗斯穆斯林主流的心路（思想意识）历程就会发现，其最大的宗教观念突变是：在形式上不再将“别人的伊斯兰”（另类伊斯兰，他者伊斯兰）看作是敌人，也开始走出将“自己的伊斯兰”等同于带有共性的普世伊斯兰的己见。这种有利于伊斯兰团结的思想观念不但萌芽，甚至在茁壮成长。这不应当解释为放弃底线的“危机”，而是存在于整个伊斯兰世界中的宗教思想多元化趋势发展的不可避免的结果。

俄罗斯穆斯林（不仅是宗教界，也包括群众）开始改变对“他者伊斯兰”的态度，并与其在俄罗斯宪法基础之上进行直接的对话；原本不共戴天的苏菲派和萨拉菲派有时也能站到一起。在俄罗斯伊斯兰教历史上常常出现综合各种传统文化及“他者伊斯兰”的伊斯兰文化。

俄罗斯穆斯林的心田里仍然充满着“伊斯兰神圣”的宗教情感，这是他们最为敏感的一根神经。在北高加索、伏尔加等地，从开办出售具有伊斯兰特色与风情的艺术品、纪念品、服饰等等琳琅满目的商店，修建具有伊斯兰

① Алексей Малашенко, *Ислам для России*, сс.15–16.

建筑风格的加油站，到举办伊斯兰服装展示，凡此种种显示伊斯兰文化活力的社会现象，不仅仅是在追求所谓的“宗教时髦”，而是90年代开始的伊斯兰复兴运动的明证。

2006年，在喀山举办了第一届全俄穆斯林选美赛，要求参加者必须是严格遵守每日五番礼拜的女性、优秀的家庭主妇、会做茶饭的女性等。获得“最具魅力的女穆斯林”称号的选美赛的优胜者是基俩列·萨丁考娃（Диляре Садыкова）。同年，在其他共和国也举办了类似的穆斯林选美赛。在格罗兹尼也举行了“车臣美女赛”，此次美女大赛诚如主办者波拉塔·若列兹考娃（Влада Железкова）所说，没有出现身着窄边泳裤和其他刺激当地穆斯林居民感情的元素，车臣选美赛的总体印象是“非暴露性”的。共和国总统拉穆冉·卡丁诺夫（Рамзан Кадыров）奖励了优胜者扎米尔·詹波拉罗娃（Замир Джабраилова）。[1]

在莫斯科出现了专门的穆斯林服饰店；在喀山开办了伊斯兰风格的“阿乐丁·爱”（Алтын ай）服装艺术工作室；在鞑靼斯坦，许多将姑娘训练为穆斯林淑女的培训班办得红红火火。这样的培训班在乌法也是屡见不鲜，只招收穆斯林女性。近来越来越多地听到来自伊玛目和穆夫提的有关赞美一夫多妻制的声音，甚至一些著名的伊斯兰教法学者和教职人员也有这样的看法。塔朱金认为，一夫多妻制可以更好地改善人口状况（显然，只在穆斯林中间）。[2]

在2006年，在喀山举办了名为“金色的敏拜尔”[3]世界穆斯林电影展，有25个伊斯兰国家参加了影展。在莫斯科举办了关于伊斯兰的优秀作品竞赛，《穆斯林的布克尔》（《мусульманский Букер》）获得了非官方的奖励。

鞑靼斯坦的年轻伊玛目发起了“穆赫达斯巴特杯足球赛”，参加者多达8个足球队，这是从喀山的50个清真寺中选拔组建的；还计划举办穆斯林妇女运动会。鞑靼斯坦穆斯林联盟试图与一个游泳池的经理协商确定每周有一天时间作为“妇女游泳日”。

在俄罗斯也同样存在穆斯林妇女的穿衣着装问题，首先是头巾，虽然没

---

① Алексей Малашенко, *Ислам для России*, с. 18.

② Алексей Малашенко, *Ислам для России*, с. 18.

③ 敏拜尔（Минбар）是清真寺礼拜大殿内的宣教台。

有在法国那样尖锐突出，但也是无法回避的。2002年，鞑靼斯坦，一些穆斯林妇女要求废除内务部规定在证件上不能使用戴着头巾的照片，情绪激动的妇女将此诉求告到法院，但法院驳回了她们的诉求。后来查明，禁止使用戴着头巾的照片不是法定的要求，而是内务部的专门政策指示。当时的部长鲍里斯·哥林茨诺夫（Борис Грызлов）采取了可以使用戴着头巾照片的果敢决定，事件很快就悄无声息了。该事件的夭折使那些想借机发动大规模游行示威的“头巾捍卫者”非常失望，因为再没有理由走上街头来展示自己的宗教属性。①

戴头巾或面纱是伊斯兰教所鼓励的穿戴形式，甚至被看成是一种宗教属性的标志物。在莫斯科常常会看到按照伊斯兰传统着装的穆斯林妇女。2006年，根据位于萨拉托夫的伏尔加地区伊斯兰宗教管理处（ДУМ）的倡议，12名大学生就戴头巾课题寻访喀山，她们发现，头巾已被一些喀山女性作为时髦性的标志，因为她们同时穿着超短裙。头巾与超短裙都是为了更加引人注目。②

在俄罗斯也是如此，一般不会对这些头巾大惊小怪，这样才能体现出社会的宽容性，就像对待年轻人“扮酷”一样。

在巴什基尔的拜马克市，清真寺组建了俄罗斯第一家按照沙里亚原则运作的出租车公司“萨法尔”（Сафар），拥有8部汽车，它与别的出租车公司的主要区别就在于：出租车司机完全不喝含有酒精的饮料。③

2006年，达吉斯坦的伊玛目要求当局下令关闭所有与伊斯兰原则相抵触的蒸汽浴、赌场等，或者由这些场所的经营者自行改变自己的行为。

弗拉基米尔·雅库波夫（Валиулла Якупов）认为，达吉斯坦或迟或早会出现伊斯兰银行，因为共和国的发展和积累需要一定的资本，而这些资本需要有伊斯兰的外壳。伊斯兰银行完全是促进储蓄的手段，储存伊斯兰宗教管理处（ДУМ）的天课和瓦克夫。今天在俄罗斯经营的只有一家名为“巴德尔—伕尔杰银行”（Бадр-Форте），它拥有应用金融的操作方式，完全可以表现

① Алексей Малашенко, *Ислам для России*, с. 19.

② Алексей Малашенко, *Ислам для России*, с. 19.

③ Алексей Малашенко, *Ислам для России*, с. 19.

出另类的财政结构。[①]在鞑靼斯坦，伊斯兰理念已经渗透到保险领域，“哈吉理想”的纲领已经在鞑靼斯坦发挥作用，它帮助穆斯林积累财富完成朝觐，成为哈吉。最后，有的地方试图恢复伊斯兰的税收体系。在鞑靼斯坦，从2005年起，伊斯兰的税收——天课也可以通过“世俗性”银行（Татфонд банк Ак-Барс）来支付。鞑靼斯坦共和国的伊斯兰商业活动已经是遍地开花了。除数不胜数的伊斯兰风情服装店、穆斯林咖啡馆之外，制作清真糖果点心的喀山食品厂（Заря）也按照伊斯兰教所要求的制作方式生产糖果、萨拉、不含酒精的饮料、生物油脂品等。[②]

四、交往环境的不断改善

与近代和苏联时期相比较，可以说，当代俄罗斯联邦为包括伊斯兰教在内的各种宗教的生存和发展提供了较为理想的政治环境和法律保障。

1993年宪法规定，俄罗斯联邦为一个没有官方宗教的世俗国家，所有宗教信仰自由平等，这就意味着国家与东正教相分离。1996年公布的《俄罗斯联邦民族政策纲领》规定：保障俄罗斯联邦的各民族、少数民族权利，全体公民不分种族、民族、宗教信仰、语言、社会阶级，均享有人权和平等的公民权利。[③]该纲领主张禁止依照种族、民族、宗教信仰和语言特征来限制公民权利；维护历史上已经形成的国家完整性；保障少数民族的权利；公民有自由决定自己民族属性的权利；促进各民族语言文化的发展；以和平方式解决民族矛盾和冲突；禁止从事威胁国家安全与制造社会、种族、民族和宗教对立、仇恨、敌视的破坏活动。然而，东正教却被1997年的《关于道德自由和宗教团体法》赋予了特权地位，国家认可东正教对俄罗斯历史和俄罗斯精神文化建立与发展的特殊贡献。东正教的“准国教”地位为俄罗斯的宗教平等蒙上了一层阴影。

总体看，俄罗斯联邦在法律、组织和物质上为保障各民族语言文化发展创造了条件。在精神文化领域方面，政府促进精神文化统一的思想、民族友

① Алексей Малашенко, *Ислам для России*, с. 19.

② Алексей Малашенко, *Ислам для России*, с. 20.

③ 何俊芳：《公民社会构建与俄罗斯联邦民族政策走向》，载《中南民族大学学报》2012年第5期。

谊与民族和谐思想的形成，培育和发展俄罗斯爱国主义情感，继承、发展和传播民族的历史与文化传统；并以俄语作为社会共同语言；尊重民族传统、风俗和礼仪，支持宗教组织促进和平的努力。

俄罗斯的国家政策倾向从民族的相互接近、文化和宗教的交流入手，深入研究、解决导致民族纠纷和敌对发生的原因。2002年6月，俄罗斯国家杜马通过了《反极端行为法》和《根据〈反极端主义行为法〉对联邦相关法律进行修正和补充的草案》。这两部法律文件明确界定了极端主义，认为极端主义（或极端行为）是指那些计划、组织和实施破坏俄罗斯宪法体系，危害俄罗斯联邦主权和领土完整，颠覆俄罗斯国家安全的暴力手段，在俄罗斯境内组建非法军事组织，开展恐怖主义活动，煽动社会、种族、民族、宗教仇恨，组织大规模械斗和流氓寻衅滋事活动，蓄意宣扬某个社会阶层、种族、民族、宗教、语言的优越性，贬低其他社会阶层、种族、民族、宗教、语言的行为。此外，公开宣扬和展示极端组织的标志和象征物等活动也属于极端主义行为。法律为相关部门制裁极端民族主义者提供了法律依据。

俄罗斯联邦政府强调，在公民国家里，公民的文化、宗教或者民族属性已与政治相分离，属于公民的私人事务，是公民社会管辖的范围。国家的职能是有限的，所以可以把全部社会关系领域相应地分为公共领域和私人领域，前者属于国家，后者则属于市民社会。而公民社会则是由具有不同宗教、族裔和文化联系的社团组成的。在国家法律的许可范围内，这个领域的行动是自由的，不受国家政治的干预。而与民族相关的活动便属于公民社会的范畴，只要在法律许可的范围内，一个民族或宗教团体的成员可以自主地实现自己的权利，国家无权干涉或者命令他们做什么，也不可以把官方的意识形态强加给他们。[①]大多数俄罗斯人认为，俄罗斯国家是一个由多民族组成的国家，经过一千年来多种民族文化互相交融、相互影响，在地跨欧亚的广阔领土上逐渐形成多民族融合、具有独特性质的联邦国家，在这一领土上的各民族人民都应是国家的主人。随着这种理念深入人心，国家权力机关如能在打击民族分裂主义与俄罗斯民族极端主义的同时，践行宗教平等政策，作为俄罗斯传统宗教的伊斯兰教的生存空间会越来越理想。

---

① 参看陈黎阳：《俄罗斯对于极端民族主义的调控》，载《世界经济与政治论坛》2009年第6期。

伊斯兰教在俄罗斯的历史超过1300年，在俄罗斯族与穆斯林漫长的历史交往中逐渐达成一种共识：俄罗斯多民族国家就是伊斯兰教、基督教和其他宗教文化的多种生活方式共存的邻里社区。宗教虽是不同的，人们也由此区分彼此的归属，但不同宗教的人完全可以比邻而居，形成宗教和种族多样化的状态。

众所周知，在20世纪90年代，俄罗斯联邦社会转型期的内政以及外交方面的结构性危机，导致了五花八门的社会经济和政治问题出现，包括国际恐怖主义的挑战。在各种复合性原因作用下，莫斯科、北高加索以及其他一些城市遭受了恐怖主义袭击。这些悲剧和恐惧没有改变俄罗斯族人对待穆斯林的态度，反而使主流社会和伊斯兰教的关系愈加紧张，对穆斯林的不信任感也越来越明显。在这一问题上，媒体难辞其咎。几乎所有的媒体不但报道罪行本身，而且报道犯罪分子的民族属性和宗教信仰，由此引起了对伊斯兰教和穆斯林负面性的大众话语，导致了跨宗教的紧张与不同教派间的敌意。传媒的渲染促使人们形成了对不同民族的负面刻板印象，这对解决族群冲突有害无益。

恐怖主义虽然披着宗教的外衣，而实际上追求的是经济和政治目标，不应该过分讨论其罪行的宗教和文化基础，而是要找到导致一个人或一群人犯罪的真正原因和动机。打着宗教旗号的暴力从来不是某个宗教或是某一文明所独有。所有宗教的主旨都显现出劝人向善、注重两世吉庆，但深受“丛林法则”影响的极少数人群，为了实现其不可告人的卑鄙目的，则会更青睐宗教中那些崇尚武力、排斥异己的因素。宗教作为支配着人们日常生活的外部力量在头脑中幻想的反映，就易于被别有用心者顺手牵羊地作为道具来使用。2010年12月，因一名俄罗斯族球迷被打死，俄罗斯族和高加索族青年发生大规模冲突。[①]2013年10月，一位俄罗斯青年被一位高加索青年捅死，引发上千人的族群骚乱。[②]多数情况下，犯罪行为与社会经济和文化原因有关，基于人的日常世俗生活。休克式的社会经济转型，破坏了原有的价值和文化传统，影响了社会生活的稳定，也容易诱发犯罪。痛定思痛，俄罗斯主流社会终于

---

① 《近万高加索人赴莫斯科为种族冲突寻仇，1300余人被拘》，http：//news.ifeng.com/world/detail_2010_12/16/3544617_0.shtml。

② 《本地人被杀引骚乱，莫斯科上千人抗议警方缉凶不力》，http：//world.people.com.cn/n/2013/1015/c1002-23200733.html。

认识到，一旦族际关系被挑拨、冷冻，要破冰就很艰难。恐怖主义的罪行必须由具体的人承担，而不是抽象的主体，更不是他所属的整个民族来承担。普京总统经常强调不能将恐怖主义与特定的民族与宗教挂钩。俄罗斯主流社会与国家领导人对待民族与宗教的新主张是很有见地的，也有利于营造宗教多元和谐的社会氛围。

在伊斯兰教越来越深刻地参与穆斯林民族群体的社会生活，越来越频繁地进入穆斯林聚居区公共事务当中，发挥它特定的影响力和话语权的时候，当局深刻认识到它在参与国家与社会治理、维护社会稳定方面可以发挥的积极作用。目前俄罗斯各民族中的一些有识之士都在致力于民族和谐事业，有关部门也提供资源，保证地方社区和联邦机构之间搭建起有效的沟通渠道。同时，还建立了跨族论坛，让全联邦的青年都能相互交流。互联网能使每个公民的声音通过网络途径进入地方政权和联邦机构的耳朵。

纵观俄罗斯的宗教治理，通过联邦中央为主导的顶层设计、科学决策，体现出多元主体的价值追求。由于有针对性地兼顾各个宗教的特性，基本上为宗教正常发展提供了必要的空间。俄罗斯联邦的一些地方当局在消除对某些族裔群体的隐性和显性歧视方面开展有针对性的工作，主张面向所有公民，打造公正和平等的社会，不论其民族和宗教；主张要善于利用宗教和民族文化的资源，强调历史文化传统是个体和集体认同的基础，在社会面临危机的时候尤其重要。在伊斯兰教治理中，有关方面将民族的身份、认同、情感、社会等“民族特性”纳入考察与研究的视野，努力使伊斯兰教持续地发挥其正面能量，成为构建社会稳定的积极力量。

对于俄罗斯这样一个多民族的大国而言，民族和谐与宗教和谐问题虽然不会一次性、一劳永逸地得到解决，但俄罗斯各民族有相互理解和相互接受的传统，这是历史形成的。这个传统还需要不断完善。不同语言和宗教的共存方式多种多样，但最重要的是确立相互承认、相互尊重各民族文化特性的权利，就是对文化差异要有宽容的心态，要充分理解不同宗教相互宽容的重要性。

结　语

当代俄罗斯，虽说东正教文明和伊斯兰文明的支持者与拥趸者仍有误解、龃龉，甚至是对立和冲突，但更多的则是相互理解、共处，以及交往与和谐。

当代俄罗斯伊斯兰宗教界参政热情高涨，创建政党，参加选举；广大穆斯林积极改善与主流社会的关系；以乐观开放的态度开展丰富多彩的社会活动；这些现象说明，俄罗斯东正教强势文化的社会环境并没有逼迫穆斯林放弃对伊斯兰教的信仰，广大穆斯林没有在内心深处表现出前所未有的沮丧、仇恨、恐惧、危机感和思想混乱。近年来，高加索区伊斯兰极端主义过度发展引发的宗教狂热已有所遏制，但在大多数穆斯林聚居区，伊斯兰教的宗教氛围依然浓厚，穆斯林对伊斯兰教的信仰更加虔诚。各族穆斯林把各种宗教活动作为个人生活的一个重要组成部分，不仅年长者注重宗教礼仪，青年人也显示出浓厚的宗教情怀，在学习工作之余积极参加各种宗教活动。每逢建寺庆典、周五聚礼以及重大节日，宗教场所聚集的教民往往成千上万，宗教礼仪场面蔚为壮观。

当代俄罗斯的伊斯兰教已经拥有了一个健康发展的外部环境。“殊声而合响，异翮而同飞。”俄罗斯研究东正教与伊斯兰教的学术成果铺天盖地，宗教之间的文化交流与平等对话创造了良好的学术氛围和适宜的社会环境。如果这两大宗教文明的载体继续克服各自狭隘的文化心理，沟通交流事业就会持续推进，历史积怨掘深的鸿沟也将逐步填平。对俄罗斯人而言，只有克服自大文化心理与传统偏见，社会就会和谐；对穆斯林而言，只有保持对其他文化的好奇心和求知欲，社会进步就能见到成效。当然，这两大文明体系之间的“各美其美、美美与共”是任重而道远的；对“他者”文化的深度认知更需铢积寸累、薪火相传。历史的经验教训说明，统治者的民族中心主义和宗教本位主义已经不符合时代的潮流，也不能真正代表各族人民的根本利益。自我中心主义政治就像一把利刃，会割断各民族之间千百年来形成的地理、历史、政治、经济、文化和生活等方面的密切联系。只有在和谐、民主、平等的氛围中，才能出现人类梦寐以求的相互接近、相互了解、相互尊重、相互交往的生动局面和“人类命运共同体”意识。

我们相信，随着俄罗斯原野上各种文化交流的不断加深，相互理解、增进认同、化解矛盾就能指日可待。

试析19世纪60年代北高加索山民向土耳其移民的原因

张玉霞

在高加索战争结束后，北高加索地区的车臣人、奥塞梯人、切尔克斯人、卡巴尔达人和诺盖人等山地穆斯林民族，在各种因素综合作用下，大规模向土耳其移民。[①]对于很多北高加索山民来说，向土耳其移民是一场历史性的悲剧。这一事件在当时就引起了很多人的同情和关注，俄国的一些作家、政治家和历史学家从不同的角度对此事件进行过描述、评论和研究。其中争论最大的问题，就是北高加索山民大规模向土耳其移民的主要原因是什么，或者说，谁应该为北高加索山民的这一历史性悲剧负主要责任。对此，有关各方互相指责，土耳其和英国等国认为，俄国沙皇政府是这一悲剧性事件的唯一责任者；而俄国则把责任推到土耳其和某些西欧国家身上，认为这些国家派出的密使所进行的反俄宣传起了重要作用。笔者认为，影响北高加索山民大规模向土耳其移民的因素是多方面的，本文试图运用当代西方国际移民理论——“推-拉理论”来进行阐述。

【作者简介】张玉霞，西北师范大学历史文化学院副教授。

① 关于移民的具体数字在学术界一直是一个有争议的问题。根据苏联时期公布的材料，在整个移民期间，有将近50万北高加索人移居到土耳其。俄罗斯学者З. Х. 易卜拉欣莫娃认为，1859年—1867年，北高加索山民移民土耳其的数量达到了120万人，其中80万人从此定居在土耳其。而另一位学者Ш. М. 卡济耶夫则认为，北高加索山民移民土耳其的实际数量至少在70万～90万人。参见李雅君：《俄罗斯之痛——“车臣问题”探源》，长春出版社，2009年版，第144页。

一

推-拉理论是研究流动人口和移民的重要理论之一。“推力”是指迁出地存在某些不利于生存、发展的因素，产生种种排斥力，迫使人们离家出走，一般包括政治因素、经济因素、自然灾害以及其他特殊的因素。[①]对于北高加索山民来说，不利于生存、发展的因素很多，具体到不同的民族、不同的家庭甚至是不同的人也会有所不同，这里只能论及一般性的，或者说带有共性的因素。导致北高加索山民移民的“推力”因素主要包括以下三个方面：

第一，高加索战争是山民大规模移民的重要诱因。

北高加索民族的移民在几乎整个19世纪都周期性地存在，一直持续到一战前。但是，当移民流突然增强时，它一般产生在与国内或国际重大事件相联系的几个重要阶段。无疑，高加索战争对移民规模的急剧扩大产生了重要的影响。

高加索地区是连接里海与黑海、欧洲与亚洲之间的桥梁，具有重要的地缘政治意义。对于俄国来说，高加索地区既是阻止土耳其和波斯进攻的屏障，也是它继续向南扩张，以及远征中亚地区的天然通道，因此，从16世纪中叶开始，俄国与土耳其、波斯等国在高加索地区就展开了持续不断的争夺，为兼并高加索而战。到高加索战争爆发前，俄国在高加索地区已经占据了优势地位。1812年和1813年俄国分别取得对土耳其和波斯战争的胜利，高加索南部的东格鲁吉亚和阿塞拜疆归并于俄国。但是，就大量山区部落而言，俄帝国的管辖权仍是名义上的或者说是不存在的。北高加索地区的一些民族，特别是车臣和达吉斯坦等东南部山区一带的山民不愿服从俄国的统治，经常与俄国人发生冲突，偷袭俄国人的城堡，袭扰俄军进出南高加索的主要交通道路——位于达里亚利峡谷的格鲁吉亚军事通道。关于北高加索地区的社会状况，在1815年的俄国政府文件中有这样的描述：“奥塞梯人、卡巴尔达人、车臣人、达吉斯坦人和库班（Кубан）河以南的当地居民多次对我们的城堡

① 傅义强：《当代西方国际移民理论述略》，载《世界民族》2007年第3期。

发动袭击，破坏我们边界的安全。”[①]为了进一步扩大和加强对高加索地区的统治，“俄国人迅速地占领了南高加索的里海、黑海沿岸，自然就要求征服山民部落来保障自己的后方”[②]，因此，对北高加索山区部落的征服势在必行。在俄国取得对土耳其和波斯战争胜利的基础上，沙皇政府重新制定强硬的高加索政策，进而全面发动高加索战争。

高加索战争（1817—1864年）[③]持续了半个世纪之久，给北高加索地区的山民造成了沉重的经济损失和严重的心理伤害。沙俄政府利用军事等强制手段，对北高加索山地民族进行了残酷的武力征服。俄国在征服东北高加索时，主要采取两方面的措施：一是将建在捷列克（Терек）河上的军事防御线继续向南推进，在孙扎（Сунжа）河、马尔卡（Малка）河[④]到库班河上游一线分别修建大量新的军事城堡和哥萨克人的村镇，并从捷列克防御线内向这里大量移民；二是将居住在捷列克河和孙扎河平原一带的当地居民驱赶至山区，武力拆除这里的村庄，对不愿迁走的当地居民，没收他们的粮食、抢走他们的财物。[⑤]俄国当局的这一做法虽然在短时间内取得了一定的效果，遏制了山民对城堡的袭击，但一些当地居民失去了位于平原地区相对肥沃的土地，在俄军的驱赶下不得不向山区迁移，进而增加了山区土地的人口压力，山民的生存空间被大大挤压，一些山民的反抗情绪进一步增强，他们不断地武装袭击俄军，抢走俄国人的大批马匹。面对山民的反抗，1817—1826年担任高加索总司令的А.П.叶尔莫洛夫（А. П. Ермолов）认为，唯一的解决办法就是

① Я.戈尔金：《高加索：土地与鲜血（19世纪高加索战争中的俄罗斯）》，圣彼得堡，2000年版，第268页。转引自李雅君：《俄罗斯之痛——“车臣问题”探源》，长春出版社，2009年版，第96页。

② 瓦·奥·克柳切夫斯基：《俄国史教程》（第五卷），刘祖熙等译，商务印书馆，2009年版，第172页。

③ 关于高加索战争结束的时间，一种观点认为是1864年，因为最后一批独立的切尔克斯山庄被征服。参见瓦·奥·克柳切夫斯基：《俄国史教程》（第五卷），刘祖熙等译，商务印书馆，2009年版，第172页。另一种观点认为是1859年，沙米尔被俘被视为高加索人抵抗的结束。参见〔美〕尼古拉·梁赞诺夫斯基、马克·斯坦伯格：《俄罗斯史》（第七版），杨烨、卿文辉主译，上海人民出版社，2007年版，第357页。

④ 孙扎河和马尔卡河是捷列克河上的两条支流，位于捷列克河以南，分别流经车臣和卡巴尔达地区。

⑤ 参见李雅君：《俄罗斯之痛——“车臣问题”探源》，长春出版社，2009年版，第103-104页。

武力镇压，当时他有一句话流传很广："我要让那些山民对我毕恭毕敬，让他们一听到我的名字就胆战心惊。"[①]

为了与北高加索山民作战，沙皇政府每年将俄国80%的军费开支都投入高加索地区，这几乎占当时俄国年度财政收入的45%～50%。[②]在高加索战场，俄军正规军最多时曾达到40万人。为攻克高加索，俄国付出了20万士兵的生命。[③]俄国的武力征服也遭到了山民的顽强抵抗。19世纪20年代，在达吉斯坦出现了伊斯兰教穆里德派（Мюридизм）"圣战"运动，此后向车臣等其他地区扩展，在宗教的旗号下，山民们组成联盟，共同反抗沙皇的统治。到1834年，达吉斯坦出现了沙米尔（Шамиль）领导的山民抵抗运动，并于1840年建立了军事神权国家（也称伊斯兰教长国）——伊玛玛特（Имамат），形成了北高加索民族政治联盟。伊玛玛特在伊斯兰教法的基础上，按照战时原则形成了一套严密的军事管理体系，一度控制了高加索的西北部和东北部，只有高加索中部和邻近山前的平原地区尚处于俄国控制之下。当地很多山地民族都参加了沙米尔的抵抗武装，包括达吉斯坦人、车臣人、切尔克斯人、巴尔卡尔人、印古什人等等，他们与俄国进行了长达25年的抗争，但最终失败。

著名的高加索学家E. Д. 菲力岑（E. Д. Фелицын）这样描述战争：战争以"非常冷酷的严厉的方式进行，切尔克斯人的数百个村庄被烧毁，他们的庄稼被毁或者被马踏坏。表示顺从的居民被迁移到平原处于警察的控制之下，难以控制的山民为了将其迁移到土耳其则被迁往海边"。[④]长期的战争对当地社会经济造成了严重的破坏，山民失去了土地、房屋等财产，而且心理受到严重的伤害。所以在1859年8月沙米尔被俘、山民在东北高加索的抵抗结束后，

① J. Dunlop：《俄罗斯与车臣：反抗的历史与分离主义冲突的根源》，莫斯科，"P.Валент"出版社，2001年俄文版，第21页。转引自李雅君：《俄罗斯之痛——"车臣问题"探源》，第103页。

② P. 哈斯布拉托夫：《异乡人——车臣人及其车臣国家的政治历史概要》，莫斯科，2003年版，第141页。转引自李雅君：《俄罗斯之痛——"车臣问题"探源》，第125页。

③ 鲍里斯·尼古拉耶维奇·米罗诺夫：《俄国社会史——个性、民主家庭、公民社会及法制国家的形成》（上卷），张广翔等译，山东大学出版社，2006年版，第17页。

④ Ф. Бадерхан. Северокавказская диаспора в Турции, Сирии и Иордании(вторая половина XIX — первая половина XX века). М.2001, с.19.

一些山民，特别是参加过沙米尔抵抗武装的山民被迫选择向土耳其移民，使得移民流大大增强[①]，在沙米尔抵抗失败后，西北高加索的切尔克斯人在20万俄军的重围下坚持抵抗到1864年，最终抵抗归于失败，切尔克斯山民及抵抗力量残部共计49万人流亡到土耳其等地。[②]也正是在1864年切尔克斯人在西北高加索的抵抗失败后，移民规模达到了最高峰。

第二，北高加索地区土地问题的尖锐化。

在高加索战争即将结束时，俄国着手制定措施巩固自己在北高加索所获得的土地，在管理被征服山民的过程中强化秩序。对新征服地区的“重建”，要求高度关注山民，管理山民成为当局的主要任务。但是，在高加索制度构建方面，许多措施完全是从强化殖民统治出发而制定的，常常有损于当地居民的切身利益[③]，特别是导致土地问题尖锐化。

1861年底，沙皇政府批准了在北高加索地区进行农业改革的草案，规定按照社会等级分配土地，即封建贵族、官僚阶层和农民（包括自由民和农奴）所获得的土地份额不同，各级官吏每户获得200至400俄亩，封建贵族每户获得100至300俄亩，农民每户获得不足18俄亩。1862年改革开始，当局将所有山民的土地收归国有，然后按照社会等级重新分配土地。由于这种分配仅限于平原地区的农民，实际上大部分居住在山区一带的农民并没有从这次农业改革中获得实际利益。[④]

在北高加索实行的解放农奴的改革，制定的解放方案如下：成年农民的赎金为180～200卢布，未成年人的赎金不得超过150卢布，奥塞梯未成年人不需缴纳赎金。在解放过程中，根据当地习俗标准，地主将得到农民财产的1/2到2/3，而房屋和家具留给农民。如果农民不能立刻赎身，那么他需要在六年之内作为临时义务农为地主服务，以挣够赎身费用。临时义务农的年劳

---

① Мачукаева Л.Ш. Система управления Северным Кавказом в конце XIX – начале XX века (на материалах Терской области). Дисс. … канд. ист. наук. – М.2004, с.175.

② 高惠群：《苏联关于高加索战争的最新结论》，载《世界史研究动态》1993年第6期。

③ Сичкарь А. В. Переселение горцев Центрального Кавказа в Османскую империю во второй половине XIX века. http://kvkz. ru/history/2381-pereselenie-gorcev-centralnogo-kavkaza-v-osmanskuyu-imperiyu-vo-vtoroj-polovine-xix-veka.html.

④ 参见李雅君：《俄罗斯之痛——“车臣问题”探源》，长春出版社，2009年版，第137页。

动收入规定为：男子35～70卢布，女子25～40卢布。[①]由此可见，获得人身自由的农民并没有获得任何必要的生存手段，还要为获得人身自由交付高额的赎金。尽管高加索当局对被解放的农民提供了一定的援助，但却无法解决根本问题。如在卡巴尔达，174名地主无偿释放了771名农民，政府给每个被解放的贫困家庭发放10～25卢布以维持生计，但174名地主却得到了政府4万卢布的补偿。奥塞梯给每位农民的援助是30卢布，车臣和印古什为25卢布。在整个农民改革过程中，政府发放了15.2万卢布的援助款[②]，但其中相当一部分是给予地主的补偿。在废除农奴制后，北高加索无地和少地农民的数量却在不断增加，他们不得不靠出卖劳动力为生。例如，在捷列克地区，哥萨克获得了相当多的优质土地，平均每人24俄亩，而当地居民每户12～18俄亩。如果山民家庭平均由10人构成，那么，哥萨克得到的土地要比他们多12～15倍。[③]

由此可见，沙皇政府在高加索进行的一系列改革，不仅没有缓解一些山地民族缺少土地的状况，而且还以法律形式将大量的当地山民的土地剥夺并集中到官僚贵族阶层和哥萨克手中。

与土地问题紧密相连的还有移民问题。从俄罗斯人居住的地区向北高加索地区大量移民，是沙皇政府推行高加索政策的一个重要内容，大规模有组织的移民行动出现于叶卡捷琳娜二世统治时期。到19世纪60年代，沙皇政府继续推行移民政策，有计划、有目的地组织哥萨克和俄罗斯人向边疆民族地区大量移民。实行移民政策的目的，一是缓解俄国中西部地区无地或少地的

---

① Кокиев Г.А.Крестьянская реформа в Кабарде / / История Кабардино-Балкарии в трудах Г. А.Кокиева. Нальчик.2005，с.667-671.转引自〔俄〕П. А. 库吉米诺夫：《19世纪中期俄国北高加索地区的社会改革》，邓培勇译，载《吉林大学社会科学报》2014年第6期。关于在高加索山民中废除农奴制的改革其他相关论述："虽然奴隶和农奴是解放了，但是这一解放是在不分给土地，而且还要交付二百五十卢布赎身钱的条件下进行的。在赎身钱付清之前，无论是奴隶还是农奴，每周都得为地主服役五天。"参见〔苏〕安·米·潘克拉托娃主编：《苏联通史》（第二卷），山东大学翻译组译，生活·读书·新知三联书店，1980年版，第434页。

② Кузьминов П. А. Новые аспекты изучения старой крестьянской реформы у народов Северного кавказа. / /История Северного Кавказа с древнейших времен по настоящее время. Пятигорск.2000，с.126.

③ Абрамов Я.К. Кавказские горцы. Краснодар. 1927，Вып. № 3. с. 5.

农民对1861年改革的不满。1861年农奴制改革没有满足农民获得土地的愿望，“全俄平均每一个先前的私有农民只分到三点三俄亩土地”，无地或少地农民对改革表示强烈不满，仅在1861年至1863年的两年中，一些省份就发生了两千多起农民骚动。[①]因此，鼓励和组织俄国中央省份无地或少地的农民向边疆地区移民，成为当时沙皇政府解决国内矛盾的有效手段之一。二是扩大俄国人对边疆地区的影响和控制，为沙皇政府在北高加索实行民族同化政策创造良好的条件。特别是从1863年波兰第二次起义之后，俄国的民族政策原则发生了重要变化，开始加快帝国境内民族边区的行政一体化，强制推行俄罗斯化政策。而向民族边区移民被认为是最有力的方法。

在俄国对北高加索地区的管理体系中，哥萨克作为一个特殊阶层在其中承担了特殊的政治功能，被视为对抗和制约北高加索山地穆斯林的工具。1861年6月沙皇政府颁布《最高公告》，向迁移到最前沿地区的库班哥萨克军人提供新的优惠条件和增加补助金。此外，沙皇政府还发布命令，大批迁移哥萨克居民到高加索地区。为鼓励内地省份的居民移民，沙皇政府每年都从国家预算中拨出大量经费用于安置移民，北高加索地方当局也积极配合政府的移民政策，为新移民提供诸多优惠政策，其中包括土地优惠和税收优惠，等等。移民政策导致大量的哥萨克、俄罗斯人和其他民族的人口涌入北高加索，1862年5月，库班哥萨克和其他来自俄国的移民占据了高加索山脉西部山麓地带的状况确定下来。[②]实际上山民被挤压得很难在他们留下的土地上生存。

沙皇政府在高加索地区实行的诸多政策引起山民的不满，这种不满不仅表现在山民低沉的抱怨中，也表现在向土耳其移民中。

第三，沙皇政府的推动作用。

在北高加索山民向土耳其移民的过程中，沙皇政府实际上有意识地组织了大规模的移民行动。对于俄国来说，将高加索山民迁移到土耳其至少可以达到两个目的：一是可以缓解因土地问题而导致的行政当局与当地山民之间

① 安·米·潘克拉托娃主编：《苏联通史》（第二卷），山东大学翻译组译，生活·读书·新知三联书店，1980年版，第405、409页。

② Ф. Бадерхан. Северокавказская диаспора в Турции, Сирии и Иордании(вторая половина XIX — первая половина XX века). М.2001, с.19.

的紧张关系，而且在山民移民后，留下的土地就可以转到高加索行政当局手中，用于满足哥萨克和忠于沙皇政权的地主贵族的需求。高加索总督 А. И. 巴梁金斯基（А. И. Барятинский）在1861年10月表达了推动山民大规模移民的主要目的："对于哥萨克居民来说，将高加索台地从当地居民（山区穆斯林——作者注）手中解放出来……并开发这些最美丽和最富饶的地方。"[①] 二是通过移民，将不驯服的山民赶出俄国，加强沙皇政府对北高加索地区的控制。在高加索战争中，沙皇政府已经领教了山民的英勇顽强和桀骜不驯，高加索战争的长期化出乎当局的意料。在战争结束后，为巩固沙皇政府在北高加索地区的统治，加强俄国南部边疆地区的安全，高加索行政当局千方百计地竭力削弱山民的数量构成，特别是"难以控制的"山民数量。巴梁金斯基于1861年5月1日在写给沙皇亚历山大二世的信中写道："不必耗费时间并尽可能迫使山民前往土耳其，而国家一次将他们清除出去，就可以永远确立我们在这一地区的地位。"[②]这封信反映了当局迫使山民移民的意图。这也解释了1872年沙皇亚历山大二世在面对移居到土耳其的一批移民提交的关于请求沙皇准许他们返回故乡的请愿书时做出的批示，"返回是不可能的"。[③]

1860年春，为了尽快解决高加索山民的移民问题，"排除来自土耳其方面的障碍"，巴梁金斯基派捷列克省的军队司令 М. Т. 拉里斯-梅里克夫（М. Т. Лорис-Меликов）前往果斯塔金纳波里（Константинополь）与土耳其当局进行谈判，双方签署了协议，土耳其政府同意在帝国的疆域内接收3000个高加索山民的家庭。同时，沙皇政府还使土耳其政府同意，将来自高加索的山民安置在土耳其远离俄国边境的一些地区。[④]1864年车臣地区发生民族骚乱，高加索军区司令 А. П. 卡尔佐夫（А. П. Карцов）提出，有必要将部分制造骚乱的山民，首先是车臣人迁移到土耳其。亚历山大二世同意了他的建议，指出："车臣地区的骚乱可以通过车臣人自由移民的方式加以解决。"[⑤]沙皇政府随即派使节前往土耳其，请求土耳其政府接收大量车臣移民，土耳其政府

① Русский архив. 1899. Кн. Ⅱ, с. 284 – 285.

② Русский архив. 1899. Кн. Ⅲ, с. 389.

③ История народов Северного Кавказа (конец XVⅢ в. – 1917 г.). М. 1988, с. 210.

④ Дзидзоев В. Д. Переселение мусульманских народов Кавказа в Турцию. 1860 – 1870-е гг. // Вопросы истории .2008.No. 9.

⑤ 李雅君：《俄罗斯之痛——"车臣问题"探源》，长春出版社，2009年版，第143页。

表示同意接收5000户车臣移民家庭。[①]此后，高加索行政当局开始了组织当地山民“自愿”移民土耳其的大规模行动，还多次派人前往土耳其协商，要求土耳其接收更多的来自北高加索的移民。为了让山民移民到土耳其，高加索当局竭尽所能，甚至是利用有影响的山民来起示范作用，M.库图霍夫[②]（M. Кундухов）将军在写给M. T. 拉里斯–梅里克夫的信中提出：“对于激发山民最初的移民行动，也许，不得不对山民中最有声望的3或4个人采取秘密的奖励措施。”[③]可见，沙皇政府的行为直接或间接地促使了大规模移民运动的发展。

二

“拉力”是指迁入地所具有的吸引力，迁入地表现出较多的谋生和发展的机会，或者能获得某些方面的自由（诸如政治自由、免受宗教迫害的自由）等。[④]此外，引诱或者欺骗也可视为是一种“拉力”因素。就北高加索山民向土耳其移民而言，“拉力”主要表现为两个方面：

第一，土耳其、英国等国在山民中进行的反俄宣传。

与俄国竞争的一些国家对连接南高加索和西北高加索的地区非常重视，而俄国本身对这一地区也给予高度评价。俄国、土耳其和英国等都清楚地认识到北高加索地区的战略价值，加上它们在高加索也有一定的经济利益，为此在这一地区展开了激烈的角逐。因此，在与重大历史事件相联系的阶段，北高加索山民的移民问题就成为有关国家内外政策的重要组成部分。

克里米亚战争结束后，1856年参战各国代表签署了《巴黎和约》，“英国代表企图用和约尽量约束它的东方敌人”，对于俄国来说，最不可忍受的条款就是黑海中立，即俄国和土耳其都不得在黑海沿岸保有战舰和兵工厂。[⑤]这严

---

① 李雅君：《俄罗斯之痛——“车臣问题”探源》，长春出版社，2009年版，第143页。

② 俄国军队的将军，后移民土耳其，在1877—1878年爆发的俄土战争中指挥土耳其骑兵作战。

③ Дзидзоев В. Д. Переселение мусульманских народов Кавказа в Турцию. 1860 – 1870-е гг. // Вопросы истории .2008.No. 9.

④ 傅义强：《当代西方国际移民理论述略》，载《世界民族》2007年第3期。

⑤ 巴巴拉·杰拉维奇：《俄国外交政策的一世纪》，福建师范大学外语系编译室译，商务印书馆，1978年版，第112、113页。

重限制了俄国舰队在这里的存在，俄国在黑海沿岸的海军兵工厂也被禁止，黑海强制中立化问题对此后俄国的外交政策产生了重要影响。因此，对于俄国来说，在克里米亚战争之后，高加索地区具有了“特殊的意义”，其战略地位进一步凸显。俄国继续在高加索内外加紧进行扩张，并且用政治、军事的方式以及一整套完整的经济措施扩大和巩固自己在这一地区的阵地，特别是俄国在高加索集结了20万军队，为实现这一目标提供了可能性。俄军采取了两次针对沙米尔武装的“决定性进攻”，然后占领了西高加索。[①]这不但对邻国波斯和土耳其产生了影响，还引起了英国对于印度安全的强烈不安。土耳其和英国将高加索山民看作是抵制俄国在高加索确立自己统治地位的有力武器。

为此，土耳其政府派出的间谍充斥于北高加索，在山民中大肆地进行煽动活动，宣称土耳其正成为包括俄国穆斯林在内的所有穆斯林的庇护者，俄国穆斯林在其国家正遭受“基督教政权”的压迫。他们散发大量的传单，一方面激起山民的反俄情绪；另一方面诱惑山民向土耳其移民，许诺在土耳其他们可以得到肥沃的土地，土耳其政府甚至可以拿出大笔的资金用于安置移民。土耳其间谍还散布谣言说，如果继续留在高加索的话，他们的孩子将会被抓去当兵，全体穆斯林将被强迫洗礼，俄国政府将对他们征收过度的赋税等。对于土耳其的间谍及其雇用的当地雇员在北高加索山民中进行的这样的宣传和鼓动，有时在一定程度上得到了俄国北高加索行政当局的纵容，例如，高加索最有影响的国务活动家之一，捷列克省的军队司令 M. T. 拉里斯-梅里克夫于1864年7月18日给 A. П. 卡尔佐夫将军的信里写道：“耶夫达基莫夫（Евдокимов）伯爵把土耳其密使有关邀请山民到土耳其的传单的译文转交给了我。传单的内容与我在卡德若尔（Коджор）时呈交给阁下的那份传单文本的内容很接近。尽管很难预料这样一份传单本身可以在我们善良的车臣人中激发出移民的意愿，但这仍然不妨碍有人将在当地居民中传播的几份传单文

① Ф. Бадерхан. Северокавказская диаспора в Турции, Сирии и Иордании (вторая половина XIX — первая половина XX века). М. 2001, с.18.

本寄给我。”[①]对沙皇政府高加索政策不满的穆斯林山民，成为土耳其间谍进行宣传鼓动的主要对象。土耳其间谍的宣传取得了成效，很多穆斯林听信了他们的煽动，对拥有同一宗教信仰的土耳其充满了希望，踏上了移民之路。

土耳其政府极力煽动高加索穆斯林山民移民土耳其的目的：一是增加劳动力。由于连年的战争，土耳其劳动力不足，“土耳其政府鼓动高加索山民移居到土耳其，力求用巨大的移民流垦殖空地和人口稀少的地方”。[②]二是为将来可能发生的与俄国的战争做准备。土耳其政府打算将部分强壮的男性移民安置到各个军事战略据点。在1864年6月30日俄国领事馆向高加索军总司令部提交的报告中称，“作为志愿者加入土耳其军队的切尔克斯人（来自高加索的山民移民者，包括不同的民族——作者注）已经达到了3000人，土耳其政府希望这个数字可以增加到12000人……土耳其人出于征召山民入伍的需要，禁止出卖男性切尔克斯人的履历（包括出身、成份和原籍等）”。[③]1864年10月土耳其苏丹发布命令，组建由移民组成的部队。[④]三是土耳其政府期望利用来自高加索的穆斯林加强反对帝国领土上的基督教民族，例如亚美尼亚人，将移民分散安置到统治薄弱、穆斯林人口不足的地方。此外，土耳其作为一个由多民族组成的帝国，境内少数民族不断进行争取民族解放的斗争，在土耳其政府看来，在打击被压迫民族的反抗斗争中，来自高加索的穆斯林移民应当成为可利用的组组力量。

克里米亚战争后，英国虽然没有放弃将俄国排挤到库班和捷列克的想法，但阻碍了俄国在高加索地位的彻底巩固。英国担心俄国占领整个高加索后会继续向南扩张，从而威胁到印度的安全。英国统治集团提出拖延高加索战争，耗尽俄国的军事和经济资源，并最终把高加索变为自己的殖民地作为目标。英国资本家也期望获得高加索市场，特别是对里海沿岸港口和从阿那普

---

① Цит. по：Переселение горцев в Турцию. Ростов-на-Дону. 1925，с. 19. 转引自 Дзидзоев В. Д. Переселение мусульманских народов Кавказа в Турцию. 1860 - 1870-е гг.// Вопросы истории. 2008.No. 9.

② Дзидзоев В. Д. Переселение мусульманских народов Кавказа в Турцию. 1860 - 1870-е гг. // Вопросы истории. 2008.No. 9.

③ Дзидзоев В. Д. Переселение мусульманских народов Кавказа в Турцию. 1860 - 1870-е гг. // Вопросы истории .2008.No. 9.

④ Тотоев С. М. К истории дореволюционной Северной Осетии. Орджоникидзе. 1955，с. 81.

（Анап）到库班平原的贸易线路有兴趣。[①]正是为了这个目的，英国人匆忙在黑海沿岸东部一些港口城市设立领事馆，他们在高加索的活动开始活跃起来。1856年11月14日，高加索总督巴梁金斯基在提交给外交大臣戈尔恰科夫（А. М. Горчаков）的报告中，说明了英国轮船经常性地出现在黑海东部以及英国人与山民们之间相互联系的情况，“外国的军船和商船相当频繁地开始出现在黑海东岸，运送商人并与他们建立业务联系，对我们特别不利的是，他们的出现和我们海军的缺席，增强了山民反对我们的信心”。[②]同一时期，法国也派出密使同山民建立了联系。

20世纪60年代初，土耳其、英国和法国等国家在高加索地区的间谍活动特别活跃。在高加索山民大规模移民期间，英国、法国和土耳其政府时而挑动这一运动，时而又遏制它，总之，在任何情况下，他们追求的是自身的利益。欧洲通过外交干涉山民事务，“并非为了山民，也不是出于某种人道主义，而是一种手段，用别人的手封住炉火。无论是在土耳其人还是在欧洲人的眼中，山民仅仅是反对俄国的工具，在利用这一工具时，无论是欧洲还是土耳其都没有表现出任何的同情”。[③]作为战略要地的高加索地区，吸引了众多国家的关注，山民仅仅是各国外交棋盘上的一颗小棋子而已。

第二，部分山民受到封建主和家族势力的胁迫或者影响。

克里米亚战争结束后，沙皇亚历山大二世就开始着手废除农奴制的工作。北高加索封建主意图“逃脱”农奴制改革，希望通过移民土耳其保留其控制农奴的特权，不想放弃数量众多的农奴。正如有些学者指出的：“在预见到沙皇政权征服的必然性时，其中最富裕的、最有远见的山民变卖自己在当地的财产，把自己的家族带往土耳其。他们担心，在俄国农奴解放后，接受俄国的国籍会失去自己的支配地位，开始前往土耳其，并吸引了民众跟随自己，这些人被看作是移民运动的发起人，他们对民众的影响是不可抗拒的。”“乡长和富人不希望放弃数量众多的农奴，他们希望在土耳其安身，拥有像在山

① Ф. Бадерхан. Северокавказская диаспора в Турции，Сирии и Иордании（вторая половина XIX — первая половина XX века）. М. 2001，с.15.

② Ф. Бадерхан. Северокавказская диаспора в Турции，Сирии и Иордании（вторая половина XIX — первая половина XX века）. М. 2001，с.16.

③ Ф. Бадерхан. Северокавказская диаспора в Турции，Сирии и Иордании（вторая половина XIX — первая половина XX века）. М. 2001，с.17–18.

区一样的狂放的自由。”[①]而且，沙皇政府也授予山区封建主带着农奴前往土耳其的权利，尽管很多农奴不愿离开，但没有其他选择，只能跟随封建主迁移到土耳其。例如，奥塞梯的封建主阿比萨洛夫家族（Абисалов）、图嘎诺夫家族（Туганов）和库巴吉耶夫家族（Кубатиев）等就将其控制下的农奴带到了土耳其。[②]另外，在移民运动中，一些穆斯林迁移到土耳其是迫于其有威望的或者是有权势的亲属的压力，特别是来自伊斯兰教界和社会上层的亲属的压力，这些人担心改革后会失去自己的支配地位，决定移民到土耳其，因此他们让尽可能多的同胞和他们一起离开故乡，他们对山民的影响非常大，吸引了很多人跟随他们移民到土耳其。还有一些穆斯林受其他人移民的影响，也跟随移民到了土耳其。正像俄国历史学家P. A. 法捷耶夫所说：“这一运动就像流行病一样，一个人离开，他的亲属也跟着他离开。”[③]他指出的这一现象，一定程度上在所有高加索移民中都存在，移民的洪流如此强大，甚至带走了对俄国并不具有敌视情绪的一些人，他们对移民运动并不完全了解，但也被卷进了移民者的队伍中。

三

高加索战争给当地民族带来了巨大的影响，不仅仅是财产的损失，生存环境的恶化，更重要的是心理受到了极大的伤害。而高加索战争结束后，沙皇政府着手对刚刚被征服的北高加索地区的“重建”，力图将北高加索纳入俄国统一管理的轨道，北高加索社会处于急剧的变革之中，因此，在特殊的历史背景下，“推力”和“拉力”共同作用，在19世纪60年代形成了北高加索山民向土耳其移民的运动。尽管移民运动的出现是综合因素导致的结果，显然，“推力”因素的作用更为突出，特别是沙皇政府的殖民政策起了决定性的作用。俄国当局的挤压政策，外族包围的侵蚀，公开的或隐性的迫害，法律上的限制，诸如此类，其内容与驱逐出境相类似。正如俄罗斯学者达达耶夫

---

① Дзидзоев В. Д. Переселение мусульманских народов Кавказа в Турцию. 1860 – 1870-е гг. // Вопросы истории. 2008.No. 9.

② Дзидзоев В. Д. Переселение мусульманских народов Кавказа в Турцию. 1860 – 1870-е гг. // Вопросы истории. 2008.No. 9.

③ Фадеев Р. А. Собрание сочинений. Т. I. Ч. II. СПб. 1890, с. 74.

（M. C. Тотоев）教授所指出的，在山民移民土耳其这个问题上，降低沙皇政府的责任是不正确的，沙皇政府“推行了对俄国非俄罗斯民族的压迫政策，强制推行俄罗斯化和压制民族文化的政策”。[①]

① Дзидзоев В. Д. Переселение мусульманских народов Кавказа в Турцию. 1860 – 1870-е гг. // Вопросы истории. 2008.No. 9.

18世纪俄国政府悖论性的改革与贵族退役浪潮①

张宗华

俄国现代化起点的分歧历来是国内外史学界普遍争议的焦点，学界普遍认同农奴制的强化造成了俄国在国际社会中的劣势地位，它是启动俄国现代化的主要动因。军事技术的落后是否成为克里米亚战争惨败的直接原因？如何正确定位18世纪改革运动的性质由此成为一切根源的关键。本文拟从18世纪俄国贵族体制的发展变迁对此改革加以探讨，以求得方家批评指正。

一、领地制度和君主专制——俄国政府强制贵族服役的前提

俄国位于亚欧大陆的腹地，辽阔的东欧大平原无边无际，宽阔的黑海沿岸走廊地带没有任何屏障的保护，东斯拉夫人的社会发展进程一再被中亚游牧民族的入侵浪潮所打断。特殊的地缘环境迫使俄国人为保护自己寻找安全的疆界而不断征战、扩张，“这种不断征战成为常态的地缘政治条件加上恶劣的自然气候条件，千百年来使东斯拉夫人把高度的自我节制提到首位，勇敢尚武精神成为俄国民族的特性”②。由此，“在俄国的扩张中，经济利益和传播基督教的目的比西欧的海上强国要次要得多”③。

【作者简介】张宗华，苏州科技大学社会发展与公共管理学院教授。

① 本文为吉林大学哲学社会科学研究创新团队项目“18世纪—20世纪初俄国赶超型现代化研究”（项目编号：2008TD005）的阶段性研究成果。

② 朱达秋、周力：《俄罗斯文化论》，重庆出版社，2004年版，第6页。

③ 鲍里斯·尼古拉耶维奇·米罗诺夫：《俄国社会史——个性、民主家庭、公民社会及法制国家的形成（帝俄时期：十八世纪至二十世纪初）》（上卷），张广翔等译，山东大学出版社，2006年版，第17页。

9世纪，基辅罗斯公国就在对外防御压力下的商业城市地区中孕育而生。俄国地理环境的“液态因素”使基辅公国的公和侍卫之间没有建立封建性的君臣关系，仅是以血缘为纽带，具有原始自由意志的盟友和合作者。经济发展的商业流动性和“索贡巡行”的剥削方式使封建土地所有制无从确立。11世纪，随着割据内讧的加剧，基辅罗斯公国抵御外敌的能力日衰，罗斯居民不得不从西南罗斯的第聂伯河流域迁徙到东北罗斯的伏尔加河流域。12世纪，基辅罗斯公国分裂为13个公国。与西欧相比，分裂的基辅罗斯各公国不具备封建性质，国家最高权力的分割只是在大公家庭分家基础上的权力逐步分散，权力的分割与土地的占有无关。13—15世纪的蒙古罗斯时期，一方面，俄国地域辽阔，可怕的密林和难以通行的沼泽地加剧了国家的进一步分裂。地理和经济上的分散性、孤立性以及异族的长期奴役，罗斯居民不得不寻求自我保护，或者求助于村社和贵族地主的保护，其结果导致了贵族世袭领地制[①]的建立。另外一方面，鞑靼蒙古的东方封建专制统治摧毁了俄国旧有的经济形态，导致了社会组织解体，俄国人为逃避鞑靼蒙古人的奴役，从南向北大规模移民，也促使了封建世袭领地制的建立。但贵族世袭领地制仅是封建土地所有制的一种过渡形式。

15—16世纪，文艺复兴、宗教改革、地理大发现运动使西欧社会逐渐从封建的农耕社会迈向资本主义的工业社会，统一的莫斯科封建中央集权国家依然处于三面受敌的包围圈中。政府在推动国家经济发展时，完全根据军事需要迫切与否来发展经济。此时，俄国自然经济占据统治地位，城市化进程缓慢。为了加强军事实力，国家只有实行普遍的农奴制才能把人民固定在居住地。为了随时迎击来犯之敌，政府只能把贵族服役人员分散到人口稠密的内地和人口稀少的边疆，“谁服役，谁就拥有土地；谁拥有土地，谁就得服役”[①]。土地变成保障国家获得充足军事服役的一种经济手段。门第制度把所有贵族结合成为一个具有依从关系的整体，这是封建等级制度的萌芽。贵族由于长期扮演着军事服役者和土地所有者的双重角色而处于无法解脱的矛盾中。17世纪的莫斯科罗斯国家是一个无阶级和等级的国家，俄国的所有居民都曾受到沙皇政府不同程度的奴役。它“不仅奴役了最低的农民，也奴役了

---

① И.А.Порай-Кошиц，История русского дворянства，Москва，2003年，第125页。

最高的官宦阶级"[①]。

18世纪初期，为了富国强兵，彼得一世进一步强化军事服役制度，对外防御性的地域性蚕食体制开始向扩张性的世界体制过渡。1714年的《一子继承法》再次确认了领地制的垄断地位——有条件的土地占有，终身服役成为俄国军人的职业化标志[②]。1722年的《官秩表》服役成为获得贵族称号的必要前提。以社会出身、财产资格为基础的强制服役等级制度最终取代了封建割据时期自由依附的等级制，改革使军队成为沙皇政府驯服的工具。1724年，俄国陆军和海军的开支占国家全部税收的75%[③]。18世纪末期俄国陆军人数从33万增到50万，波罗的海舰队势力也大大增强，俄国拥有欧洲最强大的军队。[④]

土地所有权历来是封建社会强势集团——贵族社会地位的标志，贵族"家族的声望几乎完全以土地来体现。家庭代表土地，土地代表家庭，家族的姓氏、起源、荣誉和德行，依靠土地而永久传承下去。土地既是家庭过去的不朽证明，又是维持未来存在的确实保证"[⑤]。18世纪欧洲农产品的出口刺激了俄国土地所有者，增加生产就会有大规模营利的机会。但频繁的战争，繁重的军役使双重身份的俄国贵族无力经营领地经济，土地荒芜，农奴逃亡，家道中落，贵族厌倦战争，千方百计逃避军事服役。为此，俄国政府一再缩短服役期限或取消强制服役义务，但制度的缺陷不可能化解政府和贵族之间的矛盾，最终引发了贵族的退役浪潮。

---

① 戈·瓦·普列汉诺夫：《俄国社会思想史》（第一卷），孙静工译，商务印书馆，1999年版，第89页。

② 俄国军人的服役期限：1793年以前，士兵的服役是终身的。1793年士兵的服役期限缩短为25年，1834年为20年，1855年为12年，1872年为7年，1874年为6年，1876年为5年，1905年则为3年。1736年以前，军官也是终身服役的。1736—1762年，军官的服役期限缩短到25年。从1762年开始，按照法律规定，军官服役采取自愿原则，而且任何时候都可以退伍。

③ О.В.Кириченко，Православная вера и традиции благочестияу русских в XⅧ－XX веках：Этнографические исседования и материалы.Москва，2002，С.223.

④ О.В.Кириченко，Православная вера и традиции благочестияу русских в XⅧ－XX веках：Этнографические исседования и материалы.Москва，2002，С.141.

⑤ 托克维尔：《论美国的民主》（上卷），董果良译，商务印书馆，1996年版，第55页。

二、18世纪俄国政府改革的悖论性——诱发了贵族体制的内在矛盾

18世纪的俄国社会是低度分化的社会，社会的流动率很低，社会角色和地位的分配完全取决于社会出身、年龄等先赋因素，城市化进程缓慢。在特殊地理环境的作用下，基辅罗斯时期侍卫和公之间相互协商、自由迁徙的盟友关系早已被莫斯科公国时期的封建君臣依附关系所取代，农奴制得到了长足的发展，贵族受到国家农奴制的一重奴役。18世纪俄国政府主导的改革在总体上表现为社会发展的进步性，但这种进步性有悖于俄国社会的转型。

彼得一世时期，政府力主改变俄国的落后状况，富国强兵。改革强化了国力，把俄国推上了通向西方文明世界的大道。但改革内容注重物质层面的欧化，“俄国人正是从接受西欧的钟表、图画、舒适的四轮马车、乐器和舞台演出等物质文化开始走向改革的”[①]。改革触动了生活的各个领域，但触动最深的还是城市物质文化和国家的行政制度。经济改革不仅没有触动农奴制，反而强化农奴劳动的利用机制，依靠农奴劳动建立了采矿业和制造业、建筑业和手工业、常规的陆军和海军。在政治上，《官秩表》根据任职情况授予官阶，进入《官秩表》者都可成为贵族；根据贵族教育程度提拔官吏。贵族分为世袭贵族（потомственное дворянство）和终身贵族（личное дворянство）。名门贵族在俄国一无所有。即使再高贵的贵族，在俄国如果没有品级则意味着什么都没有。[②]18世纪20年代、18世纪中叶和19世纪初期，非贵族出身的人分别占军官总数的38%、14%和26%[③]。《官秩表》打破贵族等级的封闭性；强制教育提高了贵族的整体素质，增强了俄国君主制度的生命力和弹性，俄国封建的传统官僚体制开始迈向现代的官僚体制，这正是彼得一世改革值得肯定的地方。

彼得一世的改革使俄国摆脱了经济落后的局面，但却造成了社会的巨大分裂：社会分裂为受教育的少数派贵族和在日常生活中继续保持传统价值的广大民众。《官秩表》继续保留了门第制度的残余：终身贵族的称号只限于本

① С.М.Соловьев.История России с древнейших времен.Т，7.Москва，1965，С.135.

② А.Романович-словатинский ，Дворянство в России.Москва，2003，С.198.

③ М. Д. Рабинович. Социальное происхождение и имущественное положение офицеров регулярное русской армии в конце Северной войны，Москва，1973，С.147.

人而不能世代相传；所有国家机构都有相应的军阶，大部分文官的官阶比军官低1～2品级，贵族在军队中居于领导地位；任职年限和个人功绩的原则只适用于下级官职；平民和以前衙役子弟只有经过长期服役才能升为尉官。服役如果在欧洲其他国家是贵族的特权，那么在俄国却成为义务。《官秩表》“最终并不是解放人，而是由国家重新控制它”①。

彼得一世去世后，社会动荡，彼得一世的后继者们首先在贵族中找到了强有力的社会支持。“贵族不仅是专制的可靠支柱，也是全体民众的代表……因而，沙皇把赌注押在贵族身上是一项最为实际、最合情理的举措，对那些通过非法手段攫取俄国皇位的人来说尤为如此。”②历届沙皇及时修正超越俄国社会现实的改革政策，进一步完善《官秩表》的任职原则。在政治上，政府大力提拔波罗的海贵族，大幅度削减官职数量，缩短贵族服役期限，创办各级各类贵族学校，对贵族子弟进行定期检阅；在经济上，给贵族赏赐土地和农民，货币赏赐取代领地赏赐，开办贵族银行，转让国有工厂给贵族，贵族可任意处罚农民等。叶卡捷琳娜二世运用西方先进官僚体制的管理方式完善《官秩表》的任职原则，通过定期登记、鉴定履历表和创办杂志等方式规范贵族官员的服役，确认贵族官员的真实身份。重新强调任职年限、功绩和教育程度，尤其强调功绩原则，优胜劣汰。

尽管俄国选官制度得到进一步的规范，但社会出身和财产资格依然成为选拔官员的基本准则。安娜·伊凡诺芙娜女王时期，贵族可利用君主的赏赐获得官职；大幅度增加和提高宫廷官员的编制、品级。1762年彼得三世颁布《自由诏书》，贵族摆脱了义务服役而获得了永久的自由。叶卡捷琳娜二世通过不断延长文官的任职期限而缩短军官的任职期限；法典委员会取消做官为贵族的方式，血缘、门第成为选拔官员的主要依据。贵族铨叙局编纂的《贵族家谱》把世袭贵族划分为六类（赏赐贵族、军事官僚贵族、行政官僚贵族、爵位贵族、外国贵族、血统贵族），1785年颁布的《贵族敕书》最终确立了贵族的财产和等级特权的法律地位。此时，贵族似乎具有了特权等级的特征，

---

① 曹维安：《俄国史新论》，中国社会科学出版社，2002年版，第464页。

② 鲍里斯·尼古拉耶维奇·米罗诺夫：《俄国社会史——个性、民主家庭、公民社会及法制国家的形成（帝俄时期：十八世纪至二十世纪初）》（下卷），张广翔等译，山东大学出版社，2006年版，第132页。

俄国的等级制度终于得以确立。

18世纪改革导致了俄国政府官僚体制的贵族化和等级制度的确立：一是贵族人数增加，1700年俄国有2.2万～2.3万贵族，连同他的家庭一共是7万人。1737年有5万贵族，连同他的家庭一共是15万人，增长了两倍。[①]1782年俄国有10.8万贵族（占居民总数的0.8%,），1795年有36.2万贵族（占总数的2%）。随着俄国贵族人数的增加，贵族继承制度的分散化，以及民族性和地区性的差异，贵族贫困化的现象比比皆是[②]。在欧洲大陆许多国家，贵族约占居民的1%，致使"贵族不贵"。而英国贵族在1714年仅有213人，以社会精英为特征的贵族体制保证了英国改革的循序渐进和国家政体的稳定。[③]二是贵族占有土地数量增多，17世纪俄国贵族的土地占有量为9%，18世纪俄国贵族的土地占有量为29%，与17世纪相比贵族占有的土地数量上涨了5倍。[④]贵族是最大的高利贷盘剥者。但沙皇政府拥有的土地数量一直处于绝对优势并保持上升趋势。如果西欧的某些封建主比自己的国王富有而抗衡王权，但在俄国，贵族都依附于沙皇。在商品经济发展极为有限的前提下，《一子继承法》在俄国贵族中引发的不是积极的激励效应，更多的是负面效应和寄生性。三是加深了贵族内部的等级差别。俄国贵族不像英国贵族具有独特的政治生命力，很早就丧失了政治自由，由此派生出地方分离主义和内部互相敌对的倾向。1767年召开的法典委员会上，贵族代表未对沙皇政府的专制统治提出质疑，而在某个贵族身份的真伪问题上大做文章。"我们有等级界限，但没有等级灵魂。"[⑤]"18世纪俄国政治生活只不过是一出官场浮沉荣辱的舞剧，一台由各个党派、私人关系和家庭关系联合组成的旋转木马，绕着中心人物沙皇打转。"[⑥]

毋庸置疑，俄国现代化进程是在国内资本主义经济萌芽极为有限的情况

① В.И. Буганов.Российское дворянство,Вопрос истории,1994,№1.С.133.

② И.А.Порай-Кошиц.История русского дворянства,Москва,2003,С.27.

③ 阎照祥：《英国近代贵族体制研究》，人民出版社，2006年版，第68-69页。

④ Я. Е. Водарский. Дворянское землевладение в России в XⅦ-первой половине XⅨ в, Москва,1988,С.240.

⑤ А.П.Корелин.Дворянство в пореформенной россии 1861-1914гг,Москва,1979,С.7.

⑥ 拉伊夫：《独裁下的嬗变与危机——俄罗斯帝国二百年剖析》，蒋学祯、王端译，学林出版社，1996年版，第35页。

下，在外部因素的刺激下发生的。虽然在此之前，俄国已经奠定了国家疆域和民族基础，沙皇政府本身能够主动地回应现代化的挑战。但是18世纪的改革不是为了改掉传统体制，而是为了抵制外敌。政府企图采用西方技术以提高产品质量和国民的技能，使它们更接近西方水平，这一努力却远远地背离了西方，因为这种强制性的发展已经超出了人们身体所承受的压力。在根据土地服役和强制人身依附的前提下，沙皇专制制度和农奴制逐步得以强化，封建制度日益走向完善，俄国王权从最高权力的被分割逐步走向了中央集权化的专制。改革符合政府和贵族等级的需要，却不符合广大民众的需要，俄国社会发展的自然性和协调性遭到了破坏。从这个意义上说，18世纪的改革与其说是俄国军事技术和贵族生活方式的表面欧化，还不如说是俄国封建化进程的加速。“表面的进步并不能改变启蒙时代欧洲绝对主义的东欧样板的性质和地位。因为这些君主政体的基础结构，甚至在它们极其辉煌之时依然是古代和倒退的。”[①]社会等级发展的不同步导致了社会发展的不平衡，造成了社会局势的紧张。在国家经济迅猛发展之时，专制政府通过压制措施迫使不情愿的国民做出巨大的牺牲，尤其是双重身份的贵族，他们的生活得不到保障，也对未来不抱任何期望，逃避自然成为摆脱此重担的必然方式。

三、社会出身、财产资格、特殊的社会心理——贵族军官退役的根本原因

国外史学界有关18世纪中期俄国贵族退役原因有多种观点。笔者认为И. B.法伊佐夫的观点更令人信服，长期繁重的军役造成了俄国贵族经济地位和身体状况的恶化。

彼得一世去世后，国家一度减缓了贵族服役的负担。但改革法令涉及的仅仅是贵族服役规则和秩序，从不考虑贵族休假问题。政府没有给服役贵族继续分配新土地，却依然要求服役贵族终身服役，这样，必然导致富有的上层贵族从农村涌向城市、首都，做官、领赏、消遣。相反不太富有的贵族等级则从城市走向农村，逃避服役。

社会出身的高低是官运亨通与否的决定因素。1762—1771年俄国退役贵

① 佩里·安德森：《绝对主义国家的系谱》，刘北成、龚晓庄译，上海人民出版社，2001年版，第224页。

族有7091人，除去476人的身份无法确定外，6615人中5992人属于世袭贵族，178人属于爵位贵族，623人属于非特权贵族。1722《官秩表》颁布的50年间，非特权贵族只占9.4%，而且他们大部分集中在行政机构。[①]

财产资格[②]影响贵族服役状况。18世纪20年代拥有20个农奴的地主占总数的59.5%；拥有21～100个农奴的地主占总数的31.8%；而大中地主占总数的8.7%。70年代拥有20个农奴的地主占总数的59%；拥有21～100个农奴的地主占总数的25%；而大中地主占总数的16%。换句话说，在50年内大中地主的人数增长了2倍，而拥有21～100个农奴的小地主缩减了6.8%。[③]财产资格决定着贵族教育水平的高低，而文化程度又决定着贵族的社会地位和仕途前程。1775年，获得高等教育的官吏所占总数的比重为1.1%，获得中等教育的官吏所占总数的比重为18.3%，获得初级和家庭教育的官吏所占总数的比重为80.6%。[④]

财产资格决定贵族服役的仕途，贵族军官的财产状况与官运成正比。贵族服役年限与财产资格呈逆向发展趋势。无农奴的转业军官服役期为26年，拥有1～10个农奴且自谋生路的退役贵族平均服役期为24.5年，拥有70～100个农奴的小贵族服役期为22.7年，中等贵族服役期为19.7年，没有农奴的士官和尉官必须持续服役23～29.5年。[⑤]

财产资格决定着贵族的服役年限和退役频率。1730—1750年，几乎50%的贵族不能完成法定的25年服役期限，不同财产资格贵族的平均年龄和服役年限差别很大，45岁以前退役的贵族与其所拥有的农奴人数成正比，45岁以后退役的贵族与其所拥有的农奴人数成反比。财产资格决定着贵族的退役频

① И.В.Фаизова.Манифест о вольности и служба дворянства в XⅧ столетии, Москва, 1999, С.46-48.

② 按照H. M. 舍普科夫的划分，小领主贵族拥有1～100个农奴，中等领主贵族拥有100～500个农奴，大领主贵族拥有500～1000个农奴或以上。

③ И.В.Фаизова, Манифест о вольности и служба дворянства в XⅧ столетии, Москва, 1999, С.48-50.

④ 姚海：《战争对俄国发展道路的影响》，载《世界历史》2009年第1期。

⑤ И.В.Фаизова, Манифест о вольности и служба дворянства в XⅧ столетии, Москва, 1999, С.66-67.

率。财产资格高，退役得越快；财产资格低，退役得越慢。[1]政府限制贵族以疾病为借口退役，但贵族却把休假作为争取自由服役的另一个凭借。贵族的财产资格越低，休假的期限越长，次数越多。18世纪初期为了增加军龄，贵族开始让幼子在军队中服役，贵族子弟的军龄和军职大大高于同龄人。

劳动力的丧失成为大多数贵族退役时最为充分的理由和唯一的法律凭借。除了外伤和重创之外，俄国军人退役时患有多种疾病：肺病、坏血病、肾病、消化不良、尿路感染、关节炎、心血管病、神经病、瘫痪、视听觉障碍、抑郁症等。1760年，俄国军队中广为传播的病是肺结核和坏血病。参加远征、战役、出差是贵族军官多次受外伤、重伤的原因，恶劣的军事服役条件是造成贵族患病的主要原因。可见，《自由诏书》颁布并不是政府给予贵族优厚的待遇，而是势在必行。

特殊的社会心理导致了部分中上层贵族的提前退役。特殊的地缘政治条件决定了军事贵族在社会中的优势地位，农奴逃亡形成的广泛威胁迫使贵族形成了对沙皇政府普遍的向心力，双重社会角色造成了贵族在服役问题上的矛盾心理，这种特殊的社会心理成为部分上层贵族提前退役的原因。

俄国社会转型时期贵族上层心理基本上处于一种复杂的、矛盾的、内心恐惧的状态。18世纪贵族的意识基本上沿着官方爱国主义和个人服役仕途诱惑相互交织、自我毁灭的矛盾方向发展。恰达耶夫评价道："有组织的政权把社会上所有的健康力量隔绝起来，不使他们参与积极的政治和社会生活，而国家官僚所关心的只是维持现状。……这种情形使有思想的人们或者陷入了狂热的、全面赞美现存体制的状态，或者相反，对现存体制进行自我诽谤和全盘否定。"1762—1771年，大约有7500人——主要是军人辞去了公职，另有近20%的退役军官改就文职，其余的人则回到了各自的领地，过起了田园生活。18世纪的俄国，大部分知识分子成为俄罗斯大地上"漂泊者"或"多余的人"，在自我封闭的庄园世界内，在文学创作、绘画和音乐中寻求精神寄托。这正是18—19世纪俄国贵族文学艺术辉煌灿烂、人才辈出，以及俄国文学艺术苦难性、人性和宗教性的社会心理根源。

---

① И.В.Фаизова, Манифест о вольности и служба дворянства в XⅧ столетии, Москва, 1999, С.71–73.

四、18世纪中期《自由诏书》颁布的必然性及结果

退役军官人数多于文官，且退役军官的年龄日趋年轻化。退役浪潮开始于1762年，1764—1766年达到高潮，中经俄土战争，1770年再次上升。1762—1771年，退役贵族总数为7496人，其中5902人是退役军官，636人为退休文官，87.9%的退役人员是军官。从1750到1762年的10多年内几乎有6000人退役。据统计，1760年初期，俄国陆军人数为303529人，陆军军官为10000人。海军人数为17588人，海军军官为1320人，1762—1771年完全退役的军官为5413人，占总数的47.8%。[①]18世纪至20世纪初，俄国正规军的绝对数量在增加，但18世纪60年代以后，军队数量占总人口的比重却有所下降。[②]军官的大量流失影响到俄国的军事力量。19世纪中期的克里米亚战争时期，贵族军官大都是没有任何作战指挥经验的新手，参战的士兵则是一些入伍不久、没有受到严格军事训练的新兵。

厌战情绪和服役期间家庭领地经济的衰落成为军官退役的主要原因。从贵族等级上讲，1762年取消义务服役后，小贵族的退役人数提高了2.4～3.5倍，相反，中等贵族军官退役人数平均每年只有1.3人，大贵族平均每年只有4～5人，退役频率最高的是拥有21～100个农奴的小贵族。从年龄上讲，1750年退役军官的平均服役年龄降低了8～10岁。取消义务服役后，绝大多数退役军官的年龄在25～45岁之间，无地退役贵族的平均年龄为36.8岁，最年轻的是26.8岁。从官职上讲，士官的人数最多，1750—1760年，从10.3%增长到19.7%。75%的退役者是9-14品的尉官，3.9%的退役者是6-8品的校官，0.7%的退役者是1-5品的将官。1750—1760年，小贵族退役的比例从3%增长到38%。[③]

退休文官与退役军官比较：1762—1771年，退休文官有636人，80.5%的

---

① И.В.Фаизова, Манифест о вольности и служба дворянства в XVIII столетии, Москва, 1999, С.107.

② 鲍里斯·尼古拉耶维奇·米罗诺夫：《俄国社会史——个性、民主家庭、公民社会及法制国家的形成（帝俄时期：十八世纪至二十世纪初）》（下卷），张广翔等译，山东大学出版社，2006年版，第217页。

③ И.В.Фаизова, Манифест о вольности и служба дворянства в XVIII столетии, Москва, 1999, С. 113-117.

退休文官有生活保障，他们与退役军官相比年龄偏大。《贵族特权与自由诏书》颁布前，36～55岁的退休文官占51%，1750年高于45岁的退休文官占74.4%，而在1762—1771年占56.3%，低于36岁的退休文官在《贵族特权与自由诏书》生效以前占4.5%，之后达20.7%，平均服役年龄为47.5岁。而70%的退役军官年龄为26～45岁。1750年文官服役的平均年限为34年，1762—1771年文官服役的平均年限为30.6年，服役25年者达64.2%，而1762—1771年军官服役平均年限为14.7年，服役25年者占11%。50%的退休文官由于年老而退休，19.4%的退休文官利用职权，而退役军官占69.2%。1760年退休文官只占俄国总退役人数的0.7%。①

军官转业到行政部门服役受限制及退役后生活的无保障、流离失所。18世纪前半期，退役军官成为官僚机构补充空缺的主要来源。转业成为减轻贵族服役负担、保障生活的一种手段。对于中上层转业军官则是官运亨通的良机。1753—1755年，96.4%的中上层贵族军官在45岁前转为文官。40%的贫困贵族转为文官，他们的年龄在15～75岁之间，但35～55岁的占55%，他们大多集中在行政机关。②

18世纪中期，俄国行政机关干部的补充速度远远超出了实际需要的限度。退休文官的平均年龄和平均服役年限比退役军官大10岁，服役年限为34年，且75%的文官因年老体弱丧失工作能力而退休。③而军官正好相反，大部分军官希望尽快退役，尤其是那些宦海无望者退役的愿望更加强烈。

贵族呈辞明显地反映出他们继续服役的经济动机。大约51.4%的贵族借口是治病，大约31.6%的贵族无以为生，希望继续服役。④贵族继续服役主要是经济原因所致：长期服役生涯使他们的土地荒芜，农奴逃亡而破产；或者经营无方，自然亏损；多子女；更多的是想回来治病以及保障最低的生活。

① И.В.Фаизова, Манифест о вольности и служба дворянства в XⅧ столетии, Москва, 1999, С. 145-148.

② И.В.Фаизова, Манифест о вольности и служба дворянства в XⅧ столетии, Москва, 1999, С.85.

③ И.В.Фаизова, Манифест о вольности и служба дворянства в XⅧ столетии, Москва, 1999, С.93.

④ И.В.Фаизова, Манифест о вольности и служба дворянства в XⅧ столетии, Москва, 1999, С.93.

综上所述，18世纪俄国政府悖论性的改革引发了贵族的退役浪潮。改革使贵族成为俄国社会的特权等级，贵族个人对沙皇政权的感恩程度比任何其他国家要大。随着城市工商业者、僧侣有限特权的获得，农民一直是对抗政府的社会异己力量，贵族从未兴风作浪，职业性、永久性、无自主性的军事服役依然是贵族主要的价值取向。18世纪在社会危机面前沙皇政府和贵族同舟共济，紧密配合，始终保持了高度的一致，贵族普遍具有对沙皇专制国家的向心力、凝聚力。

以工业化为核心的现代化是一次巨大的、整体的社会变动，而人的发展是一切发展的核心和最终目的。任何国家政治层面现代化的发展过程取决于公民社会的建立和成熟过程，而公民社会的发展和成熟又取决于是否能正确处理个人、社会和国家这三者的关系。在特殊的地理环境和历史传统作用下，长期的战争状态不仅为社会生活的军事化提供了充足的理由，而且有力地加强了18世纪政治制度趋向君主绝对专制主义。“战争为改革规定了次序，明确了速度和方法。按照战争需要的次序，改革措施一个接一个相继出台。”[①]在西方资本主义的压力下，以富国强兵为目的的18世纪改革并没有改变现存的社会制度，仅仅是对西方国家军事技术的借用。但君主绝对主义毕竟是建立在封建贵族和资产阶级的平衡上的一种君主政权，是向现代资产阶级国家的过渡形式，而且“外部竞争能力最终取决于技术、组织和广义文化方面进行革新的能力，但军事模式的特点是命令和执行，而不是创造和革新。因此，军事模式终将使国家陷于落后”。[②]所以，改革中“国家不鼓励社会主动性，而且俄国缺乏一个市民社会——也就是说，它没有一个处于政府、家庭及个人之间的，人民可以自由地相互影响，并且建立他们自己独立的组织的社会环境”。[③]现代化的趋势只是俄国政府的一厢情愿，旧传统和新生活方式之间始终存在着对抗，其结果，俄国社会中三者的关系是扭曲的，沙皇政府是专制的，社会是分裂的，个人是被奴役的，社会因缺乏整体性而加深了对沙皇政府的依赖。

与西欧贵族相比较，由于社会、民族成分和地区的广泛和复杂，俄国贵

---

① 姚海：《战争对俄国发展道路的影响》，载《世界历史》2009年第1期。

② 姚海：《战争对俄国发展道路的影响》，载《世界历史》2009年第1期。

③ 沃尔特·G.莫斯：《俄国史（1855—1996年）》，海南出版社，2008年版，第9页。

族体制呈现出前所未有的多样性、开放性和一定的兼容机制。但由于特殊的地缘政治和历史发展阶段，18世纪改革强化了国家对贵族的控制，以及落后的经济发展水平限制了贵族体制的良性发展。加上复杂的民族性和地区性，贵族封赐制度的随意性和混乱性，土地继承制度的分散化，致使贵族人数庞杂且日益贫困化。俄国贵族始终没有成为一个具有等级整体意识的社会共同体，贵族的特权极为有限，在立法上贵族仅仅递交请愿书和发牢骚而已。充当乡间主人一直是贵族梦寐以求的生活理想，对沙皇政府的依赖，贵族始终没有凝聚成为制约和抗衡王权的社会异己力量。退役破坏了贵族整体意识的形成和自我价值的实现。18世纪改革创建的牢不可破的封建环境即使可以暂时摧毁1812年拿破仑的入侵，但江河日下的农奴制国家和四分五裂的贵族体制最终无法抵挡英法资本主义强国的猛烈冲击，克里米亚战争的惨败就是俄国经济制度落后的验证。从这个意义上讲，一方面，贵族获得自由服役的特权标志着俄国等级制度的确立，贵族摆脱国家农奴制的奴役首先成为拥有特权的等级，俄国社会的封建人身依附关系开始出现局部松动，由此成为1861年俄国废除农奴制的先声；另一方面，贵族自由服役特权的获得标志着俄国农奴制的强化，农奴制的强化最终造成了俄国社会矛盾的进一步激化，社会局势的动荡和革命的爆发，这是现代化后发国家为此付出的惨重代价。这正是俄国历史复杂性和悖论性的所在。

20世纪20年代的俄国社会与人口

刘 成

年轻的苏维埃政权在1920年取得了国内战争和抗击外国武装干涉的胜利，但危机接踵而至。经过4年的世界大战和3年的国内战争，整个苏俄丧失了拥有3000万人口的80万平方公里的土地，战争、饥荒和瘟疫夺走了近1300万人的生命。此时“苏维埃俄国的经济处在19世纪下半叶沙皇俄国的经济水平，1920年的大工业产值比战前时期几乎减少了6～7成；冶金工业处于非常困难的状态，1920年仅炼了11.6万吨生铁，约等于战前产量的3%。煤比战前减产2/3，石油几乎减产3/5，纺织品的产量减少19/20。由于缺少燃料和原料，大部分企业无法开工……1920年的农业产值只相当于沙皇俄国的65%，粮食和生活必需品严重短缺；货币严重贬值，经济生活实物化”。[①]

暴风骤雨般的革命极大地改变了整个俄国的社会阶级面貌。地主和大、中资产阶级消亡，富农遭剥夺；大批精英知识分子被放逐或移居国外[②]，加上家庭成员，总人数达150万；工人阶级被战争消耗了几乎一半，加之为了逃避饥荒，又有大批人口移居农村成为手工业生产者。1920年底，500万红军开始复员，但此时社会很难为他们提供充足的工作岗位。农民在名义上分得了土地，但粮食征收制[③]再次使他们一无所有。

【作者简介】刘成，西北师范大学历史文化学院世界史硕士研究生。

① 鲍·尼·波诺马廖夫主编：《苏联共产党历史》，人民出版社，1960年版，第326-357页。

② 见“哲学船事件”。

③ Продразвёрстка一般译为“余粮征集制”，但并不确切，就政策的落实情况而言，改作“粮食征收制”较恰当。见郑异凡：《不仅仅是翻译问题——关于苏联史中的两个译名》，载《探索与争鸣》2005年第3期。

表1　1914—1926年俄国人口的数量演变(单位:百万人)[①]

年份	人口总数	其中		在总人口数中所占比例(%)	
		城市人口	农村人口	城市人口	农村人口
1914	165.7	30.6	135.1	18	82
1917	91	15.5	75.5	17	83
1920	88.2	12.5	75.7	14	86
1926	92.7	16.4	76.3	18	82

国内战争期间关于俄国（含中亚）人口情况的资料十分庞杂且有很多自相矛盾之处，俄国著名人口学家卢布尼赫茨基（Лубны-Герцык）在1926年的《沿着红色足迹》一文中指出："在城市中1918年、1919年和1920年（部分），而农村在更长的时段内，没有完整的资料。"[②]他列举了一系列地方统计汇编中的数据，用以说明统计人口自然动态的难度和不足。首先，由于这一时期新的公民制度取代了旧的教会制度下的户籍登记方法，且不同地区的执行情况不同，同一时期新旧制度并存的现象较为普遍，造成统计标准大相径庭；一些记录不甚完整，且常常会出现常识性错误，如一位远东的统计工作中曾记述："在记录（死亡）中经常能看到从医学角度而言不可思议的判断：'死于脚后跟''死于腿部''死于火灾''死于咳嗽'等等。"[③]这一时期频繁的领土变更也为统计带来了巨大的困难，不同地域标准使人口差异达到3000万之多。[④]

通过对现有文献资料的研究，发现关于国内战争时期俄国（含中亚）人

① 资料来源：Всесоюзная перепись населения 17 декабря 1926 г:Краткие сводки.Вып.3.М., 1927.

② Лубны-Герцык Л.И. Движение населения на территории СССР за время мировой войны и революции.М.1926:30

③ Дробижев В.З. Организация учета естественного движения населения СССР в 1917—1925 гг.//Вестник МГУ.Сер.8.История.1978(3):31.

④ 大致存在三种标准，一种情况为按照1914年俄国边界为参照进行统计；一种情况是在1920—1921年确定的边界，直至1939年的领土为准；一种情况是按照回溯1917年和1914年边界的领土，但在具体计算时有时包括芬兰大公国、布哈拉酋长国和希瓦汗国，有时则不包括。

口损失情况的学术成果大多依靠相同的资料，其中以1926年人口普查资料为代表。1980年苏联科学院历史研究所以1926年普查相关资料为依托，回溯利用相关历史学家所掌握的人口普查资料及其补充资料，确定了1926年领土边界时1917年至1920年初的人口数量及民族组成情况。

截至1920年初，确定的俄国的人口数量为137.563百万人，含布哈拉和希瓦的数据为140.563百万人。至1922年初，这一数字骤降为131.9031百万人和134.9031百万人。可以看出，在1920年人口损失的数量是非常大的，为380.6万人，1921年为185.4万人，1922年为159.2万人。从1917年秋到1920年人口减少了708.33万人，到1922年这一数字为127.43万人。

表2　1917—1921年若干城市居民的死亡率（每100名出生者）[①]

城市	1917	1919	1920	1921
卡累利阿	100.2	431.1	144.7	85.1
北德维纳省	121.7	124.5	136.8	81.5
卡卢加			221.9	82.1
卡卢加省	131.5	305.5	219.1	
下诺夫哥罗德省		214.1	235.9	129.3
弗拉基米尔	275.8		367.6	104.5
弗拉基米尔省	122.6		162.1	89.6
奥廖尔省			265.5	100.9
彼尔姆省			211.1	173.7

这些数据反映了苏维埃俄国成立后的人口缩减情况，但并不能代替人口损失的数量，在一般条件下人口自然增长应呈现增加趋势。结合1917—1920年战争导致的死亡率的增加和饥荒以及流行病的蔓延，许多学者所得出的结论虽仍存在较多差别，但其近似的参数已在一定的科学方法框架内定型，可以认为均反映了当时的实际情况。[②]在不同国家的不同文章及刊物中，特别是自20世纪80年代开始，陆续公布了国内战争的人口损失情况，除去某些无任

① 资料来源：Лубны-Герцык Л.И.Указ.соч，С.104.

② 梅春才：《20世纪上半期俄国人口研究》，吉林大学博士学位论文，2010年，第228页。

何科学依据的数据，多数研究成果显示人口总损失幅度在2000万～2500万人。

诚然，俄国人口相比战前锐减，但此种减少在不同地区呈现的趋势和数量是不同的，且总人口的减少并不意味着所有地区的人口数量都在减少，一些地区在这一时期的人口数量反而有所增长。

表3 1914年和1920年人口数量的动态对比[①]（单位：人）

地区	1914	1920
俄国（不含克里木、哈萨克斯坦、土库曼斯坦、达吉斯坦、远东），其中包括：	86473215	82594643
俄国欧洲部分（不含顿河州和克里木）	72037615	66485972
北高加索和顿河	6812100	6850846
西伯利亚	7623500	9257825
哈萨克斯坦	4472700	5058555
白俄国	1902800	1634223
乌克兰	27680400	26001802

从上述数据中不难发现，俄国的欧洲部分人口减少量是巨大的，大约为550万人；而黑土带省份的人口情况较复杂，沃罗涅日、察里津、奥廖尔和库尔斯克作为红军和白军的主战场，人口损失严重，而奔萨和图拉等地免于战火，人口数量变化不大，伏尔加河中游和乌拉尔地区得益于优厚的自然条件，人口明显增长，而乌法、萨拉托夫和萨马拉等地作为战争双方的后方，人口情况变化不大；非黑土带省份的城市人口骤减，农业人口则变化不显著；俄国欧洲部分的自治共和国和州的人口均有不同程度的下降，而顿河州和北高加索（不含达吉斯坦）的人口数量有一定增加；中亚地区的人口数量显著增长。[②]

结合人口的净损失情况和上述人口数量的动态对比，可以大致勾勒出1920年俄国人口在境内流动和迁移的示意图。欧洲部分的人口因躲避战争及其带来的副产品（饥荒、瘟疫），普遍且大规模地迁往非战区和自然资源相对丰富的地区；自然资源优厚的地区人口数量变化不显著（但作为主战场的地

---

① 资料来源：Стат.ежегодник.1918—1920 гг，С.2-3.

② 要确定外高加索及中亚地区的人口数量是非常复杂且困难的，因为1920年的人口普查并未涉及这一地区，且战争导致的人口数量变化是异常巨大的。

区不在此列）。不同地区的人口在面对战争和灾荒时的应激反应不同，这使得18世纪以来旧的移民（国内）线路、规模及模式被打破，逐渐形成了一种新的人口迁移模式，俄国的城乡结构首当其冲地被其冲击，并随着人口数量的变化呈现出根本性的改变，这种变化对理解工业化和农业集体化时期行政命令体制下的人口迁移有很大帮助。

表4　1919—1922年一些地区农村人口的动态(单位:千人)①

地区	1919年1月1日	1920年1月1日	1921年1月1日	1922年1月1日
俄国欧洲部分	84336.1	83420.7	82372.7	81883.9
北高加索	8101	7438.7	7164.8	6814.4
外高加索	4745.1	4540.6	4472.9	4569.7
土库曼斯坦	4773.6	4650.3	4611.2	5435.4
西伯利亚	7431.6	7875.6	8111.4	8298.4

单就城市居民这一概念而言，由于不同年代语境下的标准不尽相同②，其数量对比异常困难；城市人口的变化往往还有其“独特”的原因，国内战争期间城市居民数量减少了600多万人，但与之相对应的数据显示，这一时期总的城镇人口数量并没有较大变化，从1914年的8040万增至1917年的8130万，而后下降到1920年的7660万和1921年的7510万，而后又重新上升到1923年的8000万，且城市本身人口的比重在这一时期内稍有增加。这些数据反映出将近200万外来难民在战争年代过去后的“消失”是城市居民数量减少的重要原因之一，城市越大，损失的居民数量越多，且战前消费越是发达的地区，其人口损失情况越剧烈。他们中的富裕阶层纷纷迁居国外，而余下部分则因城市难以谋生而搬迁到农村，俄国欧洲部分城市的大部分居民都搬迁到了乌克兰、西伯利亚和北高加索。

农村人口的统计情况则要好很多，作为一个传统的农业国，辽阔且资源丰富的农村总是能让俄国人在困境中求得庇护。从数据中可以看出，俄国欧洲部分的农村人口数量变化情况和城市趋近，都处于急剧的下降中，直至1921年才停止。非欧洲部分的农村人口虽也呈现下降趋势，但并不显著（除

① 资料来源：Волков Е.З.Указ соч Табл.117，С.212-213.

② 1920年普查时的城市居民概念异常宽泛，工厂新区、铁路车站、河港码头、别墅区、疗养院和郊区所有不少于500人的定居点的人口都被划入城市人口。

北高加索外），唯有西伯利亚地区的农村人口在战争年代仍在增加。

结合国内战争时期农村地区和城市地区的人口出生率[①]，可以发现这一时期农村地区的出生率显著高于城市，战争对城市的人口自然增长带来了毁灭性的影响；而根据地区来看，这种差别又显著体现在中亚地区和俄国欧洲部分。1920年的普查数据显示，同时段儿童占人口比重最大的是哈萨克斯坦，最小的则是乌克兰和南俄部分，这里遭受的军事行动最集中，且政局最不稳定。此种影响还表现在性别比例上，同时段内男性较女性人口少了950多万，且年轻男性所占比重更小，这种失衡的性别结构在农村尤为突出。[②]

1920年人口普查进一步指出，整个俄国总体上应当有不少于100万残疾人。[③]由此可见，战争所造成的灾难不仅限于巨大数量的人口损失一隅，还从根本上改变了城市和农村之间的旧的人口分布特征，以及性别比例和年龄构成，这些反常的且剧烈的变化从根本上影响了俄国的人口情况，并且对迫在眉睫的战后恢复和经济建设所必需的劳动力资源状况产生了负面影响，其所带来的最直接的后果即1921—1922年的大饥荒。

必须指出，战争的摧残是饥荒发生的重要原因，在整个战争年代，1700万男青年和200万马匹从俄国的村庄开往前线，大大削减了用于农业生产的劳动力的役畜；广袤的黑土带和波尔塔瓦平原作为主要粮食产区，遭受了战火残酷的蹂躏，仅在1913—1917年革命期间，全俄用于耕种的土地就减少了2%。对农业生产造成了严重的冲击。除此之外，错误且粗暴的农村政策和干旱的天气也是导致饥荒的重要因素，1918—1920年，苏维埃政权将战时共产主义政策扩大到农村，要求所有农民都应将其所获粮食按规定价格上交给政府，但这一价格往往较农民自己在市场（非法的）上交易的价格要低得多，农民自然不愿把粮食出售给国家。苏维埃政权将工人阶级派往农村，成立武装讨伐队，以武力强迫农民交出“剩余粮食”[④]，这样做虽然收集到了必需的粮食，但严重动摇了苏维埃政权在农村的根基。1920—1921年间，全俄共发生50多起大规模农民起义，这些武装反抗普遍被称为“骑马的军事匪帮”，

① Стат ежегодник，1921 М 1922：2，3 Табл.1.

② Итоги переписи населения 1920 г. М 1928，С.10-11.

③ Там же С.11.

④ 在实际执行过程中，甚至连农民的口粮和种子粮都收走了。

又称“盗匪活动”。

列宁在俄共十大上就愈演愈烈的农民反抗问题做了阐述，他表示：“我们被卷进了一场新形式的战争，新类型的战争。这种形式的战争简言之就是盗匪活动。”[①]在1920年末到1921年初，农民暴动席卷了西西伯利亚、坦波夫省、沃罗涅日省、伏尔加河中游地区、顿河流域、库班、乌克兰和中亚。最有代表性的是西西伯利亚的农民暴动、坦波夫省的安东诺夫起义、伏尔加河流域的恰潘[②]战争以及喀琅施塔得水兵起义。这些武装反抗均要求取消战时共产主义政策，但都被镇压。

由于1920—1921年整个冬季伏尔加河流域未降雪，到1921年夏又出现严重旱情，使俄国主要产粮区几乎绝收；加之延绵不绝的暴动与战争使农具损失严重，劳动力严重不足，播种面积较以前减少了1/4，大部分地区粮食已不能自给，最终导致了大规模的饥荒。

对于饥荒所造成的人口损失，在文献中多有出入，1921年全俄中央执行委员会九届四次会议主席团报告中指出，歉收地区的总人口为3700万人；饥民赈济中央委员会总结汇报中，这一数字为3171.4万人（2343.4万人在俄国，828万人在乌克兰）；加里宁在1923年初认为受灾人数达到3192.2万人。[③]

在中亚地区，1920年起，突厥斯坦自治共和国开始普遍推行粮食征集制，上半年主要在俄国移民区推行，下半年扩展到穆斯林村庄。不过，粮食征集制在突厥斯坦远不如俄国中央地区推行得那么彻底，全俄中央执行委员会的规定允许居民“自由支配超过摊派部分的余粮”，这无异于给彻底禁绝自由贸易的战时共产主义留下了一片灰色地带。而且，中亚游牧区和半游牧区并没有彻底贯彻粮食征集制，通过商品交换进行粮食采购占了很大比重。但是，对棉花的征收政策很严厉。1920年12月9日，突厥斯坦人民委员会颁布法令，禁止任何形式的棉花和棉种的自由贸易，私人拥有的棉花加工机械和器具被宣布为国有财产。

---

① 《列宁全集》，中文第2版，第41卷，第7页。转引自郑异凡：《新经济政策的俄国》，人民出版社，2014年版，第3页。

② 恰潘（чаптан）——农民穿的长襟外衣。

③ Обращение ЦК РКП (б) о регулярной помощи голодающим (ноябрь 1921 г)// Справочник партийного работника.М.,1921(2):161.

哈萨克斯坦地广人稀，耕地多种植粮食作物（棉花很少）。这里是1920年恢复苏维埃政权以后开始实行大范围粮食垄断和配给制的，而且垄断贸易逐渐囊括了畜牧产品。根据俄国人民委员会1920年7月20日的法令，哈萨克斯坦境内开始强制推行粮食征集制。1920—1921财政年度，哈萨克斯坦东部两省（塞米巴拉金斯克省和阿克莫林斯克省）收集“余粮”3500万普特，1920年歉收严重的乌拉尔斯克省（1920年收获250万普特）也收集了150万普特。不过，同俄国中央地区相比，哈萨克斯坦同突厥斯坦一样，实行战时共产主义要缓和一些，游牧区更是如此。

尽管在中亚推行的战时共产主义政策不如俄国中央地区严厉，由于中亚地区经济基础薄弱，加上1921年大旱灾（哈萨克斯坦最严重），谷物产量减少50%，同样造成严重的经济破坏。1920年，突厥斯坦和哈萨克斯坦工业产量比1913年减少了80%，突厥斯坦的播种面积比1913年缩减了40%以上（其中棉花播种面积缩减75%），谷物减产50%。哈萨克斯坦播种面积则减少了21%，谷物减产50%以上，大批牲畜死亡。死于饥荒的人口数目也是惊人的，1920年仅哈萨克西部地区就有140万人饿死。据俄国联邦突厥斯坦事务委员会委员萨法罗夫说，空前的旱灾加上严厉的粮食收集，使七河省1/3的吉尔吉斯人死于饥馑。

更为严重的是，内战结束后百业凋敝的中亚还在继续强化战时共产主义政策，结果引发了大规模的武装暴动。早在1919年，不满强制征粮的俄国移民在蒙斯特罗夫带领下与反抗苏维埃政权的巴斯马奇武装合作，尔后更多的穆斯林农民走上了这条道路。1920年夏，哈萨克东部农民组成的“人民起义军”达到万人。1921年2月，一支2.5万人的暴动队伍冲进彼得罗巴甫洛夫斯克，捣毁了苏维埃机关办公楼，并且一度占领该市和科克切塔夫（今科克舍套）。乌拉尔斯克省的暴动者人数也在一万以上。暴动虽然都被严厉镇压，但是苏维埃政权受到的震动极大，战时共产主义政策遇到了严重挑战。

综上所述，第一次世界大战和国内战争使俄国原有的较为稳定的人口分布特征发生了显著的变化，这些变化以大规模的人口数量减少和非自然且大规模的人口迁移为表现形式，并从根本上改变了俄国的人口城乡结构、性别结构、年龄结构、消费结构和不同地域的民族结构，这种变化又被布尔什维克的农村政策进一步放大，对俄国社会结构和发展产生了深远的影响。

论约翰逊政府反贫困的社会和思想因素

曹　睿

二战结束后，美国经济再次高速发展，经济的繁荣使大多数人们忽略了美国不易被人们察觉的贫困人口。在知识分子的呼吁、黑人民权运动的发展和历届政府自由主义改革精神的影响下，美国政府开始重新思考贫困问题。为了解决贫困带来的社会矛盾，美国第36任总统林登·约翰逊继承了历届政府的自由主义改革精神，准备在美国发动一场"向贫困宣战"的自由主义改革。

一、美国"丰裕社会"中的贫困状况

20世纪60年代的美国是一个经济高速发展的国家，许多美国人过着世界上高水平的生活，并认为美国已经进入了丰裕社会。但是，发达的经济背后还存在着一个极不协调的贫困群体，这个群体包括工人、黑人、老人和农民。

二战结束后，美国经济发展呈波浪式上升趋势，迎来资本主义的"黄金时代"，继续保持着头号资本主义强国的地位。美国的工业生产在1947至1953年平均增长速度为3.9%。[①]1953年的国民生产总值为3661亿美元，1960年为5060亿美元，增加了38.21%。[②]国民消费推动了经济增长，在1946至1960年间，实际购买力增长了22个百分点。与过去不同的是，家庭收入不仅能支付生活必需品，还可以满足人们的购物愿望。经济大萧条末期，只有不

【作者简介】曹睿，西北师范大学历史文化学院世界史硕士研究生。

① 黄安年：《二十世纪美国史》，河北人民出版社，1989年版，第219页。

② 黄安年：《二十世纪美国史》，河北人民出版社，1989年版，第222页。

足25%的家庭有随意支配的收入，而到了1960年，这个数字上升到60%。[①]

在经历了第三、第四次经济危机后，20世纪60年代的美国经济呈持续发展的趋势。1960年，60%的美国人按政府的定义享有中产阶级生活水平。官方公布的贫困家庭数字，1950年是所有家庭的30%，10年之后，这个数字降到22%，当然，这个数字仍代表1/5的美国人口。[②]1961年2月到1969年10月，美国经济连续上升104个月。在9年中，国民生产总值的年增长率有6年高于4%，1962年、1965年、1966年接近6%。工业生产的增长率1965年达到9.9%，是和平时期的最高水平。[③]

美国经济学家加尔布雷斯提出，美国已经进入了一个“丰裕社会”的时代。他指出，特别是在美国，才有巨大而十分空前的富裕。[④]该著作使许多人产生了误解，大多数人认为美国已经解决了所有的经济问题，然而，美国是否如加尔布雷斯所说已进入“丰裕社会”了呢？

第二次世界大战后，美国国民收入分配出现了不平衡的现象。占美国人口1%的那些最富有的人，他们所掌握的财富在全国财富中所占的比例，从1949年的20.8%增长到了1956年的26%。在一个高度繁荣的时期所做的一次精心的调查发现，全国居民有将近一半即7700万美国人，日常生活中“缺乏中等舒适生活水平起码必需的东西”，而且1960年时有1/5～1/4的美国家庭处于贫困状态。[⑤]在美国繁荣的经济背景下，财富占有和分配不均逐渐扩大了社会的贫富差距，富人的财富不断增多，贫困人口基数扩大。

美国总统约翰 · 肯尼迪在国情咨文中对当时的美国经济做了分析，提出美国如今正出现失业率增长、国际收支失衡等现象。“自从1951年以来，农业收入减少了25%。除了1958年的一个短时期以外，领保险金的失业者人数达到了历史上的最高峰。大约在550万失业的美国人中，有100多万人4个多月来一直在找工作。每个月大约有15万人用尽了他们微少的失业津贴。在将

① 加里 · 纳什：《美国人民：创建一种国家和一个社会》，北京大学出版社，2008年版，第848页。

② 埃克里 · 方纳：《给我自由！一部美国的历史》，商务印书馆，2010年版，第928页。

③ 黄安年：《二十世纪美国史》，河北人民出版社，1989年版，第222页。

④ 加尔布雷斯：《丰裕社会》，上海人民出版社，1965年版，第1页。

⑤ 塞缪尔 · 埃利奥特 · 莫里森：《美利坚共和国的成长》，天津人民出版社，1980年版，第728页。

近100个特别萧条和困难的地区，将近1/8的失业者几乎是在毫无希望的情况下生活的。”[①]“从1958年以来，我们在国外花费或投资的美元同回到我们手里的美元之间的差额是越来越大了。在最后三年中，我们支付差额的总赤字增加了近110亿美元，国外的美元支持者又有大把美元兑成黄金，致使我们的黄金储备外流，总数将近达到50亿美元。”[②]在不断增高的失业率和国际收支失衡的国情下，美国社会矛盾逐渐显现，约翰·肯尼迪认为贫困的危机在一天一天增加，解决危机一天比一天困难。

林登·约翰逊对60年代初美国的就业情况做了分析：“1963年，我国就业人数在历史上第一次超过了7000万大关，但是我们需要使就业人数达到7500万人以上。在1963年，我们的国民生产总值达到了6000亿美元的水平，比我们就职时增加了1000亿美元。今天本来能够而且应当能够很容易地再增加300亿美元。工资、利润和家庭收入也达到了历史上的最高水平，但是我要提醒你们，仍有400万工人失业，我国工业生产能力有13%闲置着。”[③]“经济发展委员会于1964年通过了一项标准，对一个四口之家的社会保障管理标准为3000美元。按照每个人每年需要1500美元的标准，1962年美国有3500万人生活在贫困之中。”[④]20世纪60年代初，美国的国民生产总值增长幅度较大，就业人数也达到了历史新高，但在高收入的国情下美国仍有许多人无力就业，许多工业部门也未发挥作用，与富裕的美国形成鲜明对比。

迈凯尔·哈林顿在《另一个美国：美国的贫困》一书中谈到存在另一个美国，他的发现得到了一项政府研究的证实，该研究将城市四口之家的贫困线定为3130美元，农村四口之家的贫困线定为1925美元；研究还发现，近40%的穷人约1560万人年龄在18岁以下。[⑤]毫无疑问，美国相当一部分人口生活在贫困之中，包括失去土地的人、老年人、面临歧视的少数民族、因工业倒闭或搬迁而流离失所的工人、儿童和受教育程度低的人。[⑥]迈凯尔·哈林

① 梅孜编：《美国总统国情咨文选编》，时事出版社，1994年版，第310页。

② 梅孜编：《美国总统国情咨文选编》，时事出版社，1994年版，第312页。

③ 梅孜编：《美国总统国情咨文选编》，时事出版社，1994年版，第362页。

④ Harrell R. Rogers, Jr., *Poverty Amid Plenty*, Mass: Addison Wesley, 1979, p. 19.

⑤ Carol Berkin, Christopher L. Miller, *Making America: A History of the United States*, New York: Houghton Mifflin company, 2008, p. 859.

⑥ Andrew Ⅲ, *Lyndon Johnson and the Great Society*, Chicago: Ivan R Dee, 1998, p. 47.

顿否认了美国已进入“丰裕社会”的观点，表明美国存在着一种新型贫困，这种新型贫困已不再是20世纪30年代因经济萧条造成的后果，它不会让人们怀有任何希望和抱负。在技术革命不断革新和生产力不断提高的美国，越来越多的穷人不被人们所看见，这些穷人因种种原因无法融入美国社会，不断影响着美国反贫困的努力。

美国存在着一类特殊的贫困群体，这类群体由工人、黑人、老人和农民组成。他们之中的大多数是城市的经济底层，与进步绝缘，被美国的“丰裕社会”抛弃。

经济底层的工人，主要指美国城市中1961年最低工资法所没有包括进去的1600万人口[①]，占据了美国贫困群体的一大部分。20世纪50—60年代，许多工人因不适应科技革命带来的变革，纷纷走出大规模生产工业，陷入贫困的境地。根据劳工统计局的统计，1929年，蓝领工人的人数占劳动力的59%，白领工人只占41%。到了1957年，蓝领工人的百分比下降为47%，服务性和专门职员的人数则上升到53%。[②]蓝领工人由有保障较体面的工厂进入无保障无工会组织的服务性工作，心理上和经济上都受到了很大的挫伤。

经济结构的变动引起了市场对劳动力需求的变动，一大部分工人因缺乏工厂对新技术的要求成为失业人员。1949年经济衰退以后，繁荣声中的失业率为3.1%，1954年经济衰退以后，这个数字上升为4.3%，到经济开始复苏，1958年仍有5.1%的工人闲着没有事做。事过十年，1958年的“正常”失业人数仍与1945年经济衰退时的失业人数一样多。[③]失业率不断上涨对于工人来说是至关重要的，这意味着他们在一定时期内甚至长时期没有工作，对生活水平构成了一种根本性的威胁。

工厂的工人往往是一个家庭的经济支柱，为了减少失业带来的负担，失业工人大多会选择更低薪水的工作来维持家庭的开支。这样一方面给了低工资工业的资本家敛财的好机会，他们大肆扩招失业工人，给工人支付低微的工资以牟取暴利；另一方面使失业工人脱离和先进科技的接触，无法找到适合自己的工作，陷入恶性循环，沦为贫困人口。

---

① 迈凯尔・哈林顿：《另一个美国：美国的贫困》，世界知识出版社，1963年版，第25页。
② 迈凯尔・哈林顿：《另一个美国：美国的贫困》，世界知识出版社，1963年版，第36页。
③ 迈凯尔・哈林顿：《另一个美国：美国的贫困》，世界知识出版社，1963年版，第37页。

美国黑人的人口总数相对较少，但贫困率却很高，是美国贫困群体的重要组成部分。黑人贫困是美国历史长期的产物，这种极不合理的社会现象使黑人一直成为美国社会歧视的对象。20世纪50年代中期，纽约市有将近100万黑人。其中，50%的家庭每年的收入在4000美元以下，同样收入的白人家庭只占20%。在家庭救济和未独立子女补助方面，接受社会补助费的黑人占40%。纽约市黑人的失业人数，要比白人失业人数大致多一倍，而黑人工人所得的工资，则仅及白人工人的半数。[①]黑人在就业方面远不能与白人相比，低就业率和低收入加剧了黑人的贫困现状。

1964年哈莱姆黑人区青年就业状况的调查报告指出，1960年黑人男性青年失业人数是白人男性青年的2倍。黑人女性青年的失业率是白人女性青年失业率的2.5倍。[②]据全国联盟城市的统计，1961年纽约市区的黑人工人失业率为10%，同年美国的黑人工人平均失业率要比纽约市区高出四个百分点，达到14%。其中芝加哥的黑人失业率为17.5%，克利夫兰高达20%，底特律的黑人失业率更是高达39%。[③]

因为肤色不同，黑人总是在最坏、最脏和工资最低的工作岗位上。不论男女，黑人所干的工作都是工资较低的笨重体力劳动，技术性很强、工资较高的工作岗位上没有几个黑人。具体地说，在医生、律师、工程师这一类高薪人员中，黑人占总数的6%；在经理、董事长这一类高职高薪阶层中，黑人只占总数的3%；祖传的工匠和手艺人中黑人只占6%。与之形成强烈对照的是黑人干服务性行业的人数最多。笨重的体力劳动几乎全是由他们来承担。[④]

黑人由于种族和肤色的原因，无法进入白人生活与工作的地区，很大程度上他们的生活与工作只能限定在贫民窟。其中美国黑人青年是底层阶级中一个特殊的群体，贫困、恶劣的家庭出身无法给予他们良好的教育背景和环境，而无论在就业、收入、技术、教育、家庭稳定性和社会地位方面，黑人青年都是底层中的底层，他们没有就业、没有学校，一直在街上游荡。贫民

① 迈凯尔·哈林顿：《另一个美国：美国的贫困》，世界知识出版社，1963年版，第74页。

② Sinedy M. Willhelm, *Social Problems in America Society*, Boston: Allyn and Bacon, 1979, p. 76.

③ Stokely Carmichael, Charles V. Hamilton, *Black Power: The Politics of Liberation in America*, New York: Random House, 1967, p. 159.

④ 弗·斯卡皮蒂：《美国社会问题》，中国社会科学出版社，1989年版，第70页。

窟里的黑人无法像白人一样获得优越的资源，失去了与白人竞争的能力，因此黑人在就业方面几乎不占优势，加剧了贫困化。

老人在物质上匮乏，在精神上孤独，是美国贫困群体中的另一个部分。美国发生的生物学革命提高了医疗技术，降低了老人的死亡率，大大增加了老人的寿命。美国上了年纪的人比过去任何时候都要多，而且在不断增加，老人延长寿命后变得更老，伴随着孤独、寂寞和疾病，沦入贫困的境地。

1959年人口普查局发表的数字说明，65岁以上的人口，几乎有60%一年收入不到1000美元。这个数字必须同政府的下列估计比较一下：1959年秋天，一对退休夫妇的适当生活费用预算，按斯克兰顿的城市最低标准是2981美元，按芝加哥的高标准是3304美元。简单点说，那60%当中最好的夫妇，其预算要比生活最便宜的城市的适当标准低20%，比生活最贵的城市的适当标准则低差不多40%。[①]许多老人拥有相似的悲惨处境，他们无法支撑自己的正常生活，低收入不断降低他们的生活标准，使他们的晚年不可避免地陷入贫困。

1964年，经济顾问委员会发现1/5的美国家庭都是穷人，其中78%是黑人。1/3的老人是65岁以上的老人，但几乎一半的老人是穷人。[②]大多数老人都是年轻时从农村被赶到城市，在工厂从事体力劳动，基本维持了自身的生活。但是之后在科学技术迅速发展的情况下，他们失去了职业技能，逐渐进入经济底层，接受政府救济。接受救济的人中，10%是病残的，差不多10%是65岁以上的老人，55%以上是无劳动能力的儿童。[③]老人即便想工作也无能力工作，许多低收入的老人没有资产，也没有房屋，更无法谈起生活保障。

造成老人持续贫困的另一个原因是身体因素。许多老人的身体被慢性疾病所干扰，他们比其他穷人更加虚弱，更加需要照顾。贫困的老人无法承担起巨额的医疗费用，只能延续疾病带来的困扰。

由于老人的贫困化加剧，老年人犯罪案件逐渐增加。1964年以来，55岁

---

① 迈凯尔·哈林顿：《另一个美国：美国的贫困》，世界知识出版社，1963年版，第125–126页。

② Andrew Ⅲ, *Lyndon Johnson and the Great Society*, Chicago: Ivan R Dee, 1998, p. 47.

③ 乔恩·谢泼德、哈文·沃斯：《美国社会问题》，山西人民出版社，1987年版，第41–42页。

以上的人因严重罪行被捕的增加了272%。在俄亥俄州科克斯维尔，一个77岁的老人因抢劫银行而被捕入狱。[①]老人保障危机产生的社会安全问题从侧面反映了老人这一群体处于经济底层，不能维持基本生活的他们或许会通过非正常途径获取生活费用。

老人的收入减少，奠定了老人悲惨生活的基础。贫困的老人比任何人都需要医疗照顾，但穷人因经济问题获得的医疗照顾往往都比较差。收入低的老人年纪越大，身体遭受的疾病越多，导致生活更加贫困潦倒，这种恶性循环在美国长期未得到改变。老人多住在贫民窟或卫生条件不好的房屋，较差的生活环境使年老多病成为他们晚年的必然结果。贫困使老人产生了身心疲惫的状态，进一步加剧了他们在贫困潦倒境地下的悲惨趋势。

农民是贫困群体的又一组成部分。农民成为受害人，他们陷入贫困的境地，被剥夺了希望。二战后，美国由于农业革命的巨大成就，农业生产率达到惊人的水平，机械农具的出现使农业劳动力的数量开始迅速减少。

20世纪50年代，农场人口从2300万人下降到1500万人，但因为高效率农业机械的使用、化肥和农药使用的普及、西部地区加速对开放土地的水利灌溉以及新作物品种的开发，农业产量却增加了50%。[②]1949—1952年，密西西比州的20个县对非熟练劳工的需求下降了72%，在下一个5年间这种需求减少到1949年水平的10%。[③]到1965年，密西西比棉花作物81%由机器收割，比1958年时增加了54%。在阿肯色州的17个县，摘棉机的数量从1952年的482台增加到了1963年的5061台。[④]毫无疑问，这在很大程度上减少了种植园园主在农作物整个生产过程中对劳动力的大量需求。机械化改造了农村，对于农业社会上层的公司农场和大农业主来说，这场技术革命为他们带来了丰厚的利润，公司农场和大农业主是农业改造中最大的受益者。

美国农业底层的小农受科技革命的影响，大多数人失去农业工作岗位。1950年，美国农业就业人口总计996.2万人，到1965年，美国农业就业人口

---

① 黄年安：《二十世纪美国史》，河北人民出版社，1989年版，第230页。

② 埃克里·方纳：《给我自由！一部美国的历史》，商务印书馆，2010年版，第929页。

③ E. Marvin Goodwin, *Black Migration in America from 1915 to 1960*: *An Uneasy Exodus*, New York: Mellon Press, 1990, p. 20.

④ E. Marvin Goodwin, *Black Migration in America from 1915 to 1960*: *An Uneasy Exodus*, New York: Mellon Press, 1990, p. 20.

下降到561万人。[1]随着农业技术的普及，大农场日益现代化，农场降低了对农业劳动力的需求，失去工作岗位的农民沦为贫困人口。

有能力的农村青年开始大规模从农村出走，来到城市。虽然54%的穷人生活在城市，但超过40%的农场家庭是穷人。[2]农村青年缺乏同城市青年在劳动力市场上展开竞争的有利条件，他们接受的教育水平较低，在城市缺少就业门路，面对新的生存环境，心理存在一定的恐惧和迷茫。20世纪50年代末60年代初，美国失业人口数增加，面对需要较高技术的自动化工业和巨多的应聘人员，农村的穷人更加没有竞争能力，注定成为科学技术革命发展的牺牲者。

美国产生贫困的原因有很多，其一是科技革命带来的影响。科学是一种知识形态，是人类社会发展历程中最高意义上的革命力量，一旦与物质条件相结合，就会成为“物化的智力”，转化为直接的生产力，精神财富就会转变为物质财富。所以，科学的进步与技术的变革是决定经济增长的一个极为重要的因素。[3]科技革命促进了经济的快速增长，同时也促进了机械化在生产中的使用，大大提高了生产率，减少了雇主对劳动力的需求，许多劳动力被迫从生产线上淘汰下来。高级部门需要高级技术，拥有技术水平较低的劳动力无法通过自身的条件进入高级部门，难以实现就业。

其二，等级制度对贫困阶层人口的限定。白领阶层的子女仍是白领，蓝领阶层的子女仍是蓝领。无论穷人怎样努力，他们之中的大多数都无法获得与富人相同的教育资源、住房资源、医疗资源等，很难摆脱贫困的束缚。穷人中的很多人实际上都有工作，他们中确实有1/3的人没有工作可做，但其中的20%是因病因伤被迫退职的。其中1%仍在学校学习，2%是想找工作却找不到工作的。[4]穷人要求工作的愿望要比富人要求工作的愿望强烈得多。穷人无论男女老少、种族肤色，他们都希望自己有成功的事业，受到良好的教育，拥有优良的生活环境，但等级限制了穷人很难获得如富人那么好的机会。穷

---

① 宿景祥：《美国经济统计手册》，时事出版社，1992年版，第54页。

② Andrew Ⅲ, *Lyndon Johnson and the Great Society*, Chicago: Ivan R Dee, 1998, p. 47.

③ 杨鹏飞：《在大数据时代相逢——对十六世纪以来世界历史恢弘场景的新解读》，兰州大学出版社，2017年版，第68页。

④ 乔恩·谢泼德、哈文·沃斯：《美国社会问题》，山西人民出版社，1987年版，第40页。

人择低就业或失业，与他们所受的教育程度、生活环境、工业经历等有着极大的关系，这些不利的条件正是来源于社会。

其三，种族歧视和性别歧视影响着部分穷人的发展。美国长期以来的种族歧视使白人对黑人形成顽固的偏见，即使有些黑人克服了重重的阻挠和困难之后，依然会有大量不公平的现象出现。在当时美国，34%的黑人生活贫困，是白人贫困人数的3倍，而且白人黑人工资收入悬殊。[①]美国黑人收入只有白人收入的61%，也就是说，白人家庭每挣得100美元，黑人家庭只挣得61美元。如果把黑人白人的文化程度和职业技术水平再考虑进去，那么他们之间的收入差距就更明显。[②]种族歧视降低了黑人的经济报酬，影响了黑人的生活条件，将他们推向贫困的深渊。

妇女走出家门工作的机会众多，但她们中的大多数从事的都是待遇微薄的低级工作。妇女因体力、精力、生理等方面的因素与男人有着明显的差异，这些因素导致用人单位在选择劳动力时更倾向男性。美国男人和女人的收入差异较大，并且这种差异在不断扩大。到50年代中期，工作妇女能挣得男人平均工资的63%。[③]男女之间的收入差距无关其他原因，完全取决于社会对女性的偏见。对女性的长期否定使得女性在社会上地位较低，影响了女性正常的发展，女性在生活和工作中产生的自卑加速了她们贫困化的速度。

二、不断高涨的黑人民权运动

美国黑人在二战中的杰出表现和战后黑人的社会经济地位，激发了他们在美国争取自由与权利的斗志，不断高涨的黑人民权运动加速了约翰逊政府解决社会贫困问题的决心与速度。

20世纪初，美国黑人进行了第一次大迁徙运动，美国黑人绝大多数已由农村人口变为城市人口。迁入城市的黑人居住在与白人隔离开来的城市聚居区，这显然不利于黑人的生活与发展，聚居区的黑人无法快速融入社会，逐渐与白人形成较大的差距，产生了许多社会问题。

---

① 马克·斯考森、肯纳·泰勒：《经济学的困惑与悖论》，华夏出版社，2001年版，第143页。

② 乔恩·谢泼德、哈文·沃斯：《美国社会问题》，山西人民出版社，1987年版，第71页。

③ 乔恩·谢泼德、哈文·沃斯：《美国社会问题》，山西人民出版社，1987年版，第76页。

越来越多的黑人来到城市，聚集在聚居区内，由于肤色和种族的限制，他们几乎不可能冲出聚居区。聚居区内的黑人逐渐形成和强化的种族意识使其内部达成共识。虽然聚居区内的黑人来自全国各地，但因为大家都有着相同的特点：黑皮肤，他们的社会因素被统统抹掉，相同的社会经历使黑人对这个群体的认识上升到一个新高度。白人对黑人产生的种族歧视加剧了城市的种族隔离，黑人无法享受到他们应有的公平与权利。面对种族间较大的差距，黑人逐渐形成一个群体，不断加强民族认同感，共同的环境和遭遇使他们在许多问题上达成共识。

二战结束后，许多亚非拉国家摆脱了帝国主义殖民统治，建立了独立的民族国家，这为美国黑人带来了争取民主的希望。二战是“一场争取民族平等的战争”，而且是“不仅为白人，也是为黄种人、棕色人和黑人争取民主”的斗争。[①]黑人通过民族解放运动认识到自己不再是一个无希望的美国少数民族，他们应该通过自己的力量赢得美国白人的尊重。战后黑人不断迁入城市，城市中的种族歧视日益严重，黑人的处境不断恶化。面对越来越糟糕的处境，聚居区的黑人萌发了强烈的反抗意识，他们强烈的民族精神与民族自豪感引导他们向白人发起挑战，争取自己应该享有的权利。

1955年12月1日，一位名叫罗莎·帕克斯的黑人在亚拉巴马州蒙哥马利市乘公共汽车因拒绝给白人让座触犯法律被捕。这个事件引起了黑人极大的愤怒，导致蒙哥马利市爆发了一场全国瞩目的黑人民权运动。在马丁·路德·金的领导下，蒙哥马利市5万多名黑人居民参加了长达386天的抵制乘公共汽车运动。运动最终以最高法院否决蒙哥马利市公共汽车上的隔离行为而告结束。

“蒙哥马利市抵制公共汽车运动”拥有雄厚的群众基础，20世纪50年代中期，蒙哥马利市人口为13万，其中黑人人口约占40%，约5万人。[②]几乎全部的蒙哥马利市黑人参与了这次行动，他们用大规模的抗议性活动迫使社会和政府接受自己的要求。这次运动的胜利，不仅摧毁了蒙哥马利市公共汽车上的种族隔离制度，还带动了美国其他城市同样展开抵制运动。“蒙哥马利市

① Francis L. Broderick, W. E. B Du Bois, *Negro Leader in a Time of Crisis*, Stanford, C. A.: Stanford University Press, 1996, p. 196.

② 胡锦山：《20世纪美国黑人城市史》，厦门大学出版社，2015年版，第245页。

抵制公共汽车运动”是战后美国的一个历史转折点，它启动了黑人以非暴力的方式争取种族正义的运动。1955—1964年，南部展开了以马丁·路德·金为领导人的非暴力抵抗运动，其中主要包括静坐运动、“自由乘车”运动和选民登记运动。

静坐运动早在1943年就发生在芝加哥，最初是由“种族平等大会”的成员抗议酒店和餐馆里的种族歧视，并获得成功。1958年，俄克拉荷马市的“全国有色人种协进会”的“青年会”开展了静坐运动。1960年2月1日，他们走进商店，在柜台坐下，点了餐。一个黑人女服务员告诉他们，她不能为他们服务，但他们仍然坐在那里等待服务，直到商店关门。他们的饭菜没有被送达，但没有人试图将他们带走或逮捕。第二天，20个黑人学生坐在午餐柜台要求被服务。①这场运动迅速蔓延到140多个城市，包括一些南部以外的城市，如内华达州、伊利诺伊州和俄亥俄州。这一运动涉及了美国20多个州，参加的学生有20多万人，最终迫使美国200多个城市的餐馆取消了隔离制度。1961年，“种族平等同盟”发起了反对州际公共汽车种族隔离的“自由乘车”运动，这些乘客以州际公共汽车作为交通工具，将黑人民权运动推广到全国各地。1963年，25万美国黑人和白人聚集在首都，举行进军华盛顿的示威抗议运动。他们提出减少失业、提高最低工资和禁止就业种族歧视等要求，这些要求使争取公民平等权利成为全国性黑人民权运动的主要目标。

黑人民权运动使整个黑人群体的民主、平等权利的要求以前所未有的深度与广度展现出来，带给美国政府巨大的压力。面对日益高涨的黑人民权运动，美国政府想要稳固政治统治，推行政策，就必须对这一群体出现的问题做出回应。政府需要将黑人民权运动掌握在自身可控制的范围内，化解矛盾成为政府的首要问题。约翰逊总统将黑人的种族对抗问题转化为贫困问题，既减轻了黑人与白人之间对抗的程度，也使黑人在心理上获得了某种满足。

三、自由主义思潮的复兴

罗斯福“新政”的推行使美国政府开始实行自由主义改革，共和党政府上台后，自由主义改革遇到挫折。20世纪50年代，美国社会矛盾日益突出，

---

① Carol Berkin, Christopher L. Miller, *Making America: A History of the United States*, New York: Houghton Mifflin company, 2008, p. 851.

自由主义思潮重新回到政治舞台，为美国自由主义改革派提供了坚实的思想基础。

自由主义可以追溯到16世纪初启蒙时代由西班牙的萨拉曼卡学派早期提出的理论，经亚当·斯密等人的发展日趋成熟，成为欧洲的主流思想。欧洲移民将自由主义带到了美洲大陆，根据美国特有的国情和民情，为自由主义的发展注入了新活力。

一战结束后，美国迎来了20世纪的繁荣，共和党总统坚持美国古典自由主义的传统，拒绝政府在经济上过量管控。胡佛是坚持自由主义信仰的人，他在总统大选前期论证了政府和经济的关系。他说："美国体质的本质是自治，自治必须避免权力集中，各种制衡机制都是为此设计的。它们在分散权力上很成功，但负面的结果是办事拖沓，这在政治上可以接受，但对经济来说却是致命的，因为经济管理需要集中责任，把握时机，当机立断。如果经济决策进入民主程序，推诿扯皮，还有什么效率可言？所以民主政府绝管不好经济。"[①]胡佛一再强调政府不能在经济中起主导作用，否则就会违背美国体质。

1929年美国股市崩溃引发了大萧条经济危机。面对危机，胡佛采用了一些他从未使用过的手段，如使用联邦政府来应付紧急危机，协调经济，但他始终没有让政府直接管理经济。在美国无数国民挨饿、工厂倒闭、失业人口众多的情况下，胡佛依旧坚持放任自由主义，导致他无法解决危机带来的问题，致使美国人民对他丧失信心。

1933年罗斯福就任美国总统。罗斯福政府借经济危机推行"新政"，联邦政府的职责迅速扩大，随着执行机构的不断建立，联邦政府本身也扩大了。"新政"完成了政府职能的转变，它使政府开始干预经济，让政府承担起使经济正常运转的责任。同时，"新政"开启了美国的福利主义。福利国家使政府深入每个公民的生活，使人们的生活有了基本保障。

胡佛主张政府减少对经济的干预，让经济生活自行其是，让追求自身利益的无数个体理性地计算来调整经济生活，即"社会应当尽量从政府干预中摆脱出来，尽量自由"，"管得最少的政府就是最好的政府"。大萧条的爆发使

① 钱满素：《美国自由主义的历史变迁》，生活·读书·新知三联书店，2006年版，第86页。

自由主义陷入危机，许多人不相信自由主义可以解决许多社会问题。罗斯福坚持自由主义，但主张政府全面干预经济，在肯定个人发展的前提下比较强调公共福利，将人们心中的自由主义由“管得最少的政府”变为“人们可以依靠的政府”。20世纪初，美国自由主义倾向古典、保守的自由主义。大萧条以后，罗斯福推行的“新政”结束了放任自由主义，开始了国家整体干预经济的自由主义，完成了古典自由主义向现代自由主义的转变。

1945年罗斯福逝世后，杜鲁门就任美国总统。随着二战的结束，杜鲁门政府面临的国内任务是将战时经济转向和平时代的经济。1945年9月，杜鲁门在国情咨文中称：“第一次提出了我的自由主义和进步主义的纲领，用它来作为我施政的基础。”[①]在国情咨文中，杜鲁门提出政府即将采取的计划：“我们必须注意财政、货币和税收、援助企业的政策，以及交通运输、劳资关系和工资、物价、社会保障和卫生保健、教育、农场计划、公共工程、住房建筑和资源开发、对外经济等政策。”[②]1949年1月，杜鲁门在国情咨文中正式确立“公平施政”纲领，它的目标是进一步完善社会保障，提高普通人的生活水平。杜鲁门呼吁国会提高最低工资标准、制定一部全国性医疗保险法律、扩大公共住房的建设、扩大社会保障计划以及扩大对教育的资助。

杜鲁门运用国家干预生产、流通和分配手段来管理物价、扶植农业、扩大公共工程、实行充分就业。“公平施政”同“新政”一样采用政府干预经济的手段，但杜鲁门将这种干预作为政府的经常性措施，并在内容和范围上有所扩大。一些具有自由主义倾向的历史学家赞扬杜鲁门的“公平施政”措施，认为“杜鲁门的公平施政基本上是罗斯福新政的继续”[③]。杜鲁门的自由主义改革延续了罗斯福自由主义的改革精神，扩大了自由主义的含义，为美国后来的自由主义改革奠定了基础。

1953年，共和党人艾森豪威尔就任美国第34任总统，他的就任标志着保守主义的兴起和自由主义的沉寂。艾森豪威尔上台后推行现代共和党主义，他在1955年1月的国情咨文中提出：“我国大多数人民的愿望只有通过他们自

---

① 哈利·杜鲁门：《杜鲁门回忆录》，生活·读书·新知三联书店，1974年版，第432页。

② 梅孜编译：《美国总统国情咨文选编》，时事出版社，1994年版，第24页。

③ William Manchester, *The Glory and The Dream*, New York: Blackstone Audiobooks, 1974, p. 474.

己的进取心和首创性，而没有政府的干涉才能最好地实现。”[①]1956年，美国劳工副部长阿瑟·拉森在《一个共和党人看他的党》一书中提到现代共和党主义的原则：政府的职责应该尽可能由地方承担；凡是能由私人完成的事情就应该由私人去完成；政府争取繁荣，最好靠援助和解放私人企业的力量，而不是压制；政府谋求人们的普遍利益，最好靠建立私人保险、灾难救济以及对教育、卫生、安全进行援助的制度。要最大限度地由地方与私人经营，最小限度地由中央控制。[②]艾森豪威尔有意控制政府对经济和社会的干预，限制政府制定决策的影响力。

50年代混合着紧张和放松、压迫和解放、传统和反叛。人们很容易推断出，占主导地位的力量是稳定，而持不同政见者构成了一个孤独的守势群体。[③]保守主义在政治中成为主要思潮，自由派暂时退居幕后。艾森豪威尔政府扩大了个人自由，减少了私人追求利益的限制，大多数美国人把自由的享受局限在私人生活的愉悦而非对公共领域的享有之中。私利和欲望充斥着富人的生活，个人的私利凌驾于公共利益之上，许多美国人没有真正地享受自由，一些处在贫困中的人们逐渐被大众遗忘，公共意识的缺乏使人们对现有政府的政策产生怀疑。

50年代末，保守派的“无作为”给自由主义分子带来了希望，肯尼迪上台后，自由派形成了新的政治力量，并开始了一系列自由主义改革。1960年9月，肯尼迪在纽约自由党提名的演讲中说道：“如果自由主义指的是一个人向前看而不是向后看，欢迎新思想而不是固执僵化，关心人民福利，包括他们的健康、住房、学校、工作、民权和公民自由，相信我们能够打开我们外交政策的僵局和疑虑。如果自由主义指的是这些，那么我很自豪地说我是一个自由主义者。”[④]30年代开始，自由派致力于使用政府权力扩大社会保障和社会福利，肯尼迪在遵循民主党的传统后进一步扩大政府职责，向美国传统发起挑战，要求美国进入一个新前沿，以提高全体美国人的生活质量。1961

① 梅孜编译：《美国总统国情咨文选编》，时事出版社，1994年版，第203页。

② 黄安年：《二十世纪美国史》，河北人民出版社，1989年版，第266页。

③ Stephen J. Whitfield, *A Companion to 20th-Century America*, New York: Blackwell Publishing, 2004, p. 87.

④ 钱满素：《美国自由主义的历史变迁》，生活·读书·新知三联书店，2006年版，第205页。

年1月，肯尼迪在就职演说中提出“新边疆”政策，其中涉及奉行补偿性财政政策、灵活的货币政策、改革税制、充分就业、控制通货膨胀、保障民权、扩大社会福利等措施。

肯尼迪的“新边疆”政策是罗斯福“新政”以来自由主义改革的继续，肯尼迪政府的自由主义改革进一步扩大了社会福利的范围和领域，使政府承担起更多社会责任。20世纪60年代初期的美国焕然一新，民众开始重新关注社会公平，树立公共意识，社会弊端得到一定程度的缓解。随着一声枪响，肯尼迪的自由主义改革戛然而止，“新边疆”的许多改革并未见到成果，遗留下来的问题等待解决。

四、肯尼迪反贫困愿望的激励

面对日益严重的贫困问题，肯尼迪将反贫困纳入政府目标，开始着手制订反贫困计划。由于一声枪响，肯尼迪的反贫困愿望随之落空。约翰逊继任总统后，延续了自由主义改革精神，继续完成肯尼迪的反贫困愿望。

1960年，肯尼迪在西弗吉尼亚州竞选期间访问了不少棚户区，这里的贫困现象使他感触很大。西弗吉尼亚州的煤矿工人和农场工人的生活境况使肯尼迪对贫困问题有了新的思考，矿区所暴露出来的贫困可能使肯尼迪在提名大会之前更加像一个男人，使他更加关注贫困和结构性失业问题。[①]

美国的一批知识分子特别关注穷人，他们对社会看不见的穷人做了详尽的描述。迈克尔·哈林顿的小说集《另一个美国：美国的贫困》，描绘了4000万～6000万美国人的艰辛生活，虽然小说规模不大，却颇有影响力；约翰·肯尼斯·加尔布雷斯所著的《丰裕社会》中称，国家永远有一个贫困阶层；怀特·麦克唐纳在《纽约人》上发表了一篇有关看不见穷人的50页评述。知识分子对穷人的关注引起了极大的社会反响，许多人惊讶在繁荣的美国居然有数量如此之多的贫困人口存在。社会对穷人不断的关注引起了肯尼迪的重视，肯尼迪认为贫困不再是区域性问题，而是一个全国性问题。

1962年1月，肯尼迪在总统经济报告中谈到美国的机会平等目标时说，经济繁荣并没有排除贫困，在1960年有700万家庭和个人的年收入在2000美

① Seymour B. Harris, *Economic of the Kennedy Years*, New York: Harper and Row, 1964, p. 24.

元以下，报告提出四项建议：通过社会保障制度改善老年人的健康保险；为失业者和失业工人提供训练和再训练的财政帮助；保持强有力的失业补偿金制度；改进公共福利和援助项目，尤其是帮助恢复家庭的独立作用。[①]

1961年2月的国情咨文中，肯尼迪提出了要重新开发贫困地区的建议。1961年5月，国会通过了地区重新开发法案，1962年1月，总统经济报告提到1961年11月27日，劳工部要求各州立即提出人力重新训练的补充计划，再次主张通过《人力培训和发展法案》和《青年雇员机会法》。[②]1962年9月24日，肯尼迪还签署了加速公共工程法案，建议加速开发贫困地区。该法案将为持续失业的地区提供900万个公共工程的工作机会。[③]

肯尼迪在1963年1月的国情咨文中再次提出美国存在的贫困问题，他说："单是减税不足以加强我们的社会，不足以为每年新增的400万美国人提供机会，不足以改善仍然生活在边缘上的3200万美国人的生活。美国生活的质量必须和美国商品的数量保持一致。这个国家不能既富有又贫穷。"[④]

面对贫困问题，1963年10月肯尼迪召见总统经济顾问委员会沃尔特·赫勒，与他就该问题进行了讨论。赫勒在自己的记录中写道：肯尼迪明显被这个问题触动了，而如果我们能当真出台一个计划以形成议案，他打算带着这个计划竞选总统。[⑤]当年11月，他们再次讨论了这个问题，肯尼迪非常希望自己可以在贫困问题上有所作为，并要求赫勒迅速拟定一个反贫困法案提纲。11月5日，赫勒向肯尼迪递交了一份备忘录，主题是"在繁荣中拓宽分享"，从预防贫困、促进贫困、缓和不能脱贫的人的困难三个方面扩展反贫困计划。[⑥]

---

① John F. Kennedy, *Economic Report of the President: Transmitted to the Congress, January 1962*, Washington D.C.: Government Printing Office, 1962, pp. 94-95.

② John F. Kennedy, *The State of Union Messages of the Presidents, 1790-1966*, Vol.3, New York: Chelsea House, 1966, pp. 3132-3137.

③ John F. Kennedy, *Economic Report of the President: Transmitted to the Congress, January 1962*, Washington D.C.: Government Printing Office, 1962, p. 140.

④ 梅孜编译：《美国总统国情咨文选编》，时事出版社，1994年版，第344页。

⑤ 罗伯特·达莱克：《肯尼迪传》，中信出版社，2005年版，第419页。

⑥ Sar Levitian, *The Great Society's Poor Law: A New Approach to Poverty*, Baltimore: The Johns Hopkions Press, 1969, p. 17.

1963年11月21日，肯尼迪和约翰逊一起飞往得克萨斯州，进行竞选前的斡旋活动，目的是调和得克萨斯州民主党的敌对派系。第二天，肯尼迪在达拉斯车队中被暗杀，正在调查和准备中的反贫困计划因此被搁置。

肯尼迪的死讯震惊全国，许多人将这位倒下的总统奉为英明、创新的首席执行官，他将活力、青春和美貌与强有力的领导及良好的判断力结合在一起。肯尼迪的逝世带来的悲痛在美国转化为一股势不可挡的力量，他未完成的政治愿望将随着这股力量在下一任继承人的不断努力下成为现实。

肯尼迪遇刺的当天下午2点39分，林登·约翰逊在“空军一号”上宣誓就任美国第36任总统。1963年11月至1964年的总统大选期间，林登·约翰逊将自己与肯尼迪画等号，因为他认为肯尼迪未完成的自由主义改革对国家的福祉至关重要。

约翰逊担任总统不久后，赫勒告诉约翰逊：“肯尼迪要求制订一项计划，帮助22%生活在贫困中的美国人。总统已经注意到许多美国人，尤其是老年人和黑人，他们生活在‘继承下来的，没有出路的贫困中’。肯尼迪曾向我介绍过贫困计划：‘这是我的项目，我们应该全力推进这个项目。’”[①]这位经济学教授说，他得到了肯尼迪的批准，开始计划在美国减轻贫困，但他没有任何具体内容的指导，他表示，一些机构和部门已经感到不安，并请示约翰逊反贫困计划是否要继续下去。[②]约翰逊回忆道：“我们清楚地遇到了问题和危险。反贫困计划如果只是以口号运动为基础，而不是以有效的行动为基础，对贫困的打击就可能成为政治地雷。”[③]

约翰逊表现出了对反贫困计划极高的兴趣，他认为反贫困计划不仅是他的项目，更是他在1964年大选中的舞台。约翰逊对他的朋友威肯登说：“我必须继承肯尼迪的遗产，我强烈地感觉到这是我的责任之一。为了竞选公职，

① Robert Dallek, *Flawed Giant: Lyndon Johnson and His Times, 1961–1973*, New York: Oxford University Press, 1998, p. 61.

② Vaughn Davis Bornet, *The Presidency of Lyndon B. Johnson*, Lawrence: University of Kansas Press, 1983, p. 52.

③ Vaughn Davis Bornet, *The Presidency of Lyndon B. Johnson*, Lawrence: University of Kansas Press, 1983, p. 52.

可以在行政机构里盖章，我必须参加这个扶贫项目，并将它推广到全国。”[①]约翰逊对反贫困计划如此感兴趣，也源于他的生活和经历。得克萨斯州西南部边缘乡村的生活给他留下了深刻的回忆，圣安东尼奥和奥斯丁的贫民窟的贫困境况也使他久久不能忘怀。约翰逊在考察时很容易产生一种幻觉，那就是他的国家可以变得更好。

1963年圣诞节期间，有关反贫困新项目的会议在约翰逊的农场举行。赫勒、米勒·戈登和西杰·凯兰将社区行动计划呈现给约翰逊，约翰逊起初否决了社区行动计划，因为他没有看到社区行动计划如何提供和创造就业机会，这是任何成功消除贫困的必要条件。社区行动计划引起了激烈的争论，联邦和地方官员反对这个绕过他们的计划，而中产阶级纳税人对要承担向不值得资助的穷人发放救济的成本感到不满。尽管有种种不确定因素，但通过讨论后，他们对社区行动计划产生共识，约翰逊最终签署了扩展社区行动计划。

在确定计划名称时，兰普提醒约翰逊尽量不要使用“重新分配”和“不平等”的词汇，不要使富人认为政府从他们口袋里拿钱去帮助穷人。[②]约翰逊拒绝了他们的建议，决定将计划称为“向贫困宣战”。约翰逊后来回忆道：“我们正在进入未知的领域，强大的反动势力会被煽动起来。但是，对消除贫困的有力信念是正确的，是必要的。我想要的是影响全国的东西。当这个计划通过的时候，这个国家没有人能忽视我们中间的贫困。”[③]约翰逊坚持使用“贫困”和“战争”的字眼，显示了他对美国贫困问题的重视和反贫困的决心，希望可以通过“向贫困宣战”的计划团结全国人民战胜贫困。

林登·约翰逊在国内对肯尼迪的一片哀悼和怀念中就任总统，他比肯尼迪对反贫困计划更感兴趣，他继续坚持自由主义改革精神，坚信政府有责任帮助社会中那些较为不幸的成员。

综上所述，工人、黑人、老人和农民构成了美国繁荣经济下隐藏的贫困群体，他们因科技革命、等级限制和种族性别歧视等因素生活在社会底层。

---

① Evans, Rowland, *Lyndon B. Johnson: Exercise of Power*, New York: New America Library, 1968, p. 327.

② Irving Bernstein, *Guns or Butter: The Presidency of Lyndon Johnson*, New York: Oxford University Press, 1966, p. 106.

③ Robert Dallek, *Flawed Giant: Lyndon Johnson and His Times, 1961–1973*, New York: Oxford University Press, 1998, p. 62.

黑人民权运动加剧了社会矛盾，唤起了政府对受歧视群体的重视。美国历届总统的自由主义改革使政府对社会福利负责，加深政府对社会的承诺，给予民众对未来的期望。林登·约翰逊继承了美国自由主义改革精神，在深刻认识和探究了国内贫困的原因后，发起了一场“向贫困宣战”的运动，并且取得了丰硕成果。

试析19世纪美国联邦政府在经济崛起中的作用

卢建勋

19世纪，是美国经济完成第一次腾飞的历史阶段。作为一个年轻的国家，经过建国100多年的发展，美国经济获得长足发展，改变了不独立、不发达的面貌。到19世纪末，美国工业已跃居世界第一，经济全面崛起，成为世界大国，地位举足轻重。其发展之迅速，令人刮目。本文试图论述美国联邦政府在19世纪的经济发展中所发挥的不可替代的作用。

一

美国政府大力开拓领土，为经济发展提供了广阔的场所和丰富的资源。

从1789年联邦成立，到1860年美国陆上领土的大体成型。美国领土从约88.9万平方英里增加到约302.7万平方英里，增加了近400%。[①]在这个过程中，联邦政府审时度势，抓住时机，灵活地通过购买、兼并、战争等手段，使美国疆土大大拓宽。

1803年，美国政府利用法国处于困难的时机，制定周密的方案，通过外交手段，使法国“主动”将路易斯安那出售给美国，每英亩价格不足三美分。“美国政府付出了如此小的代价，获得了如此多的东西。”[②]购买路易斯安那“对于美国的重要性是怎样估计也不会过高的。……它把这个共和国的领土增加了一倍。……它给予这个国家世界上最丰富的粮食、燃料和动力仓库之一。

【作者简介】卢建勋，甘肃省武威铁路中学教师。

① 吉尔伯特・C. 菲斯、吉姆・E. 里斯：《美国经济史》，辽宁人民出版社，1981年版，第185页。

② 张友伦等：《美国的独立和初步繁荣》，人民出版社，1993年版，第88页。

……路易斯安那变成了美国向佛罗里达、得克萨斯、新墨西哥、加利福尼亚、俄勒冈和阿拉斯加扩展的走廊。”①

美国政府很早就有扩张思想，正如杰斐逊所言：“不能不看到长远的未来，那时我国人口的迅速增加将使我们扩大到现有的范围以外的整个北美大陆……将住满说同一种语言，以相同的政体和法律来管理的人民。”②1811年，约翰·昆西·亚当斯也说：“上帝似乎已经预定整个北美大陆要由一个国家的国民定居……”1819年，他又认为，美国对整个大陆的控制如同密西西比河要流向海洋一样，完全是自然法则。③同时，政府广泛利用舆论的力量，大力宣传“天定命运说”，以此来论证美国扩张领土的合理性。通过兼并东、西佛罗里达和得克萨斯，夺取俄勒冈，占领并购买加利福尼亚及西南部部分领土，美国基本上完成了大陆扩张。

美国的这种领土扩张的速度之快、成果之大、代价之小，在世界史上是罕见的。可以说，政府在其中发挥了重要作用。根据马基雅维利的理论，从“政治”角度看，作为一个国家的君主或政府，可以背信弃义，可以不择手段，这种理论自有其能说得通的一面，政治，本来就没有绝对的正确和错误。当时的美国政府不受“任何道德准则的束缚，只需考虑效果是否有利”，“效法狐狸与狮子，诡诈残忍均可兼施”，成功地运用策略，有效开拓了领土。“在19世纪，有利于美国经济增长的最大财富，是获得一直延伸到太平洋的无边无际的新土地。”④这形成了美国发展所需要的优越地理条件，而且，新土地上蕴藏着无限的农业和矿物资源，包括大量木材、铁矿、铅、锌、铜、磷、金、铀等，同时有世界上最适宜农业发展的大片土地。所以，总的看来，在美国的领土扩张中，政府的手段是可行的，开拓领土是成功的，美国的经济发展因此而有了巨大潜力。

政府又实行大规模“迁移”政策，促使大量移民和印第安人向西部垦殖开发，使新开拓的领土得到稳妥有效的处理和管理。

① 张友伦等：《美国的独立和初步繁荣》，人民出版社，1993年版，第88、89页。

② 张友伦等：《美国的独立和初步繁荣》，人民出版社，1993年版，第89页。

③ 黄安年：《美国的崛起》，中国社会科学出版社，1992年版，第197页。

④ 吉尔伯特·C.菲斯、吉姆·E.里斯：《美国经济史》，辽宁人民出版社，1981年版，第184页。

美国政府通过这两个紧密结合的过程，在获得广阔土地的同时，又散布相当数量的劳动力，使疆土成为可以进行生产、生活的良好场所，这是美国经济发展的前提条件之一。

二

联邦政府积极开发土地，促进了美国农业资本主义的发展，加强了农业的基础地位。

在获得土地的过程中，政府功不可没。同样，在开展利用上，美国联邦政府也以积极、务实的态度，对新开拓的土地进行了有效处理。在农业上表现为实施优惠土地政策，促进美国农业大大发展。

由于有优良的自然条件，美国农业一直较为发达。直到南北战争前，农业仍然是美国经济的主要部门。1859年，农业在国民收入中仍占30.8%，大大超过了制造业占12.1%的水平。①为了更好地发展农业，政府把大量土地免费送给或低价出售给私人。

大量国有土地的获得，是美国实行这些政策的基础。从建国到1870年，美国联邦政府通过各种途径总共获得国有土地约287万平方英里，约占1870年时美国领土面积360多万平方英里的4/5。②在这些土地的分配中，给农业的土地占较高比例。

从建国后至1841年，美国政府先后颁布6个出售公共土地的法令，并逐步缩小售地面积，降低售地价格。1800年《哈里森土地法》规定，保持每英亩2美元的价格，每人直接向政府购买土地的最低亩数减至320英亩，1804年又减至160英亩。还通过赊购政策，允许购买者在四年内偿还土地价款。③《哈里森土地法》被誉为真正有利于移民的措施，它确实鼓励了向西迁移。1820年，美国政府又取消赊购制度，把公开拍卖的土地最小单位面积减至80英亩，最低价格定为1.25美元。此法令实施后，不少西部拓荒者得到了土地，

---

① 吉尔伯特·C.菲斯、吉姆·E.里斯：《美国经济史》，辽宁人民出版社，1981年版，第189页。

② 樊元、贺力平：《略论19世纪美国政府开发西部的土地政策及其对经济发展的作用》，载《世界经济》1988年第9期。

③ 吉尔伯特·C.菲斯、吉姆·E.里斯：《美国经济史》，辽宁人民出版社，1981年版，第220页。

1800—1819年间售出土地仅1600万英亩，而1820—1841年实施1820年土地法期间，售出土地达7500万英亩。[①]1830—1840年间，国会先后通过5项先占地权法，允许已经非法占地者，以最低价格购买自己占有的土地。1841年"先买权法案"规定："占地人"有权按照最低价格购买自己开垦了的土地，但不得超过160英亩。至此，美国的土地处理原则已发生了明显变化，日益接近"美国式"道路的基本要求，土地立法由保守向自由演变，这满足了移民的基本要求，促进了西部的开发。[②]

从19世纪40年代中期到1862年，国会又几次提出分给移民耕地的法案，但由于东南部政治家的反对，未能实行。直到1862年林肯政府签署了著名的《宅地法》，该法规定，"任何人，只要是一家之主，是美国公民或声明要申请成为美国公民"，从1863年1月1日起，只需缴纳10美元登记费，就可从西部国有土地中获得160英亩的土地，连续耕种5年，土地就可成为私人财产。[③]此法令不仅对内战的胜利起到了促进作用，而且在私人取得土地上也有重要意义。据统计，到19世纪末，农民依据《宅地法》共得到土地约8100万公顷。[④]

1873年颁布的《育林法》规定，如果公民能在四年内植树40英亩（1878年改为10英亩），就可得到160英亩土地作为他的个人财产。此法是对《宅地法》的补充，扩大了领取宅地者的土地面积，据此法令，在15年的时间里有约6.5万人，获得了1000万英亩的土地。1877年又颁布《荒地法》，规定任何人可以在干燥的大平原地区和西南地区购买640英亩土地，每英亩先付25美分，三年后，如他能证明已经灌溉了部分土地，再补交每英亩1美元的地价，就可获得这块土地的所有权。1878年颁布的《木材和砾石法》，规定在加利福尼亚、内华达、俄勒冈和华盛顿四州仅有木材和石料价值的土地上，任何美国公民或初次申请加入美国的外国人，都可以每英亩2.5美元的价格购买

① 张友伦等：《美国的独立和初步繁荣》，人民出版社，1993年版，第215页。

② 张友伦等：《美国的独立和初步繁荣》，人民出版社，1993年版，第218页。

③ 周一良等主编：《世界通史资料选辑·近代部分》（上册），商务印书馆，1964年，第360-361页。

④ 中国美国史研究会编：《美国史论文集》，生活·读书·新知三联书店，1983年版，第129页。

160英亩土地。[①]

这一系列土地法令的颁布，使劳动人民以低廉的价格和优惠的条件得到了土地，大批独立小农出现。从1860年到1900年，农民人数由200万增至570万。[②]它促进了美国农业沿“美国式”的资本主义道路迅速发展，农业在经济中的基础地位大大加强，农业大国的地位不断巩固。19世纪最后几十年中，美国农业以年均3%的速度递增。[③]西部的谷物、肉类及内战后南部的棉花，都成为美国主要的出口产品。美国农产品出口总值1870年占国内出口总值的79.4%，1880年占83.3%，1890年占74.5%，1900年占61%，美国成了世界上最大的农产品出口国。[④]依靠农产品出口收入，美国弥补了对欧洲的贸易逆差，并从欧洲取得大量借款，支援了工业发展。如此发达而兴盛的农业，为美国经济的崛起奠定了雄厚的物质基础。这里面，政府给私人慷慨地赠予土地，气势磅礴地开发西部，起了不可估量的作用。

三

美国政府积极支持铁路、公路和运河建设，发展电讯、邮政等公益事业，加强以交通运输为主的基础设施建设，为经济发展提供了优化的配套条件和良好的场所。

经济要发展，基础设施必须配套，这已是全球共识。许多国家（如日本）的经验表明，首先进行能源、交通、通信等基础设施建设，对经济发展有极大的促进作用，否则，发展经济就会力不从心，处处受阻。

美国地大物博，资源丰富，随着领土的开拓和人口的增加，国内市场日益扩大，但是，由于缺乏有效的国内交通、通信网络，许多有利条件不能充分发挥作用，美国政府和社会力量对此予以充分重视，并采取有力措施，较好地解决了这一问题。

在改善国内交通运输上，美国先是从修筑收费公路和挖掘运河开始的。

① 张定河:《论美国内战后的土地政策》，载《山东师大学报》1985年第5期。

② 中国美国史研究会编:《美国史论文集》，生活·读书·新知三联书店，1983年版，第147页。

③ 张定河:《论美国内战后的土地政策》，载《山东师大学报》1985年第5期。

④ 樊元、贺力平:《略论19世纪美国政府开发西部的土地政策及其对经济发展的作用》，载《世界经济》1988年第9期。

由于政府和私人资本对公路建设的支持，早在18世纪末，第一条收费公路就已开通。到1811年前后，私人资本富裕的州，大多将修筑公路的特许状给了私人，如纽约州拥有750万美元资本的137家公司取得了这种特许状，新英格兰则有200家。[①]缺少私人资本的州，则由州投资或直接拨款来修筑公路。联邦政府也拨款修建了一条以东部通往西部的昆布兰大道，这条路全长834英里，联邦政府拨款682.1万美元，历时40多年才完工，是当时交通的主要干道。[②]

大量收费公路的修筑，形成了连接各地的公路网。开凿运河是美国进一步发展交通运输的重要步骤。19世纪初，美国开始大规模挖掘运河，伊利运河是当时开挖的最大一条运河，由纽约州出资修筑，大大缩短了路程，降低了运费。到19世纪40年代，美国已初步形成了以运河为枢纽的水路交通网，运河总长达3326英里。[③]19世纪上半叶，江河运输网的存在，对美国经济的高速度发展做出了很大贡献。

在运河和公路的修筑过程中，联邦政府给予了财政援助。无偿地拨给公路和运河公司的国有土地达300万英亩，还曾购置运河公司的股票300万美元。[④]

从19世纪30年代起，美国掀起了兴建铁路的高潮，一开始，美国的铁路建设就受到联邦政府和各州政府的垂青。联邦国会于1824年和1938年两次通过法令，责成政府负责铁路勘探，联邦政府为此选派工程师，培训技术人员并支付勘探费用。在早期兴建的铁路中，大约有1/6的线路是联邦勘探队测定的，政府为此耗费了7500万美元。[⑤]随着筑路高潮的出现，1850年国会通过了资助铁路法案，规定将国有土地拨给各州，再由州政府转拨给铁路公司，同时，将铁路两侧纵深为6英里的间隔地段划归铁路所有。巨额的土地资助给铁路公司带来了极大好处，许多铁路公司以抵押土地的收入为主要的资金来源。从1850年到停止实际拨给土地政策的1871年止，美国政府赠予铁路公

① 张友伦等：《美国的独立和初步繁荣》，人民出版社，1993年版，第263页。
② 顾学稼等：《美国史纲要》，四川大学出版社，1992年版，第133页。
③ 张友伦等：《美国的独立和初步繁荣》，人民出版社，1993年版，第187页。
④ 张友伦等：《美国的独立和初步繁荣》，人民出版社，1993年版，第188页。
⑤ 张友伦等：《美国的独立和初步繁荣》，人民出版社，1993年版，第191页。

司的土地总额达1.31亿英亩，州政府拨给铁路公司0.49亿英亩，两级政府拨给铁路公司的土地约2亿英亩。[①]

1862年，国会通过“太平洋铁路计划”，经1864年修订后，赠予的土地和贷款翻了一番，更加优惠的政策加速了横贯大陆铁路的修建，也加快了西部土地的开发与利用。中央太平洋铁路公司修筑铁路，可以无偿取得车站用地，免费取用国有土地上的木材和其他建筑材料，每修筑1英里铁路，拨给铁路两侧各10英里的土地，而且，按地形复杂程度，每英里可得到不同标准的贷款补贴。[②]由于实行了特殊的银行信贷便利，政府共为铁路建设发放贷款近6500万美元，并颁发特许状，允许铁路享有长期或短期的免税特权。在种种优惠政策的刺激下，19世纪下半期，美国掀起了兴建铁路的高潮。1869年，第一条横贯大陆的铁路建成，到90年代，另外四条横贯大陆的铁路也都竣工。1870—1900年，美国铁路增加了14万英里。到1900年，铁路总长约25.87万英里，占世界铁路总长度的一半。铁路修筑远远超过了人口的增长，内战后，人口增长了三倍，而铁路长度却增长了七倍。[③]

美国四通八达的铁路网初步形成了规模，它将工业发达的东部和资源富饶的西部连接起来，推动了西部的开发和国内统一市场的形成，带动了工农业生产，特别是钢铁、煤炭等重工业的飞速发展，对美国经济和社会的发展有极大的作用。

除了交通外，美国政府还大力发展电讯、邮政事业。1841年，莫尔斯发明电报，1843年，国会拨款3万美元建设了华盛顿和巴尔的摩之间的试验线路。到60—70年代，全国性的电报网臻于完备。1876年，贝尔发明电话，现代化的电话网开始建立。这一时期，海底电缆也开始铺通。电报、电话、电缆作为现代通信工具，对经济信息的传布与获得有极大作用。政府早就认识到了邮政系统的重要性，广建邮局和邮路，到1860年，邮局数目已由1790年的75处增至2.8万多处。1850年后，铁路大大发展，逐渐成为运送邮件的主

① 吉尔伯特·C.菲斯、吉姆·E.里斯：《美国经济史》，辽宁人民出版社，1981年版，第417页。

② 余志森：《美国史纲——从殖民地到超级大国》，华东师范大学出版社，1992年版，第189页。

③ 中国美国史研究会编：《美国史论文集》，生活·读书·新知三联书店，1983年版，第143页。

要工具，内战时，铁路完成了大量邮件的传递任务，并从联邦政府领取一定的报酬。美国还大幅度下降邮费，这大大加强了邮政业的服务性。[①]

这样，美国政府实行优惠政策，兴建铁路、公路和运河，改善了美国的交通状况，又发展了电讯和邮政事业。基础设施的完善，为美国经济的崛起创造了良好的环境和优化的配套条件。

四

实行有利于工商业发展的政策，提供工业发展的必要条件，并迅速完成向工业国的转变。

工业发展，资金、劳动力和市场不可或缺。为了发展本国工业，美国政府实行有利于工商业发展的政策，提供了工业发展的必要条件。

美国政府建立银行，改革货币，规范金融制度，采取一定措施，集中了国内资金，大量引进国外资金，有效地解决了资金匮乏问题。

1791年，在汉密尔顿建议下，合众国第一银行建立，它在发行纸币和公债，吸收外资，向政府和私人提供贷款，为政府保管公款等方面，发挥了重要作用，结束了财政金融的紊乱状态。同时，又颁发了允许部分由私人投资，建立国家银行的特许状。在此政策刺激下，各州银行急剧发展，1829年有329家州银行，到1860年增至1562家。[②]这些银行担负了美国社会的绝大部分信贷业务，供应了流通中的大部分通货。1863年，又颁布《国家银行法》，使银行在国家中的信用进一步加强。

货币金融制度的健全，是工业和经济发展所必需的。18世纪末到19世纪初，美国已在货币制度上做了大量尝试，使货币渐趋统一，这无疑有利于经济的发展。南北战争后，政府又改革货币金融制度，建立了一个比较合理、妥善地控制货币和信用的机构，增强了美元信誉。1877年，时任财政部部长约翰·谢尔曼采用出售公债、套购黄金等一系列巧妙政策，增加了黄金储备，提高了美元的价值。到1878年，美元已同黄金等值，美元成为全社会公认的

① 吉尔伯特·C.菲斯、吉姆·E.里斯：《美国经济史》，辽宁人民出版社，1981年版，第290、291页。

② 吉尔伯特·C.菲斯、吉姆·E.里斯：《美国经济史》，辽宁人民出版社，1981年版，第429页。

可靠货币。[①]

建国之初，美国国会就通过了《承担债务法令》，规定国家按票面价值偿还独立战争时的债务，由联邦政府承担各州在战争期间所欠的债务。

这些措施都为筹措发展工商业的资金准备了条件，也加强了国家信用，有利于资本主义工商业的发展，较好地解决了工业发展的资金问题。内战前的工业革命期间，国内投入工业的资金总额逐年上升：1820年为5000万美元，1840年为2.5亿美元，1850年为5亿美元，1860年为10亿美元。[②]内战后，用于工业扩大再生产的资本积累也迅速增加，1869—1901年间约投资800多亿美元，其中，发展工业的资金占了相当比重。据1900年的调查显示，投入工业的资本十年内增加了50%。[③]大量资金的投入和资本的积累，是促使工业发展的重要因素。

除此而外，美国政府还大量吸收外资。19世纪的美国，基本上是一个资本输入国。1839年以前，各国给美国投资总额约1.5亿美元。1854年达2.22亿美元，1860年达4亿美元，1880年达到20亿美元，1890年即增至30亿美元。[④]直到一战后，美国才偿还清了这些巨额债务。外资对美国工业的推动作用是巨大的。斯大林曾说，美国“在内战后也不得不费了整整三四十年的功夫，靠着外国借款和长期信用贷款……才把自己的工业建立起来”。[⑤]

实践证明，美国政府的这些举措都是成功的，缓解了资金的匮乏问题。

美国颁布了有利于本国的“移民法案”，鼓励移民进入，为美国工业和经济的发展提供了相当数量的劳动力。

美国独立后，人口增长极为迅速，1790年，总人口为392万余人，1860年即达到3144万余人，超过了英国人口。1800—1860年，每十年的增长率为

---

① 吉尔伯特 · C. 菲斯、吉姆 · E. 里斯：《美国经济史》，辽宁人民出版社，1981年版，第395页。

② 余志森：《美国史纲——从殖民地到超级大国》，华东师范大学出版社，1992年版，第173页。

③ 吉尔伯特 · C. 菲斯、吉姆 · E. 里斯：《美国经济史》，辽宁人民出版社，1981年版，第177页。

④ 张友伦等：《美国的独立和初步繁荣》，人民出版社，1993年版，第172页。

⑤ 《斯大林全集》（第9卷），人民出版社，1954年版，第158页。

32%～36%。[①]19世纪早期，这种增长主要是由于家庭人口的增多。在劳动力缺乏的情况下，家庭人口多是一笔真实的经济资产。

1830年以后，人口增长的主要成分是外国移民。美国政府对来自欧洲的移民群加以鼓励和引导，大量外国移民涌进美国，1775—1815年间，有25万人移居美国，1820—1860年，移民总数达400万～500万。19世纪50年代，土地公司和移民代理人有计划地鼓励移民，西部各州多设立了移民代办处特派员，以便为本州引进外国移民，这使19世纪50年代初期成为内战前移民人数最多的时期，其顶点是1854年，约达42.8万元。

内战后，移民潮仍未间断。1864年，美国政府成立移民局，通过《鼓励移民法案》，准许雇佣外国工人，并可预借工资作为路费。当时，美国工人工资略高于欧洲各国，又有广泛的就业机会。在优惠政策的刺激下，移民更大量地涌入美国也是情理之中的。从1861年后的几十年间，入境移民竟高达2000多万，此数字几乎同1855年的美国总人口数相等。[②]

移民对美国经济的发展起了重大作用，不仅解决了劳动力数量上的不足，而且带来了大批熟练工人和工程技术人员，形成一种自然的技术引进，这种劳动力可直接在生产过程中使用，美国拥有这些有相当价值的劳动力可谓一笔潜在的巨额财富。恩格斯曾说："正是欧洲移民，使北美能够进行大规模的农业生产。……这种移民还使美国能够以巨大的力量和规模开发其丰富的工业资源，以至于很快就会摧毁西欧，特别是英国迄今为止的工业垄断地位。"[③]美国政府颁布"移民法案"，鼓励移民大量移居美国，在当时的发展情况下不失为一个良策。

美国政府实行高关税保护主义，为美国产品争得了一定市场，发展了民族工业。

取得政治独立后，为了在短期内稳定美国经济，在经济上取得独立，从1789年起，美国政府正式征收关税。是年通过的关税法规定，对一般进出口

① 吉尔伯特·C.菲斯、吉姆·E.里斯：《美国经济史》，辽宁人民出版社，1981年版，第461页。

② 中国美国史研究会编：《美国史论文集》，生活·读书·新知三联书店，1983年版，第122、123页。

③ 《马克思恩格斯选集》（第1卷），人民出版社，1972年版，第230页。

商品，按其价值的5%到15%征收关税，并对大约30种货物征收特殊关税。从1789年到1808年，又通过了12个关税法，关税税额逐步提高。1812—1814年反英战争后，英国大规模向美国倾销商品，美国工业品在国内市场上遭到排挤，很多战时建立起来的新兴工业受到英国低价商品的威胁，美利坚合众国年轻的制造业面临破产的危险。为此，美国又颁布1816年的“关税法”，把关税普遍提高到20%，1819年，政府又把关税普遍提高到30%以上。[①]1824年，保护主义者取得足够支持使税率得到了提高，1828年又一次提高税率，达到内战以前的最高税率。[②]保护关税，加强了美国工业品在市场上的竞争能力，使美国的民族工业能够存在和发展。

由于政府的保护，北部迅速完成了工业革命。1861年，通过《莫利尔关税法》，对同美国工业品竞争激烈的商品征收关税。内战期间，关税曾被作为增加国家收入的一种措施，通过1862年和1864年两个关税法案，把工业品的平均关税提高到近48%[③]，比1857年增加了一倍。1890年，国会又通过《麦金利法案》，全面提高进口税，将进口税率提高到49.5%，对棉毛织品、钢、玻璃等收税更高，这比过去任何时候更大胆、更彻底地推广和扩大了保护贸易制。1897年的《丁格列法》将关税提高到最高峰，平均征收率达57%。[④]

在工业尚不发达，处于竞争劣势的情况下，美国政府高筑关税壁垒，无疑是明智的。它有效地抵御了英国商品的竞争，建立了巩固的国内市场，使美国工业迅速发展。

同时，美国推行关税法案很讲究策略，有极大的灵活性。政府专门成立了由专家组成的研究关税问题的委员会，当美国国库盈余、财政较好时，政府往往就降低关税，扩大进口以刺激工业发展，如1833年、1857年、1870年

---

① 中国美国史研究会编：《美国史论文集》，生活·读书·新知三联书店，1983年版，第142页。

② 吉尔伯特·C.菲斯、吉姆·E.里斯：《美国经济史》，辽宁人民出版社，1981年版，第300页。

③ 吉尔伯特·C.菲斯、吉姆·E.里斯：《美国经济史》，辽宁人民出版社，1981年版，第298、299页。

④ 中国美国史研究会编：《美国史论文集》，生活·读书·新知三联书店，1983年版，第153页。

和1872年等降低关税。[①]而且，对有利于国计民生的进口物资则予以降低或取消关税，如铁轨进口就实行免税。[②]到20世纪初，美国确立工业垄断地位后，就开始逐渐降低关税。因之，高关税既增加了政府收入，又达到了保护贸易、刺激生产、调节经济的作用，使美国产品占有了一定市场，对美国经济崛起的作用不可忽视。

另外，美国政府鼓励移民，使人口增加，也成为工业增长潜在的市场。19世纪末，美国工业的显著特点之一是，工业品大部分在国内市场销售。[③]

在一系列政策的推动下，19世纪40—50年代，美国工商业已开始全面起飞，到19世纪末，美国的工业总产值超过法、德、英，后来居上。1890年，美国工业生产总额占全世界总量的31%。对国内来说，这一年，工业制品产值首次超过农业总产值，确立了工业在国民经济中的主导地位。1900年，工业制品价值超过农产品价值两倍多，这标志着工业社会的到来。[④]在继续保持农业大国地位的同时，美国迅速实现了工业化，完成了向工业大车的转变，并以此为契机，渐渐确立了世界经济强国的地位。

五

美国政府积极发展文化教育，培养高素质人才，学习外国先进科技，奖励创造发明，努力开拓科技。

经济发展，离不开高质量的劳动力，也离不开大批科学的经营管理人才。而这两种高素质人才的培养，又与文化教育密不可分。为了适应经济发展对人才的急需，为发展文化教育，美国政府做出了积极努力。

1848年，美国已有24个州建立了教育机构，专门管理和发展教育。1861年，国会通过《莫利尔法案》，规定给各州拨出国有土地，用于发展高等教育。这对解决高等教育的资金问题作用巨大，每个州都利用政府赠地建立了

① 吉尔伯特·C.菲斯、吉姆·E.里斯：《美国经济史》，辽宁人民出版社，1981年版，第440页。

② 李太斗：《南北战争后美国经济跃进之剖析》，载《湖北大学学报》1986年第2期。

③ 吉尔伯特·C.菲斯、吉姆·E.里斯：《美国经济史》，辽宁人民出版社，1981年版，第440页。

④ 余志森：《美国史纲——从殖民地到超级大国》，华东师范大学出版社，1992年版，第195页。

所谓的“土地增予大学”。[①]《莫利尔法案》是政府培养科技和专业人才的最重要措施，“在全国范围内为州立学院和大学制度奠定了基础”。[②]

为实现普及教育，1867年，联邦政府建立教育局，加强了对教育的领导，并进行了一系列教育改革。联邦政府和各州政府拨出大量土地，建立各类学校，到19世纪末，联邦政府拨给国民教育用的土地，约有1.5亿英亩。[③]1850年后，公费小学开始出现，初等义务教育制也开始实行。在教育改革中，政府继续建立公立中小学，继续实施初等免费义务教育。这提供了更充足的受教育机会，大大提高了教育的普及强度。

在《莫利尔法案》和教育改革的推动下，到1870年，美国已有563所高等学校，到1900年，发展到970所，在校生达23万余人，占当时18～21岁青年人总数的4.01%。[④]随着高等教育的发展，大学的教学、科研水平不断提高，为国家造就了一批硕士、博士等高级型人才，适应并推动了经济的发展。而教育普及程度的加大，提高了美国人口的平均科学文化水平和素质，这是事关千秋万代之伟业。

在技术日益发展的时代，对人的投资是提供高效率劳动力的重要因素之一。联邦政府明智而有远见地发展教育，就是对国民经济间接和持效的投资，是实现经济可持续发展的了不起的措施。

在近现代经济发展中，科技的作用十分突出。美国政府能注意到这一点，重视引进外国先进科技，并努力推陈出新，最终达到并超过了先进国家的科技水平。

工业革命开始时，尽管当时英国等先进的资本主义国家实行了技术封锁，美国仍克服困难，千方百计地鼓励技术引进和创新。因此，美国少走了许多弯路，别的国家几十年的研究成果，美国迅速引进并投入实际生产。例如，发明已久的蒸汽机，19世纪初才在英国普遍应用。而美国引进后，在很短的时期内，到1817年就已建立了一批制造蒸汽机的工厂，19世纪40年代，美

① 吉尔伯特·C.菲斯、吉姆·E.里斯：《美国经济史》，辽宁人民出版社，1981年版，第454页。

② 张定河：《论美国内战后的土地政策》，载《山东师大学报》1985年第5期。

③ 中国美国史研究会编：《美国史论文集》，生活·读书·新知三联书店，1983年版，第152页。

④ 张定河：《论美国内战后的土地政策》，载《山东师大学报》1985年第5期。

国工厂中普遍使用蒸汽动力。美国将蒸汽机运用于轮船，于1807年发明了汽船。在火车和铁路的引进与发展中，也有类似情况。[①]1885年，德国发明汽车，第二年美国即引进，并加以改进，迅速发展成了“汽车王国”。[②]

美国大量引进科技，提高了利用效率，对经济的推动作用很大。

美国政府积极倡导并鼓励国内创造发明。1790年，政府设立专利局来管理发明创造，奖励技术革新。美国人民本已形成了创新、求实的精神风尚，设立专利局刺激了美国人民的创新欲望和发明积极性。

内战后，随着经济、文化的进一步发展，美国科技进入了独创的高峰期，政府的专利政策大放异彩，技术创新成就辉煌。1860—1900年间，政府共颁布专利44万余件，其中电力的发明和运用是最为重要的发明，它标志着工业革命进入了一个新阶段。

在发展教育的同时，1863年，国家科学院建立。这样，教育支持了科研，科研推动了发明，美国科技逐渐领先于其他国家。

科学技术是第一生产力，这已是全球共识。谁拥有了先进的生产力，谁就拥有了对世界的支配权，这话一点不假。从美国科技的发展中，我们可以看到，政府大规模引进外国科技，又重视独创，终于领导了世界科技潮流，它对社会生产力的进步和经济的发展有巨大的促进作用。

美国政府高度重视教育，大力发展科技，终于得到了应得的回报——19世纪的经济崛起。

从以上的分析中，我们可以看出：19世纪的美国，其经济之所以能够跳跃式发展，政府发挥了不可替代的作用。联邦政府积极、灵活地应对形势，实施了许多推动经济发展的措施：进行基础设施建设；加强农业基础地位；拓展国内、国外市场；重视文化教育与科技的发展；以务实态度，“抓大放小”，将经营性权力慷慨地给予各州等。正是由于这些措施，才使美国经济在100年中急剧变化。由一个落后农业国转变为强大工业国，经济发展势头迅猛。建国之初，美国在经济上还依附于欧洲，是政治独立而经济不独立的国

---

① 中国美国史研究会编：《美国史论文集》，生活·读书·新知三联书店，1983年版，第150页。

② 余志森：《美国史纲——从殖民地到超级大国》，华东师范大学出版社，1992年版，第185页。

家。1860年，美国经济实力落后于英、法、德等国，到1894年，其工业即跃居世界第一，具备了工业垄断的能力，奠定了成为经济强国的基础。在经济建设成为“热点”的今天，我们可以借鉴美国联邦政府的一些有益措施来发展我国经济，以激发经济活力，争取经济的更好发展。

论20世纪70年代中期社民党与联盟党关于德国政策的辩论[①]

王　超

二战后的德国重新统一，一直都是世界现当代史研究的热点问题之一。国内外学者的相关研究成果十分丰硕，他们的研究角度也多种多样，其中就包括以联邦德国政府的德国政策为题的一些论著[②]。联邦德国政府的德国政策（德国统一政策）的一项重要内容便是如何处理两德关系，涉及联邦德国政府对民主德国施行的各项政策措施。在战后德国分裂时期，联邦德国政府的德国政策并非一成不变。尤其是，1969年社民党政府上台后，彻底抛弃了前任

【作者简介】王超，男，内蒙古呼和浩特人，历史学博士，中国社会科学院中国历史研究院世界历史研究所助理研究员，主要从事德国现当代史的研究。

① 此文载于《河南师范大学学报》（哲学社会科学版）2020年第1期；被《人大复印资料·世界史》2020年第5期全文转载。国家社科基金青年项目："联邦德国对民主德国的经济政策研究（1949—1900）"（项目批准号：16CSS029）阶段性成果。

② 代表性的论著有，约尔格·维格纳：《西方一体化与重新统一：康纳德·阿登纳的德国政策（1949—1955）》（Jörg Wiegner, *Westintegration und Wiedervereinigung: Die Deutschlandpolitik Konrad Adenauers*(1949-1955), GRIN Verlag, 2013）；桑德拉·卡斯克：《（联邦政府的）德国政策1963—1969》（Sandra Kaske, *Die Deutschlandpolitik 1963-1969*, GRIN Verlag, 2007）；卡斯滕·米勒：《勃兰特/谢尔政府的新东方政策和德国政策》（Carsten Müller, *Die neue Ost-und Deutschlandpolitik der Regierung Brandt/Scheel*, GRIN Verlag, 2011.）；纳迪内·特劳特曼：《科尔政府的德国政策》（Nadine Trautmann, *Deutschlandpolitik unter der Regierung Kohl*, GRIN Verlag, 2013）；邓红英：《论二战后阿登纳的德国统一政策》，载《武汉大学学报》（人文科学版）2004年第3期；王超：《科尔"德国政策"与"统一外交"析评》，载《武汉大学学报》（人文科学版）2011年第6期；王超：《论科尔政府务实的德国政策——以十亿马克贷款为例》，载《武汉大学学报》（人文科学版）2014年第6期；王超：《论施密特政府的德国政策》，载《河南师范大学学报》（哲学社会科学版）2018年第6期。

联盟党政府强硬和僵化的德国政策[①]，开始向民主德国推行更为缓和与灵活的政策[②]。然而，目前学术界关于社民党执政时期德国政策的研究，仅限于勃兰特政府和施密特政府德国政策的具体实践及其影响。本文拟通过剖析20世纪70年代中期联邦德国议会关于德国政策的辩论，深入探究这一时期两大政党的德国政策理念及其特点。同时，揭示出这场辩论给联盟党德国政策理念带来的巨大冲击和影响。

一、联盟党对社民党政府德国政策的抨击

在二战后的联邦德国议会，右翼联盟党与左翼社民党是最大的两个政党。它们在联邦德国政府的德国政策上存在固有的分歧。1969年9月，社民党取代联盟党获得执政权后，从战后欧洲和德国分裂的现状出发，开始大力践行新的德国政策，使得这种分歧变得更加严重。例如，1972年，社民党勃兰特政府为了打破两德长期隔绝对峙的局面，推动两德关系实现正常化，有条件地承认了民主德国的存在[③]，最终促成两德《德意志联邦共和国与德意志民主共和国关系基础条约》（以下简称《基础条约》）的签订。联盟党政府长期奉行的“哈尔斯坦主义”也随之彻底终结。这引起了最大反对党联盟党的强烈不满，联盟党还以违宪为由向联邦宪法法院提起诉讼。[④]

随后，两党又在利用经济手段服务于德国政策上展开激烈辩论。在德国政策的实践中，社民党政府经常使用经济施惠的方式来拉近两德关系，改善两德间的旅行交通状况，扩大两德人员交流互访。例如，1973年底，民主德国单方面提高了最低兑换额[⑤]，来访的退休人员不再免除兑换义务。受此政策

① 1949—1969年，联盟党执政期间长期奉行的“实力政策”（以对抗求统一）和“哈尔斯坦主义”（单独代表权主义）。

② “以接近求转变”（以接近求统一）策略及“小步子政策”。

③ 联邦德国政府始终拒绝从国际法上承认民主德国，坚称两德间的关系为一种“特殊关系”，不互为外国。

④ 联盟党认为《基础条约》承认了民主德国的国家地位，因而违反了联邦德国《基本法》有关“恢复德国统一原则”。随后联邦宪法法院判定，《基础条约》符合宪法，联邦政府并没有从国际法上承认民主德国。

⑤ 在民主德国访问期间，联邦德国和西柏林游客每天须按照1∶1的比价，用联邦德国马克兑换一定数额的民主德国马克。该政策一方面可以限制两德间快速增长的访问量，减少来自联邦德国的影响；另一方面亦可使民主德国获得更多的外汇收入。

的影响，1974年上半年，联邦德国到民主德国旅行的人数同比下降23.4%，减少了78万人。[①] 为了换取民主德国在最低兑换额方面的一些让步，社民党政府于1974年底延长了无息透支贷款[②]协议，同时提高了无息透支贷款额度。作为回报，民主德国调低了最低兑换额度，退休人员的兑换义务也被免除。此外，联邦德国和西柏林公民使用私家车访问民主德国的限制也有所放松。

然而，在联盟党人看来，社民党政府的“付出”与从民主德国得到的“回报”不成正比。尽管目前两德关系不像以前那么僵硬了，两德间的访问交通、邮政通信也得到了改善，但联邦德国也为此付出了巨大的代价。[③] 与社民党政府相反，联盟党认为，联邦德国应采取强硬措施应对民主德国的这种不友善的行为。就在民主德国出台新的最低兑换额规则后不久，联盟党议员蒙德便在联邦议会向社民党政府提出质询：“鉴于民主德国将最低兑换额增加了一倍，我们是否仍然有义务在德国内部贸易框架内提供这些福利，目前无息贷款额度已经超过6亿马克，联邦政府是否考虑将无息贷款额度减半，降至3亿马克。”[④]

随后，联盟党人还在联邦议会公开提出对民主德国实施经济制裁，以此来对抗民主德国不断采取的划界政策[⑤]。此外，联盟党还炮轰了执政党现行的德国政策，称其是一种软弱的表现。联盟党议员曼菲尔德·阿贝莱因在联邦议会中讲道：“现任政府在德国政策中奉行着一个刻板的公式，那就是经贸手段不适合作为对民主德国的政治压迫工具。这是你们在德国政策中所犯下的一个最糟糕的错误。如果联邦政府总是说，经济制裁措施从一开始就被弃用

---

① Bundesministerium für innerdeutsche Beziehungen (Hrsg.), *Texte zur Deutschlandpolitik*, Reihe Ⅱ/Bd.2, Bonn: Deutscher Bundes-Verlag, 1976, S.351.

② 为保障德国内部贸易收支平衡而设立的一种贷款，该贷款一直被民主德国单方面使用，为其节省了一大笔利息。

③ Bundesministerium für innerdeutsche Beziehungen (Hrsg.), *Texte zur Deutschlandpolitik*, Reihe Ⅱ/Bd.1, Bonn: Deutscher Bundes-Verlag, 1975, S.447.

④ Bundesministerium für innerdeutsche Beziehungen (Hrsg.), *Texte zur Deutschlandpolitik*, Reihe Ⅱ/Bd.1, S.304.

⑤《基础条约》签订后，两德人员和官方交往快速增加。在这种情况下，民主德国不断为两德人员接触设置障碍，其中包括提高最低兑换额。1974年，民主德国甚至通过修宪的方式去德意志化，试图彻底与联邦德国划清界限。

了。这样，你们就相当于给了民主德国在未来破坏协定以及进行勒索的专利。”①

显然，联盟党担心，如果执政党长期贯彻其现行的德国政策，即通过加强两德经济合作，特别是用经济上施惠等方式促使民主德国在其他领域做出妥协，会逐步丧失联邦政府在德国问题上的基本立场和尊严，反而会使民主德国通过限制两德人员交往等措施向联邦德国提出更多、更高的要求。因此，联盟党德国政策的基本主张恰恰与执政党的理念相反。正如阿贝莱因随后讲的那样：“我们强调这种观点，即通过给予民主德国经济或金融上的好处，来抑制其不断破坏条约的行为以及划界政策，已经不再适用了。此外，这不仅是一个政治智慧的问题，而且关乎联邦政府的尊严，对于民主德国的冒犯，不能总是忍气吞声，不做任何反应。”②

此外，在联盟党看来，对民主德国实行经济制裁政策也是完全可行的。特别是通过削减无息透支贷款来迫使民主德国就范。其主要依据来自民主德国对联邦德国经济上的依赖性。联盟党人阿贝莱因对此讲到，没有我们的帮助，民主德国就无法实现其福利计划。此外，其90%出口西方国家的货物都是没有竞争力的产品，而且是在我们的帮助下进入欧共体市场，其工业现代化需要西方的技术。民主德国几乎一半的外汇收入源自德国内部贸易。要是换作其他的贸易伙伴，这几乎是不可能实现的。③此外，无息透支贷款规则完全被民主德国滥用，民主德国已获得8.5亿马克的免息贷款，每年可以节省几千万马克的利息。联邦政府还设立一个22.5亿马克的担保基金，可以向民主德国提供特惠的信贷。我们还制定了增值税优惠政策。我记得就单单通过欧共体关税优惠政策，民主德国就获得了几十亿马克的好处。在这里我想说的是，政治和经济的内在关系可以重新构建。④与此同时，联盟党议员卡

① Bundesministerium für innerdeutsche Beziehungen (Hrsg.), *Texte zur Deutschlandpolitik*, Reihe Ⅱ/Bd.5, Bonn: Deutscher Bundes-Verlag, 1979, S.189.

② Bundesministerium für innerdeutsche Beziehungen (Hrsg.), *Texte zur Deutschlandpolitik*, Reihe Ⅱ/Bd.5, Bonn: Deutscher Bundes-Verlag, 1979, S.190.

③ Bundesministerium für innerdeutsche Beziehungen (Hrsg.), *Texte zur Deutschlandpolitik*, Reihe Ⅱ/Bd.6, Bonn: Deutscher Bundes-Verlag, 1979, S.49.

④ Bundesministerium für innerdeutsche Beziehungen (Hrsg.), *Texte zur Deutschlandpolitik*, Reihe Ⅱ/Bd.5, S.190.

尔·海茵茨·莱姆里希也强调了，无息透支贷款对民族德国重要性日益增加。他讲到，1953年的无息透支贷款额只有5000万马克，而1978年却是8.5亿马克，两者在数额上存在着明显的差异。①

二、社民党政府对联盟党抨击的回应

面对联盟党人的猛烈抨击，联邦总理施密特随后亲自做出回应。他认为，联盟党这种以经济制裁实现政治目标的口号，是一种老套而又过时的主张，不具有建设性意义，甚至在联盟党政府执政时期对此也表现得十分谨慎。为此，他还特意举例加以反驳。例如，联邦总理阿登纳在1961年民主德国建造“柏林墙”时，都没有减少或废除无息透支贷款。还有，在1968年两德关系再次紧张期间，基辛格领导下的大联合政府甚至提高了无息透支贷款额。他还补充说，要知道，无息透支贷款不仅仅具有政治功能，也是保持和扩大两德经济关系不可或缺的工具。②

与施密特总理的回应相比，联邦经济部部长兰布斯多夫（社民党人）在言语上的回击更为猛烈和直接：“联邦政府虽不排除对民主德国实施经济制裁，但短期的制裁措施不会带来什么结果。我会警告——我向来是这样的态度——那些想将德国内部贸易当作压迫工具来使用的人。因为德国内部贸易始终是连接两个德意志国家的一个重要纽带。”③社民党议员海茵茨·克罗伊茨曼则一针见血地指出：“联盟党人想通过使用经济制裁和类似的措施迫使一个自我封闭的国家做出让步，他们当然明白，这样的一种政策会立刻招来苏东阵营国家的反击。如果这项政策无法令民主德国完全按照他们的要求做出妥协，那么他们所主张的德国政策便会走向死胡同。”④

对于经济制裁政策的可操作性问题，社民党议员布鲁诺·弗里德里希公

① Bundesministerium für innerdeutsche Beziehungen (Hrsg.), *Texte zur Deutschlandpolitik*, Reihe Ⅱ/Bd.6, S.177.

② Bundesministerium für innerdeutsche Beziehungen (Hrsg.), *Texte zur Deutschlandpolitik*, Reihe Ⅱ/Bd.6, S.114.

③ Bundesministerium für innerdeutsche Beziehungen (Hrsg.), *Texte zur Deutschlandpolitik*, Reihe Ⅱ/Bd.7, SS.242-243.

④ Bundesministerium für innerdeutsche Beziehungen (Hrsg.), *Texte zur Deutschlandpolitik*, Reihe Ⅱ/Bd.6, S.220.

开在议会辩论中向联盟党议员质问：1977年，德国内部贸易额达到96.6亿马克，联邦德国的贸易顺差达到5.25亿马克。为了惩罚民主德国而去惩罚，这是联盟党一个明显的出发点！阿贝莱因先生您指的是，应该在哪些行业实施制裁？请您将目录递上来，我们好对此进行讨论！为了突出最重要的行业，哪个应该首当其冲，农业、机械制造业还是电子工业？如果您想在这里及时通知这些相关企业，那么这些企业就要从制裁中获得补偿。另外，您如何评价对民主德国实行经济制裁的效果，从中我们想知道，它是否已经有了长期的定位。①

另外，对于联盟党人提到的民主德国对联邦德国的经济依赖性，德国内部关系部部长埃贡·弗兰克更是表示出极大的怀疑。他认为，我们在德国内部贸易中能够获得一些政治利益，但这并不意味着，我们渴望通过商品和服务的交换使民主德国产生依赖性。我们也做不到，那将是个愚蠢的努力。其实，在议会发言中不应提及这种依赖性。例如，我们需要将德国内部贸易的数量和结构与民主德国外贸的数量和结构进行比较。对民主德国而言，联邦德国作为工业产品的供应方并非不可替代。如果将这种不可替代性作为依赖性的标准，那么民主德国对联邦德国的经济依赖性就无从谈起。② 显然，在他看来，联盟党低估了民主德国可以通过其他方式来闪避联邦德国对其实行的经济制裁。此外，他还着重指出，之前同民主德国进行的无息透支贷款谈判，如同其他所有的谈判，都存在着利益平衡的问题。我们对于德国内部贸易的重视，一方面，在于它所产生的政治利益；另一方面，则是通过德国内部贸易来解决西柏林的供应问题。这些对于联邦德国而言，都是至关重要的国家利益。因此，不能产生这样的错误观念，即缓解德国内部贸易支付状况，只是为了满足民主德国的要求。③

---

① Bundesministerium für innerdeutsche Beziehungen (Hrsg.), *Texte zur Deutschlandpolitik*, Reihe Ⅱ/Bd.6, SS.192-193.

② Bundesministerium für innerdeutsche Beziehungen (Hrsg.), *Texte zur Deutschlandpolitik*, Reihe Ⅱ/Bd.6, S.106.

③ Bundesministerium für innerdeutsche Beziehungen (Hrsg.), *Texte zur Deutschlandpolitik*, Reihe Ⅱ/Bd.6, S.106.

三、20世纪70年代中期两党德国政策主张的比较分析

联邦议会这场德国政策之争一直持续到了20世纪70年代末期，最终以联盟党的偃旗息鼓收场。透过这场争论，我们可以清楚地发现，社民党与联盟党在德国政策上所持主张不同，形成了鲜明的对比。而这种对比不仅显示出两党德国政策理念的差异，同时也间接反映了两德经贸关系的特点，以及影响和制约联邦德国政府德国政策实践的各种内外部因素。

（一）两党在德国政策理念上的巨大差异

联盟党承认德国内部贸易以及无息透支贷款能够在德国政策方面发挥效力，尤其体现在推动和改善两德人员交往方面。正如，联盟党联邦议员赖纳·巴泽尔所言："民主德国已经进入了联合国。我们必须通过经济手段来实现两德人员交往方面的进步，目前在政治方面我们已无法掌控，只能通过经济方面来加以补充。"[①] 这充分说明联盟党已经被迫承认了战后德国分裂状态业已固化的残酷现实，并且认为通过加强两德人员交往对于缓和国家分裂状态有着十分重要的意义。此外，联盟党也意识到了，在新的缓和时代里，依靠盟国实力施压来实现国家统一的政策失去了可能性。此时，作为两德仅存的利益交集区——德国内部贸易成为联邦德国政府德国政策唯一有效的"着力点"。

然而，与社民党不同的是，联盟党认为，不应该对民主德国过分的迁就，以经济代价换取对方的让步，应该在必要的时候对民主德国采取经济制裁措施。由此可见，联盟党既想以经贸手段作为连接两德的纽带，又想将其当作政治施压的武器。显然，联盟党的主张具有矛盾性。

这种现象在20世纪50、60年代联盟党执政时期就已存在，具体表现为始终在合作与对抗的两极间摇摆。一方面，联盟党政府希望通过加强两德经贸关系，使民主德国对联邦德国的依赖性增强，对民主德国人民产生吸引力；另一方面，又希望通过向民主德国施加经济制裁，迫使后者在政治上做出相应的妥协。例如，1960年9月，阿登纳政府曾暂时中止了1951年《柏林协

---

① Bundesministerium für innerdeutsche Beziehungen (Hrsg.), *Texte zur Deutschlandpolitik*, Reihe Ⅱ/Bd.2, S.440.

定》[①]，以应对苏联和民主德国对西柏林通道的干扰行动。显然，后一种“压迫式”的策略不仅是联盟党“以对抗求统一”强硬德国政策的一种体现，同时也是冷战时期东西方严重对抗背景下的产物。到了70年代，尽管联盟党对其传统德国政策进行了一定的反思，但还没有彻底地去除早已过时的一些僵化理念。从某种程度上来说，这一时期联盟党的德国政策仍处在艰难的转型中，其德国政策理念也大致延续着早先“实力政策”的特征。

与联盟党那种不合时宜且缺乏依据的主张相比，社民党具有现实主义风格的德国政策显然更加积极与理性。早在20世纪50年代，社民党就开始主张德意志两部分要相互接近。1954年1月，社民党联邦议会议员、联邦议会全德问题委员会主席赫伯特·魏纳就曾建议，可以设想一个小的解决方案，尽管它永远不会成为统一的替代方案，但它至少有可能成为整个解决方案的一个步骤。在这方面，应当考虑恢复柏林的统一，促进德意志两部分之间的交通和往来，以及消除德意志两部分之间的货币差距。[②]

1958年5月，社民党在斯图加特召开的党代会上提出了《社民党关于德国重新统一的决议》。该决议试图创建一种泛欧安全秩序：将德国分裂的两部分纳入无核武器区，逐步减少和撤离驻扎在德国及其东部邻国的外国军队，并为参加无核武器区的国家部队设定最高限额。通过这种安全秩序可以建立一个框架，使德意志两部分能够更加紧密地联系在一起，并使德国在安全的自由中实现和平统一。与此同时，必须采取措施促进德意志两部分间经济、社会和文化的融合，克服冷战和德国内部的意识形态煽动，尽管这需要与苏联占领区的当局进行协商。在对由于先前疏忽所造成的既定事实进行清醒的评估之后，最好采取措施减少德国分裂产生的消极影响，而不是陷入最终不可避免地承认德国分裂的绝望之中。[③]

1969年，社民党上台执政后，面对日益缓和的东西方关系，主动承认并接受了欧洲和德国分裂的残酷现实。社民党领导人认为，只有通过缓和以及

---

① 1951年9月，两德代表在柏林签订了《关于西马克币制区与东马克币制区间的贸易协定》，该协定又被称为《柏林协定》。它是德国内部贸易的法规基础。

② Werner Weber, Werner Jahn, *Synopse zur Deutschlandpolitik 1941 bis 1973*, Göttingen: Otto Schwartz, 1973, S.180.

③ Werner Weber, Werner Jahn, *Synopse zur Deutschlandpolitik 1941 bis 1973*, S.313.

克服欧洲分裂才能克服德国的分裂。因此，德国统一只能作为一项长远的目标，德国问题也“只能在一项欧洲的和平安排中得到最后的解答”。[①] 为此，社民党政府彻底抛弃了前任联盟党政府那种以“对抗求统一”的强硬德国政策，开始采取现实主义的政策，大力发展两德间的经济、政治、文化和人员上的交往，努力寻找和挖掘双方的共同点，在全方位密切两德关系的同时，积极推动欧洲的缓和进程，为最终实现德国统一创造内外部条件。

正因为如此，在社民党看来，德国内部贸易以及无息透支贷款不适合作为政治施压的工具。因为这种“强硬”的政策只会导致两德关系的再次紧张，破坏欧洲的缓和进程，进而造成德国统一的内外部条件恶化。显然，这有悖于社民党的德国政策理念。社民党更多地希望通过加强两德间的经济合作，逐步建立起相互间的信任，从而进一步推动两德在各个领域，尤其是人员方面的交流，以此来克服日益固化的德国分裂状态。因此，社民党政府不会考虑以一种类似“划界”的行为来回应民主德国的划界政策。

从社民党的主张中，我们也可以看出，该党十分重视德国内部贸易在两个德意志国家间所发挥的桥梁纽带作用，即通过这种特殊形态的经贸模式，可以将德意志两部分以及西柏林有效地连接起来。一方面，它可以作为“两德特殊关系”的外部象征，以对抗民主德国的“两国论”[②]的分裂主义主张；另一方面，德国内部贸易确实发挥着实际的功能主义作用。其中，维护西柏林经济、政治安全就是一个重要的体现。正如社民党所言，德国内部贸易可以解决西柏林的供应问题。由于西柏林处于民主德国领土包围中，它对民主德国的供应有着天然的依赖性，尤其体现在食品和能源方面。以1977年为例，西柏林在德国内部贸易的份额为22.3%。换言之，它几乎占到了德国内

---

① Willy Brandt, *People and Politics: the Years 1960–1975*, Boston: Little, Brown and Co., 1978, p.237.

② 民主德国坚决主张，两德在国际法下是独立的主权国家，不承认两德关系存在任何特殊性。例如，1970年6月8日，民主德国部长委员会主席斯多夫在接受外媒采访时，就曾明确表示：“民主德国不是联邦德国的内地，而是一个独立的主权国家。两德关系不是‘特殊关系’，而是国际法下的平等关系。”参见，Bundesministerium für innerdeutsche Beziehungen (Hrsg.), *Texte zur Deutschlandpolitik*, Reihe I/Bd. 6, Bonn: Deutscher Bundes-Verlag, 1971, SS.16–17.

部贸易总额的1/4。[①] 这种依赖性自德国分裂以来就始终存在着，而且关乎着西柏林的安全与稳定。也正是这种依赖性导致联盟党于1960年底被迫恢复1951年《柏林协定》。由此可见，西柏林的经济、政治安全问题，也是联邦德国政府制定与实施德国政策时必须考虑的一个重要因素。

因此，联盟党有关采用削减无息透支贷款迫使民主德国就范的策略，无疑会削弱本该加强的德国内部贸易的纽带作用，而且还会直接威胁到西柏林的经济安全，进而再次触动冷战的神经。这些都与社民党缓和政策的理念相冲突，因而不为后者所接受。此外，社民党在其执政时期奉行的是一种条约政策。社民党通过无息透支贷款协议、增值税优惠的规则，以及联邦政府的担保金条例等一系列条约，促进和规范两德的经济关系。无息透支贷款是一个明确的合作协议，社民党政府显然不愿轻易对其做出强行改变，从而影响和破坏其所构建的条约体系。

（二）两党就民主德国对德国内部贸易的依赖度存在分歧

从联盟党在联邦议会的发言中，我们也可以明显看出，德国内部贸易建立在不对等互惠及不对称依赖的基础之上。这种不对等互惠性充分体现了，两德在德国内部贸易中所追求的利益是不尽相同的。在这个利益交集区中，联邦德国采取的是单方面向民主德国施惠的方式[②]，且更多的是在追求政治上的利益[③]，并希望以此对民主德国产生一定的吸引力；与之相对，民主德国则更多考虑的是从这种具有“特殊形态”的德国内部贸易中获取经济上的实惠。这也是后者始终不愿放弃德国内部贸易的主要原因。

而不对称依赖性[④]则反映出两德在经济实力上存在差距。例如，1961年联邦德国的国内生产总值为3991亿马克，到1974年达到6874亿马克。尽管战后民主德国的经济发展速度也比较快，但与联邦德国相比差距明显。1961

---

① Bundesministerium für innerdeutsche Beziehungen (Hrsg.), *Texte zur Deutschlandpolitik*, Reihe Ⅱ/Bd.6, S.299.

② 包括免关税及附加税、欧共体的优惠关税待遇、提供无息透支贷款等。

③ 包括维护德国统一性，保障西柏林的经济、政治安全性以及通道不受外部干扰、缓和和密切两德关系、促进两德人员往来、加强对民主德国公民的吸引力等。

④ 这点可从德国内部贸易额占两德各自贸易总额比重上的巨大差异中窥得一斑。德国内部贸易常年仅占联邦德国外贸总额的2%，而占民主德国外贸总额的10%。

年民主德国国内生产总值为722亿马克，到1974年为1348亿马克。[①] 在对外贸易方面，1960年联邦德国出口额为479.46亿马克，1974年为2305.78亿马克。与之相对，1960年民主德国出口额为82.57亿马克，1974年为274.33亿马克。[②]

由于这种经济实力对比的不平衡，使得两德间日益频繁的交往对民主德国自身稳定构成了一定的挑战和威胁。这导致民主德国一方面表现出愿意保持和扩大两德经济合作，另一方面则试图限制两德人员交往，减少来自联邦德国的影响。

上述两德经贸关系中的不对等互惠与不对称依赖充分体现出，联邦德国在两德经贸关系中占据着一定的优势地位。而这也成为联盟党“经济制裁”主张的重要理论依据。不过，联盟党显然片面夸大了民主德国对德国内部贸易的依赖性，更理想化地将两德关系限定在一个封闭的空间内。事实上，民主德国同经互会国家间的贸易历来是其对外贸易的主要部分。正如1972年民主德国统一社会党总书记昂纳克在接受采访时所言：“在民主德国的对外贸易总额中，我们同苏联的贸易占40%，同其他社会主义国家的贸易占30%……德国内部贸易所占比重大约为10%。”[③] 此外，随着国际局势的缓和，民主德国也开始增加同其他西方国家的经济交往与合作。因此，联邦德国不得不面对其他西方盟国对德国内部贸易的冲击。可见，联盟党“经济制裁”主张的理论依据是完全站不住脚的。同时，这也充分说明，联邦政府德国政策的制定与实施必须始终正视战后欧洲两大阵营格局的现实、东西方关系的发展变化，特别是苏联因素的影响。

与之相反，社民党不仅能够理性地看待民主德国对德国内部贸易有限的依赖性，而且还充分考虑到了本国企业界在德国内部贸易中的经济利益。其实，东西方关系以及两德关系的缓和进程本身就具有“物质化”的特征。就

---

① Bundesministerium für innerdeutsche Beziehungen (Hrsg.), *Zahlenspiegel. Bundesrepublik Deutschland / Deutsche Demokratische Republik – ein Vergleich*, Bonn: Gesamtdeutsches Institut, 1976, S.12.

② Bundesministerium für innerdeutsche Beziehungen (Hrsg.), *Zahlenspiegel. Bundesrepublik Deutschland / Deutsche Demokratische Republik – ein Vergleich*, Bonn: Gesamtdeutsches Institut, 1976, S.18.

③ Bundesministerium für innerdeutsche Beziehungen (Hrsg.), *Texte zur Deutschlandpolitik*, Reihe Ⅰ/Bd.11, Bonn: Deutscher Bundes-Verlag, 1973, SS.339–340.

德国内部贸易而言，民主德国需要联邦德国资金、技术、设备以及高技术含量产品等；而联邦德国也比较看重民主德国的一些基础原料、能源产品、个别工业品以及销售市场等。虽然德国内部贸易在联邦德国对外贸易中所占的比重很低，但随着联邦德国经济的快速腾飞，社民党政府也更加重视联邦德国企业日益增长的对外投资和销售的需求。通过引导和支持联邦企业与民主德国相关部门进行合作，不仅有利于扩大联邦德国企业的生产，同时也可以促进本国的就业。因此，社民党反对对民主德国采取经济制裁措施，以免影响和损害本国一些相关企业及其员工的利益。显然，如何将国家政治目标同国内企业自身利益进行有效的结合，也是社民党制定和推行自身德国政策时所要考虑的一个因素。

由于联邦德国政府的德国政策受到多重因素的影响与制约，社民党特意指出，即使在冷战的最高潮——修建“柏林墙”期间，当时的联盟党政府也没有对民主德国采取经济制裁措施。在“柏林墙”建立后，联盟党政府更是通过减少德国内部贸易中的限制措施，甚至提高无息透支贷款额度，来缓和两德间的政治对立。20世纪70年代的国际政治形势已由对抗转为对话，由紧张转为缓和，这一强硬政策显得更加不合时宜。因此，联盟党的强硬主张更多地被社民党看作是反对党批判职责的一种本能反应，而非是一种建设性意见。

（三）两党皆以联邦德国的经济力量服务于德国政策

透视这场争论，我们还可以发现一个事实，那就是两大政党在利用联邦德国自身经济力量服务于其德国政策目标方面是一致的。这也是历史因素和现实因素共同促成的结果。由于德国是二战的战败国，它在政治和军事上受到很大限制。战后联邦德国把政治、军事上的要求转变为经济上的要求，并利用其日益增强的经济实力来促进和实现自身的政治和安全利益。对联邦德国而言，经济力量已成为比军事力量更有效、更容易产生现实政治影响力的工具。对此，时任基辛格大联合政府财政部部长的施特劳斯（联盟党人）就曾说过：“今日之经济力量取代了德皇凯泽时期的步兵师团。”[①]社民党领导人也表达了类似的观点。例如，社民党施密特总理在接受一次采访时，曾以

①［美］埃德温·哈特里奇著：《第四帝国的崛起》，范益世译，世界知识出版社，1982年版，第4页。

某种克劳塞维茨式的口气说："多年来，我们的经济政策就是我们的外交政策。"[①]

二战结束后，随着经济全球化进程的进一步加速，以及世界经济中相互依赖趋势不断增强，衡量一个国家的国力及影响力的标准逐步由军事力量转为综合国力，其中，经济实力尤为重要。虽然二战后国际关系的基础仍然是军事实力关系，但经济力量日益成为国际事务的推动力。联邦德国正是巧妙地利用经济力量来不断地改变其国际地位，并且在对外政策及德国政策上获得了更大的独立性和自主性。值得注意的是，战后联邦德国"经济奇迹"的产生，与其社会市场经济的成功实践有着直接的关系。虽然，联盟党在德国政策以及东方政策上没有为社民党留下太多的政治遗产，但不可否认的是，联盟党开创的社会市场经济政策的大获成功，也为社民党凭借联邦德国强大的经济力量，实践其"以接近求转变"政策奠定了物质基础，增强了信心。例如，勃兰特于1961年就意识到了赫鲁晓夫提倡的两大制度和平竞赛最终将是西方取得优势。为此他讲到，就富裕和自由进行比赛将会表明，我们两者都有，而东方则一无所有。[②]

由此可见，正是在强大经济力量的支撑下，社民党政府得以对民主德国推行更为积极和灵活的德国政策。为了密切两德关系，特别是为两德人员互访创造机会和条件，联邦政府有时甚至甘愿付出一些经济代价。除了在德国内部贸易中提供高额的无息透支贷款外，联邦政府还向民主德国提供了大量的非商业性财政支付。例如，1970至1979年，联邦德国共向民主德国支付了50多亿马克的各项费用。其中，联邦财政的直接支付为35.8亿马克，过境费占70.9%，西柏林通道的改善费占22.1%。联邦财政的间接支付为4.4亿马克，主要用于报销联邦德国公民向民主德国支付的个人税费。联邦邮政财政支出为5.8亿马克，用于支付信件的派送费、邮政管理费、通信费。此外，联邦政府还向民主德国支付了5.2亿马克的签证费和道路使用费。[③]

---

① ［美］埃德温·哈特里奇著：《第四帝国的崛起》，范益世译，世界知识出版社，1982年版，第316页。

② ［联邦德国］彼得·本德尔著：《盘根错节的欧洲》，马灿草等译，世界知识出版社，1984年版，第62页。

③ Bundesministerium für innerdeutsche Beziehungen（Hrsg.）, *Texte zur Deutschlandpolitik*, Reihe Ⅱ/Bd.8, Bonn: Deutscher Bundes-Verlag, 1983, S.296.

在社民党政府经济施惠策略的不断推动下，两德人员互访、通信交流的规模日益扩大。据统计，1970年民主德国赴联邦德国的旅行人数为104.8万，1974年为131.6万，到1979年达到136.9万。1970年联邦德国赴民主德国的旅行人数为125.4万，1974年为191.9万，到1979年增至361.7万。1972年，民主德国公民通过紧急家庭团聚访问联邦德国的人数为11421人，到1979年这一数字增至41474人。[①] 1969年两德间的电话线路仅为34条，全年通话次数为50万次。1979年两德间的电话线路增至1061条，全年通话次数上升到2060万次。1975至1979年，从联邦德国发往民主德国的信件数量年均约7900万封，包裹数量年均约2780万件，从民主德国寄往联邦德国的信件数量年均约1.08亿封，包裹数量年均约980万件。[②]

联邦德国的这些措施对于维系和增进德意志人民共同的民族认同感和归属感而言，所发挥的积极作用难以估量。与此同时，它们对民主德国的发展与稳定也产生了深远的影响。曾任民主德国最高领导人的昂纳克在回忆录中这样写道："联邦德国可能帮助民主德国社会主义社会的发展，但同时却也可能兼而并之。例如，我们公民旅行的大量增加，是一种开放政策，但却也有风险。"[③]

结　论

综上所述，社民党于1969年主政联邦德国后，开始通过增加两德在人员、组织、机构之间的接触与合作，来抑制德意志民族的进一步分裂，同时保持德国问题在政治上和法律上的公开性。这一时期，维护德意志民族的凝聚力成为其德国政策优先考虑的事项。因此，社民党政府为促进两德人员互访，改善两德旅行交通，扩大两德通信交流，甚至不惜动用大量的财政资金。然而，社民党政府的德国政策实践引来最大反对党联盟党的质疑与抨击，两

① Bundesministerium für innerdeutsche Beziehungen (Hrsg.), *Zehn Jahre Deutschlandpolitik: die Entwicklung der Beziehungen zwischen der Bundesrepublik Deutschland und der Deutschen Demokratischen Republik 1969–1979: Bericht und Dokumentation*, Bonn, 1980, S.44.

② Bundesministerium für innerdeutsche Beziehungen (Hrsg.), *Texte zur Deutschlandpolitik*, Reihe Ⅲ/Bd.6, Bonn: Deutscher Bundes-Verlag, 1989, S.542.

③ 赖因霍尔德·安德特等著：《倒台——昂纳克答问录》，顾增文等译，世界知识出版社，1992年版，第43页。

大政党随后在联邦议会围绕德国政策展开了激烈的辩论。

就这场辩论的本质而言，是双方不同德国政策理念的碰撞和交锋。在新形势下如何推进德国统一的问题上，两大政党仍然存在显著的分歧。通过对比我们可以发现，这一时期的联盟党仍受其传统德国政策的一些过时理念的困扰，对民主德国实行经济制裁的主张不过是其早先“强硬”德国政策的一种延续，且与缓和时代的潮流格格不入。与之相反，社民党则以更加务实和理性的态度，将“以接近求转变”的策略融入其德国政策当中。

此外，从这场辩论中可以看到，联邦德国政府的德国政策受到诸多因素的制约与影响，其中包括西柏林的经济和政治安全、本国企业界的经济利益、苏联的干预等，这些因素致使无论是在对抗时代还是在缓和时代，对民主德国采取经济制裁措施不仅无法达到政治上的目标，反而会适得其反。值得注意的是，联盟党在其执政期间对民主德国经济制裁所持的谨慎态度，也辅证了这一观点。社民党认为，只有以缓和与合作的方式，加强两德经济合作和各项交流，增进两德人民的相互了解和沟通，方能为德国的重新统一创造良好的内部条件。换言之，社民党政府以更加理性的态度来审视德国分裂与欧洲分裂的辩证统一关系，以及联邦德国在德国统一过程中扮演的推动者或促进者的角色。因此，在欧洲两大阵营体系没有得到根本性改变的情况下，联邦德国的德国政策只有作为一种缓和与和解的政策，改善和增强两德关系，进而带动欧洲关系的缓和，最终在全欧和解以及欧洲分裂结束的情况下，以一种和平的、民族自决的方式实现德国统一。

最终，这场持续数年的论战以联盟党的主动退出而谢幕。在历经“柏林墙事件”以及两德《基础条约》签订之后，联盟党的德国政策理念再次遭受巨大的冲击，并开始朝务实主义的方向发生蜕变。最为典型的一个例子便是，20世纪80年代初，在野长达13年的联盟党再次登上执政舞台后，为缓和欧洲中导危机造成的紧张局势，消除它对两德关系带来的不利影响，科尔政府主动利用民主德国急迫的借贷需求，通过向后者提供近20亿马克的担保贷款来缓和业已僵化的两德关系，改善两德间的旅行交通与人员往来。这与其传统德国政策的强硬风格对比鲜明。显然，重新掌权的联盟党彻底转变了原有的僵硬立场，并在德国政策理念方面向社民党趋同。

爱德华三世与反教皇法令

——中世纪后期英格兰政教关系之初探

王记宁

自约翰王向罗马教会屈服以后，罗马教会在英格兰王权的斗争中取得了优势地位。此后，罗马教会就英格兰国王有关主教任命与征税等行为加强干预。随着时间发展，英王及贵族对罗马教会的干预愈加不满。14—15世纪，议会颁布了一系列反教皇法令①，而该时期爱德华三世的反教皇法令则颇具代表性。1351—1353年，议会在英王爱德华三世的支持下，先后通过了两项反教皇立法，即《圣职授职法》与《王权侵害罪法》，这两项法令均要求罗马教会不得对英格兰事务进行干涉。反教皇法令的颁布，意味着爱德华三世撕下与罗马教会"友善"的面具，将长期以来与罗马教会所积累的矛盾以法律的形式呈现出来。笔者认为，反教皇法令的颁布是对英格兰王权的相对强化与罗马教会的相对衰落这一事实的反映，但这并不意味着英格兰国王在与罗马教会的斗争中取得了绝对优势。在与罗马教会斗争的历史进程中，英王有时仍需向罗马教会在圣职授职等领域达成妥协，以获得教皇的支持，从而巩固并强化自身的统治。

本文旨在论述中世纪后期英格兰政教关系及其成因，并以爱德华三世颁布的反教皇法令为立足点，从而探讨中世纪后期的英格兰王权在与罗马教会斗争时所做出的妥协。本文将指出中世纪后期英格兰国王向罗马教会妥协的具体表现，并从英格兰国王所处宗教环境、国内外处境等因素来探讨其妥协性产生的原因。

【作者简介】王记宁，西北师范大学历史文化学院世界史硕士研究生。

① 钱乘旦、许洁明：《英国通史》，上海社会科学院出版社，2002年版，第86页。

一、反教皇法令颁布之前的英格兰政教关系

若想理解中世纪后期英格兰政教关系中的妥协性，有必要了解反教皇法令颁布之前的英格兰政教关系，这样便能对研究中世纪后期英格兰政教关系起到事半功倍的效果，从而能够发现反教皇法令颁布之前后英格兰政教关系中的相似性。

公元6世纪，基督教开始在英格兰传播。在基督教传播的过程中，英格兰基督教就遵循凯尔特风俗还是遵循罗马风俗产生了分歧。公元663年，在诺森伯利亚国王奥斯威的主持下，双方在惠比特召开了宗教会议，即惠比特宗教会议。最终，作为不列颠霸主的诺森伯利亚国王奥斯威决定遵循罗马习俗。[①]为强化世俗统治的合法性，早期英格兰的世俗政权便寄希望于罗马教会对世俗王权的神化；而罗马教会则希望进一步拓宽基督教会的势力范围。因此，中世纪早期的英格兰世俗统治者选择与教会合作。[②]

诺曼征服后，英王威廉一世通过将教会土地与封建义务捆绑、建立处于王权控制下的基层教区等措施，加强了对教会的控制。然而，王权对英格兰教会过多的监督与管理，引起了很多英格兰神职人员的不满，因为他们认为过多的行政事务扰乱了他们的正常生活。1093年，经院哲学家、神学家安瑟伦（1033—1109）被推举为坎特伯雷大主教。他在任期间，曾写信给沙夫茨伯里的女修道院院长尤拉莉亚说："我在大主教辖区内受到了极大的骚扰，如果能够做到不为之内疚，我宁愿死也不愿意继续在这里干下去。"[③]11世纪中期，克吕尼运动蓬勃开展。通过这场运动，罗马教会的腐化现象得到遏制，增强了罗马教会的权威。除此之外，罗马教皇格里高利七世作为克吕尼运动的坚定支持者，宣称罗马教会拥有世俗世界的最高统治权，并鼓励西欧各国的教会摆脱王权的控制与影响。克吕尼运动鼓舞了对王权不满的英格兰教士，使得以坎特伯雷为代表的英格兰教会开始向王权发起挑战。安瑟伦先后就主

---

① 布鲁斯·L.雪莱：《基督教会史》，刘平译，上海人民出版社，2012年版，第160页。

② 邵政达：《中世纪英格兰教俗关系的变迁》，载《南都学坛》（人文社会科学学报）2015年第3期。

③ Brian Davies and Gill Evans, *Anselm of Canterbury: The Major Works: introduction*, Oxford: Oxford University Press, 1998, p. viii.

教叙任权及圣礼等问题与威廉二世和亨利一世产生冲突。

亨利二世在位期间，任命自己的亲信，即上议院议长兼大法官托马斯·贝克特为坎特伯雷大主教，然而，在托马斯·贝克特就任坎特伯雷大主教之后，很快走向了亨利二世的对立面，并与教会为伍。此举引起了亨利二世的不满，并为日后的“贝克特遇刺事件”埋下了伏笔。托马斯·贝克特被刺后，引起了整个基督教世界的轰动。1173年2月，托马斯·贝克特被罗马教会封为圣徒。同年4月，亨利二世的妻子埃莉诺以及他的儿子理查德与杰弗里发动叛乱，此外，法国国王路易七世与苏格兰国王威廉也以此为理由，煽动反亨利二世的叛乱。尽管叛乱被亨利二世镇压下去，但罗马教会依然支持反对亨利二世的叛乱。迫于压力，亨利二世被迫前往坎特伯雷忏悔，当亨利二世走进的时候，“他的眼泪与亲吻湿透了圣徒殉道的地方……他在那里跪倒在地，以一种不同寻常的方式来专心祈祷”。[①]此外，亨利二世还承诺放弃对英格兰教会的控制。就在亨利二世在坎特伯雷大教堂忏悔的时候，亨利二世宣布“完全恢复教会的特权与权利”。[②]亨利二世的这一举动在一定程度上缓和了教俗矛盾，并且亨利“对圣墓的访问无疑加强了他的地位”。[③]

由于狮心王理查长年在外跟随教会从事十字军运动，并将国家事务交给时任坎特伯雷大主教的休伯特·华尔特，教会在英格兰的影响进一步上升。到了约翰王时期，王权就坎特伯雷大主教的任命等问题与罗马教会产生了激烈的争执。时任罗马教会英诺森三世便宣布开除约翰王的教籍，英格兰贵族伺机叛乱。迫于形势，约翰王向罗马教会屈服并承诺按时纳贡。这便形成了王权屈服于教权的前提下，双方进行合作的局面。约翰王向教皇的屈服，取得了立竿见影的效果。约翰王被迫通过《大宪章》之后，英诺森三世随即对英格兰贵族的行为予以严厉谴责。此后，约翰王以教皇为后盾，来对付国内

① Michael Staunton, *The lives of Thomas Becket: selected sources translated and annotated*, Manchester: Manchester University Press, 2001, p. 218.

② Michael Staunton, *The lives of Thomas Becket: selected sources translated and annotated*, Manchester: Manchester University Press, 2001, p. 218.

③ Michael Staunton, *The lives of Thomas Becket: selected sources translated and annotated*, Manchester: Manchester University Press, 2001, p. 217.

反对他的贵族。[①]

从以上史实中可以看出，自基督教在英格兰传播到约翰王向教皇屈服的这一段历史中，英格兰政教之间的矛盾以及英王与罗马教会的妥协一直存在。该时期英格兰政教矛盾的主要焦点在于对圣职授职等权力的争夺；而英王愿同罗马教会达成妥协，则是获得教会支持从而加强自身统治的需要。也就是说，一旦选择与教皇妥协，就能够获得法理上的优势，从而使国内外敌对势力失去反对自己的理由。在后文中，我们将看到，反教皇立法前后英格兰的政教关系及其成因有着极大的相似性。因此，笔者认为，理解反教皇法令颁布之前的英格兰政教关系，对认识并研究反教皇法令颁布之后的中世纪英格兰政教关系有着很大帮助。

二、反教皇立法颁布始末

约翰王死后，其继任者亨利三世延续其父的做法，向教皇宣誓效忠并承诺交纳贡金。然而，从爱德华一世开始，屡屡拖欠纳贡，爱德华二世时期亦是如此。[②]不过长期以来，教会并未对此事予以表态，双方所产生的矛盾一直未公开，直到爱德华三世时期。[③]1366年，英王爱德华三世通过议会，公开批判罗马教会的纳贡制度，使得教俗矛盾公开化，英格兰教会的权威和地位受到挑战。

爱德华三世延续了其父爱德华二世的做法，对罗马教会继续持消极态度。爱德华三世在位初期，罗马教会在圣职授予这一方面有着很大的决定权。爱德华三世曾多次向罗马教会举荐自己的亲信担任圣职，遭到罗马教会拒绝。除此之外，罗马教会任命大批外国人为英格兰的神职人员，引起国王、贵族及议会成员的不满。随后，在爱德华三世的支持下，议会先后通过了有关取消外籍人士在英格兰担任圣职以及圣职应由国王管辖等决议。1351年，议会通过了爱德华三世的《圣职授职法》，该法令规定，圣职应由提名或选举产

① 蔺志强：《约翰献土：中古英国王权与罗马教廷关系管窥》，载《暨南学报》（哲学社会科学版）2017年第8期。

② 蔺志强：《约翰献土：中古英国王权与罗马教廷关系管窥》，载《暨南学报》（哲学社会科学版）2017年第8期。

③ 蔺志强：《约翰献土：中古英国王权与罗马教廷关系管窥》，载《暨南学报》（哲学社会科学版）2017年第8期。

生，且圣职由英格兰教会以及担任大主教等神职人员授予；就圣职授予等方面向罗马教会请愿者，将会遭到处罚，并向国王交纳罚金；违背这项法令的人会遭到惩罚，且其财产将被国王没收。[①]《圣职授职法》颁布之后，立即引起了罗马教会的强烈反对。后经过了一系列的斗争，英王在圣职授职等方面做出了相应妥协。1398年，议会通过了一项与罗马教廷的和约。其开篇就提到："为了上帝的荣耀和罗马教会的神圣，也为了从我们的主，即现在至高无上的教皇那里所得到的特殊的爱……尽管制定了与之相反的法律与法令，但在下届议会召开之前，仍将按下文所述对其做出放宽……首先，当尊贵的主教之位出现空缺时，将在方便的时间到罗马教廷报告选举一事。如果国王代表教皇写出代表，或其他臣服于国王的臣民感到满意或能够接受他，那么至高无上的教皇将会提供一个蒙上帝挑选之人。"[②]

除此之外，爱德华三世还同罗马教会就司法管辖权问题产生了激烈的冲突。爱德华二世在位时期，曾宣布将有关神职人员的案件纳入王室法庭。1353年，议会通过了爱德华三世的《王权侵害罪法》，该法令的主要内容是：英格兰臣民只能接受王室法庭的审判；未经国王同意，罗马教会私自任命英格兰教职的行为被视为侵害王权；不得将任何罗马教会的法令等文件带入王国等。[③]此后，就司法管辖权问题，王权与罗马教会进行了长期的斗争。

三、反教皇法令的特征及其表现

从爱德华三世时期教俗斗争的表面化、一系列反罗马教会立法的出台及爱德华三世对罗马教会的强硬态度来看，似乎能够得出这样一个结论：从爱德华三世起，英格兰王权与罗马教会的斗争日趋激烈且王权开始占据上风。然而，教俗势力之间斗争的日趋激烈也意味着双方势力旗鼓相当，谁都无法在这场斗争中占据绝对的优势。这就意味着，双方在争斗的同时，也要再三权衡。作为对反教皇法令的回应，罗马教会不承认英格兰选举出的主教并拒

① Myers.A.R, *English Historical Documents 1327–1485*, London and New York: Routledge, 2006, pp. 659–660.

② Myers.A.R, *English Historical Documents 1327–1485*, London and New York: Routledge, 2006, p. 662.

③ Myers.A.R, *English Historical Documents 1327–1485*, London and New York: Routledge, 2006, pp. 660–662.

绝英格兰人担任红衣主教。爱德华三世则通过其王权的影响力和号召力获得了英格兰社会各界的支持，加之英格兰社会的反罗马教会情绪日趋强烈。最终，经过长期的争斗，教俗双方均做出妥协。1398年，英王理查二世同罗马教会卜尼法斯九世达成协议，主教任命应由英王与罗马教会共同决定。

从《圣职授职法》和《王权侵害罪法》的内容中可看出教俗双方的妥协性。例如，《圣职授职法》中提到，1月29日之前，由罗马教会以及前任所任命的大主教、主教等职务，仍可继续带薪留职，直至去世。[①]此外，在《王权侵害罪法》中，有这么一段话也是值得玩味的："那些宗教领主提出抗议，并不是企图去否定或肯定我们的圣父罗马教会将主教逐出教会的行为，也不是说他能够根据神圣的教会法来调任主教至其他教区。"[②]从这里可以看出，该法案对有关罗马教会所作所为的态度在一定程度上是暧昧不明的。这似乎是在表明，该法案不会侵犯罗马教会的权威，只不过是禁止教职人员再像以前那样做出敛财等侵害王权的行为。此外，该法案还提到："当同一法院对这种请求和控诉做出判决时，任何在审判范围内且领取圣俸的大主教、主教以及其他的教会人士都有义务在任何时候来执行国王根据审判所下达的上述命令，且命令不得被打断。因为没有任何外行人可以做出如此决定，且他们有义务执行国王下达的其他命令。其中，英格兰的王冠，就如同国王的祖先统治时那样，直至今日，被国王和平地把握着。"[③]其中，"和平"一词是指，英格兰国王的王冠，并不是依靠压榨教会来获得的，而是从国王的祖先那里"和平"地继承下来的。英格兰国王对教会的相关权益，是合乎法理的。也就是说，英格兰教会只有听命于国王，才能够实现教俗之间的和平。在这里，英王仍表明了与罗马教会和睦相处的态度。这与日后亨利八世宣布与罗马教会决裂并要求英格兰教会臣服于英王，形成了极为鲜明的对比。

此外，从中世纪后期英格兰政教关系的文献中能够发现，自爱德华三世之后，多数英王都曾或多或少地与教皇达成妥协。因此，笔者认为，反教皇

---

① Myers. A. R, *English Historical Documents 1327-1485*, London and New York: Routledge, 2006, p. 659.

② Myers. A. R, *English Historical Documents 1327-1485*, London and New York: Routledge, 2006, p. 661.

③ Myers. A. R, *English Historical Documents 1327-1485*, London and New York: Routledge, 2006, p. 660.

法令的颁布并非中世纪英格兰政教关系的转折点，反教皇法令颁布前后，中世纪英格兰的政教关系并无实质性变化。笔者将以爱德华三世时期的英格兰政教关系为基点，来论述中世纪后期的英格兰政教关系，并分析这种关系产生的原因。

四、中世纪后期英格兰政教关系中的妥协性及其成因

英王对罗马教会采取妥协与合作的态度，与其所处的国内外环境以及宗教氛围息息相关。笔者认为，英王在处理与罗马教会的关系时所表现出的妥协性，并非由罗马教会自身实力所致，法理上的权威地位才是罗马教会的优势所在。在中世纪的西欧，几乎所有人都信仰天主教，这就意味着，几乎所有人都承认了罗马教皇至高无上的地位。因此，尽管并非所有的国王等封建贵族对罗马教会百依百顺，但罗马教会毕竟在名义上是至高无上的，罗马教会在整个天主教世界中有着决定性的号召力，也就是说，一旦某个世俗君主成为罗马教会的敌人，罗马教会完全可以通过自己的影响力与号召力，使国内外世俗势力有了讨伐国王的理由。因此，本文将以罗马教会在法理上的权威性为基点，来探讨英王愿同罗马教会妥协的原因。

1.保证国内外环境的安全是英王愿同罗马教会妥协的重要原因之一

自法国国王腓力四世将罗马教廷迁至阿维农之后，罗马教会就受法国国王的控制与影响。因此，即使法国无法控制整个西欧的教会，也能够在法理上取得对英格兰的优势。除此之外，诺曼征服之后，许多位于诺曼底的神职人员被派往英格兰，负责英格兰地区的宗教等事务。这就意味着，这些位于英格兰的诺曼底神职人员将会受到诺曼底乃至法国教俗势力的影响。这些都无疑增加了英王的压力。英法百年战争期间，这些诺曼底神职人员被英王怀疑为法国国王间谍。因此，英王通过挪用诺曼底人的修道院的经费等途径来打压诺曼底神职人员。[①]1348年，由于黑死病的蔓延，英法停战，直至1356年英格兰再次进攻法国。也正是因为停战，使得英王能够有相对充沛的精力来夺取有关教会的圣职授职权、司法管辖权等。《圣职授职法》与《王权侵害罪法》正是在英法百年战争第一阶段休战期间颁布的。

---

① Annick Brabant, *Un pont entre les obédiences: expériences normandes du Grand Schisme d' Occident* (*1378-1417*), Ann Arbor: Proquest LLC, 2014, p. 130.

天主教会大分裂给英格兰王权以可乘之机。1377年，格列高利十一世把教廷由阿维农迁至罗马。1378年，格列高利十一世去世后，意大利人乌尔班六世被选举为罗马教皇，此举引起了以法国人为主的其中十三位枢机主教的不满，他们返回罗马，选举了一位法国人为罗马教皇，即克雷芒六世，开启了罗马教廷与阿维农教廷分庭抗礼的局面。天主教会大分裂引起了天主教世界的混乱，许多世俗封建主根据自身的利益需要加入了不同的阵营。此时，处于与法国作战状态下的英格兰，站在了罗马教廷一边。理查二世统治时期，英格兰在与法国的斗争中处于劣势，此时，诺曼底受法国控制。1381年，理查二世派遣使者前往罗马教廷，要求罗马教会彻底切断外国修道院与诺曼底地区之间的所有联系，尽管这一提案被乌尔班六世拒绝，但乌尔班六世仍采取了限制诺曼底地区的教会任命牧师的权力等措施，以打击阿维农教廷的势力。①天主教会大分裂时期，英王支持罗马教廷以对抗法国及在其控制下的阿维农教廷。相应的，罗马教会也采取了一些限制英格兰教会过度膨胀的措施，以换取英格兰王权的支持。

经过39年的激烈斗争。1417年，在康斯坦茨会议上，一致选举马丁五世为教皇，天主教会大分裂的局面至此结束。天主教会大分裂局面的结束也意味着英王联合罗马教会对抗阿维农教廷的局面的结束。在天主教会大分裂结束后的初期，由于罗马教会摆脱了法国王权的影响，英格兰国王似乎没有像之前那样那么需要罗马教会的帮助了。亨利五世的叔叔博福特主教曾在康斯坦茨会议中，与马丁五世达成一项协议：如果马丁五世当选教皇，那么马丁五世将任命博福特主教为英格兰王国的枢机主教兼罗马公使。此举引起了忠于国王的坎特伯雷大主教奇切尔的反对，并宣称这违反了英格兰教会的传统，即只有坎特伯雷大主教才能担任公使一职。这加深了博福特主教与英王之间的矛盾。随后，亨利五世宣布剥夺博福特所有在英格兰的教职与教产。但随后亨利五世担心，一旦将博福特主教的教产全部没收，这些财产很有可能流入其他贵族手里，加之亨利五世因与法国的战争消耗了大量的国力，英格兰王室财政短缺。1421年，亨利五世与博福特主教达成协议：博福特主教向亨利五世提供巨额贷款，并承诺放弃对英格兰王国枢机主教一职的要求，亨利

① Annick Brabant, *Un pont entre les obédiences: expériences normandes du Grand Schisme d' Occident (1378-1417)*, Ann Arbor: Proquest LLC, 2014, p. 134.

五世则宣布赦免博福特主教并恢复其顾问一职。[①]由此可见，尽管王权希望能够尽可能完全摆脱教会势力的影响，但处于英法百年战争期间的英格兰苦于财政短缺，不得已做出相应的妥协。

到了英法百年战争后期，英国在与法国的作战中逐渐转向被动。为扭转颓势，英王愿同教会做出相应妥协。在1434年召开的巴塞尔会议中，英王亨利六世与教皇马丁五世达成协议：向过去遭英格兰王国没收土地及财产的法兰西王国等地的修道院进行赔偿等。[②]

因此，从天主教会大分裂到英法百年战争结束期间，对法战争的走向与发展对英格兰的教俗关系有着重要影响。

1455年，约克家族为争夺王位，向兰开斯特王朝发动进攻，玫瑰战争（1455—1485）开始。1461年，约克家族推翻了亨利六世的统治，约克王朝（1461—1485）开始。为拉拢教会对抗兰开斯特家族，1462年，爱德华四世颁布《神职人员宪章》，该宪章指出："全能的上帝允许我们的英格兰王国遭受痛苦与折磨，并惩罚我们的罪恶，一个主要的原因，并且我们也相信这是真的，便是这些年来我们没有允许教会的教士和牧师在英格兰普世教会和平地、静静地享有自由、特权和他们自身的习俗。"[③]因此，该宪章规定："如果世俗法庭对神职人员进行起诉，那么世俗法庭就应该将此案件交予教会法庭……若世俗法庭违反了这一规定，教会可以不受任何国王的官员的阻碍，对其进行谴责。……凡有关什一税的案件，不论是由各当事人提出还是由法官提出，均由教会法庭决定，并不得以《王权侵害罪法》作为威胁。"[④]从这一法案中可以看出，爱德华四世对罗马教会采取了完全妥协的态度。

除此之外，此时的英格兰王权，也通过与罗马教会的合作，来实现自身的利益最大化。从教皇西克斯图斯四世给英王爱德华五世（1483年在位）及

① Myers.A.R, *English Historical Documents 1327-1485*, London and New York: Routledge, 2006, pp. 674-676.

② Myers.A.R, *English Historical Documents 1327-1485*, London and New York: Routledge, 2006, p. 682.

③ Myers.A.R, *English Historical Documents 1327-1485*, London and New York: Routledge, 2006, p. 691.

④ Myers.A.R, *English Historical Documents 1327-1485*, London and New York: Routledge, 2006, p. 691.

其继任者理查三世（1483—1485年在位）的书信中，承诺不仅要确保爱德华五世与理查三世在教会中的特权，还要确保他们的侄子爱德华·德·拉·波尔在教会中的特权。[①]因此，玫瑰战争期间，尽管反教皇主义有所发展，但约克王朝仍然以合作的姿态来面对罗马教会。

因此，英王与罗马教会的妥协与合作，能够使英王借助罗马教会在法理上的优势来获得安全的国内外环境，并获得在世俗世界中的优势地位。

2.宗教信仰及其氛围是英王承认罗马教会权威地位的重要基础

从天主教义来看，中世纪英格兰君主在一定的历史时期必须同教会妥协，因为天主教在中世纪西欧社会中占据主导地位。在天主教的教义中，只有罗马教会才是人世间至高无上的教会。这种观点在中世纪得到了西欧几乎所有的教俗人士的认可，其依据来自奥古斯丁的神学史观。奥古斯丁认为，尽管罗马帝国不信基督教且崇拜诸神，但其荣光依然能够说明它是世俗世界中最伟大的帝国，是人们值得学习的榜样。[②]因此，西欧的天主教徒普遍认为，作为世俗典范的罗马帝国于393年定基督教为国教之时，其统治便更具有神圣性。罗马教会依据奥古斯丁的理论，认为如果罗马皇帝为世俗世界的典范，那么罗马主教，即罗马教皇则为基督教信仰的最高典范，并在罗马教皇与罗马皇帝的共同努力下，共同迎接上帝之城的到来。可以说，奥古斯丁的罗马观对西欧的历史进程产生了极为深远的影响。因此，在中世纪的西欧，被教皇授予神圣罗马皇帝的世俗统治者就是整个世俗世界的代表，而罗马教会则是整个基督教信仰的代表。几乎所有的天主教徒都会认为，只有在罗马教会的领导下，上帝之城才会降临。因此，奥古斯丁的罗马观构成了维护罗马天主教会至高无上地位的重要理论基础。

上文提到，当英格兰普遍皈依基督教之初，英格兰的基督教信仰产生分歧。在这一时期，英格兰形成了两个基督教派别，即遵循凯尔特习俗的“凯尔特派”与遵循罗马习俗的“罗马派”。“凯尔特派”受爱尔兰传教士的影响，反对罗马教会的管辖；而“罗马派”则受法兰克传教士的影响，主张忠于罗

---

① Myers. A. R, *English Historical Documents 1327-1485*, London and New York: Routledge, 2006, pp. 698-699.

② 奥古斯丁：《上帝之城》（上卷），王晓朝译，人民出版社，2006年版，第202-208页。

马教会。[①]为统一信仰，公元663年，在称雄不列颠的诺森伯利亚国王奥斯威的主持下，召开了惠比特宗教会议，双方就信仰问题展开了激烈的争论，最终，奥斯威选择了罗马派，即忠于罗马教会。[②]理由是，奥斯威认为主将天国的钥匙交给了彼得，因此，奥斯威“不得罪这样一位看门人”。[③]可以说，惠比特宗教会议基本上奠定了中世纪英格兰基督教的信仰基调，对中世纪英格兰的宗教信仰产生了极为深远的影响。因此，包括英王在内的几乎所有世俗君主，即使与罗马教会有诸多方面的冲突，也不会挑战罗马教会的权威。因为英格兰王权与罗马教会的矛盾主要存在于世俗利益的争夺中，而非教义上分歧。爱德华三世之所以支持威克里夫，仅仅是因为威克里夫在圣职授职等问题上与爱德华三世的观点一致。然而，威克里夫及其追随者的反罗马教会的权威等观点引起了教俗贵族的不满，被其视为异端。15世纪早期，国王发动的反异端运动程度加强。[④]1401年，在英王亨利四世的支持下，英格兰教会通过了《火焚异端法》。[⑤]

《火焚异端法》指出：“某一个教派中虚假且固执的人，以一种应被诅咒的方式来思考所谓的信仰、教会的圣礼以及同样的权威，并篡夺公共领域来宣传违背上帝的律法与教会的思想……”[⑥]因此，该法令规定不得传播任何违背天主教义的异端思想，否则将遭到逮捕甚至处以火刑。1414年，在英王亨利五世的支持下，议会再次通过一项法令，要求逮捕并铲除所有罗拉德派成员以及疑似罗拉德派的成员。[⑦]因此，尽管罗拉德派并未完全被铲除，并活动于整个15世纪，但其反罗马教会的思想始终无法得到英王的支持。

---

① 邵政达：《中世纪英格兰教俗关系的变迁》，载《南都学坛》（人文社会科学学报）2015年第3期。

② 邵政达：《中世纪英格兰教俗关系的变迁》，载《南都学坛》（人文社会科学学报）2015年第3期。

③ 比德：《英吉利教会史》，陈维振、周清民译，商务印书馆，1991年版，第213-214页。

④ Colin Platt, *Medieval England: A social history and archaeology from the Conquest to 1600 AD*, London and New York: Routledge, 2005, p. 131.

⑤ 钱乘旦、许洁明：《英国通史》，上海社会科学院出版社，2002年版，第88页。

⑥ Myers. A. R, *English Historical Documents 1327-1485*, London and New York: Routledge, 2006, p. 861.

⑦ Myers. A. R, *English Historical Documents 1327-1485*, London and New York: Routledge, 2006, p. 862.

奥古斯丁的罗马观本身便是罗马教会在法理上的优势所在，加之中世纪的英格兰国王信仰以罗马派为基础的天主教，使得中世纪的英格兰国王无法接受任何否定罗马教会权威的观点，这也是英王愿同罗马教会妥协的重要基础。

结　语

爱德华三世通过的《圣职授职法》与《王权侵害罪法》这两项反教皇法令，似乎意味着从爱德华三世开始，中世纪后期的英格兰王权逐渐强大，而罗马教会的权威在英格兰不断收缩。这种观点是具有客观性与合理性的，因为自爱德华三世起，英格兰社会的反教皇情绪此起彼伏，且英王也通过没收修道院财产以及争夺主教叙任权等手段迫使教皇妥协。但王权对教会的强硬态度也是在可控范围内进行的。即使罗马教会在经历天主教会大分裂等事件后走向衰落，但英王在处理与罗马教会的关系时，仍需考虑当时的国内外环境与宗教氛围等现实因素。因此，为进一步强化王权并稳固统治，尽管英国时不时地批判教皇并为之出台相应政策，但最终还是以妥协而告终。因此，笔者认为，英王与罗马教会的妥协自基督教传入英格兰以来就一直存在，反教皇法令的颁布并不意味着这种妥协的终结；相反，反教皇法令颁布之后，英王同罗马教会的妥协在一定程度上是其早期历史的延续。这种妥协一直延续到近代，直到1701年《王位继承法》的颁布，英格兰国王才基本上摆脱天主教会势力的控制与影响。

十字军筹款活动与13世纪英国社会的变化

高峻峰

十字军运动是中世纪时期的一个重要事件，它对整个欧洲都产生了巨大的影响。正如屈勒味林在他的《英国史》一书中说："如果在中古之后期野蛮的欧洲仍如十字军前之闭关自守，不与世通，则后期中古多变的生活，以及丹第（但丁）和巧塞（乔叟）的世界将无从存在。"①因此，这里特别选取十字军筹款活动和13世纪英国社会为研究对象，希望通过探讨筹款活动给13世纪英国社会带来的变化，窥探出十字军运动对整个欧洲的影响。

一、土地市场和土地占有结构的变化

一个人进行十字军宣誓之后就要开始为自己的十字军之行进行准备，其中一个重要的内容就是为自己的远行筹措必需的费用。尽管国王和大贵族有时会给予十字军战士一些补贴，但往往要视他的地位和他与皇室的亲密关系而定。然而，那些足够幸运能得到国王或大贵族直接补贴的人实际上也会发现，这些钱只能满足一小段路程所需的费用。②因此，十字军参加者主要是通过他们的个人财产筹措所需的费用③，而这些个人财产主要就是他们的地产。因为在13世纪的英格兰，土地极度稀缺，通过对它的出售、抵押和出租，十

【作者简介】高峻峰，北京大学历史学系博士研究生。

① 屈勒味林：《英国史》，钱端升译，东方出版社，2012年版，第174页。

② Simon Lloyd, *English Society and the Crusade, 1216–1307*, Oxford: Oxford University Press, 1988, p. 176.

③ Christopher Tyerman, *England and the Crusades, 1095–1588*, Chicago: The University of Chicago, 1988, p. 195.

字军参加者可以以最快的速度获得最多的现金。在13世纪的英格兰，由于不断增长的土地占有欲，十字军参加者可以通过土地获得令人满意的收入。[①]

约克郡的骑士罗伯特·康斯特布尔为了筹集十字军远征所需的资金，卖给了莫克斯修道院500英亩土地，并出租了两个村庄；赫伯特·德·鲍维尔也卖掉了他的土地来筹集资金；休·提瑞把他埃塞克斯兰厄姆的庄园卖给了康希尔的格维斯以获得100马克的资金。[②]因此，毫无疑问，13世纪十字军参加者筹集资金的需要增加了市场中的土地供给量。[③]然而，我们不应该只关注土地市场中供给数量的增加，因为真正令人感兴趣的是涌入市场的土地为一些社会集团提供了达成他们心愿的机会。很明显，出于一种或另一种原因，许多人会利用当地十字军参加者对现金的需要来抢购他们的财产。[④]因而，这一时期与十字军参加者进行土地交易绝不是出于经济目的，而是为了实现某种政治目标，一个著名的例子是阿宾登的修道院。1247年，阿宾登修道院的修士们花费了近1000马克购买了十字军战士休·菲茨亨在阿宾登的大部分地产，从而背上了巨额的债务，而他们之所以这样做则是为了恢复修道院此前的领地，并维持和扩大在地方的势力。[⑤]

当然，这一目的不是阿宾登修道院或宗教领主所特有的，许多世俗领主也有着相同的目的。例如，理查·荷达特就在1215至1250年间花费了413马克用以购买此前属于荷达特家族的土地。[⑥]因此，可以认为，十字军参加者的

① Simon Lloyd, "Crusader Knights and the Land Market in the Thirteenth Century", in P. R. Coss and S. D. Lloyd, eds., *Thirteenth Century England* Ⅱ: *Proceedings of the Newcastle upon Tyne Conference 1987*, Woodbridge: The Boydell Press, 1988, p. 136.

② Kathryn Hurlock, *Britain, Ireland and the Crusades, c. 1000-1300*, Basingstoke: Palgrave Macmillan, 2013, p. 46.

③ Simon Lloyd, "Crusader Knights and the Land Market in the Thirteenth Century", in P. R. Coss and S. D. Lloyd, eds., *Thirteenth Century England* Ⅱ: *Proceedings of the Newcastle upon Tyne Conference 1987*, Woodbridge: The Boydell Press, 1988, p. 136.

④ Simon Lloyd, "Crusader Knights and the Land Market in the Thirteenth Century", in P. R. Coss and S. D. Lloyd, eds., *Thirteenth Century England* Ⅱ: *Proceedings of the Newcastle upon Tyne Conference 1987*, Woodbridge: The Boydell Press, 1988, p. 121.

⑤ Simon Lloyd, *English Society and the Crusade, 1216-1307*, Oxford: Oxford University Press, 1988, pp. 185-188.

⑥ Simon Lloyd, *English Society and the Crusade, 1216-1307*, Oxford: Oxford University Press, 1988, p. 189.

筹款活动为教俗贵族恢复领地、扩大地方势力提供了绝好的机会。此外，伦敦的商人或市民也借此机会购买了大量的地产，到14世纪他们甚至可以大量出售这些地产。1361—1362年，威斯敏斯特的僧侣们从伦敦的金匠理查·德·韦斯顿那里购买了罗莎蒙德的庄园；1364—1365年，他们又从伦敦的鱼商罗伯特·阿林那里购买或者说试图购买斯特拉特福德的一个磨坊。①尽管这些商人将地产再次卖出了，但是他们买它的目的可能并不是为了很快卖掉它。许多考虑因素促使像理查·德·韦斯顿和罗伯特·阿林这样的伦敦商人购买土地，而其中一个因素就是，地产对于任何渴望跻身绅士阶层的人来说都是绝对的必需品。②而这些作为必需品的土地很可能正是一个需要资金的十字军参加者所提供的，换句话说，十字军的筹款活动为渴望改善社会地位和社会身份的商人敞开了封闭的大门。

十字军战士因为远行筹款而不得不出售、抵押和出租自己的地产，这不仅改变了13世纪英国土地市场中土地供给的数量，而且为那些渴望恢复地产或扩张势力的教俗贵族提供了机会，更为渴望跻身绅士阶层以提高社会地位的商人敞开了大门。这一切使得此前土地占有的结构发生了巨大的变化，土地不仅在家族之间进行转让、逐渐集中到了大贵族之手，而且开始在不同阶层之间进行转让，贵族和商人因此有了进一步的交往。在这样的情况下，封建土地所有制发生了某种程度的变化，而以其为基础的封建经济也开始改变。

二、世俗领主特权的转移

除了通过处理自己的地产来为十字军远征筹款外，一些领主还会通过转让自己的特权来获得收入。任何东西都可以被出售、抵押或出租，例如土地、租赁权、放牧权和监护权。③而接受这些特权的人主要是富有的且不参加十字军的世俗领主、教会、修道院以及市镇。

十字军参加者因筹集资金的需要而不得不放弃自己的特权，将其让给其

① Barbara Harvey, *Westminster Abbey and its Estates in the Middle Ages*, Oxford: Oxford University Press, 2002, p. 189.

② Barbara Harvey, *Westminster Abbey and its Estates in the Middle Ages*, Oxford: Oxford University Press, 2002, p. 192.

③ Christopher Tyerman, *England and the Crusades, 1095-1588*, Chicago: The University of Chicago, 1988, p. 198.

他富有的世俗领主，权势因此遭到了削弱。例如，在1177年，拉马尔克的伯爵阿达尔贝特五世为了“微不足道”的6000马克和一些犺兽就把他在这个郡的所有权利卖给了亨利二世。[①]然而，十字军参加者特权的丧失却为那些富有的或不参加十字军远征的世俗领主提供了扩大自己权利的机会。“十字军运动大大减少了小封地、小领地、小领主的数量，而把权势集中到较少的人手中。”[②]而且，从某种程度上说，这种权势的集中和地产的集中是一致的，因为一些特权往往是附着于土地之上的。在这样的情况下，土地和特权开始逐渐聚集到少数人的手中，拥有更多地产和更多特权的大领主不断出现，十字军运动前的许多分散势力开始逐渐聚合。“大采邑的扩大以及社会中心的产生，以取代以前的分散局面，是十字军运动在封建制度内部造成的两个主要效果。”[③]

大的世俗领主借十字军筹款之机扩大了自己的权势，然而能利用这一机会的却并非只有他们，修道院和教会也从中“获益良多”。例如，在1270年4月，十字军战士沃尔特·德·威格顿与霍尔姆修道院的院长亨利就此前所扣押的属于修道院的牲畜达成了协议，这一有关放牧权的争议本来已经进入了司法程序，但是由于沃尔特将进行十字军远征，为了获得修道院的补贴，他不得不就这一争议与修道院达成妥协。[④]由于筹措资金的需要，许多参加十字军的领主会将此前与修道院或教会相争的特权让予它们，以获得所需的资金。在这样的情况下，修道院和教会的势力进一步扩大了，由于它们是宗教势力的代表，因此可以认为，十字军筹款为13世纪英国宗教势力的扩张提供了良机。然而，另一方面，它们的扩张与世俗大领主的扩张是相互冲突的，双方往往会争夺同一十字军参加者的财产及特权，这使得在十字军运动中教俗间的合作开始出现裂口，为此后教俗在经济利益、政治权利和思想意识上的激烈争斗埋下了伏笔。

此外，一些拥有市镇的领主还会通过出售特许状来获得收入。在1239年，当西蒙·德·蒙特福特在积极准备十字军之行时，他把放牧权割让给了

① Christopher Tyerman, *England and the Crusades, 1095–1588*, Chicago: The University of Chicago, 1988, p. 195.

② 基佐:《欧洲文明史》，程洪逵、沅芷译，商务印书馆，2009年版，第162页。

③ 基佐:《欧洲文明史》，程洪逵、沅芷译，商务印书馆，2009年版，第162页。

④ Simon Lloyd, *English Society and the Crusade, 1216–1307*, Oxford: Oxford University Press, 1988, p. 159.

莱斯特的市民，同时还授予了市民们准备花钱购买的特权；1248年，当威廉·朗吉斯皮在为他的第二次十字军远征做准备的时候，授予了普尔市民自治特许状，并因此得到了700马克。[①]由此，许多13世纪的市镇得到了进一步的自由和特权，大批自治市开始出现，这进一步削弱了领主的特权，但也活跃了国内的经济。而且，更为重要的是，市民阶层借此机会壮大了自己的实力，成为除国王和大贵族之外的第三种势力，被二者争相拉拢，在他们的斗争中发挥着作用。

"由于十字军筹款的责任主要由参加十字军运动的领主来承担，因而他们会尤其感到苦恼"[②]，不得不将一些领主特权转让出去以获得远征所需的资金，一些更大更富有的世俗领主、教会和修道院以及市镇则借此机会扩大了自己的权势。由此，此前分散的世俗贵族势力开始集聚，并与宗教势力的扩张相抵制、相竞争，而自由市镇和市民的壮大更为社会注入了新的势力，这些进一步推动了英国13世纪封建社会结构的变化。

三、议会的发展

尽管个人筹款是十字军筹款活动的主要方式，但是正如前面提到的，国王仍会对一些十字军战士进行补贴，而这些补贴通常来源于十字军税。例如，亨利二世早在1166年便征收税款，并在1172年资助了圣地的200名骑士。[③]此外，国王的十字军远征更需要整个国家税收的支持。当理查一世在1189年开始着手进行十字军东征时，他的一部分资金正是来自萨拉丁什一税。[④]然而，众所周知，在13世纪，国王对私人财产或收入征税需要得到议会的同意。因此，国王不得不频繁召开议会，这在为王位继承人爱德华的十字军远征进行筹款时表现得相当明显。从1268年6月爱德华拿起十字架到1270年8

① Simon Lloyd, *English Society and the Crusade, 1216-1307*, Oxford: Oxford University Press, 1988, p. 181.

② Simon Lloyd, *English Society and the Crusade, 1216-1307*, Oxford: Oxford University Press, 1988, p. 176.

③ Kathryn Hurlock, *Britain, Ireland and the Crusades, c. 1000-1300*, Basingstoke: Palgrave Macmillan, 2013, p. 49.

④ Kathryn Hurlock, *Britain, Ireland and the Crusades, c. 1000-1300*, Basingstoke: Palgrave Macmillan, 2013, p. 46.

月他离开前往东方的这段时间，是议会的一个活跃期，在这26个月里召开了七八次会议，主要是为十字军远征和筹款做出安排。[①]

1268年6月，当时的王位继承人爱德华加入了十字军，并在1269年8月与法国国王路易九世商定在1270年的8月在法国南部的艾格莫尔特乘船离开。因此，爱德华需要大笔现金来满足他的十字军之行。然而在1268年，极具破坏性的内战刚刚结束，国王及其支持者、教会和反叛者都遭受了严重的经济损失，整个国家财力匮乏。因此，在这一时期征税是困难的，而国王在1268年9月议会上的征税提议遭到抵制也就毫不令人奇怪了。然而，根据资料显示，这次议会中征税的努力之所以失败可能是平民——骑士和市民缺席的缘故，因为国王稍后命令参加和未参加9月议会的人要在伦敦进行重新集会，而所谓未参加者指的应该就是平民。[②]因为平民的“缺席”，议会被认为是不完整的，征税的目标也因此未能实现，这足以表明平民在那时已经成为一支不可忽视的政治力量。

因此在10月份，更多的郡选骑士被召集到了伦敦议会上，如赫里福德郡、塞洛普郡、斯塔福德郡、沃里克郡、约克郡、诺森伯兰郡、坎伯兰郡、威斯特摩兰郡等；而且，这次议会似乎是我们所知道的第一次出现众议院的“完整”议会，因为这些骑士代表被要求从贵族中选出征税委员会的成员，以负责其所在郡的税收工作。[③]这表明在议会中他们是与贵族相分离的另一利益集团，独立发挥作用。然而，他们的作用却是消极的，许多代表拒绝选出征税委员会，从而导致了这一次征税的失败。[④]此后，为了能够得到骑士的支

① J. R. Maddicott, “The Crusade Taxation of 1268-1270 and the Development of Parliament”, in P. R. Coss and S. D. Lloyd, eds., *Thirteenth Century England* Ⅱ: *Proceedings of the Newcastle upon Tyne Conference 1987*, Woodbridge: The Boydell Press, 1988, p. 93.

② J. R. Maddicott, “The Crusade Taxation of 1268-1270 and the Development of Parliament”, in P. R. Coss and S. D. Lloyd, eds., *Thirteenth Century England* Ⅱ: *Proceedings of the Newcastle upon Tyne Conference 1987*, Woodbridge: The Boydell Press, 1988, pp. 96-97.

③ J. R. Maddicott, “The Crusade Taxation of 1268-1270 and the Development of Parliament”, in P. R. Coss and S. D. Lloyd, eds., *Thirteenth Century England* Ⅱ: *Proceedings of the Newcastle upon Tyne Conference 1987*, Woodbridge: The Boydell Press, 1988, pp. 98-101.

④ J. R. Maddicott, “The Crusade Taxation of 1268-1270 and the Development of Parliament”, in P. R. Coss and S. D. Lloyd, eds., *Thirteenth Century England* Ⅱ: *Proceedings of the Newcastle upon Tyne Conference 1987*, Woodbridge: The Boydell Press, 1988, p. 100.

持，国王不得不通过一系列有利于他们的法令，例如在1269年4月通过法令免除了骑士欠犹太人的巨额债务。因此，10月的议会同意开始进行税收评估，到1270年的5月份征税的决议最终获得了通过；6月份部分税款被征收上来并交给了爱德华和陪同他的扈从，8月中旬爱德华开始前往埃及。[①]

在困难的情况下，为了使爱德华能够筹集到十字军远征所需的费用，国王不得不召集大批平民参与议会共商征税问题，为了得到他们的支持，更不得不通过有利于他们的法令。很明显，在这一过程中，国王的权利遭到了更大的限制，而平民则借此机会进入了议会，并在议会中发挥了一定的影响。尽管这一影响不是决定性的，但却是不可忽视的。“1270年后，国王再也不能在没有平民代表出席议会的情况下通过征税的决议了。”[②]平民出席议会有着重大的意义，参加议会，与国王和大贵族讨论国事，使得平民的智能得到了锻炼，其力量也因此不断壮大；而平民在议会中独立发挥作用更使得议会具有了新的意义。这些对此后英国的发展有着深远的影响，“国王之坚持各地方的武士市民须按时往来于韦斯敏斯忒（威斯敏斯特）和各地方之间，适成为政治教育的起点，而有功于英吉利民族的养成者殆不在巧塞（乔叟）或百年之战之下”[③]。

十字军参加者在进行筹款的过程中，不得不出售、抵押和出租自己的土地或特权，致使13世纪英国土地市场和土地占有结构发生了变化，世俗领主特权发生了转移，并进而引起了经济和社会结构的变化。与此同时，为了对十字军战士进行补贴，国王开始征收十字军税，从而促进了议会的发展，此前的政治结构开始发生变化，进一步加速了13世纪英国社会的变动。十字军筹款活动是十字军运动的一项内容，它给英国带来的变化表明了十字军运动对英国有着深远的影响，而这一影响值得进行深入的分析和探究。

---

① J. R. Maddicott, “The Crusade Taxation of 1268-1270 and the Development of Parliament”, in P. R. Coss and S. D. Lloyd, eds., *Thirteenth Century England* Ⅱ: *Proceedings of the Newcastle upon Tyne Conference 1987*, Woodbridge: The Boydell Press, 1988, pp. 107-111.

② J. R. Maddicott, “The Crusade Taxation of 1268-1270 and the Development of Parliament”, in P. R. Coss and S. D. Lloyd, eds., *Thirteenth Century England* Ⅱ: *Proceedings of the Newcastle upon Tyne Conference 1987*, Woodbridge: The Boydell Press, 1988, p. 116.

③ 屈勒味林：《英国史》，钱端升译，东方出版社，2012年版，第206页。

墨洛温王朝后期的王后政治初探

——以鲍尔希尔德为中心的考察

王秀红

在中世纪早期法兰克墨洛温时期，女性在政治中特别活跃，考察王后的政治生涯能从另一个角度反映当时的政治运作和治理情况。鲍尔希尔德王后就是一位出身低下却活跃于王国政治的典型。她与国王、宫相、主教之间的斗争与合作，折射出这一时期的政治主线仍是墨洛温王权。她作为王后的权力首先是基于她的婚姻且有更多的偶然性。像她这类附属于男权社会的少数地位显赫的女性，通过自己的努力在政治上取得一席之地，她比她的丈夫或儿子们当政时，有着相对稳定的政治秩序。

一、鲍尔希尔德其人

鲍尔希尔德（Baldechildis/Balthild死于680年左右）是达戈贝特小儿子克洛维二世（649—657年在位）的王后。她与国王育有三子（洛塔尔、提奥德里克和希尔德里克）。在成为国王的妻子之前，她曾是宫相厄奇诺尔德（Erchinoald）府上的奴隶。关于她的出生年月没有详细记载，但是中世纪早期男子的法定结婚年龄约为15岁、女子的法定年龄为13岁[①]。据此推断她应该是出生于633年之后。根据她的圣徒传记载，她最初到达法兰克是在7世纪40年代，其身份是奴隶，被宫相厄奇诺尔德低价购买，按此推断，她对自己的身世是有记忆的，为什么传记中没有详细记载？第一，可能当时这种现象

【作者简介】王秀红，太原师范学院讲师。

① http：//legacy.fordham.edu/Halsall/source/byz-marr726.asp

极为普遍，没有什么值得记载的；据她的圣徒传记载："她付钱并下令买回许多俘虏，她将他们释放为自由人。他们中的一些，尤其是来自她的族群的男子，也有许多女孩，她自己出钱赎买他们，送他们进修道院。然而，她能吸引许多人，她委托这些人负责神圣的修道院，并命令他们为她祈祷。"①纵观当时的奴隶贸易，可以发现当时英格兰和法兰克之间的交往是比较频繁的。在欧根（Ewig）1973年出版的德文著作《修道政治和王后鲍尔希尔德》与奈尔逊（J. L. Nelson）的《像耶洗别一样的王后们：墨洛温历史上的布伦希尔德和鲍尔希尔德》以及弗拉克里和格伯丁的《墨洛温法兰克》中都有所叙述。第二，这是法兰克女性圣徒形象需要。有关她的圣徒传最完整的版本是在她死后不久，据说是由谢尔的一位修女所作。这位修女认识鲍尔希尔德并巧妙地使人们相信她是一位圣徒王后。谢尔修女强调鲍尔希尔德的低出身，将她描绘成来自不列颠的萨克森人，孩提时被俘为奴。这种描写可能更多的是要体现传统的谦卑而非事实，体现一种社会阶层的流动性，表明贵族并非一个封闭的精英团体。657年，鲍尔希尔德的丈夫克洛维二世去世后，他们的大儿子，时年8岁的洛塔尔三世（Chlothar Ⅲ，657—673年在位）任国王，她作为孩童国王的母亲辅佐摄政。从657年开始到664年孩童国王年满15岁，她的摄政生涯结束并退隐至谢尔（Chelles）修道院。8年左右的摄政充分说明，她在丈夫克洛维二世活着时就有一定权力和政治影响力。而且我们在匿名的《法兰克人史》（*Liber Historiae Francorum*）中发现对她的丈夫的记载是："他极为猥琐下流，是通奸者、亵渎妇女之人，以暴饮暴食和酗酒而自居。"②狄克·哈里森认为"克洛维二世娶鲍尔希尔德不只是因为她像圣徒传中所讲的那样虔诚和令人愉悦。……很可能克洛维娶她仅仅是因为他发现她性别上有吸引力或因为他与她相爱。"③从男性的角度看，这些女性是属于顺从的受害者，是男性的玩物；而从女性政治文化的角度看，这些女性是有思想和抱负的。"王后"这一身份只是鲍尔希尔德等女性在男权社会实现个人目标的跳

① Paul Fouracre and Richard A Gerberding, *Late Merovingian France: history and hagiography*, Manchester and New York: Manchester University Press, 1996, p.126.

② Paul Fouracre and Richard A Gerberding, *Late Merovingian France: history and hagiography*, Manchester and New York: Manchester University Press, 1996, p.89.

③ Dick Harrison, *The Age of Abbesses and Queens: Gender and Political Culture in Early Medieval Europe*, lund: Nordic Academic Press, 1998, p. 356.

板，为鲍尔希尔德的政治活动创造了机会。从其特别的出身和圣徒传中对其品行的描述，我们可以看到她的过人之处。弗雷德加称她是明智的、有魅力的，称赞宫相厄奇诺尔德是强大的和智慧的。[①]圣徒传记载她是一位异邦女子，即纽斯特里亚的萨克森人，这在某种程度上也反映了当时萨克森人在法兰克纽斯特里亚王国的传教活动情况以及法兰克与英格兰的交往。我们知道写圣徒传的目的是要尽可能地使人们通过圣徒崇拜而相信上帝的力量、皈依基督教。对于中世纪早期尤其是墨洛温后期不断出现的暴力攻伐和内讧而言，王后的圣徒传作为一种劝人皈依的信仰宣传有利于稳定当时的社会政治秩序。由于史料中对她的家族没有记载，所以有了各种猜测。有说她是宫相厄奇诺尔德府上的一名出身低下的奴隶，因为她是该宫相以低价买到的；有的说她在到达法兰克之前可能是萨克森的一位公主，因战乱被劫掠。《法兰克人史》记载她出身于萨克森贵族。即便是奴隶，在当时以礼物交换打通利益关系的背景下，她也算是宫相献给克洛维二世的礼物。这场婚姻在某种程度上反映了国王和贵族的政治联姻。如果考虑到中世纪早期像勒高夫所说的是一个充满暴力的时代，再考虑到布列吞人帕特里克等被爱尔兰人劫掠的遭遇，以及她摄政时期所采取的释放奴隶的政治措施来看，我们更愿意相信她是盎格鲁-撒克逊的贵族出身。圣徒传中对她的品行和外表有所描述：

> 天命呼唤她，上帝最宝贵之人，从海外到此，以低价被卖。……在服务人员中，她是最值得尊敬的，她对宗教生活方式的仰慕和虔诚取悦了这位首领（宫相）和他的所有仆人。她的确心地善良、脾性温和、头脑谨慎，能够未雨绸缪。她没有陷害过任何人。她既不因自己面容姣好而轻浮，说话也不冒失，她的所有行为都是最可敬的。她身居高位而不傲慢；她从长辈的脚上脱下鞋子，洗净晾干；她为他们打水并及时准备衣服；她为他们做的这一切服务都没有怨言且怀有一颗善良而虔诚的心。[②]

然而，我们不能将其视为一个白手起家的低出身妇女，不能盲目夸大下层女性在当时的政治阶层流动，更不能认为当时的下层女性会凭借婚姻而享

① J. M. Wallace-Hadrill, *The Fourth Book of the Chronicle of Fredegar*, Greenwood Press, 1981, p. 80.

② Paul Fouracre and Richard A Gerberding, *Late Merovingian France: history and hagiography*, Manchester and New York: Manchester University Press, 1996, p.99.

誉政坛。当今学界，关于圣徒传作者将她的身份地位描述得大起大落存在着截然不同的解释。以保罗 · 弗拉克里为首的一派认为这种摄政前后的强烈对比是为了强调她摄政时所做的种种善行和对教会大量的资助以及对教会事务的参与。从她拒绝宫相求婚的描写来看，明显是不可信的，但是为什么当时人们会相信？“她藏在府上远处角落里的一堆破旧衣服之下，直到他娶了另外一名女子作为他的妻子。然后，我们被告知，她嫁给了国王。”①唯一的解释就是为了彰显上帝的神圣力量，将她描述为是上帝所倚重的人，忍辱负重最终成就自己。而以琳达 · 库恩为首的另一派学者认为这种明显的地位落差是效仿拉戴贡德王后传记的写法，以便节制她的后权。这两种解释都有各自的依据。我们看到宫相厄奇诺尔德将鲍尔希尔德献给国王的同时，自己娶了贵族出身的女子为妻，不仅完成了与国王的联姻，而且也成功地拉拢了地方贵族。我们有理由推测厄奇诺尔德是为了保持在宫廷中的地位，有意识地培养出这样一位漂亮能干的女性呈现给国王作为新娘，这从客观上为她的王后摄政（queen-regents）提供了政治素养。

二、鲍尔希尔德与贵族

文本记载对鲍尔希尔德的评价褒贬不一。无论何种评价都说明她在当时政治中的影响力。总体而言，鲍尔希尔德在教会政策的推行上比前面几位墨洛温王后更为独断。关于鲍尔希尔德与当时各主教的关系主要见于《威尔弗雷德传》和《圣鲍尔希尔德传》。前者记载她谋杀主教并安插自己的亲信，后者侧重于她与主教的合作。奈尔逊将鲍尔希尔德与布伦希尔德相并列。

从文本记载来看，鲍尔希尔德在宫廷中势力极为强大。在她摄政时期，巴黎主教和鲁昂主教、一些世俗首领以及宫相厄奇诺尔德及其继任者埃布罗因最终都成为她的支持者。她将他们推上整个纽斯特里亚-勃艮第王国的权力核心，她曾任命了欧坦（留德加）、里昂（杰尼修斯）和图卢兹（埃洛姆贝特，Erembert）甚至是巴黎的主教，尤其是任命宫廷教士、修道院院长杰尼

① Paul Fouracre and Richard A Gerberding, *Late Merovingian France: history and hagiography*, Manchester and New York: Manchester University Press, 1996, p.99.

修斯取代奥尼穆德为里昂大主教。[①]爱迪乌斯·斯蒂芬在《威尔弗雷德传》（*The Life of Wilfrid*）中记载她杀死了9名主教。

那时有一位名叫鲍尔希尔德的心肠狠毒的王后，她迫害上帝的教士。甚至类似于古老的邪恶王后耶洗别那样慢待上帝的先知，这样，尽管她放过了一些教士和执事，但是命令屠杀了9位主教，其中一位是主教达尔芬纳斯。她召见这些公爵带着邪恶的意图。……因此神圣的主教赢得了殉教者的桂冠；但是准备殉教的圣威尔弗雷德毫无畏惧地站在那里，公爵们问道："那位帅气的准备赴死的年轻人是谁?"他们被告知是"一位外族人，来自不列颠的英格兰人"，这样圣威尔弗雷德就被饶恕了。[②]

据史料记载，威尔弗雷德初到里昂，受到里昂主教达尔芬纳斯（当时奥尼穆德任里昂大主教）[③]的赏识与支持。奥尼穆德和达尔芬纳斯都是在鲍尔希尔德摄政时期被处死的。他可能遇见一些反对鲍尔希尔德教会政策的人士。而斯蒂芬的《威尔弗雷德传》撰写于威尔弗雷德死后不久的712—714年，这与奥尼穆德之死已经隔了50多年。威尔弗雷德对这位王后的偏见和仇视肯定存在，因此，对鲍尔希尔德的负面记载不大可信。然而，到比德731年撰写《英吉利教会史》时，他对鲍尔希尔德的这一负面记载主要参考了《威尔弗雷德传》的记载。尽管有偏见，但有一点是一致的，那就是王后鲍尔希尔德在当时有很大的权力且插手教会事务尤其是主教任职。杰尼修斯受王后之命，作为她的赈济员，为她负责了大量的资助捐赠和救济事务。

鲍尔希尔德也参与宫廷年轻贵族的教育培训，一种旨在创建友谊网的政策，该政策后来有望在地方层面上实施王室计划。朱米耶吉斯（Jumièges）的建立者腓力贝特就是在达戈贝特的宫廷中接受教育的。在那里，他结识了奥多因。很快腓力贝特进入勒拜投奔修道院院长安吉鲁斯，在那里，腓力贝特平步青云爬到修道院的上层最终被任命为修道院院长。宫廷的联系是有用的，奥多因任鲁昂主教时帮助腓力贝特向国王夫妇申请城市不远处的一块地，

---

① Paul Fouracre and Richard A Gerberding, *Late Merovingian France: history and hagiography*, Manchester and New York: Manchester University Press, 1996, p.122.

② Stephen of Ripon, *The life of Bishop Wilfrid by Eddius Stephanus*, B. Colgrave (ed. And trans.) Cambridge, 1927. Reprinted, New York, 1985, p. 15.

③ 关于达尔芬纳斯和奥尼穆德之间的关系，有说是兄弟两人，又说是朋友，也有人说是一个人的两个名字。

654年腓力贝特在那建立修道院朱米耶吉斯（实行男女同修制度），随着修士人数的增长，朱米耶吉斯分开，修女们被帕维伊的修女院所吸纳，奥斯特贝特任修女院院长。641年奥多因被任命鲁昂主教，宫相厄奇诺尔德与奥多因、艾里基乌斯鲍不和，鲍尔希尔德成为王后之后在一定程度上缓和了这种紧张关系。

在鲍尔希尔德王后摄政时期，平民势力的上升在某种程度上体现了中央权贵内部、地方贵族内部以及中央和地方之间的权力制衡。其结果是出现某一关键职位的空位期，相持不下时或者双方让渡一部分权力达成妥协，或者以第三方当选而平息争端。欧坦主教、里昂主教、巴黎主教都卷入了这些争斗。662年，她委任留德加（Leudegar）成为欧坦这一重要教区的主教。之前近两年，欧坦由于"谁应该成为主教"的派系之争而苦恼，在留德加被任命之前欧坦属于主教空位期。留德加的任命可能是双方争执解决的一种办法。留德加的叔叔狄多是普瓦提埃的主教（628—667年任职），留德加的任命可能也与此有关。在任欧坦主教之前，留德加曾担任过宫廷牧师、大执事并掌管主教区的学校，653年出任圣马丁（Maixent）的修道院院长。埃布罗因是留德加的政敌，在关于后者的记载中，将埃布罗因视为大恶棍。另外，奥尼穆德曾经是里昂的大主教，也是孩童国王洛塔尔三世的教父，后来被鲍尔希尔德的亲信杰尼修斯所取代。在此，我们看到留德加和杰尼修斯的主教任命主要是因为地方竞争相持不下而给宫相和鲍尔希尔德在地方上安置自己的支持者创造了机会。我们也看到以宫廷为首的中央与地方之间的关系是非常微妙的。中央是王室与宫相之间的争斗、地方是地方贵族之间的较量，争斗和较量的结果是第三者获得任命，这在客观上为低出身的人群提供了一定机会。

另外，她虽然出自宫相厄奇诺尔德之家，但是当她在政治上站稳脚跟之后，她随即致力于纽斯特里亚-勃艮第贵族党派之间的和平共处。659年，厄奇诺尔德去世后，他的儿子留德修斯和鲍尔希尔德、留德加结盟。另一方是由奥多因、埃布罗因和阿吉尔贝特领导。阿吉尔贝特成为巴黎主教，一度摆脱了鲍尔希尔德的控制。①她最年长的儿子是由宫相的反对派成员艾里基乌斯为其洗礼的，他也变成她的精神顾问之一；在艾里基乌斯躺在棺材之中时，

① Paul Fouracre, *Frankish History Studies in the construction of Power*, Ashgate Publishing, 2013. Ⅲ, p.157.

王后鲍尔希尔德带着她的儿子们和贵族们前去悼念。在《艾里基乌斯传》中描写她哭得很伤心，表达了对这位努瓦永主教的崇高敬意。她注意到血从他鼻子里流出来。看到此，主教们和最虔诚的王后迅速放了一块亚麻布手帕。他们收集了这些血液，作为礼物精心保留，将其分成三块。[①]因为出现了这样的奇迹，所以给艾里基乌斯的圣徒崇拜添加了神秘色彩。曾在659年结盟中站在鲍尔希尔德反对派一方的奥多因也成为她的重要顾问之一。对于她的摄政，贵族越来越感觉到权力被削弱，在当时的男权社会，男性的权力受到了威胁。659年之后，宫相埃布罗因和主教奥多因联合起来共同对付权力坐大的鲍尔希尔德王后。巴黎主教的任职候选人成为她垮台的导火索。由于王后支持西吉布雷德为巴黎主教，而其余两人决定罢免他并由阿吉尔贝特[②]取而代之。最后，双方让步，王后为了保全其他教区的主教任职而退居谢尔修道院。

最后，鲍尔希尔德策划了王国之间的联姻，试图与奥斯特拉西亚王室联合抗衡以宫相为首的宫廷贵族势力。662年，鲍尔希尔德的小儿子希尔德里克二世（Childeric Ⅱ）娶了奥斯特拉西亚王后西蒙希尔德的女儿比利希尔德成功入驻奥斯特拉西亚，当上了奥斯特拉西亚国王，西蒙希尔德成为奥斯特拉西亚的摄政王后。同时，她还与西蒙希尔德联合威胁并试图将格雷蒙德之女沃尔夫特鲁德开除出尼韦勒修道院并没收由该修女院掌管的财产。[③]从这一时期的政治事件来看，奥斯特拉西亚丕平家族的落败与再次掌权的时间就是在鲍尔希尔德和西蒙希尔德各自作为法兰克纽斯特里亚-勃艮第和奥斯特拉西亚的王后摄政期间，即从兰登丕平之子格雷蒙德政变到格雷蒙德的侄子丕平二世于670年重返奥斯特拉西亚宫廷。这种女性恢复的奥斯特拉西亚政治秩序在男权社会毕竟是短暂的。

三、王后-圣徒与修道

鲍尔希尔德王后率先实行修道政治。在她的圣徒传中提到，谢尔的修道

①参见 Thomas F.X.Noble and Julia M.H. Smith，*Early Medieval Christianities c.600–c.1100*，New York：Cambridge University Press，2008，p.592.

② 据说，阿吉尔贝特是主教奥多因的亲戚，也是宫相埃布罗因的朋友。他早年作为游吟主教在爱尔兰学习《圣经》，后在西萨克森任大主教，然后回法兰克。

③ Dick .Harrison，*The Age of Abbesses and Queens*：*Gender and Political Culture in Early Medieval Europe*，lund：Nordic Academic Press，1998，p.328.

院院长贝蒂拉和众修女是她从茹阿尔召集到谢尔的。而茹阿尔的这些修女有可能是由她自己出钱为她们赎身的。圣徒传中记载，她禁止杀死婴儿、打击圣职买卖、禁止将奴隶出口海外、禁止将基督徒变为奴隶、为俘虏赎身。她的这种培养宗教人士的方法成为后来培训传教士的一项主要政策。有时，奴隶被购买并加以培训以便充任传教士回到他们的家乡去传教。这是9世纪安斯卡采用的一项政策，但是该政策可能在更早时候由威尔布罗德发展起来，他带三十名丹麦人与他一道回到法兰克。更早期的传教士包括艾丹和阿曼杜斯在内，他们也购买奴隶并培训他们成为神职人员，而大格里高利已经指导他的代理坎迪杜斯去做类似的事情。[①]这暗示她在与贵族的政治斗争中培植自己的势力。该措施在客观上造就了一批为她舍生忘死的修女和修士，同时也使得出身低下的人能够通过修道院修行而改变自己的处境，从而使得下层人士有了向上层流动的希望和机会。

除了上述的赎买奴隶外，墨洛温王后们大力推进教会修道文化的发展。她们对教会修道院的资助既有灵修的考虑也有更重要的政治考虑。在克洛维二世在位时，鲍尔希尔德与他一起捐助当时已经存在的修道院，像布公杜法拉（Burgundofara）修道院和法利穆提埃（Faremoûtiers）[②]，并完成了高卢整个修道院机构的重组。鲍尔希尔德与克洛维二世的婚姻使得纽斯特里亚进一步亲近英格兰。来自海峡另一边的年轻的公主被送到茹阿尔接受修道院教育。[③]肯特公主厄康格塔在法兰克的布里地区的法拉修道院（Fara）中修道。当时英吉利的许多人将自己的女儿送到法兰克高卢的修道院里受教育。[④]

从修道团体遵循的修道规章的标准化、修道院-主教区的关系的重新界定到她那个时代一些最重要的修道院的建立，这一切都能感受到她的行为影响。正是这些行为为她赢得了圣徒的尊称。据说，《葛拉修法令集》（*Gelasianum*）

---

① P. Fouracre ed., *The New Cambridge Medieval History, volume c. 500–c. 700*, Cambridge: Cambridge University Press, 2005, p. 731.

② 布里河畔的法利穆提埃，也称埃博里亚坎（Eboriacum）。

③ [P.]Riché, J.J.Contreni translation, *Education and Culture in the Barbarian West, Sixth through Eighth Centuries*. North Carolina University Press, 1976, p.334. 也参见陈维振、周清民译：《英吉利教会史》，商务印书馆，1996年版，第166页。

④ Bertram Colgrave and R.A.B.Mynors ed, *Bede's Ecclesiastical History of the England People*, Oxford: Clarendon Press, 1969, Ⅲ.8, pp.238–239.

从英格兰传入法兰克与这位王后有着密切关系。[①]正如舒伦伯特指出的那样，王后对修道制度发展的广泛资助为她赢得了公众的认可和作为教会庇护者的美誉。鲍尔希尔德对柯尔比和谢尔修道院的重修成为她在未来提升为圣徒候选人的一项重要业绩。因为这些重要的修道团体将保留对她的政治生活、社会和宗教事业的记忆，即它们将成为圣徒王后鲍尔希尔德崇拜的主要场所[②]。她对修道团体的资助主要表现在扩建并在一些地方新建修道院，投入大量资金维系它们的运作，以及投入大量地产，授予修道院和教会各种各样的特权。尤其是通过授予实行混合双修制度的修道院特定的豁免权和其他特权，她使它们免受主教区的掌控并将它们置于王室的直接管辖之下，使它们只依赖于王室并只对王室负责。据说，鲍尔希尔德最后发布的已知的官方法令是664年授予柯尔比修道院的特许状。这些特权和豁免权的获得意味着以王后为首的王室、以主教为首的教会和以修道院院长为首的修道院三方之间的较量和利益再分配，意味着王室的役务和税收要重新分配。鲁昂主教奥多因在他自己的主教任期内，就获得了勒拜（Rabais）修道院的不受主教区控制（episcopal control）的独立特许状。[③]

为了资助朱米耶吉斯（法国典型的日耳曼修道院）的宗教人士腓力贝特以供其建修道院，她出让了国家的大片森林，修士们的修道院就坐落于此，并且从王室财政中拿出许多礼物和牧场……为了资助圣万德雷尔（Wandrille）和洛戈姆（Logium），她出让了大量财富。的确有整个农庄和不计其数的钱捐献出去，那么，她到底给了卢克瑟（Luxeuil）和勃艮第的其他修道院多少呢？同样，她经常授予法利穆提埃（Faremoutiers）修道院大量礼物。[④]

要考察捐赠占王后私人财产的多少？占整个王室财产的多少？捐赠给修道院和穷人的财富占当时国库的多大比例？这些问题在当时是不合适的。虽

---

① Y.Hen,"Rome, Anglo-Saxon England and the formation of Frankish liturgy", Revue Bénédictine 112(2002), pp.301-322.

② J. Tibbetts-Schulenburg, *Forgetful of their Sex: Female Sanctity and Society, ca. 550-1100*, Chicago: The University of Chicago Press, 1998, p.68.

③ 参见 Thomas F.X. Noble and Julia M.H. Smith, *Early Medieval Christianities c.600-c.1100*. New York: Cambridge University Press, 2008, p.383.

④ Paul Fouracre and Richard A Gerberding, *Late Merovingian France: history and hagiography*, Manchester and New York: Manchester University Press, 1996, pp. 124-125.

然王后作为掌管国王财产的人，其自身财产是自由支配的，而国家财产的捐赠和资助是要受国王和贵族限制的；但是，对于墨洛温时期的财富掌管者王后而言，这种公私财物往往是混在一起的，似乎很难区分。对于墨洛温高卢的妇女而言，通向神圣的道路是用她们家族的财富铺设的。[①]而这种明显的公私界限在鲍尔希尔德摄政之时并不存在。

王室资助的修道院在王室与贵族权力争斗中起着安抚和斡旋作用，是墨洛温边境的前哨，或者通过联合建修道院获得地方支持，也是与法兰克地方政治沟通的一种手段。也许正因为墨洛温时期的王后通过资助或捐赠等方式暗中加强对修道院的控制，所以才有755年沃尔公会议规定女修道院院长在没有国王的邀请下不得进入宫廷。[②]德国学者欧根认为大教堂转向混合修道生活使得主教丧失了权力控制和可观的财富。英国学者劳伦斯也认为一场可能与鲍尔希尔德的修道资助政策相关的政治动荡最终迫使她放弃了权力。[③]因为这种远离城市的混合修道制度由王后引入城市，直接危及主教的利益。在墨洛温后期，王后与女修道院院长进一步紧密结合的同时，主教们也在酝酿一场联合斗争。

在圣徒-王后的传记中，墨洛温早期的王后们是在她们从王后地位上退下来之后履行她们的圣行，而鲍尔希尔德是用她的王后职位去履行她的德行。[④]圣徒传中的这一转变有可能暗示墨洛温后期宗教政治上倡导一种积极入世的修道制度，而日益淡化那种与世隔绝的隐修制度。这种假设在克莱尔·斯坦克利夫对有争议的主教制度的考证中有所暗示。她提到那部匿名的《圣卡斯伯特传》，其中涉及一位与卡斯伯特同时代的副修道院院长凯林，他想成为隐修士，但最终接受了修道院院长的建议而继续任职，没有抛弃一切去过那种与世隔绝的隐修生活。他听从其修道院院长的建议，没有因为想成为一名隐

① Julius Kirshner and Suzanne F. Wemple, *Women of the medieval world: essays in honor of John H. Mundy*, Oxford and New York: Basil Blackwell, 1985, p.45.

② Leslie Brubaker and Julia M. H. Smith, editors, *Gender in the Early Medieval World: East and West, 300-900,* New York: Cambridge University Press, 2004, p.231.

③ C. H. Lawrence, *Medieval Monasticism: Forms of religious life in Western Europe in the Middle Ages*, New York: Longman Inc, 1984, p.45.

④ Paul Fouracre and Richard A Gerberding, *Late Merovingian France: history and hagiography*, Manchester and New York: Manchester University Press, 1996, p.118.

修士就简单地放弃他的职位。[①]克莱尔·斯坦克利夫认为比德写卡斯伯特传是为了倡导修士-主教制度。比德之所以将卡斯伯特的隐修说成是修道院院长和修士们的愿望是因为这样改写弥合了修士职务和沉思生活的冲突。

即便当鲍尔希尔德隐退到谢尔修道院后，她也经常暗示她的女修道院院长应该带着与国王和王后以及贵族荣誉相当的礼物常去拜访他们，像惯常那样，不应该丧失上帝之所最初拥有的好名望。[②]奈尔森认为她依靠那些修道建筑对墨洛温教会做了一个结构性的改变，使得教会与王权联系在一起，最终导致了加洛林时期的神圣王权。[③]就鲍尔希尔德在谢尔修道院留下的遗物来看，她并没有像修女那样穿戴。

鲍尔希尔德所谓的“十字褡”是精美的亚麻织物，约46英寸宽，33英寸长，其上绣着两条奇怪的项链，一条是大大的胸前十字架，另一条深长、带有类似于大勋章的项坠。这些刺绣不是用传统的王室金银线做成而是由丝线制成，这表明王后的礼拜服很值钱但并不耀眼。[④]

这种穿戴也暗示她不甘于在谢尔过清贫的修道生活。圣徒传作者将她塑造成是虔诚保护她的人民免遭罪恶并且能够将自己的各项政策强力推行的王后-圣徒。正是因为她的强制和独断引起了埃布罗因一派贵族、主教集团的反感，才导致了她的隐退。而且，从后世的考古发掘也可以证明她自己更在乎的身份是王后而非圣徒。正如伯尼·埃弗罗斯在他的研究中阐明的，墨洛温王后们注重她们被埋葬的方式和被记住的方式。圣鲍尔希尔德明显是以法兰克王后的世俗身份被人们纪念的。[⑤]

鲍尔希尔德摄政期间稳步推进卢克瑟的“混合规章”[⑥]（mixed rule）的

---

① Clare Stancliffe, *Disputed episcopacy: Bede, Acca, and the relationship between Stephen's Life of St Wilfrid and the early prose Lives of St Cuthbert*, Anglo-Saxon England, Volume 41, December 2012, p.16.

② Paul Fouracre and Richard A Gerberding, *Late Merovingian France: history and hagiography*, Manchester and New York: Manchester University Press, 1996, p.128.

③ Janet L. Nelson, *Politics and Ritual in Early Medieval Europe*, Hambledon Press, 1986, p42.

④ Theresa Earenfight, *Queenship in Medieval Europe*, Palgrave Macmillan Press, 2013, p.62.

⑤ Bonnie Effros, *Symbolic Expressions of Sanctity: Gertrude of Nivelles in the Context of Merovingian Mortuary Custom*, Viator 27(1996): 1-10.

⑥ 也称“双重修道院制度”，即男女一起修道。在787年尼西亚召开的公会议上层决议禁止建立这种双修形式的修道院，直到13世纪这种双修形式的修道院才彻底消失。

修道习俗。这种男女同修的混合规章是由圣高隆班引进的。鲍尔希尔德将它强加于圣丹尼斯（Saint-Denis）的王室修道院。她也对诸多主教施加她的影响力，以便使他们将同样的体制引入松散结构的团体。这些团体服务于圣徒墓冢之上所建的大教堂。

整个丹尼斯勋爵、杰曼勋爵、梅达德勋爵、圣彼得、安尼勋爵和圣马丁的高级大教堂，或者她的规范所到之处，她都凭借对上帝的狂热说服与命令主教们和修道院院长们，并送信以期达到如下效果，即在这些地方居住的修士们应该生活在一个符合规定的神圣秩序之下，并且为了使他们自由地顺从这种规则，她下令批准他们的特权，也承认他们的豁免权，这样她可能更好地诱惑他们倡导基督——最高的国王的仁慈，为了国王的利益、为了和平而祈祷。[①]

我们不应忽视她对旧有的圣徒大教堂所做之事。圣丹尼斯、圣杰曼纽斯、圣梅达德和圣彼得、圣安妮阿努斯、圣马丁等地都引起她的注意。她下令并送信告诫这些地方的主教和修道院院长，住在那里的修士应该按照他们的圣规和圣令（holy rule and order）生活……她下令确认他们的特权并授予他们豁免权，使他们乐意向至上之王基督为国王祈祷并赐予和平。[②]

因此，图尔的圣马丁、欧塞尔的圣杰曼[③]、苏瓦松的圣梅达德、桑斯的圣皮埃尔、奥尔良的圣艾格纳都成为常规的修道院，遵循圣高隆班和圣本尼迪克特的“混合规章”。657年不久以后，她建立并资助科尔比修道院并从卢克瑟带来了一些修士居住于此。[④]欧根表明鲍尔希尔德的活动也被带到各修道院，其中包括欧坦（法国中东部城市）的圣桑福里安、第戎的圣贝尼涅、索恩河畔沙隆（法国东部城市）的圣马歇尔、普瓦提埃的圣希拉里、布尔日的

① Paul Fouracre and Richard A Gerberding, *Late Merovingian France: history and hagiography*, Manchester and New York: Manchester University Press, 1996, p.125.

② J. McNamara, J. E. Halborg, and G. Whatley. (eds and trans), *Sainted Women of the Dark Ages*, Durham, N.C. and London: Duke University Press, 1992, p.273.

③ 弗拉克里在《墨洛温后期的法兰克》和特雷莎·艾伦法艾特在《中世纪欧洲的后权》中称“巴黎的圣杰曼”。

④ Leslie Brubaker and Julia M. H.Smith, editors, *Gender in the Early Medieval World: East and West, 300-900*, New York: Cambridge University Press, 2004, p.45.

圣苏尔皮库斯、特鲁瓦的圣卢普斯修道院。[①]这将意味着鲍尔希尔德参与到法兰克近乎所有的重要宗教崇拜中心的豁免权授予或特权批准。[②]至此，巴黎、苏瓦松、森斯、奥尔良以及图尔等地的高级修道院都处在她的掌控之中。

总之，在墨洛温后期，鲍尔希尔德借摄政之机，将神圣崇拜和政治统治结合在一起，推行了一系列的改革。虽然其摄政仅有短暂的8年时间，但是她的影响深远。她自己出钱购买来自她的族群的奴隶并将他们培养成修道院的主要力量，这一措施对基督教传教士的选任有很大启发，以至于9世纪以后发展成一种主要措施；她推行的男女同修的双重修道制度将苦修与入世很好地结合起来，削弱了教区主教的权力；她的圣徒传作者将其塑造成一个独断专行的王后，侧面表明当时的教会改革需要强大的政治支持，这一通道最先是由王后打开的。由此，我们对鲍尔希尔德摄政时候的后权政治有了一个较为合理的想象：在与宫相、主教的明争暗斗中，她通过任用亲信、干涉主教任职、推行双重修道制度等手段，扼制了城市主教的势力，制衡以宫相和主教为首的贵族集团势力，最终保持了纽斯特里亚-勃艮第和奥斯特拉西亚王国之间的政治和平。

① Ewig,"Klosterpolitik",576-577.

② Janet L. Nelson, *Politics and Ritual in Early Medieval Europe*, Hambledon Press, 1986, p.40.

国际关系史研究

从谅解合作到争执对抗的转折
——1940年下半年的苏德关系论析

李积顺

1939年8月23日，在欧洲上空战云密布的情况下，苏联和德国签订了互不侵犯条约。1941年6月22日，德国撕毁条约对苏联发动突然袭击。在一年零十个月的“互不侵犯”时间里，苏德双边关系呈现出十分复杂的局面。有人认为是一种事实上的同盟关系；有人认为是法西斯与反法西斯的敌对关系；还有人认为是一种“准同盟”关系。① 笔者梳理思考所接触的史料后觉得，“互不侵犯”时期的苏德关系似不宜笼统定性，而应深细考察。实际上，这一时期的苏德关系处在动态发展演变的过程中，经历了“谅解利用与合作”“谅解合作转向争执对抗”“临战前的争夺与暗战”三个阶段。本文仅就1940年7月至1940年12月苏德两国由谅解合作到争执对抗的转折关系加以论述。

【作者简介】李积顺，西北师范大学历史文化学院教授。

① 参见王斯德：《论苏德互不侵犯条约》，载《世界史研究动态》1984年第8期；侯成德：《1939—1941年的苏德关系》，载《世界史研究动态》1983年第7期；高明振：《关于苏德互不侵犯条约的几点看法——与王斯德同志商榷》，载《世界史研究动态》1984年第10期；沈志恩：《论苏联对纳粹德国的一年半准同盟外交》，载《社会科学战线》1987年第1期；徐隆彬：《从解密档案看苏德互不侵犯条约签订后共产国际策略的变化》，载《当代世界社会主义问题》2016年第2期；沈志恩：《1939—1941年苏德关系剖析》，载《社会科学战线》1993年第4期；赵文亮：《20余年来我国学术界关于苏联卫国战争前夕外交政策的研究》，载《俄罗斯中亚东欧研究》2005年第4期。

一

1939年9月至1940年6月，欧洲大地战事迭起，硝烟弥漫，而苏德关系则处于利用与合作的“蜜月”时期。1939年9月1日，德国突袭波兰，世界大战全面爆发。1939年9月17日，苏联两个方面军共60万兵力应约越过苏波边界，以秋风扫落叶之势向前推进。被德军闪击战打得溃不成军的波兰官兵，几乎不堪苏军一击即告败降。苏军于9月18日抵达布列斯特—利托夫斯克一线，同德军友好会师。波兰在它的东西强邻两面夹攻下被瓜分而亡国。1939年9月28日，苏德两国签订了《苏德友好和边界条约》，正式划定“布格河和桑河一线为德苏边界”。① 此后，两国关系就呈现出“友好的非交战国”② 状态。本来，苏德互不侵犯条约在字面上理解具有中立性质，莫洛托夫表面上也曾强调过这一点。但在具体处理对德外交时，苏联自觉不自觉地表现出亲德中立的姿态。1939年9月28日两国签订边界友好条约后，又联合发表《苏德政府声明》，宣称两国政府“已为东欧的持久和平创造了坚定的基础”；两国将共同努力，“结束目前以德国为一方，以英国和法国为另一方的战争，如果两国政府的努力归于无效，那么很明显，英国和法国要对继续战争负责”；而且“一旦战争继续下去，德苏两国政府将互相磋商以采取必要的措施”。③ 尤其是1940年4月8日舒伦堡奉命会见莫洛托夫，把德国将进攻丹麦和挪威的决策告知苏方，以表明德国对双方谅解与合作的诚意，莫洛托夫则“声明苏联政府谅解德国不得不采取的那些措施”，并说“我们祝愿德国在它的防御措施方面完全成功”。甚至在德国席卷西欧法国败降在即时，莫洛托夫还向舒伦堡致以最热烈的祝贺。④

苏德两国间的这种谅解合作关系在1940年下半年出现了明显变化，两国

---

① Jozef Garlinski , *Poland in the Second World War* , London: The Macmillan Press LTD., 1985, p.22.

② 阿诺德·托因比、维罗尼卡·M. 托因比合编：《轴心国初期的胜利》（下册），许步增、周国卿等译，上海译文出版社，1983年版，第627页。

③ Hans-Adolf Jacobson and Arther L. Smith Jr., *World War* Ⅱ *Policy and Strategy*, *Selected Documents with Commentary*, Oxford and New York.: Clio Press, 1979. P.31-32.

④ 阿诺德·托因比、维罗尼卡·M. 托因比合编：《轴心国初期的胜利》（下册），许步增、周国卿等译，上海译文出版社，1983年版，第626页。

间争执渐起，矛盾丛生，双边关系进入了重新选择战或和的关键时期。这种变化是第二次世界大战进入新阶段后，苏德两国重新确定战略和政策的结果。

1940年6月，号称欧洲陆军强国的法国，在德国的大举进攻下，只短短数周即告败北。这一重大历史事件使大战前已逐渐失衡的国际格局最终遭到了彻底破坏，并对世界各主要强国的战略与政策产生了巨大而深刻的影响。在法西斯国家中，意大利为德国的胜利而鼓舞，急不可待地抛弃“非交战国”立场而积极参战。日本在德国席卷欧陆势如破竹之际，叫喊着“不要误了公共汽车”最终放弃“北进”，实施“南进”，到南洋去填补真空。德意日三国军事同盟在搁浅一段时间后，又紧锣密鼓地进行着。总之，法国的败降加速了意大利和日本法西斯的侵略冒险步伐，促使它们同德国更加紧密地勾结起来，从而导致大战在更大的范围内扩展。

另一方面，资本主义民主国家也出现了外交的新调整和政策的新变化。丘吉尔领导的英国政府在大战形势的剧烈变化面前，一反张伯伦外交，彻底放弃绥靖政策，采取主动积极灵活求实的新方针，谋求英美结盟，争取英苏靠近。英美一洋之隔，唇亡齿寒的战略依存态势使美国政府不顾孤立主义的掣肘，采取积极措施支持英国，向英国提供一定的援助，尤其是军火援助。美国的对英政策由亲英中立转向“非正式同盟”。①

欧洲战事的发展牵动着世界，苏德两国同样开始了调整战略和政策的历程。其调整的幅度之大、影响之深比上述各国有过之而无不及。法国败降前，苏联对欧洲战争采取亲德中立、隔岸观火的立场。苏联以为德国同英法的战争无论哪一方获胜，双方的力量都将被极大削弱，从而减轻对苏联的威胁。就此而言，西线战争拖得越长，对苏联越有利。然而，德国轻而易举就使法国倾覆，这不仅出乎意料，而且还使苏联政府十分忧虑。虽然莫洛托夫向德国驻苏大使舒伦堡致以最热烈的祝贺，但苏联也深感自己正处于非同小可的危险之中。因为法国的沦陷意味着德国已经胜利地赢得了西欧大陆的战争而未耗尽自己的力量。欧洲大陆除了苏联再没有与德国对抗的敌手，而德国的庞大军队仍然完整无损，从此以后德国可以随时用它的军队全力对付苏联。苏联在1939年8月由于签订互不侵犯条约而避开的危险到1940年6月又一次

---

① Ian S. Mcnald, *Anglo-American Relations since The Second World War*, Newton Abbot / London / Vancouver: David &Charles, 1980, p.1.

来临了。1940年8月苏联最高苏维埃会议对形势做了较为严峻的估计，指出“世界正处于战争激化的新阶段的前夕”，据此提出的任务是“苏联应该更加警惕地关注自己的外部安全事务，加强内外的一切阵地”。[①] 1940年7月1日，斯大林接见了英国新任驻苏联大使克里普斯，表示苏联愿意使两国关系正常化。双方还就国际形势和各自对德政策交换了意见，这在大战全面爆发以来还是第一次。1940年9月21日，斯大林再次接见克里普斯时表示，德国是苏联唯一的真正威胁，德国的胜利使苏联处境困难。[②] 基于这种认识，苏联采取的一项重大战略性措施就是加紧营建“东方战线”。“东方战线”是苏联在西部边境之外建立的北起芬兰，中经立陶宛、拉脱维亚、波兰，南至罗马尼亚的一条狭长防线。早在欧洲战争爆发之初，苏联就出兵波兰东部，夺得波兰的半壁河山，随后又通过苏芬战争割取了一部分芬兰领土。这些行动在客观上成为后来建成“东方战线”的重要环节。但严格说来，“东方战线”是1940年6月至8月随着西线战事的新发展而目标明确地建立起来的。其标志是割取罗马尼亚的比萨拉比亚和北布科维纳，尤其是兼并波罗的海三国。苏联兼并波罗的海三国对苏德两国的军事地理形势以及两国关系的发展具有非同小可的影响。如果德国控制波罗的海三国，则可直叩苏联门户，对苏联构成巨大威胁。相反，如果苏联兼并三国，则可拒德国于千里之外，尤其是可将“东方战线”由南到北连成一片，首尾相应。在第二次世界大战新阶段来临之际，波罗的海三国地理位置上的重要性使它们充当了苏德关系变化的牺牲品。苏联兼并波罗的海三国是其适应形势变化调整对德外交的一个重大举措。

不过在当时，苏德关系变化的主导因素还在于德国方面。在法国败降，英国困守孤岛，德国战略地位和军事实力大大增强之际，德国自以为西线大局已定，两线作战的威胁已经消除。于是，德国的战略由“西进”转向“东进”，对苏外交随之出现了明显变化。由于苏德条约的目的已经达到，苏联对

① 《苏联最高苏维埃第七次会议.1940年1—7月，速记报告》，转引自严双伍：《法国败降与第二次世界大战新格局的形成》，载武汉大学历史系二战史研究室编：《二战史学术讨论会论文集》（内部交流），1985年编印，第5-6页。

② *Foreign Relations of the United States Diplomatic Papers 1940 Vol.* Ⅰ, Washington: Department of United States, p.611.

德国的利用价值便告完结，两国关系如何发展就取决于希特勒的新选择了。德军席卷西欧的赫赫武功使希特勒利令智昏，他一方面傲慢地等待着英国派来恭顺的代表团，一方面踌躇满志地盘算着控制欧洲征服世界的美梦，把目光转向东线，把目标对准了苏联。从此，苏德关系进入了一个多事之秋。

总之，随着欧洲战事的新发展，世界各主要强国急速地进行战略和政策的调整。无论是德意日，还是苏美英概莫能外。其中德国和苏联的双边外交由合作转向争执，变化是最大的。

二

从德波战争爆发到法国败降，苏德两国各有所图互相利用，双边关系具有军事配合、经济互助、外交支持的表象特征。1940年6月以后，两国的矛盾与争执开始表面化，主要在三个问题上表现出来。

苏德矛盾的表面化起始于对东南欧势力范围的争夺。本来，苏德互不侵犯条约的秘密附属议定书第三条规定，关于东南欧，苏联方面强调它在比萨拉比亚的利益；德国方面声明它对这些地区不感兴趣。两国原先对此并无异议。但在1940年6月以后，两国对“这些地区”出现了完全不同的解释。苏联认为“这些地区”是指整个东南欧，而德国却说“这些地区”仅指比萨拉比亚，由此引发了两国对东南欧势力范围的争夺。

争夺对罗马尼亚的控制权是争夺东南欧的关键。罗马尼亚位于黑海西岸，多瑙河下游，西与南斯拉夫毗邻，西北与匈牙利接壤，东北与苏联相连，南临保加利亚。罗马尼亚盛产石油，又控制着多瑙河的出海口，战略地位十分重要，几乎牵动着当时整个东南欧的中枢神经。它是德国从南翼进攻苏联的前沿基地，也是德国防范英国开辟巴尔干战线确保德军南翼安全的战略据点。它还是德国重要的石油供应国。罗马尼亚每月供应德国130万吨石油，几乎达到德国消耗量的一半。对苏联来说，如果能控制罗马尼亚，并夺得多瑙河出海口的部分地区，既有利于自己的南翼安全，还能以多瑙河沿岸国家的身份参与解决欧洲地区的许多国际事务。重要的战略位置和丰富的石油资源使罗马尼亚成了苏德争夺的俎上肉。

罗马尼亚的比萨拉比亚地区连着多瑙河的出海口，历史上苏罗之间存在争端。1940年夏，苏联向罗马尼亚提出割让比萨拉比亚和布科维纳北部地区的要求。德国认为苏德密约中并未将布科维纳包括在内，因此不同意苏联的要求。苏联对德国的立场十分不满。它认为罗马尼亚作为东南欧国家，根据苏德密约理所当然属于苏联的势力范围，无须德国插手。为避免夜长梦多，苏联不理会舒伦堡大使关于苏德条约中互相协商条款也适用于东南欧国家的交涉和苏联不要在比萨拉比亚、北布科维纳采取行动的要求，于6月28日出兵占领两地。希特勒对苏联的行动既震惊又恼怒。随着西线战事结束，希特勒便先发制人，以罗马尼亚问题为开端展开外交反击。

法国投降后，匈牙利和保加利亚向罗马尼亚提出领土要求，争端日益尖锐。8月29日，德国伙同意大利对罗、匈、保领土纠纷进行调节和仲裁，将罗马尼亚的特兰西瓦尼亚一部分划给匈牙利，把多布罗加的南部划给保加利亚。9月1日，德国通知苏联，在罗马尼亚满足了匈牙利和保加利亚的要求后，德国和意大利便保证罗马尼亚剩余领土不受侵犯。接着在罗马尼亚安东尼斯库政权的"请求"下，德国"军事代表团"于10月份进驻罗马尼亚，从而控制了罗马尼亚及其丰富的石油资源。苏联虽然无法改变这些既成事实，但没有隐讳它的不满。它指责德国违反了苏德互不侵犯条约，指出德国对罗马尼亚的保证是针对苏联的。西方有学者认为轴心国联合保证罗马尼亚的领土不受侵犯是"1939年8月23日至1941年6月22日间俄德关系史上的转折点"。[①]称其为"转折点"似乎言之过分，实际上苏德关系正处在由量变到质变的动态发展之中。但它也的确说明苏德关系发展过程中，又增添了一个重要的新变数。

关于罗马尼亚问题的风波未平，对芬兰问题的争执又起。根据苏德密约，芬兰属苏联的势力范围。但在1940年夏天，德国对苏芬关系的发展表示不满并采取一些反措施，从而使两国关系的恶化又前进了一步。芬兰在1939—1940年冬春的苏芬战争中损兵割地，反苏情绪比较强烈。芬兰佩萨莫地区的镍供应对德国的军工生产至关重要。1940年6月23日，苏联表示对佩萨莫的镍矿很感兴趣，咨询芬兰是否愿意给苏联特许开采权，是否愿意成立一个苏芬合资公司，或者是否愿意就这些矿产同苏联另做某种安排。6月27日，莫洛托夫进一步表示，苏联不仅对矿物感兴趣，而且对该地区本身也感兴趣。

① 阿诺德·托因比、维罗尼卡·M. 托因比合编：《轴心国初期的胜利》（下册），许步增、周国卿等译，上海译文出版社，1983年版，第623页。

德国敏感地认为，如果允许芬兰镍矿开采特许权转移，德国在该地区拥有的镍矿利益将荡然无存，而苏联在该地区获得独霸一方的地位。有鉴于此，德国利用芬兰的仇苏亲德倾向，于1940年8月同芬兰政府达成协议，规定德国向芬兰提供武器和其他物资，芬兰则允许德军经过芬兰领土并利用芬兰的交通设备，往返于挪威北部。9月20日，德军在芬兰登陆。上述协议和行动于9月20日通知苏联。苏联感到芬兰已为德国的渗透敞开了大门，对苏联的西北边陲构成了直接威胁。1940年9月27日，莫洛托夫援引苏德互不侵犯条约的第三条和第四条向德国驻苏代办蒂佩尔斯基希提出抗议。德国则置若罔闻我行我素，“把保护伞牢牢地罩住了芬兰”。[①]

苏德矛盾的第三个争执点是对波罗的海三国的争夺。按照苏德密约，波罗的海三国也属于苏联的势力范围。苏联分别在1939年9月28日、10月5日、10月10日与爱沙尼亚、拉脱维亚、立陶宛三国签订了友好互助条约。各条约都规定，万一遭到欧洲任何一个大国的侵略或以侵略相威胁时，双方保证有互相支援的义务。各条约同时还规定，缔约双方不得干预对方的主权或其经济制度和政治制度。10月下旬，苏联一部分陆、空部队进驻三国。进驻后，苏军纪律严明，不侵犯驻地居民利益，也不干预驻在国的内部事务。可以看出，此时的波罗的海国家虽然已成为苏联的“保护国”，但它们形式上还是独立的主权国家。伏罗希洛夫元帅在1939年11月庆祝俄国十月革命节集会上表示，苏联驻军波罗的海三国是为了这些国家的安全，也是为了苏联的安全，而不是去干涉波罗的海国家的内政。莫洛托夫在10月31日的讲话中说：“关于波罗的海国家将实行苏维埃化的胡言乱语，只能有利于我们的共同敌人。”[②]同苏联政府口径一致的新闻媒体把苏联驻军波罗的海三国解释为防备英国可能采取行动的对策，并强调了苏联尊重波罗的海国家主权的立场。上述言论可能并不完全表明苏联的本意，但在某种程度上也符合当时的一些实际情况。应该说，1939年底1940年初，波罗的海国家还没有明显要被并入苏联的事发生。苏联的目的是在要害地带驻军控制战略制高点。只要波罗的海

① 阿诺德·托因比、维罗尼卡·M. 托因比合编：《轴心国初期的胜利》（下册），许步增、周国卿等译，上海译文出版社，1983年版，第157页。

② 阿诺德·托因比、维罗尼卡·M. 托因比合编：《轴心国初期的胜利》（下册），许步增、周国卿等译，上海译文出版社，1983年版，第87页。

三国在外交上唯命是从，苏联便能容忍它们内政上的独立自主。这也是苏德密约规定的德国、苏联、波罗的海国家之间关系的基本格局。然而，随着时局的发展，纳粹德国与苏联的争夺像老虎钳一样把波罗的海国家夹在中间。苏联为了在同德国的对峙中处于有利地位，便抢在德国东进之前对波罗的海三国采取行动。1940年6月14日和16日，苏联政府照会波罗的海三国政府，谴责它们策划反苏军事同盟，破坏同苏联缔结的互助条约。照会要求三国成立能忠实履行条约义务的政府，并允许苏联增加驻军。在苏联的威胁下，波罗的海三国分别于6月17日、20日和21日成立了新政府。随后，三国完全被苏联占领。在苏联的指导下，三国的军队进行改编，政治经济制度进行全面变革。8月初，三国大体同步加入苏联，成为苏联的三个加盟共和国。苏联对波罗的海国家政策的转变，其矛头实际上是针对德国的。在德国看来，虽然密约将波罗的海地区划入苏联的势力范围，但更重要的是苏德条约还规定了双方遇事协商的条款。更何况“利益范围”和兼并领土不是一回事。德国尤其担心，苏联在波罗的海新建的海军基地可以切断德、芬海上贸易通道，还会断绝从瑞典经波罗的海输入的铁矿石。所以，虽然德国没有公开反对苏联的兼并行为，但它实际上反对在不经协商的情况下将“利益范围”变成苏联疆土。苏德两国在波罗的海三国问题上的无声对抗对两国关系的恶化无疑是雪上加霜，对希特勒加快战争准备的步伐不无影响。

总之，1940年夏苏德两国在东南欧、芬兰和波罗的海地区的矛盾纠葛交互作用，成为两国关系趋向恶化的重要因素。当然，希特勒灭亡苏联的野心由来已久，上述矛盾并非苏德交恶的决定因素，但它却是苏德深层矛盾的一种表现形式，在一定程度上反映着苏德关系的实质和必然。

三

1940年夏天，苏德之间矛盾的表露仅是两国关系发生重要变化的开始。苏德关系发展的前景到底如何并未最终确定，还有待两国最高层的选择和决策。这一过程大体到年底才告完成，标志是苏德柏林会谈的失败和希特勒“巴巴罗萨”计划的制订。

德国准备进攻苏联的计划早在1940年7、8月间已开始酝酿和拟定。但在11月苏德柏林会谈之前，希特勒对苏联有两手准备：一是发动军事进攻；二是同苏联“政治合作”。1940年7月31日，德国高层召开了一次重要的军事会议，希特勒在会上说：“英国的希望在于俄国和美国。如果对俄国的希望消失，对美国的希望也会失去。因为消灭了俄国就会极大地增强日本在远东的力量。如果俄国被摧毁，英国的最后一点希望也就会破灭，那时德国将会成为欧洲和巴尔干的主人。俄国摧毁得越快越好。”[①] 在这次会议上，希特勒还把进攻苏联的时间初步定在1941年5月，并将德国现有的180个师重新做了部署：7个师留驻挪威，50个师留驻法国，3个师留驻荷兰和比利时，120个师准备用于东线。有的学者将这次会议作为希特勒已下定决心进攻苏联的证据，这无疑有一定的根据和道理。但同时不可忽视的是，希特勒在准备进攻苏联的同时，也还在争取建立德意日苏四国同盟。英国人H. W.科克考察后认为，“在希特勒头脑中有两个政治方案：一是同俄国进行密切的政治合作，争取俄国参加欧洲集团，以达成政治解决，这是里宾特洛甫设计的方案；二是如果欧洲集团的计划失败，就对俄国发动决定性的进攻……但鼓励俄国参加欧洲集团，似乎是摆脱窘境的唯一办法”。[②] 这一说法对于指出苏德“政治合作”的可能性具有重要意义，尤其是联系到11月柏林会谈内容更使人确信这一点。但是如果认为希特勒把侧重点放在争取苏联参加“欧洲集团”的“政治合作”上，则有点不太恰当了。就在11月12日，即希特勒同莫洛托夫举行第一次会谈的那天，希特勒给他的陆军将领们发出第18号绝密指令：“政治讨论已经开始，目的在于澄清俄国目前的态度。不管这些讨论的结果怎样，以前口头上发出的关于在东线做好准备工作的命令继续执行。关于这方面的指示，一俟陆军作战大纲呈交给我经我批准，即另行通知。”[③] 应该说，在希特勒的两手准备中，重点还是军事进攻。1940年8月5日，德军拟就进攻苏联的第一个计划草案并进行修订。8月9日，希特勒下达命令，为在东方作战制订运输和给养计划，代号为“东方建设”。8月14日，戈林通知国防经济与军备局局长托马斯，要求按照苏德贸易协定向苏联运交物资只进行到

① Gordon A Craig ,*Germany* ,*1866–1945* ,London:Oxford University Press ,1978,p.722.

② H. W.科克：《希特勒的“计划”和“巴巴罗萨”行动的起因》，人禾译，载《世界史研究动态》1984年第8期，第30页。

③ 阿诺德·托因比、维罗尼卡·M.托因比合编：《轴心国初期的胜利》（下册），许步增、周国卿等译，上海译文出版社，1983年版，第654页。

1941年春季便中止。9月15日，德军修改拟就进攻苏联的第二个计划草案。正是在上述背景下，1940年10月13日，苏德“政治合作”的鼓吹者里宾特洛甫致信斯大林，邀请莫洛托夫访问柏林，就两国关系和共同关心的国际问题进行讨论。苏联政府也急需摸清德国的意向，于是在10月22日表示接受德国的邀请。

1940年11月12日—14日，莫洛托夫率领苏联政府代表团首次正式访问德国，先后同里宾特洛甫和希特勒进行了几轮会谈。这是自俄国十月革命以来苏联访问德国的最高级别代表团，在欧洲大战正酣之际，苏德两国的这种高级别会谈，备受西方民主国家关注。在会谈中，德国方面主张着重讨论苏德“政治合作”问题，即把德意日三国同盟扩大为德意日苏四国同盟以及四国的利益范围划分问题。按照德国的设想，欧洲大陆主要属于德国，地中海地区属于意大利，远东属于日本，中亚、南亚、印度洋一带属于苏联的势力范围。苏联方面不愿意在这些虚无缥缈的问题上多费口舌，而是主张首先解决在欧洲与苏联利益更密切相关的问题。莫洛托夫尖锐指出，根据1939年苏德条约安排，芬兰应属苏联的利益范围，德国应立即从芬兰撤出；对于罗马尼亚问题，莫洛托夫要求德国取消对罗马尼亚的“保证”；否则要求德国同意苏联“保证”保加利亚的安全，保加利亚应向苏联提供通向爱琴海的出海口，以维护苏联在巴尔干的利益。对于德国提出的“四国同盟”问题，莫洛托夫只是虚与委蛇搪塞应付。在整个会谈中，双方你来我往互不相让。在苏联看来，东欧，特别是东南欧地区是检验德国态度的关键。如果连苏联的门户地区都不能保证，侈谈遥远的南亚印度洋一带有何实际意义呢？而希特勒则觉得“德国的胜利已经是俄国所不能容忍的了。因此，必须使它尽快屈膝”。①苏德柏林会谈以失败而告终。双方既没有签署任何协议，也没有发表联合声明。里宾特洛甫搞了一个以德意日苏四国合作、划分势力范围为内容的会谈纪要交给莫洛托夫，希望能予认可。莫洛托夫则接过会谈纪要不置可否返回莫斯科。1940年11月26日，苏联对德国起草的会谈纪要做出正式答复，对苏联参加四国同盟提出下列条件：德国立即从芬兰撤军；苏联在黑海海峡的安全应得到保障；保加利亚和苏联缔结一项互助条约；苏联通过长期租借，

① 威廉·夏伊勒：《第三帝国的兴亡》（下册），董乐山等译，世界知识出版社，1979年版，第116页。

在博斯普鲁斯海峡和达达尼尔海峡范围内建立一个陆海军基地；承认苏联的利益范围朝波斯湾方向扩展。稍加推敲不难发现，苏联这一答复的要价不是降低而是提高了。它既重复了莫洛托夫在柏林提出的条件，也接受德国关于中亚、南亚为苏联势力范围的建议。德国本来想独霸欧陆，把苏联引向波斯湾、印度洋方向。这样既能避免德苏在欧洲迎头相撞，又能以英国的传统势力范围为诱饵，使苏英两国对立起来。岂料苏联既不拒绝“向南发展”的安排，又坚持以确保苏联西疆门户安全和在欧洲的利益为前提。双方各有盘算，南辕北辙。希特勒从此对同苏联合作不抱希望，专心加紧战争部署。

1940年11月29日至12月3日，德军进行了一系列军事演习。12月5日，希特勒审查了对苏作战方案，并同军事将领们讨论了相应的兵力部署、后勤和交通运输等问题。12月18日，希特勒签署了《1940年第33408号绝密文件》，代号为“巴巴罗萨方案”。该方案命令：“德国国防军必须准备在对英国的战争结束之前即以一次快速的远征将苏俄击败”；关于准备工作，“务必在1941年5月15日以前完成”；关于开展行动，“我将根据情况在对苏作战开始之前8个星期命令军队开始集结”。[①] 该方案还对战争的“总企图”、“可能的盟国及其任务”、陆海空三军“作战的实施”等做了详尽的规定。至此，德苏一战势不可免，两国关系的转折变化最终完成。

1940年下半年是苏德关系由谅解合作到矛盾争执的转折时期。德军席卷西欧为这一转折提供了契机，法国败降所引起的苏德军事、政治、外交地位的变化是两国关系逆转的主要原因。罗马尼亚问题、芬兰问题、波罗的海三国问题上出现的矛盾分歧是两国关系恶化的具体表现。经过在合作与战争之间的选择，随着柏林会谈的失败，苏德关系失去了继续合作的可能，只剩下战争的选择了。两国关系在1941年上半年已经是暗战连连，虽然表面上还维持着“相安无事”的局面，但那不过是暴风雨来临前的寂静。

---

① 瓦尔特·胡巴奇编：《希特勒战争密令全集》，张元林译，军事科学出版社，1989年版，第65-66页。

论俄罗斯的中亚战略与中亚的政治经济走向

党庆兰

1991年，苏联发生巨大的政治裂变，联盟解体，10多个共和国获得独立。按照当年建立苏联时的民族国家疆界，中亚地区独立成为哈萨克斯坦、乌兹别克斯坦、吉尔吉斯斯坦、塔吉克斯坦和土库曼斯坦五个国家。中亚地区这一地缘政治版图的巨变，从制度性层面摆脱了以俄罗斯政治文化为特征的莫斯科政治中心的控制和支配，开始了真正意义上的主权国家的历史。[①]面对中亚新的政治版图，俄罗斯也极为务实地制定并实施了新的中亚战略，以期维持或重建它与中亚的特殊关系，巩固它在后苏联空间的优势，恢复其强国地位，不使其他任何一支战略力量单独支配中亚。俄罗斯的这一战略，将极大地影响着中亚地区的政治经济走向。

一

俄罗斯中亚战略的实施，将在一定程度上重建俄与中亚的特殊关系，使中亚的政治经济环境向着俄罗斯的期望回归。

俄罗斯与中亚的关系极为特殊。15世纪末，正当西欧疯狂地进行海洋扩张之时，俄罗斯则开始了横贯欧亚大陆的陆地扩张。对中亚的关注和行动于中世纪即已开始，到17世纪升级为直接服务于军事征服的所谓的科学考察，19世纪演变为不断的军事远征。到19世纪80年代，已把中亚约390万平方公里的土地变成了其领土。在中亚的地缘扩张，使俄罗斯一举成为世界上幅员

【作者简介】党庆兰，西北师范大学历史文化学院教授。

① 许涛：《中亚地缘政治沿革：历史、现状与未来》，时事出版社，2016年版，第155页。

最为辽阔的国家，成为一个名副其实的泱泱大国，这为它日后的发展和成为世界级强国奠定了坚实的物质基础、提供了广阔的地缘战略空间。

俄罗斯对中亚地区的征服，持续了近两个世纪，它所遗留的地缘政治影响是复杂而深远的。当年，在中亚地区产生这一系列影响的主体，带有鲜明的俄罗斯民族的政治文化印记。当苏联成为能与美国抗衡的超级大国时，包括中亚地区在内的沙皇俄国留下的政治遗产，曾是构建苏联帝国的重要地缘政治的基石，到20世纪90年代初苏联解体之时，俄罗斯政治文化的影响力不可阻挡地制度性地退出了中亚社会舞台，这一变局，导致了俄罗斯和苏联政治遗产的骤然贬值。[①]

尽管这样，由于中亚地区与俄罗斯在政治、经济、军事、文化、语言、社会生活和心理思维等各方面有相当程度上的相似性，这构成了俄罗斯对中亚的特殊观念，即中亚是俄罗斯的属地。在今天，大多数俄罗斯人仍把与中亚国家的关系不当作纯粹的国家间关系。

中亚是俄罗斯的传统利益区，容不得他人染指。现在，俄罗斯在中亚的第一目标是把该地区作为其“后院”，不使这一地区出现新的力量，避免在地缘政治上危及俄罗斯的安全。从中亚政治生态环境的变化来看，俄罗斯实施新的中亚战略是迫不得已。

在俄罗斯的中亚战略中，除政治之外，经济也是其必然考虑的领域。中亚与俄罗斯实现统一的经济空间，是俄罗斯中亚战略的使命之一。曾作为苏联的一个重要组成部分的中亚，是受俄罗斯经济影响最大的地区之一，是俄罗斯经济空间的自然扩大，甚至可以说是俄罗斯经济恢复和发展的空间依托。近些年来，中亚地区与俄罗斯的政治联系虽有弱化，但在经济上对俄罗斯的依赖性仍然较高，是最有可能与俄罗斯实现统一经济空间的地区。

俄罗斯与中亚各国存在着高度的相互依赖关系，它们之间有7000多公里长的边界线，有12个联邦主体与中亚地区接壤，其中包括工业发达的萨马拉州、伏尔加格勒州、车里亚宾斯克州和鄂木斯克州等。也就是说，沿中亚边界集中了俄罗斯相当大的工业发展潜力，有伏尔加河流域、乌拉尔地区和西伯利亚最大的城市，以及连接俄联邦中央区与西伯利亚以及远东地区的重要

① 许涛：《中亚地缘政治沿革：历史、现状与未来》，时事出版社，2016年版，第49-50页。

战略交通干线，它们或分布在紧邻中亚国家的边界上，或是部分穿过哈萨克斯坦境内。

对俄罗斯来说，中亚是一个重要的原材料和农副产品的供应地，也是商品销售市场。这个市场，在俄罗斯粮食、机器、运输设备以及近年来的纺织品出口中占有相当大的份额。[①]

除与独联体国家实现统一的经济空间之外，俄罗斯在中亚的另一重大经济利益是能源和能源输出。中亚地区能源丰富，为维护自身的经济安全，中亚各国一直努力摆脱过去在能源开发和输出方面受制于他国的状态，实现能源输出多元化。这种情况，自然不符合俄罗斯的心愿。俄罗斯企图通过与中亚国家的“合作”，把中亚地区的能源重新控制在自己手中，利用能源手段，恢复它在国际事务中的影响力。这个目标，并非高不可攀。

在中亚，俄罗斯在安全利益方面的另一个层次是打击国际恐怖主义和宗教极端主义。20世纪90年代初，中亚国家独立后，国际恐怖主义和宗教极端主义势力有所抬头。中亚地区与俄罗斯西南方相邻。俄罗斯认为，中亚不仅是一个危险源，而且是一个危险传输带，担心中亚恐怖主义对解决车臣问题产生负面影响，担心中亚极端主义向俄罗斯渗透，故把上述的现实可能视作俄罗斯安全的主要威胁之一。由于俄罗斯的认识到位、举措有力，中亚的国际恐怖主义和宗教极端主义势力问题，相信能够得到解决。

二

俄罗斯中亚战略的实施，使中亚将承受来自美国和俄罗斯的双重压力，迫使中亚在域外权力所构建的现实政治夹缝中艰难生存。

中亚是俄罗斯的传统利益区，容不得他人染指。苏联的解体，在一定程度上缓解了冷战期间大国关系中持续产生的矛盾和冲突，有效地释放了近半个世纪以来国际关系体系中积累的能量，但这种缓解和释放的效果是暂时的，因为冷战的结束是以一方胜利推进和另一方全线瓦解这种不均衡结果体现的。[②]如前所述，俄罗斯在中亚的首要目标是不使这一地区出现新的力量，避

---

① 俄罗斯国际事务委员会：《俄罗斯在中亚的利益：内容、前景、制约因素》，载《俄罗斯研究》2014年第2期。

② 许涛：《中亚地缘政治沿革：历史、现状与未来》，时事出版社，2016年版，第111页。

免在地缘政治上危及俄罗斯的安全，使苏联的国家保持在俄罗斯的地缘政治空间，把它们外部边界的保护控制在自己手里，削弱外部力量进入这一地区或在这一地区的影响。针对美国进入中亚后的措施，俄罗斯实施了一系列反击活动，这表明俄罗斯不仅不会放弃中亚，而且不会改变中亚在俄罗斯世界战略中的重要地位。

美国进入中亚，是俄罗斯中亚战略考虑的重中之重。在冷战结束之前，美国与中亚地区从未发生过历史联系。苏联解体后，面对中亚裸露出来的大片地缘政治空间，美国及其他西方政治家们的“责任感”和“使命感”油然而生。当中亚地区不仅在政治上与苏联厘清了关系，而且也在国际法上获得了真正的独立后，美国政府即做出了对中亚地区的政策设计。[①]

在苏联解体的最初时期，面对解体所造成的巨大的地缘政治变化，美国无暇顾及中亚这一偏远地区。当时，美国面对的最大挑战是剧变后俄罗斯的发展，美国最关注的问题是苏联解体后核武器在苏联地区的可能扩散。因此，这一时期，美国在苏联地区的外交中心国家是俄罗斯，美国对这一地区的基本想法是防止哈萨克斯坦拥有核武器和保持这一地区的独立和稳定，另外对这一地区的能源感兴趣。

总体而言，在2001年9月11日之前，尽管美国在中亚积极渗透和推进，但在这一地区的政策态势没有突出的优势。“9·11”事件把中亚推到了美国关注的中心。为打击恐怖主义势力，美国在乌兹别克斯坦、吉尔吉斯斯坦、塔吉克斯坦相继建立了军事基地。美国军事力量的进驻，使中亚地区的地缘形势发生重大变化。美国在中亚所显示的进攻态势，不能不令俄罗斯担忧。

美国在中亚的存在和影响，从无到有，而俄罗斯则相反，从原来的无所不在到持续后退。在苏联解体之后的最初几年里，俄罗斯在中亚存在的总体态势是持续降低。在政治上，中亚国家追求独立，竭力摆脱俄罗斯的控制，使俄罗斯失去了对中亚国家的全面影响力，俄罗斯族人被大量地从国家和社会重要岗位上撤换；在经济上，与中亚国家的经贸水平不断下降；在宗教、文化和意识形态上，中亚国家部分地重返伊斯兰世界；在社会生活中，伊斯兰文化排挤俄罗斯文化，俄语虽然仍是通用语言，但已没有国语的地位。同

① 许涛：《中亚地缘政治沿革：历史、现状与未来》，时事出版社，2016年版，第111页。

时，居住在中亚的大量的俄罗斯居民也远走俄罗斯。这种情况，一直持续到90年代末。普京执政后，对独联体和中亚给以更高的政策重视和投入，在策略上也进行了调整。从2000年开始，俄罗斯在中亚的存在出现上升的态势，这主要表现在俄罗斯与中亚国家的双边关系有所发展。

“9·11”事件的发生，对俄罗斯的中亚战略是一个极大的冲击。美国在中亚的军事存在，打破了俄罗斯是唯一有权在中亚部署军事力量的概念，这是美国对俄罗斯传统势力范围地缘政治态势的一次重大改变。“9·11”事件之后，中亚国家都在不同程度上转向了美国，这使中亚地区刚刚增强的对俄罗斯的向心力出现了减弱迹象。

在中亚，俄罗斯力求恢复其传统的主导地位，而美国则努力防止其他任何大国试图单独控制这一地区。对美国在中亚的长期军事存在，俄罗斯虽然不能接受，但也无力将美国排挤出去。现在，俄罗斯认识到，虽然不能把美国排挤出去，但可以通过某种途径使自己的影响力在中亚得以保留，甚至认识到美国的进入，还会有助于中亚乃至俄罗斯南部边界局势的稳定，于是不得不接受美国力量进入的事实。这个接受，并非意味着俄罗斯真正的妥协。

在关系到俄罗斯前途和命运的转折时期，俄罗斯总是能显示出独特的自我改造能力，把巨大的压力转化为重新崛起的动力和机遇，为新一轮的发展奠定基础。历史反复证明，在危机到创新的阶段前夕，俄罗斯还常常伴随着一个局部的改革，如废除农奴制前的贵族革命家的改革，十月革命前的1910年斯托雷平的改革，以及1989年危机前的戈尔巴乔夫改革等，这些改革都是危机爆发前挽救既存体制的自我改良的努力。为解除内外困境，俄罗斯总是能进行全面创新。除大国宗旨不变之外，其他都可做与实力相应的弹性调整，特别是在转折关头，俄罗斯不仅可以全面收缩对外战线，甚至可以容忍少数民族独立。实力一旦恢复，又能通过新的方式重新吸纳分裂出去的部分。[①]

在可以预见的将来，俄罗斯不可能把中亚再次吸纳，但也不会放弃。我们将看到，中亚地区新独立的政治主体，在域外权力所构建的现实政治夹缝中艰难生存的事实将得以继续。

---

① 刘杰：《试论俄罗斯大国进程中的长周期规律》，载《欧洲》1996年第4期。

三

俄罗斯中亚战略的实施，将进一步巩固俄罗斯在原苏联空间的优势，使中亚在一定程度上保持政治的稳定。

俄罗斯是中亚地区的传统大国，是中亚的传统主导国家。面对中亚新的政治格局和外来压力，俄罗斯于2011年10月提出欧亚经济联盟的概念，试图以俄罗斯、白俄罗斯和哈萨克斯坦三国的关税同盟为基础，联合其他独联体国家创建一个超国家联合体。欧亚经济联盟的建立与发展，包括建立统一经济空间、实行统一货币、建立共同能源市场，以及实现商品、服务、资本和劳动力的自由流动，并在经济领域进行政策协调等。

2014年5月，俄、白、哈三国签署了《欧亚经济联盟条约》，条约于次年1月1日生效，欧亚经济联盟开始运转。从2014年1月2日至2015年8月，联盟进一步扩大，亚美尼亚和吉尔吉斯斯坦相继加入，成为联盟的第4、5个成员国。从地域上说，欧亚经济联盟的地域极为广阔，它覆盖了从波罗的海到太平洋、从北极到天山的广大区域，人口超过1.8亿。

截至目前，在联盟框架内，已制定并批准了包括联盟条约及附件在内的多份文件，由此勾勒出了联盟的总体轮廓。

就性质和国际定位来说，联盟是俄罗斯在独联体地区主导的更高形式的经济一体化组织，俄罗斯在其中居于核心地位。就目的与合作原则来说，联盟主要以保持独立与政治主权，主权平等与协商一致等原则为基础。

在重要经济领域，实施协调一致的政策，除了建立统一能源市场之外，还计划建立统一运输空间。在对外贸易领域，实施统一关税，计划建立欧亚商业统一窗口系统，制订出口信贷的共同计划。在工业领域，成员国在独立制定和实施各自工业政策的同时，还在政府间理事会批准的基本工业合作方向上形成联盟框架内的工业政策，以促进成员国工业的有效合作以及消除工业壁垒。在农业领域，实施一致的农工政策，扩大有竞争力的农产品的生产规模，以满足农业共同市场的需求。

除工、农、外贸领域以外，联盟还将实施统一的技术、卫生、动植物检验检疫标准与监管，并在行政、法律、税收、补贴政策、知识产权和信息等方面进行合作。此外，联盟还设立了一系列超国家机构，其中包括最高欧亚经济理事会、欧亚政府间理事会、欧亚经济委员会和欧亚经济联盟法院等，以保障联盟的正常运转和发展。

根据欧亚开发银行估计，2019—2020年欧亚经济联盟的经济发展将继续保持积极态势，不过俄罗斯经济增速较低。2019年，俄罗斯的国内生产总值预计增长1.8%，亚美尼亚预计增长4.7%，白俄罗斯预期增长1.7%，哈萨克斯坦预期增长3.2%，吉尔吉斯斯坦预期增长3%。2020年，增速预计相同。虽然欧亚经济联盟国家总体上有着较快的经济增长速度，但俄罗斯因西方制裁致经济增速最低，这与其政治、经济、人口和资源大国地位不符。鉴于俄罗斯的主导性地位，若这种情况持续下去，将会对欧亚经济联盟的发展带来负面影响。①

俄罗斯的欧亚联盟战略目标，绝没有仅仅停留在经济联盟层面。除经济之外，还包括实现政治联盟和军事联盟等，希望把联盟建成一个可以和美国、欧盟、中国抗衡的多极中的一极。普京在执政伊始，就明确提出了恢复俄罗斯荣光的目标，提出“俄罗斯唯一现实的选择是做强大而自信的国”。俄罗斯的欧亚联盟战略的长远目标是巩固俄罗斯在后苏联空间的绝对优势，恢复俄罗斯的强国地位。联盟的战略和美国的不一样，美国推出的“新丝路”计划的主要目的是为后阿富汗战争时代做准备，整合地区经济，重做安排，使自己抽身阿富汗泥潭，而不主张地区一体化，只关注地区经济发展，同时提高印度在此区域的地位。

就合作形式来说，俄罗斯的欧亚联盟战略目标也绝没有停留在经济联盟层面；就实质来说，联盟是一个一体化的组织，力图重组后苏联空间的国家，建立一个超国家的联合体，说得直白一点，即重建苏联，使原苏联的国家回到俄罗斯的地缘政治空间，把它们外部边界的保护控制在俄罗斯之手，削弱外部力量进入这一地区或在这一地区的影响。俄罗斯总统普京曾撰文指出，欧亚联盟是更高程度、更深层次地实现独联体地区的经济一体化，是拥有超国家机构的主权国家联盟。欧亚联盟的努力方向，是建立一系列硬机制，包括法律机制、决策机制、组织机制等，以主导地区发展。

在不同的话语体系中，地区主义的含义则不尽相同。在欧洲，地区主义

---

① 周帅：《欧亚经济联盟的发展与前景》，载《唯实》2019年第2期。

起步早，发展较为成熟，被视为约束国家权力的方式。不同于欧洲的是，俄罗斯将其视为加强国家主权的手段，增强其在世界政治经济中的竞争力和地区影响力，并使其成为地区权力中心。[①]俄罗斯独特的历史和地理位置，使其在欧亚大陆拥有无与伦比的优势。同时，广袤的国土、丰富的自然资源，让它具有在国际政治舞台上纵横驰骋的能力。

经济联盟的建立，是俄罗斯维护自身地缘政治和经济利益的一个重大成果，它巩固了俄罗斯在后苏联空间的势力范围，使俄罗斯获得了由自己主导的国际经济组织的战略支撑与依托，在一定程度上确保了俄罗斯中亚战略的安全。

综上所述，俄罗斯是中亚地区的传统大国，中亚是俄罗斯的传统利益区。面对中亚地缘政治版图的巨变，俄罗斯极为务实地制定并实施了新的中亚战略。俄罗斯中亚战略的实施，将在一定程度上重建它与中亚的特殊关系，使中亚不得不在域外权力所构建的现实政治夹缝中承受双重压力，中亚的政治经济环境也有望向着俄罗斯的期望缓慢回归。

---

① Lara Ryazanova-Clarke, "The Imaginaries of the Eurasian Union: Discursive onstruction of Post-Soviet Transnationality in Russia and Kazakhstan", in *International Journal of the Sociology of Language*, 2017, No.247, pp.89-109; Marcin Kaczmarksi, "Non-western Visions of Regionalism: China's New Silk Road and Russia's Eurasian Economic Union", in *International Affairs*, 2017, Vol.96, No.3, pp.1357-1376; Alexander Libman, "Russian Power Politics and the Eurasian Economic Union: The Real and the Imagined", in *Rising Powers Quarterly*, 2017, Vol.2, No.1, pp.81-103; Sirke Mäinen, "Russia—A leading or a Fading Power? Students' Geopolitical Meta-narratives on Russia's Role in the Post-Soviet Space", in *Nationalities Papers*, 2016, Vol.44, No.1, pp.92-113.

从印度的心态看洞朗事件①

孟庆龙

对于中印边界问题的症结和影响，国内外研究成果相当丰富，大都从政治、经济、军事、外交、历史、文化、宗教等方面进行了阐释和分析，尚未见从心理上进行深入研究的著述。2017年6月18日，印度军队“无端”非法越界，侵入我洞朗地区，挑起性质极为恶劣的事件，与我军对峙两个多月后于8月28日撤离。对于印度挑起洞朗事件的动因及其影响，各方人士众说纷纭，有的甚至简单地用“奇葩”来一言以蔽之。纵观历史，印度此次在洞朗制造事件，与它在边界问题上迄今为止坚持顽固立场、不时给中国制造麻烦的做法，是一脉相承的，并非偶然所为，而有着复杂的历史背景和动因，是其在多种心态作用和驱使下战略焦躁的反应。

一、印度经久未变的四种心态

仔细考察、分析印度的对外政策史，可以看出，已经浸润并黏附其身心的“大国架子”“瑜亮情结”“怨妇心态”和“政治正确”，深深地支配了它的地区政策及国际外交的走势，更是影响甚至决定其在中印边界问题上的态度和立场以及对华政策最重要的心理因素。这四种心态或叠加、或交织，相互

【作者简介】孟庆龙，中国社会科学院世界历史研究所研究员，武汉大学国家领土主权与海洋权益协同创新中心研究员，四川大学客座研究员，国家社科基金重大项目“中英美印俄五国有关中印边界问题解密档案文献整理与研究”（12&ZD189）主持人。

① 本文部分内容已在《边界与海洋研究》2017年第5期以相同题目发表，本文集中该文内容增加近1/3。

影响，挥之不去，且在很大程度上构成了印度国策的基础，将决定着印度“大国梦”的成败。

（一）放不下的“大国架子”

放眼世界，印度的国运按说是相当不错的。12亿多人居住在地势平坦、土壤肥沃、气候利农、矿产等自然资源丰富的印度半岛，正面是开阔的印度洋，先天条件十分优越。南亚其他诸国，体量均相差甚远，除了巴基斯坦，没有哪一个敢对印度“造次”，印度俨然南亚“天然霸主”。如果政府治理得当，尽管民族众多、文化多元、语言繁杂、习俗不一，印度从上至下，也应能心态平和，人民幸福，国家前途似锦。此外，印度人自我感觉甚好：自以为虽是棕色皮肤，但人种上是白人；英国殖民时另眼看待，印度人参与英印政府机构及其内政外交活动，维多利亚女王做印度女皇，印度是大英帝国皇冠上的明珠。英国殖民时期尽可能扩大英属印度的“安全疆界”，给印度留下了广阔的领土。

“大国架子”是现代印度尚未独立建国就有的。其开国总理尼赫鲁1944年在狱中时就誓言印度“不能在世界上扮演二等角色”，要“做一个有声有色的大国”。[①]1947年印度独立后，尼赫鲁及其领导的印度政府崇尚大英帝国的“印度中心论”，全面继承了英印时期英国政府的政略和战略，认为只有印度才有资格填补英国撤离后在南亚留下的空缺，尽快“成为亚洲各部分的中心”，遂在独立当年10月14日宣布“承继英印时代所缔结之各项外交关系及义务”。几年后，他又说，环顾世界，美、苏、中三个大国之外，“显然世界上第四个大国将是印度”[②]。尼赫鲁的目标是，在印度洋地区，从东南亚一直到中亚细亚，印度将来要发展成为经济和政治活动中心。他在1949年10月2日给各邦首席部长的信中声称：“今天全世界都公认亚洲的未来将强烈地由印度的未来所决定。印度越来越成为亚洲的中心。”[③]为了建成“大印度帝国”，尼赫鲁政府全然不顾国家面临百废待兴的困难局面，比英印政府时期更加热

① 贾瓦哈拉尔·尼赫鲁：《印度的发现》，向哲濬、朱彬元、杨寿林译，上海人民出版社，2016年版，第40页。

② Jawaharlal Nehru, *Jawaharlal Nehru's Speeches*, Vol. 3, Delhi, Publications, 1949, p.264.

③ 曹永胜等：《南亚大象——印度军事战略发展与现状》，解放军出版社，2002年版，第59页。

衷于通过军事和外交手段扩大疆土和势力范围，意欲将国家的“安全边疆”拓展到“理想位置”，故大搞地区扩张主义和霸权主义。印度独立后眼扫南亚周边小国，统统不在话下，数尽亚洲各国，领袖舍我其谁！跻身世界“大国俱乐部”成为自尼赫鲁始的印度历代政治家的“雄心”“抱负”，至今未有丝毫褪色。这种似乎天生就有的“大国架子”决定了印度的如下行为特点：

一是作为从殖民地独立出来的国家，却在南亚赤裸裸地推行早已过时的殖民主义和霸权主义。印度在1949年6月趁锡金内乱，借口为“防止动乱和流血”派兵进驻锡金；1950年与锡金签订“和平条约”，正式把后者变为印度的“保护国”，控制其经济、政治、国防和外交；1965年第二次印巴战争爆发后进一步强化了对锡金的军事侵略，1973年4月索性军事占领了锡金，1974年9月干脆变锡金为印度的“联系邦”，1975年5月正式宣布锡金成为印度的一个邦，索性灭了锡金。印度也对不丹不断加紧渗透和控制，1949年与不丹签订“永久和平与友好条约”，要不丹外交接受其“指导”；20世纪五六十年代以不丹“保护国”自居，代不丹处理对外事务，甚至把不丹作为其“北部防线”一部分列入印度版图；1962年中印边界战争后进一步加强了对不丹的渗透和控制，在不丹大肆培植亲印势力；不丹虽在1971年加入了联合国，但不能按自己的意愿与其他国家发展关系，仍得看印度的眼色行事。印度在尼泊尔的社会经济生活中具有主导作用，对其外交政策具有重大影响，对于斯里兰卡、孟加拉国和马尔代夫，印度也一直以“老大”自居。

二是对中国拥有主权的西藏地区一直抱持殖民心态。中华人民共和国成立前，印度一直视西藏为缓冲地带、自己的“后院”。尼赫鲁把西藏看作是印度的世袭领地。印度政府虽然后来接受了“西藏是中国的一部分”的说法，但从未明确承认中国政府对西藏拥有完全主权，骨子里不愿放弃此前在西藏的“特权”。中印边界问题与印度对西藏的“不舍”是紧密相连的，犹如孪生兄弟。

三是即使在英国这个前宗主国及对其提供援助的大“金主”美国面前，印度也端着“大国架子”。如在1962年9月下旬中印关系已经极度紧张、印度急需军事援助时，英国也不愿接受印度的出价，仍坚持要以国际市场价向印度出售武器，尼赫鲁心有不满地嘲讽英国是印度曾经的“老板”[①]。印度战败后，即便已是惊慌失措，也不肯按照英、美的苛刻条件接受某些援助。

四是在对外事务中只考虑一己私利，全然不为地区的发展着想，行事时常不顾国际关系准则，大有“爱谁谁”“没人敢管”的味道。

（二）难理喻的“瑜亮情结”

印度在20世纪50年代后期之前曾是世界“宠儿”，尼赫鲁更是国际外交舞台上的耀眼“明星”，风光无限。美苏阵营里都有不少国家很“稀罕”印度，竞相提供援助。印度整个国家，从政要到民众，都感觉其日后的发展之路必是顺风顺水。但1962年边界战争惨败后，印度便觉得在国际上大丢其脸，风光不再，认为自己的发展不再尽如人意了。特别是50年代之前印度在很多方面领先于中国，但很快被中国赶上并超越，自中国改革开放40年来，印度更是被甩得越来越远。其根本问题在于，印度一直没有探索到并制定出适合自己国情的发展战略。相比之下，中国依靠共产党的领导，大胆改革，探索出了一条适合自己的现代化道路，并成为极具世界影响力的发展模式。而跟中国人口规模相近的印度，不仅缺乏中国那样的理论自信、道路自信和制度自信，而且至今仍看不出由哪位领袖以及如何来凝聚全民的力量办大事。而要想成为中国那样的世界经济的发动机，印度现在看来至多也还是愿景，实际上还差得很远。其现代化何时实现、能否成功，尚有一大堆问号。相比眼下的中国，不论是经济体量、军事实力，还是国际影响力，与印度均不在一个层级。特别是在聚焦世界关注的国际大舞台上，中国是众望所归的“领衔主演”，而印度往往作为三流角色出场。在此情况下，印度对中国滋长了难以启齿的“瑜亮情结”：在偌大亚洲，既已有印度，为何还出来个中国！

（三）散不去的“怨妇心态”

印度在经济、军事、国际影响力等方面不如中国，而加深其对中国不满甚至敌意的，是它迄今一直片面、错误、不讲理地认为对中国有大恩而未获回报。印度自以为，它在很早便承认中华人民共和国、恢复中国的联合国席位问题、朝鲜战争、万隆会议等重大问题上，不顾美国等西方国家施加的种种压力，帮了中国，其内心深处“殷切”期望从中国得到回报——主要是在

① “UK Aid to India，1962-1964”，英国自治领事务部文件，档案号DO189/241。

边界问题上接受或默认其立场，但一直未能如愿。根据印度军史内部资料的说法，1954年4月中印签订关于中国西藏地方和印度之间的《通商和交通协定》时，印度"为了表示友善之意"才"承认西藏是中国的一个地区"，然而，"印度虽然通过一纸条约默认了中国人对西藏的占领，却没有在边境问题上得到任何补偿"。[①]在1954年的日内瓦会议上，中国首次平等地与美、苏、英、法讨论国际重大问题，周恩来总理兼外交部长及中国代表团颇受世界瞩目。印度外长梅农以观察员身份列席了日内瓦会议的部分议程，尼赫鲁心中对此有所不平。6月24日，就在周恩来访印前一天，尼赫鲁在与访问喀布尔途径新德里的瑞典驻莫斯科大使索尔曼共进午餐时长时间大谈日内瓦会议，转弯抹角地表达了他的抱怨。他先是表扬了联合国秘书长和苏联外长莫洛托夫等人，又说美国国务卿不合作，中国人很固执，而他尼赫鲁则"代表了亚洲唯一可与共产主义作斗争的力量"。[②]印度还以国际舞台上中国的"带头大哥"自居，认为是它"为中国提供帮助，把这个几乎与国际社会没有接触的国家带进了亚非各国的圈子"[③]。特别要指出的是，随着万隆会议上周恩来总理力挽"危局"，短短几天内展现出来的超凡个人魅力和新中国大放异彩的务实、灵活外交，都大大出乎尼赫鲁的意料。此后，尼赫鲁原引以为傲的中国走向国际舞台引路人的心态开始扭曲，中国作为对手的成分开始上升，而作为"兄弟"和伙伴的比重悄然下降。此后，不但外交上，而且在诸多方面(体育等算少数例外)，印度的民族主义者都爱拿印度与中国对比，对中国在各个领域取得的超越印度的成就感到不可接受、难以容忍。中国按照国际规则和惯例与南亚其他国家开展正常的经济、军事合作，也被印度视为编织遏制、包围它的"珍珠链"。特别是1962年中印边界战争中印度完败，对印度整个国民的精神和心理打击极大。最重要的是，此战惨败被许多印度人认为延缓甚至阻碍了他们引以为豪的国家奔向大国的势头，且至今没能恢复元气。这些五味杂陈的情绪，总起来可称之为"怨妇心态"。

---

① 印度国防部军史部内部资料，P. B. Sinha，A. A. Hthale，*History of the Conflict with China，1992*，History Division，History of Defence，Government of India，New Delhi，1992，pp. 23-27.

②"Geneva conference：UK foreign secretary's unwilling to send further personal message to Mr Nehru，1954"，机密，英国外交部文件，档案号FO371/112075。

③ 印度国防部军史部内部资料，P. B. Sinha，A. A. Hthale，*History of the Conflict with China，1992*，p.412，p.414.

（四）驱不走的“政治正确”

印度自近代以来最难解决的问题是国内团结。近百年来，中国成为“帮助”其解决这一难题的外部因素。20世纪三四十年代中国的革命和抗日战争，被印度各派政治力量领导人在国内广泛宣传，以图提升民族精神、促进其国内团结，收到了不错的效果。两国人民相互支持和鼓励，建立了密切的关系和深厚的感情。但随着中国共产党领导的人民革命的胜利，中国在印度心目中威胁的成分开始上升，特别是20世纪50年代末中印关系迅速恶化后，印度政要便纷纷开始把中国视为其最主要的威胁，“边界争端在印度成为政治问题”①。中印边界局势或中印关系一有风吹草动，印度国内对华强硬的声浪便吞噬了主张对华友好的声音。如，1958年9月初，就连政治色彩最不浓厚的印度红十字会主席，在访问苏联回国后竟称对印度的“长期威胁不是苏联而是中国”。②尼赫鲁的情况最为典型，其对华态度稍一显温和，即招致议会和媒体的批评和攻击，转趋强硬后，便在议会赢得欢呼（敲桌声）和媒体的喝彩。如，1959年3月底，尼赫鲁谨慎地把解放军平叛后的西藏局势视为“中国的内部事务”，印度《政治家报》等媒体也呼吁印度国民应对西藏问题需有所克制。③但是到了4月初，随着印度国内反对中国在西藏的平叛行动的气氛趋于高涨，尼赫鲁便于3日宣布达赖及其80名追随者抵达印度，并在议会发表了对中国很不友好的关于西藏局势的声明。到了4月中旬，多数印度媒体同情西藏分裂势力、谴责中共。4月28日，尼赫鲁在印度下院就西藏问题发表歪曲事实的声明后，在5月初受到《人民日报》的严厉批评。即便如此，印度议会仍在5月11日猛烈攻击了尼赫鲁对西藏的政策。在各种压力之下，尼赫鲁9月14日在议会演讲中宣称“在任何方面都决不会向中国让步”④。10

① 内维尔·马克斯韦尔：《印度对华战争》，生活·读书·新知三联书店，1971年版，第175页。

② “Sino-Indian Relations，1952-1959”，机密，英国自治领事务部文件，档案号DO35/8817。

③ “Chinese Political and Economic Consolidation of Tibet，1952-1959”，机密，英国自治领事务部文件，档案号DO35/8980；“Chinese Political and Economic Consolidation of Tibet，1959”，英国自治领事务部文件，档案号DO35/8981。

④ “Chinese Political and Economic Consolidation of Tibet，1959”，英国自治领事务部文件，档案号DO35/8981；“Violation of Borders of India by China，1959”，英国外交部文件，档案号FO371/141271。

月24日，印度媒体大肆报道在中印军队拉达克冲突中有17名印度警察死亡后，尼赫鲁最初还想给国内降降温，在27日曾呼吁民众对此事件保持冷静，但在各方压力之下11月2日口气立马变得强硬起来，称将“坚定回击中国的进攻”，在11月10日的大规模群众集会上更是罕见地就“中国入侵印度边界”事件发表了长达100分钟的讲话。当他21日给周恩来的复信受到印度媒体的批评后，尼赫鲁又于27日在议会声称“对不丹和尼泊尔的侵略就是对印度的侵略”[①]。1960年4月周恩来访问印度后，“指责中国侵略在印度已成为表示忠于祖国和义愤填膺的口头禅”[②]。在边界争端上，尼赫鲁直到战争开始之前的一两年里仍有过温和言辞。如，他在1960年4月21日说需要找到正确及和平的方式解决边界问题。[③]1962年3月9日中印边界局势极度紧张时，印度驻华代办班纳吉认为，尼赫鲁此时仍可能“愿意做出一定让步以使中印关系回到正轨”，但受到他此前多次发表的对华强硬声明以及舆论的掣肘。[④]为了保持国内的支持度，尼赫鲁3月17日在议会的发言很是强硬。中国开始边界自卫反击战前夕，英国驻新德里官员认为议会的压力使得尼赫鲁的对华态度趋于强硬。[⑤]对于外界对尼赫鲁不断施加压力所产生的影响，印度军史内部资料不加修辞地指出：“无知而喧嚣的媒体和反对党，在迫使尼赫鲁并不情愿地走上军事对抗道路方面，扮演了极不负责任的角色。”[⑥]

“政治正确”的另一层含义，就是印度即使战败，但也有重大收获。1962年战争后，印度在感到莫大羞辱之余也认为有一大“收获”，即其领导人认为这场惨败“帮助”它解决了靠自身努力多年未能解决的大难题——促进民众团结、提升“爱国主义”精神。1962年10月26日，面临不利战局、民众惊慌失措的局面，印度总统宣布国家处于紧急状态。尼赫鲁呼吁全国团结，得

---

① “Sino-Indian Relations，1959”，英国自治领事务部文件，档案号DO35/8819；“Sino-Indian Relations，1959”，英国自治领事务部文件，档案号DO35/8820；“Violation of Borders of India by China，1959”，英国外交部文件，档案号FO371/141273。

② 内维尔·马克斯韦尔：《印度对华战争》，生活·读书·新知三联书店，1971年版，第179页。

③ “Much Needs To Be Down, Says Nehru”, in *Hindustan Times*, 21, Apr. 1960.

④ “Frontier Dispute with India，1962”，机密，英国外交部文件，档案号FO371/164910。

⑤ “Frontier Dispute with India，1962”，秘密，英国外交部文件，档案号FO371/164914。

⑥ P. B. Sinha, A. A. Hthale, *History of the Conflict with China*, 1992, p. 412.

到各方积极响应。[①]次日，印度财政部部长宣布建立国防基金[②]。到了11月初，一些邦的反政府力量也转而站在政府一边，“谴责中国入侵”。11月初，英迪拉·甘地说：“我们一直非常辛苦、勤劳地对这个国家进行整合，现在中国人替我们做了这件事。”尼赫鲁则称：“中国入侵造成的可怕震动带来了印度精神的重生”，“这是印度历史的转折点”。他在12月7日视察阿萨姆邦后发表声明称那里“军民士气高昂”，在记者招待会上说“要把中国侵略者赶出印度领土”。[③]印度多次拒绝中国提出的和平谈判倡议，1963年5月25日的《大公报》社论称“印度决定不与中国谈判是想维持边界紧张局势”[④]。印度军史内部资料认为，虽然中国宣布停火的“1962年11月21日的黎明，是印度独立以来军事史上最黑暗的一幕”，但“这也是印度最好的时刻”，“印度掀起了空前的爱国主义浪潮”；虽然这场战争“确实对印度的声望造成了沉重打击”，但“国家对1962年11—12月间这次失败的程度过度渲染却是一件幸事，因为这让印度对维吉提乌那句名言——想要和平就得准备战争——有了充分认识”。用一位英国作家的评论说，1962年边界战争中印度人表现出来的民族主义情绪，在日后国内再发生危机时“还会再次出现”，这成为一种“典型的印度式反应”。印度军史认为，这场战争已使印度“发生根本性巨变，一个植根于甘地和平主义土壤的国家决心要掌握足够的军事力量了”，而印度人这种态度上的根本转变很可能是1962年战争“影响最为长久的后果”。[⑤]

印度利用惨败在国内各阶层大搞“爱国主义”教育，自认为是1962年战争最显著的成果。如，1962年12月26日印度新闻情报局稿宣称，老师应教育学生“明白中印冲突的利害关系”；海外印度人以现金、黄金、礼品、志愿

---

① “Frontier Dispute with India，1962”，秘密，英国外交部文件，档案号FO371/164915。

② 该国防基金包括钱、物、首饰和义务劳动。见“Frontier Dispute with India，1962”，英国外交部文件，档案号FO371/164916。

③ 见“Frontier Dispute with India，1962”，英国外交部文件，档案号FO371/164918；“Chinese-Indian Border Dispute，1962”，秘密，英国自治领事务部文件，档案号DO196/166；“Chinese-Indian Border Dispute，1962”，秘密，英国自治领事务部文件，档案号DO196/167；“Chinese-Indian Border Dispute，1962”，英国外交部文件，档案号FO371/164926；“Chinese-Indian Border Dispute，1962”，英国外交部文件，档案号FO371/164925。

④ “Border Dispute with India，1963”，英国外交部文件，档案号FO371/170673。

⑤ P. B. Sinha, A. A. Hthale, *History of the Conflict with China*, 1992, p.370, p.383, p.386, p.426, p.404.

者形式向国防基金捐赠；向国防基金捐款者戴花环；等等。[①]边界战争后，印度利用战败带来的“羞辱”，在国内制造“悲情”，“培育”复仇心理，纵容和支持民族主义情绪，众多政治领袖通过制造边界紧张来维持和提高国内的支持度，谋取自身和所在党派的私利。在边界问题上对华强硬成为印度国内的“政治正确”。

二、印度洞朗挑衅的动因分析

印度虽然有“立足南亚、控制印度洋、争当世界一流大国”的“雄心”，但显然缺乏实现这一战略目标的资源和手段。联合国“入常”、加入“核国家集团”、赶超中国等，印度可资利用的资源很难再“挖潜”，特别是其“硬实力”的增长并未相应带来“软实力”的提升。民族主义色彩浓重的莫迪携民众高支持率上台后志得意满，连续推出改革措施，外交上异常活跃，其“新政”虽取得一定成效，但经济上许多指标难以兑现竞选诺言，国家债台高筑。国内形势的不稳、动荡激化了国内矛盾。在此种情况下，印度选择在洞朗制造事端，既有转移国内矛盾焦点的考虑，也有国际兼谋“势”“实”的意图。

（一）意在转移国内矛盾、提升国民精神、凝聚民众团结

民族主义情结很深的莫迪靠其地方治理的业绩和对选民的诸多承诺在大选中获胜，上台执政后急于迅速加强国力，连连推出废除500和1000卢比面额纸币、进行税改等激进政策，损害了不少普通民众的利益，引起国内不满，多地爆发示威游行甚至发生动荡。此外，与中国接壤各邦，因经济发展缓慢、与印度南部地区差距拉大，离心倾向加重，再加上中国“一带一路”落地项目的“示范”效用的吸引力，使得印国内分歧更难弥合。对付这种局面，莫迪政府用的还是尼赫鲁时期惯用的套路：制造边界事端，给民族主义情绪加温，企图转移民众视线，摆脱执政以来面临的最大困境。此乃印度政府派军队侵入洞朗的主要意图之一。[②]

---

① “India: use of anti-communist material in India, Madras and Calcutta visit reports, implications of state of emergency, Indian counter-propaganda unit and requests for material on China, 1962”,，英国外交部文件，档案号FO1110/1572。

② “用扩张主义三宝吓中国　莫迪当自己是尼赫鲁？”，http://news.sina.com.cn/c/nd/2017-08-22/doc-ifykcirz3875379.shtml。

印度靠对中国强硬转移国内焦点的做法并不新鲜。早在2011年4月时就有韩国媒体指出，号称世界人口最多的民主国家的印度，为了缓解异常尖锐的国内矛盾，既要动用政府力量，也需寻找一个外部矛盾来吸引国内民众的注意力，“中国无疑是个合适的选择”[①]。然而，印度政府此次旧戏重演，在洞朗制造事端意欲转移国内焦点、强化民众共识、提高士气，并没有给印度广大民众特别是边境地区各邦带来多少实惠，更没能做到利国利民。许多政治人物在台上时对中国态度强硬，下台后则变得讲话灵活、趋于理性。可以说，印度政要、议会、军方和主流媒体夸大中国威胁的实效和时效都在减弱，国内对在边界挑事的支持力度并未像开始时那样“居高不下”。不仅反对党对印军在洞朗的做法提出质疑，更有前高官和学者明确指出错在印度，撤军越早越体面。更重要的是，政府洞朗挑事未能缓解国内压力，民众的不满情绪促发危机丛生。如，8月上旬，印度大约3800名公共汽车司机举行罢工；印度西部马哈拉施特拉邦因失业率高和农村经济发展不景气，民众多次走上首府孟买街头抗议。9日，约200万民众再次在孟买举行示威游行，要求保障在政府机构就业以及大学就学的配额，导致孟买市内交通瘫痪。8月中旬，数十万农民在孟买举行规模空前的抗议示威；印度港口工人因“政府当局的歧视性行为一直在增加，并削弱了港口工人的基本权利”，举行了无限期罢工；印度铁路承包商举行罢工，抗议高额消费税。8月下旬，印度近百万银行职员举行全国性大罢工示威，抗议印度政府推行的银行改革政策，造成印度国有银行业务大面积停摆；印度西北部宗教组织“社会福利和精神组织”头目、“大师”古尔米特·拉希姆·辛格被判强奸罪引发的骚乱不断发酵，造成30多人死亡，300多人受伤，哈里亚纳邦、旁遮普邦和首都新德里等地局势紧张，多个地方进入紧急状态。

（二）企图加强或保持对南亚邻国的控制和影响

印度一向不尊重南亚众邻国，对其与中国关系的发展尤为敏感，采取各种措施严加防范。随着中国人民解放军向西藏进军和西藏的和平解放，印度政要们便认为中国对“印度构成安全威胁”了。为了加强对与中印相邻的南亚国家的控制，印度在中华人民共和国成立前后，先后与不丹（1949年8月8

---

①《韩国媒体称印度若长期与中国对抗将自食苦果》，新浪网《新浪军事》2011年4月19日。

日）、尼泊尔（1950年7月31日）和锡金（1950年12月5日）签订了同盟性质的条约。中印关系极度恶化后，印度更以南亚“当仁不让的霸主”的架势出现。未与有关国家商议，尼赫鲁便于1959年11月27日在议会宣称“对不丹和尼泊尔的侵略就是对印度的侵略”，此后不久又在1960年初发表了同样的言论。尼赫鲁此举针对中国的意图十分明显，连英联邦事务部1960年2月27日的文件也称尼赫鲁的目的是想“强化尼泊尔人对中国的抵制”。更凸显印度霸道作风的是，1962年3月24日，其外交部竟然抗议中国“侵犯”不丹领空。印度在中印边界战争中的大溃败引起国内惊慌后，让锡金国王秉其旨意，在1962年11月14日宣布国家处于紧急状态，“以应对中国对边界的威胁”[①]。

中印边界战争后，印度进一步强化了对南亚国家的控制，加紧了对中国的防范。即使中国与尼泊尔等国的经济合作，印度人也担心因产生示范效应而使其在尼影响力受损。如，有印媒在1965年2月22日称，印度因担心中国要修建的拉萨至尼泊尔首都加德满都的公路成为“样品展示”，而欲代替中国修建这条公路。[②]后因印度的阻挠，中国放弃了修路计划。在中印与锡金的边境地区以及两国与巴基斯坦的关系上，印度的扩张主义和霸道做法多次引发与中国的对峙甚至武装冲突。如，对于印度在中锡边界非法修建军事设施拒不拆除、中印在边界发生严重对峙后，1965年9月17日的《人民日报》在头版发表了题目充满最后通牒味道的文章：“中国政府复照印度政府提出严正要求：文到之日三天内拆除中锡边界印军入侵工事，立即停止印军一切入侵活动并保证不再骚扰。”不仅如此，就连副标题也措辞强硬：“中国不介入印巴争端绝不等于不问是非，只要印度政府有一天还在压迫克什米尔人民，中国就一天不会停止支持克什米尔人民要求自决的斗争；只要印度政府有一天还在对巴基斯坦进行肆无忌惮的侵略，中国就一天不会停止支持巴基斯坦反侵

①见“Violation of Borders of India by China，1959”，英国外交部文件，档案号FO371/141273；“Relations between Nepal，Bhutan，Sikkim and India，In Event of Chinese Aggression，1959-1960”，机密，英国自治领事务部文件，档案号DO35/8977；“Chinese-Indian Border Dispute，1962”，英国外交部文件，档案号FO371/164911；“Chinese-Indian Border Dispute，1962”，英国外交部文件，档案号FO371/164916。

② “China's Showpiece In Nepal, Achievements On The Road To Tibet”, in *Statesman*, New Delhi, 22th Feb. 1965.

略的正义斗争。”[①]对于中国发出的严正警告，印度最初并不示弱，其总理称印度“将为自由而战”，“蔑视中国的最后通牒”，多数印媒不认为中国的“最后通牒意味着军事行动而是向印度施加政治压力”，有的还认为意在“羞辱印度人”。[②]中国召见印度驻北京代办，限印度在22日午夜前拆除锡金边界的军事设施。印度在最后时刻拆除了非法修建的军事设施，但此后仍不断滋事。如，印媒在1966年8月4日指责中国正在策划“颠覆不丹”的阴谋[③]，16日又抗议中国“侵犯克什米尔边界”，9月20日指责中国在中锡边界进行广播[④]。1967年9月，中印在乃堆拉山口发生激烈武装冲突，造成重大人员伤亡。此后，印度吞并锡金，看紧不丹。但是，近年来，随着中国与南亚国家政治、经济等方面关系的不断发展，印度与中国在南亚地区的影响此消彼长已是不争的事实。巴基斯坦媒体在2010年5月概述了南亚发生的显著变化：“中国成功约束了印度，已是南亚地区领袖”，南亚“现在可以被称为中国次大陆了”。中国已是所有南盟成员国（包括印度）的最大贸易伙伴。印度为孟加拉国和斯里兰卡“设立壁垒、阻止其出口，而不是增进地区经济融合”，而中国则“通过贸易、援助、贷款和投资，更为积极主动地进入次大陆市场，并且借双边条约和合作改善与所有南亚国家的关系”。“在曾被德里视为自家后院的次大陆，中国的地位已经很稳定。”此外，南亚地区大多数国家也对印度打中国牌，“以平衡印度的霸权”。[⑤]

作为夹在中印之间的“夹心小国”不丹，其经济、军事、外交均受印度控制，是迄今为止南亚地区内唯一没有与中国建交的国家，但印度对不丹政府同中国的接触仍怀有高度戒心，近年来的反应更加激烈。2012年，不丹首相吉格梅-廷莱在巴西参加联合国可持续发展大会时会见了中国领导人，“让印度非常不快”。2013年7月13日不丹举行议会选举之前，印度在6月底中止了对不丹的燃气补贴，导致该国燃料成本飙升，以此来“绑架不丹大选”，“帮助”亲印度的反对党“人民民主党”击败了执政的“和平繁荣党”，掐断

① 《人民日报》1965年9月17日。

② “Sino-Indian Relations，1965”，英国自治领事务部文件，档案号DO196/244。

③ “Chinese plot against Bhutan”, in *Patriot Delhi*, 4th Aug., 1966.

④ “Sino-Indian Relations，1966”，英国自治领事务部文件，档案号DO196/246。

⑤ 《中国的次大陆》，2010年5月4日“巴基斯坦爱国者”网站文章，新浪网《军事论坛》2010年5月4日。

了不丹政府“亲近中国”的苗头。[①]

面对南亚地区不可逆转的新变化，莫迪政府对近邻小国的做法同尼赫鲁时期并无二致。印度在洞朗制造事端，自然有通过对中国“秀肌肉”警告不丹和尼泊尔的意涵。[②]但其做法在南亚适得其反。不丹媒体2017年6月28日称，印度制造事端的洞朗地区是中不边界争议区域，与印度无关，这就等于是打了印度的脸。该媒体还曾发表不丹国王法律顾问旺查·桑杰的文章，指责印度一直以来用“铁腕政策”，通过对不丹经济等方面的控制，阻挠中不之间的边界谈判。“究其原因，是因为印度政府担心，中不签署边界协议后的下一步，将是两国关系正常化。”而与中国建立外交关系“将永久地巩固了不丹的主权地位，在国际政治的敏感问题中，不丹将不再轻易地成为印度的马前卒或代理人”。[③]

在洞朗危机持续发酵时，印度政府继续示强，不但加强军力，还声称要在西部边境地区修建公路。印度政要拉高调门，要让世界“重视”印度的“实力”和“决心”。8月15日，印度第71个独立日，莫迪宣称“国家安全是首要任务”，要在2022年之前建成“新印度”，鼓励民众“要有改变国家的决心”，并称印军“不容外界小觑”，“无论在海上或陆上、网上或现实，印度都够强大，足以在任何层面对抗外敌”。18日，印度内政部长拉杰纳特·辛格又称，要在2022年前解决克什米尔争端等问题。[④]这与其说是印度领导人的“豪情万丈”，不如说是对其民族主义驱使下日益加剧的焦躁心态的掩盖。然而，印度的所作所为都没能影响中国与南亚国家关系的健康发展。就在印度独立日的次日，16日，尼泊尔总统班达里在加德满都会见到访的中国国务院副总理汪洋时说，尼方支持习近平主席提出的“一带一路”伟大倡议，将积极参与“一带一路”建设，推动尼中友好关系和互利合作不断向前发展。尼

①《不丹“亲中”政党大败 美媒称印“绑架”不丹大选》，载《环球时报》2013年7月15日。

②“用扩张主义三宝吓中国 莫迪当自己是尼赫鲁?”，http://news.sina.com.cn/c/nd/2017-08-22/doc-ifykcirz3875379.shtml。

③《不丹媒体怒斥印军闯入中国：阻挠中不边界谈判》，新浪网《新浪综合》2017年7月5日。

④《印度内政部长：2022年之前将解决克什米尔争端》，http://mil.news.sina.com.cn/2017-08-20/doc-ifykcppx9651292.shtml。

方坚定奉行一个中国政策，“绝不允许任何势力利用尼领土从事反华活动”。[①]

（三）试图博取国际上的支持和同情

印度一直利用边界争端在国际上抹黑、讽刺和挖苦中国，一向在边界问题上把自己打扮成“受害者”“弱者”，以图利用西方国家和媒体对它这个“亚洲最大的民主国家”的“厚爱”和偏爱，通过在边界争端及“西藏问题”上对中国强硬和制造麻烦，从国外获取尽可能多的经济、军事援助和政治、道义上的支持。印度虽借此曾获得过不少国家的支持，但自20世纪50年代末以来得到的国际支持和同情在明显减少。如，1962年11月9日，印度在边界战争中败局已定时，其外交部“满打满算”列出的“同情和支持”印度的国家有40个：阿根廷、澳大利亚、玻利维亚、加拿大、锡兰（今斯里兰卡）、智利、刚果、哥斯达黎加、塞浦路斯、多米尼加、厄瓜多尔、埃塞俄比亚、危地马拉、法国、联邦德国、希腊、海地、冰岛、伊朗、意大利、日本、约旦、利比亚、卢森堡、马来亚、墨西哥、荷兰、新西兰、尼加拉瓜、尼日利亚、挪威、巴拿马、菲律宾、瑞典、泰国、特立尼达和多巴哥、英国、乌干达、美国、委内瑞拉；“同情和关切”印度的国家和地区有5个：梵蒂冈、以色列、东非部分地区、索马里、芬兰；“同情”印度的国家有11个：奥地利、巴西、丹麦、罗得西亚、爱尔兰、牙买加、老挝、黎巴嫩、南朝鲜、突尼斯、土耳其。亦即站在印度一边的国家共有56个。[②]印度战败后半年时间里从英联邦国家、美国、苏联和部分东欧国家等十几国分别获得了1000万英镑至15亿英镑不等的物资和贷款援助。[③]相比之下，战争开始后没有一个国家公开宣布支持中国（只有阿尔巴尼亚不公开支持中国）。但是，在中国宣布单方面停火、撤军后短短一周时间里，先后有亚非拉美37个国家的政府宣布支持中国：共产党执政的越南、朝鲜、阿尔巴尼亚、蒙古、罗马尼亚、捷克斯洛伐

① “尼泊尔总统、总理会见汪洋”，新华社加德满都2017年8月16日电。

② “Chinese-Indian Border Dispute，1962”，秘密，英国自治领事务部文件，档案号DO196/166；“Chinese-Indian Border Dispute，1962”，秘密，英国自治领事务部文件，档案号DO196/167。

③ 根据1963年4月29日英国《伯明翰邮报》报道，向印度提供援助的国家和数额分别是：美国6.5亿英镑贷款、价值8.7亿英镑的小麦等剩余物资，苏联2.88亿英镑，联邦德国2.57亿英镑，英国1.86亿英镑，加拿大1.06亿英镑，日本7600万英镑，波兰2200万英镑，捷克1700万英镑，澳大利亚1000万英镑。

克、古巴；非共产党执政的国家，亚洲有印度尼西亚、柬埔寨、缅甸、巴基斯坦、伊拉克、锡兰（今斯里兰卡）、马来亚（今马来西亚）、日本、尼泊尔、阿富汗、叙利亚，非洲有几内亚、阿尔及利亚、加纳、阿拉伯联合共和国（由埃及和叙利亚组成）、索马里、肯尼亚、埃塞俄比亚、达荷美、桑给巴尔、尼日尔，拉美是乌拉圭，“西方国家”有英国、新西兰、法国、澳大利亚、加拿大、挪威、丹麦、意大利。上述国家中有14个是在战争开始后曾宣布支持、同情和关切印度的国家。到了1963年1月7日，不公开亲印度的只有突尼斯、象牙海岸（科特迪瓦）、摩洛哥、多哥、阿富汗、南斯拉夫、坦桑尼亚、叙利亚和尼泊尔9个国家，公开亲印的更少——只有埃塞俄比亚和刚果2个国家。[①]20世纪60年代后期中印边界锡金段军事对峙时，上述曾站在印度一边的56国，绝大多数都没有再表示支持和同情印度，有的还劝说印度要正视中国的“最后通牒”，撤走在边界非法建立的军事设施（如马来西亚）。多年来，这些国家早已与中国建交并发展起紧密的政治和经贸关系。在最近几年里中印关系出现波动和紧张时，不光它们，就是国际上其他国家也很少发声。对于洞朗事端，国际上有许多声音，如老牌记者、资深中印边界问题专家马克斯韦尔等，都直言不讳地批评印度无理挑事。印度外长最近居然说世界各国都支持印度，真是犹如吹哨夜行，自我壮胆，欺骗其国人。

（四）意欲给中国制造麻烦、增加谈判筹码

通过向中国抱怨、给中国制造麻烦来从中国获取好处，增加与中国谈判的筹码，获取更多的外部援助和支持，一直是印度对华关系中的主要图谋和常用伎俩。为此，它经常不顾中国在国家核心利益方面的关切，与中国的分裂势力相互勾搭，并不断密切关系。如，1965年10月，一个台湾蒋介石政权的代表团出席了在印度加尔各答举行的一次会议和在新德里举行的联合国亚洲及远东经济委员会会议，中国在1966年8月2日指责印度搞“两个中国”。[②]近年来，印度与日本和中国台湾相互走近，在亚洲搞遏华“铁三角”。莫迪上台后，印度政府于2015年邀请中国台湾“经济部”官员赴印参加经贸会议。

1952年，印美关系开始发生重大变化，美国出于与苏联在南亚的竞争和

① “Border Dispute with India，1963”，机密，英国外交部文件，档案号FO371/170669。

② “Sino-Indian Relations，1966”，英国自治领事务部文件，档案号DO196/246。

世界范围内意识形态的斗争，一改对印度的冷淡，把印度视为亚洲与中国“共产主义”相抗衡的“民主国家”的样板，携手英国，加强了对印度的经济、军事等方面的援助。1959年美国总统艾森豪威尔访问印度，新德里百万人夹道欢迎。1962年11月20日，尼赫鲁向艾森豪威尔发出求救信，艾森豪威尔决定向“惊慌失措”的尼赫鲁提供轰炸机等军事援助。[①]12月的拿骚峰会上，西方国家确定对印度提供总值1.2亿美元的物资援助，美国答应承担的份额最多。印度军史内部资料说，1962年中印边界战争中，“美国及时做出的反应在印度人民的心中留下了深刻印象”，美国被认为是印度“真正的朋友”了。[②]20世纪60年代初，随着中苏关系的恶化和破裂，苏联加大了对印度的军事和经济援助。如，它在1962年12月同意在印度建立工厂，生产米格-21超音速战斗机，1963年又承诺为印度建设波卡罗钢厂提供援助，安-12运输机和米-4直升机也提前交货。此后至苏联解体相当长的时期内，苏联（俄罗斯）和美国成为印度最大的军事和经济援助来源。近年来，印度与美国及其在亚洲最大的盟国日本越走越近，三国在军事、经济和技术方面的联系日益密切，其中不乏中国因素的作用。长期以来已经习惯外援的印度，要想跻身世界强国之列、实现其雄心勃勃的现代化目标，比以前任何时候都更加依赖外部的支持，特别是在其比以前更具“万国牌”色彩的军事装备采购中，美国及其盟国所占的比重已经超过俄罗斯。

鉴于中国综合实力的快速发展，以及中印军事、经济及国际影响力等方面的差距越拉越大，印度在边界争端和对华事务中可资利用的筹码越来越少。由于心态的严重失衡和外交策略的变化，印度与中国的摩擦、分歧、矛盾甚至对抗愈加频繁，程度也有所升级。近一两年，印度利用西藏分裂势力、“台独”势力、南海问题及在一些国际问题上频频给中国制造麻烦，意欲增加在边界争端和其他涉华问题上的谈判筹码。但鉴于中国体量及影响力的快速发展，以及战略和心理上的超凡定力，印度的“小动作”收效甚微。为了对付中国，印度近年来外交上日趋借重美国、日本等域外因素。但因各怀鬼胎，印、美、日虽加强了合作，实乃相互利用关系，谋“势”显然大于取“实”。美、日等国给予印度的经济、军事等支持，代价有多大、成本有多高，尚待

---

① “International military aid to India，1962”，秘密，英国外交部文件，档案号FO371/164880。

② P. B. Sinha, A. A. Hthale, *History of the Conflict with China, 1992*, p. 396.

时间和事实来评判，印度自知其冷暖。美、俄、日、法、以等国出售给印度的武器装备，价格要远远高于给其他国家或国际市场的价格，其商业目的和战略考量不一。特别是美、日对印度的援助，真心支持和“忽悠”的成分各有几何，外人和印度人恐怕各有判断。对爱被“忽悠”的印度来说，美国的许愿的确是给它打的强心剂，使其多了不少底气。如，早在2011年，美国国务卿希拉里就鼓动印度“冲出南亚，领导亚洲”，着实让印媒躁动一气，也让印度人多了一份战略优越感。2014年，美国驻印度大使理查德·维尔玛对印度记者说：“我希望在不远的将来，印度洋—太平洋水域能够看到美印海军舰艇携手并进的场面。”美国为了借助印度的力量来牵制中国，才对印度褒捧有加，故意迎合印度追逐大国梦的虚荣心。[①]8月22日，在中印洞朗对峙的当口，美国总统特朗普又给莫迪提供了一个发挥大国作用的“良机”。他称印度为“世界上最大的民主国家，是美国重要的安全和经济伙伴”，希望印度发挥更大作用，给阿富汗“带来和平与稳定”。特朗普的讲话在印媒得到热烈掌声，而美媒则笑看印度是否跳入“战略伙伴”这个大坑。[②]

至于印度对中国打美、日牌意图增加筹码的后果和前景，外国媒体说得很清。如，2009年11月，墨西哥媒体批评英国等西方国家挑拨中印关系，指出中印两国应合作前行，冲突只会让英美得利。2011年4月，韩国媒体认为印度选在印度洋、东南亚和南中国海与中国展开广泛对抗是很不理智的行为。印度为缓解国内矛盾、谋求大国形象，选择与本应是伙伴的中国进行对抗，长此以往，恐将自食苦果。尽管印度使出浑身解数，与中国一争高下，但2017年8月时仍有美媒称，在欧洲和在美国，“中国获得的关注多于印度”。[③]无数事实说明，印度欲借助外部力量赶超中国的努力是徒劳的。

---

① 《印度叫板中国的底气：自我膨胀+美国鼓动》，http：//news.ifeng.com/a/20170818/51676428_0.shtml。

② “印媒为特朗普热烈鼓掌时　美国人嘲笑他们的智商”，http：//news.sina.com.cn/o/2017-08-22/doc-ifykcqaw0816229.shtml。

③ 《墨媒：中印两国应合作前进　冲突会让英美得利》，新华网2009年12月5日；《韩国媒体称印度若长期与中国对抗将自食苦果》，新浪网《新浪军事》2011年4月19日；《美称印度在经济与地缘政治重要性方面都远不如中国》，http：//mil.news.sina.com.cn/china/2017-08-21/doc-ifykcppx9872444.shtml。

（五）军事冒险与战略“赌博”

印度借口我国在自己领土上修路对其安全构成威胁，悍然派军队侵入我洞朗地区，赖了70天才离开。这一无理事件的恶劣性质，在世界历史上绝无仅有。印度选择此时在洞朗滋事，决非一时性起，而是经过精心策划的。不管是“阴谋”还是“阳谋”，印度制造此次边界事端应该是下了大“赌注”的。它之所以敢如此“鲁莽”行事，恐怕对中国和美日都有战略上的“讹诈”。对中国，印度除了要对1962年战争的军事惨败、蒙受“羞辱”寻机“复仇”的心理之外，前述四种挥之不去的心态，使其面对国内外矛盾难以寻到良策。如它真认为其西里古里走廊的安全受到威胁，中国的“一带一路”特别是中巴经济走廊的实施将对其边界局势、发展战略和安全态势产生重大不利影响，通过军事手段寻找出路也可能成为其选项之一。再考虑到印度的政治领袖和政党利用和操控边界问题为其政治目的服务的一贯做法，在很大程度上靠民族主义、右翼势力（甚至具有法西斯主义性质的势力）支持上台执政的莫迪，认为印度已进入独立以来最强盛的时期，与中国对峙时是不会轻易“服软”的。对美日来说，为了遏华的共同目的对印度的军事和外交支持到底能走多远，恐怕它们自己目前也尚无决策，印度也是心中没底。而印度为了与中国“对赌”，自己筹码有限，就只得指望美日“出资”了。印度在洞朗出手，假借不丹名义，自以为钻了一个空子，是想借此突入我国领土，并准备在受到抵抗时大喊大叫，大造国际舆论，真若发生军事冲突，无论胜败，它都能在国内外“收获”不菲。因此，印度有可能认为它在洞朗展示的“赌徒”决心越大，美日掏出的“赌资”就会越多。我们不能排除下述可能，即印度在把洞朗挑事当作给美国的投名状。莫迪访美、洞朗挑事和特朗普点名让印度帮助解决阿富汗问题，这三者之间的联系，值得仔细玩味。洞朗事端虽已结束，但印度此后继续借美日支持，冒险对中国进行军事挑衅的可能依然存在。我们必须做好军事准备，不能掉以轻心。

三、印度的心态与中印边界问题的症结

无论是从中印边界争端的历史发展还是从刚结束的洞朗事件来看，印度人的心态不但是中印边界问题至今未能解决的最大症结，而且成为决定其外交、军事、经济、教育、宣传等行为的最重要因素。这主要体现在以下几个

方面。

（一）在历史遗留问题上片面、固执的立场

对于英国殖民统治时期遗留下来的中印边界问题，印度宣布全部“继承”，而且还有所“突破”。对于连英国人都没有正式承认其法律效力的“麦克马洪线”，印度人不但把它作为最重要的历史“依据”和法理“依据”，而且还不断蚕食，占领了达旺等原被划在“麦克马洪线”以北的中国领土。对于连条地图上的线都没有的西部边界，印度更是提出无理要求和主张。面对中国通过平等、友好谈判，顺利解决与缅甸、巴基斯坦、尼泊尔等国划界的“示范”效用，印度不但视而不见，反而心胸狭窄地恶意曲解中国的善意和苦口婆心，一次又一次地失去解决问题的机会。60多年来，印度在边界问题上的态度虽然从不容谈判变为同意谈判，但在如何划线问题上却没有丝毫松动，一直要求或希望中国接受其单方面立场。

（二）缺乏自我反省的精神

印度独立建国后，与大多数邻国都有边界纠纷，其中与巴基斯坦和中国多次发生战争和冲突。俗话说“远亲不如近邻”，但印度一向信奉“远交近攻”的对外政策，对邻国频下狠手，殖民主义、霸权主义、扩张主义的心态和做法至今未改。它吞并锡金、把不丹变成保护国，却没有受到国际社会的谴责哪怕是批评；它多次发动对巴基斯坦的战争、通过军事干涉肢解巴基斯坦，虽然一度被巴的盟国美国冷落、疏远，但十几年后便又成为美国拉拢、忽悠、有条件支持的对象；对于历史上绝大部分时间里都友好相处、相互支持、同为被压迫殖民地半殖民地的最大邻国中国，印度很少平等相待，多以“大哥”自居，斤斤计较，欲索欲取。凡是边界纠纷，都是别人的错，应该让步的都是别人，印度绝对正确，要它“互谅互让”，想都别想。不光如此，印度还通过议会立法，使领土的变更难上加难，在法律程序上基本堵死了政府领导人通过谈判、相互妥协解决边界争端的大门。时至今日，由于中印边界问题以及与中印关系相关的印巴边界纷争，依然看不到解决的前景，印度常年把一半以上的军力部署在中印边境和中巴边境，给经济造成了沉重负担，已然成为其快速发展、奔向强国之路的瓶颈。无论是印度政府、议会、军队、媒体，还是公众，边界上一有风吹草动，必是强硬之声盖过甚至淹没理智之音，即使讲究客观、说理的学术圈，敢讲真话的也是少数。

（三）被歪曲的历史主义教育和“爱国主义”对国民的影响

与上述有关，印度国民在边界问题上一直受到与事实严重不符甚至背离的历史知识教育和愣将受害、殉难者描绘成英雄的宣传。关于中印边界争端的历史起源、影响边界问题的诸因素，印度政府从不给公众讲真相，而不负责任的媒体则成为公众获取“真相”的主要来源。对于媒体不符实际甚至恶意歪曲的报道，政府从不予以纠正、澄清，而是为了自私的政治利益，听凭媒体为了新闻效应为所欲为。对于1962年战争的失败，印度政府为了煽动民族主义，竟然夸大惨败的程度，营造“悲壮”“英雄”气氛。在印度，就连街头孺子也都不忘那场战争带来的耻辱，心怀“复仇”“决心”。与其他大国不同的是，印度决策者在边界问题上往往受到政府部门、议会、军队的“绑架”，而鲜有主动性，即使决策者中有明白人，也不敢提出真实想法。

（四）对自己软、硬实力的“高看”

高傲、喜欢被“忽悠”的印度人一向无视自身的缺点和弱点，无限夸大自己的优点和成绩。1962年的战败和由此带来的“羞辱”本可避免，但由于印度过高估计了自己的军事、经济实力及民众的士气，过分乐观地看待面临的外交态势，严重低估了中国的军事实力特别是军人的战斗士气和民众的精神，也不能正确理解中国政府一再释放的善意，更不可能预见毛泽东等中国领导人捍卫祖国领土的坚定决心和完胜后单方面宣布停火、撤军的战略远见，遭受了独立以来最大的军事失败和发展道路上的挫折。然而，55年过后，印度的这一思维并无改观。其领导人和媒体依然“报喜不报忧”，对“掺水”的经济统计数据津津乐道，对“万国牌”装备的军队的战力妄加吹捧。此次挑起洞朗事端后，面对中国的严正警告，其国防部长竟然声称印度“已不是1962年的印度了”，军方还妄言准备打赢“2.5个战争”，除了几个印度人，世界上有谁会相信印度有此实力！

（五）把边界问题与“一带一路”、“入常”、加入“核集团”等挂钩

历史上，世界各大洲都发生过边界争端，有的通过相关国家的和平谈判得到解决，有的通过第三方调解达成一致，也有的通过战争得以平息，然其共同特点，都是没有让边界问题长期影响国家的长远发展和国家利益。印度则与众不同，对边界问题的“痴迷”到了无以复加的程度，甚至不顾国家的长远发展大计，似乎弄不清其国家利益究竟何在。按照常理，它既然认为拥

有否决权的中国是其“升格”为联合国常任理事国、加入“核国家集团”的最大“障碍”，既然把中国的“一带一路”视为其南亚霸主地位和地区大国地位的严重“威胁”，就应通过平等的谈判、协商，与中国“讨价还价”，在各有妥协的基础上为自己获取最大利益。但是，受其心态的支配和对国内外因素严重不切实际的评判，把对中国的各种不满集中“发泄”到边界问题上，无疑大大增加了推动边界争端解决的难度。

余　论

通过上述分析，我们虽难以判断印度此后将在中印边界问题上何去何从，但可以肯定的是，必须要对中印边界争端的复杂性和解决问题的长期性有足够的心理准备，要认识到不断制造麻烦的“难缠”的印度将是决定中国和平发展的国际成本的重要影响因素之一（另一个是亚洲之外的美国）。就双方实力而言，如用军事手段解决，打败山中之贼（印度）是可以做到的，但打服（印度）心中之贼不易。与印度这个“牛皮糖”邻居相处，经过努力，“和”可以维持，“睦”则不易。莫迪总理起自草根，敢断手狠，挟地方政绩而登上全国政坛之后，急于做出成绩。他和他的内阁成员，不吝口出狂言，如说五年后给你一个新印度，2040年赶超美国等等，无不反映出其情绪之严重焦虑。此种情绪，结合前述四种固有心态，使得印度以后在中印边界问题上再制造洞朗之类的事端，兴许不会是小概率事件。通过洞朗事件的和平解决，看到了我们国家的超凡定力、坚定立场、军事准备、外交努力、舆论宣传，必将使得这一过程成为经典案例。它也启示我们，中印两个大国邻居终归还是要和平相处，中印关系还是要置于我国亲诚惠容的周边外交政策框架之内。即使有朝一日真的不得不与印度兵戎相见，也是以打促和，不要忘了诸葛亮“七擒孟获”的垂范。

大战略理论探析

——兼论二战期间美国大战略

杨永锋

二战后，在西方学术界兴起的大战略理论研究，时至今日，依然方兴未艾。经过战略学界和国际关系研究界的学者们的辛勤耕耘，有关大战略理论的研究成果表现出了重大的理论思想价值和实践意义。近年来，我国学术界也开始重视对大战略理论的研究并取得了一定的成果，但就整体而言，关于大战略研究“尚处于很不充分的状态，系统的理论阐发、理论创新性构建和作为基础的大战略史研究尤为薄弱”①，故对大战略理论的进一步深入探讨依然具有重要的学术价值。

一、大战略概念的界定

关于“大战略”概念的界定，目前学界尚未有统一定论。在二战期间，美国战略学家爱德华·米德·厄尔在其出版的《现代战略的缔造者——从马基雅维利到希特勒的军事思想》一书中提出，大战略就是将国家的各项政策和各种军备如此地整合为一体，以致诉诸战争，要么（使战争）成为不必要，要么取得最大程度的胜利。②该定义不仅深化了大战略概念的内涵，也拓展了大战略理论的研究范围。二战后，英国著名军事思想家和战略史家利德尔·哈特在1954年出版了《战略论》一书中认为，大战略就是“协调和指导国家

【作者简介】杨永锋，西北民族大学历史文化学院副教授。

① 时殷弘：《国家大战略理论论纲》，载《国际观察》2007年第5期。

② 保罗·肯尼迪主编：《战争与和平的大战略》，时殷弘、李庆四译，世界知识出版社，2005年版，第1、2页。

的全部力量以达到战争的政治目的，即国家政策确定的目标”。[①] 但难能可贵的是，哈特明确指出，大战略不仅要适应于战时，更要适应于和平时期。

继厄尔和哈特之后，1963年，法国战略思想家安德烈·博弗尔在《战略入门》一书中认为，大战略（博弗尔称其为总体战略）是国家综合运用政治、经济、外交和军事等手段取得战争胜利的艺术。[②]1973年，美国战略理论家约翰·柯林斯出版了《大战略》一书，柯林斯将大战略定义为：“在各种情况下运用国家力量的一门艺术和科学，以便通过威胁、武力、间接压力、外交、诡计以及可以想到的手段，对敌方实施所需要的各种程度和各式各样的控制，以实现国家安全的利益和目标。”[③]博弗尔和柯林斯对大战略的定义受到了当时冷战背景的深刻影响。从20世纪80、90年代起，西方学术界对大战略研究取得长足进步，出现了一系列经典著作，其中保罗·肯尼迪的《战争与和平的大战略》就是代表性著作之一。在该书中，作者明确提出：1.一个真正的大战略不仅要关注战争更要关注和平；2.不论在战时还是在平时，大战略必须保持目标与手段之间的平衡；3.大战略研究者还应考虑下列因素，如节俭地使用和管理国家的各种资源；通过外交改善国家的地位至关重要，其途径是争取盟友、获得中立国的支持以及减少敌人或潜在敌人的数量；注重民意和政治文化，它不仅体现在战场上，而且体现在人民支持战争的目标、承担重负或在平时支持防务开支的意愿上。[④]

纵观上述学者们对大战略所下的定义，笔者认为，大战略概念的内涵应包括以下三个方面：其一，大战略是国家为实现某一时期政治目标或总政策而制定的最高战略，具有全局性和系统性；其二，大战略不仅适应于战时，更应适应于和平时期；其三，大战略目标必须以国家政治、经济、军事等多种综合力量为手段来实现之。

---

① B.H. Liddell Hart, *Strategy*, New York: Praeger, 1974, p.322.

② 安德烈·博弗尔：《战略入门》，军事科学院外国军事研究部译，军事科学出版社，1989年版。

③ 约翰·柯林斯：《大战略》，中国人民解放军军事科学院译，战士出版社，1978年版，第47页。

④ 保罗·肯尼迪：《战争与和平的大战略》，时殷弘、李庆四译，世界知识出版社，2005年版，第3-5页。

二、大战略目标的确定及构成要素

政治家或战略家殚精竭虑制定大战略的目的何在？究其根本原因，乃国家利益使然。而抽象的国家利益的具体表达则是国家目标，即大战略目标的实现，要实现国家目标则离不开对国家实力等战略要素的评估，因为它们是实现国家目标的基础和手段。但如何才能更好地利用国家实力来服务于国家目标的实现，即国家利益的最终获得，这就需要决策者们制定出一套实用、合理的大战略来指导。由此可见，国家利益和国家实力是确定国家目标，即大战略目标的两个核心要素。

国家利益之所以重要，不仅因它是一国制定和实施大战略的根本依据，更因它事关一国的生死存亡。对于国家利益的界定，尽管学界争论不断，但其应包括一些基本的特征则不可否认，否则“国将不国”了。其中包括维持国家的生存权，促进本国人民的经济福利和幸福以及保持其政府的自决与自主权等。[①]

国家利益根据不同的划分标准，可分为多层次、多类别。就重要性而言，国家利益可分为涉及生死攸关的生存利益、主要利益、重要利益和边缘利益等。根据现实主义理论，主权国家是构成国际体系的核心，国际社会处于无政府状态，既没有一个凌驾于民族国家之上的国际权威或世界政府，也不可能有一个强制性的超国家力量维持国家秩序。所以，国家安全时时受到威胁，国家的最高利益是国家的生存和安全，这也是国际体系中所有国家追求的首要目标。[②]就性质而言，国家利益可分为军事、政治、经济和思想等利益；按时段来划分，国家利益可分为长远、中期和近期等利益。国家利益的细化势必导致与之相对应的“子战略”的出现，而如何对这些众多的“子战略”，尤其是那些具有战略性的“子战略”进行统筹和协调，使之更好地服务于国家整体目标，这也需要一个凌驾于“子战略”之上的大战略。

总之，出于维护国家利益的需要，决策者必须制定本国的大战略，因为大战略是治国之道、安邦定国之途。而大战略的制定首先要确定大战略目标，

---

① Frederic S. Pearson and J. Martin Pochester, *International Relations*, 4th edition, New York, 1988, pp.177-178.

② Alan Collins, *Contemporary Security Studies*, Oxford University Press, 2010, pp.16-17.

战略目标是战略核心，“一种没有目标的战略不是真正的战略，充其量不过是一种牵制行动而已”。[①]战略目标是一段时间内国家在国际社会中为维护国家安全要达到的全局性结果。[②]如何确定战略目标或确定怎样的战略目标，是大战略能否成功的关键。这就要求决策者在制定大战略时要充分考虑大战略目标实现的手段——国家实力。

国家实力是一国所拥有的各种物质力量和精神力量的总和。在大战略理论中，国家实力也即国家权力。根据现实主义理论，国家在国际政治中是为权力而斗争，这也意味着在国际体系中拥有较大权力的国家在弱肉强食的国际丛林中能更好地保护和获得更多的国家利益。肯尼思·沃尔兹就认为，权力可以为一国获取保持自主，增大行动自由，获取更大的安全回旋空间和在国际社会中得到更大影响力等四方面的利益。[③]对于国家实力的具体构成要素，不论是战略学界还是国家关系研究领域，分歧均较大，可谓见仁见智。但笔者认为国家实力应包含地缘状况、经济实力、军事实力、资源条件和科技水平等硬实力，还包括像历史经验、战略文化传统、政治体制和国际形势等软实力。构成国家实力的这些基本要素也是决策者制定大战略时要充分考虑和评估的主要战略要素。

地缘状况主要指一国所处的地理位置，领土面积大小等。地理不仅是构成一国地缘政治最重要的因素，也是构成大战略的思想基础。如英国的岛国地理位置决定了其自近代以来，不遗余力地在欧洲推行均势战略；以色列国土狭小，几无战略纵深且周边都是敌对的阿拉伯国家，故常实行“御敌于国门之外”的进攻性先发制人战略；而俄罗斯辽阔的国土使其可以采用以空间换时间战略，在1812年和1941年，俄国/苏联在遭到拿破仑法国和纳粹德国入侵初期，俄国（苏联）败而不亡就是明证。从这些例子可以看出，地理因素是国家制定大战略的基础。经济实力是构成国家实力的最基本要素，直接决定着大战略目标的制定。保罗·肯尼迪在其力作——《大国的兴衰》一书

① 戴维·阿布夏尔主编：《国家安全：今后十年的政治、军事和战略经济》，柯任远译，世界知识出版社，1965年版，序第1页。

② 周丕启：《大战略分析》，上海人民出版社，2009年版，第17页。

③ 肯尼思·沃尔兹：《国际政治理论》，胡少华等译，中国人民公安大学出版社，1992年版，第234-236页。

中对于经济力量与国家兴衰的关系做了详细的分析，他认为，在一场大国间的长期战争中，获胜方往往是经济实力强大的一方。军事实力是构成国家实力也是影响大战略制定的又一重要因素，一国军事实力的强弱往往决定着该国大战略目标能否得以实现。与其说二战后期苏联对东欧的控制是基于“谁的军队所到之处就把该国的制度带到所到之处”这样的强权理念，不如说是由于红军的强大。资源条件主要指一国所拥有的自然资源，尤其是战略资源是否丰富、能否自给，这也影响一国大战略的制定。如在二战期间，美国对日本钢铁、石油的禁运对日本产生的影响；第四次中东战争期间，缺乏石油资源的日本不敢得罪海湾产油国，只好推行与其盟国——美国不同的中东政策。科技水平主要指科技发明带来的技术进步对一国制定大战略产生的影响。在此方面，影响最大者莫过于核武器的出现，它不仅直接导致了二战后核威慑战略理论的出现，而且深刻地影响了冷战期间的美苏大战略。历史经验主要指政治家或战略家在确定大战略目标时从历史中可以吸取和借鉴的经验与教训。在历史上，一些西欧或中欧国家多次通过东欧来侵略俄罗斯/苏联，这一惨痛教训使斯大林在二战后决意控制东欧，以建立一条苏联与西欧或中欧国家之间的缓冲地带，以保护苏联的安全；20世纪20年代英国国内和平主义思潮泛滥，30年代英国绥靖政策的出现均与一战中英国在西线壕堑中的惨痛经历有关。战略文化传统主要指一国历史上遗留下来的传统外交文化对大战略的影响。如美国历史上长久以来形成的孤立主义传统对二战期间罗斯福制定全球战略的影响。政治体制也对战略决策带来重大影响，“在现代国家中真正的掌权者无疑是官僚机构，因为权力既不是通过议会中的演说，也不是通过君主的公告来行使的，而是通过行政部门的运转才得以行使的”。[①] 如二战期间，美国各部门、各军种之间的争论对美国战略制定带来的影响。国际形势即天下大势，主要包括国际社会潮流、国际社会主流问题等。对国际形势的准确判断也是大战略得以成功实现的前提条件，如邓小平在对国际形势做了正确的判断，得出和平与发展是国际社会两大主题后，为我国制定了改革开放，以发展经济为中心的大战略。

综上所述，一国决策层制定的大战略是否合理、能否实现，在很大程度

① 詹姆斯·多尔蒂、小罗伯特·普法尔茨格拉夫：《争论中的国际关系理论》，闫学通等译，世界知识出版社，2003年版，第597页。

上取决于他们对本国战略实力的评估是否准确。战略实力不仅直接决定着大战略目标的确定，也决定了大战略目标实现手段的选择。

三、大战略遵循的原则

在制定大战略时，不仅要深思对其影响的战略要素，更要遵循一定的原则。因为大战略原则是“运筹大战略全局和全过程的依据、准则和指南”。[①] 关于在制定大战略时应遵循哪些原则，不同学者提出了不同准则，笔者认为以下几点原则最为重要。

（一）整体性原则

整体性原则是一切战略的共同要求，即当战略家思考问题时，必须认清问题本身所具有的整体性，同时必须以整体性眼光视之。正如我国古语所说，“自古不谋万世者，不足谋一时；不谋全局者，不足谋一域”。大战略是一种综合性的思考程序，以最后目标和最高路线为起点。这就要求战略家思考问题时必须从全局性、整体性和综合性高度视之，即“朝大处想”。但要求重视整体，并不意味着轻视局部，整体是由局部构成的，这也就是我们常说的既要看见森林，又要看见树木。

（二）主动性原则

战略为行动服务，战略是行动的指南；战略家的研究以思想为起点，以行动为终点。所以，战略家必须为解决现实战略问题而采取有效行动。战略思想必须具有主动性，正如博弗尔所说：“战略家最终目的是要改变历史潮流的趋势，所以，既不可坐以待毙，也不可以应变为满足，而必须采取积极主动的行动，以求控制世局的演变，诱导历史的走向。”[②]也就是说，大战略以采取行动实现其目标为宗旨，但行动需要时间，今天采取的一切行动都是为了实现明天的大目标，战略不是为今天而设计，而是为明天着想。“战略家的最高理想就是及早采取适当行动以改变历史的走向，换言之，即为企图控制历史的演进或发展，即使不能控制，也应努力适应历史潮流或至少也应设法缓和历史洪流的冲击，并使其不利影响减到最低限度。”[③]

---

① 周丕启：《大战略分析》，上海人民出版社，2009年版，第19页。

② 钮先钟：《战略研究》，广西师范大学出版社，2003年版，第98页。

③ 钮先钟：《战略研究》，广西师范大学出版社，2003年版，第106、107页。

（三）务实性原则

大战略思想是抽象的，但制定的大战略计划或方针必须是明确的、务实的和可操作的。为此，战略家必须注意以下这些要素：其一，大战略家必须认清时代特征，否则制定的大战略就会不切实际。其二，大战略必须具有长期性，如果制定的战略朝令夕改那是不可想象的。其三，大战略必须具有弹性。正如上面所说，大战略具有长期性，而且在实现大战略目标过程中充满了不确定性，所以要根据形势的变化对大战略做适当修改，以使能够更好地适应变化了的形势。其四，要“念念不忘根本目标”，因为大战略目标的实现并非一蹴而就，所以必须排除不利于根本目标实现的干扰。

（四）大战略目标与手段之间的平衡原则

大战略手段主要指运用战略实力的方式、方法和途径。战略家在制定大战略目标时必须要考虑其制定的目标能否实现，用什么手段去实现。如果目标定得太高，不仅实现不了，而且还会对整个国家带来重大灾难；如果目标定得太低，又会造成资源的巨大浪费。所以战略家制定的目标必须与实现的手段保持大致平衡，只有这样才有可能既实现大战略目标，又不浪费资源。

（五）不战而胜原则

不战而胜原则是大战略的本质所在，其思想来源于我国古代《孙子兵法》中“不战而屈人之兵，善之善者也”这一命题。现今，该原则已获得了众多大战略研究者的高度认可，并将其作为大战略的最高准则。尤其是，二战后核武器的出现，使这一古老思想更加显出强大的生命力。在核时代，大国之间如果还用传统的武力来解决国际争端，其后果不堪设想。正如约瑟夫·奈所说：“许多国家特别是大国，认识到今天使用军事实力追求自己的目标要比过去付出更大的代价。”“对国家领导人来说，如果在战争中使用这种军事实力的最后手段以追求所有世纪实际政策目标，那么要付出太大的代价。”①所以，国家通过综合运用政治、经济、外交等多种手段，促使其他国家服从自己的意志，实现不战而胜，从而维护自己的安全，这才是大战略的真正奥妙，也是大战略的最高境界。

① 约瑟夫·奈：《理解国际冲突：理论与冲突》，张小明译，上海人民出版社，2002年版，第15、16页。

四、二战期间美国的大战略

美国素以大战略谋划著称，在其历史上，先后经历了从立国到19世纪末的“孤立主义”大战略，二战期间确立的“国际主义”大战略，冷战时期的“遏制大战略”以及冷战结束后的“单边主义”大战略。美国在较短时间内，由最初偏安北美一隅的英国殖民地崛起为二战后的世界霸主与美国决策层为其谋划的合理、有效的大战略密不可分。在二战期间，以罗斯福为首的美国决策层为美国精心打造的“国际主义”大战略更是奠定了时至今日的美国霸权地位。该战略主要包括以保卫美国安全和生存的“先欧后亚”的军事战略和以争夺战后世界霸权的政治和经济战略，即“罗斯福蓝图”。

一战结束后，威尔逊总统携带“十四点计划”踌躇满志地来到巴黎，试图建立以美国为主导的世界新秩序，但由于时机尚未成熟，加之国内孤立主义者的强烈反对，威尔逊的野心并未得逞。然而，1939年二战的爆发为美国攫取世界霸权再次提供了千载难逢的历史机遇。二战爆发初期，美国虽未参战，但具有战略眼光的罗斯福一直密切关注着欧洲战场形势的发展，随着德国不断扩大侵略战争使罗斯福认识到，希特勒发动战争，绝不仅是争夺欧洲霸权，而是世界霸权，美国将很难在这次战争中独善其身。[①]对此，罗斯福决定说服国会修改《中立法》，以期名正言顺地向英法出售军火。出售军火不仅可以带动美国工业生产，使其彻底摆脱经济大危机，而且又可达到助人即助己的目的，即借英法抵抗德国法西斯之手来保卫美国的安全。因为罗斯福认为莱茵河是保卫西半球和美国根本利益的安全线[②]，英、法是美国与德国之间的两个缓冲国，如果英法抵抗崩溃了，那么美国与纳粹之间军事对抗的地理障碍将不复存在。[③]1940年夏天，希特勒在西北欧的闪电战极其成功，完全

① 此看法在罗斯福于1941年5月27日宣告全国处于非常状态的广播讲话中提出。全文见罗斯福：《罗斯福选集》，关在汉译，商务印书馆，1982年版，第289页。

② 在1939年1月31日召开的一次会议上，罗斯福认为：“希特勒妄图霸占欧洲，一旦得逞，美国的和平与安全就濒临危险，所以必须关注莱茵河边界，如果莱茵河边界遭到威胁，世界其他部分也会遭到威胁。一旦这一带边界落入希特勒之手，德国的行动将无法抵挡。”见罗伯特·达莱克：《罗斯福与美国对外政策》（上册），陈启迪等译，商务印书馆，1984年版，第260页。

③ 熊伟民：《战时美国的欧洲战略》，湖南教育出版社，1997年版，第23页。

动摇了美国的战略基础。尤其是法国的陷落使战争局势急转直下，“世界为之瞠目，而美国更是被惊得目瞪口呆”。[①]法国的陷落，使美国想把纳粹德国限制在莱茵河一线的计划落空，美国失去了与纳粹德国之间的第一个缓冲国，而英国能否守住英伦三岛也值得怀疑。美国一方面担心，法国可能还有英国沦陷后，它们在西北非、大西洋和南美洲的属地去向。这些地区和属地，对美国和整个美洲大陆的防务关系极大。如果这些属地落入希特勒之手，他就可以以这些属地作为基地，直接进攻美洲。另一方面担心英、法舰队。如果英、法海军被德国所控制，那英、法海军加上德、意海军，希特勒手中就掌握了一支无与伦比的海上力量，会使大西洋变成德国的内湖，美国就不得不以“一个洋”的海军，保护其大西洋和太平洋。鉴于此，美国决策层认为，美国安全和英国命运紧密相连。[②]“如果不列颠的对德战争取得决定性胜利，那么，我们到处都能赢得胜利；但如果不列颠失败，我们面临的问题就非常大；我们也许不会到处都输，但是，我们很有可能在任何地方都不能取胜。”[③]“如果英国倒下去，轴心国就会控制欧、亚、非和澳大利亚以及各大洋——他们也就处于可以使用巨大陆海军力量进攻本半球的地位。到那时候，我们所有的人就将生活在枪口的威胁下……我们就会走进一个新的可怕时期，整个世界，包括我们这个半球，都将屈从于野蛮武力威胁之下。要在那样一个世界上求生存，我们就将不得不自己永远转化成建筑在战争经济基础上的军国主义国家。”[④]因此，支持英国继续抗战，完全符合美国的国家利益。

1941年6月苏德战争爆发后，苏联成为抗击德国的主力军后，罗斯福又开始大力援助苏联，他认为：“没有什么事情比让俄国人被打垮更糟糕的事情了……我宁可丢掉新西兰、澳大利亚或任何其他东西，也不愿让俄国人失

① 内森·米勒：《罗斯福正传》，祥里等译，新华出版社，1985年版，第579页。

② 马克·A.施托勒：《盟友和对手：解读美国大战略》，王振西译，新华出版社，2002年版，第38页。

③ 熊伟民：《战时美国的欧洲战略》，湖南教育出版社，1997年版，第35页。

④ 罗斯福于1940年12月29日在华盛顿发表的题为“不能姑息残忍的行为，我们必须成为民主制度的伟大兵工厂——关于国家安全的‘炉边谈话’”的谈话。全文见罗斯福：《罗斯福选集》，关在汉译，商务印书馆，1982年版，第262页。

败。”[①]支持苏联抗击希特勒，成为此时“罗斯福世界战略的核心”。[②]美国不论是对英国还是对苏联的援助，其根本目的都是不能让英苏在德国的重压之下崩溃，美国单独面对德国法西斯，可能还有日本和意大利法西斯，这样美国的处境将非常危险。为此，罗斯福力排众议，确立并坚决支持“先欧后亚”的战略，该战略也成为美国在二战期间的首要大战略。

1941年12月美国正式参战后，罗斯福积极联合英苏中等国家组成反法西斯同盟共同对德意日作战。然而，罗斯福将美国带入战争，绝不仅限于打败德意日法西斯，还要完成威尔逊在1917年没有实现的梦想——建立以美国为主导的世界新秩序。

美国决策层在二战期间所规划的战后新秩序确切地说就是“罗斯福蓝图”，该蓝图不仅成为二战中后期指导美国对外行动的指南，也是二战后美国夺取世界霸权的大战略。其实，罗斯福当局在二战爆发后不久就开始以全球视野来规划美国的对外战略。早在1941年5月27日，罗斯福在一次演讲中，就以一种新的语言重申了威尔逊有关世界秩序的设想：“我们不会接受由希特勒主宰的世界，我们也不会接受20年代那样战后的地球，在这种世界里，希特勒主义的余孽仍有可能播种及成长。我们唯一能接受的世界是：尊重言论自由，人人能够信奉自己宗教的自由，免于匮乏的自由及免于恐惧的自由。”[③]1941年8月，美英两国发表了著名的《大西洋宪章》，该宪章基本体现了美国的意志，其内容除了重申四大自由外，还加入了新的原则，其中包括安定的世界秩序和组织、自由贸易、共同合作改进世界各地的社会状况等。[④]尽管《大西洋宪章》中充满了威尔逊式的理想主义色彩，但它反映了英国的衰落和美国的崛起，也向世界传递了美国要建立以自己的价值观为主导的国际新秩序的信号。1941年底，美国正式参战后凭借其强大的号召力，组织二

---

① 罗伯特·达莱克：《罗斯福与美国对外政策》（下册），陈启迪等译，商务印书馆，1984年版，第486页。

② 马克·A.施托勒：《盟友和对手：解读美国大战略》，王振西译，新华出版社，2002年版，第67页。

③ 罗斯福在1941年1月6日致国会的年度咨文中，提出了四大自由。全文见罗斯福：《罗斯福选集》，关在汉译，商务印书馆，1982年版，第279页。

④ Bruce Lincoln, *Documents in World History: 1945—1949*, Chandler Publishing Company, 1968, pp.2-3.

十六国在次年元旦发表了罗斯福亲自命名的《联合国家宣言》，该宣言与《大西洋宪章》的思想和精神一脉相承。宣言的发表不仅标志着国际反法西斯战线的形成，也标志着以联合国为基本框架的美国战后世界新秩序——“罗斯福蓝图”初露端倪。

在二战中后期，随着战争的深入发展，“罗斯福蓝图”也日渐清晰：“这就是以美国为领导，以美国的价值观为核心，以美国的政治和经济模式为榜样，通过建立联合国、国际货币组织，确立新的行为准则，最大限度地实现美国的价值和利益。”[①]具体而言，即以“四大自由”为基础，联合英国、扶助中国、拉拢苏联在战后建立以美国领导的、其他几个大国紧密合作的战后国际政治（以集体安全为基本原则，用联合国取代国际联盟，确立联合国安理会的权威和大国原则）和经济新秩序（以自由贸易和开放经济为基本原则，确立了布雷顿森林体系，建立了国际货币基金组织、世界银行和关税及贸易总协定），以及按照民族自决原则决定殖民地民族的命运。新秩序的要旨就是确保和延续美国在战争中形成的优势地位，并在此基础上彻底取代欧洲大国，成为国际秩序的主导者。这一战略成为左右美国战后对外政策的关键所在，也成为罗斯福不遗余力努力实现的主导思想。然而，由于罗斯福的突然去世和战后世界形势的巨大变化，其所设计的蓝图并未完全实现，但罗斯福在二战期间所制定的大战略，加之美国在战前积淀的雄厚的经济实力以及战争催化所爆发出来的强大国力，使美国在战后成功问鼎世界的霸主。

---

① 刘金质：《冷战史》，世界知识出版社，2003年版，第25页。

国际局势的变化与美国亚太战略的调整①

——兼论美国对中亚的教育援助

宋海英

美国的亚太战略，是美国整个世界战略的一个重要组成部分。对美国来说，亚太地区的重要性并非今天才显露出来。在整个冷战时期，美国在亚太地区的军事卷入及它为构筑抗苏防线所做的努力，都足以说明该地区在美国世界战略中的重要地位。冷战时期的美国战略是建立在遏制苏联扩张基础之上的，组建抗苏军事同盟以防止苏联及所谓共产主义势力在该地区扩大影响，防止中苏接近并利用中国抗衡苏联等便成为美国亚太战略的主要内容和重要内容。随着冷战的结束，影响乃至决定亚太地区关系和地区秩序的因素呈多元化趋势，中国的崛起和地区合作的开展重塑着该地区的政治、经济和安全生态，美国主导的亚洲秩序受到严峻挑战。为了维护和强化美国在亚太地区秩序中的中心地位，美国政府不断调整战略，经过多年来的谋划和实施，其新的亚太战略已基本定型，本文拟就美国这一战略的框架及特征做一探讨。

一

强烈的格局塑造意识，强化亚太同盟体系，把中亚纳入战略的中心范围，是冷战后美国亚太战略的重要特征。

二战以后的美国亚太战略兼有结构性和功能性的双重目的，前者的目的

【作者简介】宋海英，陕西师范大学历史文化学院博士生。

① 该文乃陕西师范大学的中央高校基本科研业务费专项资金资助项目（Supported by the Fundamental Research Funds For the Central Universities）（项目编号：2019TS066）的阶段性成果之一。

在于塑造地区格局，后者在于处理具体的政治、经济和安全挑战，二者之间存在互补关系，即结构性为功能性提供手段，功能性为结构性提供支撑。在冷战时代，美国通过一系列的双边同盟布局于亚太，塑造了亚太地区政治安全格局。

1989年2月，乔治·布什入主白宫不久便首先出访亚太，提出建立“新太平洋伙伴关系”的设想，迈出了美国亚太战略调整的第一步。1991年，美国国务卿贝克全面阐述了建立一个以北美为基点，包括日、韩、东盟和澳大利亚的“太平洋共同体”战略构想。布什政府亚太战略构想的核心，是美国要在该地区建立一个共同体，这个共同体，以美国为基地向西辐射；以美日同盟为轴心，向北是美韩联盟，向南是东盟，再向南是澳大利亚和新西兰；以这几个联盟为主线，经亚太经济合作组织把共同体各国连在一起，并逐步将这一结构推向中国和俄罗斯等国，最终把这些国家纳入共同体。

我们知道，地区安全战略的制定取决于该地区安全环境的变化。在克林顿执政伊始，亚太地区的安全环境发生了巨大变化，开始呈现出后冷战时期的特点。在此情况下，克林顿政府不得不进一步调整美国的亚太战略。

1993年7月，克林顿在韩国国会发表演说，提出了构建“新太平洋共同体”的设想，并着重阐述了建立和发展多边安全安排的必要性。克林顿提出“新太平洋共同体”的设想，意在重塑亚太格局。他说：“美国就业的一半靠贸易，而美国贸易的40%又依靠亚太地区。……太平洋地区能够成为并将成为我们美国人民的一个就业、收入和合作增长的庞大来源。”克林顿的设想，是想把亚太经合组织由协商性论坛组织发展成为地区多边贸易谈判机构，进一步推动亚太地区贸易和投资的自由化，扩大美国企业进入亚太市场的机会，并在其中居领导地位。同时，继续保持美国在亚太的军事存在，支持建立多边安全对话机制。在这一点上，克林顿的想法与前总统乔治·布什并无多大区别。但是，克林顿政府在亚太安全战略上重提“均势”概念，认为世界多极化趋势在亚太地区表现得最为充分，亚太地区云集了世界上好几个有影响的大国，如美国、中国、日本和俄罗斯等，维持亚太的“均势”最符合美国的战略利益，而美军在亚太的存在有益于维持亚太的“均势”。换句话说，美国要充当亚太地区安全机制的“平衡器”。在经济上，克林顿政府通过亚太经合组织整合亚太，在安全上巩固已有的双边同盟。经过努力，亚太地区的经济联系大大加强，但地区格局总体上并未发生重大变化。

与布什政府相比，克林顿政府对美国亚太战略的调整更加具体、系统和全面，其战略的立足点是“为明天和未来做好准备，通过军事、经济、外交等手段的接触，塑造一个有利于美国的国际环境，以确保美国对世界的领导地位不受挑战”。①

小布什执政后，便谋求重塑亚太地缘政治格局，其战略调整的特点是以军事和安全为重点。小布什以军事调整为切入点，鼓励盟国发挥更大作用，强调主导多边安全机制建设。指导小布什政府确定战略思维和理念的是“新保守主义”的外交思想，其基本战略目标是保持美国在世界特别是在亚太地区的主导地位和地区力量均势，以防止地区霸权的出现。认为美国的主要威胁是来自新兴大国的挑战和“无赖国家”的威胁。2002年美国《国家安全战略报告》认为，美国必须并决心保持足够的力量，挫败敌人的任何图谋，使其不能将自己的意志强加给美国或其盟友。按照这一思路，美国大力加强军备，甚至不惜采用一些如退出《限制反弹道导弹系统条约》（以下简称《反导条约》）的单边主义做法，突出军事上的绝对优势和绝对安全。同时，美国大力加强同盟国关系，强化军事合作，提升海外军事反应能力，形成了一种进攻性的战略态势，其矛头主要指向中国和俄罗斯等地区大国。

“9·11”事件后，小布什政府对自身威胁的认识以及战略目标又有所调整，将恐怖主义列为主要威胁之一，把打击恐怖主义和制止核生化等大规模杀伤性武器的扩散确定为两项至关重要的战略目标。落实到具体政策的调整上：一是在阶段时间内将反恐放在了首位，关注恐怖主义及其后面的所谓“无赖国家”可能造成的威胁，认为美国最迫切的任务是“摧毁全球范围内的恐怖主义组织以及任何试图获得或使用大规模杀伤性武器或武器制作材料的恐怖主义或支持恐怖主义的国家”。二是对与中国的关系进行了重新定位，谋求与中国建立建设性的关系。一方面继续保持军事上的遏制和战略上的恐吓；另一方面与中国进行有选择的合作，在反恐、朝核和不扩散等方面拉拢中国，以期建立反恐联盟。

对美国安全环境的重新评估和判断，以及对威胁来源和首要任务的重新

① 胡鞍钢等：《解读美国大战略》，浙江人民出版社，2003年版，第179页。

界定，在某种程度上改变了美国安全战略的轻重缓急，有利于推动各方合作对付日益严重的恐怖主义威胁。但须明白，这是美国新的战略布局。

同克林顿和小布什政府相比，奥巴马政府更加重视亚太，提出“重返亚太战略”，可以说奥巴马政府是美国历史上最重视亚太的政府。奥巴马表示：“这个地区的未来与我们利害攸关，因为这里发生的一切对我们国内的生活有着直接的影响。”美国国务卿希拉里也称，“越来越清楚的是，在21世纪，世界的战略和经济重心将是亚太地区”，“21世纪历史的大部分将在亚洲书写。这个地区将见证地球上最具转变性的经济增长。这里的大多数城市将成为全球商业与文化中心。随着该地区更多的人接受教育、获得机会，我们将会看到下一代商业、科技、政治与艺术领域的地区性和全球性的领军人物的崛起”。

奥巴马政府认为，亚太是世界上经济最富活力的地区，亚太经合组织成员的经济总量占世界的54%，全球贸易额的44%，世界人口的40%，拥有27亿消费者。本地区庞大的新兴经济体不仅通过二十国集团等机制积极参与全球经济治理，而且也在国际贸易、金融和新技术开发方面发挥强有力的作用。亚太经济的长足发展，给美国提供了巨大的商业机会。据统计，美国出口商品的60%流向了亚太，美国前15大贸易伙伴中的7个在亚太，美国公司每年向该地区出口3000多亿美元的商品和服务，该地区为美国提供了数百万个高薪工作岗位。美国对亚太的出口增长快于对其他地区出口的增长，亚太在经济上为美国提供了机会。

奥巴马认为，亚太在经济上为美国提供了机会，但在安全上却提出了挑战，他们更多看到的是挑战。中国和印度的迅速崛起，正在前所未有地改变着地区力量的界定和分布；暴力极端主义、核技术和导弹技术的扩散、对稀有资源的争夺以及毁灭性的自然灾害等非传统安全挑战在增加；军事现代化的快速发展，使得一些国家特别是中国有能力不受阻碍地进入空中、海上以及外空等全球公共领域等。像小布什政府一样，奥巴马政府对中国军事力量的发展忧心忡忡，认为中国军力的增强，特别是反介入能力的提高，正在削弱美国在西太平洋地区的军事优势和美军的行动能力。

奥巴马政府意识到美国需要加大对亚太的投入，发挥在地区事务中的领导作用。国务卿希拉里强调，今后10年美国治国方略最重要的使命之一就是

“大幅增加对亚太地区外交、经济、战略和其他方面的投入”。奥巴马政府认为，“美国的未来与亚太的未来相联系，本地区的未来有赖美国。美国有强烈的兴趣延续其在经济和安全领域发挥领导作用的传统，而亚洲也有强烈的兴趣看到美国继续作为一个充满活力的经济伙伴和起稳定作用的军事影响力”。既要加强参与，更要积极领导，这就是奥巴马政府对美国在亚太地区角色的认知。

基于上述认知，奥巴马提出需要建立一个“更加充满活力和持久的跨太平洋体系”，为亚太地区提供一个“更加成熟的安全和经济架构”。奥巴马亚太战略的具体内容是深化和更新同盟关系，拓展与越来越重要的地区伙伴如印度、印度尼西亚、越南和新加坡等国的接触，与中国发展可预测的、稳定而全面的关系，参与和培育地区多边架构，奉行自信而积极的贸易和经济政策，强调更广泛的军事、民主与人权。虽然奥巴马的亚太战略并没有忽视处理本地区的各种具体挑战，但其要旨则在塑造新的地区格局。通过建设新的地区安全与经济架构，把美国与本地区的关系置于更加牢固的基础之上，并提升美国在中国崛起的背景下主导该地区事务的能力。

随着中国的发展，一些地区成员力量和影响力也在逐步上升，他们潜在和现实的地缘政治作用被华盛顿所看重。奥巴马政府将这些国家视为美国在亚太的重要伙伴，积极发展与他们在政治、安全和经济领域的合作。2011年12月，在华盛顿举行了首次美国、日本和印度三边对话。同时，奥巴马还积极鼓励盟友和伙伴之间加强联系，积极介入美国关切的地区问题比如南海问题。目前，日本、菲律宾、澳大利亚和印度等都在以各种方式介入南海问题，日本和印度还举行了关于“海上交通线”的战略对话，两国与越南的关系也热乎起来，同时，日本也在积极加强与菲律宾的联系。

同冷战时代相比，就美国的亚太战略的实际覆盖范围来说，中亚不得不专门提及。冷战结束后，美国进入中亚，除政治、经济政策之外，美国在教育方面也有多方面的举措。

据统计，2001年，美国先后从中亚国家招收了31名高中生和大学生，让那些学生在美国学习一年或更长的时间。同时，美国还接受55名来自塔吉克斯坦、土库曼斯坦和乌兹别克斯坦的研究生，让上述研究生到美国高校的公共管理、公共卫生、商业管理、法律经济、新闻和环境保护等相关专业进行深造。此外，美国还邀请275名中亚国家的专业知识人才和企业家访问美国，以加深他们对美国的了解和认识。

随着拨款的增加，美国与中亚国家在学生和其他人员、信息方面的交流也不断扩大。2003年，美国开始实施一些改善中亚国家基础教育的计划，其中包括推动中亚国家教材改革和课程设置，发展国民教育，加强教师培训，推广网络远程教学等。此外，美国还颁布了一个未来领导者交流计划，以此资助中亚国家的民众去美国进行为期3～5个星期的学习。[①]

很清楚，美国在亚太的政策框架和内容，已不再是一些盟国与美国之间的单线联系，而是包括了这些盟国和伙伴相互之间以及美国与中亚之间的联系与配合，形成了纵横交错的格局，丰富了美国赖以实现其亚太政策目标的手段，有助于夯实其亚太战略的依托。

二

以东南亚为重点，奉行大亚太视野理念，加强与东盟国家的多领域合作，是冷战后美国亚太战略的又一特色。

传统上的美国亚太视野主要是东亚和西太平洋地区，中亚、南亚和西亚及印度洋均不在其内。随着亚洲力量对比和地缘政治环境的变化，小布什时期美国的亚太战略视野开始涉及中亚和南亚，奥巴马政府在思考其亚太战略时，明确地将南亚次大陆包括进来，将印度洋和西太平洋的安全联系起来加以考虑。2012年1月，美国国防部公布的《战略指南》表示，“美国的经济与安全利益不可分割地维系于从西太平洋和东亚延伸到印度洋及南亚的弧形地带的事态发展”。[②]作为这一大亚太视野的体现，美国积极鼓励和支持印度参与东亚事务，并把其在西太平洋尤其是东南亚的军事部署与印度洋的安全形势联系起来。

冷战后，克林顿和小布什政府的亚太战略除重视东北亚即注重加强与日本、韩国的同盟关系，谋求处理朝鲜半岛问题以外，还开始关注东南亚，特别是小布什政府，明显地提高了对东南亚地区事务的关注度。

---

① 高祖贵：《美国与中亚的关系分析》，载《俄罗斯中亚东欧研究》2005年第2期。

② U.S. Department of Defense, *Sustaining U.S. Global Leadership: Priorities for 21st Century Defense*, January 2012, p.2.

“9·11”事件后，小布什政府面临的挑战之一是如何在亚洲特别是东南亚进一步推动反恐战略的实施，以及如何在美国的亚太政策中给予反恐战略更恰当的定位。阿富汗战争是美国反恐战争第一阶段的主战场，东南亚被美国视为“打击恐怖主义战争的第二前线”。2002年1月，美国派兵赴菲律宾，参加美菲军事演习；11月，美菲两国签署了《美菲后勤互助协定》，根据协定，美菲军队在联合演习、训练、作战及其他部署期间，须相互提供后勤援助；2003年5月，菲律宾总统阿罗约访问美国，小布什宣称菲律宾是美国的一个主要的“非北约盟友”，把菲律宾置于同澳大利亚、以色列和埃及等国同样的地位。

2005年初，东南亚国家遭遇印度洋海啸袭击，美国政府趁机展现美国的“实力”和“领导能力”，于5月初指派新上任的常务副国务卿佐利克访问泰国、越南、菲律宾、印度尼西亚、马来西亚和新加坡6个主要东盟国家。此次访问的特点是把美国同该地区的经贸关系放在突出位置，还向印度尼西亚等国承诺美国政府的新的灾后经济援助和基础建设项目，并不断强调其访问的主旋律是向东盟展示美国希望看到该组织“更加强大、健康和具有活力”，显示了美国对地区合作进程的关注。佐利克此行的另一目的，就是以美国将拒绝参加今后东盟地区论坛外长会议为要挟，通过东盟其他国家向缅甸政府施压，迫使其放弃担任2006年东盟地区论坛轮值主席。美国的目的是设法影响东盟地区论坛等区域性安全机制的发展方向，防止它们背离美国的初衷。佐利克的东南亚之行，被当地舆论认为是展示布什政府对该地区的“积极外交”，并向该地区和中国传递“美国仍是地区老大”的信息。

在总体肯定美国在亚太地区特别是东南亚地区的反恐政策的同时，舆论也曾批评布什在亚洲过分关注反恐，过分关注东南亚，把东南亚视为反恐的“第二前线”，一味把反恐问题置于美国亚太战略的最前列，反而使得美国的政策与亚洲各国实际利益相脱离，不利于亚太各国对美国战略的长期支持。

奥巴马政府忧心于新世纪之初中国与东南亚国家关系的发展和在这一地区影响力的扩大，决意把亚太战略重点放在该地区。从签署《东南亚友好合作条约》到正式加入东亚峰会，从启动“美国—东盟峰会”到推进“湄公河下游行动计划”，从重点发展与越南和印度尼西亚的伙伴关系到解冻与缅甸的关系，从介入南海问题到在新加坡部署濒海战斗舰等，都可以看到奥巴马政府是美国自越南战争结束以来最重视东南亚、最有作为的一届政府。其中，介入南海问题更暴露出奥巴马政府的多重政策目的，即拉拢东南亚国家，离间中国与这些国家的关系，更深地介入该地区事务以及牵制中国海军在南海的活动等。

2010年3月，美国同越南签订了民用核能合作谅解备忘录。7月，在东盟地区论坛会议上，美国国务卿希拉里公开支持越南在南海问题上的立场，明确表现出美国要积极介入南海争端的姿态。8月，美越双方举行了首次防务对话和首次联合军事演习。2011年9月，两国签署了《防务合作谅解备忘录》，内容包括双方共同“保证海上安全”“为维护地区安全交换信息”等，此备忘录被视作美越两国军事交流升级的标志。此外，美国和越南还积极探索建立“战略伙伴关系”等。

三

中美战略一致性降低，对华态度日趋强硬，是冷战后美国亚太战略的重要特色。

在美国的亚太战略中，中国是美国最不能忽视的国家之一，也是美国最为重视的国家之一。在冷战时代，特别是从20世纪60年代末开始，美国的战略是联合中国以抗衡苏联。冷战后，美国及时地调整了对华战略。冷战结束后的历届美国政府的亚太战略，都有针对中国可能带来的安全挑战的设计，克林顿政府是“防范”战略，小布什政府是“避险”战略，奥巴马政府则是“制衡”战略。

冷战后，为了防止威胁美国霸权地位的挑战性大国的出现，美国在军事上把俄罗斯与中国作为防范重点。1992年初，乔治·布什政府国防部部长切尼就提出，美国面临的最大问题是安全环境的不确定性，今后美国的主要任务是防止重新出现另一个对美国构成全球挑战的对手。

克林顿执政后，美国在政治、军事和贸易等方面对华均采取了强硬态度。美国政府认为苏联崩溃了，不需要再联合中国抗衡苏联了，应该对中国施加压力，以迫使中国让步，并希望其政治制度和市场经济能在中国推广。

1995年初，克林顿政府颁布了《东亚和太平洋地区安全战略》，把应对中国的崛起列为美国地区安全战略的核心内容之一。[①]1996年，美国与日本签署《安全保障条约联合宣言》，继续保持冷战时期的军事同盟关系，并与韩国和澳大利亚建立起冷战后的军事同盟关系，意在制约中国。为了确保在欧亚大陆的主导地位，美国继续保持在欧洲和亚洲驻军，保持冷战时期军事基地的存在。

1997年，美国国防部发表《四年防务评估报告》，指出到2015年之后可能出现“一个地区大国或全球匹敌的对手”，俄罗斯和中国“有潜力成为这样的对手”。[②]在此评估的基础上，克林顿制定了新的对华战略即“接触与威慑”战略。

在冷战后一段时间里，美国曾大幅削减军队规模，大幅减少国防预算。然而，美国对手的不确定和威胁的多样化，使美国在安全上要面对一系列不确定因素，因而美国提出了比过去更高的要求和目标，即追求美国和盟国的绝对安全。为此，克林顿政府从1999年开始停止削减军费，转而增加防务开支。1999年新年伊始，克林顿总统宣布从2000至2005年的6年中，美国的防务预算将计划增加1000亿美元，以使“美国军队在21世纪里保持最精良的装备”。1999年度，美国防务开支达到2767亿美元，相当于俄、英、法、德、日、中6国防务开支之和的1.67倍；2000年度和2001年度进一步上升为2889亿美元和3099亿美元。

小布什政府组建后，提出将拨出巨款全面提升美国军力，以确保美国面对威胁时拥有“不容挑战”的军事实力。2001年5月25日，布什总统在美国安纳波利斯海军军官学校毕业典礼上发表演讲，强调美国必须充分利用现有的科技手段，建立一种更具高科技水准、行动更加迅速的部队。据此，美军将着手对目前拥有的兵种力量进行调整，建立一支拥有高技术装备、决胜于空中、可远程作战的部队。美国通过的2002年度至2003年度军事预算分别高达3180亿美元和3790亿美元。布什政府更加积极地推动美国建立国家导弹防御系统，退出《反导条约》，表现出美国逼人的战略动向。

---

① U. S. Department of Defense, *United States Security Strategy for the East Asis-Pacific Region*, 1995, p.30.

② U. S. Department of Defense, *United States Security Strategy for the East Asis-Pacific Region*, 1995, pp.14-15.

如何应对和塑造中国的“和平崛起”以及保持与中国“坦率的建设性合作关系”，是小布什政府亚太战略的焦点。关于中国国力以及在亚太地区影响力的上升，美国精英层存在着不同解读。就主流而言，美国关心的是中国“如何使用自己日益上升的影响力，以及是否符合美国及其盟国的利益和立场”。①

从政治和经济层面上看，在中国发展对地区和美国利益的影响问题上，美国的矛盾心态日益明显，特别是在中美互动中涉及的地区、多边和全球性成分增加，加剧了两国关系的复杂性。一方面，美国政府指出中国在亚太地区影响力上升是中国经济力量发展的一个符合逻辑的渐变过程，与美国利益之间并非一场“零和竞争”，中美在亚太地区有很强的利益互补性和合作空间；另一方面，美国政府则批评中国实施所谓的“重商主义外交”，忽视甚至不顾美国的政治和安全利益。

同时，美国日益感受到中国在周边地区特别在是亚太地区影响力的上升对美国原有优势地位构成了挑战，对中国在亚洲实施的“经济外交”同样抱着复杂的矛盾心态。美国表示欢迎中国与周边地区分享中国经济增长的利益，但同时指出中国正致力于提升经济之外的政治和外交实力，削弱了美国在该地区政治和安全领域的影响力。

从军事安全层面上看，美国政府对中国军事现代化的误判也日趋严重，于是便加紧对中国的防范和遏制。美国国防部根据《2000年度国防授权法》的要求，每年须向国会提交《中国军力报告》，全面评估中国的军事战略、军事实力变化以及对地区安全的影响。近年的诸多报告显示，美国认为中国正全面提升海、陆、空、导弹、太空、信息和合成指挥系统方面的能力，并对所谓中国军力迅速增长表示出日益强烈的担心。为了威慑和防范中国，美国除强化以美日为核心的双边军事同盟功能外，还把与印度建立更为密切的战略关系作为其全球和亚太战略的重点举措之一，以保持对中国军事力量的警惕与平衡。除此，美国还向欧盟和以色列等国家施压，阻止它们同中国的军事合作。这种战略上的牵制和安全上的防范在性质上仍然以“防御性为主”，

① 美国负责亚太事务的助理国务卿希尔于2005年6月7日在美参议院对外关系委员会东亚和太平洋事务小组委员会上的证词。

而不是要与中国“全面对抗”[①]，但美国“防御性”防范的步骤显然在加紧。

在奥巴马政府的亚太战略中，中国虽然也是美国谋求发展伙伴关系的关键国家之一，但其对华政策的两面性表现得却非常突出，一方面是希望深化和扩大与中国的合作，另一方面是对中国力量的上升和在亚太的影响力的不断扩大而深感不安，谋求制衡中国。

在奥巴马执政的第一年，中美关系总体上呈现出良好的发展态势，中美领导人就两国关系的发展方向达成了重要共识即发展积极合作全面的双边关系。在此情况下，两国的战略与经济对话机制顺利开展，在国际金融体系改革和二十国集团的机制化合作方面均卓有成效。但是，进入2010年，中美关系即摩擦不断，既有美国对台军售和美国总统会见达赖这些老问题，也有美国插手中国与周边国家的领土领海争端和在中国周边炫耀武力的新动向。美国负责东亚和太平洋事务的助理国务卿柯尔特·坎贝尔更在2011年初提出对华政策的新方针，即“基于现实，关注结果，忠于我们的原则和利益”。之后，美国国务卿希拉里也对此原则做了阐述。上述新方针的要义是，美国对中美两国关系不能抱有幻想，对华交往不能为交往而交往，要积极追求实现美国的政策目标，不能为了搞好对华关系而牺牲美国的原则。

2011年初，胡锦涛主席访问美国，这虽然有助于稳定中美关系，但奥巴马政府对华思维的保守性和消极的一面依然突出，制衡中国的动作不断，在韩国继续部署高空区域防御系统也令中国反感。2015年2月4日，中国国防部部长访问韩国国防部，就驻韩美军部署末段高空区域防御系统表示忧虑。

事实上，奥巴马政府的对华制衡战略已经对中国的安全和利益产生了负面影响，最主要的就是在中国与东盟国家关系和南海问题方面。由于美国的拉拢和挑拨，东盟在对华问题上的分歧凸显，一些国家对华立场趋向强硬。由于美国的高调介入，南海问题更趋复杂，中国所受到的来自各方的压力增大。20世纪初的10年，中国周边外交的一大亮点就是与东南亚国家关系的进展，由于美国的介入，中国的东盟外交正面临新的挑战。

从理论上说，奥巴马的对华“制衡”战略是与克林顿政府的“防范”战略和小布什政府的“避险”战略一脉相承的，但其针对性更强。“防范”战略

① 谭宏庆：《防范与遏制：美国亚太战略布局与中国》，载中国现代国际关系研究院：《反恐背景下美国全球战略》，时事出版社，2004年版，第274-280页。

和“避险”战略都是旨在做好应对中国有可能朝着对美不利的方向发展的准备，侧重于塑造中国的战略环境、引导中国的安全行为，对中国安全利益的影响主要是潜在的。奥巴马的“制衡”战略则是针对中国力量上升、影响力扩大的现实，要直接地和针锋相对地对中国的影响力予以平衡，牵制中国的行为。这一战略，对中国安全利益的影响已是现实的。

综上所述，美国的亚太战略是美国整个世界战略的一个重要组成部分，对亚太乃至整个世界将产生重大影响。冷战结束后，美国根据自身利益和变化了的国际局势，对其亚太战略做了重大调整，强烈的“布局”意识，强化亚太同盟体系，大亚太视野，以东南亚为重点以及对华态度日趋强硬等，是冷战后美国亚太战略的重要特色和主要特色。我们认为，美国已经为亚太的和平与稳定做出了许多积极贡献，但是，美国政府只有真正地放弃冷战思维，更加面向现实，才能有效地推动亚太多边安全合作机制的构建。

近年来波兰和乌克兰之间关于历史记忆的冲突

张丽娟

在长达几百年的历史中，乌克兰民族从来没有独立建国，而且信奉希腊-天主教的波兰人和信奉东正教的乌克兰人，在乌克兰西部地区形成了民族混居的状态，彼此间冲突不断。根据塞缪尔·亨廷顿的文明冲突理论，乌克兰地区尤其是西乌克兰正好处于文明断层线上，“在地区或微观层面上，断层线冲突发生在属于不同文明的近邻国家之间、一个国家中属于不同文明的集团之间，或者想在残骸上建立起新国家的集团之间”，“几个世纪以来，他们之间的全部关系要么是不信任地共处，要么是发生激烈的暴力冲突”。①几个世纪以来波兰和乌克兰民族在西乌克兰的历史关系，恰好符合这种描述。

自15世纪起，乌克兰地区和波兰的东南部分就产生了历史和文化上的联系，共同属于波兰王国的一部分。到17世纪，西扩的俄罗斯帝国和波兰协议瓜分了乌克兰，俄罗斯占领了东乌克兰地区，西乌克兰地区仍然处于波兰王国的控制下。在18世纪末第三次瓜分波兰以后到20世纪初的115年间，俄罗斯帝国统治了乌克兰土地的90%，剩下的10%归奥匈帝国统治。②由于第一次世界大战中奥匈帝国和俄罗斯帝国的解体，乌克兰又陷入了各方政治力量的争夺之中，并且一度在乌克兰中央拉达③的努力下成立了乌克兰人民共和

【作者简介】张丽娟，西北师范大学历史文化学院讲师。

① 塞缪尔·亨廷顿：《文明的冲突与世界秩序的重建》，周琪等译，新华出版社，1998年版，第229、292页。

② 赵云中：《乌克兰：沉重的历史脚步》，华东师范大学出版社，2005年版，第216页。

③ 中央拉达，即中央委员会，1917年3月—1918年4月，最初是乌克兰的政治、社会、文化和专业组织的代表机构。从1917年4月起，乌克兰全国代表大会具有了乌克兰最高立法机构的职能，并领导乌克兰的民族运动。1918年4月德国占领军进入乌克兰，中央拉达的活动停止。参见 Украинская Центральная рада — Википедия，2018年8月17日。

国。[1]但是乌克兰人独立建国的愿望最终没能实现。1918年复国的波兰，和苏俄一起再次效仿两百年前的做法，绞杀乌克兰人民共和国以后共同瓜分了乌克兰。根据1921年签订的《里加和约》，乌克兰东部归属苏俄，西部则再次处于波兰的统治之下。一直到第二次世界大战期间，乌克兰再次处于德国人、苏联人、波兰人和乌克兰人等各种力量的争夺与占领之下，在错综复杂的政治局势和各自的民族利益驱使下，发生了波兰和乌克兰民族历史上最为悲惨的"沃伦事件"，该事件直到今天依然影响着两个民族间的关系。

关于"沃伦事件"的研究，不仅有相关的档案集，同时拥有丰富的波兰文、乌克兰文、俄文以及英文研究成果。[2]同时，国外学者对近年来波兰和乌

① 乌克兰人民共和国：1917年11月—1920年存在。1917年11月乌克兰中央拉达宣布成立乌克兰人民共和国，曾经参加布列斯特和约的谈判，但是其存在并没有得到协约国的承认。随着1920年波兰和苏俄达成停战协议，以西蒙·彼得留拉为首的乌克兰人民共和国流亡政府开始流亡海外。参见Украинская Народная Республика — Википедия. 13.07. 2018. https：//ru.wikipedia.org/wiki/

② 档案类：Мірчук П. Українська Повстанська Армія 1942–1952. Документи і матеріали. – Львів，1991； Вятрович В. М. Польсько – українські стосунки в 1942–1947 роках у документах ОУН та УПА：у 2 т. ред. та упоряд. Львівський національний університет імені Івана Франка； Центр досліджень визвольного руху.— Львів：Центр досліджень визвольного руху，2011； Дюков А. Забытый геноцид：«Волынская резня» 1943–1944 годов：Сборник документов и исследований–Сборник.—М.：Алексей Яковлев，2008； Артизов А. Н. Украинские националистические организации в годы Второй мировой войны [Текст]：документы：в 2 т./ Федеральное арх. агентство，Российский гос. арх. социально– политической истории，Москва：РОССПЭН，2012.

研究成果类：波兰学者的研究开始较早，并认为"沃伦事件"是对波兰人的种族灭绝，主要有Szczesniak A.B，Szota W.Z. Droga do nikąd. – Warszawa，1973； Prus E. Herosi spod znaku tryzuba. – Wasrszawa，1985； Його ж. Atamania UPA. – Warszawa，1988.Władysław Siemaszko[en]，Ewa Siemaszko [en]. Ludobójstwo dokonane przez nacjonalistów ukraińskich na ludności polskiej Wołynia，1939– 1945.—Warszawa：Wydawnictwo von Borowiecky，2000等。

乌克兰学者则强调乌克兰民族主义者独立建国的斗争，比较有代表性的有Кульчицький С.В. Організація українських націоналістів і Українська повстанська армія. Історичні нариси./ Відп. ред. . – Київ：Наукова думка，2006； Ільюшин І.І. Протистояння УПА і АК（Армії Крайової）в роки Другої Світової війни на тлі діяльності польського підпілля в Західній Україні / відп. ред. С.В. Кульчицький.—К.：Інститут історії України НАН України，2001.

俄罗斯学者对乌克兰民族主义者的意识形态进行了特别研究，Баканов А.И. Ни кацапа，ни жида，ни ляха. Национальный вопрос в идеологии Организации украинских национальстов，1929–1945 гг. М.：Фонд Историческая память.Алгоритм，2014.

西方学者对波兰统治时期乌克兰民族主义者反对波兰的活动也有所研究，J. Alexander，"Ukrainian Nationalist Political Violence in Inter–War Poland，1921–1939 Motyl"，in *East European Quarterly*，1985，Vol.19，I.1，p.45.

克兰之间关于历史记忆上的冲突也有所关注。[①]国内学者对这一问题则关注较少。因此，本文试图在国外的档案资料以及研究成果的基础上，通过回顾波兰和乌克兰民族共同的历史，考察乌克兰民族主义者的历史活动和“沃伦事件”的过程，来分析“沃伦事件”的原因，并重点描述新世纪以来这一事件如何影响着波兰和乌克兰之间的国家关系。

一、西乌克兰的波兰化（1921—1939年）

第一次世界大战以后的波兰，经过一百多年的破碎再次复国，因此表现出了强烈的爱国主义。这种爱国主义在民族政策上的体现，是对其他少数民族强制性的同化，即“为了波兰人的波兰”。从占领西乌克兰伊始，乌克兰人就被认为是二等公民，波兰对乌克兰民族实行从人口结构、政治、文化、宗教和经济等各个方面波兰化的政策，目的在于削弱乌克兰民族特性，以加强波兰政权在这一地区的影响力。

波兰所统治的这部分西乌克兰土地包括东加利西亚和西沃伦，占波兰总领土的三分之一。为了显示统治的合法性，波兰将东加利西亚的官方名称改为“东小波兰”。[②]西乌克兰地区民族、宗教状况非常复杂，是信仰东正教的乌克兰人、俄罗斯人、白俄罗斯人、捷克人和信仰希腊-天主教的波兰人，以及信仰犹太教的犹太人等，不同宗教文明和不同种族的混居地区。据1921年

---

①主要有 T. Zhurzhenko,“Memory Wars and Reconciliation in the Ukrainian-Polish Borderlands: Geopolitics of Memory from a Local Perspective”, in Mink G., Neumayer L., eds., *History, Memory and Politics in Central and Eastern Europe*, London: Palgrave Macmillan, 2013; Łukasz Adamski, “Kyiv's ‘Volhynian Negationism:’ Reflections on the 2016 Polish-Ukrainian Memory Conflict”, in *The Journal of Soviet and Post-Soviet Politics and Society*(*JSPPS*), 2017, Vol.3, No.2.; Лукаш А. Развеянные иллюзии. Проблемы и перспективы польско-украинского исторического диалога// Европа. 2010. Т.10. №.1. С. 155-177; Стрильчук В.В. Проблемы согласования общей истории в современных украинско - польских отношениях// Актуальные проблемы гуманитарных и естественных наук. 2015. № 4-1; Мицак І. українська та польська історіографії про волинську трагедію 1943 року// Історіографічні дослідження в Україні. Вип. 18.Ін-т історії України НАН України, 2008.

② Степан А. М. Этносоциальное развитие и национальные отношения на западно - украинских землях в период империализма, Львов : Вища шк : Изд-во при Львов. ун-те, 1983, С.119.

波兰人口普查数据，在波兰的乌克兰人总数超过了455万。[①]以沃伦省为例，1921年信仰东正教的人口为123.8万，占75.38%；信仰希腊-天主教的人口为18万，占11%；犹太人18万，占11%；其他民族的人4万，占2.48%。[②]对乌克兰人的波兰化主要包括以下几个方面。

（一）人口结构的波兰化

人口结构波兰化的主要方式是移民，包括波兰前军人移民和普通居民移民，目的在于通过移民实行人口渗透，逐渐改变西乌克兰地区乌克兰人占据多数的民族人口构成，创造一个以波兰人为主的加利西亚和沃伦。据统计，从1920年到1929年，向西乌克兰移民的波兰军官达到7.7万人。到1935年，移民人口达到22.6万人。新到来的波兰移民并不和乌克兰人混居，而是组建新的移民定居点。在1938年波列斯基的6216个波兰移民点中，六分之一具有军事性质。[③]经过长时期的移民，西乌克兰的人口结构发生了相应的变化。1931年，在西乌克兰共有各族人口707万人。其中乌克兰人占比从1921年的75%降到了63%，波兰人从不到12%增加到25%。其他民族人口占比基本未变，犹太人占10%，其他民族成分的人占2%。与1921年相比，十年间总人口增加了19.7%，其中信仰希腊-天主教的波兰人占增长总数的83%。[④]这一移民政策一直持续到了1939年。

新移民到来以后必然要进行土地的重新分配。尽管经过几年的移民，波兰人在西乌克兰仍然是少数，但是却掌握了绝大部分的土地。到1938年，波兰人在各省掌握的土地面积占66%～97%不等，而乌克兰人只掌握0.2%～

---

① Степан А. М. Этносоциальное развитие и национальные отношения на западно - украинских землях в период империализма, Львов : Вища шк : Изд-во при Львов. ун-те, 1983, С.127.

② Степан А. М. Этносоциальное развитие и национальные отношения на западно - украинских землях в период империализма, Львов : Вища шк : Изд-во при Львов. ун-те, 1983, С.126.

③ Степан А. М. Этносоциальное развитие и национальные отношения на западно - украинских землях в период империализма, С.134.

④ Степан А. М. Этносоциальное развитие и национальные отношения на западно - украинских землях в период империализма, С.145-148.

3.6%。[①]由于将土地分配给波兰人，不仅在波兰人和乌克兰人之间引起了仇恨和疏离，而且造成了严重的失业问题，迫使乌克兰人向美国和加拿大移民。由于波兰政府认为少数民族的移民可以缓和族群间的紧张关系，也鼓励西乌克兰人向外移民。[②]据统计，1921—1938年之间，向加拿大移民的西乌克兰人人数为21.3万。[③]

（二）文化和学校教育的波兰化

此举的目的在于增强波兰语、波兰文化的影响力，主要措施是直接关闭或者用双语学校替代乌克兰语学校。1924—1925学年，在西乌克兰的利沃夫、捷尔诺波尔和斯坦尼斯拉夫斯基地区，有2568个波兰语学校，2151个乌克兰语学校和9个双语学校。到1929—1930学年，上述地区的波兰语、乌克兰语和双语学校的数量分别为2189个、648个和1793个。其中，乌克兰语学校减少了70%。增长的主要是双语学校。[④]需要指出的是，双语学校并不是波兰语-乌克兰语，或者波兰语-白俄罗斯语，而是波兰语和当地方言的组合，例如波兰语-沃伦语、波兰语-加利西亚语等等，而且地方方言的教学采用和波兰语相同的拉丁字母，而非乌克兰人熟悉的西里尔字母。[⑤]不管大部分学生的民族构成如何，如果有20个学生的父母要求用波兰语教学，那么这个学校就得是采用波兰语和当地方言的双语学校。[⑥]1932—1933年，学校教育中波

① Вабищевич А.Н. Западно-украинские и западно-белорусские замли накануне второй мировой войны// Западная Белоруссия и Западная Украина в 1939-1941 гг. [Текст] : люди, события, документы /Учреждение Российской академии наук, Институт славяноведения РАН ; Под ред. О.В. Петровская, Е.Ю. Борисенок. Санкт-Петербург, Алетейя, 2011, С.18.

② Yuriy Bilan, *Migration of the Ukrainian Population: Economic, Institutional and Sociocultural Factors*, London: Ubiquity Press, 2017, p.58.

③ Степан А. М. Этносоциальное развитие и национальные отношения на западно-украинских землях в период империализма, С.141.

④ Борисенок Е.Ю. Концепции «украинизации» и их реализация в национальной политике в государствах восточноевропейского региона(1918-1941 гг.)// Диссертация на соискание учёной степени доктора исторических наук. М., 2015, С.347.

⑤ Степан А. М. Этносоциальное развитие и национальные отношения на западно-украинских землях в период империализма, С.113.

⑥ Борисенок Е.Ю. Концепции «украинизации» и их реализация в национальной политике в государствах восточноевропейского региона(1918-1941 гг.), С.346.

兰化的政策力度进一步加大。到1935年，在整个波兰，乌克兰语学校和1932年相比又减少了21%，只剩下了457个。[①]1935年的西乌克兰学生中，77.7%为波兰人，21.67%为乌克兰人，0.03%为德意志人。[②]并且在21.67%的乌克兰学生中，就读乌克兰语学校的只有5%，27%在双语学校，剩下的68%在波兰语学校。[③]利沃夫大学的13个乌克兰语教研室被取消，完全没有乌克兰文的书籍。

乌克兰青年进入大学必须要先在波兰军队服役，只占大学生总数的2.9%，其中大部分为神职人员和富农的子女。[④]乌克兰人办的私立教育机构也被取缔，同时关闭了大量乌克兰人开办的图书馆、阅览室、文化社团和剧院。[⑤]1932年沃伦城市知识分子民族成分构成中，75.5%为波兰人，犹太人占9.8%，俄罗斯人占9.5%，乌克兰和白俄罗斯人占2.5%。[⑥]

（三）宗教领域的波兰化

支持希腊-天主教在西乌克兰的发展，并限制东正教。鼓励东正教徒改信天主教，规定在东正教的宗教活动和宗教学校教学中只能使用波兰语；打击那些具有乌克兰精神和文化的东正教神职人员，代之以那些接受波兰文化和精神教育并忠于波兰的人。[⑦]1933年在霍尔梅辛关闭了100个东正教堂。[⑧]从1937年开始禁止向东正教人员出售土地，认为“只有波兰人是忠诚的，乌克

① Степан А. М. Этносоциальное развитие и национальные отношения на западно－украинских землях в период империализма, С.162.

② Борисенок Е.Ю. Концепции «украинизации» и их реализация в национальной политике в государствах восточноевропейского региона(1918–1941 гг.), С.347.

③ Степан А. М. Этносоциальное развитие и национальные отношения на западно－украинских землях в период империализма, С.162.

④ Степан А. М. Этносоциальное развитие и национальные отношения на западно－украинских землях в период империализма, С.169.

⑤ Степан А. М. Этносоциальное развитие и национальные отношения на западно－украинских землях в период империализма, С.171.

⑥ Вабищевич А. Н. Западно－украинские и западно－белорусские замли накануне второй мировой войны, С.16.

⑦ Вабищевич А. Н. Западно－украинские и западно－белорусские замли накануне второй мировой войны, С.16.

⑧ Вабищевич А. Н. Западно－украинские и западно－белорусские замли накануне второй мировой войны, С.14.

兰人、白俄罗斯人和犹太人都不能购买土地”。[①]

（四）政治上的波兰化

表现在限制乌克兰人担任公职。1931年在沃伦的103个市行政工作人员中，67.1%为波兰人，25.4%为乌克兰人，6.1%为俄罗斯人，0.6%为捷克人，0.3%为德意志人，0.1%为犹太人。[②]到1939年，在利沃夫的地方议会选举候选人中，波兰人1030个，犹太人34个，乌克兰人只有15个。在塔夫马奇市居民中，43.7%为乌克兰人，27.7%为波兰人，然而被选举的乌克兰人只有1个，波兰人11个。类似的情况还有很多。[③]乌克兰人的政党同样受到限制，1933年，乌克兰进步党、乌克兰农民联合党主办的报纸和杂志被取缔，主编被逮捕，印刷厂也被炸毁。一年后，这些党派正式被禁止活动。在西乌克兰，只有那些持反苏立场的政党才被允许存在。[④]

波兰化政策的目的在于改变非波兰人的民族意识，巩固波兰的统治。但事与愿违，反而造成了波兰人和其他少数民族间的疏离和仇恨，激起了其他少数民族的反抗，这种反抗在乌克兰人身上表现得最为强烈。

二、乌克兰民族主义者组织——乌克兰起义军与“沃伦事件”

从西乌克兰被并入波兰开始，乌克兰人就没有放弃过反抗。这种反抗本质上是乌克兰民族独立运动的发展，是1918年乌克兰人尝试独立建国失败后的继续。

（一）乌克兰民族主义者组织——乌克兰起义军的成立及其早期活动

乌克兰人的民族独特性意识出现在19世纪初的乌克兰知识分子当中。但是早期的乌克兰民族运动长期停留在文化启蒙活动上，始终难以突破文化至

① Вабищевич А.Н. Западно－украинские и западно－белорусские замли накануне второй мировой войны，С.14.

② Степан А. М. Этносоциальное развитие и национальные отношения на западно－украинских землях в период империализма，С.152.

③ Степан А. М. Этносоциальное развитие и национальные отношения на западно－украинских землях в период империализма，С.165.

④ Степан А. М. Этносоциальное развитие и национальные отношения на западно－украинских землях в период империализма，С.165.

上主义框架而向革命化和政治化的方向发展。[①]直到19世纪末马克思主义在欧洲的传播和影响下，1890年在奥地利帝国统治下的西乌克兰成立了第一个乌克兰人的政党——“乌克兰激进党”。该党宣称以民族与科学社会主义为指导思想，依靠民众自己的力量进行政治斗争。“乌克兰激进党”于1895年提出了短期目标，即乌克兰在奥匈帝国内实现完全自治，长期目标是在独立的乌克兰国实现社会主义的政治纲领。到19世纪末20世纪初，争取乌克兰的政治独立，已经成为西乌克兰民族运动的主要口号。[②]

处在俄罗斯帝国统治下的东乌克兰出现第一个政治性政党的时间稍晚。1900年，“革命乌克兰党”在哈尔科夫成立。其活动范围覆盖中乌克兰和东乌克兰，并明确提出了“一个统一的、不可分割的、自由的、独立的、从喀尔巴阡山至高加索的乌克兰”的口号。此后，在东乌克兰也陆续成立了一些政党，但是活跃时间不长。随着1905年俄国第一次革命失败，革命运动陷入低谷。东乌克兰的政治党派或者沉寂，或者收缩乃至停止活动，但是西乌克兰的民族运动一直在持续。[③]

因此，从历史过程来看，西乌克兰地区是乌克兰民族主义的发源地，也是乌克兰人争取民族独立斗争的中坚力量，比东乌克兰具有更强的民族主义传统。在第一次世界大战中受到打击以后，经过几年的蛰伏，西乌克兰的民族主义以乌克兰民族主义者组织——乌克兰起义军为依托，又开始了新的活动。

早在1920年，乌克兰人民共和国失败以后流亡海外的乌克兰军官，就在布拉格成立了“乌克兰军事组织”，主要从事反对波兰占领的地下恐怖活动。这一组织后来成了乌克兰民族主义者组织的基础。[④]此后，其他民族主义组织也陆续成立。1922年，在捷克斯洛伐克成立了“乌克兰青年民族主义者联盟”；1925年，成立了“乌克兰民族主义者联盟”。1929年，这些民族主义团体联合成立了一个新的组织，即“乌克兰民族主义者组织——乌克兰人民起

① John S. Reshetar, *The Ukranian Revolution, 1917-1920: A Study in Nationlism*, Rrinceton University Press, 1952, p.12.

② 赵云中：《乌克兰：沉重的历史脚步》，华东师范大学出版社，2005年版，第277页。

③ 赵云中：《乌克兰：沉重的历史脚步》，华东师范大学出版社，2005年版，第259页。

④ Козлов А.В. Внутренние войска в борьбе с украинскими националистами. М.: На боевом посту, 2016, С.11.

义军”。在成立大会发表的宣言中，提出了“完全赶走乌克兰土地上所有的掠夺者”，“建立伟大的独立的乌克兰人共同体”的口号，并且通过了关于驱逐或者消灭乌克兰土地上所有波兰人、俄罗斯人和犹太人的政策。由此可见，乌克兰民族主义者组织从成立之日起，就秉持着具有极端排外色彩的民族主义理念。①

在成立之初，乌克兰民族主义者组织曾经尝试利用国际组织，以和平的方式争取波兰治下的西乌克兰人的权益。1931年，乌克兰民族主义者组织向国联和一些西方国家的外交机构，递交了关于乌克兰人民被波兰政府压迫的报告。但是国联拒绝承认乌克兰民族主义者组织可以代表乌克兰人的权益，并将其认定为恐怖主义组织，其他国家对此也没有积极的回应。此后，乌克兰民族主义者放弃了和平的活动方式。②

从30年代到第二次世界大战爆发之前，乌克兰民族主义者组织——乌克兰起义军主要从事煽动农民起义和恐怖主义活动。乌克兰民族主义者利用乌克兰人对社会状况的不满，煽动乌克兰人对波兰人的仇恨，组织乌克兰农民进行反抗波兰地主的行动。1930年7月—11月，乌克兰农民实施了上百起怠工行动，焚烧房屋、生产工具、粮食等等。到了1932年，乌克兰农民的反抗已经不再局限于怠工行动，而是具有了农民起义的色彩。在波兰政府对其镇压的过程中，数千乌克兰人被杀。③乌克兰民族主义者的恐怖活动，主要针对波兰国家机关和反对乌克兰的积极分子，如1932年袭击利沃夫的警察局局长，1933年抢劫并攻击市邮局，1934年袭击波兰的内务部部长。波兰内务部部长被袭击后，波兰政府在1934—1935年间大规模地逮捕乌克兰民族主义者分子，使该组织受到重创。其中乌克兰民族主义者组织著名的领导人斯捷

① Баканов А. И. Ни кацапа, ни жида, ни ляха. Национальный вопрос в идеологии Организации украинских националистов, 1929–1945 гг. М.: Фонд Историческая память; Алгоритм, 2014, С.19.

② Баканов А. И. Ни кацапа, ни жида, ни ляха. Национальный вопрос в идеологии Организации украинских националистов, 1929–1945 гг. М.: Фонд Историческая память; Алгоритм, 2014, С.19.

③ Баканов А. И. Ни кацапа, ни жида, ни ляха. Национальный вопрос в идеологии Организации украинских националистов, 1929–1945 гг, С.123.

潘·班德拉也被捕并被监禁，直到1939年才重获自由。[①]第二次世界大战以前，乌克兰民族主义者——乌克兰起义军的活动，虽然给波兰政府在西乌克兰的统治带来了威胁，但当时并没有大规模的民族主义运动。

（二）“沃伦事件”

第二次世界大战的爆发和波兰被占领，给了乌克兰人复仇的机会。在苏联占领波兰的行动中，有7000多名乌克兰民族主义者参加并获得了武器。利用暂时的混乱状态，乌克兰民族主义者袭击波兰军队、政治积极分子甚至乡村教师。据统计，1939年9月乌克兰民族主义者一共杀害了129名波兰人。[②]1939—1941年间，西乌克兰处于苏联的统治之下，此时乌克兰民族主义者主要的反对对象变成了苏联当局，乌克兰人和波兰人之间并没有爆发大规模的冲突。随着1941年德国进攻苏联占据西乌克兰以后，乌克兰人又开始了对波兰人的报复。但是和1939年一样，此时的报复行动具有随机性，主要针对的对象仍然是波兰的政治积极分子，尽管存在对普通波兰人的袭击，但是并没有将仇恨加诸整个波兰人身上。

在1942年乌克兰民族主义者第二次代表大会上，乌克兰人认为当前的主要任务是集中主要力量反对苏联，要在波兰人“承认国家独立、尊重西乌克兰地区乌克兰人民权利的基础上缓和波兰、乌克兰关系”。1943年的第三次代表大会，制定了将普通波兰人驱逐出乌克兰的计划。但与此同时，在乌克兰民族主义者的政治教育宣传材料中，认为“要消灭所有外族领导人中的积极分子，如果有必要，我们将消灭整个外族人”。[③]因此，虽然乌克兰民族主义者对普通波兰人的政策是驱逐而不是消灭，但是乌克兰人仍然认为自己的民族利益至上，为此可以不择手段。

最终酿成“沃伦事件”的导火索，是波兰人充当德国的宪警参与对乌克兰民族主义者的打击。这使后者改变了之前相对温和的路线，将袭击矛头对准了普通波兰人。1941—1944年西乌克兰被德国占领期间，德国人利用波兰

① Баканов А. И. Ни кацапа, ни жида, ни ляха. Национальный вопрос в идеологии Организации украинских националистов, 1929–1945 гг, С.19.

② Баканов А. И. Ни кацапа, ни жида, ни ляха. Национальный вопрос в идеологии Организации украинских националистов, 1929–1945 гг, С.124.

③ Баканов А. И. Ни кацапа, ни жида, ни ляха. Национальный вопрос в идеологии Организации украинских националистов, 1929–1945 гг, С.230.

人和乌克兰人之间的矛盾，挑拨双方关系。当时，无论是波兰人还是乌克兰人，都在不同程度上与德国人合作。1942年，波兰警察与德国人合作袭击东正教会人士和乌克兰知识分子，部分乌克兰家庭也遭到了屠杀。到1943年3月，在5000多名乌克兰警察叛变德国人投靠乌克兰民族主义者组织以后，德国人又招募了大量的波兰警察，在德国人和波兰人的联合进攻下，乌克兰民族主义者遭到了沉重的打击。[①]在这些事件的刺激下，乌克兰民族主义者认为波兰人要为此负责，于是开始了对波兰移民村庄和普通波兰人的袭击。

1943年初，乌克兰民族主义者对波兰村庄的攻击还只是随机性的。到3至4月，逐渐演变成了系统性的、有组织的攻击。一开始的攻击只针对沃伦北部和东部的波兰人村庄。到6至7月，开始发展到整个沃伦地区。其中，在乌克兰人攻击高峰的7月11—12日，丧生的波兰人超过了4300人。据苏联情报机构的报告，7月18日，在沃伦市区的街巷中又有超过2000多波兰人被杀，整个7月超过了10000波兰人死亡。当乌克兰人的行动有所回落，波兰人放松警惕的时候，8月29—30日乌克兰人又组织了新的进攻，部分村庄中将近一半的居民死亡，总人数超过了15000人，其中不乏大量的老人、妇女和儿童。[②]同时，乌克兰人散发传单，说明如果波兰人放弃抵抗，为乌克兰人所用，共同反对德国人和苏联当局的话，将停止攻击。[③]

1943年底到1944年初，利用德国人撤走、苏军尚未到来的权力真空期，乌克兰人开始了新一轮的攻击，并将攻击范围从沃伦扩展到了加利西亚。但是与沃伦不分年龄和性别、针对普通波兰人的屠杀不同，在加利西亚的乌克兰人只消灭抵抗的波兰军事力量，而不是所有波兰人，但是个别的不分年龄和性别的屠杀仍不可避免。[④]到1944年夏天，乌克兰民族主义者组织才颁布

---

① Баканов А. И. Ни кацапа, ни жида, ни ляха. Национальный вопрос в идеологии Организации украинских националистов, 1929-1945 гг, С.214.

② Дюков А. Польский вопрос в планах ОУН（Б）: От насительственной ассимиляции к этническим чисткам// Забытый геноцид: Волынская резня, 1943-1944 годов, сборник документов и исследований/ Под ред. А. Дюков. М., 2008, С.38.

③ Баканов А. И. Ни кацапа, ни жида, ни ляха. Национальный вопрос в идеологии Организации украинских националистов, 1929-1945 гг, С.245.

④ Баканов А. И. Ни кацапа, ни жида, ни ляха. Национальный вопрос в идеологии Организации украинских националистов, 1929-1945 гг, С.305.

了不允许再杀害妇女、儿童和老人的命令。和波兰人通婚，以及改信罗马-天主教的乌克兰人也不再属于攻击范围。[①]在乌克兰人反对波兰人的行动中，并没有涉及居住在西乌克兰土地上的其他少数民族，例如对沃伦的捷克人，在整个战争期间乌克兰民族主义者都和其保持整体上良好的关系。[②]此外，并不是所有的乌克兰人都支持对波兰人的行动，大量的乌克兰人庇护波兰人，帮助他们逃离。一些乌克兰领导人，包括宗教领袖，也向当局抗议对波兰人的杀戮，但是这种力量微乎其微，并没能阻止暴力的浪潮。[③]乌克兰人对波兰人的大规模袭击于1944年9月停止，原因在于面对即将到来的苏联人，乌克兰民族主义者认为乌克兰人应该和波兰人合作，共同对抗苏联。但是直到1945年最初的几个月，在西乌克兰的土地上仍然存在针对波兰平民的屠杀。

关于波兰和乌克兰这场冲突中的受害者人数并没有定论。波兰学者认为，死于乌克兰民族主义者组织——乌克兰起义军的波兰人，包括沃伦和东加利西亚地区，总数约为10万。[④]乌克兰学者认为准确的估计应该接近3.5万人。[⑤]美国学者则认为1943年在沃伦被杀的波兰平民在5万至6万之间，而整个战争期间在西乌克兰地区被杀的波兰人估计在7万到10万之间。[⑥]其中，70%的波兰受害者为妇女和儿童。[⑦]

1944年冬天苏联收复西乌克兰地区后，苏联和波兰民族解放委员会签署了关于交换民族人口的协议。根据这一协议，到1946年10月，共有109万波

---

① Баканов А. И. Ни кацапа, ни жида, ни ляха. Национальный вопрос в идеологии Организации украинских националъстов, 1929–1945 гг, С.312.

② Козлов А.В. Волынская резня: украинско-польское вооруженное противостояние в 1943–1944гг// Военно-исторический журнал. 2012, №.12.

③ Jared McBride, "Peasants into Perpetrators: The OUN-UPA and the Ethnic Cleansing of Volhynia, 1943–1944", in *Slavic Review*, 2016, Vol.75, No.3.

④ Grzegorz Motyka, Od rzezi wołyńskiej do akcji "Wisła". Konflikt polsko-ukraiński 1943–1947, Kraków, 2011.

⑤ Дюков А. Польский вопрос в планах ОУН (Б): От наситељственной ассимиляции к этническим чисткам, С.36.

⑥ Jared McBride, "Peasants into Perpetrators: The OUN-UPA and the Ethnic Cleansing of Volhynia, 1943–1944".

⑦ Баканов А. И. Ни кацапа, ни жида, ни ляха. Национальный вопрос в идеологии Организации украинских националъстов, 1929–1945 гг, С.319.

兰人从苏联各地迁往波兰，其中从西乌克兰地区迁出79万人；从波兰迁往苏联52万人，其中乌克兰人48万。[①]人口交换行动完成以后，1947年3—7月，波兰政府将仍然滞留在波兰东部的15万乌克兰人口驱逐到了波兰西北部，被称为“维斯瓦河”行动。此举一是为了打击仍然在活跃的乌克兰民族主义者，使其居住地与乌克兰土地相分离，失去活动的群众基础；二是为了用移民填充原属德国、二战以后被划分给波兰的东普鲁士和西里西亚省南部地区。[②]经过交换民族人口和“维斯瓦河”行动，乌克兰人和波兰人在西乌克兰地区长期混居的状态结束，两个民族间纠缠几百年的矛盾和冲突终于暂时落下帷幕。

“沃伦事件”的根本原因是乌克兰人和波兰人几百年的历史积怨，是波兰统治时期对乌克兰人的波兰化和乌克兰人追求独立建国的斗争。而第二次世界大战期间西乌克兰地区各种政治势力交织，错综复杂，相互之间不可调和的矛盾，成了“沃伦事件”爆发的推手。随着二战的结束和东欧共产党政权的建立，根据官方的政策，1943—1945年间发生在沃伦的悲剧，在苏联时代成了波乌边境两侧的一种禁忌。

三、现代波兰和乌克兰国家关系中的“沃伦事件”

1989年的东欧剧变和1991年苏联解体，开启了现代波兰和乌克兰之间国家关系的新篇章。波兰是乌克兰宣布独立以后，第一个承认其独立国家地位并与之建交的国家。对于新生的乌克兰来说，波兰的支持至关重要。两个国家之间不仅拥有共同的反俄立场，波兰也是乌克兰经济和政治改革的样板，并成为支持乌克兰加入欧盟和北约的少数地缘政治盟友之一。两个国家逐渐发展成为“战略伙伴关系”，甚至共同主办了2012年的欧洲足球锦标赛。然而，尽管拥有共同的政治利益，但两个国家间依然存在着历史记忆和叙述上的冲突。

（一）从20世纪90年代到乌克兰危机期间

从20世纪80年代开始到21世纪初期，许多欧洲国家制定了关于历史记

① Полян П. Россия и ее регионы в XX веке：территория – расселение – миграции. М.：ОГИ，2005，С.536.

② Тадеуш В. У истоков борьбы с реакционным подпольем в Польше. 1944–1948. Киев：Наукова думка，1984，С.253.

忆的法律条款，其主要目的在于防止对历史（关于大屠杀、种族灭绝以及殖民暴行等）的修正和否认，在尊重历史事实的前提下以更加开放和宽容的态度对待过去，达成民族和国家的和解，使其成为国际关系中信任的基础。但是从2000年到2010年，尤其是在中东欧，这种历史记忆逐渐成了政治斗争的工具。

在这种背景下，1998年波兰成立了国家记忆研究所，其主要目的在于"调查1939—1989年期间纳粹、共产主义和其他力量对波兰人的犯罪"。[①]在关于第二次世界大战的历史叙述中，"沃伦事件"被重新提起，并被认为是乌克兰人对波兰人的犯罪，乌克兰民族主义者组织——乌克兰起义军及其领导人是屠杀波兰人的刽子手。

但是在乌克兰的历史叙述中，乌克兰民族主义者组织——乌克兰起义军及其领导人，则是"为乌克兰独立而斗争的英雄"。伴随着几百年来乌克兰民族历史上第一次真正的独立建国，乌克兰政权强力引入坚定的民族主义叙事，以塑造民族主义的集体历史记忆，强化民族认同。而乌克兰民族主义者组织——乌克兰起义军因其一贯追求独立建国而反对苏联、波兰的历史，与乌克兰的国家意识形态和政策目标一致，乌克兰不断肯定其历史地位，以寻求历史合法性来为当前的政策正名。

比如，从独立之初的90年代起，乌克兰各地就修建了大量有关乌克兰民族主义者的纪念碑和历史纪念博物馆。1995年，乌克兰利沃夫地区议会首先通过了《关于乌克兰起义军老兵的社会地位以及保障其社会权利》的决议，乌克兰起义军首次被认为是第二次世界大战的参加者，并且为了乌克兰的独立和自由而斗争。2004年乌克兰橙色革命以后，加大了对乌克兰民族主义者的宣传，2005年乌克兰最高拉达通过决议，在国家层面上确定了其历史地位。2006年，在乌克兰起义军成立64周年之际，乌克兰总统维克多·安德烈耶维奇·尤先科签署了《关于全面研究和客观报道乌克兰解放运动的活动以及民族和解》的命令，要求给予乌克兰民族主义者——乌克兰起义军特殊地位，要求科学教育部将乌克兰起义军的历史作为乌克兰民族解放运动来普及，组织出版书籍、电影纪录片，并"全面客观地报道乌克兰人参加二战的活

① "Ustawa - Instytut Pamięci Narodowej", Official website, 09.10.2018. https://ipn.gov.pl/ pl/o-ipn/ustawa/24216, Ustawa.html.

动”。2009年发行了斯捷潘·班德拉诞辰100周年的纪念邮票。[①]

从20世纪90年代到21世纪前十年，尽管存在这种历史记忆和叙述的冲突，但是在波兰的地缘政治思想中，波兰的独立是由其东部邻国的主权独立所确保的，而这种主权独立又是需要民族主义所支撑的。因此，波兰不得不忍受乌克兰对班德拉分子的颂扬，两个国家也做出了和解的努力。[②]早在1990年，波兰参议院就正式谴责了“维斯瓦河”行动。[③]1996年，波兰军事历史研究所和乌克兰沃伦州立大学成立联合研究中心，共同致力于第二次世界大战期间历史的研究，并在1996至2001年间轮流在乌克兰和波兰召开了10次研讨会，出版了10卷本的会议论文集。[④]波兰和乌克兰总统也分别在1997年、2003年以及2007年，就“沃伦事件”和“维斯瓦河”行动发表联合和解声明。[⑤]乌克兰希腊天主教会和波兰罗马天主教会，也分别在“沃伦事件”2005年62周年和2013年70周年之际，发表了和解的联合声明。[⑥]

然而官方的和解姿态，并不能也没有消除相互间的历史隔阂。乌克兰对乌克兰民族主义者的宣扬，主要目的在于进行反苏、反俄宣传，但是也逐渐引起了波兰社会和政府的不满。波兰媒体越来越经常地强调自己的受害者身份，认为波兰和乌克兰的和解，是对沃伦受害者的背叛和遗忘。[⑦]2009年7月15日，波兰民族主义者和右翼政客在反乌克兰情绪的主导下，波兰议会通过了关于认定乌克兰民族主义者组织——乌克兰起义军“针对波兰人的行动具

---

① Козлов А.В. Внутренние войска в борьбе с украинскими националистами, С.5.

② Киселёв А.А. Волынский геноцид 1943 г. и современное польское общественное мнение, С.55.

③ T.Snyder, *The Reconstruction of Nations. Poland, Ukraine, Lithuania, Belarus, 1569 - 1999*, New Haven: Yale University Press, 2003. 转引自 T. Zhurzhenko, “Memory Wars and Reconciliation in the Ukrainian - Polish Borderlands: Geopolitics of Memory from a Local Perspective”, p.178.

④ Мищак І. Українська та польська історіографії про волинську трагедію 1943 року, С.488.

⑤ У зв'язку з ухваленням Сенатом і Сеймом Республіки Польща постанов від 7 липня 2016 року та 22 липня 2016 року щодо Волинської трагедії. Офіційний портал Верховної Ради України . 25.09.2018. http://w1. c1. rada. gov. ua/pls/radan_gs09/ns_golos? g_id=8479; Про схвалення українсько - польської парламентської заяви у зв'язку з 60- ю річницею волинської трагедії. ПОСТАНОВА Верховної Ради України. 10.07. 2003. №.1085-Ⅳ.

⑥ Там же.

⑦ Лукаш Адамски. Развеянные иллюзии. Проблемы и перспективы польско- украинского исторического диалога, С.158.

有大规模屠杀、种族清洗和种族灭绝的特点”的决议。[①]乌克兰则针锋相对，于2010年直接授予斯捷潘·班德拉“乌克兰英雄”的称号。[②]此举不仅遭到了国际公认的乌克兰问题学术专家、俄罗斯人、犹太人以及曾经遭受斯捷潘·班德拉迫害的乌克兰东部城市的抗议，而且在波兰的主导下，欧盟议会在关于乌克兰申请加入欧盟的文件中指出：“如果乌克兰想要成为欧盟的一员，就必须遵守其相关的法案，致力于维护共同的欧洲价值观，停止对与纳粹合作的乌克兰民族主义者组织领导人的英雄化。”[③]利沃夫议会则向欧盟议会发出公开信，表示将捍卫斯捷潘·班德拉的荣誉以及乌克兰人拥有自己英雄的权利。[④]

正当波兰和乌克兰之间因历史问题发生争吵之际，2010年2月，亲俄的维克多·亚努科维奇当选为乌克兰总统。在俄罗斯的敦促下，亚努科维奇宣布撤销斯捷潘·班德拉“乌克兰英雄”的称号。2010年4月，乌克兰法院判决确认了这一决议，并最终在2011年1月执行。[⑤]在2010—2014年亚努科维奇执政期间，乌克兰向俄罗斯靠拢，停止了对乌克兰民族主义者的宣传，也暂停了乌克兰加入欧盟的进程。而这段时期波兰对乌克兰的外交政策重点在于让其重新走上加入欧盟的道路，因此，两个国家关于历史问题也没有爆发大的争论，只是波兰在2013年“沃伦事件”70周年之际，重申了2009年的决议。

（二）从乌克兰危机至今

2014年乌克兰危机以后，波兰和乌克兰之间暂时平息的争论又回到了公

---

① Uchwa³a Sejmu Rzeczypospolitej Polskiej z dnia 15 lipca 2009 r. w sprawie tragicznego losu Polaków na Kresach Wschodnich// Monitor Polski. 2009. Nr.47. Poz.684. 27.09. 2018.http://prawo.sejm.gov.pl/isap.nsf/download.xsp/WMP20090470684/O/M20090684.pdf.

② European Parliament, “Motion for a resolution on Ukraine”, updated on 12 May 2010, case-B7-0120/ 2010, 28.09.2018, http://www.europarl.europa.eu/sides/.

③ T. Zhurzhenko, “Memory Wars and Reconciliation in the Ukrainian-Polish Borderlands: Geopolitics of Memory from a Local Perspective”, p.173.

④ T. Zhurzhenko, “Memory Wars and Reconciliation in the Ukrainian-Polish Borderlands: Geopolitics of Memory from a Local Perspective”, p.173.

⑤ ВАСУ підтвердив незаконність присвоєння Бандері звання Героя України, 28, 9, 2018. https://ua. korrespondent. net/ukraine/1246199-vasu-pidtverdiv-nezakonnist-prisvoennya-banderi-zvannya-geroya-ukrayini.

众的视野，并且愈演愈烈，成了双边关系中最大的挑战。究其原因，主要在于以下几个方面：

第一，两个国家日益增长的民族主义。2014年乌克兰危机以后，在与俄罗斯冲突的背景下，乌克兰重启了民族主义历史叙述，曾经和苏联对抗的乌克兰民族主义者组织——乌克兰起义军的历史地位，也再次得到肯定。同时，危机后奉行乌克兰民族主义者组织——乌克兰起义军民族主义理念的民族主义团体活跃，例如爱国力量联盟、“民族团体”党、“右区”组织、全乌“自由”联盟、乌克兰民族会议-乌克兰人民自卫军、C14（乌克兰带有恐怖主义性质的民族主义团体）、社会-民族大会以及斯捷潘·班德拉三叉戟，以及乌克兰民族委员会等组织。尽管这些组织的主要目的是对抗俄罗斯，但是依然引起了波兰人的警觉和抵制。

同时在波兰，“最近几年的政治生活中越来越明显感觉到了一些激进民族主义政党和团体的影响力”①，其中人数最多、影响力最大的是成立于2014年的“民族运动”党。此外，激进民族主义组织“全波兰青年”和“民族-激进阵营”也异常活跃。“民族-激进阵营”还成立了自己的准军事组织“民族捍卫者”，其目的在于“保护波兰人免受外部邪恶力量的影响，例如ISIS”。②2015年，右翼保守主义的“法律与公正”党在选举中获胜并上台执政，更是极大地增强了波兰民族主义者的政治话语权。③

第二，大量乌克兰移民涌入波兰。自1991年独立以后，乌克兰劳务移民就开始赴其他国家寻求更好的生活。因便利的地理位置与历史文化联系，许多乌克兰西部地区的居民赴波兰谋生，乌克兰危机后动荡的政治和社会局势更加剧了这一趋势。根据波兰家庭、劳动和社会政策部的统计数据，乌克兰人申请波兰工作许可证的数量逐年大幅增加，从2013到2014年增加了29%，2014到2015年增加了109%。因2016年数据缺乏，和2015年相比，2017年比

① Лыкошина Л. С. Ноциолализм в современной польше// Россия и современный мир. 2016, №.2.

② Лыкошина Л. С. Ноциолализм в современной польше// Россия и современный мир. 2016, №.2.

③ Лыкошина Л. С. Ноциолализм в современной польше// Россия и современный мир. 2016, №.2.

2015年增加了276%。[①]就人数来说，到2015年大概有超过100万乌克兰人在波兰工作，这个数量和在英国的波兰人数量大致相同。[②]同时根据波兰劳动监察局的数据，2014年抽查的15500个外来劳工中，9500人来自乌克兰，占61.2%。[③]

对波兰来说，一方面，乌克兰人的大量涌入加速了波兰成为移民国家的速度；另一方面，在欧洲难民危机下，波兰更加愿意接收文化相近的乌克兰人而不是来自中东的穆斯林。[④]但是总体来说，在波兰民族主义情绪日益增长以及右翼政党执政的情况下，波兰政客和媒体将移民视为一种威胁，并将其转化成了政治问题。波兰人认为，移民会造成社会的分裂，争抢工作机会并分享社会福利，波兰社会对移民的容忍度也越来越低。

第三，两个国家公众反对彼此的情绪升高。在波兰的历史记忆政策下，“沃伦事件”越来越广为人知。在波兰的调查中，2003年有48.9%的人对1943年的“沃伦事件”一无所知，教科书中也没有相关信息。到2008年，有41%的波兰民众表示没有听说过。到了2013年，41%的民众表示听说过，具体不清楚，但是有52%的被调查者表示班德拉分子实施了对波兰人的种族灭绝。[⑤]在这种情况下，波兰人的反乌克兰情绪也越来越高涨。而在乌克兰，在民族主义叙事以及与波兰人的冲突影响下，乌克兰人认为，在历史上，波兰是阻

① Analizy i raporty/ Cudzoziemcy pracujący w Polsce – statystyki / Ministerstwo Rodziny, Pracy i Polityki Społecznej.09.10.2018.https://www.mpips.gov.pl/analizy-i-raporty/cudzoziemcy-pracujacy-w-polsce-statystyki/.

② Anne White, *The Impact of Migration on Poland*, UCL Press, 2018, p.214.

③ Yuriy Bilan, *Migration of the Ukrainian Population: Economic, Institutional and Sociocultural Factors*, p.70.

④ Anne White, *The Impact of Migration on Poland*, p.214.

⑤ Trudna pamięć: Wołyń 1943. – Warszawa: CBOS, 2013. № . 93.9 s. 转引自 Киселёв А. А. Волынский геноцид 1943 г. и современное польское общественное мнение// Региональные аспекты современных историко-правовых, филолого-культурологических, психолого-педагогических, естественнонаучных и экономических исследований: Сборник материалов международной научно-практической конференции, посвященной 85-летию Брянского государственного университета им. акад. И.Г. Петровского и 20-летию филиала университета в г. Новозыбкове. г. Новозыбков/ Ред. кол.: В.В. Мищенко, В.Н. Пустовойтов, С.Н. Стародубец. – Брянск: Изд. БГУ, 2015, С. 52.

挡其民族独立建国的主要障碍之一。[①]

在上述原因推动下，波兰和乌克兰之间开始了新一轮关于历史记忆的冲突。2015年5月15日，乌克兰总统彼得·波罗申科签署了《关于二十世纪乌克兰独立斗争战士的法律地位和纪念》的法令，授予了乌克兰起义军“乌克兰独立战士”的地位。[②]2016年7月7日，基辅市议会将5个具有苏联印记的街道改名，其中莫斯科大道改为斯捷潘·班德拉大道。[③]波兰方面针锋相对。第二天，即7月8日，在新上台的“法律与公正”党的推动下，波兰议会通过了将“1943—1945年乌克兰民族主义者对波兰第二共和国人民的犯罪行为”认定为“种族灭绝”的决议，并宣布7月11日为沃伦“种族灭绝”受害者纪念日。[④]这些措施引发了波兰和乌克兰之间关于“沃伦事件”争论的小高潮。2016年8月，90名乌克兰著名的公众人物公开呼吁，将9月23日设定为波兰对居住在加利西亚的乌克兰人镇压的纪念日，这份倡议得到了乌克兰第一任总统列昂尼德·克拉夫丘克、乌克兰国家战略研究所所长、乌克兰外交部前部长、一些著名的历史学家和文学家等知识分子的支持。[⑤]随后，9月8日，乌克兰最高拉达谴责了波兰的决议，指责波兰“将乌克兰和波兰历史关系中的悲剧事件政治化，具有反乌克兰的特点”。[⑥]

到了10月份，波兰官方投资拍摄的反映“沃伦事件”的历史电影《沃伦》上映。这部电影不仅在很大程度上恢复并塑造了波兰公众关于“沃伦事

---

① Киселёв А.А. Волынский геноцид 1943 г. и современное польское общественное мнение, С.55.

② Про правовий статус та вшанування пам'яті борців за незалежність України у XX столітті. Відомості Верховної Ради(ВВР), 2015, №. 25, С.190, 27,9,2018. http://zakon.rada.gov.ua/laws/show/314-19.

③ Перейменувати Московський проспект на проспект Пухнастих котиків – Петиції. Київська міська рада, 29,9,2018. https://petition.kyivcity.gov.ua//petition/?pid=2782.

④ «z dnia 22 lipca 2016 r. w sprawie oddania hołdu ofiarom ludobójstwa dokonanego przez nacjonalistów ukraińskich na obywatelach Ⅱ Rzeczypospolitej Polskiej wlatach1943-1945» Uchwała Sejmu Rzeczypospolitej Polskiej,25,9,2018. http://orka.sejm.gov.pl/proc8.nsf/uch waly/625_u.htm.

⑤ Łukasz Adamski,“Kyiv's ‘Volhynian Negationism:’ Reflections on the 2016 Polish - Ukrainian Memory Conflict”,p.253.

⑥ У зв'язку з ухваленням Сенатом і Сеймом Республіки Польща постанов від 7 липня 2016 року та 22 липня 2016 року щодо Волинської трагедії. Офіційний портал Верховної Ради України. 25.09.2018. http://w1.c1.rada.gov.ua/pls/radan_gs09/ns_golos?g_id=8479.

件”的集体历史记忆，而且极大地煽动了波兰民众的反乌克兰情绪。在波兰右翼政党的游行中，出现了焚烧乌克兰国旗的行为，甚至呼吁对乌克兰人采取暴力行动。[①]按照计划，电影《沃伦》将于10月18日在基辅上映，许多乌克兰人士认为电影带有波兰人的主观性并冒犯了乌克兰人，后来被乌克兰政府禁止上映。[②]

10月20日，波兰和乌克兰共同发布了《记忆与团结》宣言，将两个国家的历史纠纷归罪于德国和苏联，认为“德国和苏联应该共同为第二次世界大战中数百万的受害者负责”。[③]这一宣言暂时缓和了两个国家之间紧张的外交冲突。

2018年1月22日，据全乌克兰社会组织“乌克兰的选择”官方网站报道，1月16日波兰向联合国安全理事会提交了一项决议草案，要求联合国承认乌克兰民族主义者在第二次世界大战中对波兰人的行动属于种族灭绝。后来证实这一消息并不属实，在联合国网站文件中心也没有查到相关信息。但实际上，波兰民族主义右翼政党一直在做类似的努力，这意味着波兰和乌克兰之间关于历史记忆的冲突有国际化的可能。[④]

2018年2月14日，波兰总统杜达批准了波兰国家记忆研究所提出的法律修正案，将对那些否认“1917年—1990年期间纳粹主义、共产主义、乌克兰民族主义者对波兰公民的犯罪行为”的言行追究法律责任，判处3～5年监禁

① Сыновец А. История и популярная культура: польский и украинский дискурс вокруг фильма Войцеха Смажовского «Волынь»// Новые контуры социальной реальности/ Под ред. Д. А. Лушникова. V Северо－Кавказские социологические чтения. 16 ноября 2016 года. г. Ставрополь，СКФУ).Ставрополь:Изд－во СКФУ，2017. С.37.

② Там же. С.39.

③ Неменский О. Новое завоевание тоталитаризма// Известия. №.199. 2016.25 октября.

④ Польша зарегистрировала в СБ ООН проект резолюции о геноциде поляков со стороны украинских националистов во время Второй мировой войны | VYBOR. UA. 05. 10.2018. http://vybor. ua/article/vneshnjaja_politika/polsha-zaregistrirovala-v-sb-oon-proekt-rezolyucii-o-genocide-polyakov-so-storony-ukrainskih-nacionali.html.

或者罚款。[①]受这项法律影响最大的是在波兰工作的，大部分来自乌克兰民族主义泛滥的乌克兰西部地区的劳务移民。波兰称，要弄清楚这些人对乌克兰民族主义者和斯捷潘·班德拉的态度，被问询者有义务公开谴责对波兰人的“种族灭绝”。

对此，乌克兰总统波罗申科表示，“任何政治决定都不能取代历史真相，波兰的决定不符合乌克兰和波兰之间的战略伙伴关系的原则”。[②]为了回应波兰反乌克兰民族主义者——乌克兰起义军以及班德拉分子的法案，2月17日，乌克兰单方面宣布停止两个国家之前达成的关于搜索和挖掘1915—1916年间在乌克兰西部地区牺牲的波兰军团战士遗体的工作。[③]乌克兰利沃夫和捷尔诺波尔市也决定在庆典和节日期间，在市行政机构建筑上并排悬挂乌克兰国旗黄蓝旗和代表乌克兰起义军的黑红旗。[④]据《今日俄罗斯》电台报道，2018年3月20日，波兰民族主义者又在乌克兰驻波兰大使馆门前集会，要求乌克兰停止对乌克兰民族主义者的宣扬，并焚烧斯捷潘·班德拉的画像和其他带有乌克兰民族主义者标记的物品。[⑤]

在2018年7月8日“沃伦事件”受害者75周年之际，波兰总统拒绝了乌克兰总统共同出席纪念活动的邀请，两国总统分别进行了纪念活动并发表讲话。乌克兰总统波罗申科呼吁，“沃伦事件不应该成为两个国家间的政治主题……乌克兰和波兰之间应该就历史问题达成和解，波兰和乌克兰之间牢固的

① O zmianie ustawy o Instytucie Pamięci Narodowej – Komisji Ścigania Zbrodni przeciwko Narodowi Polskiemu, ustawy o grobach i cmentarzach wojennych, ustawy o muzeach oraz ustawy o odpowiedzialności podmiotów zbiorowych za czyny zabronione pod groźbą kary. Ustawa – Instytut Pamięci Narodowej.11.10.2018.https://ipn.gov.pl/pl/o-ipn/ustawa 24216,Ustawa.html.

② Тарасенко Н. Польський Закон «Про Інститут національної пам'яті»: погляд з Україн // Україна: події, факти, коментарі, 2018, № .4.

③ Тарасенко Н. Польський Закон «Про Інститут національної пам'яті»: погляд з Україн // Україна: події, факти, коментарі, 2018, № .4.

④ Украина поднимет флаг УПА в ответ на запрет «бандеровской идеологии» в Польше: Украина: Бывший СССР: Lenta.ru. 09.10.2018. https://lenta.ru/news/2018/02/02/mda/.

⑤ Польские националисты сожгли портреты Бандеры и Шухевича у посольства Украины в Варшаве — РТ на русском. 09.10. 2018. https://russian.rt.com/world/video/4940 72-polsha-nacionalisty-bandera-ukraina.

战略伙伴关系将是对俄罗斯侵略政策的有力回应”。[①]波兰总统杜达则表示，“发生在波兰和乌克兰之间的不是战争，而是种族清洗……有将近10万名波兰平民成为受害者”，并且特别强调，国家之间的关系应该建立在历史真相的基础之上。[②]

除了波兰与乌克兰之间关于历史记忆的外交冲突之外，更让经历危机后的乌克兰政权不安的是，波兰民族主义者对波兰曾经统治过的乌克兰西部领土的觊觎。为此双方也爆发过几次争端。现代乌克兰国家的版图，是继承自第二次世界大战以后形成的乌克兰苏维埃社会主义共和国。第二次世界大战以前，其版图内的西乌克兰部分属于波兰、外喀尔巴阡山属于匈牙利、北布科维纳则属于罗马尼亚。2014年的克里米亚事件，以及顿涅茨克人民共和国和卢甘斯克共和国的成立，开启了乌克兰国家分裂的步伐。而如今，匈牙利、罗马尼亚和波兰，也都越来越明显地表现出了对前领土的要求。

波兰人从来没有忘记“东小波兰”的领土曾经属于自己，尤其是对利沃夫的怀念。在很长的历史时间里，利沃夫曾经是波兰的中心城市，具有浓厚的波兰文化氛围。尽管苏联曾经进行了乌克兰化改造，但是自20世纪90年代以来，波兰一直在努力恢复波兰文化在西乌克兰地区的影响力。由于乌克兰独立以来地方资金的不足，允许外资介入历史遗产的修复工作中，波兰借此政策修缮了大量与波兰文化有关的建筑遗迹。同时通过和乌克兰的“文化外交”政策，在西乌克兰的大学开展波兰语教学、开设波兰文化中心，并发行波兰文报纸，组织波兰青年到“故土”旅行。[③]

---

① “Strong strategic partnership between Ukraine and Poland will be a powerful response to the aggressive Kremlin policy”, Official website of the President of Ukraine. 11.10.2018. https://www.president. gov. ua/en/news/micne-strategichne-partnerstvo-mizh-ukrayinoyu-ta-polsheyu-s-48578.

② President of the Republic of Poland / News / Polish President on Volhynia Massacre anniversary observances. 11.10.2018. http://www.president.pl/en/news/art,795,polish-presiden t-on-volhynia-massacre-anniversary-observances.html.

③ T. Zhurzhenko,“Memory Wars and Reconciliation in the Ukrainian-Polish Borderlands: Geopolitics of Memory from a Local Perspective”, p.175.

2007年，波兰出台了“波兰卡”[①]政策，以增加波兰对独联体国家内波兰裔公民的吸引力。据波兰境外人士服务办公室的数据，从2014年开始到2018年第一季度为止，获得“波兰卡”的23.3万人中，来自乌克兰的波兰裔人数最多，为15.5万人，占67%。[②]“波兰卡”制度被其他国家指责为“试图在拥有紧凑的波兰人族群的基础上建立强大的政治游说集团”。并且在乌克兰和白俄罗斯出现了代表波兰人利益的组织——“波兰人联盟”，该组织的活动已经超越了文化中心的框架，并得到波兰官方的支持。[③]

2002年，因波兰在利沃夫重建“雏鹰”公墓，而引发了两个国家关于潜在领土争端的第一次冲突。“雏鹰”公墓建于1925年，是为了纪念1918—1920年间抵抗西乌克兰人民共和国和布尔什维克而牺牲的波兰战士，第二次世界大战后被毁。乌克兰人认为，重建这一公墓是波兰为了彰显在利沃夫的存在，但是最终乌克兰让步，2005年“雏鹰”公墓落成并被认为是波兰人的圣地。[④]在上文提到的2009年波兰议会关于认定乌克兰民族主义者组织——乌克兰起义军“针对波兰人的行动具有大规模屠杀、种族清洗和种族灭绝的特点”的文件中，使用了“东部边境地区”的表述，对此乌克兰认为在官方文件中出现这样的术语是不可接受的，是领土要求的表现并表达了抗议。[⑤]2016年波兰议会将“沃伦事件”认定是对波兰人的“种族灭绝”以后，乌克兰外交部前部长鲍里斯·塔拉休克为了表示抗议，辞去了乌克兰与波兰

---

① 波兰卡：2007年开始实行，相当于波兰免费的长期签证，有效期为10年，随后每10年更新一次，持有该卡的人在波兰居住满一年即可获得波兰公民身份。独联体国家境内的波兰裔居民及其亲属，或者对波兰语言、文化和历史表示好感的人可以申领该卡。波兰向持有“波兰卡”的人提供工作、教育、交通、医疗等方面的优待，自2015年起，为拥有“波兰卡”并移居到波兰的每位家庭成员提供5400欧元的资助。

② Karta Polaka – rośnie liczba zezwoleń na pobyt stały | Urząd do Spraw Cudzoziemców. 03.11.2018. https://udsc. gov. pl/karta-polaka-rosnie-liczba-zezwolen-na-pobyt-staly/.

③ Косолапов Н. “Мягкая сила” республики Польша на примере Украины и Белоруссии// Своболная Мысль, №.3, 2016.

④ Стрильчук В. В. Проблемы согласования общей истории в современных украинско – польских отношениях, 2015, №.4-1.

⑤ T. Zhurzhenko, “Memory Wars and Reconciliation in the Ukrainian – Polish Borderlands: Geopolitics of Memory from a Local Perspective”, p.180.

间议会关系小组主席的职位，并表示波兰人歪曲历史并侮辱乌克兰人，其主要原因在于对乌克兰西部领土的觊觎。①据俄罗斯媒体报道，在2016年11月11日波兰独立日游行、2018年“沃伦事件”75周年游行等活动中，波兰民族主义者打出了“波兰的利沃夫”等标语。②2017年夏，波兰内政部提出将利沃夫的波兰军人“雏鹰”公墓的照片印在新版护照上的建议，在乌克兰外交部抗议后，这一建议被否决。波兰这一行动普遍被认为是在试探乌克兰和国际社会的反应。③

结　语

波兰与乌克兰的历史记忆冲突，是双方在政治上滥用历史的可悲结果。两国都在努力垄断对过去的叙述，以美化历史，保护自己的民族尊严。波兰和乌克兰之间关于历史记忆的冲突不仅影响了双边外交关系，而且造成了两个国家人民间的隔阂。在2013年的调查中，54%的波兰人确信由于历史记忆的争论，分裂了波兰人和乌克兰人。④

就这场冲突本身来说，一方面，两个国家的实力是不对等的。波兰政治稳定，经济发展良好；而自危机以来，乌克兰一直是一个政治上艰难、经济上虚弱不堪的国家，不仅没有能力应付与波兰的冲突并对其领土要求做出反应，而且在政治上有求于波兰。2017年12月12日，在利沃夫的一辆波兰大

---

① Łukasz Adamski,“Kyiv's ‘Volhynian Negationism:’ Reflections on the 2016 Polish- Ukrainian Memory Conflict”,p.253.

② В Варшаве проходит марш националистов – РИА Новости,11.11.2016. https://ria.ru/ world/ 20161111/1481196855. html; В Варшаве прошла демонстрация под лозунгами «Стоп Бандера» и «Польский Львов»: Украина: Бывший СССР: Lenta.ru. 15.10.2018. https:// lenta.ru/news/2017/07/10/bandera_stop/.

③ Коментар МЗС України у зв'язку з намірами польської сторони розмістити на сторінках нового паспорта Польщі зображення Польських військових поховань на території Личаківського кладовища – Новини – МЗС України. 12.10.2018. https://mfa. gov. ua/ua/ press-center/news/58929-komentar-mzs-ukrajini-u-zvjazku-z-namirami-polysykoji-storoni-rozmistiti-na-storinkah-novogo-pasporta-polyshhi-zobrazhennya-polysykih-vijsykovih-pohova-ny-na-teritoriji-lichakivsykogo-kladovishha-u-misti-lyviv.

④ Киселёв А.А. Волынский геноцид 1943 г. и современное польское общественное мнение, С.55.

客车被乌克兰人炸毁，波兰外交部发言人表示，“乌克兰需要波兰，而波兰则完全可以没有乌克兰”。[①]

另一方面，对两个国家各自的影响也是不同的。就波兰来说，历史记忆政策在一定程度上引起了社会分裂。尽管历史记忆政策在很大程度上加强了爱国主义和民族主义，但是波兰的一些知识分子、政治家和公众对此持批评态度，认为政客为了选举和外交政策牺牲了国家集体历史记忆。[②]波兰历史学家也认为社会被分裂为两个对立面：后共产主义的支持者和批评者。[③]也有人认为波兰和乌克兰之间的冲突是“普京的代理人”的杰作。[④]

比起波兰，乌克兰在这场冲突中受到影响更大。自2014年危机爆发以来，乌克兰就陷入了与俄罗斯的对抗之中，而与曾经的盟友波兰的冲突更让其处境雪上加霜。在政治上，尽管波兰一直支持乌克兰与俄罗斯的对抗，也是乌克兰加入欧盟的领路人，但波兰要支持的是一个摈弃对班德拉分子崇拜的乌克兰。前文已经提到了2010年在波兰主导下，欧洲议会对乌克兰授予斯捷潘·班德拉“乌克兰英雄”的不满。据俄罗斯《论据与事实》报报道，2017年7月，波兰外交部部长在接受采访时明确表示，“如果乌克兰不停止对斯捷潘·班德拉的崇拜，波兰将不会支持乌克兰加入欧盟”。[⑤]经济上，危机以来大量乌克兰移民赴波兰谋生，而在双方冲突的背景下，2017年12月14日，波兰批准了从2016年2月份就提出的在波兰和乌克兰边界修建隔离墙的

① С Бандерой в Европу вы не войдете. Как Польша разочаровалась в Украине – РИА Новости. 19.10.2018. https://ria.ru/world/20171212/1510682514.html.

② Киселёв А.А. Волынский геноцид 1943 г. и современное польское общественное мнение, С.55.

③ Patryk Wawrzy ński, Ralph Schattkowsky, “Attitudes towards the Government’s Remembrance Policy in Poland: Results of an Experimental Study”, *Politics in Central Europe*, 2015, Vol.11, No.2.

④ Киселёв А.А. Волынский геноцид 1943 г. и современное польское общественное мнение, С.55.

⑤ В МИД Польши заявили, что Украина не войдет в Европу с культом Бандеры. 15.10. 2018. http://www.aif.ru/politics/world/v_mid_polshi_zayavili_chto_ukraina_ne_voydet_v_evropu_s_kultom_bandery.

法案，此举的目的在于打击乌克兰非法移民进入波兰。[①]

理论上，两个国家的和解是一个非常复杂的问题，涉及合作与对抗、政府和社会、长期战略与短期政策、政治上的支持与反对等。同时，在和解中实用主义和道德的混用，将取决于历史、制度、领导力和国际背景等因素，是一个动态的政治过程。[②]具体到波兰和乌克兰的和解，涉及两个民族间长达数百年的历史和残酷的民族冲突、“种族灭绝”话语的全球化和“受害者”的历史叙事、后苏联国家建设以及如何看待过去的共产主义历史的挑战、欧盟扩大以及俄罗斯在东欧角色的转换等问题。[③]

在当前的条件下，阻止波兰和乌克兰和解的原因在于，不相容的历史叙事和两个国家各自的社会政治局势。对乌克兰来说，以乌克兰起义军和斯捷潘·班德拉为载体的民族主义，是其自1991年独立以来塑造的集体历史记忆、强化民族认同的意识形态，而现在处于危机中的乌克兰更加需要民族主义叙事来对抗俄罗斯。而在波兰，一方面，面临着2019年议会选举的右翼民族主义政党为了席位，会更加煽动民族主义；另一方面，目前也是波兰自二战以来夺回故土的最有利的时机。

而促成和解的因素，一方面在于波兰和乌克兰共同面临的来自俄罗斯的威胁，因为两个国家的冲突将使俄罗斯受益，使其增强在东欧的影响力，并削弱反对俄罗斯的力量；另一方面在于波兰非右翼民族主义政党的政治态度。2013年，波兰外交部官员曾经说过，“现代乌克兰对乌克兰民族主义者的崇拜并不是针对波兰人的”。[④]此外，在两个国家的知识分子和部分公众中间也存在和解的呼吁，但是在政府主导历史解释权的形势下，这种力量非常

---

① Ustawa z dnia 14 grudnia 2017 r. o zmianie niektórych ustaw w celu ułatwienia zwalczania chorób zakaźnych zwierząt – podpisana 28 grudnia 2017 r. 10.10.2018. http://www.prezydent. pl/prawo/ustawy/podpisane/art,29,grudzien-2017-r.html.

② T. Zhurzhenko,“Memory Wars and Reconciliation in the Ukrainian – Polish Borderlands:Geopolitics of Memory from a Local Perspective”,p.174.

③ T. Zhurzhenko,“Memory Wars and Reconciliation in the Ukrainian – Polish Borderlands:Geopolitics of Memory from a Local Perspective”,p.174.

④ Киселёв А.А. Волынский геноцид 1943 г. и современное польское общественное мнение, С.54.

弱小。[①]

针对目前的局势，乌克兰历史学家表示，没有理由认为波兰和乌克兰的争论将很快进入一个理性的轨道。未来几年波兰与乌克兰之间的关系将会是非常悲观的。[②]

---

① "Polacy nie są lepsi od Ukraińców", in *Rzeczpospolita*, 11 July 2013, p. A11.

② Тарасенко Н. Польський Закон «Про Інститут національної пам'яті»: погляд з України// Україна: події, факти, коментарі. 2018. №.4.

冷战早期苏美在欧洲的争夺与奥地利的武装中立

郭梅花

奥地利地处中欧，是连接东西欧的交通要道，战略地位重要。1938年3月，纳粹德国吞并了奥地利。二战中苏美英三大国确定了战后由苏美英法四大国分区占领德国的原则，这一原则同样适用于奥地利。二战末期，四大国按计划对德奥实行了分区占领。战后随着美苏冷战的开始，欧洲成为美苏冷战的主战场，德奥则成为美苏冷战的最前沿。然而冷战背景下，四大国对德奥的分区占领却产生了不同的结果，德国分裂了，而奥地利却实现了国家的独立统一，并实现了中立化。对于德国分裂问题的研究，学界成果丰硕，而对奥地利的中立问题，学界似未给予充分的关注。本文试从冷战的角度分析奥地利实现中立的原因。

一

苏美英在奥地利问题上的争夺早在二战期间就开始了。这一争夺最早发生在英苏之间。

早在1941年11月，苏联领导人出于削弱德国，防止其东山再起威胁苏联安全的考虑，就有了“奥地利应当从德国分离出来成为一个独立的共和国”的想法。[①]同年12月中旬，当英国外交大臣艾登访问莫斯科时，斯大林主动

【作者简介】郭梅花，青海师范大学人文学院教授。

① 吕绍峰：《苏联对奥地利政策研究（1938—1955）》，东北师范大学硕士学位论文，2005年，第97页。

提议“奥地利应当恢复为独立国家”[①]。然而对于奥地利问题，英国的考虑则是“在东南欧将组建几个联邦，多瑙河联邦立足于维也纳，联邦将在某种程度上填充因奥匈帝国消失而形成的缺口”。而此时罗斯福更关心的是先欧后亚大战略的实施和彻底打败德国以及制定战后大国合作的总原则问题，而不太注意对待个别国家的具体政策，[②]“在考虑新秩序之前罗斯福首先考虑的是赢得战争的胜利”。[③]

然而，随着二战战略转折的实现和盟军向德国的推进，盟国关于处理战后德国的问题也被提上了议事日程。1943年5月，丘吉尔在华盛顿与罗斯福会晤时就德奥问题交换了意见，丘吉尔提出了英国的战后在东南欧建立几个联邦的计划，提议奥地利应该加入多瑙河联邦。美国起初是从彻底肢解德国的角度出发把奥地利问题看作是德国问题的一个附属品，奥地利独立被看作是肢解德国的一部分。但是到1943年美国的看法也发生了变化，不再倾向从肢解德国的角度看待奥地利问题，而是把“重建一个独立的奥地利放在了美国对奥计划的优先位置”[④]。这样，首先建立一个独立的奥地利成为1943年末盟国间达成的共识。他们认为，一个独立的奥地利既有利于他们的利益也有利于奥地利的利益。[⑤]

1943年10月19—30日，英美苏三国外长在莫斯科进行了会晤。会上，关于奥地利是否承担战争责任问题苏联与英美再次发生争论。苏联认为德国吞并奥地利后，奥地利为德国发动侵略战争提供了物力和人力，与德国一起参加了对苏战争，给苏联造成了巨大损失，因此奥地利应该承担战争责任。而英美认为，德国吞并奥地利后，奥地利作为一个独立主权国家不复存在，

① 吕绍峰：《苏联对奥地利政策研究（1938—1955）》，东北师范大学硕士学位论文，2005年，第97页。

② 吕绍峰：《苏联对奥地利政策研究（1938—1955）》，东北师范大学硕士学位论文，2005年，第97页。

③ Günter Bischof, *Austria in the first Cold War, 1945-1955*, First published in Great Britain 1999, Mcmillan press LTD, p.21.

④ Günter Bischof, *Austria in the first Cold War, 1945-1955*, First published in Great Britain 1999, Mcmillan press LTD, p.22.

⑤ Michael Wala, *The Council on Foreign Relations and American Foreign Policy in the Early Cold War*, Providence, RI: Berghahn Books, 1994.15, p.116.

是德国侵略战争的受害者，所以不应承担战争责任。但是，在苏联代表维辛斯基的坚持下，英美只好做出妥协，在会议发表的莫斯科宣言中规定“奥地利……参加纳粹德国一方作战，应负有不可逃避的责任”[①]。于是，莫斯科宣言中就出现了既肯定奥地利为受德国侵略的国家，又要求奥地利承担战争责任的矛盾内容。

苏联态度之所以发生变化，与当时的战争形势是分不开的。到1943年，苏军已扭转战局，德国进攻的势头开始受挫，而纳粹德国给苏联带来的巨大破坏，使赔偿损失成为苏联当时考虑的一个重要问题。如果奥地利只是作为一个被解放的国家，苏联是无法向奥地利索取赔偿的。但是，如果奥地利承担“对战争的全部责任”，就可以据理向其索取赔偿了。在同年召开的德黑兰会议上，罗斯福提出了分割德国的计划，提出把德国分成五部分，每一部分都是一个独立的国家。丘吉尔表示不同意，他担心这样会使苏联成为欧洲大陆上唯一强大的国家，因此他建议：“巴伐利亚、奥地利、匈牙利可以组成一个广阔的、和平的、像牛一样的联邦。”对此斯大林表示反对。斯大林决不允许西方在任何一种联邦的伪装下建立一个新的反苏“防疫线”。他认为，不管设想怎样一个欧洲国家的联邦组织，假使允许德国任何一部分加入，那么这个联邦要不了多久就会被德国人所控制，从而威胁和平。战争持续的时间越长，苏联对中东欧地区的计划就越清晰，丘吉尔的东欧整合计划也就越具有了建立一个阻止共产主义扩张的堡垒的意味。[②]

1945年雅尔塔会议上三大国首脑达成了分区占领德国的原则，这一原则同样适用于奥地利。此后，在欧洲咨询委员会内三大国经过再三讨价还价，基本接受了苏联的方案，最终确定了对德奥的分区占领原则，确定了占领区，并决定邀请法国参加对德奥的占领和管制。

1945年春，苏联红军在东欧进展顺利，3月末红军已越过奥地利边界，4月13日攻下了维也纳，并占领了奥地利东部。此后，美法英分别从4月中旬到5月中旬开始，盟军占领了奥地利全境。欧洲战争结束时，苏、美、英、

① 阿诺德·汤因比：《四国对德国和奥地利的管制（1945—1946）》，载《国际事务概览·第二次世界大战》（第十卷），上海译文出版社，1980年版，第474页。

② 吕绍峰：《苏联对奥地利政策研究（1938—1955）》，东北师范大学硕士学位论文，2005年，第97页。

法四国根据协议实现了对奥地利的分区占领。大维也纳也同样被四国分区占领，维也纳内城为国际共管区。虽然四大国成立了对奥管制委员会，但在各国占领区内仍是各自为政。

苏军解放了东奥地利后，在苏占区建立了一个奥地利临时政府。这是一个由社会党、人民党和共产党组成的，由社会党人卡尔·伦纳任总理的联合政府。4月27日，临时政府发布了奥地利第二共和国独立公告，两天后苏联予以承认，并要求西方盟国给予承认。这使西方国家大为震惊。丘吉尔认为“苏联正在欧洲从吕贝克到里雅斯特之间放下铁幕”。①由于伦纳临时政府中共产党人控制了内政和教育部，英美认为这无疑是共产党控制了这个政府，因而以临时政府无充分代表性为由拒绝承认。为了消除西方反对的理由，争取西方的承认，伦纳经请求征得盟国对奥管制委员会同意召开维也纳会议，邀请西部各州代表与会，吸收这些州的代表参加政府，并在11月份举行大选，成立了人民党和社会党的联合新政府。共产党人在大选中失利，失去了在政府中的内政部部长和教育部部长之职，只担任了能源部部长一职。奥地利临时政权的这种变化，“有助于消除西方盟国的忧虑”②。12月20日，举行国民议会和上院联席会议，伦纳当选为奥地利第二共和国的总统。他任命人民党领袖利奥波德·费格尔为新总理，社会党领袖阿道夫·谢尔夫为联邦副总理。1946年1月1日，盟国管制奥地利委员会正式承认了奥地利第二共和国政府，其后与新政府互换了政治代表。

这样，在苏占区成立的政府在奥地利全境得到了承认，而且事态的发展向着西方国家所希望的方向转变。这为奥地利此后在美苏冷战中左右逢源奠定了基础。

二

第二共和国的成立仅仅是实现奥地利独立的第一步。与盟国占领德日后的做法类似，在盟国占领奥地利初期，各大国就在各自的占领区实行非纳粹

① Günter Bischof, *Austria in the first Cold War, 1945-1955*, First published in Great Britain 1999, Mcmillan press LTD, p.23.

② 阿诺德·汤因比：《四国对德国和奥地利的管制（1945—1946）》，载《国际事务概览·第二次世界大战》（第十卷），上海译文出版社，1980年版，第508页。

化、非军事化和民主化改革。这一改革为把奥地利从德国分离出来，恢复为独立、主权的国家创造了条件，对奥地利今后的发展起到了重要的作用。

战后，法西斯国家已被打败，苏联与美英合作的战略基础已经消失，而双方在意识形态、社会制度、经济利益和安全利益上的矛盾日益显现出来，重点表现在对欧洲的争夺上，德国问题是双方争夺的焦点。由于奥地利战前被德国吞并，战后的奥地利问题与德国问题联系在一起，奥地利也因此成为苏联与美英之间外交斗争的一个筹码。战后初期至1946年上半年间，苏联与西方三国围绕奥地利问题的争夺日益激烈。争夺的焦点集中在奥地利的战后赔偿、奥地利货币改革、关于在奥的“德国资产”的界定以及削减盟国在奥的占领力量和占领费用等问题上。美国联合英法不仅成功地迫使苏联放弃了对美英法在奥的占领区索取赔偿的要求，在奥地利完成了货币改革，通过向奥地利移交西方占领区的“德国资产”重建西占区的经济，并成功地迫使苏联与西方国家一道削减了四大国在奥地利的占领军数量和占领费用。[①]

1946年下半年到1947年，随着战后国际形势的变化，美苏关系日益从合作走向了冷战对抗。在冷战的背景下，苏联把奥地利问题与德国问题捆绑在一起与美英进行争夺，使奥地利成为“冷战中的人质”。当苏联不断增大对奥地利的经济压力时，美国在维也纳的官员开始把苏联对奥地利的行动看作是把奥地利卫星国化的战略。1946年下半年，美国国内展开了一场关于对奥政策的辩论，最终要求在经济上援助奥地利并把它从传统的与苏联东欧的贸易圈拉回到西方世界中来，“不能让这个关键的地方处于苏联势力的影响之下”的意见占了上风。[②]1947年春天，美国国会通过了一个援助法案，以援助那些对美国国家安全和经济利益至关重要的地区与国家，奥地利与希腊、土耳其、意大利、法国被作为最优先考虑援助的国家。在美国看来，这些是受共产主义威胁最严重的国家。1947年7月1日，美国宣布放弃向奥地利索取占领费用，并且向奥地利政府偿还了先前的全部占领费用。美奥间不仅达成了关于救济援助和占领费用的双边协定，而且奥地利还被纳入了欧洲经济合作

---

① 郭梅花：《二战结束前后大国在奥地利的争夺与美（前）苏冷战（1945—1948）》，载《青海师范大学学报》（哲社版）2015年第3期。

② 郭梅花：《二战结束前后大国在奥地利的争夺与美（前）苏冷战（1945—1948）》，载《青海师范大学学报》（哲社版）2015年第3期。

会议，以与欧洲其他国家一起申请“马歇尔计划”的援助。1948年，美国国会批准了“马歇尔计划”。在近4年半的援助中，奥地利成为从美援助中受惠最多的国家之一。接受“马歇尔计划”最多的国家是那些美国认为受共产主义威胁最严重的国家和对美国的欧洲战略利益最重要的国家。而奥法意希腊等国从1947年起就被置于美国对外援助中最优先考虑的国家。“马歇尔计划”为奥地利经济的复兴起了输血打气的作用。到1946年10月份奥地利的矿山和基础工业的产量已达到1937年水平的67.3%，到1948年3月，其产量已超过战前的11%。[①]

马歇尔计划使奥地利在经济上逐渐羽翼丰满，接下来美国就要把奥地利纳入西方的军事组织当中了。随着美苏关系的逐步恶化，“到1946年底美国情报机关早已把他们的‘敌人想象’从摆脱纳粹转移到了遏制共产主义上来了”。[②]1947—1948年，国际关系领域一系列爆炸性的危机使冷战紧张程度不断升级。1948年捷克二月事件、柏林危机等事件的发生使美国等西方国家担心苏联下一步就要在奥地利行动了，而没有西方的保护，奥地利菲格尔政府是无法应付这种危险的。不管是美国国务院还是美国军方抑或是美国在维也纳的盟国管制奥地利委员会的代表凯耶斯都认为，奥地利这张多米诺骨牌的倒下对美国在欧洲的安全利益来说都是无法接受的。因此，美国朝野舆论一致认为奥地利不能出现军事真空。捷克二月事变后，美国对奥地利问题重新做了评估，而这一观点就成了美国战略制定的中心点。捷克二月事件之后美国国家安全委员会立即指示美国在伦敦的奥地利条约谈判代表不要同意奥地利和平条约。在关于奥地利问题的美国国家安全委员会第38号文件中声明：“在奥地利人被组织起来、武装起来，并训练出一支足以肩负起条约所赋予的重任的力量以前，占领军是不应该撤退的。”因为“苏联把奥地利纳入其卫星国集团的目标一直未变过”。[③]美国参谋长联席会议也认为，从意大利到北海之间的边界内，奥地利是一个特别关键的因素，从奥地利撤军，将使德国南

---

① 阿诺德·汤因比：《四国对德国和奥地利的管制（1945—1946）》，载《国际事务概览·第二次世界大战）》（第十卷），上海译文出版社，1980年版，第550页。

② Günter Bischof, *Austria in the first Cold War, 1945-1955*, First published in Great Britain 1999, Mcmillan press LTD, p.111.

③ Günter Bischof, *Austria in the first Cold War, 1945-1955*, First published in Great Britain 1999, Mcmillan press LTD, p.114.

翼和瑞士东翼暴露在苏联的眼皮底下，从军事上看这将是错误的。[①]美国在维也纳的代表凯耶斯还认为从奥地利尤其是维也纳撤军，“我们将会过早地丧失有价值的能获得与苏联和巴尔干国家有关的情报的设施”。[②]正是出于这种考虑，在伦敦进行的奥地利条约谈判由于美国的毫不妥协而在5月份破裂了。这被看作是美国为了着手创建“充足的安全力量”以保证未来奥地利独立，防止“捷克事件”（共产党发动国内的秘密政变）或“南斯拉夫情景”（发动边界袭击以摧毁奥地利政府）在奥地利的发生而刻意所为。与此同时，从1948年起，西方开始秘密武装奥地利。这一方面是出于为奥地利条约签订后奥地利未来的军队准备骨干力量的考虑，同时也有强化西方安全体系的中欧战线的考量。1949年6月14日，美国国防部部长在致国务卿的备忘录中明确指出：“从战略观点而言，在奥地利能够组织、训练、装备适当规模的安全部队以前，撤出占领军将在中欧产生军事力量真空，拱手让苏联在东西线建立桥头堡”；“在奥地利建立起与其安全需要相适应的军备力量以前，不能完全撤出占领军”；“只有在美国确信奥地利军事力量能够履行条约赋予的所有使命时，奥地利条约才能生效”。[③]1949年6月10日，美国国务院在给正在巴黎出席外长会议的国务卿艾奇逊的信中也指出，谈判要坚持的立场之一就是我们应该尽力使其他三国同意训练奥地利宪兵并且在条约中规定建立正规军，逐渐承担占领国现在履行的安全职能。如果苏联不接受上述主张，我们就单方面削减驻军和实行上述训练计划。[④]因此，华盛顿授权给美国驻奥地利部队司令官凯耶斯，把武器、军需品和后勤供应物资集中在美国在奥地利的驻防地，以武装奥地利的警察和宪兵，应付紧急情况。凯耶斯派了两支美国工兵队用美国的小型武器训练奥地利警察。到1948年末，在美占区已经训练了2750人。[⑤]英国在这一阶段给予了充分的合作，拿出了1624支左轮手枪和

① Günter Bischof, *Austria in the first Cold War, 1945-1955*, First published in Great Britain 1999, Mcmillan press LTD, p.116.

② Günter Bischof, *Austria in the first Cold War, 1945-1955*, First published in Great Britain 1999, Mcmillan press LTD, p.118.

③ 崔丕：《美国对奥地利政策的演变（1945—1955年）》，载《世界历史》2004年第6期。

④ 崔丕：《美国对奥地利政策的演变（1945—1955年）》，载《世界历史》2004年第6期。

⑤ Michael Wala, *The Council on Foreign Relations and American Foreign Policy in the Early Cold War*, Providence , RI: Berghahn Books, 1994, p.116.

3315支来复枪给英占区的奥地利安全部队。[①]

在柏林危机期间，为了预防在维也纳也出现类似柏林的危机，美国制订了计划，在维也纳的西方占领区修建一个紧急机场（西方占领区的机场在维也纳市外），美军参谋长联席会议批准了用于铺设两条跑道的90万平方英尺的厚钢板。美国还在其维也纳占区的21个点储藏了64000吨的食品物资，进行食品分配。另外在美占区的其他港口也建了许多仓库，放满了将装船运往维也纳的供应物资，价值200万美元。与此同时，美国也加快了秘密武装奥地利的步伐。1949年，凯耶斯提出了在德国和奥地利的美占区储备军事装备以留给未来的奥地利军队的计划。1950年2月，凯耶斯又提出了一个秘密武装奥地利的详细计划并得到了批准。他建议立即训练1万人的奥地利特种宪兵队作为未来奥地利陆军的核心；在条约签订后奥地利陆军要达到2.8万人，最终要使奥地利陆军人数达到5.3万人。美国应该为训练和装备这样一支部队拿出充足的装备来。五角大楼接受了凯耶斯的建议，从美国陆军军事援助计划基金中拿出了8200万美元用于这一计划。在五角大楼看来，奥地利是美国欧洲霸权的薄弱点，“一旦苏联控制了奥地利，将会导致苏联势力在东西方前沿渗透，并使苏联势力以一种跳跃式的速度向西扩张直到瑞士边界，从而使苏联控制中欧的南北交通线”。[②]

然而，美国重新秘密武装奥地利的计划开始的时候进行得并不顺利。奥地利政府怕开罪苏联而持谨慎态度，认为“奥地利宪兵队尚是纸上谈兵的事。奥地利不希望冒被苏联发现有大量宪兵队存在的险”。[③]到1950年春，随着大量情报机构涌向奥地利，西方秘密武装奥地利的事情逐步曝光。苏联发动了强大的宣传攻势攻击西方的做法，并公开反对签订奥地利条约。面对苏联的攻击，英法一改开始的支持态度，转而采取谨慎的旁观态度。当英法代表被邀请到华盛顿去讨论对奥军事政策时，英法声称缺乏财力去从事大规模的重新武装奥地利的计划。与早先的承诺相反，英国拒绝为奥地利训练5000人的

① Robert A. Bauer(ed.), *The Austrian Solution: International Conflict and Cooperation*, Charlottesville: University of Virginia, 1982, p.20.

② Robert A. Bauer(ed.), *The Austrian Solution: International Conflict and Cooperation*, Charlottesville: University of Virginia, 1982, p.25.

③ Günter Bischof, *Austria in the first Cold War, 1945-1955*, First published in Great Britain 1999, Mcmillan press LTD, p.119.

未来空军部队的核心，而要求奥地利自己应该肩负起更多的保卫自己的重任。最终，英法与美代表在关于“奥地利的战略位置使得它对北大西洋区域的防御有着直接的重要性”这一观点上达成了一致，但同时“同意在重新武装奥地利的具体情况方面保持异议”。①

但是，朝鲜战争的爆发和维也纳十月罢工事件的发生使美国重新武装奥地利的计划很快走出了困境。“朝鲜战争对西方的重新武装计划和美国在全球扩张军事影响力起到了关键的作用”，正是因为从最近的朝鲜的侵略行动中得到了教训，美国坚持在他们的所有占领区——日本、西德、奥地利都要训练安全部队以作为未来军队的核心。②在朝鲜战争的背景下，维也纳十月罢工事件被看作是共产主义在世界范围内发动进攻的先声。因而，在维也纳事件后奥地利政府和西方国家在建立奥地利安全部队核心的问题上走到了一起。美国认为奥地利未来最大的危险将会来自奥地利国内的经济问题。奥地利物价的进一步提高和冬季结构性的失业将会引发新一波的罢工，这种罢工有可能进一步发展为一场总罢工，甚至有可能发展为一场反菲戈政府的暴动。因而美国一方面加大对奥地利的经济援助，将“马歇尔计划”援助总额的13%（9.091亿美元）给予奥地利，其中的6%又给予苏联占领区。从1945年到1955年，美国对奥地利经济援助总额高达143380万美元。③另一方面加紧对奥地利的军事援助，从1951年2月起，由美国出资，招募、装备、训练奥地利宪兵的计划就顺利实施了。到1953年，共训练、装备宪兵8500人。美国占领军当局向奥地利政府移交了价值6000万美元的各种装备。美国每年还向奥地利提供1000万美元的《共同防卫援助》资金。④美国政府的这种举动必然会对奥地利条约谈判带来影响。

三

关于奥地利问题的条约谈判是从1946年巴黎外长会议开始的。1946年2

① Günter Bischof, *Austria in the first Cold War, 1945-1955*, First published in Great Britain 1999, Mcmillan press LTD, p.120.

② Günter Bischof, *Austria in the first Cold War, 1945-1955*, First published in Great Britain 1999, Mcmillan press LTD, p.120.

③ 崔丕：《美国对奥地利政策的演变（1945—1955年）》，载《世界历史》2004年第6期。

④ 崔丕：《美国对奥地利政策的演变（1945—1955年）》，载《世界历史》2004年第6期。

月起，美英法政府以及奥地利政府先后提出了自己的条约草案。1946年2月，美国国务院中欧司官员哈罗德·魏德勒提出《承认独立、民主的奥地利的条约纲要草案》，通称《短条约草案》。其核心思想是应该将奥地利作为被解放的国家而不是纳粹德国的附庸国；按照《波茨坦协定》，不应该向奥地利索取战争赔偿；奥地利是中欧国家中第一个在解放以后实行自由选举的国家，外国军队继续占领奥地利对其经济乃是沉重的负担，应该尽快撤军。同时，经美国国务院的要求，美国参谋长联席会议也起草了对奥合约中的军事条款，其核心思想是奥地利的非军事化。

1946年4月25日，巴黎外长会议第一次会议期间，美国代表提出把奥地利问题列入议事日程时，遭到了苏联的拒绝，理由是奥地利政府的非纳粹化工作不力，其真实目的在于使苏联在《波茨坦协定》下对奥地利的经济劫掠合法化而尽量拖延谈判。直到1946年11月4日—12月12日纽约外长会议上，苏联外长莫洛托夫才同意“指定一些负责对奥国和德国和约的代表，并指定他们应于1月14日在伦敦开始工作”。在1947年1月召开的四国外长伦敦会议上，美国政府提议正式讨论奥地利条约问题。从此，以美国政府提出的《奥地利国家条约草案》（通称《长条约草案》）为基础，四国代表开始了对奥地利条约问题的谈判。然而，美苏冷战的展开和日益升级对奥地利条约谈判产生了很大的影响。在随后的谈判中，在奥地利的战争责任问题上、在奥地利的德国资产问题上以及奥地利疆域和奥地利对苏联赔偿等问题上，谈判陷入了僵局。

1948—1949年正值早期冷战的高峰时期，国际政治中接连出现的捷克事件、苏南冲突、柏林危机、德国的分裂以及苏联原子弹试射成功、中华人民共和国的成立对美苏关系的发展产生了极其深远的影响。美苏都调整了各自在德奥问题上的政策。美国积极组建北大西洋公约组织，将德国统一作为长期目标，目前坚持两个德国政策，武装西德作为对抗苏联的前哨阵地。苏联加强了对东欧国家的控制，坚持德国统一政策，在欧洲处于防御态势，将对外政策的重点转向亚洲。对奥政策上，美国改变了原先的奥地利政策，不再主张尽快从奥地利撤军的立场，而把关注的重点放在了对奥地利的地缘安全关注上。从1948年开始，美国不再积极主张签订奥地利条约，而是一方面加强对奥地利的经济援助，另一方面开始了秘密重新武装奥地利。苏联则把对奥媾和问题与赔偿问题、西德重整军备问题、的里雅斯特问题捆绑在一起，以西方在其他问题上的让步来换取苏联在对奥和约问题上的让步。奥地利成为冷战中的人质。而奥地利政府也从原来的“不惜任何代价谋求媾和”转向要求西方国家保证其安全或将奥地利纳入西方安全体系。这种变化使奥地利条约谈判变成了冷战的“温度感应计”。

在朝鲜战争期间，东西方之间的所有谈判都陷入僵局。关于奥地利问题的副外长会议也变成了毫无意义的喊口号竞赛。美苏双方都向奥地利政府施加压力，以双边谈判解决问题，为自己捞取好处。美国决定打破僵局，从以前的《长条约草案》中摘取其关键，来与苏联谈判。1950年春天，美国提出了一个新的内容不超过8条，以不限制奥地利的重新武装为特征的短条约草案。草案中美国完全规避了苏联与西方谈判中的分歧，回避了奥地利战争责任问题，提出把所有的在奥的德国资产都移交给奥地利政府，这一规定使得苏联索取赔偿成为不可能。美国国务院希望该条约“使苏联继续承担让条约谈判失败的责任而饱受谴责”。[①]美国还向英法施加压力，要求他们与美国保持步调一致，在关于奥地利问题的副外长会议上以这个短条约草案代替以前的长条约草案。如果苏联拒绝这个短条约草案，奥地利条约谈判的整个备忘录就会送到联合国大会，“以让苏联承受世界公众舆论的压力”。[②]西方国家就会在联合国宣布，他们愿意以任何方法达成奥地利条约的签订。这将间接地有助于“反击苏联的任何安全攻势”。[③]尽管英法大加反对，认为美国这种轻率的宣传伎俩只会导致奥地利分裂，但在美国的坚持下，1952年3月13日这个短条约草案由西方国家交给了苏联，自然遭到了苏联的拒绝。

1953年，国际政治气候发生了很大的变化。在苏联，斯大林去世，赫鲁晓夫上台，以此为契机，苏联对外政策发生了重要转变。一方面，苏联倡导东西方两种社会制度的国家和平共处；另一方面，针对北约的建立和西方积极武装西德，苏联采取针锋相对的措施，积极筹建华沙条约组织、巩固在东

① William E. Wright(ed.), *Austria since 1945*, University of Minnesota: Center for Austrian Studies, 1982, p.96.

② Günter Bischof, *Austria in the first Cold War, 1945-1955*, First published in Great Britain 1999, Mcmillan press LTD, p.126.

③ Günter Bischof, *Austria in the first Cold War, 1945-1955*, First published in Great Britain 1999, Mcmillan press LTD, p.126.

欧的势力范围，谋求在美苏两大集团之间建立中立区。这个中立区将从斯堪的纳维亚半岛一直延伸到土耳其，而其中心将是中立化的德国和奥地利。苏联取消了沿苏联占领区和西方占领区之间边界的管制措施，主张奥地利作为有直接利害关系的一方参加解决奥地利问题、缔结和约的谈判。

在美国，艾森豪威尔上台，新的共和党政府针对苏联的和平倡议做出反应，同意恢复对奥地利条约的谈判。10月5日，美国国家安全委员会起草了第1641号文件《美国对奥地利的目标和政策》，作为指导新一轮对奥地利条约谈判的基本纲领。其核心思想是重建奥地利的政治经济独立，阻止奥地利加入苏联集团，最大限度地推动奥地利防务力量的发展，促进奥地利与西方合作，抵制苏联集团的侵略。在谈判中美国要与英法一道反对苏奥单独谈判，积极阻止有损美国利益的奥地利中立化，尽力争取在有利于美国利益的条件下签订条约。[①]然而，关于奥地利中立化，艾森豪威尔的多边安全管理主任，后来的武器控制顾问哈罗德·斯塔森却提出了不同的看法。他提出，“中立地位并不必然的就意味着非武装”，从而提出了武装中立的思想。这一思想得到了艾森豪威尔的支持。于是，在美国国家安全委员会第166次会议上，讨论的核心问题便是奥地利的中立化问题。参谋长联席会议主席反对在条约中明确规定“奥地利中立化”。国务卿杜勒斯则表示应该允许奥地利自由选择其国际地位。艾森豪威尔认为：“如果奥地利能够获得类似于瑞士的地位，从军事观点来看是令人十分满意的。”这样，五角大楼终于妥协，表示“如果是武装中立”，可以接受奥地利中立化。[②]美国国家安全委员会第1641号文件有关奥地利中立化的文字被修改，修改后的措辞如下：“美国应该拒绝签署包含有阻止奥地利与西欧经济体联合——那将损害奥地利维护国内秩序的能力——或限制西方国家在奥地利建立适当的国内安全力量方面提供援助内容的条约。”除此之外，其他内容几乎都保留下来，作为美国国家安全委员会第1641号文件。1953年10月14日，艾森豪威尔总统批准了美国国家安全委员会第1641号文件。[③]在柏林外长会议前夕，艾森豪威尔对国务卿杜勒斯强调：“只要谈

① 崔丕：《美国对奥地利政策的演变（1945—1955年）》，载《世界历史》2004年第6期。
② 崔丕：《美国对奥地利政策的演变（1945—1955年）》，载《世界历史》2004年第6期。
③ 崔丕：《美国对奥地利政策的演变（1945—1955年）》，载《世界历史》2004年第6期。

判能达成不让奥地利非军事化的结果，就可以对中立化不表示反对意见。”[①]

在英国，保守党重新上台执政，丘吉尔首相再次担任职务，对外积极推动美苏高峰会谈。法国政府更替频繁，对联邦德国重新武装保持着警惕态度，也把缓和的倡议和首脑会议列入了议会的议事日程。这些变化使国际形势呈现出缓和的局面，为四大国高层会晤提供了可能。

不仅如此，奥地利国内也发生了重大变化。同年，奥地利举行了3月大选，拉布再次上台执政，新政府以新外交呈现了新面貌。拉布政府很快放弃了格鲁伯的亲西方的外交政策，以双边接触来考验苏联，探究“和平共处”政策对奥地利问题解决的可能性。苏联放松了对奥地利的占领体制，拉布政府开始探索以中立的选择作为手段摆脱大国占领，实现奥地利独立和统一。1953年6月25日，奥地利外交部部长格鲁伯就表示“希望了解苏联建议的奥地利军事中立思想的具体含义”，如果奥地利宣布不参加军事联盟和不允许外国在其领土上驻军，苏联是否愿意在《奥地利国家条约》上签字。[②]

1954年2月，美英法苏四国外长会议在中断了四年之久以后在柏林召开。会议讨论了德国问题和欧洲安全保障问题以及对奥和约问题。奥地利政府代表参加了这次会议。奥地利政府代表明确表示“奥地利丝毫没有加入任何军事同盟的意图”。[③]苏联提议在奥地利条约第4条内增加一项有关奥地利中立化的新规定：奥地利承担不加入针对解放它的国家的军事同盟和不准在其领土上设立外国军事基地、雇佣外国军事教官和外国军事专家的义务。苏联还要求在签署对德国条约以前，四大国可以在奥地利各自占领区内保留少量军队，但没有占领军的职能。苏联的主张遭到西方国家的反对和拒绝。在奥地利问题上，会议达成的唯一成果就是苏联接受了奥地利政府外长提出的赔偿计划，以价值1.5亿美元的实物而不是以美元现金赔偿苏联。而西方加紧重新武装西德促使苏联改变了在德奥问题上的立场。1955年2月9日，苏联政府声明，可能在缔结对德和约之前从奥地利撤军，但坚决“排除德国再次吞并

① 崔丕：《美国对奥地利政策的演变（1945—1955年）》，载《世界历史》2004年第6期。

② 吕绍峰：《苏联对奥地利政策研究（1938—1955）》，东北师范大学硕士学位论文，2005年，第97页。

③ 安·葛罗米柯：《苏联对外政策史（1945—1980）》（下卷），中国人民大学出版社，1988年版，第228页。

奥地利的可能”[①]，并建议立即召开四大国外长会议，加速奥地利问题的解决。这意味着苏联在德奥问题上的立场转变，即将奥地利问题与德国问题脱钩，“改变使奥地利成为德国问题人质的立场”，其目的是“奥地利问题的解决应给巴黎会议上讨论批准德国加入北约组织制造麻烦”。[②]苏联建议未获西方赞同。于是，苏联决定改变方针，另辟蹊径，同奥地利政府进行直接谈判。1955年2月25日至3月2日，苏联外长和奥驻苏大使在莫斯科会晤，4月12—15日两国政府在莫斯科举行直接双边谈判，最终达成一项秘密备忘录。奥地利政府声明，承诺“将永久保持像瑞士那样的中立”，“不仅不参加任何同盟而且不保留外国军事基地”。苏联政府声明愿意“立即签署奥地利国家条约，承认关于奥地利中立的声明”，“同意在奥地利国家条约生效以后四国军队最迟应该在1955年12月31日以前撤出奥地利”。在赔偿问题上，苏联接受了奥地利提出的“分期支付、实物赔偿”的解决办法，同意奥地利用货物来抵偿上次柏林会议上达成的奥地利以1.5亿美元的实物而不是以美元现金赔偿苏联。与此同时，奥地利政府还与美国、英国、法国分别签署秘密协定，承诺将同样适当补偿西方石油公司的损失。这样，奥地利虽然承受了商业和财政的沉重负担，但却保证了在政治上和经济上的独立。[③]1955年4月19日，苏联政府向美英法三国政府发去照会，邀请西方国家在最近期间在奥地利政府代表的参加之下举行会议，以讨论缔结关于重建独立民主的奥地利的和约以及在这一和约上签字的问题。美英法三国政府积极响应了苏联的邀请。5月15日，美英法三国政府代表在维也纳签署了关于《重新建立独立和民主的奥地利的国家条约》。条约规定恢复奥地利的主权、独立和1938年1月的边界；禁止德奥合并或缔结任何同盟；奥地利应组成民主政府；不得拥有、制造和试验原子武器；美国对奥地利管制自条约生效之日起废止；驻奥盟军在条约生效后90天内，最迟在1955年12月31日撤退完毕。条约于1955年7月27日生效。奥地利国会下院和上院分别于1955年10月24日和10月26日通过了确定奥地利永久中立的法案，规定“为了保障奥地利的主权和领土完整，奉行

---

① 方连庆：《战后国际关系史》（上册），北京大学出版社，2001年版，第235页。

② 吕绍峰：《苏联对奥地利政策研究（1938—1955）》，东北师范大学硕士学位论文，2005年，第97页。

③ 方连庆：《战后国际关系史》（上册），北京大学出版社，2001年版，第235页。

持续中立政策”，“奥地利将不参加任何军事同盟，不允许在奥地利领土上建立外国军事基地”。[1]该法案自 1955 年 11 月 5 日起生效。自此，奥地利恢复为一个独立、主权、民主的国家。

奥地利条约的签订和奥地利中立化使美苏奥都达到了他们所要追求的目标。对美国来说，它达到了它所追求的目标，即在美国对奥地利秘密重新武装的基础上建立起来的武装中立，使奥地利避免了成为欧洲中心的军事真空。而苏联也通过奥地利中立达到了它的目的，即不允许西方把奥地利西方占领区整合进西方防务体系之内。奥地利则通过中立外交，最终实现了国家的统一和独立。

① 方连庆：《战后国际关系史》（上册），北京大学出版社，2001年版，第235页。

美国埃及关系中的穆斯林兄弟会

刘 云

穆巴拉克政府被推翻之后，埃及穆斯林兄弟会的自由与正义党参加了议会选举，成为埃及的最大政党。穆斯林兄弟会上台后会如何处理与美国的关系是备受学术界关注的重要问题。了解穆斯林兄弟会与美国关系的历史，无疑对理解和把握今后双方关系具有特别重要的意义。

一、穆斯林兄弟会对美国的认知

只有了解埃及穆斯林兄弟会对美国的认知，才能在较深的层次上认识穆斯林兄弟会与美国的关系。这种认知构成了双方关系的基础。

首先在意识形态领域，穆斯林兄弟会一直从多个角度看待美国，其中一些看法受到兄弟会的意识形态和埃及历史的影响。穆斯林兄弟会认为伊斯兰教是将生活方式、政治经济制度、国际关系联系在一起的整体系统。这是哈桑·班纳创立兄弟会时提出的观点。班纳认为伊斯兰教将带领人类走向安全、自由、平等和公正。而美国的霸权地位正是阻碍伊斯兰教发挥其全球引领作用的障碍，但是包括美国的霸权在内的西方文明已经走到了尽头。[①]

穆斯林兄弟会对西方看法的主要来源是班纳的思想。班纳将西方视为道德败坏的象征，他用最激烈的言词批评西方文明，指责其腐烂和不可挽救的

【作者简介】刘云，浙江师范大学非洲研究院教授。

① Abd S. Aly and Manfred W. Wenner, "Modern Islamic Reform Movements: The Muslim Brotherhood in Contemporary Egypt", in *Middle East Journal*, 1982(Summer), p.340.

颓废。对他来说，西方文明是缺乏精神和道德内质的“物质文明”。[①]虽然班纳的思想针对的是英、法等曾对伊斯兰世界实行过殖民统治的欧洲国家，而不是美国，但当前穆斯林兄弟会领导人在论及美国时经常引用班纳的观点。当代穆斯林兄弟会最高指导穆罕默德·马赫迪·阿基夫说：“美国领导的新国际体系只不过是使用新工具的帝国主义体系……它通过煽动民族主义、影响青年思想、破坏阿拉伯世界的价值体系并传播挫折感来达到目的。”“西方试图通过武力将其世界观强加给其他国家。”[②]在伊斯兰主义的教育家萨义德·巴赫瓦希看来，埃及正遭到来自全球的威胁，西方正试图破坏埃及的宗教文化，也只有伊斯兰教育能够拯救这种危险的现象。[③]穆斯林兄弟会政治部主任伊桑·厄尔汤也持同样观点，他在谈到美国时说：“当我们谈到一个只有不足200年历史的国家时，在通常意义上我们很难说它拥有文明。即使假设美国是一种文明，它也是通过消除土著美国人而产生的，它也是基于金钱和权力这两个支柱的‘物质’文明。”[④]穆斯林兄弟会的第一副指导穆罕默德·哈比卜认为美国文明是建立在“适者生存”原则以及双重标准基础之上的，尤其是在民主和自由问题上更是如此。

在政治领域，穆斯林兄弟会认为占领伊拉克和阿富汗的美国军队是侵略者，美国支持阿拉伯世界的专制政权。厄尔扬和哈比卜都认为美国为促进自身的利益意欲控制阿拉伯地区。他们认为，对阿富汗和伊拉克的入侵是美国这种意图的证明。穆斯林兄弟会批评美国和以色列的密切联系，认为美国和以色列有着相同的政治目标。阿基夫指责美国和西方对“犹太复国主义实体”的态度。哈比卜说美国和以色列都是建立在扩张主义和殖民主义思想基础之上的。厄尔扬坦率地说：“我们批评美国的主要原因之一是它同以色列的关系。美国同以色列的关系今后将仍然是我们与美国关系中的一个决定性

① Azzam S. Tamimi, “Democracy in Islamic Political Thought”, 2011, 4, 13, http://ireland.iol.ie/～afifi/Articles/democracy.htm.

② Khalil Al-Anani, “Is ‘Brotherhood’ With America Possible”, in *Arab Insight*, 2007 (Spring), pp.9–11.

③ 季诚钧、徐少君：《埃及教育世俗化的历史考察》，载《浙江师范大学学报》（社会科学版）2009年第6期。

④ Khalil Al-Anani, “Is ‘Brotherhood’ With America Possible”, in *Arab Insight*, 2007 (Spring), pp.9–11.

因素。”[①]

美国对阿拉伯世界专制政权的支持及其在自由和民主问题上的双重标准是当前双方关系中的另一个绊脚石。穆斯林兄弟会相信美国一直在支持伊斯兰世界的多数独裁政权，同时利用它们来促进美国的利益。穆斯林兄弟会指导局成员马哈茂德·伊扎特说：“美国在阿拉伯世界的政策是支持暴政。在民主方面，美国言不符实。”[②]哈比卜特别在提到美国对哈马斯政策时说，美国并不是对民主感兴趣而是对自己在该地区的计划感兴趣。在2005年的埃及议会选举中，穆斯林兄弟会赢得了20%的席位（454席中的88席），但之后就遭受了穆巴拉克政府的各种迫害和骚扰，美国却视而不见。因为美国虽然努力在中东推广民主，但不希望伊斯兰主义者上台执政。

影响穆斯林兄弟会对美国态度的因素是多方面的，但主要包括两个方面：一是美国的政治态度和它对兄弟会的信任程度；另一个是，美国政府是否愿意促使穆巴拉克政府停止镇压穆斯林兄弟会并允许兄弟会合法参与埃及政治生活。而且，美国政府可能将穆斯林兄弟会作为一种吓唬穆巴拉克政府的工具，而这样做必然要损害穆斯林兄弟会的声誉。

二、穆斯林兄弟会与美国的关系演变

由于历史、意识形态和政治原因，埃及穆斯林兄弟会对美国的看法颇为尖锐。但这并不意味着这两个实体之间没有沟通渠道。双方曾进行过多次接触，但这种接触经常是不公开的。这也说明埃及穆斯林兄弟会与美国政府之间的关系是脆弱的。

穆斯林兄弟会和美国之间的关系要追溯到二战时，当时美国正在变成继英帝国之后的世界霸主，穆斯林兄弟会当时是中东地区最有名的政治组织之一。当时英国在美国赞同之下，打算建立一个能与穆斯林兄弟会抗衡的组织。新组织命名为自由兄弟会，意欲通过其包含文化、社会和自由等内容的纲领吸收青少年，但没有成功。此后，美国开始与埃及的伊斯兰高层人物接触。

---

① Khalil Al-Anani, “Is ‘Brotherhood’ With America Possible”, in *Arab Insight*, 2007 (Spring), pp.9–11.

② Khalil Al-Anani, “Is ‘Brotherhood’ With America Possible”, in *Arab Insight*, 2007 (Spring), pp.9–11.

一位美国使馆官员曾与班纳进行过谈话，商讨联合对付苏联威胁的事宜，但由于双方看法差距过大而泡汤。在20世纪70年代末，美国寻求在伊斯兰国家的帮助下组织类似只哈德的抵抗运动在阿富汗对付苏联军队。美国人要萨达特说服穆斯林兄弟会到阿富汗抵抗苏军，但兄弟会并没有表现出过多的热情。伊朗伊斯兰革命后，美国大使馆被占领，66名美国外交官和平民被扣留为人质。美国驻埃及大使馆要求时任穆斯林兄弟会总指导的欧麦尔·蒂尔玛沙尼与伊朗革命领袖霍梅尼斡旋。在萨达特的许可下，蒂尔玛沙尼向伊朗提出访问要求，但被伊朗拒绝。20世纪80年代，在沙特的调解之下，美国与穆斯林兄弟会的关系有了改善，美国的目的主要是想通过与伊斯兰政治组织更加紧密的关系，加快实现将苏联驱逐出阿富汗的目标。

20世纪90年代，兄弟会势力日益强大，而同时伊斯兰激进派的暴力活动也日益高涨。埃及政府对激进的伊斯兰分子进行了镇压，造成数千人伤亡。政府以兄弟会涉及暴力事件为由，逮捕了兄弟会的许多成员。美国官员对20世纪90年代埃及不断恶化的安全局势担心。1993年年初，美国政府《国家情报评估》认为："恐怖分子将继续在埃及扩大影响，并最终导致穆巴拉克政府崩溃。"[①]这表明美国政府极其关注埃及事态的发展。埃及长期以来一直是美国的亲密盟友，它启动了中东和平进程，促进了阿拉伯—以色列谈判，并使以美国为首的联合部队进入伊拉克具有了合法性。[②]由于这些原因，美国不能在埃及政府这个密切的盟友面临严重挑战时置身事外。美国官员认识到埃及危机的严重性，并意识到需要介入埃及事务，以免在伊斯兰力量取得政权的情况下美国处于完全猝不及防的窘态。

尽管美国官员清楚地知道穆巴拉克的困难，但他们不同意他关于伊斯兰集团的攻击是外国阴谋的一部分的说法，也不认为兄弟会与伊斯兰集团进行了共同策划。因此，20世纪90年代初，为了收集资料并与温和的伊斯兰主义保持外交渠道畅通，驻埃及的美国外交官同兄弟会的一些领导人进行了谨慎的接触。1995年，穆斯林兄弟会赢得了人民议会的一些席位，穆斯林兄弟会

---

① James Adams, "Mubarak at Grave Risk of Being Overthrown by March of Islam", in *Sunday Times*, 20 February, 1994.

② Fawaz Gerges, "Egyptian-Israeli Relations Turn Source", in *Foreign Affairs*, 1995 (May/June), p.78.

成员在开罗与美国大使馆又进行了接触。埃及政府一直试图破坏穆斯林兄弟会与美国之间任何形式的接触。同年，埃及政府逮捕了大批穆斯林兄弟会的领导人，许多穆斯林兄弟会的领导人包括当时的最高指导迈赫迪·阿基夫、厄尔扬、哈比卜和海拉特·沙蒂尔等高层领导被判处三至五年徒刑。

布什政府和第一届克林顿政府都没有支持穆巴拉克对兄弟会的打击。穆巴拉克在争取美国全力支持的努力受挫后，批评克林顿政府在打击国际恐怖主义的战争中没有发挥更加积极的作用。他还指控美国政府与穆斯林兄弟会的秘密接触："我可以告诉你们，这些团体（兄弟会）将永远不会接管这个国家（埃及），他们将永远不会同美国保持良好关系。"[①] 1993年世界贸易中心爆炸之后，穆巴拉克宣称，如果美国官员听从他的警告，这次袭击是可以避免的。[②]穆巴拉克呼吁美国承担起打击国际恐怖主义的重担，特别是打击伊斯兰原教旨主义集团及其赞助方——伊朗、苏丹和阿富汗圣战者。穆巴拉克想影响美国对政治伊斯兰的政策并贬低埃及伊斯兰反对派的政治重要性。

对美国而言，埃及危机的解决取决于埃及能否有效地处理其迫切的社会经济和政治问题。在20世纪90年代初一些美国外交官就呼吁穆巴拉克要从根本上解决埃及的社会问题，克林顿本人也向埃及政府提出了相同的建议。他们认为埃及伊斯兰主义产生的根本原因在于政府机构缺乏代表性、高失业率、社会不平等、人口过多、腐败以及公共生活领域道德水平的逐渐下降。美国政府相信，私有化和自由资本主义将治愈埃及的社会经济和政治弊病。穆巴拉克拒绝了美国的建议。他担心政治自由化进程会使埃及的政局动荡。据埃及一位学者的说法，阿尔及利亚的伊斯兰主义者在1991年取得彻底的胜利，实际上在埃及吹响了民主的丧钟。埃及内政部前部长穆萨将军曾宣称，他绝不会允许伊斯兰主义者通过投票箱取得胜利。[③]

因为美国担心埃及会陷入政府与伊斯兰主义者的全面内战，到1994年，克林顿政府接受了穆巴拉克的观点，重申了美国对埃及政府的支持。克林顿表示，他支持穆巴拉克打击宗教极端主义和恐怖主义，认为两国要尽可能反

---

① Marry Anne Weaver, "The Battle for Cairo", in *New Yorker*, 30 January 1995.

② Fawaza A. Gerges, *America and Political Islam: Clash of Culture or Clash of Interest?* Cambridge: Cambridge University Press, 1999, p.176.

③ Sana Hassan, "My lost in Egypt", in *New York Times*, Sunday, 22 October 1995.

对"卑鄙残酷"的恐怖分子。[①]由于埃及对美国的政治和战略重要性，克林顿政府不可能说任何危及埃及的内部安全或美国与埃及的密切关系的话，也不会做这类事情。美国国务院不愿公开批评自1995年以来埃及政府对穆斯林兄弟会的许多领导人的逮捕和审判，也不愿公开批评埃及越来越糟糕的人权状况。美国官员对埃及政府日益依赖镇压手段的做法充满了矛盾心理。1994年，埃及政府最终在打击恐怖主义的斗争中取得了重大的成功，克林顿政府官员们对此表示满意。[②]但是，埃及和美国官员考虑不周的是，激进派伊斯兰运动进一步分裂成更加激进的派别。1997年春季和夏季，伊斯兰集团和圣战组织在埃及中部、卢克索、开罗发动了一系列攻击，100多名西方和埃及平民死亡。[③]这些新的攻击不仅打破了埃及政府即将取得的胜利，也显示了伊斯兰主义势力的增强和影响范围的扩大。1997年9月和11月，武装分子在埃及博物馆前袭击了西方游客，卢克索也发生了同样的事情，造成近100名平民死亡。

这两起袭击事件说明，摧毁伊斯兰集团和圣战组织并不意味着政治暴力在埃及的结束。只要穆巴拉克政府没有解决广泛的社会改革和政治参与问题，被边缘化和被漠视的失业大军很容易受到宗教和革命的感召，政府强大的武装镇压并不会消除恐怖主义，伊斯兰集团和圣战组织就会活跃。但穆巴拉克打击穆斯林兄弟会及其专业协会时，美国政府没有任何公开表态。在美国眼中，埃及的国家稳定显然要比其他事情更重要。美国政府认为，如果激进的伊斯兰运动抬头，埃及政府发生突然变化，美国会失去在埃及已经取得的成就。[④]美国历史学家保罗·肯尼迪说，穆巴拉克政府是抵御本地区最严重的长期威胁——激进的伊斯兰原教旨主义的堡垒，穆巴拉克政府的崩溃对美国利

① "U.S.-Egyptian Search for Peace and Stability in the Middle East", in *U.S. Department of State Dispatch*, Vol.4, No.15, 12 April 1993, p.227.

② Robert H. Pelletreau, "Recent Events In The Middle East", in *U.S. Department of State Dispatch*, Vol.5, No.25, 20 June 1994, p.411.

③ Douglas Jehl, "Killing Erode Cairo's Claim To Control Militants", in *New York Times*, 15 March 1997.

④ William Quandt, *Peace Process: American Diplomacy And The Arab-Isreali Conflict Since 1967*, Berkeley And Los Angeles: University of California Press, 1993, p.40.

益的损害会超过伊朗革命。[1]美国官员很轻易地认同了穆巴拉克对伊斯兰主义者的解释，因为他们认为如果埃及的原教旨主义获得胜利，就会在本地区引起多米诺骨牌效应，革命伊斯兰会很快在整个阿拉伯世界蔓延。

“9·11”事件的发生缓解了西方国家对埃及镇压反对党派的批评的压力，使埃及政府放手压制兄弟会。政府找任何借口逮捕兄弟会的领导干部，每次选举之前，都有一次“严打”。在这个阶段，美国开始反对许多激进的伊斯兰政治组织，而对穆斯林兄弟会和所有温和伊斯兰主义者传达着积极的信号。美国总统布什和国务卿赖斯都提出，美国将在阿拉伯世界的任何地方接受温和的伊斯兰政府。美国国务院政策规划办公室主任理查德·哈斯说，美国不反对伊斯兰政党，也清楚民主可能会使伊斯兰政党上台，因为伊斯兰组织是最好的有组织的反对派。2005年6月23日，赖斯在中东之行后表示，美国不会因为伊斯兰主义者在阿拉伯自由选举中的胜利感到震惊。但是，美国政策制定者并不能清楚地区别温和组织与暴力组织，美国政府在实际做法上并不支持伊斯兰组织参选。尽管美国一直试图促进埃及的民主，但面对宗教势力强大的埃及社会，美国有双重考虑。美国试图为埃及大选输入“民主”血液的同时，并不希望“穆斯林兄弟会”上台执政。此外，在埃及取消《紧急状态法》问题上，美国的态度也变化无常。美国本来一直指责埃及借该法实行政治压制，但自2005年7月份发生沙姆沙伊赫连环爆炸案后，美方的指责就销声匿迹了。这说明，美国一方面企图将埃及大选作为推行中东“民主”的示范，另一方面又不想用“民主”击垮与美关系密切的埃及政权，导致政权落入宗教组织手中。穆斯林兄弟会赢得20%的埃及议会席位时，一些美国官员似乎赞成与包括穆斯林兄弟会在内的温和伊斯兰主义者进行沟通。但是，白宫的新保守派和鹰派都不赞成这样的行动方针。在2005和2006年当穆巴拉克将数千兄弟会领导人关进监狱时，美国并没有谴责穆巴拉克。

穆斯林兄弟会本身并不介意与美国官员举行会谈。厄尔扬说，穆斯林兄弟会愿意同美国对话，他在2005年的议会选举之后声明：“穆斯林兄弟会的立场是，只要是在平等基础上，我们相信不同文明之间可以进行对话与合作。

① Robert Chase and Paul Kennedy, “Pivotal States and U.S. Strategy”, in *Foreign Affairs*, 1995 (January/February), p.40.

我们还认为，所有文化和民族有共同的价值观。”[①]然而，阿基夫坚持认为：“任何这样的会谈都应该通过埃及外交部的安排。”[②]此预防措施是为了减轻埃及政府对兄弟会的担心，穆斯林兄弟会也想确保穆巴拉克政府不会利用其与美国人的交往损害其声誉。埃及政府不希望任何人背着他与美国人谈判。在这个阶段穆斯林兄弟会与美国人没有进行直接对话，但两者之间的关系充满乐观。美国和穆斯林兄弟会通过兄弟会的议员找到了接触的途径，穆斯林兄弟会的成员以议员身份与美国官员进行过多次接触，这种接触也规避了穆巴拉克政府的反对。

然而，2006年1月26日哈马斯赢得了巴勒斯坦议会选举后，情况发生了变化。哈马斯的胜利使美国再次担心激进的伊斯兰浪潮会席卷整个中东地区。哈马斯最初是一个穆斯林兄弟会组织，因此美国很难与埃及的穆斯林兄弟会保持良好关系，而不能与哈马斯对话。自那时以来，穆巴拉克政府时期再没有出现关于美国与穆斯林兄弟会接触的报道，即使是议会交往中也没有此类接触。美国也不再谴责穆巴拉克在选举时对穆斯林兄弟会领导人的逮捕。2010年大选中，穆巴拉克政府再次打压兄弟会，先后有1200名参选人被逮捕。美国对埃及大选曾经发表指令，要求他们发扬民主，实行开放政策。美国政府虽然也不希望兄弟会通过选举上台，但美国政府认为，埃及执政党越是独裁，对伊斯兰复兴势力越是有利，而政治上的开放并不必然导致兄弟会上台。美国驻埃及的外交使团的外交家密歇尔·东尼认为，参与埃及政治竞争的伊斯兰运动，没有像埃及政府所担心的那么可怕，他们没有能力全面掌握埃及政权。[③]但埃及的官僚们感到民主就意味着伊斯兰势力的兴起。埃及政府利用美国每年几十亿美元的经济援助，加强对伊斯兰势力的打击，限制他们的兴起机会，维护执政党独裁统治。执政党民族民主党高级官员苏鲁尔说：“美国的压力对埃及的稳定很不利，难保埃及的政教分离政策，有可能把埃及逼到宗教势力掌权的局势，成为一个宗教国家。”[④]于是，对于穆巴拉克政府的高压政策，美国三缄其口。这说明美国在埃及民主化问题上实际上存在着矛盾心态。

---

① Amira Howeidy, “We take nobody's permission”, 2010-11-17, http://weekly.ahram.org.eg/2005/773/eg5.htm.

② Issam al-Iryan, “In Search of Legitimacy and an Agenda”, in *Al-Sharq Al-Awsat*, Dec. 16, 2005.

③ Issam al-Iryan, “In Search of Legitimacy and an Agenda”, in *Al-Sharq Al-Awsat*, Dec. 16, 2005.

④ “Egypt warns US pressure could lead to religious state”, 2010-11-26, http://www.alarabiya.net/articles/2010/11/26/127511.html.

三、穆斯林兄弟会与美国关系的前景

穆巴拉克政府被推翻之后，穆斯林兄弟会成为埃及最强大的政治组织，兄弟会建立了自由与正义党。虽然美国不喜欢伊斯兰主义者上台，但也不得不面对现实，发展与兄弟会的关系。国务卿希拉里于2011年6月30日访问布达佩斯时说："因为埃及的政治形势已经发生了变化，我们相信与埃及所有打算参加议会和总统选举的和平与非暴力党派接触符合美国的利益"，"我们当然欢迎与穆斯林兄弟会的成员进行对话，他们也希望与我们进行对话"。[①]另外，改善美国与穆斯林兄弟会的关系可以转变其他伊斯兰主义者对美国的态度。美国驻埃及前大使奈德·沃克尔说，穆巴拉克过去反对美国与穆斯林兄弟会接触，现在穆巴拉克已经下台了，我们必须与兄弟会建立关系。[②]美国政府从来没有将穆斯林兄弟会看作是恐怖主义组织，而且过去美国曾多次与穆斯林兄弟会的议员接触，这是美国改变与兄弟会关系的有利条件。20世纪90年代曾任美国驻埃及大使的丹尼尔·科泽认为在妇女地位和非穆斯林的作用等问题上与穆斯林兄弟会进行对话是必要的。[③]2012年1月21日埃及议会选举结果揭晓，穆斯林兄弟会的自由与正义党独占鳌头。奥巴马政府开始改变其数十年来对兄弟会不信任与敌视政策，寻求与兄弟会建立更为密切的关系，与兄弟会举行了几次高层会晤，这是美国对埃及政策的历史性转变。这种转变是对新的政治现实的承认，也是对中东地区伊斯兰组织走向权力的承认。一些人甚至已经将美国与兄弟会的这种关系称作美国与阿拉伯之春后中东地区新上台的伊斯兰政党重塑关系的第一步。参议员约翰·肯瑞与驻埃及大使一起参加了与穆斯林兄弟会政党高层领导的会谈，他认为必须考虑如何应对不支持美国的各项政策与价值观的民主政府，"美国政府必须应对新的形势，而且需要加快步伐"。[④]

---

① Paul Richter, "U.S. to build contacts with Egypt's Muslim Brotherhood", in *Los Angeles Times*, July 1st, 2011.

② Mary Beth Sheridan, "U.S. to expand contacts with Muslim Brotherhood", in *Washington post*, July 1st, 2011.

③ Mary Beth Sheridan, "U.S. to expand contacts with Muslim Brotherhood", in *Washington post*, July 1st, 2011.

④ David D. Kirkpatrick and Steven Lee Myers, "Overtures to Egypt's Islamists Reverse Longtime U.S. Policy", in *New York Times*, January 4, 2012, page A1.

穆斯林兄弟会是一个务实的组织，它一直冷静地处理地区和国际事务。正在走向政坛的穆斯林兄弟会也改变了对美国与西方的态度，向更加务实的方向制定其对外政策。兄弟会承诺它会努力将埃及建设成一个现代民主国家，尊重个人自由、实行自由市场经济、遵守既定的国际条约包括与以色列签订的条约。在推翻穆巴拉克的运动中，穆斯林兄弟会采取了低姿态。穆巴拉克下台不久，穆斯林兄弟会表示他们要促进埃及的民主，他们新组建的自由与正义党并不是宗教性的。穆斯林兄弟会议会党团的前主席莫哈迈德·卡塔尼说："我们反对宗教政府。"[①]兄弟会的领导人经常公开表示埃及与美国建立平等的合作关系的愿望。兄弟会领导人对肯瑞说："埃及是一个有着悠久光荣历史的大国，在阿拉伯问题、伊斯兰问题和国际事务中起着重要的作用，埃及当然会尊重过去签订的协议和条约。"[②]埃及媒体报道说，穆斯林兄弟会下属的自由与正义党对外关系委员会领导人伊沙姆·哈达德率团访问了美国。引人瞩目的是，代表团还在华盛顿参加了卡内基研究中心的一个研讨会，主题是"北非国家的民主转化进程及其影响"。有不少来自以色列的资深学者参加本次会议，一些参会的美国学者也有犹太国籍背景，或者与以色列关系密切。穆斯林兄弟会代表团还是头一次参加这样的会议。就在此前不久，美国中东特使访问埃及，在赞赏穆斯林兄弟会的变化时，也暗示美国对穆斯林兄弟会的担忧并未完全消弭。穆斯林兄弟会此次访问美国，就是主动出击，加强对外宣传，以求改善自身形象。访问期间，伊沙姆·哈达德关于不会将埃以《戴维营协议》付诸公决的讲话，就是说给美国和以色列听的。阿拉伯媒体普遍认为，此前穆斯林兄弟会已宣布要对《戴维营协议》进行全民公决，现在改变主意，意在争取美国好感，缓解西方国家的"恐穆症"。否则以埃及社会现在的强烈反以情绪，《戴维营协议》很难获得公投民众的通过，那样的话，以色列和埃及关系将发生实质性的变化，以色列的安全将无法得到保障，美国也将因此陷入很大的被动之中。

由于意识形态的差异，穆斯林兄弟会与美国的关系发展不可能一帆风顺；

---

① Clinton:"U.S. would welcome dialogue with Muslim Brotherhood", 2011-06-30, http://articles.cnn.com/2011-06-30/world/egypt.muslim.brotherhood.us_1_muslim-brotherhood-freedom-and-justice-party-egypt?_s=PM:WORLD.

② David D. Kirkpatrick and Steven Lee Myers,"Overtures to Egypt's Islamists Reverse Longtime U.S. Policy", in *New York Times*, January 4, 2012, page A1.

在后穆巴拉克时代，美国与埃及的关系也不会达到穆巴拉克时代那样的盟友关系。穆斯林兄弟会的领导人不相信美国会严肃对待双方关系。他们还质疑美国是否会致力于促进阿拉伯世界的民主。厄尔扬在《中东》报撰文说，美国必须在几个问题上明确其立场。首先，它应该重申其对国际法的承诺，不要干涉其他国家的内部问题，尊重别国国家主权。此外，即使是在其他国家的选举中美国的对手上台，美国也要接受民主。美国政府需要表明对其他文化和其他国家利益的尊敬。[①]在兄弟会的英文网站上，兄弟会劝说美国倾听各民族人民的声音，而不是主观臆测世界人民的意愿。兄弟会的领导人莫哈迈德·卡塔尼表示："我们欢迎与美国建立关系。但是这种关系不包括也不应建立在对埃及内政的干涉之上。"[②]毫无疑问，穆斯林兄弟会对美国的霸权主义存在强烈质疑。而长期以来，穆斯林兄弟会的目标是致力于整个伊斯兰世界的改革和复兴，将穆斯林从一切形式的外国统治下解放出来。

埃及穆斯林兄弟会过去一直在言论上支持哈马斯，而美国国务院又将哈马斯看成是恐怖主义组织。美国埃及问题专家米歇尔·东尼说："我确实认为这是美国与穆斯林兄弟会关系中的一个问题。"希拉里也强调了美国与兄弟会建立关系的原则："民主的原则，尤其是对非暴力的承诺，对少数民族权利的尊重，保证全部妇女的选举权。"[③]穆斯林兄弟会的发言人马哈穆德·高兹兰说，他已经从相关媒体了解到美国有兴趣与兄弟会对话。"美国政府几十年来一直支持埃及的独裁者，准许其以酷刑镇压反对派"，他说，"在美国公布的民意调查中，中东地区比起世界上任何地方都更恨美国人。如果美国能够严肃地对待公开对话，他们首先必须遵守人民对真正民主、独立的选择，尊重他们选择自己的领导人。我们欢迎公开的对话，如果他们能够严肃且有诚意。"[④]诚然，美国和穆斯林兄弟会的意识形态差异是不可逾越的，但自身的利益考虑会使双方都有对话和建立正常关系的需要。

---

① Issam al-Iryan, "In Search of Legitimacy and an Agenda", in *Al-Sharq Al-Awsat*, Dec. 16, 2005.

② Mary Beth Sheridan, "U.S. to expand contacts with Muslim Brotherhood", in *Washington Post*, July 1st, 2011.

③ Mary Beth Sheridan, "U.S. to expand contacts with Muslim Brotherhood", in *Washington post*, July 1st, 2011.

④ David D. Kirkpatrick and Steven Lee Myers, "Overtures to Egypt's Islamists Reverse Longtime U.S. Policy", in *New York Times*, January 4, 2012, page A1.

试论德意日法西斯政治同盟的形成

李舒琴

在凡尔赛—华盛顿体系中，德意日三国同属“不满的国家”，但三国之间的关系在整个20世纪20年代乃至30年代初，还谈不上亲善和友好。德日之间，由于日本作为第一次世界大战的战胜国，战后夺取了德国在太平洋的岛屿和在中国山东的权益而显得不太和谐。德意之间，德国既对意大利在一战中的“背信弃义”耿耿于怀，也对战后意大利作为战胜国对德国“趁火打劫”不满，尤其是墨索里尼和希特勒都对奥地利有扩张野心。这些因素使得三国间的关系比较冷淡。30年代中后期，德意日三国在各自推行侵略政策和战争政策的过程中，同恶相济，形成了法西斯政治同盟。到1940年9月，最终发展成为军事同盟。法西斯政治军事同盟的形成，对局部战争发展为世界战争，对世界大战的不断扩大起了十分重要的作用。本文仅对德意日三国逐渐结成法西斯政治同盟的历程加以探讨。

一、德意关系的调整和德意“轴心”的形成

希特勒一上台，为了加强同西方大国争夺地位，就把组织国际侵略集团作为外交政策的一个主要任务。在欧洲，意大利法西斯是希特勒争取的第一个对象。早在20年代前期，希特勒就产生了利用意、法矛盾，联意抗法，共同挣脱凡尔赛体系束缚的想法。[①]但实际上，纳粹党上台之初，德意关系很不融洽，主要的症结是奥地利问题。当时，意大利作为第一次世界大战的战胜

【作者简介】李舒琴，甘肃人民出版社编辑。

① 艾伦·布鲁克：《大独裁者希特勒（暴政研究）》，朱立人等译，北京出版社，1986年版，第334页。

国，同英法等国还保持着比较密切的关系。墨索里尼又历来以奥地利的“保护者”自居，对于希特勒经常宣扬的“德奥合并”很不以为然，德意两国在巴尔干问题上也有分歧。1934年6月14—15日，希特勒和墨索里尼在威尼斯举行了首次会晤，结果没有达成任何协议。1934年7月，奥地利总理、亲意大利的陶尔菲斯被暗杀，墨索里尼大为恼怒，以“捍卫”奥地利的独立为名，立刻把意大利的两个师派往意、奥边境的勃伦纳山口，以示强烈反对德国乘机兼并奥地利。这一军事示威行动曾导致意、德关系一度处于紧张状态。①

1934年12月，墨索里尼发起召开国际会议，试图成立“法西斯国际”，与“共产国际”相对抗，但德国没有与会。这次会议在蒙特勒举行，有16个国家的代表出席。这次会议虽然没有成立起由意大利主导的“法西斯国际”，但与会者一致承认墨索里尼是“天才的导师”，并指责希特勒的“仇犹”“反犹”言论，声称优秀的法西斯主义者不会仿效德国发动反犹太人的仇恨运动。②

由于意大利是法西斯主义的发源地，墨索里尼是法西斯主义的鼻祖，在法西斯党夺取政权方面具有“首创权”，所以意大利法西斯的胜利一度成为纳粹党与希特勒的榜样和力量源泉，希特勒甚至自称是墨索里尼的学生，表示“对这个非凡的人有深厚的友谊”。③事实上，希特勒也的确以墨索里尼为榜样，吸取墨索里尼的经验。1923年，他以墨索里尼“向罗马进军”为榜样，搞了一个“啤酒馆暴动”，试图“向柏林进军”而夺取政权；他从意大利法西斯主义那里学来了纳粹的敬礼姿势；他仿效墨索里尼的“Duce”（“领袖”）一词，创造出“Furer”（“元首”）一词；在上台之前，他就寻求同墨索里尼建立联系，并希望拜会墨索里尼。④在起初的相当一段时间内，墨索里尼是带着优越感对待希特勒这个“粗俗”而“没有教养”的德国煽动家的，而且还对希特勒的种族优劣论很不认同。虽然墨索里尼在非洲殖民地也推行种族

---

① 参见胡德坤、罗志刚：《第二次世界大战史纲》，武汉大学出版社，1989年版，第60-61页。

② Michael Arthur Ledeen, *Universal Fascism: The Theory and Practice of the Fascist International, 1928-1936*, New York: Howard Fertig, 1972, pp.118-123.

③ F. W. Deakin, *The Brutal Friendship, Mussolini Hitler and the Fall of Italian Fascism* , New York: Doubleday and Company. 1962, p.7.

④ Gerhard L. Weinberg, *The Foreign Policy of Hitler' s Germany: Diplomatic Revolution in Europe, 1933 - 1936.*, Chicago: University of Chicago Press, 1970, pp.16-17.

主义政策，但他对纳粹宣传的日耳曼种族最优秀、犹太种族最劣等的谬论表示怀疑，甚至认为纳粹德国与全世界犹太人发生正面冲突是鲁莽的；[①]特别是对希特勒把意大利排除在优秀种族之外非常反感，曾斥责希特勒的“民族社会主义”（即纳粹主义）是“异端和黑暗时代的产物”，是“种族主义的疯人院”。[②]总之，无论从国家利益争夺、理论分歧和个人因素方面权衡，德意两国走向结盟的前景似乎非常黯淡。

时势比人强，国际变局的演进使得德意两国的内政外交出现了新的调整，纳粹德国实力的增强，使希特勒和墨索里尼相互交往时的“位置”发生了反转，原来“希仰视墨”逐渐变成了“墨仰视希”。纳粹党夺权上台后，毁约扩军备战，急切寻找盟友，催生了德意改善关系的发展趋势，1935年意大利用武力侵略阿比西尼亚是德意关系的重要转折点。意大利的这一侵略行动，严重损害了英法在非洲的利益，急剧加深了与英法的矛盾。希特勒乘机笼络意大利，推动建立德意同盟。他在表面上宣布对意、阿战争保持“中立”，暗地里却为意大利侵略行动撑腰打气。德国拒绝参加对意大利的任何制裁，又于1936年应墨索里尼的要求，提前一周进军莱因非军事区，以便转移西方大国对意大利侵阿战争的注意力，帮助意大利顺利实现占领阿比西尼亚的计划。希特勒的这种友好表示赢得了墨索里尼的信任。具有讽刺意味的是在意大利侵略阿比西尼亚问题上，英法两国尽量绥靖意大利，想把意大利从德国身边拉开，但墨索里尼仍认为英法靠不住。所以，以此为转机，英法同意大利的关系疏远了。墨索里尼看到，在关键时刻还是德国能帮自己的忙。于是，侵略野心和经济实力不相称的意大利，为了摆脱在国际上的孤立处境，实现称霸地中海的野心，并争取到德国在外交上和经济上的支持，便重新审查对德政策，决定在影响德意关系发展最棘手的奥地利问题上对德国实行让步。1936年1月，墨索里尼对德国驻意大利大使哈塞尔说，他不反对把奥地利作为德国的一个卫星国。[③]1936年7月11日，德国同奥地利签订协定，强迫奥

① Alexander De Grand, *Italian Fascism , Its Origins and Development*, Lincoln: University of Nebraska Press, 1982, p.114.

② Denis Mack Smith, *Mussolini*, Milan: Rizzoli press, 1983, p.182, 186.

③ John Hiden, *Germany and Europe 1919–1939*, London and New York: Longman Group limited, 1979, p.147.

地利服从德国的外交政策，还强迫奥地利同意大赦纳粹政治犯；任命纳粹党人或纳粹党同情者担任政治上负责的职务。对德奥协定，墨索里尼不但不加以阻拦，反而称该协定最终消除了德意关系上存在的最后的障碍，是对和平的新贡献。[①]奥地利问题上的谅解打开了德意合作的大门。

1936年，德意法西斯公开合流，第一次共同采取侵略行动，联合武装干涉西班牙内战，标志着德意法西斯的勾结进入了一个新阶段。德国驻意大利大使哈塞尔说："在意大利跟法国和英国的关系上，西班牙冲突所起的作用可以跟阿比西尼亚冲突相比，即清楚地暴露了这些国家的对立的实际利益，从而防止了意大利为西方民主国家所拉拢并为它们所利用。争夺西班牙政治势力这一斗争，暴露出意大利和法国固有的对立；同时意大利在地中海西部的强国地位又跟英国的地位发生了竞争。意大利只有更加清楚地认识到，同德国并肩对付西方国家是得策的。"[②]希特勒正是抓住这一时机，拉拢意大利。1936年8月下旬，他派特使秘密前往罗马会见墨索里尼，说明德国保证在西班牙事件中同意大利进行尽可能紧密的合作。希特勒还命令谍报局头子卡里那里斯同意大利情报工作头目罗阿塔共同制订了意大利参与反对西班牙共和国的计划，墨索里尼接受了这一计划。墨索里尼也不是被动等待听任德国的安排。1936年10月，墨索里尼派齐亚诺去柏林商讨德意结盟问题。为了在德国与英国之间设置更大的障碍，促使德国加快与意大利结盟的步伐，齐亚诺把截获的英国文件的副本送给德国，无中生有地暗示，英国人正在备战，准备进攻意、德这两个法西斯国家。墨索里尼结盟心切，正中希特勒下怀。他向意大利领导人保证："德国的扩张着眼于东欧和波罗的海，地中海完全归于意大利。"他还乘机大肆鼓吹德意结合在一起，不仅可以"征服布尔什维主义"，而且可以征服包括英国在内的西方。[③]齐亚诺在访德期间，同德国外长冯·牛赖特举行了会谈，双方在一系列重大问题上达成了协议。10月25日，双方签署了《德意协定》，主要内容有：关于西班牙问题，双方共同承认西班

---

① Gerhard L. Weinberg, *The Foreign Policy of Hitler's Germany: Diplomatic Revolution in Europe, 1933–1936*, Chicago: University of Chicago Press, 1970, p.264.

② 威廉·夏伊勒：《第三帝国的兴亡——纳粹德国史》，世界知识出版社，1979年版，第419页。

③ Denis M. Smith, *Mussolini's Roman Empire*, London and New York: Viking Press, 1976, pp.95–96.

牙佛朗哥政府，并商定两国在“不干涉委员会”内采取共同行动；关于势力范围问题，双方划分了在巴尔干半岛、多瑙河流域和地中海地区的扩张范围，意大利首次同意向德国让出在东南欧的某些阵地，把多瑙河流域划入德国的势力范围，而德国承认地中海地区为意大利的势力范围。这一协定宣告了德意同盟初步形成。11月1日，墨索里尼在米兰的演讲中把这个同盟称为“轴心”。他说：“新时代已经开始，罗马和柏林的垂直线不是障壁，而是轴心。”[①]这是公开号召欧洲国家参加以德意为盟主的轴心国侵略集团。

二、德日接触谈判和《反共产国际协定》的签订

1931年日本发动“九一八”事变侵占中国东北，这是对第一次世界大战后形成的华盛顿体系的严重挑战，因而加剧了日本与欧美列强的矛盾。出于同欧美列强相抗衡并摆脱在国际上的孤立处境，日本急于在国际上寻找盟友，其眼光很自然地投向德国，并首先由军方伸出勾结德国之手。1934年3月，日本派出“德国通”大岛浩为驻德武官，目的就是要寻求同德国建立密切关系的渠道，并负有在欧洲搜集苏联军事情报和调研苏德关系动态的任务。纳粹德国也有与日本接近的强烈愿望。希特勒上台时，德国还受到凡尔赛和约的重重束缚，军事上孱弱，外交上孤立。希特勒将当时德国内外政策的主要任务规定为“铸造神剑”（扩军备战）和“寻觅战友”（组织同盟集团）。1933年初，希特勒同里宾特洛甫讨论了“是否能以这种或那种方式同日本建立更为密切的关系问题”。[②]同年10月，希特勒又同德国新任驻日大使狄克逊表示了同日本建立紧密联系的意向。

1935年5—6月间，日本驻德武官大岛浩同里宾特洛甫的助手哈克就德日在政治上结盟的问题开始接触。大岛浩提出，如果日德有一方与苏联处于战争状态，另一方不采取便于苏联进行战争的措施。哈克提议两国缔结针对苏联的防务协定。大岛浩向日本参谋本部请示后表示，不反对德方的建议，希望就协定的范围、内容、形式做更细的研究。随后，日本又派出参谋本部情报部欧美课德国组组长若松只一赴德，先后与里宾特洛甫和德国国防部部长

① 张继平等：《第二次世界大战史》，甘肃人民出版社，1984年版，第69页。

② Ernst L. Presseisen, *Germany and Japan: A Study in Totalitarian Diplomacy 1933-1941*, New York: Springer Science Business Media Dordrecht, 1969, p.43.

勃洛姆堡进行会谈。[①]在此之前，共产国际在莫斯科召开了第七次代表大会，提出了建立国际反法西斯统一战线的方针和任务。里宾特洛甫以此为借口，向若松提出缔结德日《反共产国际协定》的建议。若松表示日本亦有同样意图，双方原则上拍板成交。12月中旬，若松携带里宾特洛甫的反共协定方案离开欧洲返回日本。上述非正式谈判的接触协商为两国缔约结盟奠定了基础。

1936年2月，日本发生了“二·二六”政变，随后广田弘毅组阁，日本的法西斯体制基本建立。为了应付扩大侵华战争后可能出现的不利的国际反应，日本与德国勾结的愿望更为迫切。日本军部主动与外务省联系，以协调内部关系，由政府出面与德国进行正式谈判。1936年5月，日德关于缔约结盟的谈判由日本驻德大使武者小路与里宾特洛甫（1935年7月起为德驻英大使）以大使衔按正式外交途径进行。经过十几次会谈，并经希特勒亲自审阅修改后，1936年11月25日，德日“反共协定”在柏林由里宾特洛甫代表德国，武者小路代表日本签字。

《反共产国际协定》的序言主要攻击共产国际的宗旨与活动，正文内容第一条“相约对于共产国际活动相互通报”；第二条促使第三国采取“防共措施”，或共同邀请其加入本协定；第三条规定协定有效期为5年。协定附属议定书规定日本和德国在国内外对于直接或间接服务于共产国际的人，根据现行法采取严格措施，并成立“反共常设委员会”。1947年在东京战犯审判中揭露出《反共产国际协定》还有一个直接反对苏联的附属秘密协定和换文，秘密协定规定“遇缔约国一方无故遭受苏联进攻或进攻威胁时，不采取任何有利于苏联的行动”，“在协定有效期内，两缔约国约定未经双方同意，不得与苏联缔结违背本协定精神的任何政治条约”。秘密换文规定，双方认为1922年的苏德拉巴洛条约和1926年苏德中立条约不与《反共产国际协定》的“精神及根据协定产生的义务相抵触”。[②]这样，德日两国法西斯在“反共”的旗帜下勾结起来，结成了政治同盟。

---

① 王德仁：《1935年至1940年的日本德国意大利之间的关系》，载中国国际关系史研究会编印：《国际关系史论文集》（内部交流），1984年版，第332页。

② John P. Fox, *Germany and the Far Eastern Crisis 1933-1938, A Study in Diplomacy and Ideology*, Oxford : London School of Economics and Political Science, 1982, p.203.

三、日意关系的发展与欧亚法西斯政治同盟的形成

意大利侵略阿比西尼亚后，为了摆脱孤立被动局面和国联加于它的经济制裁，力谋发展同德日间的政治经济关系。在德日反共协定之前，1936年10月25日签订了德意协定。这样，以德国为核心的德意、德日协约关系，已使三国政治同盟关系基本建立起来了。但在日意关系这一环节上，还留有缺口，有待弥补，使三国同盟关系完善起来。德日反共协定签字第二天，意大利外长齐亚诺分别向德日驻罗马大使表示祝贺，并表示意大利也希望能加入该协定。德国表示赞赏，日本则表示时机尚未成熟，要以调整日意关系为前提。1936年12月2日，日意两国达成发展相互关系的协议，日本承认意大利侵占阿比西尼亚，关闭日本驻阿使馆，变为"领事馆"。意大利在沈阳（伪满称奉天）设"总领事馆"，实际上承认了伪满。卢沟桥事变后，意大利在国际上拼命为日本侵华张目，以博取日本的欢心。日本原来在考虑对意关系时，是与对英关系相平衡的，不愿因发展对意关系而伤害对英关系。日本还想在中日战争中利用英美的绥靖政策，不想过分刺激英国和美国。卢沟桥事变后，日本鉴于与英美关系一时难以大幅度改善，便转而和意大利在反共协定基础上加以勾结。日本本想订一个日意反共协定同日德反共协定平行，以便突出日本的重要地位。当日本征询德国意见时，德国外长牛赖特未明确反对，但当时尚在驻英大使任内的里宾特洛甫却认为不妥，担心日本在德意间左右逢源，便专程赶到罗马活动。在德国的干预下，意大利便于1937年11月7日签订了参加德日《反共产国际协定》的议定书，德日意三国政治同盟就此正式形成。在意大利之后，匈牙利于1939年2月4日，伪满于1939年2月24日，西班牙佛朗哥政府于1939年2月27日加入反共协定。1941年11月25日，《反共产国际协定》又延长了5年。

法西斯政治同盟的形成，标志着欧亚战争策源地的最终形成。一般认为，"九一八"事变标志着远东战争策源地的形成，希特勒上台标志着欧洲战争策源地的形成。这种提法似有道理，实有不妥。细加考察不难发现，战争策源地的形成是一个动态表现，经历了从30年代初到30年代中期的一个过程，"九一八"事变和希特勒上台，标志着欧亚战争策源地开始显现，或者说是形成的开始。到法西斯政治同盟形成，则是战争策源地最终形成的标志。这是

因为，德日两国经过3至5年的政治、经济和外交活动，为战争策源地的最终形成准备了条件。在政治上，德日两国法西斯在这段时间内相继夺取了国家政权，实现了国内的法西斯化，为发动战争做好了准备。在经济上，德日两国在这段时间内实现了整个国民经济的军事化，为发动全面战争准备了物质条件。在外交上，德日法西斯在30年代初各自在东西方独立发展。到了30年代中期，开始积极调整双边外交，从而使东西方正在形成中的两个战争策源地联合起来，大大增加了世界大战的危险性。希特勒在《我的奋斗》里说："缔结同盟的目的如果不包括战争，这种同盟就毫无意义、毫无价值。我们缔结同盟只是为了战争。"在意大利加入反共协定后，希特勒说："三个国家联合起来了。起初是欧洲轴心，现在是世界的大三角。……这个三角并不是由三个微弱的幻影组成的，而是由三个大国组成，准备并决定实现它们的权利和确保它们的生死利益。"①希特勒所称"世界的大三角"，就是极具侵略性的法西斯政治同盟，它的出现标志着世界大战策源地的正式形成。

法西斯政治同盟的形成使西方民主国家和社会主义苏联都面临着法西斯侵略扩张的威胁。有人认为，《反共产国际协定》是一个反对苏联的政治协定。如果从反共协定的文字内容来看，它明显是针对苏联的。但从炮制该协定的德日意决策者的动机以及协定的实际作用来看，却并不止于此。它实际上也是针对西方民主国家的。里宾特洛甫在协定签订后便表示："形式上我们还要把苏联当作主要敌人。然而实际上，我们完全应该把英国当作主要敌人。"②日本驻英大使吉田茂也曾一语道破日本方面的动机："尽管军部说防共协定只不过是反共的意识形态问题，但这完全是表面上的借口，骨子里显然是要和德意联合起来对抗英法并进而对抗美国。"③同当时的国际形势和法西斯国家的侵略扩张趋向来看，也确有针对英法美的一面。当时，希特勒已基本完成毁约扩军的步骤，正准备在中欧采取侵略行动。这势必首先导致德国与西方民主国家矛盾的尖锐化。在远东，日本要发动全面侵华战争，也将严重损害美英在远东和中国的权益，首当其冲者是英美而非苏联。

① 朱贵生等：《第二次世界大战史》，人民出版社，1982年版，第107页。

② 三宅正树：《日德意三国同盟研究》，载王斯德、钱洪主编：《第二次世界大战起源研究论集》，华东师范大学出版社，1986年版，第94页。

③ 吉田茂：《十年回忆》，世界知识出版社，1963年版，第14页。

如果说反共协定既针对苏联又针对英美，那么它主要针对谁呢？仔细考察不难发现，德日两国在确定《反共产国际协定》的主要对手方面，并不是完全一致的。希特勒打着反共反苏的旗号，实际上是蒙蔽英法，利用英法的绥靖政策，建立起一个侵略性的政治同盟。希特勒曾在德意谈判结盟过程中对齐亚诺表示，如果英国认识到德意是在“反对布尔什维主义”的旗帜下结盟，反而会“寻求同它达成协议和谅解的手段”。[①]当时德国在军事目标上，对于先“东进”还是先“西进”并不明朗，是有待将来灵活解决的问题。对德国来说，组织一个侵略性同盟是实质性的，至于这个同盟的名称则是形式上的。之所以用“反共产国际”的名称，自然反映了希特勒一贯反苏反共的立场，同时，德日勾结谈判与共产国际“七大”的召开并号召建立反法西斯统一战线的方针在时间上相遇不无关系。同德国相比，日本对“反共产国际”赋予了更为实际的意义。以中国为跳板相机“北进”或“南进”，是日本的既定国策。从《反共产国际协定》的签订和张鼓峰、诺门坎武装冲突来看，30年代中后期日本的战略事实上是“北主南从”，意在同德国一起形成东西夹击的战略态势对付苏联。总之，可以肯定，《反共产国际协定》的对象，绝不仅仅针对苏联，也包括英法美。令人遗憾的是，当时的西方民主国家，或者由于政治短视，或者由于包藏祸心，结果走进了绥靖政策的死胡同，酿成了历史的大错，放纵法西斯侵略同盟给人类造成了战争的苦难。

法西斯政治同盟的形成，对大战全面爆发前局部战争的发生和发展产生了重大影响。《反共产国际协定》签订后，德意日法西斯便开始了全面发动世界大战的种种准备。德意“轴心”形成后，意大利迅即全力以赴，以更大的人力物力投入武装干涉西班牙的战争。德日签订《反共产国际协定》形成政治同盟后，日本发动“七七”事变，开始了全面侵华战争，并同苏联打了诺门坎战役和张鼓峰战役，进行了“北进”战略的武力试探。德国则先后吞并奥地利，肢解捷克斯洛伐克，以便解除侧翼威胁，准备同西方大国公开摊牌。可以说，法西斯政治同盟的形成对欧、亚、非三大洲的局部战争发展到全面的世界大战起了极大的推动作用。至于德意日三国的军事结盟历程，则更为复杂曲折，需另文探讨。

---

① 胡德坤、罗志刚：《第二次世界大战史纲》，武汉大学出版社，1989年版，第62页。

思想理论与社会经济研究

记忆建构与民族主义：近代塞尔维亚历史中的科索沃传奇[①]

黄艳红

1914年6月28日，在波斯尼亚首府萨拉热窝，塞尔维亚黑手社的几个青年刺杀了奥匈帝国的皇储斐迪南大公。参与这次行动的，除了射杀皇储夫妇的加夫里洛·普林西普（Gavrilo Principe），还有一位名叫涅杰里科·查布里诺维奇（Nedeljko Čabrinović）的年轻人，在普林西普开枪前，他曾向大公投掷炸弹，但炸弹未命中目标，他旋即被捕。在随后的审讯中，查布里诺维奇说大公选择6月28日访问萨拉热窝是一种挑衅：

> 这件事让我很愤怒，我决心采取行动。我们的民间传说告诉我，米罗什（Miloš）曾在圣维特日前夜被指控为叛徒，当时他回答说："圣维特日你们将看到谁是叛徒谁不是。"奥比利奇（Obilić）成了第一个进入敌营刺杀穆拉德（Murad）苏丹的人。本地的社会主义者总说我像我父亲一样，是个暗探。

他讲的是近代塞尔维亚人集体记忆的中心故事：1389年6月28日，塞尔维亚和土耳其之间的科索沃战役。米罗什和奥比利奇是一个人（米罗什·奥比利奇），传说他是刺杀土耳其苏丹穆拉德一世的勇士。除了这位英雄，这个故事还有另两位主人公：塞军主帅拉扎尔（Lazar）和叛徒武科·布朗科维奇（Vuk Branković）。查布里诺维奇的父亲给奥地利警察当过线人，他显然想以米罗什式的壮举来洗刷父亲的污点。他提到的圣维特日（Vidovdan）是塞尔维亚东正教会的纪念日，也是塞尔维亚纪念科索沃战役的国家节日。

【作者简介】黄艳红，上海师范大学人文学院世界史系研究员。

①该文发表于《世界历史》2019年第5期，与收入该文集的文本在文字上略有不同。

查布里诺维奇只是众多在上述“民间传说”中成长起来的塞尔维亚青年中的一员。1389年科索沃战役之后，塞尔维亚人围绕这一事件，以各种方式构建和延续的传统，被称为科索沃神话或传奇。对于这一神话的形成和发展过程，国际学界已有相当专深的研究。在科索沃战役600周年前后，南斯拉夫学者拉德·米哈里契奇和美国人托马斯·伊麦特分别发表专著，详细探讨了科索沃战役的背景和科索沃传奇的形成过程。伊麦特的著作用一半的篇幅对相关史料做了注解，并收入了很多图像资料。米哈里契奇是一位享有国际声望的中世纪史学者，他严格遵守批判历史学的标准，在阐述科索沃神话的形成时，尤其注重与当时历史背景的联系。经过他们的努力，科索沃战役和科索沃传奇形成的轮廓已经相当清晰。20世纪90年代以后，受南斯拉夫内战和科索沃危机的触发，这一问题再次引起国际学界的关注，学者们从集体记忆、民族认同等角度，反思巴尔干地区的历史冲突和现实困境。作为塞尔维亚民族记忆的核心，科索沃传奇也已成为记忆研究的经典课题。随着相关学术研究的国际化，与科索沃传奇相关的一些重要文本也被译成英文。鉴于国内学界对这一问题尚缺乏了解，本文将在国际学界现有研究的基础上，借助一些西语文献，对科索沃传奇的历史背景、形成过程尤其是它对第一次世界大战前塞尔维亚民族主义的影响做一个较为详尽的梳理。本文将借鉴记忆研究的某些理论，对科索沃传奇的历史认知意义做一点探讨。

一、作为历史事件的科索沃战役

1989年6月28日，塞尔维亚总统米洛舍维奇在纪念科索沃战役600周年的大会上说：“今天，我们已经很难分清哪些是科索沃战役的历史真相，哪些又是传说。但这一点并不重要。”这一说法本身就暗示，科索沃传说与科索沃战役的真相有所不同，笼统地说，这是记忆与历史之间的差别。在塞尔维亚人的记忆中，1389年的这场战役标志着塞尔维亚帝国的灭亡和奥斯曼奴役的开端，是民族独立的终结和“全部不幸的过去”的开端。但历史学的研究表明，这种记忆放大了科索沃战役的意义，这个事件很难被视为中世纪塞尔维亚历史命运的根本转折。

从12世纪后半期到14世纪中叶，塞尔维亚人是巴尔干的一支重要力量，当时涅曼尼奇王朝统一了塞尔维亚各部落，并首次将科索沃地区并入塞尔维亚王国。1346年，国王杜山（Dušan）称“塞尔维亚人和希腊人的皇帝”，并向拜占庭帝国大举扩张。这段辉煌的历史后来在塞尔维亚人的记忆中烙下了深刻的印记。但当杜山皇帝于1355年死去时，帝国开始解体。在有些传说中，杜山之后塞尔维亚的不幸源于其继任者的无能。但米哈里契奇认为，这是中世纪封建国家急剧扩张之后的自然结局，地方诸侯的独立性和居民在种族和文化方面的多样化很容易导致国家的解体。

在杜山去世的前一年，土耳其人进入巴尔干半岛。1371年9月，土军与塞尔维亚人在今希腊和保加利亚边境地带的马理查（Maritsa）河谷展开激战，塞军战败。学界认为，对土耳其征服巴尔干的历史而言，这场战役的重要性仅次于1453年攻占君士坦丁堡，从此土耳其人确立对巴尔干的统治只是个时间问题。同一年，涅曼尼奇王朝随着末代皇帝死去而解体。在随后出现的地方势力中，一个出身并不显赫的诸侯拉扎尔实力最强，此人就是科索沃战役中的塞军首领。米哈里契奇已经对他崛起的历程进行了考证。他之所以能在分裂后的塞尔维亚取得特殊地位，主要得益于两点：联姻策略和东正教会的支持。拉扎尔的领地位于塞尔维亚人聚居区的核心地带，大致在今日塞尔维亚境内，在他的南翼是控制着科索沃的武科·布朗科维奇，此人是拉扎尔的女婿；拉扎尔领地周边的其他一些领主也与他有姻亲关系。教会的支持则对拉扎尔后来的声望起了决定性的作用。土耳其人侵入涅曼尼奇王朝的领地之后，一些僧侣逃往他的领地。当时，以科索沃境内的佩奇修道院为驻地的塞尔维亚东正教牧首，与君士坦丁堡的牧首之间关系紧张。经拉扎尔调停，双方的关系有所缓和，以至有塞尔维亚僧侣记载说，塞尔维亚教会的地位从大主教区提升为牧首应归功于拉扎尔。此外，他还大量兴建教堂，向修道院广赠田产。这些举措让他被塞尔维亚教会视为涅曼尼奇王朝的继承人，在科索沃战役前后，僧侣们杜撰说，他妻子具有纯粹的帝国血统，牧首达尼洛（Danilo）甚至说拉扎尔的父亲就是皇帝杜山。于是，塞尔维亚帝国通过一个地方诸侯在记忆中延续了下来。

土耳其人早在1381年就已开始进攻拉扎尔的领地。1388年，土军被一支波斯尼亚军队击溃，这可能坚定了苏丹征服巴尔干的决心。次年，土耳其人向科索沃进军，这个地方是巴尔干半岛南部的地理中心和交通枢纽。6月28日，拉扎尔和布朗科维奇率领的塞尔维亚军队，与土耳其苏丹穆拉德一世统帅的军队，在离普里什蒂纳不远的科索沃原野展开战斗，拉扎尔和穆拉德都在战役中死去。

对于这场战役的详细经过、两位统帅死亡的细节，历史学家至今难以得出清晰的结论。伊麦特和米哈里契奇都对战役发生后不久的相关文献记载做过仔细的梳理，但它们充满矛盾和含混。现存最早记载这场战役的书面资料，来自一位前往君士坦丁堡旅途中的俄罗斯僧侣，他只是提及，穆拉德和拉扎尔在冲突中丧生，但并未指出战斗的胜负。这是战役发生12天之后的事。与后来的科索沃传说大不相同的是，14世纪末15世纪初西欧的一些文献，都认为塞尔维亚人是战争的胜利者，这可能是因为穆拉德一世的死和土军撤离科索沃造成的错觉。实际情况是，虽然双方都伤亡惨重，但从实力对比来看，土耳其远比塞尔维亚更能承受这种损失。至于战役的规模，米哈里契奇认为双方各投入两万兵力是比较可信的。在后来的集体记忆中，科索沃战役被视为塞尔维亚丧失民族独立的日子，这个说法并不确切。实际上，战役之后不久，拉扎尔的继承人仍以苏丹封臣的身份保持着半自治的地位，塞尔维亚真正完全丧失独立是在1459年。

二、传奇的构建

查布里诺维奇在审讯中提到了科索沃传说中的英雄主义和背叛两大主题。米罗什·奥比利奇是英雄主义的化身，背叛者就是拉扎尔的女婿武科·布朗科维奇，相传他与岳父一起出征但临阵叛逃，这导致塞军战败。这三个人构成传说的核心。从现有的文本看，第一个将科索沃传奇的关键情节作为一个整体呈现出来的，是杜布罗夫尼克的作家毛罗·奥尔比尼，他于1601年以意大利语出版的《斯拉夫人的王国》较为详细地描绘了战役的经过，并展现了英雄主义和背叛这两个关键主题。但这一叙述不仅放大了科索沃战役的意义，其主要角色与历史实际也相差甚大。米哈里契奇说，有关科索沃战役的资料“越是后来的，便越是属于传说的领域”，对这个事件的有限了解很快就转变成了神话，并在随后几个世纪中进一步传播，其主题也不断被刷新。换言之，在科索沃战役结束之后，有关它的各种表述便进入皮埃尔·诺拉所谓的“第二层次的历史”。我们对这种历史的考察，“较少对事件本身感兴趣，而是对它们在时间中的构建、消失和其意义的重现感兴趣；较少对实际发生的过去感兴趣，而是对过去的不断被利用、再利用和滥用，以及过去对于……当下的全部意义感兴趣……对过去在当下的整体功能和被操控感兴趣”。如果说重建真实发生的科索沃战役属于“第一层次的历史”，本文的重点则是关注从这一历史事件衍生出的神话的构建和演变，以及对它在特定时代的意义，尤其是它作为集体记忆的政治功能。简言之，这是科索沃战役的“第二层次的历史”。

在科索沃传奇的三个男主人公中，拉扎尔作为殉道者和圣徒的角色是最早被定型的，在这个过程中，教会起了关键作用。科索沃战役两年后，牧首达尼洛将拉扎尔的遗骨从科索沃的一座教堂迁往拉扎尔建立的拉瓦尼查修道院，并在同期撰写了有关拉扎尔的颂词。在此后约三十年的时间内，又有一些匿名作者撰写了颂词。这些文字将拉扎尔在科索沃的命运解释为圣徒一般的殉道，他为了天国而放弃尘世。据记载，拉扎尔曾在战前发表演说：“我们宁愿战斗而死也不愿在屈辱中求生”，“要赞美基督就必须承担基督的战士的责任”，“有块原野将收留我们的尸骨，但我们将带着荣光走进天国的园地”。当时很少有人能读到这些文字，但它通过教会的布道仪式而进入口传文化，这是民间史诗中关于拉扎尔选择“天上帝国”摈弃“尘世帝国”的源头，一首著名歌谣这样唱道：

拉扎尔，光荣的皇帝
你要选择哪个帝国？
天上的帝国，
还是地上的帝国？
……
他思忖再三，
“仁慈的神啊，
我要选择哪个帝国？
……
地上的帝国短暂，
但天上的帝国长久且永恒。”

塞尔维亚国家灭亡后，教会在延续过去的宗教和政治传统方面发挥了至关重要的作用。拉扎尔死后不久即被封为圣徒，就像大部分塞尔维亚君主一样。在奥斯曼统治时期，塞尔维亚的教堂和修道院的壁画上依然保留着这些君主的画像。而拉扎尔之所以处于核心位置，是因为他为了民族不受奴役而选择天国，就像耶稣为公义而牺牲自己，他就是塞尔维亚的耶稣；正如耶稣将再临，拉扎尔也会护佑塞尔维亚重获自由和独立。于是，教会把基督教的教理与塞尔维亚人的苦难和希望结合在了一起。当塞尔维亚农民走进这些圣地，当他们看到基督和使徒，以及失落的黄金时代的圣徒国王时，他们理解的复活可能不仅是灵魂的复活，塞尔维亚国家也将获得再生。

教会对拉扎尔的神圣化带来的一个后果是，科索沃战役具有了它本来没有的历史转折意义。这些歌颂者并不关心1389年到1459年之间的曲折历史，他们只是强烈地意识到拉扎尔的死使塞尔维亚丧失了抵抗异教徒的最后希望，科索沃战役仿佛让塞尔维亚的历史冻结了。这是导致后来塞尔维亚人的集体记忆中过分简单的历史分期的重要原因：塞尔维亚的历史被划分为前科索沃时期和后科索沃时期，前者是光荣和独立的时代，后者是奴役和期待被解放的苦难期。科索沃战役被视为一场民族灾难，那首歌唱拉扎尔选择天国的著名诗歌，其标题就是“塞尔维亚王国的覆亡”。

科索沃传说中的基督教色彩还体现在其他元素上。根据19世纪初记录的一首民歌的说法，拉扎尔曾在战役前夜与其武士们举行“最后的晚餐”，他在席间说有人将会出卖他，并说这个人就是米罗什·奥比利奇。奥比利奇愤然起誓，说他绝不是背叛者，叛徒是坐在拉扎尔身边的武科·布朗科维奇；明天，也就是圣维特日，在科索沃的战场上，人们将亲眼见证这一点。前文查布里诺维奇提到的就是这个情节。在有的故事中，拉扎尔身边的武士有12个，就像基督身边的门徒一样，他们中间的犹大就是布朗科维奇。但是，最后的晚餐、晚餐上的指控以及随后奥比利奇刺杀苏丹、布朗科维奇勾结土耳其人并临阵脱逃，在文本资料中都是相当晚才出现的，而最早将它们串联在一起的，则是战役过去两个多世纪后毛罗·奥尔比尼的著作。

1389年10月，佛罗伦萨议会给波斯尼亚国王的来信的回函中提到，12位基督教勇士冲入敌阵，杀死了大帐中的穆拉德一世，但信中没有指出究竟是谁刺杀了苏丹。不过从这些记录可以判断，苏丹被塞军勇士刺杀一事很早就有流传。但令人困惑的是，在塞尔维亚的文献中，不仅长期不见米罗什的名字，甚至这件英雄事迹一开始也无人提及。米哈里契奇判断，这个名字最早出现在15世纪初的一份保加利亚纪年中，但仅仅是一句话："异教徒穆拉德被一位名叫米罗什的青年勇士用长矛刺死。"随后土耳其的文献也有提及。直到15世纪末，塞尔维亚语的文字记录中才提到米罗什，稍后，这位英雄的名字以页边注的形式出现在塞尔维亚的君主传记中。

为什么塞尔维亚的记录会有滞后？米哈里契奇认为，这与塞尔维亚官方和教会的记忆策略有关，因为它们完全专注于地位最高的人物，地位较低的角色一律被忽略；很可能米罗什的名字曾流传于塞尔维亚民间，保加利亚和土耳其的文献可能就是从民间传说中得知这个名字的。但可以确定的是，米罗什即使确有其人，他的地位也不可能像后来传说中那样高——否则他的名字就很可能出现在早期的官方记录中——因为传说他和布朗科维奇都是拉扎尔的女婿，18世纪记录下的《科索沃战役之歌》就是这么说的。1601年毛罗·奥尔比尼的《斯拉夫人的王国》中，米罗什（记作Milosc Chobilich）也已经被说成拉扎尔的女婿，他与布朗科维奇的不和起因于双方妻子之间的一次口角。《斯拉夫人的王国》于1722年在圣彼得堡被译成与塞尔维亚语相当接近的俄语并在塞尔维亚人中间流传，《科索沃战役之歌》文字版的问世大约是在同一时期，米罗什的故事在塞尔维亚被进一步确立下来。

作为米罗什的对立面，科索沃传奇中的背叛主题则是对武科·布朗科维奇这一历史人物的严重歪曲，他在民众记忆中的形象突出地反映了记忆与历史之间的张力，这种情形让人想起我国民间文学对唐代名将苏定方的再现。1389年时，科索沃是布朗科维奇的领地，土耳其人的进攻对他的威胁最大。19世纪末以来，不断有历史学家指出，没有任何证据表明布朗科维奇在战场上背叛拉扎尔并不战而退。从战役之后的实际行动来看，布朗科维奇比拉扎尔的继承人更有气节，因为后者一度是土耳其人忠实的附庸，但布朗科维奇却始终在抵抗，最后死在土耳其人的牢狱中。

为什么布朗科维奇会成为科索沃传奇中的叛徒？首先，教会最初关于拉扎尔的记忆对布朗科维奇不利。拉扎尔是殉道者，像无数塞尔维亚战士一样牺牲在科索沃，他们"宁愿战斗而死也不愿在屈辱中求生"；但布朗科维奇是活下来的身份最高的贵族，他选择了尘世的屈辱；在这种极具基督教色彩的叙事中，他是犹大的不二人选。不过，在16世纪之前的文献中，尽管偶尔也有人提到背叛一事，但对于背叛者的身份都闪烁其词，最终将元凶确定为布朗科维奇是两个多世纪后奥尔比尼的记录："拉扎尔的女婿武科·布朗科维奇带着自己的全部人马离开了，他跟穆拉德此前有过秘密接触，要在战场上背叛岳父，以便控制拉扎尔的国家。"

米哈里契奇推测，布朗科维奇背叛一说可能在16世纪的口传文化中就已经存在，它与米罗什的英雄主义主题平行发展，奥尔比尼肯定吸收了口传故事的元素，并将这两个关键主题结合成一个合乎逻辑的完整故事。他还对这一记忆主题的历史背景做了解释。在科索沃战役前后，土耳其人一直在巴尔干拉拢当地头面人物，的确有一位拉扎尔的女婿曾与土耳其人暗通款曲。随着奥斯曼势力的推进，塞尔维亚贵族的通敌和背叛现象越来越多。有理由认为，布朗科维奇由于是科索沃战场上最显赫的苟活者而成为表达背叛主题的最佳人选。从这个意义上说，记忆中的背叛主题是塞尔维亚民众情绪的某种投射，但投射很不幸地聚焦在了布朗科维奇个人身上。

这个负面形象的影响力十分强大。查布里诺维奇的刺杀行动固然受到米罗什形象的激励，但他也想洗雪因为父亲而背负的背叛嫌疑，这种心理动机可能更为强大。2010年对塞尔维亚青年的一份民调显示，布朗科维奇留下的印记非常深刻，超过一半的受访者仍然相信他是塞尔维亚的叛徒。此外，布朗科维奇的背叛为科索沃的战败提供了一个简单但听起来颇为合理的解释，对于不了解或不关心复杂的历史背景的民众而言尤其如此。"叛徒布朗科维奇"随着《科索沃战役之歌》这样的民间歌谣而植根于塞尔维亚人的集体记忆；与此同时，完整的科索沃传奇也成为塞尔维亚的民族意识中的"元叙事"：分裂和背叛、英雄主义和复仇、民族和国家的复活。这些元素将在19世纪兴起的民族主义运动中被进一步发挥。

三、记忆的再造：两座丰碑

囿于历史研究的局限性，学者们在追溯科索沃传说的形成时不得不严重依赖文字记录。但研究者们都清楚地意识到，口传文化对科索沃故事的创造、保存、改造和传播，应该起过关键作用，尤其是在奥斯曼统治时期。人们尤其强调民间史诗的重要性，认为科索沃传说的一些关键要素是通过这种形式而进入集体记忆的。塞尔维亚的民间歌手使用一种叫古斯拉的单弦乐器，一边弹奏一边吟唱，传唱诗歌易于为文盲大众接受，塞尔维亚人的文化和身份意识也得以延续。我们绝不可低估古斯拉的感染力。塞尔维亚裔美国诗人查尔斯·西米奇（Charles Simic）回忆说，当他小时候听到一个老农弹奏古斯拉，唱起科索沃传说中的“英雄母亲之死”时，他感觉“古老的伤口再次撕裂”，古斯拉的声音就是“战败的声音”。20世纪90年代波黑战争中的塞族首领拉多万·卡拉季奇（Radovan Karadžić）也是一位古斯拉歌手。

真正以这些民间传统塑造民族认同并将其融入现代民族主义运动，是从19世纪初开始的。在民族主义知识分子和政治领导人的大力推动下，科索沃传奇为塞尔维亚人争取独立和解放的斗争提供了强大的意识形态支撑。这一进程与塞尔维亚书面文化的创生和发展息息相关，其中尤其值得一提的有两个人：一个是塞尔维亚现代语言的主要缔造者和科索沃史诗的编辑出版者武科·卡拉季奇（Vuk Stefanović Karadžić），另一个是诗剧《山地花环》的作者、黑山的诸侯兼主教涅果什（Petar Ⅱ Petrović-Njegoš）。

像欧洲其他民族一样，启蒙运动和法国大革命也对塞尔维亚人产生了影响。尽管这个民族在文化上十分落后——1827年，塞尔维亚公国的识字率不到0.5%——但它的知识分子在启蒙和革命精神的感召下创作了塞尔维亚人的历史，这是民族精神觉醒的标志。1804—1815年，塞尔维亚人发动反对土耳其人的起义，1830年，塞尔维亚公国成立。武科·卡拉季奇是这场民族运动的参与者。1813年，这位出身农家的年轻人来到维也纳。卡拉季奇是塞尔维亚语言和书写系统的改革者，致力于实现民族文学语言的现代化，以接近普通人的日常口语。对本文的主题而言，他最大的贡献是搜集和出版了有关科索沃战役的民间史诗，以书面形式实现了这一传说的经典化，进而给塞尔维亚的民族意识提供了神话基石。武科·卡拉季奇在哈布斯堡境内外的塞尔维亚人中搜集口传诗歌，并于1814至1862年之间结集出版，共计10卷。他的工作在当时的中欧和东欧名噪一时。在浪漫主义氛围下成长的中东欧著名知识分子，如德国的雅各布·格林、歌德和兰克等人，都曾赞赏卡拉季奇的工作，涅果什则是他的追随者。在民族传统的“发明”过程中，这些知识分子赋予民间传统或口传文化很重要的角色。这一观念有明显的德国源头。18世纪末，赫尔德和格林兄弟等浪漫主义者提出，民歌是一个民族的灵魂，是民族精神的最伟大的表现。塞尔维亚没有深厚的书面文学传统，知识分子们便转向了口头文学，而德国的浪漫主义者则提供了理论支持乃至优越感：在民间文学中能发现最纯粹的民族语言、最纯正的道德观念和社会财富。

19世纪初卡拉季奇出版的科索沃史诗具有这种浪漫主义民族传统的全部特征。它包含大约15个独立的诗篇，内容彼此有关联。但最近的研究表明，卡拉季奇的科索沃史诗并不像浪漫主义所期待的那样，是对“未受污染”的天然诗歌的记录，毋宁说，他进行的是一次民族传统的再造。卡拉季奇和他的助手的确走访了很多乡村歌手，但这些歌手吟唱的诗歌题材十分广泛，而他特别感兴趣的是歌颂中世纪塞尔维亚帝国及其英雄们的歌谣，科索沃战役自然是其关注的中心。他头十年记录的几乎全都是“保存着古老的塞尔维亚历史和荣耀”的民歌。但在一些塞尔维亚人聚居地区，科索沃主题的歌谣流传并不很广，萨拉热窝的歌手甚至完全不知道科索沃战役中的主要角色。这就意味着，到19世纪初，科索沃传说在塞尔维亚的民间文化中并不占有突出位置。实际上，他所搜集的科索沃主题的诗歌，几乎完全来自生活在塞尔维亚中北部、哈布斯堡帝国边境两侧的塞族歌手。

因此当时的科索沃传奇有转变成地方传统的趋势，这是土耳其人的征服造成的。在奥斯曼统治期间，不少塞族人从科索沃等南方地带向北迁移，并大量进入哈布斯堡领地。最重要的一次迁徙发生在1690年，当时塞尔维亚牧首在起义失败后跟随奥地利军队向北迁移至今伏伊伏丁那境内。1766年，奥斯曼当局废除了位于科索沃佩奇修道院的塞尔维亚牧首。在17至18世纪之交，塞尔维亚的宗教中心发生了一次大转移，拉扎尔的遗骨也迁往当时哈布斯堡境内的弗尔德尼克（Vrdnik）修道院，围绕拉扎尔和科索沃战役的纪念和传说中心亦随之转移。当卡拉季奇为弘扬塞尔维亚的光荣历史而记录科索沃史诗时，实际上是将一种走向地方化的传统确立为全民族的遗产，他在民歌搜集的选材中有意识地突出了科索沃传奇的核心位置。

卡拉季奇还对口传的科索沃史诗进行了分割和编排。在弗尔德尼克修道院的周边地带，所有有关科索沃的歌谣都来自一首长诗（其长度是塞尔维亚口传民歌平均长度的20倍），吟唱这些歌谣的是一些得到修道院资助的盲人歌手，他们接受过一定的专业训练，形成一个类似于行会的职业组织。但是，这种形态的科索沃歌谣并不符合浪漫主义者对于民歌的理想化的定义，它不是源自“人民的热情之口”的自发创作。为了显示科索沃歌谣的民众性和纯洁性，卡拉季奇没有出版长诗，而是对它进行分割剪裁，以短歌集的形式出版并流传至今。

由于武科·卡拉季奇的努力，科索沃传奇在民族主义兴起的关键时刻被唤醒，并被赋予民众主义的色彩。科索沃的记忆被再造和强化了，随着民族主义宣传运动及新的语言文字的推广——1884年塞尔维亚的识字率接近10%——科索沃传奇有了各种改编和演绎，并成功地植入塞尔维亚人的集体记忆中，第一次世界大战前一个士兵的回忆就揭示了这一点：

> 科索沃，单单这个词就引起了难以名状的冲动。它指向的是我们黑暗的过去——五个世纪了！它包含着我们整个悲惨的过去，从拉扎尔的悲剧到全体塞尔维亚人的不幸……我们每个人还在摇篮的时候就有了自己关于科索沃的形象。我们的母亲唱着科索沃的歌谣哄我们入睡，学校的老师总是在讲述拉扎尔和米罗什的故事……

这个神话的动员力量不仅在于其悲情叙事，也在于它能唤醒人们关于塞尔维亚辉煌历史的记忆，而这种记忆很容易为民族主义者的政治诉求尤其是领土扩张提供依据。在这个问题上，学界都会提到伊利亚·加拉塞宁所起的作用。此人曾于1843—1867年间在塞尔维亚公国政府中担任要职，他在1844年撰写的《方略》(*Nacertanije*)被视为第一次世界大战前塞尔维亚扩张政策的纲领。加拉塞宁是个现实主义者，被称为“巴尔干的俾斯麦”，他认为塞尔维亚为了自己的安全利益必须兼并境外的塞尔维亚人聚居地，其中包括科索沃和世界大战的策源地波斯尼亚；他还为自己的扩张政策寻找历史依据：塞尔维亚本来有取代拜占庭帝国的历史使命，杜山皇帝已经戴上了希腊人的皇冠，但土耳其人的到来打断了这一进程。

《方略》问世三年之后，涅果什发表塞尔维亚文学史上的杰作《山地花环》(*Gorski vijenac*)，它为这一扩张计划提供了精神动力。萨拉热窝的刺客普林西普会背诵《山地花环》，拉多万·卡拉季奇也会背诵。由于它的巨大影响力，科索沃记忆的重心发生了位移：此前的重心是对拉扎尔的崇拜，它带有明显的宗教色彩，武科·卡拉季奇出版的科索沃史诗仍可看到这一特征，例如拉扎尔最后的晚餐和他死后头颅与身体再次弥合的神迹。但此后米罗什所象征的英雄主义占有更加突出的位置。这是一种带有暴力色彩和复仇观念的英雄主义。

在1878年获得完全独立之前，黑山是奥斯曼帝国中享有较高自治权的地区，但这里的居民在与土耳其人长期的斗争中，产生出一种独特的集体意识：他们是1389年科索沃战役后为逃避土耳其的奴役而藏身这个险峻山区的。19世纪初塞尔维亚人的起义进一步激发了反抗斗争，涅果什则将科索沃记忆融入当地人的日常生活中。他设计了一种帽子，上面的黑丝是对科索沃的哀悼，红丝象征被血浸染的塞尔维亚人的土地；涅曼尼奇王朝的徽章位于帽子中间，周围是五道金线，象征五个世纪以来黑山人的抗争。他还设计了奥比利奇勇敢奖章；而他创作的《山地花环》则让"黑山人的头脑和心灵都与科索沃神话生活在一起……他们对其中诗句的了解，比主保圣徒日的圣歌懂得都多"。

《山地花环》的情节源自一个真实性十分可疑的故事，故事发生在18世纪初的一个圣诞节前夜，其核心是黑山起义者"消灭投靠土耳其的改宗者"。作品虽然选取了较近的历史背景，但科索沃记忆是其根本的参照。在800多行诗句（英译版）中，科索沃出现12次，但更重要的是科索沃的意象：那里是"巨大的坟场"，是"最后的审判之地"；米罗什（或奥比利奇）的名字出现约20次，他取得了神灵一般的地位。这一英雄主义的记忆是被用来动员血腥复仇的行动的，诗中流露出塞尔维亚人与改宗伊斯兰教的斯拉夫人不共戴天的仇恨；穆斯林是不共戴天的仇敌，黑山战士凭奥比利奇的名字起誓，要让两种信仰"浸在血泊中"；诗中提到鲜血和带血的意象（如血染的河流）超过40次。在宣扬勇敢和复仇的同时，《山地花环》对背叛者——"叛徒"和"走狗"布朗科维奇的后继者——的极端仇恨尤其令人瞩目：

> 谁背叛那些勇敢的战士，
> 愿他们都化成石头和灰烬！
> 愿主以他的万能之力
> 将他们原野上的所有种子变成石子！
> 他们妻子腹中的胎儿变成石头！
> 他们的后人世代都患麻风病！

科索沃史诗中也有血腥的意象和对怯懦者的诅咒，但《山地花环》将这种情绪推向了极端，并将对异教徒的暴力行为神圣化了，作品中也不再有天国与尘世抉择之类的宗教主题。但这两部作品在有一点上是一致的，那就是对历史事实的简化和歪曲。《山地花环》所歌颂的黑山人对异教徒的灭绝行动，是涅果什的诗意想象，与历史实际相差甚远。黑山地区穆斯林的离开是逐步的，为时超过一个世纪，但这段并不那么血腥的历史被他描绘成一场英勇残暴的复仇行动。考虑到涅果什的兄弟曾在1836年被土耳其人斩首、他所处那个社会展示残酷刑罚的做法司空见惯，以及塞尔维亚人对土耳其人的残酷迫害的记忆，我们当然不能把这种暴力和复仇主义单方面地归咎于涅果什，但当它被灌输到民族主义的官方政策中时，的确会造成严重的后果。

四、官方对记忆的政治利用

《山地花环》对塞尔维亚民族主义运动意义非凡。经过涅果什的宣扬，对科索沃的殉道和牺牲的记忆转变成一种进取力量，它以根除塞尔维亚人土地上的一切外来统治为目标。19世纪塞尔维亚的艺术家们大力宣传科索沃精神，1827—1889年，以米罗什和拉扎尔为主题的戏剧有五部。塞尔维亚公国也注重在新式教育和文化事业中培育民族意识。即便在塞尔维亚于1878年获得完全的独立地位之后，大片塞尔维亚人居住区，包括科索沃，仍处于外国统治之下。1864年，一份塞尔维亚人的报纸就在召唤那种进取的英雄主义："我们的成果仍很微小。一半的塞尔维亚人仍在科索沃的锁链中……今天谁是我们的米罗什呢?"

在这种背景下，科索沃神话的政治动员能力被进一步加强。塞尔维亚公国成立后，这个神话有了进一步发挥效力的政治平台。将科索沃神话与圣维特纪念日正式结合起来，就是对记忆进行政治操控的一次成功实践。据推测，圣维特（Saint Vitus）可能是从古代斯拉夫的战神（Svetovit）演化而来，这个名字后来与公元3世纪的一位圣徒维特（Vitus或Vit）混同，后者殉教的日子与科索沃战役刚好是同一天。19世纪前期，随着民族意识的发展，人们对一切古老事物都产生了兴趣，在对科索沃神话日益升温的热情中，圣维特日也被越来越频繁地提及，贝尔格莱德主要的政治杂志便以"圣维特日"命名。在塞尔维亚的官方日历中，这一天从1864年起被正式标注为特别节日；1879年，一篇报刊文章认为圣维特日应该成为忏悔、祈祷和斋戒的日子，以"铭记我们的英雄和神灵"。1889年科索沃战役五百周年之际，官方举办了一系列纪念"圣维特日战死在科索沃的英雄"的活动。次年，圣维特日被正式确定为国家纪念日，以缅怀那些"为信仰和祖国而献身的塞尔维亚战士"。

对圣维特日的推崇，同样展现了科索沃记忆中的暴力和复仇主义倾向。

据说当时有一种习俗：在纪念日的前夜，家长会给每个参加聚会的家人一支芍药，并说“我要你们像这花一样鲜红和坚强”，接过花的人回答：“我会像在科索沃原野上抛洒热血的战士一样。”芍药是科索沃原野上常见的小花，民间传说它滴下的汁液是科索沃的战士在哀悼他们失去的帝国。那一天，布谷鸟也停止鸣叫，以悼念在科索沃战死的英雄。另一个传说更具复仇主义色彩：在圣维特日那天，流经科索沃的三条河流会变成血红色，且每年都会如此，直到“洗雪科索沃的冤仇，将它完全从土耳其的奴役下解放”。

民间记忆与官方的立场遥相呼应。1889年6月28日，塞尔维亚政府在拉扎尔当年的都城举行了科索沃英雄纪念碑的奠基仪式，国王在那一天加冕，政府决定资助出版新的科索沃史诗版本……科索沃俨然成为塞尔维亚公共生活的中心了。6月11日，塞尔维亚外长就科索沃战役的意义发表演讲：

> 科索沃是我们民族骄傲的永不枯竭的源泉。这种骄傲比语言更重要，比教会更强大，它将所有塞尔维亚人凝聚成一个统一的民族……五百年来，科索沃英雄们的光荣就像暗夜里闪耀的恒星……我们的人民……以无数次起义来争取重获自由。没有哪一次争取自由的战争——哪有没有战争的岁月呢？——科索沃的英灵不曾参与。塞尔维亚的新历史从科索沃开始，这是……长期的苦难、无休止的战争以及永不熄灭的光荣的历史……

艺术界和学术界人士也在为官方的科索沃记忆提供支持。19—20世纪之交，塞尔维亚最著名的画家乌罗什·普列蒂奇（Uroš Predić）和派雅·约万诺维奇（Paja Jovanović）都创作了大量与科索沃记忆相关的名作，这些作品“印在了每一个塞尔维亚人的脑海中”。在历史学界，米罗什·米洛耶维奇（Miloš S. Milojević）和潘特里亚-潘塔·斯列科维奇（Pantelija-Panta Srecković）纷纷发表弘扬爱国精神的作品。但他们对科索沃传说的宣扬引发了当时正在兴起的批判历史学的驳斥。

当时塞尔维亚批判历史学的主要代表是伊拉里昂·卢瓦拉奇（Ilarion Ruvarac），他在维也纳接受史学训练，主张从原始史料而不是诗歌和传说来重建科索沃战役的历史。1887年，他撰文指出了当时集体记忆中的一个错误：拉扎尔的头衔不是皇帝，而只是个地方诸侯（prince）；塞尔维亚帝国在1371年就告终了，科索沃战役与帝国的终结没有直接关系。他还指责米洛耶维奇和斯列科维奇对中世纪塞尔维亚历史的歌颂缺乏依据，尤其是夸大了塞尔维亚的领土范围。与此同时，另一位学者柳博米尔·卡瓦切维奇（Ljubomir Kavačević）在认真研究后提出，武科·布朗科维奇不是叛徒。但他们的结论危及科索沃传说的核心和民族主义者的政治诉求的历史依据，也激怒了为民族主义背书的学者，他们指责卢瓦拉奇是塞尔维亚民族的叛徒，摧毁了塞尔维亚的"民族性"，甚至应该被处决；军队也指责他危害了塞尔维亚的民族利益。

这场争吵鲜明地反映出，批判历史学试图重建的历史，与"第二层次的历史"或"记忆"之间的冲突。笔者曾指出，塑造民族身份的集体记忆，其特征是要国民去相信，但记忆本身是缺乏反思性的；而作为科学研究的历史学具有怀疑和批判的特征，因此二者之间会存在矛盾，这也是皮埃尔·诺拉所谓"历史与记忆之间"会产生各种纠结的一大根源。对塞尔维亚民族主义者来说，科索沃战役的真相究竟如何并不重要，重要的是他们记忆中的科索沃、经过长期加工并适应当下需求的"第二层次"的科索沃，百年之后米洛舍维奇不是还说科索沃战役的真相和传说之分并不重要吗？而19—20世纪之交的塞尔维亚政治家们更是需要民族历史的辉煌叙事和科索沃的创伤记忆来动员民众，因此由斯列科维奇掌管历史教育就不足为奇了。这种教育取得了如期的效果。1912年，当塞尔维亚终于迎来了解放科索沃的伟大日子时，一个士兵记录下了他们战前动员的场景：

> 当我们到达科索沃，部队待命出发时，军官向我们发表演说："兄弟们，我的孩子，我的儿子们！"他停顿了一下，"我们现在就站在埋葬着我们光荣的地方。我们向牺牲的祖先的英灵致敬……"他的声音哽咽了，眼泪像流水一样顺着脸颊和灰白的胡须落在地上……拉扎尔、米罗什，所有科索沃殉道者的亡魂都注视着我们。我们感到强大而骄傲……我们这一代人将实现整个民族好几个世纪以来的梦想：用我们的剑夺回失去的自由。

这个场景见证了科索沃记忆所蕴含的情感力量。有评论者说，进入科索沃的塞尔维亚士兵相信这次进军是与过去英灵的重逢，他们仿佛是追随中世纪的骑士一起复仇。1912—1913年的两次巴尔干战争被塞尔维亚人视为一场圣战，参战的士兵荣膺一种特别的奖章，上面的铭文是："献给科索沃的复仇者，1912—1913”。1912年10月，塞军在今马其顿北部的库马诺沃击败土军，科索沃被交给塞尔维亚，于是一个新的口号被创造出来：“库马诺沃为科索沃复仇了。”对塞尔维亚来说，收复科索沃是一次复仇行动，但复仇的对象不仅是奥斯曼统治者，还有科索沃当地的阿尔巴尼亚族穆斯林，这是近代巴尔干历史上一个影响深远的悲剧性事件。

在奥斯曼统治科索沃的四个半世纪里，该地居民的民族构成发生了重大转变。1455年奥斯曼吞并科索沃时，当地居民中塞尔维亚人占压倒多数。16世纪初，阿尔巴尼亚人大量迁入，这一趋势贯穿整个17世纪。17—18世纪之交，由于哈布斯堡和奥斯曼两大帝国之间战事的蔓延，很多塞尔维亚人逃往北方的哈布斯堡领地，1690年的大迁徙就发生在这种背景下。这时迁入科索沃的阿尔巴尼亚人越来越多，19世纪中叶，他们很可能已经占据了人口的多数。到1900年前后，科索沃的穆斯林已占总人口的70%强，大部分是阿尔巴尼亚族。

阿尔巴尼亚人是在奥斯曼的压力下成为穆斯林的，关键时期是在17世纪。由于阿尔巴尼亚基督徒大多信奉天主教，承认罗马的权威，因而遭受奥斯曼当局更大的敌意和压力，他们负担的人头税急剧增长，很多阿族人开始改宗伊斯兰教。学者认为，在19世纪之前，巴尔干地区阿族和塞族的关系复杂微妙，但绝不是后来双方的民族主义者构建起来的那种简单的对抗关系。双方的关系是在19世纪明显恶化的。在这一变化中，科索沃神话起到了催化剂的作用。在科索沃战役中，塞尔维亚的对手是穆斯林，《山地花环》则宣扬对改宗伊斯兰教的基督徒复仇。1912—1913年塞尔维亚军队对科索沃穆斯林的报复，就发生在这样的记忆氛围中。塞军在科索沃的行动骇人听闻，当时在巴尔干担任军事记者的列昂·托洛茨基留下了相关的记录。两次巴尔干战争暴行还促使卡内基和平基金会设立一个国际调查委员会，该委员会后来就两次巴尔干战争发表了报告。

《山地花环》构想的复仇终于在科索沃上演，但这只是一场更大规模的暴行的序幕。在1914年圣维特日的萨拉热窝，普林西普带着对这部史诗的记忆射出了仇恨的子弹。五十年前塞尔维亚人曾追问谁是他们的奥比利奇，普林西普认为他可以担当这个角色，他将以刺杀暴君的壮举，实现塞尔维亚人最终的解放。对于这群塞尔维亚爱国青年，不少学者都认为应该回到他们赖以生长的“狄纳里克”（Dinaric）文化-记忆环境中去理解。狄纳里克是巴尔干西端靠近亚得里亚海的山地地带，黑山是其中的一部分。在这片贫瘠山区的家长制社会中，暴力和血腥复仇是一种文化，当这种文化与19世纪的民族主义结合在一起时，便产生了孕育普林西普式爱国青年的环境。他们崇拜科索沃传说，相信政治暗杀有助于恢复五个世纪前在科索沃失去的自由，普林西普就是狄纳里克人格的典型：

> 狄纳里克人有一股为科索沃复仇的怒火……他们要复兴古老的塞尔维亚帝国……他们认为自己是神选定来执行民族使命的……每个狄纳里克人都认为民族英雄是他们的祖先……他们在头脑中回味着祖先的伟业和他们无尽的苦难……他们……甚至对科索沃英雄们的伤口感同身受。

这个瘦弱的少年大概不会想到，在他射杀斐迪南大公一年多之后，塞尔维亚军队就不得不经科索沃向科孚岛撤退。不过他一定会理解当时塞军元帅米西奇（Zivojin Misic）的请求：他要求部队在科索沃对占压倒优势敌国军队做最后的抵抗，以效仿拉扎尔宁愿战死也不愿忍辱偷生的殉道精神。但这个请求没有得到政治当局的批准。三年前他们带着科索沃的记忆解放这块圣地，如今却不得不黯然离开。显然，科索沃神话的影响远没有在1915年终结。

总结与评论

两次世界大战期间，科索沃地区数次经历外部大国的占领，这样的经历，尤其是二战期间纳粹的占领，使得当地的族群关系进一步复杂化。铁托去世后，南斯拉夫地区一度稳定的族群关系又开始逐步恶化。在科索沃战役600周年之际，塞尔维亚官方的纪念活动再次触动了这个地区敏感的政治神经，1999年的科索沃战争又再次使这里成为世界瞩目的焦点。对于第一次世界大战后的科索沃记忆，另须专文探讨。这里只就几个带有普遍意义的问题做几点评论。

21世纪初，塞尔维亚外长武科·耶利米奇（Vuk Jeremic）说，塞尔维亚不能接受科索沃的独立，因为它是“我们的耶路撒冷”。在科索沃史诗中，佩奇的名字是与耶路撒冷放在一起的。1690年的大迁徙之所以在塞尔维亚人的记忆中占有重要地位，是因为牧首在土耳其的威胁和勒索之下，被迫率领大批塞尔维亚人离开科索沃。这就可以解释，为什么人们经常把塞尔维亚人与犹太人进行类比。

西方学者对20世纪塞尔维亚的民族主义有很多批评，其中当然有其合理乃至必要之处。但应该思考的是，20世纪巴尔干的暴行是世界瞩目的焦点，但土耳其在巴尔干五个世纪的统治是否受到过这样的关注？武科·卡拉季奇的科索沃史诗、涅果什的《山地花环》最初都是在境外出版的，加拉塞宁和卢瓦拉奇主要是在哈布斯堡领地内接受教育。这些事实，连同小说《德里纳河上的桥》和约万诺维奇的绘画所再现的集体记忆，足以说明外来统治和帝国扩张给一个弱小民族带来的不幸及留下的创伤。

但同样需要反思的是塞尔维亚人应对这种创伤记忆的方式。20世纪末南斯拉夫内战后，一些学者已经意识到《山地花环》带来的负面后果。本文想谈一下科索沃记忆与当下政治的关系。科索沃神话把中世纪塞尔维亚帝国的灭亡简单地归咎于布朗科维奇的背叛，这给后来塞尔维亚人的历史观产生了影响。可以说，科索沃神话给塞尔维亚的历史提供了一个具有解释效力的“元叙事”，这尤其表现在每个重大历史关头对于分裂和背叛的憎恨和警惕中。直到1989年，米洛舍维奇还在演讲中强调：

> 几个世纪以来可以确信的是，600年前科索沃的战败是分裂造成的……科索沃战场上的不统一和背叛将像恶魔一样继续贯穿塞尔维亚人民的整个历史……塞尔维亚人的分裂导致国家的落后和屈辱，科索沃比任何地方都更有意义，因为这里是分裂和背叛的象征。

这是对布朗科维奇这一母题的发挥，它突出地反映了科索沃记忆的“超时间性”：不管当下的局面与1389年差别有多大，背叛这样的主题永远具有强大的解释力。因此有学者再次将塞尔维亚人和犹太人进行类比，并认为科索沃传奇具有某些民族神话的共同特征：这些奠基性神话为此后的历史提供了类比的原型和基本的解释框架，后世的历史仿佛只是对这个神话的反复再现。加布列尔·斯皮格尔说：“对于犹太人，历史经验已被融入犹太圣礼中反复述及的典范性事件（paradigmatic events）中。”最近或当代的经验只有类比于这类事件才能得到解释并获得意义。在这种仪式性的记忆中，过去通过背诵和记忆融入当下。科索沃神话与此相似，它不仅与当下的处境产生共鸣，还为后者提供解释，给各种角色和行为贴上标签或提供参照：普林西普自比米罗什，查布里诺维奇不想背负布朗科维奇的恶名。从这个意义上说，科索沃记忆从历史中剥离了出来，进入了无时间的领域。

科索沃传奇的无时间性与塞尔维亚教会的立场有关：它不顾现代史学的成就，将科索沃神话确立为一种永恒的、循环的、至今仍可感知的真理。正是由于无时间性，塞尔维亚人在调动和利用科索沃传奇时，便会忽视当下的处境与记忆中的科索沃战役的巨大差别。例如对科索沃的权利要求。1389年的科索沃的确可以视为塞尔维亚人的土地和宗教中心，但五百年后的情况已经大不相同。因此科索沃记忆所产生的权利要求牵涉1389年所不曾遇到的局面，尤其是牵涉其他民族的权利。这是超时间性的民族神话带来的困境。

强调科索沃记忆的超时间性，绝不意味着记忆本身没有变化。这个神话的关键要素组合成完整的叙事，经历了相当长的时间，它真正成为全体塞尔维亚人的民族神话，则是19世纪的事；而在19世纪，神话诉说的重点从宗教救赎转向了英雄主义和复仇主义。另外需要强调的是，科索沃传奇作为一种元叙事具有高度的涵盖性，正如学者指出的，土耳其人实际上是一种“他者”形象，它在19世纪可以用来指改宗伊斯兰教的斯拉夫人，在20世纪又替换为克罗地亚人或阿尔巴尼亚人。

上述变化反映的正是科索沃战役的第二层次的历史。卢瓦拉奇也许会感到失望的是，一百多年后，很多塞尔维亚人仍然没有接受他的批判性研究成果。这或许是批判性历史研究在面对政治对记忆的利用时无能为力的一个例证。与此相应的是，科索沃传奇中的民族和宗教对抗主题遮蔽了历史中建设性的方面。今天的学者认为，塞尔维亚人和阿尔巴尼亚人的祖先曾有过和谐共处的日子，他们崇拜同样的圣徒、在同样的教堂里祈祷，甚至还在1389年科索沃的战场上并肩战斗。这就意味着，塞尔维亚关于科索沃的记忆有某种依据历史实际进行再造的可能。但这种可能究竟在多大程度上能兑现，笔者认为恐怕主要取决于各方政治当局的意愿。

丝绸贸易：起源与特征①

王三三

“丝绸之路”自得名以来，学者们围绕其名称的合理与否提出过很多新的看法，如“玉石之路”“陶瓷之路”“茶叶之路”……但从文献所载和出土的考古证据来判断，丝绸在事实上还是丝绸之路上无可替代的主导商品。②而从整个丝路贸易的发展史来看，丝绸贸易无疑最具有典型性和代表性。正如美国学者丹尼尔·沃（Daniel C. Waugh）所说：“尽管丝绸只是参与贸易的诸多商品之一，但丝绸最能体现‘丝’路沿途欧亚世界经济和文化交流的历史。”③虽在汉代以前，丝绸贸易早已出现于欧亚内陆地区，但不可否认，丝绸被纳入官方交往的对象且开始有规模地对外输出却依然是在张骞通西域以后。也正是在此以后，丝绸才逐渐成为外西域诸民族眼中独一无二的商品。随着丝绸的西传，由“丝”引起的一连串与之相关的名词和故事开始冲击着西方人对于“丝国”的探索和认知。从维吉尔（Virgil，前70年—前19年）记载“赛里斯羊毛”④的时期，罗马人肯定就开始进口中国的丝绸了，但直到中国与罗马的丝绸贸易间接开展了近200年后，波桑尼阿斯（Pausanias，

【作者简介】王三三，华南师范大学历史文化学院教师。

① 本文系国家社科基金青年项目“帕提亚与丝路文化交流研究”（项目编号：15CSS029）的阶段性成果。

② 赵丰：《定义与实证：丝绸的起源、传播与交流》，载赵丰主编：《丝绸之路——起源、传播与交流》，浙江大学出版社，2015年版，第23-31页。

③ http://depts.washington.edu/silkroad/exhibit/trade/silkae.html，2016年9月10日。

④ Virgil, *Georgics*, Ⅱ, 121, Loeb Classical Library, translated by H. Rushton Fairclough, Cambridge: Harvard University Press; London: William Heinemann Ltd., new and revised edition, 1938.

约公元2世纪）才近乎真实地得知：原来让罗马人着迷的丝绸只是出于赛里斯国的一种名为“赛尔”（Sér）的虫子！[①] 这一探索的历程，直至查士丁尼时期方稍有了明显的进步。[②]

两汉时期丝绸向外传播，由东渐西，先从塔里木盆地周边诸国渐西传至中亚的大夏和贵霜，继而通过帕提亚和叙利亚地区商人的中转，终达于地中海的罗马世界。由于文献极其匮乏，我们无法判断在这一多极贸易体系中帕提亚与汉王朝丝绸贸易开展的具体情况，不过现代学者普遍认为，在整个丝路贸易的环节里，帕提亚更多的是中间商而非消费者。目前除了帕尔米拉和杜拉-欧罗波斯等地发现了帕提亚时期的丝织品遗迹外，还没有更为有力的证据直接指向帕提亚人对于丝绸的消费情况。相反，古典文献关于丝绸在罗马流行的记载反倒说明，罗马无疑是中国丝绸消费最大的主顾。赫德逊认为，虽然贸易品还有铁、漆器等其他物品，但仅仅是丝绸一项就占了“中国对罗马出口的百分之九十”。[③] 换句话说，丝绸的大部分最终一定是流向了罗马帝国的市场，而不是居间的帕提亚人或者贵霜人的手中。丝绸西传的历史过程及其特点与丝路沿途政治格局的变迁密切相关。随着汉与帕提亚官方外交关系的确立，丝绸之路继续向西延伸，欧亚内陆逐渐形成了以汉和罗马为两极，以帕提亚和贵霜为中枢的贸易交通体系。有关丝绸外传问题，学术界已多有

---

① Pausanias, *Description of Greece*, Ⅵ, 26, 6–9, Loeb Classical Library, translated by W. H. S. Jones and H. A. Omerod, Cambridge: Harvard University Press; London: William Heinemann Ltd., 1918.

② 关于拜占庭时期蚕种传入罗马帝国一事，可见于普罗柯比《战史》和《秘史》的相关记载。但是对于查士丁尼时期拜占庭帝国丝织业发展的问题，学界依然争论纷纷，参考裕尔撰，考迪埃修订：《东域纪程录丛》，张绪山译，中华书局，2008年版，第18–19页；Michael Loewe, “Spices and Silk: Aspects of World Trade in the First Seven Centuries of the Christian Era”, in *Journal of the Royal Asiatic Society of Great Britain and Ireland*, No. 2(1971), pp. 166–179.

③ 赫德逊：《欧洲与中国》，王遵仲等译，中华书局，1995年版，第66页。

建树，且积累了大量有益的研究成果[①]，但对于丝绸贸易如何兴起的问题却论述不多。基于此，本文试图在前人的研究基础上，结合相关考古研究，以尽可能地对丝绸贸易的起源及其特征问题略做一番系统的梳理和阐述。

一、丝绸贸易的起源

朱杰勤曾说，"古代中西交通，实以丝绸贸易为开端"。[②]汉代以前，丝绸即已开始向外输出。除了大量的考古证据外[③]，《穆天子传》所记周穆王见西王母时，"献锦组百纯，□组三百纯"，便是一明证。[④]及张骞通西域后，丝绸才渐被纳入官方交往的范畴，开始大规模地外输，西域诸国逐渐普遍地认识了丝绸。因此，从国家间正式交往的角度来说，"张骞出使西域是发展丝绸贸易的开端"。[⑤]

李希霍芬之所以以"丝绸"来命名汉代与西域诸国间的交通要道，是因为在中国出口西域的商品中，丝绸是最受崇尚、最受欢迎的商品，无论在数

---

① 如代表性成果有姚宝猷：《中国丝绢西传考》，载《史学专刊》1937年第1期；朱杰勤：《华丝传入欧洲考略》，载《文史汇刊》1935年第1卷第2期；季羡林：《中国蚕丝输入印度的初步研究》，载《历史研究》1955年第4期；夏鼐：《新疆发现的古代丝织品——绮、锦和刺绣》，载《考古学报》1963年第1期；夏鼐：《汉唐丝绸和丝绸之路》，载《夏鼐文集》（中册），文物出版社，1985年版，第366-376页；宋馨：《汉唐丝绸的外销——从中国到欧洲》，载宁夏文物考古所编：《丝绸之路上的考古、宗教与历史》，文物出版社，2011年版，第22-33页；赵丰主编：《丝绸之路——起源、传播与交流》，浙江大学出版社，2015年版。

② 朱杰勤：《华丝传入欧洲考略》，载《文史汇刊》1935年第2期。

③ 如考古发现的古埃及21王朝木乃伊头发样本上所见中国的丝绸、阿尔泰巴泽雷克墓冢所见丝织物，皆有力地说明先秦时期欧亚内陆文化交流的规模和广度。G. Lubec, J. Holaubek, C. Feldl, B. Lubec, E. Strouhal, "Use of Silk In Ancient Egypt", in *Nature*, Vol. 362, 4 March, 1993; Jorg Biel, "Treasure from a Celtic Tomb", in *National Geographic*, Vol. 157, no.3, March 1980, pp. 429-438; S. I. Rudenko, *Frozen tombs of Siberia*, University of California Press, 1970; K. Ribaud, "A closer view of early Chinese Silks", in *Studies in Textile History*, ed. V. Gervers. Toronto: Royal Ontario Museum, 1977, pp. 252-280; С. И. 鲁金科著，潘孟淘译：《论中国与阿尔泰部落的古代关系》，载《考古学报》1957年第2期；王三三：《汉代以前的内陆欧亚交通和文化碰触》，载特力更、李锦绣主编：《内陆欧亚历史文化国际学术研讨会论文集》，内蒙古人民出版社，2015年版，第136-142页。

④ 丁谦：《穆天子传地理考证》卷三，浙江图书馆校刊，1915年版，第1页。

⑤ Joseph Needham (eds.), *Science and Civilization in China*, Vol. 1, Introductory, p. 176.

量或地位上，都没有哪一样能与华美的丝绸相媲美。[①]从当时的交往环境来看，丝绸不仅是中国通行西域诸国的名片，也演变成了西域诸国称呼中国或与此有关民族的一种代名词。两汉时期丝绸向外输出的方式，为我们考察汉代丝绸贸易的起源提供了可行的视角。根据古代文献提供的信息和近现代学者的研究成果，可将丝绸最初向外输出的方式，分为以下四种。

第一种是纳贡。汉初，匈奴强而汉弱，汉向匈奴纳贡成了丝绸大规模向外输出的最初方式。匈奴的威胁造成了汉被迫向匈奴纳贡，因贡品中相当一部分是丝绸，所以在丝绸贸易兴起之前不久，汉地的丝绸就通过这种途径向域外输出了。如《史记》记载：

> （汉高祖九年，公元前198年）冬，高帝乃使刘敬奉宗室女公主为单于阏氏，岁奉匈奴絮缯酒米食物各有数。（《史记·匈奴列传》）
>
> 孝文帝前六年（公元前174年），汉遗匈奴书曰：……汉与匈奴约为兄弟，所以遣单于甚厚……服绣袷绮衣、长襦、锦袍各一……绣十匹，锦二十匹，赤绨绿缯各四十匹。（《史记·匈奴列传》）
>
> 孝文帝后二年（公元前162年）……诏吏遗单于秫蘖、金帛、丝絮、它物岁有数。（《史记·匈奴列传》）
>
> 后余岁，孝文帝崩，孝景帝立（公元前157年）……孝景帝复与匈奴和亲，通关市，给遗匈奴，遣公主，如故约。（《史记·匈奴列传》）

结合汉匈对峙的历史，可知，匈奴对汉的威胁持续多久，则意味着汉向匈奴的纳贡也就会持续多长。公元前162年以前，所贡之物多为絮、缯、酒、米等物，但此后则改为秫蘖、金帛、丝絮，即是说增加的都是金帛、丝絮等贵重物品。这一情形直至公元前133年武帝对匈奴发动攻势，方告终止。可以说，从汉朝立国至武帝在位前期，汉地的丝绸通过纳贡的形式外输的时间近乎六七十年之久。正如何四维所说，这种长时间的纳贡很可能也是引起丝绸贸易的因素之一。[②]

---

① 斯文·赫定：《丝绸之路》，江红、李佩娟译，新疆人民出版社，1997年版，第210页。

② A E. P. Hulsewe, "Quelques considerations sur le commerce de la soie au temps de la dynastie des Han", in *Mélanges de sinologie offerts a Monsieur Paul Demieville* Ⅱ, Paris, 1974, pp. 117-135；何四维：《汉代丝绸贸易考》，载郑炳林主编：《法国西域史学精粹》（3），耿昇译，甘肃人民出版社，2011年版，第743-757页。

第二种是赠赐。随着张骞西使和汉匈强弱关系的变动，赠赐渐渐代替了纳贡而成为丝绸向外流通的另一种普遍方式。且试举数例如后：

> 甘露三年（公元前51年），单于正月朝天子于甘泉宫，汉宠以殊礼，位在诸侯王上，赞谒称臣而不名，赐以冠带、衣裳、黄金玺、戾绶……衣被七十七袭，锦绣绮缯杂帛八千匹，絮六千斤。（《汉书·匈奴传》）

> （建武二十六年，公元50年）秋，南单于遣子入侍奉，奏诣阙，诏赐单于……黄金锦绣缯布万匹，絮万斤。……单于岁尽辄遣奉奏，送侍子入朝……汉乃遣单于使令谒者将送赐彩缯千匹，锦四端，金十斤。太官御食酱及橙橘龙眼荔支，赐单于母及诸阏氏，单于子及左右贤王、左右谷蠡王骨都侯有功善者，缯彩合万匹。岁以为常。（《后汉书·南匈奴传》）

> 元康元年（公元前65年），（龟兹）王及夫人皆赐印绶。夫人号称公主，赐以车骑旗鼓，歌吹数十人，绮绣杂缯琦珍凡数千万。（《汉书·西域传》）

为了与西域国家确立稳固的政治关系，赠赐逐渐成为丝绸外输的新途径和固有模式。实际上，“礼物”的赠赐并非单向进行的，即使是汉纳贡匈奴时期，匈奴也常常送给汉朝马匹、牛羊和皮毛。此后，乌孙、呼揭和坚昆等民族亦复如此。随着往来的频繁，赠赐在客观上便确立了一种“绢马贸易”的关系。[①]通过文献透露的信息，可推测张骞两次出使西域期间，丝绸肯定也被汉朝的使者带到了西域的大宛、康居、乌孙、大夏和帕提亚等国。《史记·大宛列传》载张骞第二次出使时：“将三百人，马各二匹，牛羊以万数，赍金币帛直数千巨万。”其中的帛，即为丝绸。由此可知，汉与帕提亚确立外交关系之初，丝绸已流入中亚乃至西亚地区。

不难看出，匈奴强而汉弱时，多纳贡，及至汉强而匈奴弱时，多赠赐。总之，纳贡和赠赐都是作为中原政权的汉王朝与其周边政治实体关系互动下

① Frederick J. Teggart, *Rome and China: A Study of Correlations in Historical Events*, Berkeley: University of California Press, 1969, pp. 214–216.

丝绸外输的方式，且有力地促成了丝路初兴阶段丝绸贸易的兴起。[①]这两种方式的出现基于两个基本的事实性要素，一是古代西域没有丝，二是丝本身代表着一种尊贵和地位。《史记·大宛列传》载："自大宛以西，至安息……其地皆无丝、漆。"《汉书·西域传》载："渠梨，其旁国少锥刀，贵黄金采缯。"又《广弘明集》载："胡人见锦，不信有虫食树吐丝所成。"[②]即说明西域诸国不产丝，丝在西域诸国人的心目中充满着奇妙与神秘的色彩。且自周代以后，帝王服饰被纳入礼仪的范畴，丝绸便因其自身的优越性而充当着礼仪制度的工具，成为一种政治符号、一种地位的象征。丝绸本身的优越性给予了它作为政治和宗教符号时具有特别的吸引力。因此，历代君主往往将丝绸作为礼物赠赐给西域诸国的君王、使节或高僧。《穆天子传》所载周穆王"献锦组百纯"[③]与西王母一事，便是这一方式存在的较早文献记载。文献以外，边疆地区丝织物考古也倾向说明，战国时期中原地区的丝织物也被带到了天山和阿尔泰山地区。如阿尔泰山附近巴泽雷克（Pazyryk）发现几何纹织锦和蔓草鸟纹刺绣、吐鲁番地区托克逊县阿拉沟出土的凤鸟纹刺绣，即是很好的说明。赵丰根据技术、材质、主题和艺术风格，推断这些发现物应为战国时期内地的丝织物。[④]上文所举仅为两汉对匈奴纳贡和赠赐丝绸的个别例子，此后晋、唐、宋、明历代皆有这种情况。[⑤]余英时根据《汉书》对公元前1世纪后半期汉王室赠赐给匈奴的丝织品做过考察。公元前49年，汉王室赐给呼韩邪的锦绣缯帛和絮的数量分别是8000匹和9000斤；公元前33年增至16000匹和18000斤；公元前25年，赠赐给复株累若鞮单于的锦绣缯帛和絮的数量分别20000匹和20000斤；公元前1年，赠赐给乌珠留若鞮单于的锦绣缯帛和絮竟达于30000匹和30000斤，另加赐单衣370袭。然而，这仅仅只

① 需注意的是，国内学者多承袭传统的观点（如姚宝猷《中国丝绢西传考》，第11页），往往将汉向匈奴贡纳丝绸的行为也视为赠赐，这显然是不合适的。汉弱时，摄于匈奴的强悍，往往以丝绸为贡品交纳于匈奴，这显然非赠赐性质。纳贡和赠赐作为不同的方式，反映了汉与丝绸接受国之间政治关系的不同，故不可将纳贡和赠赐混而为一。

② 《大正新修大藏经》，第五十二册No. 2013，《广弘明集》卷第三，"家训归心篇"。

③ 丁谦：《穆天子传地理考证》（卷三），浙江图书馆校刊，1915年版，第1页。

④ 赵丰：《锦程——中国丝绸与丝绸之路》，黄山书社，2016年版，第43-46页。

⑤ 季羡林：《中国蚕丝输入印度的初步研究》，载《历史研究》1955年第4期；齐涛：《丝绸之路探源》，齐鲁书社出版社，1992年版，第126-134页。

是《汉书》所记的一部分，并非全部。[①]不难判断，汉廷赐给匈奴的丝绸数量是相当大的。因此，苏联考古学家在今蒙古国境内诺因-乌拉（Noin-ula）的匈奴王墓地发现大量的丝织品，就毫不为怪了。[②]同样地，贝格曼在额济纳河流域汉代烽燧遗址考察整理所见的丝织物残片，显然也倾向证实汉籍所谓“遣单于甚厚”的事实。[③]至于通过此方式输入匈奴人地区的丝绸用途，暂且不论，但通过“赠赐”，汉地的丝绸确实被运抵边疆地区，这对两汉时期丝绸贸易的兴起肯定会产生直接的积极影响。

第三种是贩卖。张骞通西域之前，汉与西域地区早已存在商业往来。张骞在大夏所见邛竹杖和蜀布的来源即是一明证。同时，汉与匈奴边境上的“互市”贸易，也包括丝绸的买卖。虽然这是边关地区的“定期市场”，但也可视为一种贩卖的渠道。在论及汉与匈奴的丝绸贸易时，还需要注意这样的情况，由于汉向匈奴纳贡和赠赐丝绸的数量是惊人的，因此，到匈奴手中的丝绸不可能全部被用于消费，这意味同样的一批丝绸也可能会经过不同的流通方式，辗转外输至离汉地更远的西域。苏北海曾明确指出，当中原王朝输丝绢给匈奴后，匈奴贵族继续做着丝绸贸易，他们自漠北单于王庭西行，经科布多盆地，越阿尔泰山至河中。[④]林幹也说，匈奴人除了与汉进行交换外，还可能和乌桓、羌族以及西域各族发生过商业交换。他根据诺因-乌拉出土的希腊制品和相关考古研究，甚至推测匈奴人可能还与希腊人进行过间接的交

---

① 余英时：《汉代贸易与扩张》，邬文玲等译，上海古籍出版社，2005年版，第47-48页；林幹编：《匈奴历史年表》，中华书局，1984年版，第53-63页。

② 这些丝织品残品现藏于艾尔米塔什博物馆。http：//www.hermitagemuseum.org/html_En/03/hm3_5_8c.html，2014年6月10日。

③ 具体可参考弗克 · 贝格曼考察、博 · 索马斯特勒姆整理：《内蒙古额济纳河流域考古报告：斯文 · 赫定博士率领的中瑞联合科学考察团中国西部诸省科学考察报告考古类第8和第9》，黄晓宏等翻译、张德芳审校，学苑出版社，2014年版；Irene Good，“The Archaeology of Early Silk”，in *Silk Roads*，*Other Roads*：*Proceedings of the 8th Biennial Symposium of the Textile Society of America*，Inc.，September 26-28，2002，Northampton，Massachusetts，Paper 388，pp.7-15.

④ 苏北海：《汉、唐时期我国北方的草原丝路》，载张志尧主编：《草原丝绸之路与中亚文明》，新疆美术摄影出版社，1994年版，第28页。

换。[①] 至于匈奴人进行丝绸贸易的目的如何，暂且不论[②]，单以上述情况来看，匈奴人极有可能又将汉纳贡和赠赐的丝绸转而以“贩卖”的形式输送给了西域其他国家[③]，这很可能是丝绸贸易兴起之初的一种常态。

汉通西域后，西域等国的商人也直接前往汉地进行商品的贩卖。长安和洛阳设立蛮夷邸，或可说明这一点。《后汉书·马援传》载“伏波类西域贾胡，到一处辄止”。旁注文曰“商胡所止处辄停营”。《后汉书·梁冀传》所记“冀起兔苑于河南城西，经互数十里。……尝有西域贾胡不知禁忌，误杀一兔，转相告，坐死者十余人”一事，明确说明西域商人来中国经商的事实。[④] 其间，亦有中国的商人应征为使者进行商品贩卖的情况。《汉书·张骞传》所谓自骞开外国土以后，“妄言无行之徒皆争相效”，其目的是“欲贱市以私其利”。至东汉时期，虽与西域三绝三通，但此间贸易并未受到太大的影响，胡商来华贩卖风气反而更加繁盛，《后汉书·西域传》云：

> 立屯田于膏腴之野，列邮置于要害之路。驰命走驿，不绝于时月，商胡贩客，日款于塞下。

这里虽没有明确记载商胡贩客所贩卖的是丝绸，但当时交通和商业的发展已较为繁盛，而中国的商品中，胡人所贵重者即为丝织品。同时，结合河西走廊和新疆境内楼兰、尼雅、营盘和山普拉等地所发现的两汉时期丝织品的事实，不难推知，西域贾商贩卖的主要物品定以丝绸居多。[⑤] 丝绸之路是长途中转贸易，丝绸贸易的贩卖自然也是一个中转性的贩卖过程。汉既通西域，丝被直接输入中亚和西亚，但并没有直接抵达地中海市场。因此，丝绸经过最初环节的贩卖后，可能先被输出到塔里木周边地区，再经过陆续的贩卖环节后，渐次被输入贵霜、帕提亚和罗马的市场。托勒密《地理志》所记西来的商人往往在“石塔”与中国的商人进行交易，便说明了这一点。

考古发掘进一步证实了两汉时期丝路沿途地区丝绸买卖的大致情况。20

---

① 林幹：《匈奴通史》，人民出版社，1986年版，第146-148页。

② 段晴曾说匈奴单于曾“企图控制西域商道，独占贸易权益”，这无疑反映了匈奴人对西域贸易的积极态度。段晴：《丝绸之路经济史研究》（下册），兰州大学出版社，2012年版，第341页。

③ 王子今：《丝绸贸易史上的汉匈关系》，载《文史知识》2017年第12期。

④ 李剑农：《先秦两汉经济史稿》，生活·读书·新知三联书店，1957年版，第219页。

⑤ 姚宝猷：《中国丝绢西传考》，载《史学专刊》1937年第1期。

世纪上半期，在敦煌、玉门关、楼兰、吐鲁番、和阗以及帕尔米拉和杜拉—欧罗波斯分别发现了丝织品的遗迹。如斯坦因在敦煌发现的丝信封、丝衣料、写在丝上的私人信件、花锦和丝绣、装订书籍用的丝、作画用的丝以及捆经卷用的丝带子等重要证据。[①] 此类发现物上常有各种文字，为我们了解两汉时期与西域地区的贸易情况提供了极其重要的信息。斯坦因在敦煌烽燧的一个垃圾堆里，发现了一块未染过的细密绸条，其上有婆罗米文题识，如下：

A 面：任城国亢父缣一匹，幅广二尺二寸，长四丈，重廿五两，直钱六百一十八。

B 面：□□元。[②]

据沙畹考证，任城国建立于公元84年，亢父为其属县，今山东济宁。残片所记匹数、尺寸、重量、价格等项，颇为重要，姚宝猷认为，"盖贩卖丝绢商人所自记，以资售卖时之识别者也"。[③] 很明显，这反映了当时丝绸买卖进行中的一些细节内容。此外，在玉门关发现的一块没有染色的丝，更为典型，上有婆罗米文字书写的简单信息。根据博伊尔（M. Boyer）1917年的释读，其内容如下：

[ai] ṣṭasya paṭa giṣṭi ṣapariśa
○(agenitiue)piece gitlh forty-six
represent the(of cloth)=span
quality of purchaser? [④]

---

① Sir Aurel Stein, *Serindia, Detailed Report of Explorations in Central Asia and Westernmost China*, Vol., 2, Chapter XX-XXV, Oxford University Press, 1921； 季羡林：《中国蚕丝输入印度的初步研究》。

② E. Chavannes, *Les documents chinois découverts par Aurel Stein dans les sables du Turkestan oriental*, Oxford 1913, no. 539; Sir Aurel Stein, *Serindia*, Vol., 2. pp. 700-701； 罗振玉、王国维编：《流沙坠简》，中华书局，1993年版，第186页。需说明的是，学界多认为沙畹对斯坦因所得文书的解读存在错误之处，如"任城国亢父缣一匹"，沙畹曾读为"任城国古父绸一匹"，本文采目前通行的说法。

③ 姚宝猷：《中国丝绢西传考》，载《史学专刊》1937年第1期。

④ Sir Aurel Stein, *Serindia*, Vol., 2. pp. 701-703； 奥雷尔 · 斯坦因：《西域考古图记》（第二卷），中国社会科学院考古研究所主持翻译，广西师范大学出版社，1998年版，第397-399页；吴廷璆：《汉代西域的商业贸易关系》，载《吴廷璆史学论集》，人民出版社，1997年版，第68-69页。

该残片开头[ai]下面是一个孔洞，其意至今不明。季羡林解读上面为“丝长四十六虎口”，四十六虎口约为中国汉代的四丈。该丝绸用印度俗语标长度，说明贩卖丝绸的人可能是印度人。[①] 同样，在玉门关以西的楼兰LB墓地，出土了写有佉卢文的汉锦（编号MB2：37）。其内容为：

bimva srihetasa ciṭa panaya 100

林梅村在伯罗（T. T. Burrow）、托马斯（W. Thomas）以及荻原云来和拉普森（E. J. Rapson）等人研究的基础上，将上面的文字释读为：“频婆·室利诃陀之锦（价值）百钱”，并认为其年代当在桓灵之际，不晚于公元188年。[②] 此类材料皆反映了两汉时期中原与域外丝绸买卖的事实。

印度文字出现于敦煌和楼兰一带的丝织物上，即说明当时丝绸通过贸易的方式向葱岭以西输出的情况。需提及的是，常为学者们所关注的帕尔米拉发现的汉代丝织物，据夏鼐研究，其年代当在公元83年—273年间，且从制作技术和花纹图案来说，肯定为东汉或稍晚时期在国内制成后辗转输出到西亚地区的。[③] 丝路拓通以后，汉代的商人并未直接进入帕提亚帝国的西部市场，但丝绸通过多个环节的贩卖肯定会流通到西亚和地中海地区的市场。学者们推测，奥古斯都时期开始设立在罗马城图斯库斯街区（Vicus Tuscus）的中国丝绸市场[④]，极可能与帕尔米拉商人存在某种贸易依存关系。[⑤] 近些年来，境外发现的丝织物实物进一步说明了丝绸之路开通阶段，丝绸被贩卖到境外的情况。如梵蒂冈圣物博物馆所藏的丝质编绦，经研究属于公元2世纪的工艺品，其本身是中国的丝织品，但其工艺显然又是在叙利亚的作坊中开发出来的。此类的考古实物还可见于罗马帝国时期的日耳曼地区，如南德巴伐利亚州奥古斯堡墓地出土的公元2世纪黄色绢残片、法国和瑞士的一些教堂所发现的家蚕丝纺织物，很可能是从叙利亚地区几经转手贩卖至地中海和

① 季羡林：《中国蚕丝输入印度的初步研究》，载《历史研究》1955年第4期。

② 林梅村：《楼兰新发现的东汉佉卢文考释》，载《文物》1988年第8期。

③ 夏鼐：《新疆发现的古代丝织品——绮、锦和刺绣》，载《考古学报》1963年第1期。

④ Martial, *Epigrams*, XI. 27, edited and translated by D. R. Shackleton Bailey, Harvard University Press, 1993.

⑤ Stauffer Annemarie, “Imports and Exports of Textiles in Roman Syria”, in *Topoi. Orient-Occident. Supplément* 8, 2007, pp. 357-373.

欧洲的丝织品。[①]

第四种是丝绸被充作货币。这是丝绸贸易开展之初即已存在的一种丝绸输出方式，也是早期学者常常忽视的一个方面。根据英国学者保罗·艾因齐格（Paul Einzig，1897—1973）的原始货币理论，一种商品成为货币需具备八个要素：（1）实用性；（2）易携带性；（3）不易损毁性；（4）同质性；（5）可分割性；（6）价值的稳定性；（7）易识别性；（8）流动性。[②]艾因齐格同时也强调了原始货币存在的不同历史背景，如经济状况、社会机制以及文化背景等因素。[③]实用性和易携带性自不用说。一般来说，丝织物在大多数情况下还是较为耐用的。同质性，即是说货币必须在性质上互相等同，以保证同样数量的货币具有同等价值。汉代的丝绸总称"缯帛"，在织法上以平纹组织的"纨素"（即今日的绢）最普遍。此外还有较为普通的素绢细密，即上文提及的"缣"。[④]虽然汉代丝绸分类较多，但从生产过程来说，涵盖于其中的劳动量、时间和技术都可能测量，因此同质性自然也可以得到保障。分割性、易识别性和流动性亦很好理解。从货币自身的流通过程来说，价值的稳定性取决于市场的供给和需求以及生产这一物品所需要的原料和劳动力。从两汉时期丝织业的发展规模来说，劳动力和原料无疑是很充足的，市场的供给也不存在问题。汉通西域之时，中国的丝绸"生产量已足以供行销国外"。综观两汉，丝织业生产"实有过剩之势"。[⑤]至东汉，"商胡贩客，日款于塞下"。考古发现也证实中国以西地区发现的两汉时期的丝织物，以东汉时期的居多。

---

① 宋馨：《汉唐丝绸的外销——从中国到欧洲》，载宁夏文物考古所编：《丝绸之路上的考古、宗教与历史》，文物出版社，2011年版，第31-32页。

② 转引自 Helen Wang, "Textiles as Money on the Silk Road?", in *Journal of the Royal Asiatic Society*, Volume 23, Issue 02, April 2013, pp. 165-174. 相关讨论亦可见于盛余韵的文章，Angela Sheng, "Determining the Value of Textiles in the Tang Dynasty: In Memory of Professor Denis Twitchett (1925-2006)", in *Journal of the Royal Asiatic Society*, Volume 23, Issue 02, April 2013, pp. 175-195. 虽然二人皆是对唐代时期丝绸作为货币的历史考察，但亦有可借鉴之处。另见汪海岚：《丝织品作为丝绸之路上的货币》，上海博物馆编：《丝绸之路古国钱币暨丝路文化国际学术研讨会论文集》，上海书画出版社，2011年版，第75-82页。

③ 两汉时期社会经济发展的一个明显特征，是货币经济的发达，这是丝绸可以成为等价交换物的一个重要因素。全汉昇：《中国经济史研究》（上），稻乡出版社，1991年版，第5页。

④ 夏鼐：《我国古代蚕、桑、丝、绸的历史》，载《考古》1972年第2期。

⑤ 方豪：《中西交通史》（上册），上海人民出版社，2008年版，第84页。

很显然，丝绸向外输出的量肯定要大于前朝，这也反映了外界对于丝绸的需求量在增加。另外，佛教和基督教领域对于丝绸的需求也一定会刺激丝绸进一步外输。[①] 如此，供需平衡保证了丝绸作为货币在其价值上处于一种稳定的态势。因此，从货币理论上看，丝绸完全具备作为原始货币的基本条件。

文献资料证实，丝绸作为等价交换物在汉代以前已是事实。[②] 两汉时期丝绸作为货币的问题，余英时做过较为详细的论述。[③] 他认为，西汉时期已有使者和商人用丝绸支付旅费的情况。斯坦因发现的木简所记“禄帛三丈三尺”，即是一明证。但是到东汉时期，丝绸才被更为广泛地作为货币，参与交换。如皇帝的诏令明言可用丝绸来赎罪。[④] 同时，很可能政府已将丝绸作为货币来支付给戍边的士兵。[⑤] 另一个情形是，丝绸在被贩卖的过程中，还可以用来支付沿途大量的税收。[⑥]

此外，还可以再补充几条文献和考古材料，以资佐证。《史记·大宛列传》述及汉人至西域国家后，“非出币帛不得食”。《后汉书·光武帝纪下》载“王莽乱后，货币杂用布帛金粟”，皆说明两汉时期丝绸作为等价交换物和货币的事实。考古方面，汉简明确记载约公元前1世纪前期，边疆地区有用丝

① 关于佛教和基督教与丝绸贸易的关系，可参考刘欣如：《古代丝绸贸易与宗教活动》，载《世界历史》1993年第2期；Xinru Liu, *Ancient India and Ancient China: Trade and Religious Exchanges AD 1-600*, Delhi: Oxford University Press, 1997; Jason E. Neelis, *Long-distrance Trade and the Transmission of Buddhism through Northern Pakistan, Primarily based on Kharosthi and Brahmi Inscriptions*, University of Washington, 2001, UMI: 3014007; Jason Neelis, *Early Buddhist Transmission and Trade Networks*, LEIDEN, 2011; 丹尼尔·沃关于丝绸贸易的论述，可见http://depts.washington.edu/silkroad/exhibit/trade/silkae.html，2016年9月10日。

② 参考裘锡圭、黄锡全等人的论述，可见中国钱币学会编：《中国钱币论文集》（第四辑），中国金融出版社，2002年版；A. Hingston Quiggin, *A Survey Of Primitive Money: The Beginnings of Currency*, Methuen & Co., 1949, p.189; Helen Wang, “Textiles as Money on the Silk Road”.

③ 余英时：《汉代贸易与扩张》，邬文玲等译，上海古籍出版社，2005年版，第136-137页。

④ 彭信威：《中国货币史》，上海人民出版社，1958年版，第75、79页，注释17。

⑤ 前文提及题有任城国亢父的丝片，王国维认为，是朝廷为了“佐边费，故任城国之缣得远至边上欤”，即是说，亢父运至西北边境的丝绸也有可能是支付给士兵的俸禄，这与姚宝猷等人的结论显然不同。由于目前没有进一步的证据，因此两种可能性皆有可能。

⑥ V. G. Lukonin, “Political, Social and Administrative Institutions: Taxes and Trade”, in *The Cambridge History of Iran*, Vol., 3(2); *The Seleucid, Parthian and Sasanian Periods*, edited by E. Yarshater, Cambridge University Press, 1983, p. 741.

织品做月俸的情况。月俸，亦作“俸钱”或“禄钱”，当用布帛代替时，称“俸帛”“禄帛”或“用帛”。简文如下：

始元三年（公元前84年）九月四日，以从受物给长中帛若干匹，直若干，以给始元三年正月尽八月积八月奉。(509.19)（甲2018）

出河内廿两帛八匹一丈三尺四寸大半寸，直二千九百七十八，给佐史一人元凤三年（公元前78年）正月尽九月积八月少半日奉。(303.5)（甲1583）

☐□年四月尽六月积三月奉用钱☐☐第廿六两帛五匹二尺直千☐(522.2)[①]

此处且不论学界对简文的考释存在的争论，仅从丝织品作为月俸的实例来看，丝绸确实因其属性充当着等价物。实际上，这样的情况除了在第一、二批居延汉简中有发现外，在近些年发现的额济纳汉简中皆有实例可证。[②]此外，《流沙坠简》卷二《屯戍丛残考释·器物类》第六十三，记载了出于蒲昌海的汉末木简，如下：

兵胡月宁市青旃一领，广四尺六寸。(简面)

长丈一尺，故黄旃褶一领，贾彩三匹。(简背)

王国维解释说：“右简旃者，毡之假借字。褶，衣之有表里者也。彩者帛之一种。后汉时或言缕彩（《后汉书·西羌传》），或言彩缯，或言彩帛（均《南匈奴传》），知彩乃帛名。贾彩三匹者，谓以彩三匹易旃二领也。彩者汉物，旃者胡物，盖当时诸国间全以货物相贸易矣。”[③]全汉昇也明确说，“当日布帛就是货币，而彩是布帛的一种，以彩支付物价本是常事”。[④]及至晋时，丝物作为货币更趋盛行。如“水槽掾左郎白前府掾所食诸部瓜菜贾（价）彩一匹付客曹”，便可说明这一点。[⑤]尼雅出土的汉末佉卢文书也有将丝绸作

---

① 陈梦家：《汉简所见奉例》，载《文物》1963年第5期；谢桂华、李均明、朱国炤：《居延汉简释文合校》，文物出版社，1987年版，第496、626、639页。

② 王子今：《汉代河西市场的织品——出土汉简资料与遗址发掘收获相结合的丝绸之路考察》，载《中国人民大学学报》2015年第5期。亦可参考魏坚主编：《额济纳汉简》，广西师范大学出版社，2005年版。

③ 罗振玉、王国维编：《流沙坠简》，朝华出版社，2017年版，第188-189页。

④ 全汉昇：《中国经济史研究》（上册），中华书局，2011年版，第26页。

⑤ 张凤：《汉晋西陲木简汇编》，第二编《左郎简》，上海书局，1931年版。

为货币支付的情况：

> ……苏吉塔（Sugita）告诉我们说，他为一个叫苏吉赛（Sugisae）的女人付了价。价钱是41卷丝绸。[①]

这表明，除了中原地区外，边境地区的经济生活中以丝绸作为一般等价物进行实物交换已较普遍，甚至是女奴贸易亦是如此。考古发掘证实，在和田发现的佉卢文残卷里经常有“paṭa”一字，即“绢匹”。季羡林认为，这种paṭa可以参与买卖，也可以支付罚款，是作为交换媒介而流行当地的。[②] 近些年吐鲁番地区发现的《高昌计口出丝帐》文书明确说到，高昌时代口税征收丝的实际情况。荣新江认为，“这是当时丝绸充任货币及丝织品本位政策的突出表现”。[③] 此类证据，多散见于考古所获文书提供的信息，说明南北朝乃至以后相当长的时间里，丝绸依然作为货币继续发挥着其特定的作用。

两汉以来，丝绸的外输是以西北陆路为主的，但沿海路外输也是重要的途径之一。《汉书·地理志》所言：“自日南障塞、徐闻、合浦船行可五月，有都元国……有译长，属黄门，与应募者俱入海市明珠、璧琉璃、奇石异物，赍黄金杂缯而往。”[④] 缯是汉人对丝织物的总称。对于该条史料所涉及的地名，虽然学者们众说纷纭，但航路的大致范围应该是可以肯定的，即南入海至东南亚和南亚一带。近几十年来的考古发现，如20世纪50年代在广州汉墓陆续出土的陶质象牙和犀角、玻璃碗和玛瑙水晶串珠，80年代南越王墓出土的象牙和银盒，以及2008年广西合浦寮尾汉墓出土的青绿釉陶壶，皆有力地印证了文献记载中的这条航线，其时间甚至可能还要早于传统陆路开通的时

---

① T. Burrow, *A Translation of the Kharosthi Documents from Chinese Turkestan*, The Royal Asiatic society, 1940, p. 1. http://depts.washington.edu/silkroad/texts/niyadocts.html

② 季羡林：《中国蚕丝输入印度的初步研究》，载《历史研究》1955年第4期。可能到唐以后，丝绸被作为货币的情况更趋普遍。姜伯勤以唐代“钱帛兼行”为例说明了这一点。同时，他还提及盛成曾于1986年提出“丝本位”的概念。姜伯勤：《敦煌吐鲁番文书和丝绸之路》，文物出版社，1994年版，第2–3页。

③ 荣新江：《丝绸之路就是一条“丝绸”之路》，载赵丰主编：《丝绸之路——起源、传播与交流》，浙江大学出版社，2015年版，第16–22页。

④ 班固：《汉书》卷二十八下《地理志》第八下，中华书局，1962年版，1671页。

间。[①]岭南考古所见域外遗迹，即是两汉时期借由此线而来的舶来品，而汉使则携带着黄金和丝绸等物品南下远航，“与外国交市于海中”。如此，中国的丝绸亦由海路西去，传至域外诸地。就其方式而言，不存在纳贡的情形，主要以赠赐和贩卖为主。

二、丝绸贸易的特征

上文在论述丝绸贸易起源是由官方贸易促生的非官方贸易时，其实已涉及丝绸贸易的特征问题，即丝绸正是由于沿途商人多次辗转西运，才由产地流布到销地。在对起源有所了解的情况下，只有对特征做进一步的考察，方可清晰地勾勒出丝绸贸易的基本轮廓。但丝绸贸易本身较为复杂，它并不只是进行单一的丝绸买卖，而是以丝绸为最主要流通商品，故此处仍以丝绸贸易为名。

同时由于材料所限，我们不可能再去考虑丝绸贸易中的进出口量、税率以及生产成本和价格等问题，因而只能从外部因素着手以做力所能及的分析。为了论述方便，此处将影响丝路贸易的各种因素分恒定因素和不恒定因素两类，来简单考察丝路贸易的一般性特征。

（一）恒定因素

（1）自然环境的复杂性。如费舍尔所言，自然环境对于人类历史发展的影响，在某些场合有限，但在另一些场合里起着决定性的作用，“绝不只限于充当人类舞台上无动于衷的背景”。[②]丝绸之路的自然地理特征和丝绸之路本身的发展史很好地说明了这一点。丝绸之路是古代洲际贸易线，其中尤以敦煌至喀什和帕米尔西麓的一段，也就是欧亚内陆的中亚段最难行。其间要经过大片的戈壁、沙漠、盐原以及风蚀地带和高山群，加之沿途缺水，给丝绸贩卖带来了极大的挑战。地理的复杂，也导致了气候的异常恶劣，可谓贸易

① 广东省文物管理委员会、广东省博物馆等编：《南海丝绸之路文物图集》，广东科技出版社，1991年版，第15-36页；王永平：《从“天下”到“世界”：汉唐时期的中国与世界》，中国社会科学出版社，2015年版，第42-49页；王三三：《帕提亚与希腊化文化的东渐》，载《世界历史》2018年第5期。

② W. B. Fisher, *The Cambridge History of Iran, Vol., I: The Land of Iran*, General Editor's Preface, Cambridge University Press, 1968. 中译本见W.B.费舍尔主编：《伊朗》，北京大学地质地理系经济地理专业译，北京人民出版社，1977年版，“编者前言”。

的畏途。虽然汗布里所说这一地理状况影响到了中亚各民族排斥海上探险和贸易的结论有失偏颇，但我们却不能否认这一事实：丝绸之路中亚一段在地理上气候极其干旱，降雨极其稀少，横亘其间的“世界屋脊”和“死亡之海”对于欧亚内陆早期贸易的开展的确是很大的障碍。①

（2）沿途民族和语言的多样性。从参与丝绸贸易的民族来说，沿着丝路进行的贸易显然是一个诸民族经济文化交融的过程。如斯基泰人、匈奴人、乌孙人、月氏人、粟特人、嚈哒人、吐火罗人、突厥人和吐蕃人以及西夏人，还有汉人、印度人、波斯人、犹太人以及希腊人和罗马人。也正是由于参与丝绸贸易的民族如此多，丝绸贸易的交流媒介如语言，也就显得极其丰富。虽然在公元前后的几个世纪里，粟特语、汉语或者突厥语很可能都暂时性地作为一种混合公用语，但是却从来没有一种语言充当过某种文化实体的基础。②从希腊罗马文献、印度文献、叙利亚犹太文献以及阿拉伯文献和汉文文献的记载，可清楚地了解这一事实。丝路沿途发现的各种古语言文书材料和参与贸易的货币币文的多样性，正是对这一事实的如实反映。③

（3）贸易路线的多线性。贸易路线从长安经河西走廊至敦煌、楼兰后，大致进入中亚一段。中亚地区山脉、沙漠与河流的走向，决定着对这一地区路线选择的多样性。就陆路主干线来说，如西汉时期既已有南、北道之分，东汉时期有新北道，南北朝时期兴河南道（吐谷浑道），隋唐时期又有北新道。出疏勒后，西去路线又有较多的选择，如可越葱岭至大宛、康居，西南行可至大月氏和帕提亚；或可由大宛至大夏后，从巴尔赫越兴都库什山南下至塔克西拉直至印度河以及恒河地区；亦可由北新道出疏勒后，西北行可至里海以北直至黑海一带。同样，至塞琉西亚西去地中海的路线亦有较多选择，

① 关于这一段地理环境的论述可参考张广达：《古代欧亚的内陆交通——兼论山脉、沙漠、绿洲对东西文化交流的影响》，中国史学会编：《第16届国际历史科学大会中国学者论文集》，中华书局，1985年版，第253-270页；加文·汗布里主编：《中亚史纲要》，吴玉贵译，商务印书馆，1994年版，“导言”部分；克林凯特：《丝绸古道上的文化》，赵崇民译，新疆美术摄影出版社，1994年版，第1-10页；赵汝清：《丝绸之路西段历史研究——兼论沿途民族迁徙及国家关系》，甘肃文化出版社，1999年版，第一章。

② 克林凯特：《丝绸古道上的文化》，赵崇民译，新疆美术摄影出版社，1994年版，第8页。

③ 林梅村：《西域文明——考古、民族、语言和宗教新论》，东方出版社，1995年版，第133-155页；荣新江：《西域胡语与西域文明》，2009年10月20日在复旦大学的学术报告。

可直接沿两河北上至亚美尼亚再去小亚细亚东海岸，亦可南下至波斯湾甚至是阿拉伯半岛国家，同样还可以由塞琉西亚径直西去跨过叙利亚沙漠至利凡特地区。且不论海上丝路和其他的支线，单以陆路贸易线来说，丝绸贸易几乎覆盖了自东向西欧亚内陆的所有地区。

（4）贩运的长时性与中转性。就帝国时代丝绸贸易的大致情况来说，中国丝绸最大的销售市场应该是罗马。从东段的产丝国到塞琉西亚段，丝绸之路绵延7000多公里，因此，丝绸贸易自然是古代世界最大的远途贸易之一。如果单在生产商中国与最大的消费者罗马之间建立一个简易模型，则不难得出两点：一是完成一次交易需要较长的时间；二是由于生产者与消费者从未建立起直接的贸易关系，因此贸易的最终完成肯定经过了沿途中转商的屡次转手。汉与帕提亚确立外交关系后，虽然两国互有商人直接往来贸易，但彼此间并未形成完全的“邻接性”（proximity）的关系，贸易仍靠中转商来完成。[①] 中国与印度和叙利亚地区的贸易基本亦是如此。因此，贸易的长时性和中转性极其明显。[②]

（5）贸易货币的多样化。由于丝绸贸易是长途性洲际贸易，且参与买卖的民族众多，因此，运用于丝绸贸易的货币肯定也是多样化的。学界对于丝路货币史的研究，很好地说明了这一点。[③] 以两汉时期帕米尔以西丝路地区来说，早在亚历山大东征期间，为了确保新帝国内部的一统，他以雅典白银为标准建立了一套货币体系，从而为希腊化世界内部货币的流通确立了一个相互熟识的平台。[④] 随着帝国秩序的崩溃和地方政权的纷纷崛起，新的货币开始出现。如中亚周边地区就有希腊—巴克特里亚币、印度—希腊币、帕提亚币、印度—帕提亚币以及印度—斯基泰币和贵霜币等多种钱币。贵霜为了

---

① 李剑农：《先秦两汉经济史稿》，生活·读书·新知三联书店，1957年版，第224页。

② 参考姚宝猷：《中国丝绢西传考》，载《史学专刊》1937年第1期。

③ 杜维善：《丝绸之路古国钱币》，载上海博物馆：《中国钱币馆》，1992年版；张忠山：《中国丝绸之路货币》，兰州大学出版社，1999年版；戴建兵、王晓岚、陈晓荣：《中外货币文化交流研究》，中国农业出版社，2003年版；吴福环、韦斌：《丝绸之路上的中外钱币》，载《西域研究》2004年第3期；上海博物馆编：《上海博物馆藏丝绸之路古代国家钱币》，上海书画出版社，2006年版；Helen Wang, *Money on the Silk Road: the evidence from Eastern Central Asia to c. AD 800*, British Museum Press, 2004.

④ 吴芳思：《丝绸之路2000年》，赵学工译，山东画报出版社，2008年版，第26页。

保持与罗马的贸易，则又尽力模仿罗马货币的某些特征。在帕米尔以东，两汉时期的货币由半两、三铢再到五铢，最终确立了大致稳定的货币制度。[①]以和阗为中心的塔里木地区，为了确保自己作为贸易中间商的优势，铸造了汉佉二体钱。龟兹地区，则铸有汉龟二体五铢钱。

（二）不恒定因素

（1）参与国的政策。以丝绸为主要分析对象来说，如果产丝国丝绸生产成本降低，那么丝绸的销售价格很可能就会发生同步变化。东汉时期的丝绸贸易从总体上胜于前朝，但在短时期内与西域诸国关系的中断，肯定也会影响同时期丝绸贸易的进展。沿途国家对于丝绸贸易所征收的各种名目复杂的税款，自然会影响丝绸的价格。丝绸一路从中国运抵罗马，途中的政治实体往往都会受到征收过境税的激励，如果在政治相对失稳的时期，沿途税款过于繁杂，丝路贸易在这一时期肯定会陷入所谓的“囚徒困境”。但是如果政府对于税卡的控制比较松动或者地区的统一减少了关卡林立现象的话，丝绸的价格又会发生相应的变动。赫德逊关于古代商业模式的一般分析，也说明了丝绸贸易过程中影响商品成本的一系列因素。[②]塞琉西亚的考古发现表明，帕提亚时期对于奴隶、盐和其他物品的贸易全部征税，说明国家政策对于沿途贸易的干预极其严格。[③]也正是因为帕提亚帝国内部沿途的税收繁重，罗马才试通与印度的海路，以此来与帕提亚竞争。[④]罗马与帕提亚对于帕尔米拉的争夺及其各自的税收政策，如实地反映了税收政策对于丝路沿途贸易的影响。[⑤]人为地设置贸易壁垒，一定会影响贸易的顺畅进行。再以铁为例，

① 彭信威：《中国货币史》，上海人民出版社，2015年版，第67–79页；V. G. Lukonin, “Political, Social and Administrative Institutions: Taxes and Trade”, p. 739.

② 赫德逊在对古代商业成本进行分类的基础上，假设性地建立了古代商业运转模式。如A是生产地，B、C、D是三个中间阶段，E是消费国。在这一运转模式下，同一种商品的价格往往会受到诸多中间环节的影响而时常发生变化。赫德逊：《欧洲与中国》，王遵仲等译，中华书局，1995年版，第44–45页。

③ 雅诺什·哈尔马塔主编：《中亚文明史》（第二卷），徐文堪等译，中国对外翻译出版公司，2001年版，第101页。

④ N. C. Debevoise, *A Political History of Parthia*, The University of Chicago Press, 1938, pp. 203–204.

⑤ J. F. Matthews, “The Tax Law of Palmyra: Evidence for Economic History in a City of the Roman East”, in *The Journal of Roman Studies*, Vol. 74 (1984), pp. 157–180.

两汉将铁纳入国家垄断的商品中，因此这一贸易肯定不会在量上超过丝绸。但东汉时期垄断和法律趋于松弛，铁器很可能会被私人较多地带到国外。①

（2）战争和民族迁徙。综观两汉时期的欧亚内陆，战争与民族迁徙极其频仍。匈奴的崛起与汉用兵匈奴、大月氏的西迁和塞人的迁徙及其对帕提亚的影响、帕提亚与罗马的战争等一系列的冲突构成了这一时段丝绸之路的历史背景。战争和民族迁徙直接影响了丝绸贸易的发展方向。举例来说，王莽乱后，龟兹王杀都护李崇，中原与西域关系断绝，贸易自然出现萎缩。产丝国内部的社会动乱，如汉末的黄巾起义肯定会影响到丝绸贸易的正常进行。②罗马摧毁塞琉西亚，两河流域地区的贸易出现了明显的下滑。帕尔米拉的被毁，经叙利亚的商路便走向荒芜。③当然，战争有时也会带来贸易的发展。比如罗马在征服犹太人以后，五年间就获得垄断利润80万塞斯特斯。④但是长期的战争，肯定会影响丝路贸易的正常运作。

（3）自然灾害和人为灾害。不论是陆路贸易还是海路贸易，自然灾害总是无法预测的危险因素。如火灾、沙尘暴、沙漠地区水源干涸以及沙漠化和海难等，皆会对贸易带来极其严重的损失。如塔里木河的变迁、罗布泊的经常移动以及阿姆河的改道，肯定会影响沿途贸易的变化。人为的灾害除了沿途势力的敲诈勒索外，还有土匪和海盗的沿途劫掠。比如在从帕提亚帝国西部去地中海的路上，除了政府收取的税款外，沿途众多的部落酋长或首领也会要求商旅给予贡品以进行敲诈。⑤同时，在丝绸贸易开展之初，陆路和海路的盗贼亦多如牛毛。⑥由于贸易的路线基本上都是穿行于沙漠和大草原地区，因此总避免不了游牧民族时常的攻击。⑦尤其是在政治不稳定的时期，沿途劫掠的事情屡有发生，莫高窟第420窟的“商人遇盗图”和第45窟“胡

---

① 余英时：《汉代贸易与扩张》，邬文玲等译，上海古籍出版社，2005年版，第140-141页。

② V. G. Lukonin, “Political, Social and Administrative Institutions: Taxes and Trade”, p. 741, n. 2.

③ 赵汝清：《丝绸之路西段历史研究——兼论沿途民族迁徙及国家关系》，甘肃文化出版社，1999年版，第277-298页。

④ Pliny, *Natural History*, Book Ⅻ. liv. 115-118, Loeb Classical Library, translated by H. Rackham, Cambridge: Harvard University Press; London: William Heinemann Ltd. 1917.

⑤ N. C. Debevoise, *A Political History of Parthia*, p. 203.

⑥ 布尔努瓦：《丝绸之路》，耿昇译，山东画报出版社，2001年版，第38-43页。

⑦ 克林凯特：《丝绸古道上的文化》，赵崇民译，新疆美术摄影出版社，1994年版，第5-9页。

商遇盗图”便反映了这一点。[①]

（4）贸易运输体系。丝绸贸易中运输体系的完善与否，直接影响着贸易的进展是否顺利。就丝绸贸易来说，运输体系内部比较重要的两个因素：一个是交通工具；另一个是沿途驿站服务设施。两汉时期陆路贸易的交通工具是骆驼商队，海路贸易以船为主。由于航海技术不发达，船只基本都沿着海岸线航行，因此又会遇到海盗的袭击。庞培对于地中海海盗的打击，自然也有利于运输体系的完善。至于沿途驿站等服务设施，更是丝路贸易的避风港。不论是汉、帕提亚，还是贵霜与罗马，都对丝路沿途驿站体系的建设和维护做出过很大的贡献。如龟兹左将军刘平国摩崖石刻的发现，说明了汉对于边境地区秩序稳定所做的努力。伊西多尔对帕提亚国内交通的描写，又反映了帕提亚国王对于国内驿站设施的维护。

三、结语

综上所论，笔者认为丝绸贸易是丝绸之路贸易中最具典型的贸易模式。从整个丝路贸易的发展来说，丝绸是最早输出中国的商品之一，也是自丝绸之路开通以后为西方市场长时期内所需求的重要商品，以至赫德逊曾指出：“对罗马来说，丝绸贸易和对中国的贸易实际上是一回事。”[②]丝绸由于其自身所具有的物理特性和文化属性，逐渐地成为丝绸之路上西域世界诸民族曾普遍追逐的特有商品，丝绸贸易的兴起与此紧密相关。

丝绸贸易的起源本身是一个较为复杂的问题，但以丝绸被外输的方式入手，我们却也看到，在汉向匈奴贡纳丝绸的同时，赠赐逐渐成为汉与周边国家外交往来过程中丝绸外输的主要方式。及汉通西域，赠赐仍然是丝绸向帕米尔以西的大夏、帕提亚诸国输出的重要渠道。笔者认为，从整个汉代丝路贸易的发展过程来说，丝绸贸易的起源经历了这样的一个过程：正如余英时所论贸易是扩张的副产品一样，在丝绸最初向外输出的过程中，由于国家间赠赐对于丝绸贸易的刺激，“贩卖”很快也成了“赠赐”的副产品。再随着丝路贸易日渐发展和西方对于中国丝绸的需求，“贩卖”又进一步成为丝绸向外

① 敦煌文物研究所：《中国石窟·敦煌莫高窟》（二），图75；（三），图133，文物出版社，1984、1987年版。

② 赫德逊：《欧洲与中国》，王遵仲等译，中华书局，1995年版，第65页。

输出的主要方式。国家间以丝绸为对象的外交层面的交往，逐渐带动了贸易层面关系的发展。也就是说，丝路拓通以后，丝绸向外输出的方式，渐由赠赐为主、贩卖为辅转为贩卖为主、赠赐为辅。以交换使节和“礼物交换”为形式的官方贸易，最终为非官方贸易开辟了道路。输出方式发生转变的最初根源，依然是赠赐本身及其产生的效应。以帕提亚为例，汉使于公元前115年将赠赐的“丝绸”带到帕提亚后，很可能引起了帕提亚帝国内部商人直接来华贩卖丝绸的动机。按照汉王朝一贯的作风，公元前110年“随汉使来观汉”的帕提亚人，在返回时定会携带大批的丝绸西去。同时，由于两国关系交好，汉朝的商人亦有直接进入帕提亚的情况。[①] 丝绸先由赠赐，次由贩卖的形式被一些商人带到帕提亚。随着帕提亚与罗马的经济、军事等交往（如公元前53年卡莱尔战役中罗马人见到的帕提亚丝绸军旗）的频繁，再经帕提亚辗转至罗马。逐渐地，贩卖或者说贸易便大规模地展开了。赫德逊和拉铁摩尔的论述进一步说明了这一点。赫德逊说：“丝绸或许是由帕提亚人引入西亚的，当时他们已经熟悉中国使者所赠送的礼品丝绸了；不久之后帕提亚人购买丝绸不仅供自己消费，而且还贩卖给更远的西方。”[②] 拉铁摩尔表达了同样的观点，他说“丝绸的输入是由赏赐即补贴开始的，丝绸成了奢侈价值的标准，小国君主接受的这种赏赐、补贴太多，便把它们卖到了更远的地方去”。[③] 当然，丝绸贸易本身是一个长途性的中转贸易，因此在一次完整的丝绸贸易中，同样一批丝绸往往也会经历了多种方式，才完成一次交易。同时，丝绸贸易的起源自然离不开沿途民族的参与。以匈奴人为例，不论从纳贡、赠赐还是贩卖来说，他们的参与无疑是极其显著的，从丝绸贸易的视角对汉匈关系的论述即说明了这一点。

考察丝绸贸易的起源，不仅能够使我们系统认识丝绸外传的历史经过，而且有助于我们从文明交往视角理解丝绸之路初兴阶段内陆欧亚区域文明之间的互动与交流。同时，对丝绸贸易起源与特征等问题的梳理，显然也有助于我们获得关于整个丝绸之路诸贸易起源及其特征的一般性认识。

---

① 李约瑟则认为第一个丝绸商队从中国到伊朗的时间是公元前106年，见Joseph Needham (eds.), *Science and civilization in China*, Vol., 1, Introductory, p. 176.

② 赫德逊：《欧洲与中国》，王遵仲等译，中华书局，1995年版，第49–50页。

③ 拉铁摩尔：《中国的亚洲内陆边疆》，唐晓峰译，江苏人民出版社，2005年版，第338页。

世界海洋经济竞争越演越烈

姚　朋

现代海洋经济为开发、利用和保护海洋资源和依赖海洋空间而进行的生产活动，包括海洋渔业及种植养殖业、海洋交通运输业、海洋船舶工业、海盐及海滨矿砂业、海洋油气及电力业、海洋生物医药业、滨海休闲旅游业、海洋服务业等。从20世纪90年代初开始，冷战的结束带来了以“和平与发展”为主旋律的世界政治、经济新格局，中国进入改革发展和经济增长的新周期；与此同时，对海洋经济的研究和认识逐渐趋于成型。世界各海洋大国纷纷出台相关法规政策、展望、蓝图、指标体系、年鉴年报、白皮书、报告等，以此引导海洋经济的发展。1994年以来，美国相继发表了《海洋活动经济评估》和各类海洋经济活动分析，海洋立法也渐入高潮。1997年，加拿大通过了《加拿大海洋法》。1998年澳大利亚通过了《澳大利亚海洋政策》。2007年，日本通过了《海洋基本法》。2009年，英国正式批准了由11个部分组成的《英国海洋法》。目前全世界有100多个国家制定了详尽的海洋经济发展规划，尤其是美国、加拿大、英国、澳大利亚、日本等海洋经济发展大国，均从国家战略的高度认识和协调海洋经济的发展。

海洋新兴产业发展迅猛

自20世纪90年代以来，随着世界海洋经济呈现加速度的发展势头，国家之间的海洋经济竞争呈现白热化的趋势，尤其对海洋新兴产业的竞争和海洋

【作者简介】姚朋，中国社会科学院中国特色社会主义理论体系研究中心研究员。

开发技术制高点的争夺日趋激烈。为了保持其在海洋经济发展领域的领先地位，美国加强了对海洋产业的组织与调整。加拿大海洋经济和海洋技术研发的大量投入，使得海洋经济产业特别是新兴产业得到了迅猛发展。美国在海洋工程技术、海洋旅游、邮轮经济、海洋生物医药、海洋风力发电等新潮、尖端海洋经济领域，居于世界领先地位。美国亦是极少数能从1500米以上深海完成石油、油气钻探和开发的国家（中国在列）之一。美国海洋休闲业在大西洋沿海岸地区已经开发百年以上，在墨西哥湾也有半个多世纪，其发展已经相当充分和成熟。

20世纪90年代以来，海洋经济在各个沿海国家的经济中占有越来越重要的位置。在世界海洋强国和大国中，海洋经济的GDP占比大多在7%～15%之间。美国海外贸易总额的95%和价值的37%通过海洋交通运输完成，而外大陆架海洋油气生产还贡献了30%的原油和23%的天然气产量。尤其值得关注的是，美国经济中，80%的GDP受到了海岸海洋经济的驱动，40%则是直接受到了海岸经济的驱动。目前，美国人口和GDP一多半分布于沿海地区，美国人口和经济最为集中的20个城市群当中，绝大部分是沿海分布，位于内陆的仅有4个，光是洛杉矶港口就承担了一半以上美国与太平洋国家的贸易，而大洛杉矶地区的GDP约占美国经济总量的21%。澳大利亚的沿海更是集中了全国85%的人口，荷兰耕地的85%经由填海而来。中国2015年的海洋经济占GDP的比重约为9.6%，成为支撑中国经济增长的重要支柱。作为“海洋贸易国家”的英国，95%的贸易物资依赖国际海运通道。日本对海洋经济的依赖程度甚至更高，其99.8%的海外贸易量和40%的国内贸易靠海洋运输完成，海洋产品为日本居民提供了40%的动物蛋白。从全世界范围来看，海洋经济发展的一个重要趋势，就是人口、经济和产业不断向沿海地区集中。全世界目前有60%以上的人口和近70%的大中城市位于沿海地区，这无疑是海洋经济吸引力的部分体现。

海洋经济向高精尖方向发展

除了远洋交通运输、海洋渔业、造船等传统海洋经济领域的迅猛发展，新兴的海洋经济产业尤其是海上采矿、海上休闲旅游、海洋可再生能源、海洋工程、海洋生物医药等的成长进入快车道，获得了前所未有的推动力，海洋经济开发不断依托高科技向高精尖方向发展，成为沿海国家经济增长的重要抓手和引擎，港口和临港工业园、海洋工业园的建设得到了相当的重视，涉及钢铁、石化、建材、矿物和原材料、农业大宗商品、风电为代表的能源、电子、机械制造等行业。

各海洋大国的发展模式不尽相同，呈现出差异化发展的趋势。海洋经济强国澳大利亚，以海洋油气业和海洋休闲旅游业最为突出。美国以巨额的海洋经济和海洋科技研发投入，获取了海洋经济发展的制高点，其一年的海洋经济预算高达500亿美元以上，先后设立了700多个海洋研究机构，建立了大量的临海经济园区，且从金融体系和财政体系予以大力支持，其海洋经济发展的支持体系是世界上最为完善的。韩国近20年来快速跟上世界海洋经济发展浪潮，形成了以海运、造船、水产和港口工程为支柱的海洋经济体系，其海洋水产业尤为发达。日本以“海洋立国”，尤其重视海洋经济与腹地经济产业的互联互动，形成“以大型港口为依托，以海洋经济为先导，腹地与海洋共同发展”的布局，其造船技术全球领先。海洋经济强国加拿大的海洋油气业、海洋交通运输业和滨海休闲旅游业尤为发达，其十分重视海洋环境保护，有关海洋法律法规体系比较完善。俄罗斯有着丰富的海洋渔业资源和海洋油气资源，远洋航运业发达。俄罗斯和加拿大都高度重视极地海洋资源的勘探和开发，也一直积极研究探索开通未来极具战略和商业价值的北极航道。英国拥有世界四大渔场之一的北海渔场，其海运业自18—19世纪领先于世界各国以来，至今仍非常发达；其海上天然气产量位居世界前列，海上风电、潮汐发电居于世界领先地位；滨海休闲旅游业极为发达且体量庞大。

我国海洋经济发展空间很大

中国作为世界海洋经济发展的后起之秀，赶上了第三次世界性海洋经济发展浪潮的历史性机遇。目前，中国已经在海洋经济规模、海洋经济门类等方面成为世界性的海洋强国，个别沿海省份的海洋经济比重已经接近发达海洋强国。但是，与之相比，我国的差距仍然明显。以我国海洋经济最为发达的广东省与加拿大对比，虽然广东的海洋经济在GDP的占比与加拿大持平甚至更高，但是，其开发还停留在初级阶段，海洋经济的结构性不均衡特点比较突出，传统的海洋渔业等第一产业比重偏高，临海工业未能形成规模和体系，第三产业比重仍然偏低。例如，海洋邮轮、海洋信息服务、海洋休闲旅游等海洋经济第三产业，与发达海洋国家相比仍有相当差距。与发达海洋强国相比，中国无论海洋经济在GDP的占比和质量，还是海洋科技的贡献度，差距仍较明显。我国大量海洋资源被闲置，渔船总体装备落后，尤其是远海捕捞渔船的吨位、质量和数量总体落后于发达国家。我国海洋环境污染问题严重，新兴海洋经济产业、海洋现代服务业的培育步伐较慢，海洋科技创新能力不够，海洋战略新兴产业产业化速度缓慢、规模不大，除了个别领域，我国总体海洋技术和机械业未能步入世界顶尖技术国家行列。

自2012年我国“海洋强国”战略的实施，对海洋经济在GDP的占比提出了新的要求和规划，这也是习主席提出“21世纪海上丝绸之路”倡议的一个重要底蕴。要用历史感、使命感和紧迫感来认识世界海洋经济的发展历程，从长时段的历史去观察世界三次海洋经济发展浪潮，可以发现，第一次世界海洋经济发展浪潮诞生了英帝国，第二次浪潮助推美国登上世界霸主。其中，海洋经济和制海权起到了至关重要的作用。方兴未艾的第三次世界海洋经济发展浪潮表明，各海洋大国都把海洋经济作为巩固海权、海洋权益和国防的重要手段，各国围绕海洋经济的发展、竞争，围绕海洋专属开发区的归属，围绕海洋科学技术制高点的争夺，在可以预见的将来势必越演越烈。各国围绕大力扶持海洋科技研发、扶持海洋经济战略、新兴产业发展的竞争也会进入新的阶段。在“海洋强国”和“一带一路”倡议中，我国海洋经济被寄予重托。中国的崛起离不开海洋经济的高速发展，中国的现代化也离不开海洋经济的现代化。

论卡洛·金兹伯格的“小人物”研究路径

张小敏

意大利微观史学家卡洛·金兹伯格[①]（Carlo Ginzburg）在《微观史二三事》一文中指出第一位将微观史一词赋予意义并用于书中的是美国学者乔治·R.斯图尔特（George R. Stewart）[②]。之后，意大利微观史学派兴起，微观史学至20世纪90年代达到盛期。至今，仍有微观史著述陆续问世。而在众多微观史学成果中，小人物成为其重要的研究对象之一，这在金兹伯格的微观史论著中显而易见。

针对本文，首先需要说明，在金兹伯格以及其他微观史学家的论著中，并未对小人物这样的研究对象有统一的界定和明确的定义。金兹伯格在其不同的著作中使用了不同的概念，比如“subordinate class”“subaltern”“under-privileged groups”和“from blow”[③]等概念。在《奶酪与虫子》中，他指出有不少学者使用“the common man”（普通人）一词，但他用A.格拉姆希（A. Gramsci）的用语“subordinate class”（从属阶级），因为它在范围上足够宽泛，

【作者简介】张小敏，中山大学历史学系博士后。

① 国内学者对Carlo Ginzburg的译法略有不同。何兆武先生译作“卡罗·金斯堡”，陈启能先生译作“卡尔洛·金兹伯格”，刘新成教授译作“卡罗·金兹伯格”，周兵教授译作“卡洛·金兹伯格”等等。针对本文，除引用外，笔者根据音译采用“卡洛·金兹伯格”的译法。因笔者所译与其他学者有不同，在此予以说明。

② Carlo Ginzburg, *Threads and Traces: True False Fictive*, translated by Anne C. Tedeschi and John Tedeschi, University of California Press, Berkeley, Los Angeles, London, 2012, p.193.

③ Carlo Ginzburg, *The Judge and The Historian: Marginal Notes on a Late-Twentieth-Century Miscarriage of Justice*, Translated by Antony Shugaar, Verso, London·New York, 1997, p.111.

没有“inferior class”(下层阶级)或多或少的刻意的家长式的含义。[①]而在《狂喜》一书中，他指出研究下层(subaltern)的行为和态度的趋势不断增加，或者在一些情况下是弱势群体(underprivileged groups)，比如农民和妇女，使得史学家抓住人类学家的主题(有时是方法和解释类别)。[②]因此，他并没有对这些概念进行统一规范。而小人物一词，斯蒂文·本蒂纳斯克(Steven Bednarski)在其微观史论著中已有提及。他认为微观史不是研究大人物的历史，他们试图重新发现生活在过去社会中的低等阶级——小人物(little people)的生活经验，或者借用意大利用语，丢失的人们。随着时间流逝，他们旨在理解人际关系是如何构建起人们的生活的，而不是寻找政治运动趋势。[③]笔者之所以使用小人物这一概念界定金兹伯格乃至其他微观史学家笔下的历史人物，顾名思义，一是小人物与微观史从词义上有直接关联性；二是小人物与传统史学家所研究的伟大人物、英雄角色形成鲜明对比，而且并不具有特定的阶级属性，更符合微观史的研究理念。

国内外关于金兹伯格的微观史研究中，并未有系统的针对其小人物的研究，如有提及也只是蜻蜓点水。比如李根在其博士论文中提到了金兹堡笔下的小人物研究，但只做罗列并没有具体阐述。另外，他强调了金兹堡的大众文化与精英文化的关系。[④]国外尤以对金兹伯格的大众文化研究居多。罗杰·夏蒂埃(Roger Chartier)肯定了金兹伯格在大众文化研究上取得的突破，批判法国的心态史学者忽视了个体对于社会观念主体的能动性。[⑤]多米尼克·拉

① Carlo Ginzburg, *The cheese and The Worms: The cosmos of a sixteenth-century miller*, translated by John and Anne Tedeschi, Routledge & Kegan Paul, London and Henley, 1980, p.129.

② Carlo Ginzburg, *Ecstasies: Deciphering the witches' Sabbath*, tanslated by Raymond Rosenthal, Pantheon Books, New York, Random House, Inc. 1991, p.2.

③ Steven Bednarski, *A Poisoned Past: The Life and Times of Margarida de Protu, a Fourteen-Century Accused Poisoner*, University of Toronto Press, 2014, pp.4-5.

④ 李根的博士论文《论卡罗·金兹堡文化史研究的理论与方法》；李根：《卡罗·金兹堡微观史学研究的理论指向》，载《古代文明》2015年第4期；李根：《浅谈大众文化史研究的微观化策略——以卡罗·金兹堡的微观史研究为参照》，载《史学理论研究》2015年第1期；李根、周巩固：《针对大众文化的个案研究——卡罗·金兹堡的微观史学研究浅析》，载《东北师大学报》(哲学社会科学版)2013年第3期。

⑤ Roger Chartier, *Cultural History: Between Practices and Representations*, translated by Lydia G. Cochrane, Ithaca & New York: Cornell University Press, 1988, pp.30-40.

卡普拉（Dominick LaCapra）则对金兹伯格的大众文化研究持怀疑态度，他认为在金兹伯格的《奶酪与虫子》一书中并不存在明显的与“精英文化”相对的“大众文化”。因为大多数农民的口头文化与梅诺乔的识字能力形成了鲜明的对比。[①]而罗伯特·达恩顿认为梅诺乔的阅读能力确实证明了当时普通民众中存在的阅读行为值得研究。[②]由此可见，学者们对金兹伯格大众文化的解读有共同之处但也存有争议。另外，彼得·伯克关于大众文化的研究[③]对金兹伯格的影响深远，在此不予赘述。上述学者对金兹伯格小人物研究的探讨并不系统，鲜少阐释金兹伯格的小人物研究路径和理论。因此，本文试图从研究对象、研究材料、研究理论和方法的启示意义三个方面探讨金兹伯格的小人物研究路径，以此诠释金兹伯格笔下小人物的认同观念，并希望通过微观史学家的个案分析寻求微观史的研究模式和发展方向。

一、金兹伯格笔下对簿公堂的小人物及其身份认同

金兹伯格的论著有20余部，其中不乏以农民、女巫、普通市民等为研究对象的专著。而且他从研究微观史以来，就对小人物的相关史料、论述和理论分析颇为关注。当然，由于他本人的研究专长，大多数这一类型的论著都是在中世纪的时间范围内。另外，他并不囿于传统史学的研究范式，尤其对历史学家与法官对比视角下的小人物极为感兴趣。基于他对小人物史料档案的搜集和整理，对簿公堂的小人物确实是他笔下的主要研究对象。笔者从这一视角出发，不仅具体分析这些小人物的个案，而且揭示金兹伯格对小人物的认同研究。

（一）女巫基娅拉与大众虔诚——女性小人物及其身份认同

基娅拉·西尼奥里尼（Chiara Signorini）是金兹伯格最初探讨“线索”问题时的重要主人公。正如金兹伯格坦言：“民粹主义和批评风格的交集，是

---

① Dominick LaCapra, *History and Criticism*, Ithaca & New York: Cornell University Press, 1985, pp.53-54.

② Robert Darnton, “History of Reading”, in Peter Burke (ed.), *New Perspectives on Historical Writing*, 2nd ed., Pennsylvania: The Pennsylvania State University Press, 2001, p.158.

③ 彼得·伯克:《欧洲近代早期的大众文化》，杨豫、王海良等译，上海人民出版社，2005年版；《制造路易十四》，郝名玮译，商务印书馆，2007年版；《文化史的风景》，丰华琴，刘艳译，北京大学出版社，2013年版。

50年代后期意大利文化的典型特征，为我第一次尝试研究提供了背景。”[①]可能正是因为这是他第一次尝试阐释线索、神话与历史方法的关系，因此，女巫基娅拉的个人肖像仅从1518年10月至1519年2月的诉讼中窥探得知。

基娅拉是莫代内塞（Modenese）的一个农妇，被控告为女巫。第一次指控基娅拉是在针对侍奉修士（Bernardino da Castel Martino）的审讯中。1518年10月9日，巴尔托洛梅奥·圭多尼（Bartolomeo Guidoni）出现在莫代内塞裁判人牧师的面前，他声称他的妹妹玛格丽特·帕扎尼（Margherita Pazzani）在过去大约五年中是女巫的受害者。他怀疑犯罪者就是基娅拉这对已婚夫妇。[②]而基娅拉夫妇是玛格丽特所有的土地财产的租户之一。故事的起因是玛格丽特一直病重不愈，基娅拉便对外声称她能治好玛格丽特，前提就是玛格丽特让他们重新回到刚被赶走的那块租地上。审讯公证人记录道：“由于基娅拉的诅咒，玛格丽特女士的胳膊和腿瘫痪了……正是因为这些咒语，玛格丽特让基娅拉离开那块土地，但基娅拉保证只要玛格丽特不赶走他们，她就不会承受病痛。”[③]由于基娅拉做出的承诺，她收到了衣服、一笔钱和一些亚麻布。玛格丽特的身体不久也恢复了。但后来玛格丽特疾病复发，衰弱了近一年。直到基娅拉被控告，1519年1月她在审问中承认自己有特殊能力，能够给特殊的人施咒或解除咒语，但她声称这个能力是上帝赋予她的。经过几番审问之后，法官们认为基娅拉是异教徒。1519年2月14日，法官裁定基娅拉余生在监狱度过，判处她终身监禁，并把她分配到医院中伺候穷人。至此对基娅拉的诉讼结束。

在这个案例中，金兹伯格对女巫这一特殊群体及其巫术的关注，说明了两个问题：一是欧洲16世纪的巫术在大众中具备一定基础，因此笔者理解这也是金兹伯格将女巫基娅拉审判的主题界定为大众虔诚的原因之一。换句话说，巫术不仅受到施巫术的人，女巫或者是男巫的信仰，而且在某种程度上，大众对巫术的神秘性和魔力的加强有助推作用。因为在巫术审判中提供的证

① Carlo Ginzburg, *Clues*, *Myths*, *and the Historical Method*, Translated by John and Anne C. Tedeschi, The Johns Hopkins University Press, Baltimore and London, 1989, p.vii.

② Carlo Ginzburg, *Clues*, *Myths*, *and the Historical Method*, p.2.

③ Carlo Ginzburg, *Clues*, *Myths*, *and the Historical Method*, p.2.

据经常被视为神学怪论和农民封建思想的混合物。[①]比如基娅拉在牧师颇有技巧的引导性审问过程中，表达了她对圣母玛利亚的崇敬和信仰。从这个角度来看，大众对巫术的愚昧和他们自身的思想水平与当时的大众信仰有很大关系。

因此，这里的大众虔诚包括对欧洲16世纪的正统宗教思想的虔诚，以及对其时较为普遍存在的巫术的默许。正如在玛格丽特患病的时候，她的一些亲属找到基娅拉，说有人告诉他们基娅拉可以治愈玛格丽特的病痛，而基娅拉也同意了。[②]基娅拉拿到报酬后履行了自己的诺言，15天后，玛格丽特的病被治愈了。在此之前，基娅拉的前女雇主因为知道基娅拉夫妇会巫术后将他们开除了。事实上，这反映了当时很多大众相信女巫有治病救人的能力，但同时又惧怕女巫施咒的巫术，这种矛盾心理在16世纪的民众心里极为显著。

二是金兹伯格重视历史上的女性小人物。他在《微观史二三事》一文中，提到小历史适合于引起“小的、弱势的、女性的、母亲的情感世界”；阴历史（yin history），道教术语，使思想重新集中于所有“女性的、保守的、人间的、美妙的、模糊的和痛苦的”对象[③]。基娅拉的案例揭示了16世纪的农妇为了谋生从事巫术的现象并不罕见。但是面对法官的审判，基娅拉担心被监禁，害怕被杀，所以在开始的审问中，她否认事实。公证人宣称：“没有人说过会监禁她。”[④]但在谨慎的情况下，她否认曾接受恶魔的任何形式的帮助。但她承认拥有特殊的巫术能力。她会用迷信的食谱治疗牲畜的疾病。基娅拉很清楚自己身为女巫在当时社会中的定位和认同。一方面，她认为自己遭遇的不公使上帝支持她并赋予她特殊的能力。另一方面，她自己也意识到被“某些人认为是臭名昭著的女巫”[⑤]，她和她的丈夫“在魔法和巫术方面享有很差的名声”，与不受欢迎的巫术之间建立起关联，也会导致被排斥[⑥]。说明

① Carlo Ginzburg, Clues, *Myths, and the Historical Method*, p.157.

② Carlo Ginzburg, *Clues, Myths, and the Historical Method*, pp.2-3.

③ Carlo Ginzburg, “Microhistory: Two or Three Things That I Know about it”, in *Threads and Traces: True False Fictive*, p.195.

④ Carlo Ginzburg, *Clues, Myths, and the Historical Method*, p.3.

⑤ Carlo Ginzburg, *Clues, Myths, and the Historical Method*, p.3.

⑥ Carlo Ginzburg, *Clues, Myths, and the Historical Method*, p.5.

女巫在16世纪社会中自我矛盾的社会地位和认同心理。金兹伯格将基娅拉这些跟随魔鬼的巫师界定为存在于人类社会边缘的被排斥者①，他们的生活还没有被准确地找到和发现。

（二）梅诺乔——过渡社会中的身份认同

多米尼克·斯卡德拉（Domenico Scandella，被称为Menocchio梅诺乔）是金兹伯格比较成熟的小人物研究案例。他生于1532年，是意大利弗留利地区蒙特利阿莱村（Montereale）的村民，经营一家奶酪小作坊，是个磨坊主。他有11个孩子，其中4个很早就死了，曾经做过木匠、锯木工、泥瓦匠和其他工作，会读书有思想。但是由于他向村民表达的宗教思想充斥着对上帝的不敬和亵渎，梅诺乔于1583年9月28日被告上宗教法庭。经过审问，法官认为梅诺乔不仅仅是一个异端，甚至是异端首领，他被判入狱。入狱后两年不堪忍受狱中生活，在他的儿子齐安努托（Ziannuto）努力下，梅诺乔被释放，但被要求终身待在村子里。直到出狱十几年后，他的生活陷入窘境，租借的磨坊入不敷出，妻子和儿子齐安努托又去世，这种种的不幸使他重新萌生异端思想。1599年他再次被控告逮捕，15年后再出现在宗教法庭上，他已经是一位老人：瘦削，头发变白，胡须花白，穿得像个磨坊主，戴着浅灰色的帽子，他67岁了。②审问期间他重提第一次法庭中的异端说辞，宗教法庭看不到他的忏悔，弗留利的审判员在宽大处理和处以死刑之间犹豫不决，最终教皇克莱门特八世（Clement Ⅷ）亲自判处他于1600年执行死刑。

16世纪晚期是宗教改革的关键时期，判处梅诺乔死刑的克莱门特八世就是反宗教改革时期的最后一位教皇。这一时期，西欧社会从中世纪向近代过渡。宗教改革作为欧洲资本主义发展的一个必然结果，矛头直指天主教会和罗马教皇。然而，从金兹伯格对梅诺乔的整个审判过程的分析来看，天主教会在弗留利地区的权力仍旧很大。其中原因主要包括两个方面：其一，虽然宗教改革在16世纪如火如荼地开展着，但是从德意志发展到整个欧洲不是一蹴而就的，而是一个渐进的过程；其二，弗留利许多乡村与外界隔绝，偏僻

① Carlo Ginzburg, *Clues, Myths, and the Historical Method*, p.6.

② Carlo Ginzburg, *The cheese and The Worms: The cosmos of a sixteenth-century miller*, p.103.

的地理位置助长了迷信活动的长盛不衰。[1]梅诺乔生活的村子也同样如此。因为部分地区多山，所以非常贫瘠，低地多砾石，易受溪流泛滥和暴风雨的破坏，而暴风雨在该地区盛行。因此这里的贵族并不是大富之人，平民更是如此，特别是农民非常贫穷。[2]但正是在这样闭塞的环境中，宗教改革的影响力还是慢慢渗透进这些识文断字的人群当中。

金兹伯格认为宗教改革和印刷术的传播使得不同文化为人所知是必要的。由于前者，一个朴实的磨坊主敢于大声地说出自己关于教会和世界的看法。多亏后者，言辞由他自行支配来表达模糊的、难以言喻的世界观。[3]梅诺乔吸收了尼古拉给他的书中的观点，他坚定地模仿它的主题和表达[4]，逐渐形成教皇眼中的“异端思想”。梅诺乔认为书写语言，以及掌握和传播书写文化的能力，是权力的来源，但他并没有摒弃诸如拉丁语这样的官僚语言。他认识到“我们”和“他们”之间的差距是一个尖刻的问题，“他们”是“上层”，有权力的人，不仅仅是那些在教会等级顶峰的人，“我们”是农民。[5]因此，金兹伯格笔下的梅诺乔将自己定位为蒙特利阿莱村的农民，但他同时也在书写文化的影响下逐步在社会地位和个人思想方面建构起自我认同。

在个人能力方面，梅诺乔还曾被选为村长。在不确定弗留利其他地区的轮流职务是否被选举取代的情况下，金兹伯格认为梅诺乔被选为村长的优势在于他知道如何“读、写、算”。事实上，行政官几乎总是从这些上过基础学校，甚至学过一点拉丁语的人中选出。[6]也就是说，梅诺乔较之那些不会识文断字的人来说，优势是明显的，这要得益于那个时期的印刷术发展。印刷术使他在大众口述传统依然盛行的时代可以读书，并从中习得表达思想和愿望的词语。正如他希望的，即使他不能对教皇、主教和国王诉说，但宗教改革却赋予了他勇气去表达他对教区神父、村民同伴、审判者的感情。[7]虽然梅诺

---

① 卡洛·金斯伯格：《夜间的战斗：16、17世纪的巫术和农业崇拜》，朱歌姝译，上海人民出版社，2005年版，第43页脚注2。

② Carlo Ginzburg, *The cheese and The Worms: The cosmos of a sixteenth-century miller*, p.15.

③ Carlo Ginzburg, *The cheese and The Worms: The cosmos of a sixteenth-century miller*, p.59.

④ Carlo Ginzburg, *The cheese and The Worms: The cosmos of a sixteenth-century miller*, p.23.

⑤ Carlo Ginzburg, *The cheese and The Worms: The cosmos of a sixteenth-century miller*, p.59.

⑥ Carlo Ginzburg, *The cheese and The Worms: The cosmos of a sixteenth-century miller*, p.2.

⑦ Carlo Ginzburg, *The cheese and The Worms: The cosmos of a sixteenth-century miller*, p.xxiv.

乔与受过教育的阶层或多或少进行间接接触……但他的言辞和愿望的根源都深深扎进一层模糊的、几乎深不可测的遥远的农民传统中。①梅诺乔清楚地知道他的观点不同于法官，他发现自己很多时候没有恰当的词语来表达这种差异。从这个层面上而言，梅诺乔是尝试学习书写文化的一个底层的小磨坊主，他的文化和修养带着浓厚的农民传统，但却高于一般民众。因此，他的个案反映了16世纪大众文化中的不安分因素，他可以说是介于大众和精英之间的一个时代个体。

在个人思想方面，梅诺乔试图通过高谈阔论来表达他不同于正统宗教的思想。他说："我的思想高远，希望有一个新世界和新的生活方式，因为教堂运作不合理，没有出现盛况。"②他的大胆陈述不仅表达了他对现世生活的不满，而且也在宗教改革潮流的影响下开始怀疑天主教会的权威。这主要表现在他独特的宗教思想方面。他认为一切都是混沌的，土地、空气、水和火四种物质混合在一起，积聚形成一团。就像奶酪是由牛奶制成的，虫子会出现在里面，而这些虫子就像是天使。③之后的审判中，他对这一宗教宇宙观做了进一步阐释，宣称人是依照上帝的形象被造出来的，人生活于四种物质中，上帝就来自这四种物质。事实上，他的思想主要源于他阅读的书目，比如《圣经中的剑》（*Il Fioretto della Bibbia*）和《朱迪西奥历史》（*Historia del Giudicio*）中关于友爱邻居的宗教思想对他影响很大。这也说明正是由于有限的知识和文化，才导致他的片面的阅读习惯和偏离正统的宗教自由思想的形成。总之，在16世纪的转折时期，金兹伯格所述的这位磨坊主，在宗教法庭侃侃而谈，通过向宗教权威挑战，渴望建构自我认同，他成为过渡时期个性表达的象征符号。因此，金兹伯格声称梅诺乔的思想是大众和精英文化因素混合而成的。④

（三）本南丹蒂——大众文化及其自我身份认同的变化

本南丹蒂（benandanti）指的不是单独的个人，而是金兹伯格笔下16世

① Carlo Ginzburg, *The cheese and The Worms: The cosmos of a sixteenth-century miller*, p.xxiii.

② Carlo Ginzburg, *The cheese and The Worms: The cosmos of a sixteenth-century miller*, p.13.

③ Carlo Ginzburg, *The cheese and The Worms: The cosmos of a sixteenth-century miller*, pp.5-6.

④ Sigurður Gylfi Magnússon and István M. Szijártó, *What is Microhistory? Theory and practice*, Routledge Taylor & Francis Group, London and New York, 2013, p.2.

纪末到17世纪上半叶盛行于弗留利一带有着特殊传统信仰的一群人，指的是“慈善的行者”（good walker）的仪式性团体。他们从生来有胎膜的人中选出，大多农民出身，男女都有。长大后，在一年中的某些夜晚会恍惚出神或陷入深睡。这时他们的灵魂被人召唤离开身体，去参加夜间集会的活动，包括舞蹈、祭祀等。最主要的是在田间拿着茴香束与巫师战斗，赢了可获得丰收。他们还会行医诊病，解除咒语和其他行善的法力等。然而，他们奇特的夜间活动与正统宗教信仰存有差异。因此，宗教裁判所将其归为异端巫术活动而予以压制，直至这些活动衰亡。

本南丹蒂祈求丰收的战斗活动反映了盛行于弗留利这些边缘区域中农民的宗教态度，这是一种大众文化的典型。正如金兹伯格准确的定位：“从广义上说，这是一个农民社群的心理态度，但是从一种十分狭隘的观点来看，这一民间信仰核心的历史，作为特殊势力作用的结果，逐渐被巫术同化。”这些弗留利人的证言展现了“几十年甚至几个世纪里个人私下的和通常是集体无意识的反映一直相互交织的趋势”。[①]因此，金兹伯格在前人对巫师的研究基础上，“力图穿透这些信仰表面上的一致，把握住靠信仰它们生活的男男女女的不同态度，及这些态度如何在各种源于民间的和调查官的影响下发生的改变”。[②]本南丹蒂从坚定信仰，到在正统宗教代言人的影响下逐渐承认是异端巫术，再到最后衰败的这一过程，揭示了西方宗教思想在变革的同时对大众心理的塑造过程。霍布斯鲍姆认为本南丹蒂是很早就与官方正统宗教建立起共生关系的仪式性活动。最初本南丹蒂认为他们自己是反抗恶魔、拥护基督的斗士，但是在教会的政策下他们被迫走向反面。[③]这种认同的变化从金兹伯格对本南丹蒂的具体个案分析中显而易见。

金兹伯格讲述本南丹蒂的故事始于1572年的磨坊主彼得罗·罗塔罗，他儿子得了一场怪病，于是找到了邻村亚斯科的保罗·加斯帕鲁托为他的儿子驱邪。这件事引起了斯加巴里扎神甫的好奇，加斯帕鲁托随同神甫在调查官面前讲述了夜间聚会的细节。之后莫杜克也被告发，五年后重审加斯帕鲁托

① 卡洛·金斯伯格：《夜间的战斗：16、17世纪的巫术和农业崇拜》，意大利版前言第1页。

② 卡洛·金斯伯格：《夜间的战斗：16、17世纪的巫术和农业崇拜》，意大利版前言第9页。

③ 卡洛·金斯伯格：《夜间的战斗：16、17世纪的巫术和农业崇拜》，朱歌姝译，上海人民出版社，2005年版，前言第2页。

和莫杜克的案件，最终二人承认本南丹蒂的身份。并坚称他们作为基督信仰的卫道者，只是在四旬斋星期四的晚上被召唤，灵魂离开身体，四处游荡，与巫师战斗。但是调查官巧妙的提问，使本南丹蒂的供词向半夜拜鬼仪式靠拢，莫杜克宣称他现在相信灵魂出窍的邪恶本质[①]，加斯帕鲁托开始怀疑天使的引导可能就是恶魔的诱惑。因此，在调查官的引导下，他们原本坚信灵魂出窍祈求丰收的虔诚发生动摇。事实上，金兹伯格认为他们本来就存在一种自我矛盾：一方面，最初人们将本南丹蒂视为好巫师的一种，他们没有背叛对上帝的信仰，反对巫师及其邪恶的阴谋，为保护丰收而战；另一方面，他们骑着兔子、猫等动物参加夜间聚会又会让人联想到半夜拜鬼仪式。

最初这两位本南丹蒂的信仰虽然被认为是处于矛盾之中，但他们坚决否认参加的聚会是半夜拜鬼仪式。之后被告发的本南丹蒂不断增加，安娜・拉罗莎、东娜・阿奎利娜和泰丽娜・圭尔恰等几位女本南丹蒂的审判也引起了金兹伯格的关注。她们参加亡灵的游行，使用符咒和迷信给人治疗。到朱利亚诺・韦尔德纳的审判时，似乎已找不到本南丹蒂的踪影，他们之间唯一的关联点似乎就是都提到亡灵的游行及其死后的命运。[②]金兹伯格根据本南丹蒂的陈述，认为他们除了亡灵游行之外，还是生活在真实中的男男女女。这种双重人格成为这一时期民间信仰的一种特征。

17世纪初期，本南丹蒂似乎变得越来越大胆，他们不仅意识到作为治疗者的重要性，而且带着越来越强烈的自信公开揭发与他们在夜间战斗的巫师。因为他们确信自己不是巫师而是本南丹蒂，相对于巫师而言，他们保护儿童，解除咒语。1619年，玛利亚・潘佐娜受审。金兹伯格认为应该把她的案子视为本南丹蒂新阶段的开端。[③]她没有描绘半夜拜鬼仪式，同样为中邪的人治疗，但她将女主持认定为恶魔。

直到1627年4月29日，乔瓦尼・西翁在奇维达尔受审。他“自动”供出自己是巫师，这不仅代表这一同化过程中决定性的一步，而且调查官近十年

① 卡洛・金斯伯格：《夜间的战斗：16、17世纪的巫术和农业崇拜》，朱歌姝译，上海人民出版社，2005年版，第20页。

② 卡洛・金斯伯格：《夜间的战斗：16、17世纪的巫术和农业崇拜》，朱歌姝译，上海人民出版社，2005年版，第91页。

③ 卡洛・金斯伯格：《夜间的战斗：16、17世纪的巫术和农业崇拜》，朱歌姝译，上海人民出版社，2005年版，第171页。

来徒劳地试图扣在本南丹蒂头上的凶暴的半夜拜鬼仪式这种帽子，也第一次在弗留利建立起了条理明晰的对等意象。[①]因此，在半个世纪后，本南丹蒂是巫师的看法在对弗留利农民的审判中被确立下来。最终，随着奥利沃·卡多尔审讯的结束，本南丹蒂的故事在理论上也就告一段落。但这仅仅是在理论上，而告发和审讯仍在继续。[②]金兹伯格论述的最后审判表现了本南丹蒂信仰的脆弱，它经受着被歪曲和误解，至此已经被认为和巫术没有区别了。

总之，金兹伯格描述了本南丹蒂如何在教会的压力下，逐步对自己的身份和认同产生怀疑进而混淆，直至把自己归为巫师的过程，而且极强地复原了这一时期农民的心理状态，从而反映了大众文化中的信仰危机。他认为在一个世纪里，本南丹蒂蜕变成巫师，他们意欲促进丰产的夜间聚会变成了恶魔的半夜拜鬼仪式，以风暴和毁灭而告终。[③]这揭示了16世纪末17世纪上半叶之间弗留利人的宗教态度，反映了一种集体无意识的民间信仰。

（四）马里奥——历史学家与法官的认同差异

这是金兹伯格鲜少的现代史论著之一，书中提到的案件牵涉到他的好朋友索弗里，从而引起他的格外关注。另外，这也是揭示历史学家与法官关系的典型案例。这一案件主要围绕列奥纳多·马里奥（Leonardo Marino）展开。他是以前菲亚特工厂的工人，曾是洛塔·康泰纳（Lotta Continua）[④]激进分子。1988年7月19日，他去阿米里亚（Ameglia，离马里奥与家人生活不远的一个小镇）宪兵办公室，希望供认他作为政治激进分子时的一系列罪行。[⑤]此案的源头是1969年铁路工人朱塞佩·皮内利（Giuseppe Pinelli）的去世，他被控告为1969年10月12日炸弹爆炸事件的嫌疑人，但却在审问过程中因不明原因而坠楼身亡。审问他的米兰警局警司路易吉·卡拉布雷西（Luigi Cala-

---

① 卡洛·金斯伯格：《夜间的战斗：16、17世纪的巫术和农业崇拜》，朱歌姝译，上海人民出版社，2005年版，第180页。

② 卡洛·金斯伯格：《夜间的战斗：16、17世纪的巫术和农业崇拜》，朱歌姝译，上海人民出版社，2005年版，第232页。

③ 卡洛·金斯伯格：《夜间的战斗：16、17世纪的巫术和农业崇拜》，意大利版前言第7页。

④ 根据金兹伯格的描述，笔者认为洛塔·康泰纳（Lotta Continua）应为意大利的一个政治激进组织。

⑤ Carlo Ginzburg, *The Judge and The Historian: Marginal Notes on a Late-Twentieth-Century Miscarriage of Justice*, p.10.

bresi）对此事负责，但不幸于1972年下班回家路上被暗杀，凶手不明。因此，当时卡拉布雷西就被认定为政治暴力行为的受害者。直到事发后十几年，马里奥投案自首，声称他与奥维迪奥·邦普雷齐（Ovidio Bompressi）是在洛塔·康泰纳的领导人阿德里阿诺·索弗里（Adriano Sofri）和乔治·彼得罗斯特凡尼（Giorgio Pietrostefani）的敦促下枪杀了卡拉布雷西，也暗示这是一场政治阴谋。但是由于证据不足，之后围绕这一案件的审讯持续了将近十年。直到1997年1月，索弗里等人的罪名最终成立，被判入狱。

金兹伯格对这个案件的分析说明了两个问题：一是法官对于司法案件的裁决对历史学家的启示意义重大。金兹伯格认为司法模式对历史学家有两个紧密相连的影响：一方面，它鼓励史学家把关注的焦点放在事件（政治的、军事的、外交的）上，这可以归因于个人或更多人的行动；另一方面，它使史学家避免不适合这个解释性网络的所有现象（社会群体的历史，心态和态度的历史等等）。①因此，金兹伯格较为关注历史事件的发生、过程及其动因，即使是在分析大众文化的过程中，他也试图从具体案例的线索出发来阐释，尽量避免集体心理对历史分析的影响。

二是通过历史学家对证据（主要是证人的证词）的分析得出的结论与法庭最终的判决结果有矛盾之处，这也是金兹伯格将这个案件书写出来的原因之一。一方面，说明寻找客观证据不仅是350年前的审问者和当代法官们的共同追求，也是现代历史学家的共同追求。②但是，意大利司法中由证据得出的判决存在一些问题，这在一定程度上揭示了意大利政治的混乱。这一时期意大利劳工动荡不安，大规模左翼游行，公然挑战司法公正的行为屡屡发生。而且这也是一段右翼炫耀武力的时期。马里奥作为曾经的政治激进分子，他的证词中有多少真实的成分，法官又是否公允都是有待商榷的。

然而，这个案件的最终判决主要是基于马里奥的个人证词。马里奥在初次审问时，证实自己曾向牧师坦白，他参与了恐怖主义行为，对一件重大的事特别懊悔。马里奥还告诉牧师有人一直在找他甚至跟踪他。这些人给他带

---

① Carlo Ginzburg, *The Judge and The Historian: Marginal Notes on a Late-Twentieth-Century Miscarriage of Justice*, p.14.

② Carlo Ginzburg, *The Judge and The Historian: Marginal Notes on a Late-Twentieth-Century Miscarriage of Justice*, p.11.

来了可怕的威胁，而且要求他再次从事犯罪活动。但马里奥告诉这些人他已经永远放弃恐怖主义犯罪世界，不想再和它有任何关系。[①]虽然他说他曾经历了一场强烈的良心危机，到了他开始撤退的时候，在卡拉布雷西被谋杀后，他立即陷入了完全的挣扎状态。[②]因此，从历史学家对证据的观点来看，金兹伯格认为马里奥自首并非出于他内心的忏悔，而是惧怕被威胁。他表现出来的自我矛盾心理让人怀疑他证词的可靠性，也使法庭基于他证词得出的判决并不具有说服力。

另外，金兹伯格通过线索分析的方法，发现马里奥证词中的多处细节与其他证人的证词有出入：抢劫和暗杀所用的车的颜色，马里奥最初说是米黄色，而另外一位目击者说是深蓝色。[③]虽然法官也意识到了这些不一致的地方，但并没有视之为有效的证据。原因在于马里奥等人从来都没有逃脱出意大利社会的固有束缚，他们的证词已经被筛选出一套生硬的官僚语言。马里奥用以描述他自己悔恨的词语是凌乱的，模式化的。[④]他们的证词被赋予了政治官僚色彩，这就是金兹伯格作为历史学家与法官对马里奥认同的重要区别。他不仅仅是这个案件中的证人、当事人，更是20世纪80年代前后意大利政治的附属品。这种区别由金兹伯格以一个比较有趣的方程式直观地展现出来，他认为根据特定的规则，历史学家和法官有能力证明x作用于y，其中x可以指定历史事件或法律行为的主要行为人（尽管没有名字），而y可以指定任何类型的行为。但是有时候一个法官认为不存在的法律问题而不予受理的案件，在历史学家看来却是富有成效的。[⑤]因此，马里奥之于历史学家和法官会呈现出不同的认同。

---

① Carlo Ginzburg, *The Judge and The Historian*: *Marginal Notes on a Late-Twentieth-Century Miscarriage of Justice*, p.47.

② Carlo Ginzburg, *The Judge and The Historian*: *Marginal Notes on a Late-Twentieth-Century Miscarriage of Justice*, p.73.

③ Carlo Ginzburg, *The Judge and The Historian*: *Marginal Notes on a Late-Twentieth-Century Miscarriage of Justice*, p.23.

④ Carlo Ginzburg, *The Judge and The Historian*: *Marginal Notes on a Late-Twentieth-Century Miscarriage of Justice*, p.97.

⑤ Carlo Ginzburg, "Checking the Evidence: The Judge and the Historian", in *Critical Inquiry*, Vol. 18. No. 1, 1991, The University of Chicago Press, pp.79-92, pp.84-85.

二、小人物档案与历史证据

毋庸置疑，金兹伯格在小人物研究方面取得的成就得益于他对史学研究资料的新看法和新解读。他重视之前被忽视的档案，注重运用文学性史料阐释其与历史客观事实的关系，但他也意识到这些尘封已久的史料存在的缺陷。

时至今日，虽然仍区分一手和二手史料，而且一手史料的重要地位和意义仍然不可取代。但是，随着历史研究主题和范围的丰富，先前被质疑可靠性的非官方的一手史料和部分二手史料开始受到关注。在金兹伯格的《奶酪与虫子》的意大利版前言中，他认为："材料不是客观的，但不代表它是没用的。……即使贫乏的、分散的和模糊的材料也能发挥用武之地。……如果材料提供给我们重建模糊的大众和个体人格的可能性，那忽视它就将是荒谬的。"[①]

事实上，已有不少学者对这些曾被忽视的档案做了整理与分析。比较典型的就是彼得·伯克将研究大众文化的档案详细分为六类：一是一些伟大作家如维永和拉伯雷等人的著作；二是教士的布道文，尤其是圣方济各会教士的布道文，是研究信奉天主教的欧洲地区的大众文化最重要的史料之一；三是宽幅故事书和小故事书；四是口述传统；五是巡回法官的记录，审讯异教徒和巫师的记录以及他们的供词；六是起义或叛乱的记录。[②]这些档案虽然不如传统史学中官方档案那样准确，但却成为研究大众文化不可或缺的重要材料。

上述小人物个案的研究史料就是伯克提到的法官的记录，审讯异教徒和巫师的记录以及他们的供词这一类。女巫基娅拉的研究史料出自现在保存在摩德纳国家档案（Modena State Archives）的宗教法庭审判集。金兹伯格在开篇就简要总结了这一系列审判材料："特别是第一组史料，是从15世纪末到16世纪前半期，揭示了对巫术、魔法和迷信的审判和谴责的增加"，"这些材料构成了宝贵的研究资料，遗憾的是，到目前为止，审判过程和恶魔论论文

---

① Carlo Ginzburg, *The cheese and The Worms: The cosmos of a sixteenth-century miller*, pp.xvii-xx.

② 彼得·伯克：《欧洲近代早期的大众文化》，杨豫、王海良等译，上海人民出版社，2005年版，第81页。

的理论演变之间的联系被忽视了"。[①]可见，这些材料所蕴含的史学价值至今仍未得到充分实现，需要进一步阐释其与历史事实的关系。

同样，梅诺乔、本南丹蒂以及马里奥等人的研究材料也多为同类型的记录和供词。《奶酪与虫子》的英文版译者针对询问记录的保存做了简单的解释：每一个审讯法庭的常任和不可或缺的成员是公证人（或被授权承担这一职能的牧师），他们以书面形式抄录了法律手册，不仅包括被告的所有答复和他可能做出的任何陈述，还包括他在受刑的时候所能说的，即使是他的叹息、他的哭声、他的哀伤和泪水。由于大多数审判记录一般在宣判前由罗马最高法院进行审查，因此完整地记录法律程序的做法是为了防止不法行为，包括一些审查员倾向提出一些具有指导性或启发性的问题。[②]从这个观点来看，这些档案在很大程度上可以如实反映与小人物相关的生活和信仰。基于此，金兹伯格意识到："这些资料的主要特点是它们的直接性。除了宗教法庭的公证人把证词从弗留利方言翻译成意大利文之外，说这些农民的声音毫无阻隔地直接传到了我们耳边是很公平的，而不是像通常所遇到的，经由一种在异常的和不可避免的扭曲心理的过滤后变得残缺而含糊的供词所传达的那样。"[③]换言之，这些原始的书写小人物历史的档案保持了对当时历史更本真的记忆，鲜少受到官方或者上层价值观念的影响，被篡改、被"污染"或者被歪曲的成分较少，所以用这些档案研究与之直接相关的个人或群体更为准确。

有学者从材料方面分析金兹伯格、戴维斯等学者的研究时，指出他们仍然注重档案，并在著述中运用了地方文件（local document）、公证文件（notarial document）、法律文本（legal texts）等材料。[④]这些档案文件长期处于被忽视的地位，可能有两个原因：一是与这些档案相关的史学研究领域长期以来处于劣势；二是其可靠性相较于官方档案而言易受到质疑。但是，随着史

---

① Carlo Ginzburg, *Clues, Myths, and the Historical Method*, Translated by John and Anne C. Tedeschi, The Johns Hopkins University Press, Baltimore and London, 1989, p.1-2.

② Carlo Ginzburg, *The cheese and The Worms: The cosmos of a sixteenth-century miller*, translators' note, p.ix.

③ 卡洛·金斯伯格：《夜间的战斗：16、17世纪的巫术和农业崇拜》，意大利版前言第1-2页。

④ Susanna Fellman and Marjatta Rahikainen, ed., *Historical Knowledge: In Quest of Theory, Method and Evidence*, Cambridge Scholars Publishing, 2012.

学研究多样化的发展，史学家的研究思路也随之发生转变。他们不再拘泥于传统史学研究档案，而对之前被忽视的档案和史学研究领域给予愈来愈多的重视。

在女巫基娅拉的审判过程中，被玛格丽特抚养长大的一个年轻姑娘尼娜（Nina）在法庭上描述她发现基娅拉在她们家门口附近放了一些“被施了魔法的东西”，成分为“像十字架的橄榄枝的碎片、野豌豆、人骨的碎片，还有染成白色的丝绸，像是抹上了圣膏”。[①]如此详细的证词为基娅拉的巫术行为提供了证据，虽然基娅拉对此坚决否认。但是毫无疑问，从审讯记录获悉的证词不仅验证了其他证人的说辞，而且更加证实了她的女巫身份。

金兹伯格指出作为一种极有价值的历史资料，审判记录的发现是一个令人惊讶的迟发现象。长期以来，研究宗教裁判所的历史学家们都以一种相当描述性的（尽管经常是争论性的）方式集中研究这种特殊制度的机制：这些文件本身基本上没有被利用，尽管在某些情况下，学者们可以查阅到它们。[②]换言之，这些反映特定时期宗教信仰的档案很多时候并不是失真，而是被忽视了。金兹伯格建议到，审判似乎证实了某些问题和联系的存在，即使是以有限的方式。这种文件可能阐明女巫和审判人之间关系的本质，在审判过程中呈现出戏剧性的形式，因此，请进一步研究这些资料。从这个观点来看，比如基娅拉·西尼奥里尼的案例甚至在他们最独特的方面具有示范价值。[③]所以在已有研究案例的示范作用下，要想更深入地探析大众历史，就必须继续解读这些与异教徒、巫师、激进分子等小人物直接相关的资料。

除了对上述档案资料的关注之外，金兹伯格还运用文学载体的史料，并且注重对其进行历史意义的新解读。在描写梅诺乔的时候，他注意到农民和磨坊主之间由来已久的敌意巩固了磨坊主的消极刻板形象。甚至传唱成为托斯卡纳（Tuscan）的流行歌：

> 他胡须旁有个磨坊主，脚下有个日耳曼人，这是一个客栈老板，那是个屠夫：我问他谁是最坏的？他对我说：“听着，现在我告诉你。看谁在用手抓，那是磨白面粉的。看谁在用手偷东西，那是磨白面粉的。他

① Carlo Ginzburg, *The cheese and The Worms: The cosmos of a sixteenth-century miller*, p.4.

② Carlo Ginzburg, *Clues, Myths, and the Historical Method*, p.156.

③ Carlo Ginzburg, *Clues, Myths, and the Historical Method*, p.16.

用四分之一的硬币冒充一蒲式耳，最大的贼就是磨坊主。”①

从这首简单的流行歌印证了当时磨坊主被固化的消极形象——精明且善于欺骗。如果从保罗·利科对语言文本的象征意义②来看，这就是文本解释赋予人物的象征符号。正如梅诺乔最早的律师描述他为“一个穿白衣的农民”③。这都源于16世纪人们的记载以及当时人的形象认知。金兹伯格通过对文学性史料的解读，使一个鲜活的磨坊主形象跃然纸上。文学史料成为寻找小人物历史痕迹的重要线索。

由于金兹伯格热爱文学，他善于探讨历史学与文学的关系。他认为小说呈现的形式不可能完全表现历史真实，如果一个问题只依靠一份文本档案是不足以被认定为真实的。但是，无论如何，小说在历史研究的特定领域中是可以作为反映历史的材料来研究的。其实从文学作品中吸收历史事实的观点不是新的，古典史学家中就有类似尝试。④不可否认，即使都采用叙述的方式，小说的书写模式与史学研究仍有差异。历史中的小说也是一种文献记载，这种表达更具有吸引力，并对一些历史问题做出了反应，这其实是对历史学家的间接挑战。在新文化史潮流的影响下，叙事史复兴。这使原本具有叙事特征的历史学不可避免地再次与文学叙事勾连起来。金兹伯格指出：“在一篇关于历史、修辞和证据的文章中认为包括小说家在内，甚至包括著名小说家，比如福楼拜，似乎都出乎意料地证实了当前的怀疑论认为小说的叙事和史学的叙事相似。……我试图证明修辞在研究的每一个阶段都起作用，既设置障碍，又创造可能性。”⑤

然而，史学界关于修辞对历史学的效用同样存有争论。大多数传统史学家并不认同修辞学在史学研究中的运用。金兹伯格坦言他关于证据问题的态度很大程度上受到了阿纳尔多·莫米利亚诺（Arnaldo Momigliano）的影响。

---

① Carlo Ginzburg, *The cheese and The Worms: The cosmos of a sixteenth-century miller*, p.119.

② 利科的解释学观点详见保罗·利科：《解释的冲突——解释学文集》，莫伟民译，商务印书馆，2008年版；保罗·利科：《诠释学与人文科学：语言、行为、解释文集》，孔明安、张剑、李西祥译，中国人民大学出版社，2012年版。

③ Carlo Ginzburg, *The cheese and The Worms: The cosmos of a sixteenth-century miller*, p.120.

④ Carlo Ginzburg, *Threads and Traces: True False Fictive*, p.74.

⑤ Carlo Ginzburg, *History Rhetoric and Proof*, Brandeis University Press, Historical Society of Israel, Published by University Press of New England, Hanover and London, 1999, p.25.

莫米利亚诺认为历史学家根据证据工作，而修辞不关他们的事。[①]金兹伯格赞同第一点，但不认同修辞不属于历史学家研究范畴的观点。因为在他看来，历史学家的语言虽然并不具有认知意义，但却有修辞意义。修辞某种程度上就是历史证据的一部分，而且也是呈现证据的一种表达方式。

另外，史学家在发现这些档案资料的价值的同时，也意识到它们易给人造成琐碎和不完整的缺陷。金兹伯格坦言："大量不同的个人态度和行为从资料的分析中得以呈现。整天与这些人和事打交道，一个人会陷入过分琐碎的危险。尽管如此，我宁愿冒这个险也不愿每一步都运用诸如'集体想法'或'集体心理'这种概略而模糊的措辞。这些弗留利人的证言展现了几十年甚至几个世纪里个人私下的和通常是集体无意识的反应一直相互交织的趋势。"[②]很显然，金兹伯格反对从心态史角度研究大众文化，他认为集体心态的模糊性容易掩盖个体的复杂性，但个体的繁复需要足够的证据才可以讲清楚。因此，只要琐碎的证据足够充实，都有可能帮助金兹伯格有效地解决心态史的模糊性问题。

但同时金兹伯格已经提到，长期与这些资料打交道容易陷入琐碎，这也是微观史研究一直容易受到的质疑。但他认为梅诺乔不仅体现了古代传统，即大众文化的口头表述，而且梅诺乔也是模糊世界一个分散的碎片，借由这个契机出现在我们面前。[③]正如约翰·布罗认为有人指控人类学的琐碎与人类学对特定社会的专论有如"集邮"，但在20世纪60年代与70年代，"小"不再意味着琐碎。对于新兴的历史感受而言，文化以及文化协助建构的集体认同是由其中的参与者"形成"的，这些参与者绝大多数是历史中的无名者，是他们支撑起特定的集体生活方式。[④]也就是说，文化多样性并不意味着琐碎，只是说明历史语境不同造成了个体的差异性，它们仍是集体文化不可或

① Carlo Ginzburg, "Checking the Evidence: The Judge and the Historian", in *Critical Inquiry*, Vol. 18. No. 1, 1991, The University of Chicago Press, pp.79-92, p.91. 金兹伯格对阿纳尔多的观点做了排序。详见 Momigliano, "Considerations on History in an Age of Ideologies", in *Settimo contributo alla storia degli studi classici e del mondo antico*(Rome, 1984), p.268.

② 卡洛·金斯伯格：《夜间的战斗：16、17世纪的巫术和农业崇拜》，意大利版前言第2页。

③ Sigurður Gylfi Magnússon and István M. Szijártó, *What is Microhistory? Theory and practice*, p.3.

④ 约翰·布罗：《历史的历史：从远古到20世纪的历史书写》，黄煜文译，广西师范大学出版社，2012年版，第477页。

缺的要素。

另外，这些材料大部分都是原始档案，年代比较久远，保存至今难免有遗失、漏页或破损。史学家最终想要呈现真实准确的完整文本并非易事。因此，史学家们都尽量采取合理有效的措施弥补材料不足的问题。比如戴维斯在《马丁·盖尔归来》中提到："由于这次审判的全部证词已不存在（所有图卢兹最高法院1600年之前的这类刑事案件都已遗失），我通过查阅最高法院判刑的登记簿，以求丰富对这一事件以及法官的做法与态度的了解。在追踪我的乡村演员的过程中，我找遍了里厄与隆贝兹主教区所有村落的公证合同。当我在亨戴、阿尔蒂加、赛亚斯或是比尔格斯无法发现我寻找的那个男人或女人时，我借助于来自同期本地的其他资料，努力去发现他们也许看到过的世界，他们也许有过的反应。"[①]金兹伯格肯定了戴维斯在面对材料缺失问题时的做法，尽可能多地搜集相关资料为历史事实提供更可靠的证据和补充。但是他也指出戴维斯对文件的补充是有条件的（用可能perhaps，很可能probably），而不是隐藏在暗示的情绪后面。[②]总之，金兹伯格对被忽视的史料的关注，不仅仅体现了他在小人物研究路径中对历史证据的把握，更是对史学研究路径的科学性、客观性和整体性特征的继承和发展。

三、金兹伯格的小人物研究理论和方法的启示意义

从上述金兹伯格对小人物及其档案资料的基本研究路径来看，他对小人物的研究比较深入。虽然没有形成系统的理论体系，但是他对小人物研究有自己的认识，并且他的很多理论和方法值得进一步探讨。

首先，金兹伯格通过对小人物已有研究的梳理，形成了自己的研究思路。在《法官和历史学家》一书中，他简单论述了小人物研究的历史[③]，提到了一些代表性的学者及其著作和观点。其中阿纳尔多·莫米里亚诺指出个人生活研究由来已久，可以追溯到古希腊，但是他坚持这只是个人传记而非个人历

---

① 娜塔莉·泽蒙·戴维斯：《马丁·盖尔归来》，刘永华译，北京大学出版社，2009年版，第16页。

② Carlo Ginzburg, *The Judge and The Historian*: *Marginal Notes on a Late-Twentieth-Century Miscarriage of Justice*, p.116.

③ 金兹伯格关于小人物研究历史的追溯详见Carlo Ginzburg, *The Judge and The Historian*: *Marginal Notes on a Late-Twentieth-Century Miscarriage of Justice*, pp.110-119.

史，认为“冒险家，失败、边缘人物”是传记的主题[①]。金兹伯格认可他的观点，认为较早的“来自下层”（from blow）的历史是由奥古斯汀·梯叶里（Augustin Thierry）所写的一篇“想象传记”形式的短文，描写农民雅克·博博姆（Jacques Bobomme）从罗马人侵至今长达二十个世纪的故事，但主人公是虚构的。[②]之后，经济史学家艾琳·鲍尔（Eileen Power）在其著作《中世纪人》中重构普通人的历史，主角农民博多（Bodo）是其根据文件资料描述的一个真实存在的人物，不同于梯叶里想象的人物。[③]鲍尔认为“社会史本身特别导向所谓的个体对待（personal treatment）”，但过去的低等阶级只有以一定数量的形式出现才可用历史统计和社会学方法进行研究。[④]因此，金兹伯格、列维、戴维斯等微观史学家的小人物研究已使个体案例的文化史研究趋于乐观。

金兹伯格对小人物的研究理论和方法有自己的看法，但还没有系统的研究模式。笔者在本文第一部分从小人物认同角度阐释金兹伯格笔下的小人物个案研究，主要也是源于他对身份认同理论的强调。他说：“我想利用我们通常称之为身份的东西，从某种意义上说，在现在和当时的人之间，既有生物性的也有个人的，回顾一下这些元素在我的实际研究中所起的作用。到目前为止，我所提到的那些有助于从一个特定的角度（迫害的受害者）选择一个主题（巫术）的因素，从最潜意识（我是犹太人）到最有意识（跨学科的愿望）的，都没有一个具体的研究假设。”[⑤]他尝试从巫师的身份研究中建构一种研究模式，但是巫术可能是阶级斗争的一种粗糙的基本形式。因此，他认为自己的研究仅仅是历史编纂的一种尝试。

---

① 转引自 Carlo Ginzburg, *The Judge and The Historian: Marginal Notes on a Late-Twentieth-Century Miscarriage of Justice*, p.110.

② 关于鲍尔的观点可参见其著作《中世纪人》，金兹伯格的看法详见 Carlo Ginzburg, *The Judge and The Historian: Marginal Notes on a Late-Twentieth-Century Miscarriage of Justice*, p.111.

③ Carlo Ginzburg, *The Judge and The Historian: Marginal Notes on a Late-Twentieth-Century Miscarriage of Justice*, p.113.

④ Carlo Ginzburg, *The Judge and The Historian: Marginal Notes on a Late-Twentieth-Century Miscarriage of Justice*, p.115.

⑤ Carlo Ginzburg, *Threads and Traces: True False Fictive*, p.219.

塞鲁蒂（S. Cerutti）以金兹伯格如何展开微观个案分析为例，指出金兹伯格以一份文件作为突破口确定相关背景，首先阐述研究对象自身包含的意义，然后从与它的亲疏关系依次考察那些与之相关的背景。塞鲁蒂声称历史学家应该揭露为什么历史人物喜欢一种方式而不是其他方式，为什么他们将一种传统传给他们的孩子而不是其他人。这种关联性应该归于所谓的“着位法”（“emic” approach）。[①]这种方法是关于描述特定语言或文化的内部要素及其功能的方法，而不是根据任何现有的外部因素而产生关联性。这类似于社会学的结构—功能理论。以磨坊主梅诺乔为例，对金兹伯格而言，梅诺乔是一个16世纪的农民，有读写能力，他对宗教的认知主要来源于教会。但他的正统宗教思想发生了动摇，这就需要结合他的周边环境，包括宗教改革和印刷术的影响，使他的语言表述、宗教信仰和文化认知发生了转变。换言之，金兹伯格把小人物置于特定的生活环境中旨在找到其恰当的社会定位，而且这些小人物难以脱离循环关系构成的交互影响。[②]

然而，以金兹伯格的大众文化研究为例，学者们的声音并不一致。夏蒂埃认为梅诺乔是大众文化的典型代表，主要通过他的大众式阅读方式表现出来。艾尔多·格伦迪（Edoardo Grendi）认为金兹伯格忽视了磨坊主的生活及其社会交往。西蒙娜·塞蒂（Simona Cerutti）则认为金兹伯格将文化模型及文化行为分开了。[③]虽然有争议，但金兹伯格的研究具有典范意义。阿里杰·维内尔（Arij Ouweneel）提出金兹伯格的微观史关注点在两方面：一是历史学家从大众的观点中读取文件，就是底层研究和庶民研究；二是在时空原则中提供一种行为和叙述阐释，包括历史中人的生活经验，记录历史的人的视角，历史学家的世界。[④]金兹伯格试图从多视角全面地诠释小人物的社会角色，以此呈现他们的身份认同。

其次，金兹伯格重视小人物研究的微观与宏观的双重视野。一方面，他运用线索的方法注重对细节的分析，另一方面并未忽视与更大语境的关联性。

---

① Sigurður Gylfi Magnússon and István M. Szijártó, *What is Microhistory? Theory and practice*, p.21.

② Christopher S. Celenza, *The Lost Italian Renaissance: humanists, historians, and Latin's legacy*, The Johns Hopkins University Press, Baltimore and London, 2004, p.74.

③ Sigurður Gylfi Magnússon and István M. Szijártó, *What is Microhistory? Theory and practice*, p.3.

④ Arij Ouweneel, *The Flight of the Shepherd*, Aksant, Amsterdam, 2005, p.13.

金兹伯格在一篇文章中把福尔摩斯的破案方法与西格蒙德·弗洛伊德在《日常生活的心理学》中提出的研究方法进行了对比，把追踪细小线索称作认识论的范式，以直觉取代推理。①金兹伯格在二人方法论的基础上认为历史认知和结论需要直觉，但这是由细节化的线索分析得出的。有学者提出在金兹伯格“证据范例”（evidential paradigm）的影响下，重在研究与每个主题相关的最琐碎的细节。②只要有历史证据可循，就应该详尽地描写历史事实。一方面强调其真实性，另一方面需站在历史人物的角度选取有价值的信息进行编纂。

金兹伯格本人在历史研究中重视任何可能的细小证据。比如他与卡洛·波尼（Carlo Poni）强调名字（包括人名和地名等）是“引导研究者走出档案迷宫的阿里阿德涅的线团”，“关注名字和从名字引出的线索，交织组成了一张严密的网，为观察者提供了一个社会关系网络的图像，而个人就处在这个网络之中”。③换句话说，由一个名字可以牵引出许多重要的信息，可以帮助历史学家为还原历史真实找到更多线索。

虽然金兹伯格提出了“证据范例”，运用微观调查的方法进行社区分析，但是金兹伯格试图在微观与宏观之间找到一种平衡，他指出《狂喜》（*Ecstasies*）中存在的问题：较小对象和较大背景的结合，微观和宏观历史的结合。这本书可能被视为对所谓的“中间史”（middle history）的批判。他认为：“这种历史不加审视地接受我们在一定背景下认为‘自然而然’的那些解释层面：国家、时代和时期等等，我想尽力表明，研究范围绝不是理所当然的。我们使用的背景范围总能决定该回答什么，从而使得实现微观或宏观层面每个个案是可能的，而且两个层面需要同时被认可。”④金兹伯格找到的解决方法就是在宏观背景下进行微观分析，在研究具体问题时并不局限于某一范围，

① 彼得·伯克：《图像证史》，杨豫译，北京大学出版社，2001年版，第35页。

② Sigurður Gylfi Magnússon and István M. Szijártó, *What is Microhistory? Theory and practice*, p.135.

③ Carlo Ginzburg and Carlo Poni, “The Name and the Game: Unequal Exchange and the Historiographic Marketplace”, in *Microhistory and the Lost People of Europe*, edited by Edward Muir and Guido Ruggiero, Baltimore and London: The John Hopkins University Press, 1991, pp.2–10.

④ Sigurður Gylfi Magnússon and István M. Szijártó, *What is Microhistory? Theory and practice*, p.113.

而是同时考量两个层面。

一般说来，微观史家志存高远，他们像福尔摩斯一样声称“观察细节”能够得出重要结论。他们虽不敢称从一粒尘埃看整个世界，但也必声称从局部数据中得出一般性结论。对金兹伯格而言，梅诺乔这个磨坊主就是一个口传民间文化的代言人。[①]当然，尽管现在书写的小人物世界依然是模糊的，但是基娅拉、梅诺乔等作为小人物世界中的碎片的事实是不可改变的。微观史研究不是坐井观天式的狭隘，微观史著作呈现出来的也不仅仅是一个磨坊主枯燥乏味的流水账式的生活，也不是一个闭塞村庄的内部琐事，而是宏观世界中的一个局部特写。

最后，金兹伯格在分析小人物的过程中善于进行跨学科研究。长期以来历史学家已经明确或者隐晦地放弃重构过去地位低下的人。根据弗朗索瓦·菲雷（François Furet）1963年的一项典型声明，基于社会学和历史人口学，史学家只能从量化的和匿名的角度来看待处于社会等级的底层群体。然而，几年后史学家通过从过去的大众阶级中重构个体男女，开始反驳这种非常消极的结论。[②]确切地说，在个体案例被特殊对待之前，大众文化仍是作为一个整体概念与其对立阶级被一起述说的，因为主要是借鉴社会学和历史人口学方法，群体研究较为适用。

之后，随着新文化史的兴起，跨学科研究理论的影响更为广泛。具体而言，金兹伯格认为不同文化等级存在于所谓的文明社会中是学科划分的前提，因此才会有民俗学、社会人类学、大众传统的历史和欧洲民族学。但是用“文化”这一术语定义特定历史时期中的从属阶级的复杂态度、信仰、行为符号等等，则是最近才出现的，而且是从文化人类学借鉴而来的。[③]乔瓦尼·列维认为微观史学是对历史学与人类学的碰撞做出的反应。人类学家提供的是另一种模式，是一种经过扩展以后的个案研究的模型。这一模型为文化研究提供了空间，可以摆脱经济决定论或社会决定论的束缚，也可以用来研究个

---

① 彼得·伯克：《历史学与社会理论》，姚朋、周玉鹏、胡秋红、吴修申译，上海人民出版社，2010年版，第43页。

② Carlo Ginzburg, "Checking the Evidence: The Judge and the Historian", in *Critical Inquiry*, Vol. 18. No. 1, 1991, p.89.

③ Carlo Ginzburg, *The cheese and The Worms: The cosmos of a sixteenth-century miller*, p.xiv.

人，群体中的个人。于是，显微镜成为取代望远镜的一种有吸引力的选择，它使得具体的个人或地方性的经历重新走进了历史学。[①]正是在更为广泛的跨学科研究中，金兹伯格和其他微观史学家的小人物研究才有被多元阐释的可能性，其科学性和完整性才渐臻佳境。

综上，微观史学家的小人物世界研究似乎比福柯的历史更远离精英世界及其普世原则[②]，因为不同阶级，无论是精英还是平民，陷于权力关系中的不同位置，他们之间不平等的权力关系才是其存在的条件。金兹伯格重在强调这种交互关系中的个体位置及语境，并形成了自己的研究路径。但是，他也清楚地意识到小人物研究的不足。他直言："我追求叙述真实的故事。如今似乎对我而言，这种叙事定义的说法没能得到认可，书写叙事史不被认为是深思熟虑的想法。"[③]因为叙事史很大程度上是用讲故事的方式书写历史，而且研究对象的材料并不充分，导致文本叙述的真实性和客观性受到不同程度的质疑。

尽管如此，金兹伯格宣称："微观史学家旨在通过更多的档案史料揭示过去隐藏的人类世界。我所描述的不仅仅是技术上的利益，而是一种有意识的努力，暗示隐藏的历史维度的存在，部分的而不仅仅是由于文件存取的困难。大量生命被删除，命中注定毫无价值，只能在不朽人物的描述中找到他们象征性的救赎。"[④]从金兹伯格的论述中认识到，历史学家的研究可能会带有一种目的论的意识，旨在探讨那些潜在主题的研究及其范式，而忽略了简单化的甚至是被抛弃的主题，因此他强调历史研究的多元化形式，这可能也是未来史学研究的旨趣所在。

---

① Giovanni Levi, "Micro-history", in Peter Burke (ed.), *New Perspectives in Historical Writing* (2nd), Pennsylvania: The Pennsylvania State University Press, 2001, pp. 97-119, 转引自彼得·伯克：《什么是文化史》，蔡玉辉译，北京大学出版社，2009年版，第50-51页。

② Christopher S. Celenza, *The Lost Italian Renaissance: humanists, historians, and Latin's legacy*, The Johns Hopkins University Press, Baltimore and London, 2004, p.74.

③ Carlo Ginzburg, *Threads and Traces: True False Fictive*, p.1.

④ Carlo Ginzburg, *The Judge and The Historian: Marginal Notes on a Late-Twentieth-Century Miscarriage of Justice*, p.112.

论伊朗伊斯兰革命后经济现代化的阶段及特征

韩建伟

对于当代的许多发展中国家来说，现代化依然是一个过程，而不是结果。20世纪的伊朗现代化经历了跌宕起伏的过程，尤其是在经历了半个多世纪的巴列维王朝以世俗化为核心的现代化之后，1979年爆发的伊斯兰革命完全否定了这种模式，并走向了以复兴传统伊斯兰宗教文化为鲜明特征的现代化之路。

多年以来，“现代化史学”已经是一个内涵丰富的研究领域，但是本文只限于考察伊朗伊斯兰革命后的经济现代化历程，主要是基于以下几个原因的考虑：第一，关于伊朗伊斯兰共和国的历史，学界过多地关注其政治、外交及宗教领域，经济问题还没有得到很深入系统的研究。迄今为止，国内关于伊朗伊斯兰共和国经济史的研究相当薄弱，仅仅有一些零散的、个别的成果出现。第二，自伊朗伊斯兰共和国成立以来，寻求真正意义上的经济发展的问题一直都没有得到理想的解决。时至今日，能否实现经济有效的增长已经危及伊朗国家及社会的稳定，并成为考验政府执政能力的重要标准。因此，有必要系统地考察当今伊朗经济的各种“病症”的演化过程，理解政府所面临的困境的深层次原因。第三，革命后伊朗的经济现代化是一个与伊斯兰革命的原初目标、国内政治、国际关系、宗教文化等紧密联系的问题。因此，从经济角度解读伊朗政治、外交政策的基本特征、演变轨迹及其宗教文化的影响也是有益的尝试。

【作者简介】韩建伟，上海外国语大学中东研究所副研究员。

一、伊斯兰革命前夕伊朗经济的基本特征

到伊斯兰革命发生时，伊朗的经济水平已经位居发展中国家的前列。根据伊朗中央银行的统计，以1997/1998年度[①]为不变价格，1976/1977年度伊朗GDP的总量为2423260亿里亚尔（相当于5104亿美元），人均国民收入为6549000里亚尔（相当于1908美元）。[②]这一数字要大大高于当时西亚北非地区的平均水平，如土耳其、突尼斯、摩洛哥、埃及等国都要落于其后；即使在整个亚洲地区，伊朗的经济发展水平也是比较高的。

伊朗经济在1960—1977年之间保持了高达9.6%的年增长率。[③]对巴列维王朝持同情立场的西方学者们通常将60、70年代伊朗经济的高速发展赞誉为"经济奇迹"，同时将巴列维政府视为"发展型政府"的典型。伊朗经济在这一时期获得如此高的发展速度的主要原因在于：第一，60、70年代石油价格的大幅度提升为伊朗经济注入了充沛的资金，成为促进经济增长的关键因素。第二，相对稳定的国内外局势为经济发展提供了良好的环境。巴列维国王一直奉行亲美政策，当时的伊朗与西方国家的关系十分亲密，从而获得了不少的资本和技术扶持；而随着国王地位的稳固，专制王权的强化，各种反对力

---

① 伊朗是按照伊斯兰历纪年，国际公历的3月20日为伊朗新一年的开始，因此在统计数据时是按照年度来划分的。下文所有关于国内生产总值（GDP）及相关的统计数据都以该年度的不变价格为标准。

② 伊朗中央银行官方网站统计数据："National Product—At Constant 1997/98 Prices"，http：//www.cbi.ir/simplelist/5803.aspx.这儿将伊朗里亚尔换算成美元是根据1997年德黑兰证券交易所（TSE）的汇率来计算的。因为自巴列维时代以来，伊朗实行由政府管控的固定汇率制，高估了本国的汇率价格。伊斯兰革命后，伊朗里亚尔严重贬值，使得官方汇率与反映真实状况的平行（自由）市场汇率价格的差距越来越大（后者大约为官方汇率的200～2000倍）。如果按照官方汇率换算的话，得出的结果将远远高于真实的数据。但1997年后，德黑兰证券交易所逐渐取代政府成为决定汇率的主要机构，并且其汇率价格渐渐与平行市场持平。1997/1998年度德黑兰证券交易所的汇率大约为1美元兑4630里亚尔，略低于平行市场的汇率。在伊朗官方未提供1997/1998年度的平行市场汇率数据的情况下，这儿只能按照德黑兰证券交易所的汇率价格计算。关于汇率的信息来源于国际货币基金组织成员国年度报告：IMF Staff Country Report，*Islamic Republic of Iran*：*Statistical Appendix*，1999，p. 60.

③ Jahangir Amuzegar，*Iran's Economy under the Islamic Republic*，London & New York：I. B. Tauris & Co Ltd.，1997，p.5.

量还处于弱小、分散的状态，国内局势也比较稳定。第三，实施的许多经济政策都比较符合伊朗的国情。巴列维一开始致力于建立独立的现代工业体系，即“进口替代”战略；而从60年代中期后逐渐转向“出口替代”，重视参与国际分工，大规模引进外资和技术，并强调发挥私有部门的作用。发展战略的调整为伊朗经济注入了新的活力。

总的来说，到伊斯兰革命前夕，伊朗经济具有以下几个基本特征：第一，已经初步建立了现代化的工业体系，产业结构发生了明显变化。1962/1963年度，在伊朗的非石油GDP中三大产业的比例依次为：第一产业25.3%、第二产业13.2%、第三产业61.5%，而到1978/1979年度，比例调整为11%、18.4%、70.6%。[①]第一产业的比重持续下降，而第二和第三产业的比重不断上升。第二，油气资源是经济现代化的引擎，这使得伊朗经济带有明显的“地租型经济”[②]的特征。1976/1977年度，油气产值占GDP的35%左右。[③]石油是国家财政收入的主要来源，也是其他经济部门资金的主要供应者。第三，经济表现出明显的外向性。石油本身就是一种在国际上流动的资源，从生产到销售都与跨国石油公司及国际市场发生密切的联系；而当经济战略从“进口替代”转向“出口替代”之后，非石油经济也与国际市场、国外技术与资本发生了越来越密切的联系。因此，到伊斯兰革命发生之前，伊朗已经是全球经济的重要参与者。第四，经济发展带有极大的不平衡性。巴列维王朝奉行“经济发展第一，社会公平其次”的原则，因此这一时期的经济发展是很不平衡的。从产业布局来看，与石油相关的产业、资本与技术密集型的现代工业、国防工业、现代化的商业及服务业、大型农业公司等发展迅速，而个

① 笔者根据各个产业的GDP计算得出，原始数据源于伊朗中央银行公布的《国民产值——按1997/98年度不变价格》。

② 产油国“地租型经济”的特征包括：石油地租在经济中占主导地位，大量依赖外部地租，参与创造地租的只是极少数人，地租收入完全为政府所有，产生地租收入的部门是“飞地型经济”（石油工业与其他产业联系甚少，只存在资金上的联系）。引自黄民兴：《沙特阿拉伯——一个产油国人力资源的发展》，西北大学出版社，1998年版，第11-12页。

③ 伊朗中央银行官方网站统计数据：“National Product—At Constant 1997/98 Prices”。

体农业、传统工商业（以巴扎经济[①]为代表）则日趋衰落。从区域来看，德黑兰及其周围地区的经济发展程度明显高于其他地区。70年代，德黑兰地区的每户平均支出要高出库尔德斯坦地区的40%以上，而后者又高出东南部最落后的省份克尔曼省的2倍。[②]从社会层面看，贫富分化悬殊。以国王为首的王室成员、经营现代工商业的大资本家及技术官僚是经济现代化的主要获益者；而传统阶层，如教士、农民、工人、小手工业者、小商贩的处境不仅没有得到明显的改善，相反其经济地位日益被边缘化。

至此可以对一个颇令人疑惑的问题做出解释：既然巴列维时期的经济现代化如此成功，为什么巴列维国王会成为众矢之的，并在极短的时间内就被推翻统治？问题的主要症结在于经济现代化的成就并没有为大众所分享，而是成为以国王为首的少数政治精英的私囊之物。结果是普通民众不仅没有感到满足，尤其是当耳濡目染了以国王为首的少数人穷奢极欲的生活后，反而更加不满了。另外，国王其他的“罪行”也加剧了事态的发展：对伊斯兰教的诋毁，对教士的剥夺，对美国的俯首帖耳，遍布全国的警察暗探，甚至他解放妇女的行动也引发了持传统思想的人们的反对。总之，20世纪的60、70年代虽然是伊朗经济腾飞的时代，同时也是社会贫富分化日益加深的时代，更是国王专制统治不断强化的时代，还是传统伊斯兰文化与现代世俗文明发生严重断裂的时代。经济的增长不仅没有确保巴列维王朝的长治久安，反而成为其覆灭的催化剂。[③]

---

① “巴扎”是波斯语bazaar的音译，“集市、市场”之意。自古至今中东地区的“巴扎”一般围绕清真寺而设立，是伊斯兰经济重商传统的体现。巴扎商人的捐赠通常是清真寺和教士的重要收入来源，因此这一阶层不论从与宗教的密切联系还是其经济地位来说，都在传统伊斯兰社会中占据举足轻重的地位。

② Patrick Clawson and Michael Rubin, *Eternal Iran: Continuity and Chaos*, New York: Palgrave Macmillan Ltd., 2005, p. 77.

③ 国内学者对伊斯兰革命研究的代表性成果有哈全安：《从白色革命到伊斯兰革命——伊朗现代化的历史轨迹》，载《历史研究》2001年第6期；车效梅、王泽壮：《城市化、城市边缘群体与伊斯兰革命》，载《历史研究》2011年第5期。前文主要从“白色革命”所引发的农村社会经济及阶层的变动角度考察了伊斯兰革命发生的根源，后文则主要从60、70年代伊朗由于过快城市化导致大量边缘群体的形成的角度探讨了伊斯兰革命的起因。

二、伊斯兰革命后伊朗经济现代化的初期实践（1979—1989）

伊斯兰革命胜利后的前十年是伊朗政局最动荡不安的时期。新政权内部面临不同派系的激烈斗争，以霍梅尼为首的宗教精英在打败了坚持世俗主义的以巴扎尔甘为首的资产阶级民主派、反对教士干政的巴尼萨德尔政府及伊朗共产党等当初“革命的同路人”之后，才逐步使其地位得到稳固。另一方面，一些少数民族群体，如库尔德人、阿拉伯人、土库曼人等都提出了自治的要求。而更重要的是，伊朗的外部关系日趋紧张，特别是当1979年11月4日一群自称“伊玛目的门徒”的学生占领美国大使馆并扣留了使馆人员作为人质的事件发生后，美国开始对伊朗实行制裁；而萨达姆也于1980年9月向伊朗开战，长达八年多的两伊战争爆发。霍梅尼号召人民进行圣战，将侵略者赶出国土，并向外输出伊斯兰革命。战争不仅给伊朗经济带来不可估量的直接破坏，而且使得伊朗政治更加激进，并严重影响到经济政策的理性化。

革命领袖们将巴列维时期施行的所有经济政策都弃如敝屣。在他们心目中，巴列维的经济现代化造成了大量的社会不公正现象及对西方资本主义经济体系的依附。因此，他们力图建立一个真正符合伊斯兰标准的经济体系。具体来说，就是要建立“公正的经济” 和“独立的经济”。但是，在实现这两个目标的具体方式上，伊斯兰政府的最初缔造者们存在着尖锐的分歧。其中最有影响力的是主张加强政府干预的“民粹—国家主义派”和主张限制政府干预、保护私有经济的“传统派”。实际上，革命领袖们接受了当时流行的多种思想的影响，而非仅仅从伊斯兰传统思想中找寻出路。实现“公正的经济”的思想主要来源于传统伊斯兰经济思想中的“相对均平”观念，而建立“独立的经济”的思想则主要源于革命前后形成的激进民族主义思潮。而马克思主义中关于殖民主义、帝国主义及社会主义的某些理论及苏联的计划经济模式都对当时不少的革命理论家产生影响，并被糅合到他们的经济理想中去。[①]民粹派显然受到了马克思主义及苏联计划模式的较大影响，认为由国家控制主要经济部门并负责社会资源的再分配是实现“公正的经济”、防止贫富分化的理想方式。尽管这一派的主张并不符合伊斯兰经济思想中维护私有制

① Sohrab Behdad, “A Disputed Utopia: Islamic Economics in Revolutionary Iran”, in *Comparative Studies in Society and History*, Vol. 36, No. 4, 1994, p. 777.

的传统，但是在革命前后内忧外患的状况下，政府加强对经济的干预成为客观需要。这一派的影响力逐渐占据上风，“在革命前夕，几乎所有的革命者的经济主张都倾向左派，都倾向社会主义的、由国家主导的经济”。[①]

革命后不久，国有化运动便开始推行，一些客观因素也促成了这一运动。革命的风暴引起了大量资本家携巨资外逃，这不仅使得国家财富大量流失，而且造成许多工厂无人管理、混乱不堪的局面，国家的介入干预成为必需；而国家统一调配人力、物力和财力也是服务于战争的需要。1979年夏天，巴扎尔甘临时政府下达了国有化命令。到1982年，超过全部产值的70%、雇工在10人以上的一大批非石油制造业企业被收归国有。[②]国有成分逐渐在经济中占据主导地位。新颁布的宪法明确地肯定了国有化的成果，“国有部门包括所有大工业和基础工业、外贸、大矿业、银行、保险、电力、水坝、大型水利灌溉网、电台、电视台、邮电、航空、航运、公路、铁路等。这些都是公共财产，属国家所有”。[③]另外，为了确保在政局不稳和战争环境下“公正的经济”的实现，伊朗政府实施了广泛的补贴政策，范围涉及基本食品、燃料、各种生活和生产用品等。

但是国有化的弊端很快显现，政治精英们直接参与经济活动，国有企业日益发展成垄断性组织，享受政府的优惠贷款、廉价外汇、免税等特权。值得一提的是，许多没收的企业并非直接被收归国有，而是被转移到基金会和伊斯兰革命卫队（IRGC）的名下。[④]这些组织直接受最高领袖的管辖，与政府机构及正规军形成两套并立的系统，因此被称为“准国家机构”。它们的下属企业不仅享有与国有企业同等的特权，而且因为不受政府的直接控制而具有更大的独立性。一个新的特权阶层随之出现，而这恰恰与建立“公正的经济”的目标南辕北辙。

---

① Evaleila Pesaran, *Iran's Struggle for Economic Independence*, London and New York: Routledge, 2011, p. 31.

② Saeed Rahnema and Sohrab Behdad, eds., *Iran after the Revolution: Crisis of an Islamic State*, London ; New York : I.B. Tauris, 1995, p. 101.

③ “The Article 44 in the Constitution of the Islamic Republic of Iran”, http://www.iranchamber.com/government/laws/constitution_ch04.php.

④ 革命后的伊朗建立了几十个大小不等的基金会，其中规模最大的有“被压迫者和残疾人基金会”“殉道者基金会”“伊玛目霍梅尼救济基金会”“吉哈德重建基金会”等。

为了完全脱离西方国家的控制，保证战时需要，伊朗政府特别强调内向型的经济发展模式，最大限度地追求自给自足。为此，伊朗政府推行了一系列相关的经济措施：

第一，严厉禁止引进外资和技术。新宪法第81条对此做了极其严格的规定："绝对禁止给予外国人以开设商业、工业、农业、矿业和服务业方面的公司和企业的权利。"宪法第82条规定："政府不得启用外国技术人员，在必要情况下须经议会批准。"[①]革命后不久，伊朗便因"美国大使馆人质危机"事件而遭到美国的制裁；在动荡不定的战争环境下，也很少有人乐意去伊朗投资。因此，80年代伊朗吸引外来直接投资的比例不到GDP的0.1%，甚至在某些年份还是负值。[②]由于巴列维时期的大部分工业都对外资与技术有极强的依赖性，导致这一时期的许多工业无从发展。

第二，减少石油产量，同时提高石油价格。革命领袖们认为，巴列维时期因为石油开采量过大而令石油资源枯竭过快。为了珍惜这一宝贵的资源，必须降低石油产量，同时必须提高石油价格，使收益最大化。这同时也是为了减少对石油及国际市场的过度依赖，有利于促进经济的多样化并最终实现"无油经济"的长远目标。1979年1月，伊朗轻质原油的价格还不足14美元/桶，而在13个月之后就飙升至35美元/桶。这一变化为1979/1980年度伊朗的收支平衡做出了贡献。[③]1981年1月，伊朗每桶轻质原油价格提高至37美元，并试图超过40美元[④]，但是高油价的局面未能持续下去。1981年后，国际油市转向供大于求。在高油价的刺激下，世界其他地区的一些高成本油田的产量也有所增加；为了制衡伊朗，沙特阿拉伯在这一时期也提高了石油产量。国际油市开始饱和并出现过剩。1981年后，国际油价从峰值一路狂跌，到1986年跌破10美元/桶。[⑤]油价的下跌宣告了伊朗"限产保价"政策的破产，从1982年起，伊朗又不得不增加石油产量。但是由于许多油井和输油管道遭到两伊战争的严重损坏，再加上美国的制裁等因素，石油产量再也没恢复到

---

① *The Articles 81 and 82 in the Constitution of the Islamic Republic of Iran.*

② Evaleila Pesaran, *Iran's Struggle for Economic Independence*, p. 58.

③ Jahangir Amuzegar, *Iran's Economy under the Islamic Republic*, p. 238.

④ *Middle East and North Africa*, Europa Publication, 1994, p. 405.

⑤ *Middle East and North Africa*, p. 401.

70年代的水平。[①]在石油收入大大减少的情况下，为了满足战争所需及维持国内基本的生产生活需要，伊朗不得不大举进口，因而造成了国际收支的严重逆差。

第三，特别重视农业的稳定与发展。革命领袖们批判巴列维长期忽视农业的发展，使得农业地位日益被边缘化。他们认为发展农业不仅是实现经济自给自足的前提，同时也是供应前线的基本保障，农村也是保持传统伊斯兰文化的重镇，因此必须给予农业更多的关注。与巴列维时期相比，革命后的伊朗政府主要通过扶持小农来发展农业经济。大型农业公司被解散，并在部分地区进行了土改，在此基础上成立了新型的合作社。[②]到80年代中期，大约成立了12000个合作社，有89000户农民加入其中。[③]另外，加大对农业的投资，对农机、化肥、种子、农药等生产要素实行补贴。在补贴政策刺激下，伊朗的农业机械化获得了较大发展。80年代上半期农机购买出现了高潮，拖拉机和联合收割机的数量都明显增加。[④]但是农业的分散性、粗放型经营方式、靠天吃饭、生产率低的特征并没有根本改变。

由于这一时期大部分的经济政策都服务于战争、政治甚至意识形态的目标，很少为纯粹的经济增长考虑，这对经济的影响是灾难性的。[⑤]

第一，经济整体上呈现衰退趋势，几乎所有的经济指标都不同程度地下

① 根据伊朗石油部提供的信息，1977/1978年度伊朗的石油日产量为558万桶，而到1980/1980年度下降到148万桶。资料转引自贾汉吉尔·阿穆泽加尔：《伊朗伊斯兰共和国的经济》，第400页。

② 20世纪80年代伊朗进行的土地改革可以视为“白色革命”的继续，但是很不彻底。伊朗政府仅仅承认了革命期间部分抢占地主土地的农民的土地所有权，并没有继续再分配土地。因为以“监护委员会”为首的保守伊斯兰势力认为土改违背了私有权原则，多次否决了议会提交的土改法案，导致土改工作不了了之。迄今为止，伊朗农村的地主、小农、无地农民的分化依然存在。

③ Asghar Schirazi, *Islamic Development Policy: the Agrarian Question in Iran*, Boulder: Lynne Rienner Publishers, 1993, p. 239.

④ Ali Shakoori, *The State and Rural Development in Post-Revolutionary Iran*, Basingstoke, Hampshire; New York: Palgrave, 2001, p. 117.

⑤ 霍梅尼有好几次机会都可以提前结束两伊战争。1982年后伊朗逐渐扭转了战局，伊拉克表现出和谈的意愿，而国际社会也推出了多个实现两伊和解的方案。但是这些方案都遭到霍梅尼的拒绝，他继续号召国民进行战斗直至完全胜利。直到1989年当经济濒临崩溃时，他才被迫接受了联合国第598号停火决议，并声称接受停战如同饮下了一杯毒酒。

降。从1978/1979年度开始，GDP一直处于萎缩中，1980/1981年度下降幅度达15%，1982/1983之后的两年有所回升，但是很快又转入负增长，1988/1989的产值要低于1978/1979年。而人均国民收入下降更加明显，1989/1990年度的人均国民收入仅为1978/1979年度的1/3。[①]人均国民收入大幅度下降的主要原因还在于这一时期人口数量的急剧增长。80年代伊朗的人口出生率达到了3.9%，成为世界上人口生育率最高的国家之一。人口从革命前夕的3500万增长到1991/1992年度的5584万。[②]这主要是由于巴列维时期控制人口生育的政策因不符合伊斯兰教法遭到废止的原因造成的。与此同时，财政收支不断恶化，赤字不断扩大，1988/1989年度比1977/1978年度的赤字几乎扩大了5倍。[③]

第二，通货膨胀的问题日益凸显。在所有困扰革命后伊朗经济的病症中，通货膨胀是最为持久的，而其肇始于80年代后半期。通货膨胀自70年代中期已经显现，但是革命结束后有所平抑，1985年后又迅速上涨。1980—1988年的平均通胀率为19.85%，其中1987年为32.94%，创历史最高点。[④]高达两位数的通货膨胀形成的主要原因在于供需矛盾的尖锐化。一方面经济的衰退造成国内供应的严重不足，而另一方面旷日持久的战争、不断增加的人口导致社会总需求的不断扩大。政府为了弥补赤字采取的扩张性财政政策则加速了货币贬值，也是导致通货膨胀的重要因素。通货膨胀本身是伊朗经济体制病症的综合反映，对普通民众的生活质量的影响是致命的。它同时也加剧了宏观经济的不稳定性。

第三，高度依附石油的经济结构没有明显变化。尽管80年代石油收入的下降使得非石油产值在GDP中的比例上升，但是这并不证明伊朗对石油的依赖性减弱。因为要发展非石油制造业，必须先从国际市场进口半制成品和资本性货物，这些产品是伊朗本国无法满足或提供的。这就需要大量的外汇做基础，而除了石油几乎没有其他产业能够提供如此巨额的外汇。石油收入的

① 伊朗中央银行官方网站统计数据："National Product — At Constant 1997/98 Prices"。

② IMF Staff Country Report, *Islamic Republic of Iran: Statistical Appendix*, 1999, p. 23.

③ Jahangir Amuzegar, *Iran's Economy under the Islamic Republic*, pp. 372-374.

④ Ali Mohammadi, ed., *Iran Encountering Globalization: Problems and Prospects*, New York, 2003, p.114.

锐减引起外汇的稀缺，政府被迫实行“多重汇率制”，将进口物资分成急需进口和不太急需的几类，分别适用于不同的汇率价格。[①]与当时迫切地需要进口大量食品、消费品相比，生产物资的进口变得越来越次要，这使得非石油制造业被分配到的外汇越来越少。据统计，工业部获得的外汇由1983年的40亿美元下降至1988年的3.1亿美元。[②]因此，非石油制造业因为缺乏外汇和进口所需物资而陷入停滞。而唯一获得发展的是农业部门，政府确实比巴列维时期更重视农业的发展，而农业也不需要大量的外汇做支撑，因此这一时期的农业在耕地面积及主要农作物的产量上都有所增长。这就出现了被某些学者称之为产业结构“逆动”的现象：在石油产出减少、非石油制造业增长乏力的情况下，农业的产值比例却有所增加。[③]农业的发展对身处战争且全面衰退的伊朗经济来说确实是一件幸事，但是农业毕竟不可能再成为现代经济的主导产业。因此，这种逆向变化反映的是伊朗无法在经济多样化方面迈出实质性进步的本质。

总之，革命后初期的伊朗关注的是如何打赢战争、捍卫和输出革命，尽管也推行了一些发展经济的措施，但是要么与原初的目标相偏离，要么不符合本国经济的现实与长期发展趋势，因此到1989年战争结束时，伊朗经济遭遇了严酷的寒冬。与此同时，一个新的时代悄然降临。

---

① 多重汇率制是固定汇率制度的一种特殊形式，汇率由政府而非市场决定。80年代的伊朗曾经存在至少5种不同的汇率：官方汇率（1美元兑68.6里亚尔），适用于石油出口和关键物品的进口；鼓励性汇率（1美元兑338.6里亚尔或418.6里亚尔），适用于各种非石油产品的出口；优先汇率（1美元兑420里亚尔），适用于进口一些重要的原材料；竞争性汇率（1美元兑800里亚尔），适用于进口不太关键的原材料；服务性汇率（1美元兑845里亚尔），适用于旅游、教育和医疗等活动。除此之外是自由市场的“浮动”汇率，适用于不包含在以上各级汇率中的所有业务。资料来源于Javad Amid and Amjad Hadjikhani, *Trade, Industrialization and the Firm in Iran: the Impact of Government Policy on Business*, New York, 2005, p.40.

② Saeed Rahnema and Sohrab Behdad, eds., *Iran after the Revolution: Crisis of an Islamic State*, p. 139.

③ 岳云华：《伊朗20世纪90年代产业结构问题与转型思路探讨》，载《世界地理研究》2001年第3期。

三、经济重建和改革的新时期（1989—2005）

两伊战争的结束和霍梅尼的去世标志着受伊斯兰革命影响的激进政治的退却。在经历了十年动乱和经济衰退之后，寻求改革与出路成为自上而下整个国民的心声。而新任的最高领袖哈梅内伊与务实派人物拉夫桑贾尼结成了联盟，战胜了在80年代影响强大的民粹—国家主义派，为改革扫平了道路。

拉夫桑贾尼时代（1989—1997）是伊朗在革命后唯一一段将经济发展放在首位的时期。拉夫桑贾尼推行了比较激进的经济改革，但是在政治改革上比较保守。他认为伊朗的当务之急是发展经济，以解决最迫切的国计民生问题；而导致经济衰退的主要原因在于革命后初期建立的以国有经济（及准国有经济）为主体，致力于自给自足的内向型经济发展模式。因此，必须进行全方位的经济体制改革。1989年，伊朗开始实施革命后的第一个五年计划，明确提出要对过去10年形成的高度集中的经济模式进行调整，建立并健全市场机制。[①]

私有化和开放国门、吸引外资是拉夫桑贾尼改革的第一步。一方面对国有企业进行私有化重组；另一方面保护私人财产权，促进私有经济的发展。1991年，政府宣布将对400家国有企业进行私有化重组。[②]为了解决国内资金匮乏的问题，拉夫桑贾尼政府利用海湾战争的机会改善了与邻国及西方国家的关系，并积极向世界银行及国际货币基金组织申请贷款。1991年，世界银行向伊朗借贷2.5亿美元，到1994年5月，该组织共为伊朗各种项目提供了8.5亿美元的贷款。[③]拉夫桑贾尼政府更加注重吸引外来直接投资。在第一个五年计划中，明确允许外国公司可以投资伊朗的大坝修筑、油气开发等领域，并在靠近国境的地区设立了三个自由贸易区，在自由贸易区内外国公司享有更加开放、自由的投资环境。[④]1995年，伊朗成为世贸组织的观察成员国。

---

① M. R. Ghasimi, "The Iranian Economy after the Revolution: An Economic Appraisal of the Five-year Plan", in *International Journal of Middle East Studies*, Vol. 24, No.4, 1992, p. 600.

② Parvin Alizadeh, ed., *The Economy of Iran: Dilemmas of an Islamic State*, London, 2000, p. 129.

③ Saeed Rahnema and Sohrab Behdad, eds., *Iran after the Revolution: Crisis of an Islamic State*, p. 116.

④ 这三个分别是位于海湾的基什岛（Kish）、霍尔木兹海峡附近的格什姆岛（Qeshm）及锡斯坦省和俾路支斯坦省交界处的查巴尔自由贸易区（Chabahar Free Trade Zone）。

清除制度性障碍、统一汇率及取消补贴是改革的第二步。多重汇率制不仅没有起到节约外汇的目的，而且助长了投机行为，如基金会等组织能够轻易获取按官方价格汇兑的外币，然后在自由市场上高价抛售，获取暴利。为了杜绝这种行为，1993年政府决定统一汇率，实行由市场决定价格的浮动汇率制度。补贴制度也是改革的重点。巨额补贴一直是政府财政的沉重负担，而消费补贴远远大于生产补贴是80年代补贴制度的重要特征。补贴不仅没有达到促进生产的目的，而且由于消费的不断扩大，政府不得不依靠增加进口来满足需求，从而进一步助长了通货膨胀。因此从1993年起，政府陆续取消了食品、燃料、电力、交通等许多领域的补贴。①

重新重视油气资源的开发及炼油、石化等下游产业的发展。尽管伊朗是一个主要的石油出口国，但是许多炼油、石化产品却仍然需要进口。拉夫桑贾尼政府一改过去不重视油气开发，主要依靠发展农业来实现经济自立的政策，转而加大对油气部门的投资。除了加强对老油田的升级改造之外，重视勘探新的油田，同时加强对下游产业的建设。经过努力，90年代之后伊朗的油气开采量有了明显的上升，1993/1994年度伊朗的日石油产量已经提高到360万桶，随后的几年大体维持了这一水平。②1993年伊朗最大的炼油厂——阿巴丹炼油厂重建投产，标志着进口炼油品时代的终结。伊朗还逐渐建立了生产橡胶、塑料、甲醇、烯烃原料等产品的石化工业体系。

拉夫桑贾尼的经济改革具有很强的现实性和针对性，但是他的一些政策过于激进，属于典型的“休克疗法”。受90年代初国际石油价格持续低迷的影响，伊朗的石油收入没有达到预期的目标，而经济重建又需要大量进口，因此出现了大量财政赤字。为了弥补赤字，政府大举借贷，致使外债激增。外债从1989年的43亿美元迅速增加到1993年的230亿美元，其中70%是短期债务。③债务危机引发了国内在是否利用外资问题上的激烈争论，使得一项保护外来投资的立法未获通过。另一方面，统一汇率的过程是官方汇率逐渐接近平行市场汇率的过程，必然引起里亚尔的急剧贬值，进一步推高了通货膨胀；而消费补贴的取消使得普通民众生活成本提高、购买力下降，社会不满

① Parvin Alizadeh, ed., *The Economy of Iran: Dilemmas of an Islamic State*, p. 122.

② IMF Staff Country Report, *Islamic Republic of Iran: Statistical Appendix*, 1999, p. 12.

③ Evaleila Pesaran, *Iran's Struggle for Economic Independence*, p. 86.

情绪蔓延。另外，私有化进程也很缓慢，主要问题在于基金会和伊斯兰革命卫队所属企业不仅没有被列入私有化范围，反而成为受益者进一步坐大。①

先前被打败的民粹派残余势力与新保守派联合起来共同抵制改革。民粹派攻击改革片面重视经济增长而违背了社会公正的宗旨，加剧了贫富分化；而新保守派认为引进外资和技术只会让伊朗重回巴列维的老路，最重要的是还会引来西方的“文化入侵”，危及国家的根本利益。这些不利因素使得拉夫桑贾尼在1994年后被迫停止了大部分的改革措施。

1997年，改革派人物哈塔米以压倒性的优势获胜当选为新一届总统，成为革命后伊朗历史上最有影响力的政治事件。改革派的获胜除了因为得到拉夫桑贾尼为首的务实派的支持外，寻求变革的“民意”起到了关键性的作用。深孚众望的哈塔米在任期间最引人注目的改革是在国际上推行“文明对话”，而在国内建设“公民社会”。他的主要目标是让伊朗重新成为国际上受欢迎的一员，同时在国内能够充分满足民众对自由、民主、宽容的政治文化环境的渴望。但是经济也是他必须面对的棘手问题。不幸的是，相对于政治、文化领域，哈塔米不太擅长处理经济问题。不过这并不表明他在经济上是无所作为的。实际上哈塔米对经济发展的最大贡献在于，在他任内（特别是前期）国内外形势趋向缓和，从而为伊朗经济提供了一个相对平稳的发展环境。如果将革命后不同时期的经济表现进行比较的话，哈塔米任内的经济状况是最好的，不仅好于霍梅尼年代、拉夫桑贾尼时代，更好于后来的内贾德时期。

哈塔米在经济政策上倾向温和中庸的立场。他认识到拉夫桑贾尼的改革因过于激烈而致受挫，因此他更加强调在确保经济公正的前提下实现经济增长的目标。他不仅没有取消反而增加了大部分的消费补贴。②与此同时，他继续推进了拉夫桑贾尼时期未完成的大部分经济改革政策。他努力推进私有化改革。宪法第44条款是私有化最大的法律障碍，为了绕开这一障碍，哈塔米建议成立了一个委员会专门讨论到底哪些企业需要被列入私有化的范畴。2004年，宪法第44条款的修正案正式允许80%的国有资产都可以被私有

①基金会及伊斯兰革命卫队下属企业不仅因直接隶属于最高领袖而没有被纳入私有化的进程，而且因为普通投资商大多无力购买那些被私有化的大型国有企业，而财力雄厚的基金会便成为这些企业的主要买家。

② IMF Country Report, *Islamic Republic of Iran: Selected Issues*, 2008, p. 25.

化。[①]值得一提的是，哈塔米把私有化的矛头也对向基金会等机构的下属企业。在他任内，不少基金会的企业也被列入私有化之内。

另外几项极具意义的经济改革也是在哈塔米时期完成的。一是汇率终于在2002年实现统一，多重汇率制的历史宣告终结。2002年后的伊朗实行浮动汇率制，汇率由市场而不再是政府决定。多重汇率制的取消对多年来依靠获取廉价外汇牟利的利益集团是一个沉重打击；而反映真实价格的汇率也有利于资源的优化配置，如一些长期依赖廉价外汇的亏损企业被淘汰，同时促进了出口限制了进口。二是通过哈塔米政府的努力，2002年通过了长期争论不休的《促进和保护外来投资法》。根据该法，一旦外商得到有关部门的批准并投资到工业、采矿、农业等领域，就受到应有的保护。[②]三是成立“石油稳定基金”，目的是防止油价波动对经济造成的不利影响。其最初的运作方式是以2002/2003年度每桶17美元的油价为标准，高出的部分便转交给“石油稳定基金”管理；如果油价低于预期，便从基金调出资金弥补财政的不足。[③]“石油稳定基金”日益成为衡量伊朗经济的晴雨表。

经过进一步的改革，伊朗经济的自由度和开放度都有所改进，经济增长的速度也有所提升。90年代末之后来伊朗投资的外国公司明显增多，外资在GDP中的比例也有所增加。遗憾的是，哈塔米并没有能够把改革推进得更远。尽管他重视私有化和吸引外来投资，但是进展依然缓慢。2006年，大部分的工业（总产值的70%左右）依然属于国有。除了基金会和伊斯兰革命卫队依然控制着大量准国有企业外，油气部门的私有化几乎无法推动是关键因素。外资引进依然乏力，2004年伊朗外资比重为GDP的1.8%，远远低于约旦（8.2%）、阿联酋（9.5%）等邻国。[④]利用外资依然是一个比较敏感的问题，而不少制度性障碍也令伊朗成为一个颇不受外商优先考虑的国家。[⑤]

---

① “Economy of Iran”, http://en.wikipedia.org/wiki/Economy_of_Iran#Economic_reform_plan.

② “Foreign Direct Investment in Iran”, http://en. wikipedia. org/wiki/Foreign_Direct_Investment_in_Iran#Laws_concerning_foreign_companies.\.

③ IMF Country Report, *Islamic Republic of Iran: Selected Issues and Statistical Appendix*, 2002, p. 55.

④ Evaleila Pesaran, *Iran's Struggle for Economic Independence*, p. 135.

⑤ 这些制度性障碍包括：外商不得在伊朗购买、拥有不动产；只有与伊朗签订双边条约的外商才有可能获得在国际法庭解决争端的权利；不能危害伊朗的国家安全；不能形成垄断；外资产品和服务不超过任何一个经济部门的25%等。

总的来说，这一时期的伊朗经济既与前一阶段带有连续性，同时也体现出新的特点。

第一，经济从总体上摆脱了衰退局面，呈现出一定的增长势头，但是带有明显的波动性。90年代前两年的GDP增长超过了12%，但在1992/1993年后迅速回落至5%以下，90年代中后期的经济则持续低迷。除了拉夫桑贾尼改革失利的影响外，1997年亚洲金融危机和油价下跌的负面影响也很关键。只有随着2000年后油价的上升，伊朗经济才实现了稳定的增长（2000—2005年均增长率为5%左右）。①

第二，对油气部门的高度依赖依然是经济的主要特征。90年代油气产量的提高已使其在财政收入中的比重超过了40%。2000年后国际油价大幅度上涨，到2005年每桶原油价格已经超过49美元。石油收入的增加不仅改善了伊朗的财政状况，而且在整个财政收入中的比例提高到70%以上。②炼油、石化等下游产业也日益发展成主导性的工业部门。非石油制造业的规模也有所扩大，但仍然严重依赖石油外汇，另外产品也不能满足内需，出口创汇的能力也十分有限。伊朗每年依然需要进口大量的轻工业产品。农业在90年代之后发展速度放缓，而在1997—2001年之间又发生了严重的旱灾，导致2001年伊朗成为世界上最大的小麦进口国。其他农产品的进口也保持了相当规模。③

第三，通货膨胀不仅没有得到解决而且愈演愈烈。1990/1991—1999/2000年之间的消费价格指数（CPI）平均在25%以上，个别年份甚至超过40%，表明通货膨胀向更加恶性的方向发展。④主要有三方面的因素推高了通货膨胀：一是政府的扩张性财政政策；二是统一汇率的改革引发了里亚尔的严重贬值；三是供应不足推高了物价，而90年代中后期农业的歉收引起了主要消费品价格的上涨。然而，在2000年之后通货膨胀有所缓和，2000/2001—2005/2006年度的通胀率下降到11%～15%左右。⑤通胀率的下降主要归功于石油收入的增加改善了政府财政，使得进口增加，而2001年后农业的增产也使得主要消

---

① 伊朗中央银行官方网站统计数据："National Product — At Constant 1997/98 Prices"。

② IMF Country Report, *Islamic Republic of Iran: Statistical Appendix*, 2006, p. 3.

③ Kaveh Ehsani, "Rural Society and Agricultural Development in Post-Revolution Iran: The First Two Decades", in *Critique: Critical Middle Eastern Studies*, Vol. 15, No. 1, 2006, p. 92.

④ IMF Country Report, *Islamic Republic of Iran: Selected Issues and Statistical Appendix*, 2002, p. 32.

⑤ IMF Staff Country Report, *Islamic Republic of Iran: Statistical Appendix*, 2007, p. 3.

费品的供应相对充足。但是通胀的深层次原因并没有得到解决，特别是一旦石油收入下降，通货膨胀又会马上上扬。

第四，高失业率成为突出的社会问题。90年代之后，革命前后出生的人开始大批进入劳动力市场，就业形势日益严峻。由于伊朗经济的长期不景气，无法给大量年轻人提供足够的就业机会，失业遂成为普遍现象。在失业群体的年龄构成中，20～29岁之间的城市青年的失业率是最高的。1992年，该年龄段的男女性失业率分别是11.9%和4.0%，但到2002年却上升至23.2%和46.0%。[①]除此之外，在农村还存在大量非充分就业人口，而妇女就业日益成为一个与社会、政治、宗教密切相关的复杂问题。[②]

四、回归革命目标：内贾德时期的伊朗经济（2005—2013）

2005年内贾德当选为总统是保守派在多年沉寂之后的成功逆转，而改革派的影响日渐式微。不少人认为哈塔米在第二任期内无法继续推进各项改革是改革派败退的关键原因，但实际上保守派势力的上升主要取决于当时伊朗面临的国内外环境而非某个人的影响。[③]

在内贾德看来，现在是重新回到被拉夫桑贾尼和哈塔米所偏离的革命目标的时候了。他开始重新强调国家的独立自主，捍卫伊斯兰传统文化的价值取向。他对外坚决维护伊朗的核权利，对内则强化对日趋多元化的社会的控制。相形之下，如何进一步振兴经济又成为次要的事情。事实上内贾德本人十分不擅长处理经济事务，而他过于偏激的内外政策也对经济发展造成了不利的影响。

---

① Homa Katouzian and Hossein Shahidi, eds., *Iran in the 21st Century: Politics, Economics and Conflict*, New York, 2008, p. 265.

② 传统伊斯兰文化认为，妻子和母亲是妇女最适合的角色，外出工作是男人的义务。伊斯兰革命后，大量妇女被驱赶出了工作岗位，就业主要限制在卫生、教育系统。但是90年代后接受高等教育的女性数量逐渐接近甚至还超过了男性，妇女要求突破就业限制的呼声越来越强烈。这就与政府主导的宗教文化甚至法律框架都发生了深刻的矛盾。

③ 保守派重新上台执政的最主要原因在于当时面临的外部环境的恶化。"9·11"事件之后，美国把打击恐怖主义作为对外政策的主要目标，并将伊朗纳入支持恐怖主义的"邪恶轴心"之中。在这一敏感时期，伊朗核问题又遭爆料并引起国际社会的广泛关注。2002年后美伊关系重新紧张，这也意味着哈塔米前期"文明对话"的成果消失殆尽，同时引起了伊朗国内保守政治的强烈反弹。内贾德作为一个对外主张强硬、对内捍卫革命目标的代表人物，就是在这种背景下上台的。

内贾德主要的经济目标是确保社会财富公正的分配，而不是采取措施促进经济的增长。为了兑现他在竞选时“将石油财富放在人民的餐桌上”的诺言，他上任后不久就成立了“伊玛目礼萨爱心基金”，主要的目的是为失业贫穷的青年人及偏远落后的省份提供各种补贴，资金主要从“石油稳定基金”等政府流动性不强的项目中划拨。内贾德上任之初恰逢国际油价的飙升，2005—2008年迅猛增加的石油收入使得他一改前两任总统欢迎外来投资的态度，认为仅靠本国的投资也能够保障经济的增长。他认为为了吸引外资而必须做出妥协的做法是错误的，正确的方式是要向对方提更多的条件。[①]被内贾德政府誉为“伊朗经济最大的外科手术”的补贴制度改革也于2010年12月份正式启动。改革的目标是通过废止油气燃料补贴来达到限制国内燃料的浪费、节约资源、扩大出口、增加财政收入的目的；作为补偿，政府向每户家庭及企业发放现金补贴。[②]

事实证明，这些政策不仅无助于缓解伊朗日益恶化的经济形势，而且起到了许多负面效果。向普通民众直接分配“石油财富”的做法，被证明是一种过于简单的处理方式。在“伊玛目礼萨爱心基金”实施的头一年，受益人群多少感受到一些实惠，但是这点实惠很快随着接踵而至的恶性通货膨胀烟消云散。为了应付类似的开支，政府预算的规模急剧扩大，进一步推高了通货膨胀。尽管内贾德政府对主要消费品采取了限价政策，但是没有从根本上解决高物价的问题。补贴制度改革也起到了类似的效果。向人民直接发放现金补贴不仅增加了货币流通量，助长了通货膨胀，而且导致政府财政的亏空。为了弥补亏空，政府从中央银行借入大量款项。更严重的是，因为能源行业所赚利润的一半都被用于发放现金补贴，直接导致了伊朗国家天然气公司的破产。[③]除此之外，2005年之后，伊朗吸引外资的能力明显减弱，到2009年，外来直接投资仅占GDP的0.9%。[④]一些著名的跨国公司如壳牌、道达尔等陆续撤出了在伊朗的投资。

---

① Evaleila Pesaran, *Iran's Struggle for Economic Independence*, p. 170.

② Dominique Guillaume, *Iran — The Chronicles of the Subsidy Reform*, 2011 IMF Working Paper, pp.3-4.

③ 《伊朗国家天然气公司破产》，http://news.66wz.com/system/2013/11/20/103890340.shtml.

④ Evaleila Pesaran, *Iran's Struggle for Economic Independence*, p. 183.

伊朗自革命后便多次遭到美国等西方国家的制裁，但是能够对其经济造成明显的打击主要还在内贾德时期，因为不论是制裁的范围还是参与制裁的国家都比以前明显扩大。内贾德在核问题上的强硬立场引发了西方国家接二连三的制裁。①2006年之后，主要的欧盟成员国都减少了与伊朗的贸易往来，一些欧洲银行减少甚至停止了与伊朗的金融业务。商人是受到国际制裁影响最大的阶层，他们反映在国外银行开设账户面临越来越多的麻烦。据伊朗政府统计，迪拜大约一半以上的银行都不再为伊朗商人提供信贷业务。②2011年后，油气部门也开始受到制裁的明显影响，许多国家减少甚至终止了从伊朗进口石油，使得伊朗石油的产量和收益都有所下降。伊朗被迫采取以物易物的方式，甚至将石油打折出售。③

总的来说，内贾德时期的经济不仅继承了前期所有的病症，而且进一步走向恶化，具体表现为：第一，经济总体上从增长迅速演变为衰退。石油收入的大幅度提高为2005/2006—2007/2008年度的经济增长做出了重要贡献，GDP年均增长率为6.1%。但是2008年后，世界经济整体衰退，石油需求量下降，油价下跌，再加上国际制裁等因素，伊朗经济马上陷入危机，2008/2009年度的增长率仅为0.8%。④2010年后开始出现负增长，2011/2012年度的增长率为-5.4%。⑤第二，通货膨胀和高失业率的问题更加突出。CPI从2007年4月份的16.8%上升到2008年的24.2%，2010年后更加不可遏制。截至2013年7月份，已经高达41.3%。⑥广泛的失业依然存在，尽管官方公布的失业率一般在15%左右，但实际情况要高于这一数字。第三，从经济结构来看，高度依附石油的局面没有多少改善；从所有制结构看，私有化进程依然缓慢。内

---

① 这些制裁包括联合国2006年的1737号决议、2007年的1747号决议、2008年的1803号决议、2010年的1929号决议，制裁范围涉及核技术转让、武器交易、进出口贸易、航运业、国际金融业务、油气出口及伊朗官员出国旅游等领域。除此之外，2012年欧盟和美国通过的制裁法案将所有参与购买伊朗油气资源的企业、银行及保险公司都列入黑名单。

② Joshua A. Owenstein, ed., *Iran: Social, Economic and Political Developments*, New York, 2010, p. 132.

③ 《外媒称西方制裁已经重创伊朗经济》，http：//ir.mofcom.gov.cn/article/c/zwrenkou/201207/20120708207302.shtml.

④ 伊朗中央银行官方网站统计数据："National Product -At Constant 1997/98 Prices"。

⑤ "Iran Main Indicators", http://www.amar.org.ir/Default.aspx?tabid=1241.

⑥ "Iran Inflation Rate", http://www.tradingeconomics.com/iran/inflation-cpi.

贾德对私有化没有表现出太多的热情，相反为了获得伊斯兰革命卫队的支持，他把许多企业都转到了该组织名下。

结　语

到伊斯兰革命前夕，伊朗是世界原油的主要供应国，是经济全球化的重要参与者。但是革命发生后，革命领袖们并没有考虑到本国经济的基本特征，在“不要西方，不要东方，只要伊斯兰”的精神下，将外向型的发展模式转为内向型，强调经济的自给自足和社会财富的公平分配。但是在革命胜利的30多年后，德黑兰街道上行驶的许多汽车还是巴列维时代进口的，不少民用飞机也是那一时期从美国购进的。许多老油田因为战争破坏、缺乏技术和资金、年久失修等问题导致开采量普遍下降。普通国民备受失业、通货膨胀的影响，生活水平得不到提高。这显然违背了当初革命领袖们对民众许下的美好诺言。

伊朗经济现代化屡屡受挫的主要症结在于受伊斯兰革命的长期影响，伊朗国内始终弥漫着一股激进的政治思潮，使得在处理国内外问题上总是表现得过于偏激。如对内表现为更加关注如何使国民不受西方文化的“毒害”，确保伊斯兰传统文化价值观的主导性影响；对外则致力于与西方大国的较量与抗衡。这种政治文化不仅将发展经济降为次要地位，而且影响到经济政策的理性化；同时因为与外部世界关系的恶化，不能为经济发展提供一个稳定良性的大环境。除此之外，伊朗政坛上复杂多变的派系斗争使得主要领导人常常在具体经济政策上达不成共识，也成为影响经济发展的重要因素。拉夫桑贾尼和哈塔米试图推行经济自由化改革，但是却被认为是偏离了革命目标，容易产生西方“文化入侵”的连带效应。在面临巨大阻力的情况下，改革派最终为极端保守派所取代，伊朗经济又一次跌入深渊。

伊朗伊斯兰革命后的经济现代化的主要启发意义在于，在经济全球化的时代，仅靠本国的资源和力量发展经济的做法是行不通的。而许多发展中国家经济成功的案例也展示了经济参与全球与维护本国主权的独立并非完全的冲突。因此，伊朗未来的经济发展和改革将在很大程度上取决于当政者对这一问题认识上的转变，而这一转变又是以伊斯兰文化与西方文化能够和平共处、伊朗与西方大国关系的改善为前提的。但从伊朗多年强硬的政治外交风格及美伊交恶的现实来看，实现这一转变的难度依然很大。

论清教思想与美利坚民族特质的形成

房金蓉

美利坚民族是一个开放、务实、追求自由和平等的民族，有着强烈的宗教情感。美利坚民族的上述品质，在相当高的程度上归功于美国开国先父们从大洋彼岸带来的清教思想，这是美国社会文化的根源，对美利坚民族特质的形成有着深远的影响。

一

托克维尔在《论美国的民主》一书中用了整整一章来说明美国人的来源及其来源对他们未来的重大影响，他说“知道民族的来源，有利于了解其社会情况和法律”，我们“应当追溯他的过去，应当考察他在母亲怀抱中的婴儿时期，应当观察外界投在他不明亮的心智镜子上的初影，应当考虑他最初目击的事物，应当听一听唤醒他启动沉睡的思维能力的最初话语，最后，还应当看一看显示他顽强性的最初奋斗。只有这样才能理解支配他一生的偏见、习惯和激情的来源”。①托克维尔将一个民族比作个人，把一个复杂的民族成长过程变得简单化了。的确，一个民族的一切也来源于其在摇篮里的襁褓时期，而要看清美利坚民族的特质则必须了解清教徒及其思想。

在欧洲宗教改革中诞生的英国清教徒，最初是英国国教会内部要求改革宗教教义和教规的派别，希望把一切天主教残余从国教中“清理出去”，实现教会的纯洁，后因受到英王迫害逃往美洲，将清教思想移植于北美。清教主

【作者简介】房金蓉，女，读者出版社编辑。

① 托克维尔：《论美国的民主》，商务印书馆，2009年版，第30页。

义并不完全是对宗教神学的异议，而是“对于道德和行为的一种特殊态度，关于教规和世俗政治的一种不同的思想”[①]，是一种新的价值观。清教徒笃信先定论，相信自己是上帝的选民，最终将获得上帝的救赎。因此他们也认为理想的清教徒机构是“为实现上帝在人间的目标而服务的”，力图建立一个以“上帝与市民、市民与市民之间的契约为基础”的“契约社会”。[②]在理想的驱使下他们漂洋过海来到美洲新大陆，并以理想勾勒出未来国家的蓝图。美洲大陆没有古代制度和文化的拖累，却充满着新的机遇和希望，有助于形成全新的神学和政治理念。

神学是清教徒们的精神食粮，美洲的清教徒更注重将神学运用到实际生活中，使神学为世俗服务。这种务实的观念是在殖民地时代从清教徒自身的经历中产生，并在新大陆独特自然环境和人文背景的感染下逐渐成为后来美利坚民族的一种精神状态。新大陆的荒蛮使清教徒没有条件争论神学，环境迫使他们直接步入现实生活。远离国内的宗教斗争也使得他们得以全神贯注地在这里建立理想中的天堂。可以说，大陆的机遇和清教徒自身的理想共同孕育了美利坚人注重实际的传统，而这种务实精神又使得清教徒更好地为殖民地服务。

清教徒本身就是以中产阶级为主，而移民去美洲的也大多是这个阶级，因此他们在身份上是平等的，没有高低贵贱之分。在签署《五月花号公约》时，清教徒领袖们就保证了船上的成员到达殖民地后会受到公平的待遇。他们“一切从宗教出发，他们的行为被看成是上帝对他们行为的赞许”。[③]在新英格兰，农民和渔民人数最多，自由人的数量也远远超出了工匠、商人、仆役等，他们生活得独立、自信和自足。与其说清教徒们是为了逃避国内的镇压，不如说是为了实现他们的梦想而来到美洲，即平等、民主、自由、自治，还有通过努力获取财富，这些都在无形中促成了美利坚民族特质的形成。

清教徒在政治上非常激进，这也是“他与上帝和社会的关系的自然结果”。他们富有宗教使命感，“自觉负有作为一个历史上进步阶级来从事革命斗争的使命”。因此他们乐意将他们的以宗教为基础的价值观和民主思想传播

① 阿·莱·莫尔顿：《人民的英国史》，生活·读书·新知三联书店，1958年版，第293页。
② 艾伦·韦恩斯坦、大卫·卢布尔：《彩色美国史》，中国友谊出版公司，2008年版，第55页。
③ 艾伦·韦恩斯坦、大卫·卢布尔：《彩色美国史》，中国友谊出版公司，2008年版，第62页。

到世界各地，拯救世界上处于专制或宗教压迫下的地区和人民。正如英国历史学家阿·莱·莫尔顿所预言："这种性格一旦与大量财富结合，或一旦普及于……有组织的大团体，这种性格就确乎不可轻视。"[①]这种使命感和后来美国的综合实力结合起来，成为美国外交的主导因素。[②]

尽管美国是典型的政教分离的国家，我们还是有理由相信清教思想与美国的政治、文化、生活等方面密切相关，清教精神得以保持其不竭活力的主要因素就是其与现世的结合，它在美国这片广袤肥沃的土地上落地生根，滋养出美国独特的人文内涵和美利坚民族的精神特质，并且源远流长，世代传承。

二

清教徒对现世的热切关注促成了美利坚民族的务实精神。早在17世纪，新英格兰的清教徒们就未将精力放在神学本身，而是"把神学运用于日常生活，特别是运用于社会"。[③]他们将神学与现实社会结合起来，其清教伦理打破了人们寄希望于虚无缥缈的来生以获得上帝的救赎的幻想，而将目光转向现世，通过脚踏实地的劳动获取财富，成为"上帝的选民"。因此，清教徒只是把神学作为在新大陆实现梦想的起点，而不是全部。他们更多的是思考新英格兰的社会性质和政府职能，比如"自由权的真正性质是什么""一个真正的清教徒应当在什么时候抵抗腐败的世俗政府"？[④]他们不迷信于宗教教条，而是注重实际，醉心政治纲领和行动计划，他们胸怀着民主的理想，积极参政，试图建立一个他们理想中的家园。

《1787年宪法》就充分体现了美国人的现实主义精神，它完全具有孙仲先生总结出的现实主义的两大特征，即"重视物质的力量，比如对于权力的物质性力量制约；对于理想主义的拒斥，比如反对乌托邦政治"。[⑤]该宪法经过杰斐逊、汉密尔顿等人认真务实的讨论而最终签署，它制定了美国政权组

---

① 阿·莱·莫尔顿：《人民的英国史》，生活·读书·新知三联书店，1958年版，第293页。

② 阿·莱·莫尔顿：《人民的英国史》，生活·读书·新知三联书店，1958年版，第294页。

③ 丹尼尔·J. 布尔斯廷：《美国人殖民地的经历》，译文出版社，1989年版，第294页。

④ 丹尼尔·J. 布尔斯廷：《美国人殖民地的经历》，译文出版社，1989年版，第7页，9页。

⑤ 孙仲：《美国政治文化中的现实主义》，浙江大学出版社，2006年版，第16页。

织中的几项原则——联邦制原则、分权制原则、制衡制原则、钱权分离制原则和政教分离原则。这几项原则从源头上杜绝了腐败和专制，为美国社会的民主奠定了基础，构建出美国的民主宪政，也反映出美国人“信神而求实”的传统，证明了他们关心制度超出了关心教义本身，这也是源于早期移民的清教精神和清教徒对于现实政治的积极态度。

美利坚民族的务实精神也体现在他们对财富的追求与渴望，并由此衍生出美国人的利己和功利意识。至今来到美国的移民大多数都有着或有过“美国梦”，而“金钱梦”是其中永恒的主题。他们相信这片土地上机会均等，充满自由的空气，有着广阔的施展个人才能的空间，只要付出不懈的努力，就一定可以收获成功。美国人并不崇尚空谈，而是致力于勤劳致富。石油大亨洛克菲勒，发明大家爱迪生，银行家摩根，都出身寒微，凭借自己的智慧和勤奋出人头地，在美国的工业化时代创造了传奇。在美国，“财富是向所有人开放的，任何人只要有勇气，敢于奋斗、冒险和拼搏，都能够得到它。个人完全有可能凭借自己的力量，而不是祖辈的福荫而崛起”。[①]人们不必为自己的“贪财”而惭愧，相反财富是自我价值的体现，“赚钱不仅是为了争取一种舒适的生活，满足经济的需要，也是获取社会地位、赢得别人尊重的一种手段”，“发财致富就是正义，就是善，就是道德”。[②]只要合法，赚钱可以体现个人的才能和职业道德。在这种现实之下，才能得到了最大限度的释放，充分激发了个人的能动性和创造性。

清教徒重视实际的传统为美利坚民族的精神气质奠定了基调，它将神学融入现实社会和日常生活，又反过来验证宗教哲学，这种神学与现实的结合成为美利坚民族特质形成的基础。

三

美利坚民族重视平等、自由和民主，这也是北美清教思想的核心内容。

清教徒离乡背井、漂洋过海来到当时还是未知的新大陆，本身就是为了寻求自由和平等，在这里不问出身，不问贫富，人人机会均等。在开拓边疆的过程中进一步加深了他们的平等观念和自由民主思想，他们在荒野上“披

① 董秀丽：《美国外交的文化阐释》，知识产权出版社，2007年版，第83页。

② 董秀丽：《美国外交的文化阐释》，知识产权出版社，2007年版，第83页。

荆斩棘，一切从头开始，一切从无到有，凭着智慧、辛劳、勤奋，渐渐的，房屋建起来，桥梁架起来”[①]，用双手创造财富和家园。北美是一片自由的土地，没有旧大陆的束缚和种种限制，每个人都能通过勤奋和才能获取财富和地位。“清教移民是为自由而战的英雄，他们的使命是新教和自由主义的结合，自由是他们的动机，建立工业和自由贸易的一个新伊甸园的希望是神圣的遗产。”[②]这反映出清教徒对自由的追求已经成为美利坚民族的精神财产。1776年由杰斐逊起草的《独立宣言》也非常明确地指出“前殖民地将成为自由独立的国家”[③]，提出“人人生而平等，造物主赋予他们某些不可转让的权利，其中包括生命权、自由权以及追求幸福的权利”。[④]这一系列天赋权利使美国的自由和平等之中又蕴含了民主的成分，为美国的民主奠定了基础。

美国《1787年宪法》是美国人引以为傲的一部宪法，对他们来说，“宪法是他们的圣经，是他们引以为骄傲的祖国的象征，是他们美好生活的清晰表述，是他们自由的宪章”。[⑤]这部宪法使民主观念深入人心，它确定了美国的共和制政体，这种政体能够在管辖较大的国土和人数众多的公民时，更大限度地发挥公众的智慧和才能，扩大民主程度，调动公民参政的积极性和主动性。宪法以法律形式确立了人民主权原则，将洛克的分权理论和孟德斯鸠的制衡理论巧妙地结合在一起，有效地防止了暴政，保障了民主，也为美国社会机制的良好运行打下了坚实的基础。

美利坚民族的职业观是平等思想的又一体现。在美国，劳动没有贵贱之分，人们视劳动为光荣，而且认可靠劳动来牟利，不以牟私利而耻。并且他们在获得一定财富之后，通常要向社会尽一些公共义务，“如果他只为自己度过一生，死后将会声名狼藉”[⑥]，这种价值观升华了劳动的意义。美国总统和服务人员一样靠劳动领取薪俸而生活，“总统为发号施令而得报酬，和他们为服从命令而得报酬完全一样”，因此，任何正当职业在美国都是高尚的，都受

① 董秀丽：《美国外交的文化阐释》，知识产权出版社，2007年版，第76页。

② 艾伦·韦恩斯坦、大卫·卢布尔：《彩色美国史》，中国友谊出版公司，2008年版，第94页。

③ 孙仲：《美国政治文化中的现实主义》，浙江大学出版社，2006年版，第25页。

④ 孙仲：《美国政治文化中的现实主义》，浙江大学出版社，2006年版，第30页。

⑤ 托克维尔：《论美国的民主》，商务印书馆，2009年版，第687页。

⑥ 托克维尔：《论美国的民主》，商务印书馆，2009年版，第688页。

到人们的尊重。美国人这种职业观的形成与清教徒在殖民地的经历密不可分。在早期的新英格兰，劳动力的缺乏消除了人们的社会偏见，为了生存，人们必须掌握一门或几门技能，“绅士式的无能是与美利坚人的气质截然对立的，在美洲，精通各行业务是受欢迎的”，“从美洲殖民地的全部局限与机会中”[①]，逐渐形成了美利坚民族平等和机遇的职业观念。

平等自由和民主思想在美利坚民族文化中占有重要地位，并由此衍生出美利坚民族的个人主义和自由主义思想，成为其性格中最显著的特点。

四

美利坚民族有着强烈的宗教情结和宗教使命感。美国人虽然极力强调政教分离，其政治生活中却处处存在宗教的影子。

美国有95%的人信仰上帝，而之中绝大多数是基督新教徒，他们的宗教热情与自由民主精神并存，共同影响着美国社会，并且这种影响力旷日持久，这也是源于清教徒与生俱来的天赋使命感和在殖民地时期清教思想的传播。殖民地的清教徒热衷于布道，并将其形成了一种独特的社会制度，成为美利坚民族特质的宗教成分。因此，“不理解清教主义就无法理解美国，拒绝承认加尔文教对美国文化影响的人几乎不知道美国自由的起源”。[②]清教徒自认为是上帝的选民，他们有强烈的宗教使命感，认为他们“肩负着上帝给予他的教化世界的使命，要将基于基督教信仰的民主制度和价值观传播到全世界，拯救其他国家和地区仍处于暴政专制和宗教压迫下的人们，使这个世界在美国的领导下走向同样的发展道路”。[③]为这种意识所驱动，美国把本国的利益与全人类的利益等同起来，自觉充当起了“世界警察”的角色，同时也在潜移默化中将其价值观和民主制度渗透到世界各个角落，成为当今国际政治中一支举足轻重的力量。

美国人的布道精神和“使命感”曾给予世界许多恩惠，在一定程度上改变了世界历史的发展。二战后，美国积极倡导建立一个繁荣稳定的国际新秩序，鼓励非殖民化，美国的力量加速了世界殖民体系的瓦解，终结了“帝国

---

① 丹尼尔·J. 布尔斯廷：《美国人殖民地的经历》，译文出版社，1989年版，第249页。

② 董秀丽：《美国外交的文化阐释》，知识产权出版社，2007年版，第162页。

③ 董秀丽：《美国外交的文化阐释》，知识产权出版社，2007年版，第99页。

时代”，“为数十亿非欧洲人打开了通向现代世界的大门”。[①]

美利坚民族的使命感，在当今世界表现最多的是利用其霸权地位干涉他国内政。人权外交就是在美国人“使命感”的驱使下出现的外交理论，这是美国卡特政府首先明确提出的外交原则，它以“人权”为借口和工具，对世界其他国家和地区的人权问题进行责难，强制输出美国的民主观点。二战后美国积极参与了1945年《联合国宪章》（其中有关于人权的条款）和1948年《世界人权宣言》的制定；1979年卡特政府发起“人权运动”，卷入和干涉世界各地的政治事务；之后的里根和乔治政府更是以人权作为“演变苏东集团、建立世界新秩序的重要工具”；[②]布什在1989年发表演说，“要求苏联实现长久的政治多元化，尊重人权”；[③]近年来，美国又多次发表《国别人权报告》，对世界190多个国家的人权问题进行干涉和责难，将其价值观强行加于其他国家，遭到这些国家的不满和抗议。美国常常宣称它是在帮助其他国家推进民主，完善人权，其实是出于本国私利，维护其霸主地位，这也与美利坚民族的种族优越感有关。他们自认为是上帝的选民，自然也就高人一等，成为世界的轴心也是理所当然的，这一情感在外交政策中便不由自主地流露出来。

美国的宗教意识和宗教使命感给世界带来了两种矛盾的结果，将会长期并存，这一悖论随着美国实力和其对世界的影响力的不断上升而愈加明显。这种使命感和“救世主精神”已成为美国制定外交政策的重要因素。

清教徒由于其自身的经历，结合在美国独特的地理环境中的发展历程，为美利坚民族积淀了宝贵的精神遗产，塑造了美利坚民族的民族特质。美利坚民族注重实际的传统，对自由与民主的热爱，强烈的宗教情结和宗教使命感，都与早期的清教精神有紧密的联系，这些民族特质铸就了美国。

---

① 纪梭·马布巴尼：《走出纯真年代——重建美国与世界的信任》，北京大学出版社，2008年版，第1页、9页。

② 董秀丽：《美国外交的文化阐释》，知识产权出版社，2007年版，第137页。

③ 董秀丽：《美国外交的文化阐释》，知识产权出版社，2007年版，第137页。

试论宗教在美国民主建设中的作用

——基于托克维尔《论美国的民主》的分析

马梨娜

《论美国的民主》是法国政治思想家阿列克西·托克维尔在19世纪完成的一部巨著，是第一部专门论述民主制度的著作。托克维尔历经9个月的考察，对美国的社会、政治制度和民情进行了深度考察。托克维尔认为在美国有助于维护民主制度的原因有三个，分别是地理环境、法制以及民情。其中，对美国民主制度贡献最多的是民情[①]。宗教信仰是民情的重要组成部分，使美国的民情更加有利于民主制度的实施，有力地维护了美国的民主制度。本文就以时间为线索，探讨不同时期宗教是如何维护美国民主制度的。

一

美国是一个由移民及其后裔组成的国家，当欧洲各族人民在登陆新大陆之前，他们刚刚经历了一场席卷基督教世界的宗教改革运动，这场运动为日后美国民主制度的建立及其成功奠定了基础。

对于一个民族的形成“应当追溯他的过去，应当考察他在母亲怀抱中的婴儿时期，应当观察外界投在他还不明亮的心智镜子上的初影，应当考察他最初目击的事物，应当听一听唤醒他启动沉睡的思维能力的最初话语，最后，还应当看一看显示他顽强性的最初奋斗。只有这样，才能理解支配他一生的

【作者简介】马梨娜，西北师范大学历史文化学院世界史硕士研究生。

① 对于民情，托克维尔的解释是：“它不仅指通常所说的心理习惯方面的东西，而且包括人们拥有的各种见解和社会上流行的不同观点，以及人们的生活习惯所遵循的全部思想。”

偏见、习惯和激情的来源。可以说，人的一切始于他躺在摇篮的襁褓之时”。[①]16世纪至17世纪在欧洲进行了一场宗教改革运动。1517年10月31日，马丁·路德在威登堡大学的教堂门上贴出著名的《九十五条论纲》，宗教改革正式拉开了序幕，这场意义深远的改革迅速席卷了整个基督教世界。在这之后，加尔文在瑞士领导了宗教改革，16世纪30年代，英国国王亨利八世进行了一场自上而下的改革；17世纪初，英国“清教运动”兴起，一些受加尔文派影响的新教徒主张完全清除英国国教中遗留的天主教残余，简化宗教仪式，主张简单、实在、上帝面前人人平等的信徒生活。

马丁·路德提出“因信称义”，主张信仰是获救的唯一准则，使《圣经》得到普及，进而促进了西欧各国民族文化和教育事业的发展，提高了西欧整体的教育知识水平。马丁·路德认为，教皇不是《圣经》的最后解释人，信徒人人都可以阅读《圣经》，直接与上帝相通而成为祭司，无须神父做中介，《圣经》的权威高于一切教会和教皇，是通往信仰唯一正确的道路。所以，有一部通俗易懂的、可以被大众接受的《圣经》是至关重要的。1521年，教皇宣布开除路德教籍，迫使路德背井离乡隐居于瓦尔特堡。在此期间，路德开始翻译《圣经》，并于1522年和1534年分别出版《新约》和《旧约》。“这部《圣经》问世之后迅速传遍德国，继而传播到西欧其他国家。挪威、荷兰、冰岛等国直接以路德的《圣经》为主要参考，相继出版本民族语言版本的《圣经》。”[②]其中，受路德影响的英国新教改革者威廉·廷代尔将《圣经》译成英文，使英国的新教因为有强大的思想武器而取得发展。西欧各国民众在这个过程中受到了教育，为了读圣经，识字就成为必需，所以每个人必须得到教育，教育从贵族开始转向普通百姓，促进了西欧各国的民族文化和教育事业的发展。

宗教改革运动播下了自由、平等的种子，使西欧各国人民受到了一场思想洗礼。宗教改革是一次人类追求自由的运动，它是“继文艺复兴之后又一场冲击神学对科学和自由思想禁锢的运动，科学、哲学、文学、艺术无一不受其影

① *Alexis de Tocqueville*, *Democracy in Ameirica*, Translated by Henry Reeve, London: Oxford University Press, seventh Printing, 1971, p.19.

② 李家言：《宗教改革时期马丁·路德〈圣经〉翻译及其历史意义》，载《江苏外语教学研究》2016年第3期。

响并发生了深刻变化”。[①]宗教改革也促进了西欧各民族思想的解放，基佐对其评价到：“它是一次人类心灵追求自由的运动，是一次人们要求独立思考和判断迄今欧洲从权威方面接受或不得不接受的事实的思想的运动，这是一次人类心灵争取自治权的尝试，是对精神领域内的绝对权力发起的名副其实的反抗。”[②]

从17世纪初开始，欧洲各国移民开始不断涌向北美新大陆并在此定居。“在17世纪，进入北美的多为英格兰裔移民。到18世纪，大量德意志人、爱尔兰人、苏格兰人、苏爱人、法国人和意大利人纷纷到来，与原来的英裔、荷裔、瑞典裔和芬兰裔居民一起，构成一幅五彩缤纷的族裔风情图。”[③]历经宗教改革运动，欧洲移民具备了基本的文化知识，民众素养进一步提升，且深受自由平等观念的熏陶，为美国特殊“民情”的形成奠定了基础。

二

清教[④]的教义既是宗教学说，又是政治理论，直接影响了殖民地时期和建国初期美国民主制度的建立。

契约思想是清教的核心思想，是清教徒对加尔文主义的继承和发展，最能体现契约精神的是一批去北美新大陆寻找“山巅之城”的清教徒在五月花号船上签订的《五月花号公约》。

《五月花号公约》（以下简称《公约》）是第一个殖民地人民遵守的自治原则，是一个为谋求殖民地总体利益而制定的自治原则。“它是一份集宗教精神、契约精神、法制精神、民主自由精神以及个人主义自我奋斗精神为一体的公共社会契约”[⑤]，其全文如下：

> 以上帝的名义，阿门。我们下面这些签署人是蒙上帝保佑的大不列颠、法兰西和爱尔兰的国王，信仰的捍卫者詹姆斯国王陛下的忠顺臣民。

---

① 徐新：《西方文化史》，北京大学出版社，2002年版，第217页。

② 基佐：《欧洲文明史》，商务印书馆，1998年版，第225页。

③ 李剑民：《美国殖民地时期的人口变动及其意义》，载《世界历史》2002年第4期。

④ 英国新教的一个分支，因要求清除英国国教中的天主教残余而得名，早期领导人有卡特赖特和布朗。清教谴责国教会教士的奢侈放荡，主张废除主教制和偶像崇拜，反对建立国家教会，要求取消繁琐的宗教仪式及豪华的装饰；提倡“严肃”“勤奋”的生活方式，崇尚以事业的成功来证明是上帝的选民。

⑤ 胡永辉、萱群：《〈五月花号公约〉中的清教伦理思想》，载《学海》2014年第4期。

> 为了上帝的荣耀，为了增强基督教信仰，为了提高我们国王和国家的荣誉，我们漂洋过海，在弗吉尼亚北部开发第一个殖民地。我们在上帝面前共同立誓签约，自愿结为民众自治团体。为了使上述目的能得到更好的实施、维护和发展，将来不是依此而制定颁布的被认为是这个殖民地全体人民都最适合、最方便的法律、法规、条令、宪章和公职，我们都保证遵守和服从。
>
> 据此于耶稣纪元1620年11月11日（新历11月21日），于英格兰、法兰西、爱尔兰第十八世国王暨英格兰第五十四世国王詹姆斯陛下在位之年，我们在科德角签名于右。①

《公约》的签订方式和内容都表达了民主政治的许多基本理念。例如，美国的各级政府建制中，最早建立的自治团体是乡镇。乡镇在所有有关它自己的事务中都是完全自治的，它们自己任命行政官员、自己制定公安条例、自己立法、自己规定自己的税则、自己分配和征收自己的税款等。而且，它们在自行处理本乡镇事务的时候，基本上实行的都是直接民主制，对于乡镇的所有公共事务都由全体乡镇居民自主决定。从《公约》原文中我们也可以看到，《公约》从民众的角度阐述了国家权力的来源：国家的权力来自民众，国家是民众以契约的形式组合在一起的。而“自治”意味着一切公共事务必须征求全体自由居民的意见，由此开创一个自我管理的社会。“《五月花号公约》虽然还不是一个完备的法律条文，但却是一个体现民主、自由精神的重要的历史文献。它所确立的原则为当时的移民所自觉遵守，对新英格兰民主制度的模式和后来美国民主制度的确立产生了深远的影响。所以后人称之为‘北美民主的一块基石’。”②

清教教义主张“人性本恶”。关于人性善恶的问题，各个宗教都有自己的解释。清教徒认为人性本恶，这种理念来源于加尔文“原罪说”。在加尔文看来，原罪是对“人类本性的遗传与败坏，遍及灵魂的各个部分”，它导致人类的自由意志即“择善避恶”的行为品质完全丧失，人类丧失了这种品质，因此，只能为“恶”，成为“罪”的奴隶。所以，这种理念导致清教徒对个人的

① William Bradford, *Of Plymouth Plantation*: *1624-1647*, New Jersey: Rutgers University Press, 1952, pp.23-24.

② 张友伦：《美国民主制度的形成、发展和问题》，载《历史研究》1996年第2期。

不信任，认为人都是自私的，所以需要对统治者和政府的权力加以有效的制约和监督，这也直接体现在美国的民主政治中。

“因信称义”思想是清教的一个重要思想，最早起源于《新约》。它认为只要信仰基督即可获得救赎，就可以使人的内心获得精神转变，即因信仰而得到启示的获救感。“因信称义”思想还认为《圣经》是获得信仰的唯一途径，并且教徒可以自行阅读、思考和解释《圣经》，而人可以和上帝直接交流，不需要任何“中介”。除此之外，清教还主张废除教阶制度，上帝之下人人平等，这就把平等的因素也带到了美国的土壤上。

三

在美国，虽然实行政教分离，但宗教通过它自身的特点影响着美国的民情，促进美国民主制度的实施。

在托克维尔看来，宗教在美国发生强大影响的原因是政教分离。为了了解这一问题，托克维尔首先考察了美国神职人员在政界所占的地位。“他们没有一个人担任公职，我没有见到一个担任行政职务的神职人员”[①]，因为“在许多州里，法律就为他们关上了进入仕途的大门，舆论在所有的州里都不同意他们从政”[②]；从神职人员自身来看，“他们大多数人好像不愿意搞政治，他们小心翼翼地躲开一切党派，唯恐损害自己利益地极力避免同他们接触”[③]。针对这一现象，托克维尔提出了疑问，究竟是什么力量在削弱宗教表面影响的同时却加强了它的实际影响，并对此做了一个探索。

对于这个问题的回答，托克维尔回到了宗教本身。在所有生物中，只有人对本身的生存有一种天生的不满足感。人既轻视生命，又害怕死亡，“促使人的灵魂凝视来世，把人引向来世的，正是宗教”[④]，宗教是希望的一种特殊

---

① Alexis de Tocqueville, *Democracy in Ameirica*, Translated by Henry Reeve, London: Oxford University Press, seventh Printing, 1971, p.115.

② Alexis de Tocqueville, *Democracy in Ameirica*, Translated by Henry Reeve, London: Oxford University Press, seventh Printing, 1971, p.116.

③ Alexis de Tocqueville, *Democracy in Ameirica*, Translated by Henry Reeve, London: Oxford University Press, seventh Printing, 1971, p.118.

④ Alexis de Tocqueville, *Democracy in Ameirica*, Translated by Henry Reeve, London: Oxford University Press, seventh Printing, 1971, p.118.

表现形式，是自然合乎人心的；若从人的观点来考察宗教时，“一切宗教都能从人本身汲取用之不竭的力量因素”。[①]所以，“当宗教把它的帝国建立在所有的人都一心向往的永生愿望上时，它便可以获得普遍性”[②]，但是，宗教一旦与政权结盟时，“它会像一个人犯错误那样去行动”[③]。宗教把自己拴在权力的命运上，随着昔日支持这些权力的激情的消失而灭亡。[④]对于民主国家或者日益走向民主的国家来讲，政教结合的危险性也会随之增强，因为“在这个过程中，国家权力经常易手，政治理论将相继迭起，人事、法律和制度本身将处于飘忽不定状态，而且长期如此”。[⑤]正如美国，四年更换一次行政首脑，每两年改选一批新的立法者，政治权力不断易手。在这种情况下，“宗教也许不像它早先在某些时期或某些国家里那样强大，但它的影响力却更为持久，它的活动领域虽然只有一个，但它在这个领域里可以通行无阻，并能毫不费力地控制这个领域”。[⑥]我认为，托克维尔在这里提到的“领域”，就是指宗教对美国民情的教化作用，宗教除了发挥它本身的作用之外，通过其普遍性，将民主平等因素内化于人们心中，让民主制度在美国畅通无阻。

综上所述，席卷基督教世界的宗教改革运动为美国民主制度的建立及其成功奠定了基础；深受加尔文派影响的清教又直接影响了殖民地时期及建国初期的美国政治；民主制度形成后，美国实行政教分离政策，宗教又通过自身的特点让民主制度在美国畅通无阻。宗教促进了美国民主制度的建立及其实施，是美国民主制度发展进程中不可忽视的重要因素。

---

① Alexis de Tocqueville, *Democracy in Ameirica*, Translated by Henry Reeve, London: Oxford University Press, seventh Printing, 1971, p.119.

② Alexis de Tocqueville, *Democracy in Ameirica*, Translated by Henry Reeve, London: Oxford University Press, seventh Printing, 1971, p.117.

③ Alexis de Tocqueville, *Democracy in Ameirica*, Translated by Henry Reeve, London: Oxford University Press, seventh Printing, 1971, p.118.

④ Alexis de Tocqueville, *Democracy in Ameirica*, Translated by Henry Reeve, London: Oxford University Press, seventh Printing, 1971, p.120.

⑤ Alexis de Tocqueville, *Democracy in Ameirica*, Translated by Henry Reeve, London: Oxford University Press, seventh Printing, 1971, p.122.

⑥ Alexis de Tocqueville, *Democracy in Ameirica*, Translated by Henry Reeve, London: Oxford University Press, seventh Printing, 1971, p.121.

试论大国经济发展与编辑的使命

梁建萍

近代以来的世界历史，是人类历史的一个重要组成部分，是人类从传统社会转向现代文明的历史，也是人类走上现代化道路的历史。从19世纪中后期开始，美、德、俄、日等国不仅在政治上取得了辉煌成就，而且在经济上也获得了累累硕果。由于在举办教育、保护关税、扶植工商业、引进和发展科学技术等方面实施了一系列有力举措，才使其经济得以高速发展，迅速成为强国。在过去的许多年间，我们往往只强调政治革命而忽视了对经济建设的研究，在全力推进现代化建设的今天，把现代西方主要国家实力的变化及其因素作为一个重要方面来考察，不仅是经济学家和历史学家的职责，而且也是编辑这一特殊群体的神圣使命。

一

教育是推动经济发展的原动力，教育举办的成功，是西方主要国家经济高速发展的重要因素，研究和关注教育在经济发展中的作用是编辑的重要职责。

现代工业大生产的自身特点之一是技术生产，要想发展现代工业，首先要求发展教育，这是现代工业大生产的特征所规定的。美国、德国、俄罗斯和日本[①]等现代西方主要国家就是顺应经济发展的这一客观规律而办事的。

19世纪70—80年代，是美国产业革命的高潮时期，也是它的教育发展的

【作者简介】梁建萍，兰州大学出版社编辑。

① 从明治维新起，日本实施“脱亚入欧”政策，成为西方国家。

高潮时期。为推动教育事业的发展，美国政府拨出大量的公有土地，建立公立中小学，实行免费义务教育。在政府的支持和帮助下，公立学校发展很快。1860年，美国有公立中等学校300多所。到1900年达到6000多所。[①]在1870—1890年的20年间，美国每年所支付的普及教育经费都以20%的幅度增加。美国每年平均为每人所支付的教育费比其他国家都多，这就保证了近代美国普通中小学教育的迅速发展。

美国的普及教育，不仅发展快，而且，教育制度也独具特色。它的中小学以公立为主，在19世纪70年代到1918年这一时期，通行的学制是“八·四”制，即小学八年，中学四年，公立小学真正成为培养所有儿童的园地。

美国的中学比较重视实用和职业教育。他们在普通中学设置职业科，把普通中学改为兼具升学和就业双重职能的综合中学。一般高中分学术科、职业科和普通科。学术科也称大学预备科，数理化和外语课程较多，为升学做准备；职业科又分工业、农业、商业、家政等科，培养学生成为半熟练工人和低级职员；普通科则学习生活的常识性课程，毕业后从事非熟练劳动。此外，还设立了教育智力迟钝儿童的学校。

为了培养科技专门人才，在普及中小学教育的同时，美国又迅速发展了高等教育。到1900年，美国已有450多所大学和专科学校，这些大学既是培养科技人才的基地，又是科研中心。为适应教育事业的发展，美国还设立许多师范学校，培养师资。

美国各级学校培养了各种经济建设人才，提高了美国人民的科学文化水平，壮大了科学技术队伍，推动了工农业生产的发展。

早在19世纪初，德意志就注意从发展教育入手发展经济。为推动经济发展，普鲁士实行了强制性的初等义务教育制。规定，凡7～14岁的儿童必须入学。这一规定由学校委员会在警察当局的支持下得到强制执行。到60年代，普鲁士学龄儿童的入学率就已达到97.5%，而英国到1903年才达到88%。在德意志，普鲁士学龄儿童的入学率还不算高，其他许多地方甚至超过普鲁士。

19世纪70年代以后，随着国家的统一和经济的发展，德国的强制性义务

① 吕千飞、张曼真等译：《世界教育概览》，知识出版社，1980年版，第92页。该书由吕千飞、张曼真等译自1978年版《美利坚百科全书》。

教育又得到进一步加强。到1911年，在居民人数为6356万的德意志帝国中，国民学校就达62037所，在校学生达1034万人。据统计，德国普及教育的程度比世界上任何其他国家都高。①

在实行初等义务教育的基础上，德国还迅速发展了中等教育，而且，它的中等教育办得很有特色。在传统的文科中学，他们增开了数学和自然科学常识课程。另外，他们还办起一种新型中学即实科中学。这类中学开设的数、理、化等自然科学课程比较多，往往两倍于文科中学。为加强对青工和学徒的技术教育，德国还办起许多工艺学校、职工学校、业余技术夜校和星期日学校等。②

由于政府的高度重视和大力支持，德国的中等教育发展很快。1910年，仅中等技术学校的学生就达135.6万人。中等教育的迅速发展，使德国的国民素质普遍得到提高，这不仅为大学奠定了坚实的生源基础，也为社会培养了大批优秀的劳动后备力量，满足了德国近代工业生产对劳动力的文化要求。

除中小学教育之外，德国的高等教育发展得也相当快。1851—1855年，在校大学生才12400人，到1913年就增至77484人，平均每万居民中有在校大学生11.6个。③德国的高等教育，不仅发展迅速，而且很有特色。教学和科研相统一是它的原则。在这一原则指导下，德国各大学为德国培养了19世纪欧洲最优秀的科学家。

为迅速发展教育，以满足工业化对人才的需求，德国政府不断增加教育投资。1880年，它的教育经费已占国民生产总值的1.6%，1900年又提高到1.9%，而同年的法国是1.3%，英国是0.9%。1913年，德国用于教育的支出高达12.09亿马克，仅次于国防支出，占国家财政支出的16.8%，占国民总收入的2.4%。④

由于教育事业的迅速发展，使德国在青少年入学率方面，国民的文化素质方面，以及高水平的科学研究方面都走在欧洲他国之前，使它的高级科技

---

① R. R. Palmer, Joel Colton, Lloyd Kramer, *A History of the Modern World*, New York: McGraw-Hill Companies, Inc., 2008, p. 371.

② 曹孚：《外国教育史》，人民出版社，1979年版，第315-319页。

③ 林进成：《德国工业化道路的一些特点》，载《世界历史》1982年第5期，第24、25页。

④ 林进成：《德国工业化道路的一些特点》，载《世界历史》1982年第5期，第24、25页。

人才越来越多。

二战后，西德经济很快恢复和发展起来，取得了震惊世界的奇迹，到50年代初，已达到战前水平，1952—1958年，国民生产总值年均增长率7.6%，超过同期美国2.2%的增长率。[①]1955年跃居世界第三位。

西德的国民经济之所以得到迅速恢复和发展，跟政府注重教育、注重科学技术的研发有关。西德政府注意从发展教育入手，来建设两支队伍：一支是科技人员队伍；另一支是熟练工人队伍。1950年，西德的在校大学生为10万人，1970年达41万人，平均每万居民有大学生68人。除正规的学校教育外，西德也重视职工的业余教育。中学毕业考不上大学者，三年内有法定的休闲日去接受正规课程教育。[②]

明治初年，日本政府以西方为楷模，建立了近代教育制度，发布了100多种教育法令。日本办学的宗旨是：维护国家自立，服从国家需要。为此，日本首先发展了初等教育和高等教育，这就为经济的发展打下了深厚的基础。

1872年，颁布《学制》，废除幕府时代的等级教育，建立了人人均等的英才教育，要求学校必须以学习西方先进知识为基础。同时，还创立师范教育制，为普及全民教育提供骨干力量。为提高升学率，政府一方面广泛宣传新教育的好处，另一方面采取各种说服和强迫手段。在官民双方的努力下，到19世纪末，日本已基本普及了初等教育。

在发展初等教育的同时，明治政府还迅速发展了中等教育和高等教育。在政府的努力下，各种大学和实业学校纷纷建立。在这个基础上，政府于1885年颁布“帝国大学令”，次年成立帝国大学，又先于欧洲创办了工科大学，还附设了研究生院，健全了大学组织，为日本的工业化培养了各种人才。19世纪末，还成立了公共教育协会，对普及教育起了极大作用。

教育事业的发展，配合并促进了日本的工业化，提高了日本民族的文化水平。可以这样说，教育是日本实现工业化的重要因素。

二战后的日本，满目疮痍，但经济在缓缓上升，从1950年开始起飞，到1967年，日本已成为资本主义世界仅次于美国的第二经济大国。[③]推动战后

① 徐天新等：《当代世界史》，人民出版社，1989年版，第142页。

② 徐天新等：《当代世界史》，人民出版社，1989年版，第143页。

③ 彭树智、胡益祥主编：《当代世界史讲座》，河南大学出版社，1988年版，第408页。

日本经济高速发展的因素较多，其中教育的作用不可低估。战前，日本的国民教育就达到了较高的水平。战争虽然破坏了日本1/4的经济物质条件，但数十年积累起来的教育成果、知识和技能并未随着战败而毁灭。战后，日本政府更加重视教育，更加强了智力投资。据统计，1950—1972年，日本的教育经费增加24倍，1980年超过14万亿日元，比70年代初增加了三倍。

除上所述，日本大学教育的发展更为可观。1946年，日本有大学48所，1975年达998所。[①] 1951—1973年，日本的大学毕业生增加15倍，短期大学毕业生增加150倍。这样，经济发展对熟练工人和技术专家的要求都有了充分保证。

二

关税和工商业政策是推动经济发展的杠杆，西方主要国家的保护关税和扶植工商业的政策，为其经济的跃进提供了有利条件，关注和研究工商业政策对经济发展所起的作用是编辑的又一重要职责。

一个落后国家，民族工业要得到发展，必须有高额关税做保护，否则，就会遭到外国先进资本力量的竞争、商品的冲击，就会搞乱本国的经济。为了维护本国工业的利益，西方主要国家都实行了保护关税政策，以关税来限制外国货进口。

早在内战时期，美国政府就规定对工业品课以40%～50%的高额关税。1897年，把关税提高到57%，[②]这已不同于一般的贸易保护，而是一种超贸易保护，是一种带有杜绝进口性质的关税政策。这一政策，抵御了外国的商品竞争，保护了本国较年轻的工业。

早在1649年，俄罗斯政府就开始禁止英国商人在俄国进行无税贸易。1724年，彼得一世政府制定了关税税率，规定国内能够生产而数量又充足的商品的最高税率为商品价格的75%，国内不能生产的商品或工业所需要的原料可免税或减税。[③]

① 李乾亨主编：《今日帝国主义》，中国青年出版社，1990年版，第32页。

② 谢沃斯季扬诺夫：《美国近代史纲》，生活·读书·新知三联书店，1978年版，第612页。

③ R. R. Palmer, Joel Colton, Lloyd Kramer, *A History of the Modern World*, New York: MeGraw-Hill Companies, Inc., 2008, P. 401.

19世纪初，俄政府曾一度放宽税率，减轻进口税。1822年，在贵族企业家的要求下，沙皇政府又制定了很多限制外国商品进口的禁例，对进口的外国工业品课以高额关税。铁的关税率为其价格的250%，生铁的关税率达600%。1868—1891年，俄罗斯的棉纺织品的关税提高1倍，生铁提高9倍，钢轨提高3.5倍。

在实行保护关税政策的同时，俄罗斯政府还实行了扶植工商业发展的政策。18世纪初，国家就鼓励贵族地主经营手工工场，使用廉价的农奴劳动力，并给予贷款。[①]从18世纪40年代开始，有很多地主利用自己庄园的农奴和原料，建立呢绒厂、地毯厂、酿酒厂等。18世纪70年代，在商人的呼吁下，沙皇颁布诏书，宣布所有臣民都可以自由从事织布，撤消法定企业和非法定企业的区别。[②]

19世纪初，俄罗斯还成立了有工商业者参加的工业会议和商业会议，讨论工商业中的重大问题。此外，还开办技术学校，培养技术人才；出版专门杂志，为工商业者提供咨询；举办全国性的工业展览会，交流生产经验。为刺激工业的发展，政府还实行官方定货。对与铁路建筑和机车制造有关的冶金工厂和企业的定货往往高于市场价格。这些措施，对资本主义的发展都起了促进作用。[③]

为了加速经济发展，日本明治政府不惜动用国家资本，开办以军事工业为中心的企业，同时还办起一批示范性企业，以此调动民间办工业的积极性。从1880年开始，政府又大力扶植民间资本主义。除军事工业外，政府把大批企业以极低的价格和优厚的条件转卖给资本家，转卖价格几乎少到相当于无偿赠送的程度，并可分期付款。除此，日本政府还实行奖励发展工业的政策，对私人企业实行补贴、减税、贷款，帮助私人兴办工厂。在国家资本的保护下，各种类型的企业在日本纷纷建立。到90年代初，日本的工业就形成了初步规模。

---

① 赵士国、刘自强：《17—18世纪世界整体发展中的俄国：压力与对策》，载《湖南师范大学社会科学学报》2001年第5期，第119页.

② L. S. Stavrianos, *A Global History: From Prehistory to the 21st Century*, 7th Edition, Pearson Education Publishing as Prentice Hall, Inc., 1999, p. 519.

③ L. S. Stavrianos, *A Global History: From Prehistory to the 21st Century*, 7th Edition, Pearson Education Publishing as Prentice Hall, Inc., 1999, p. 520.

三

科学技术的引进和开发，为西方主要国家经济的高速发展提供了可靠保证。关注和研究科学技术对经济发展所起的重大推动作用是编辑的重要使命。

为了加速经济发展，美国采取了大量引进国际科技成果和生产经验的政策，而且收效很大。英国科学家法拉第发现的电磁感应现象、创立的电学理论问世不久，即被美国引进，并很快在美国安家落户，变成了强大的现实的生产力。世界上第一辆汽车于1885年在德国大地上刚一出现，其技术立即被美国吸取。到1892年，美国就造出了自己的汽车，并于1903年取得了世界汽车制造的领先地位。

在充分开发利用国际科技资源的同时，美国还特别注重本国的科技研究，注重独创和突破，鼓励创造发明。为鼓励创造发明，刺激科学技术的发展，美国实行了专利制度。19世纪后期，美国颁发的发明专利证书的数目增长的速度极快。据统计，1860年颁发4000件，1900年达25000件。

随着科研事业的发展，美国在基础理论和尖端技术方面都涌现出大批人才，特别是在电力的应用和推广方面成果累累。电话、电灯、电车、电站相继在美国问世。正是由于美国在发展工业过程中既吸收了外国的先进技术，又有自己的独创，因而使它在短期内后来居上。①

德国是个后起的资本主义国家，不存在更新旧设备的包袱，采取了直接利用先进的生产设备和方法的举措。为加速经济发展，德国采取了大量引进国际先进科技成果和生产经验的政策，而且收效很大。德国蕴藏着大量的铁矿，但由于这些铁矿含有大量的硫和磷而不能充分开采利用。1878年，英国人托马斯发明了能除掉硫和磷的新炼钢法，这种炼钢法刚一问世，立即被德国采用，从而使德国的钢产量迅速提高。尽管德国在炼钢技术方面没有重大发明，但它引进的炼钢法所取得的成就却比任何一个国家都大。英国发明了无缝钢管制造法，而德国的制造技术却高于英国，并向英国出售大量无缝钢管。电气技术方面的理论主要是由英、法完成的，但德国在电的实际应用上所取得的成就却大大超过英法。英国是化学的故乡，法国也曾发生过化学革

① R. R. Palmer, Joel Colton, Lloyd Kramer, *A History of the Modern World*, New York: McGraw-Hill Companies, Inc., 2008, P. 411.

命，但德国却成了化工技术最先进的国家。英国人发明了苯胺染料，而德国的苯胺染料生产和技术却走在世界前列。

在充分开发利用国际科技资源的同时，德国还特别注重本国的科技研究，注重独创和突破。为推动科技事业的发展，德国不惜巨资，迅速建立起一个成功的从基础理论到实用研究的科研体系。这个体系大致分三个部分：一是国立科学院、研究所和各种学术团体；二是以大学为基础建立起来的科研中心；三是由企业家创办的研究所和实验室。由于政府的重视和支持，德国在科研方面取得了巨大成就，一举成为欧洲最发达的科技大国。

二战后，在西德经济发展历程中，新技术的推动是一重要因素。除建立独立的研究机构和投入大量经费以外，西德政府还采取了大量引进先进技术的举措，最重要的举措就是进口专利和许可证。1950—1973年，西德进口的专利和许可证的支出从2200万马克上升到16.54亿马克，增长了74倍以上。[①]

在进行第一次产业革命的时候，俄罗斯还是个落后的国家。要在经济上缩短与先进国家的差距，俄罗斯就必须学习和引进西方最新技术。在英国实施技术保护政策时期，俄罗斯就开始聘请英国的技师和工程师，同时着手培养本国的科技人才。在英国解除对机器出口的禁令之后，俄罗斯及时地实施了从英国大量引进机器的举措激增。19世纪80—90年代，俄罗斯进口的机器占其进口总值的10%～15%。在1909—1913年经济高涨时期，其进口的机器仍占相当大的比重。[②]机器的大量引进，对俄国工业技术和经济的发展起了巨大的推动作用。1851—1861年，俄国的机械厂数目增加4.6倍，工人增加8.2倍，产品增加14.2倍，年增长率30%以上。1861—1871年，俄国机械生产的工厂增加56%，工人增加143%，产品增加270%，年增长率14%。[③]

为加速本国工业的发展，日本政府提出“求知识于世界”的口号，政府出钱派官吏、技师、职工和学生到西方学习新技术和新知识，聘请外国专家到日本，并引进先进技术装备。二战后，实行“吸收性战略”，大量引进国外

---

① 徐天新等：《当代世界史》，人民出版社，1989年版，第144页。

② 孙成木：《试探十九世纪中叶后俄国资本主义迅速发展的原因》，载《世界历史》1987年第1期，第42-43页。

③ L. S. Stavrianos, *A Global History: From Prehistory to the 21st Century*, 7th Edition, Pearson Education Publishing as Prentice Hall, Inc., 1999, p. 531.

最先进的技术和设备。据统计，在50年代，平均每年引进100件大型的基本的先进技术；60年代，每年引进600件；1968年以后，平均每年超过1000件。1973年引进2450件，1950—1979年引进31000多项。

除大量引进技术和设备之外，日本还倾注大量财力发展本国的科技事业。日本的科学技术研究，由私营企业、国家研究机关和高等学校三个方面进行。到1970年，其科研经费的投入即达13000多亿日元，科技人员达28.6万多人。

综上所述，19世纪后期和战后的60年代是西方大国经济发展的两个黄金期。正是由于西方主要国家在举办教育、保护关税、扶植工商业、引进和发展科学技术等方面实施了一系列有力举措，才使其经济得以高速度发展。有些举措，已被历史所肯定。在我们全力推进现代化建设的今天，探讨一些成功举措，深信会给人以有益启迪，而对大国经济发展及其因素的关注，也是编辑这一特殊群体的神圣职责和使命。

综述与教学研究

中世纪晚期英国治安法官研究述评①

柴　彬　包晓倩

中世纪晚期是英国由农业社会迈向工业社会的重要节点，其在政治、经济、社会诸领域都发生了一系列深刻变化，著名的治安法官制度即形成于这一时期。其因广泛参与地方社会事务的监督管理，堪称英国地方治理体系中最为重要的枢纽。目前，国内外学界对其的研究主要集中于法律史、社会经济史、文化史领域，并已累积相当可观的研究成果。笔者不揣浅陋，拟对相关学术史进行梳理评判，其中错漏之处，尚望斧正。

一、国外研究现状

（一）法律史中的治安法官

治安法官的历史渊源可以追溯到12世纪末13世纪初，其前身为地方性的治安官，历经两个多世纪的缓慢发展，于14世纪被正式纳入司法体系，改称治安法官，成为郡一级的行政兼司法官员，因此治安法官最初是受到法律史家的青睐而进入学术研究视野的。

英国19世纪杰出的法学家梅特兰（1850—1906）所著《英格兰宪政史》是较早关注中世纪治安法官问题的著述，作者通过认真艰苦的文献考证再现了治安法官的发展史。其认为，治安法官于爱德华一世（1272—1307年在位）时期兴起，正式诞生于爱德华三世（1327—1377年在位）时期。其主要

【作者简介】柴彬，上海大学文学院历史系教授；包晓倩，上海大学硕士研究生。

① 此文为国家社会科学基金重点项目“英国海外贸易冲突史（14—19世纪初）”（项目号：19ASS003）的阶段性成果。

有两大职责：一是通过镇压暴乱逮捕违法者来维护治安；二是在他们主持的季审法院上审判被控者，叛逆罪和疑难案件除外。梅特兰强调，由于议会和治安法官均由富裕的乡绅阶层构成，故而议会一直努力为治安法官增加职权，使治安法官的职权由司法权扩张至行政权，至1427年时已有权确定劳工的法定工资水平。但议会反复要求的由土地所有者自己选举治安法官的要求始终没有实现，治安法官的委任权仍然掌握在国王手里。[①]

继梅特兰之后，威廉·霍尔兹沃思的多卷本鸿篇巨制《英国法律史》也论及了治安法官制度。其首卷将治安法官制度置于“普通法司法管辖权制度”之列，并“尝试勾勒出他们的立场，以及他们在国家司法系统中的管辖权”[②]。为此，作者着重考察了四个问题：治安法官的兴起和一般重要性、治安法官所主持的法庭、治安法官在逮捕罪犯和参与刑事案件时的初步审讯权、治安法官和普通法法院的关系。作者认为旧有地方法庭的衰弱及王室维护和平的需要推动了治安法官的崛起，治安法官自1361年被授予司法权后，职权范围逐步扩大，同时拥有了司法权和行政权，成为地方社会上有效率的统治者。

之后，西奥多·F.T.普拉克内特的《简明普通法史》考察了治安法官在中世纪的演变历程。其认为治安法官的历史可以追溯到12世纪末期的治安官(keeper of the peace)，爱德华三世即位后，治安官的职权逐步扩大，最终被王室授予司法权，并改称治安法官。普拉克内特关注到劳工法令的实施对治安法官诞生的促进作用。黑死病之后，政府出台了劳工法令以管控物价和工资，并设立了“劳工大法官”来执行法令，治安官被要求协助劳工大法官的工作。随后，王室颁布法令以治安法官取代治安官，并授予司法权。和梅特兰一样，普拉克内特也强调王室握有任免权。不管成文如何规定，王室都可以通过更改颁布给治安法官的治安委任令中的条款来增加或减少治安法官的权力。[③]

---

① F. W.梅兰特：《英格兰宪政史》，李红海译，中国政法大学出版社，2010年版，第133-135页。

② Sir William Holdsworth, *A History of English Law*, Vol.1, Methuen & Co Ltd and Sweet & Maxwell Ltd, 1956, pp.124-134.

③ Theodore F. T. Plucknett, *A Concise History of the Common Law*, Indianapolis: Liberty Fund, 2010, pp. 201-211.

再后，约翰·贝克的《英国法律史导论》在对自撒克逊时代至今的英国法律历史进程进行重构时，亦将治安法官的渊薮追溯到12世纪末期的治安官，并指出治安官作为“郡机构中最可靠的部分”[①]在特殊情况下会为巡回法庭服务。在衰弱的巡回法庭、乡绅及乡绅的下议院的努力之下，治安法官在爱德华三世统治期间崛起。其权力受到王室限制这一要点，在贝克的书中再一次被强调。

以上研究更多是将治安法官纳入英国司法体系长时段的发展进程中进行考察的，故对于治安法官的着墨较为简略。随着相关研究的深化，学界对于治安法官的认识日益全面和深入。

查尔斯·奥斯汀·比尔德在其《英国治安法官之职》[②]中认为，“王之和平”是治安法官产生的重要政治基础，国王维护和平之需促成了治安法官的兴起。自该制度正式建立后，其历史即沿着管辖权不断扩大的方向发展。根据比尔德的研究，中世纪晚期治安法官的职权已扩张至工资管控、物价调节、取缔异端、镇压暴动等诸多方面。

继比尔德之后，伯莎·黑文·普特南在治安法官研究方面取得了显著的成就。她早年专注于中世纪英国劳工法方面的研究，其间注意到了治安法官的经济职能。此后，她转向了治安法官研究。《14、15世纪治安法官诉讼程序：从爱德华三世到理查德三世》系她30余年的研究成果。该书立足于多达20卷的诉讼记录，综合考察了1327—1485年之间治安法官的权力变化、治安法官同总巡回法庭等司法机构中的法官的竞争关系、治安法官作为刑法法官和经济立法行政人员的相对重要性等内容。根据作者的考察，治安法官的职权呈扩大的趋势，始于较轻刑法的执行，后来扩展到各种不确定的成文法和普通法违规行为，但是治安法官的职权并不是稳步获得的，时常有倒退的情况。[③]其中变动最大的是治安法官对经济事务的管辖权，以及在刑法中他们决定重罪的权力。普特南认为，早在1400年之前，治安法官就已牢固地确立处

① John Bakea, *An Introduction to English Legal History*, Oxford: Oxford University Press, 2019, p.27.

② Charles Austin Beard, *The Office of Justice of the Peace in England*, New York: Burt Franklin, 1904.

③ B.H.Putnam, *Proceedings before the Justices of the Peace in the Fourteenth and Fifteenth Centuries, Edward Ⅲ to Richard Ⅲ*, London: The Ams Foundation, 1938, pp.19-36.

理经济犯罪的适当权力。至于治安法官的重罪决定权，长期以来都是起伏不定的。但普特南通过对各地诉讼记录的研究发现，治安法官经常会“冒险”处理未曾被授予管辖权的案件，治安法官在经济和刑事方面发挥的作用实际上大于法令的规定。[①]

普特南还就两个老问题提出了新观点。其一是治安法官兴起的动因问题。传统史家如托马斯·弗雷德里克·陶特将治安法官的兴起归因于中央对地方的主动放权。[②]普特南基于对议会资料的分析质疑该观点。她认为推动治安法官兴起的力量来自议会下院及其代表的乡绅阶层。在她看来，下议院最先意识到治安法官获得司法权的重要性，并不断努力促成了治安法官的兴起。黑死病的催化作用也为普特南所强调，即治安法官是在黑死病催生的劳工法令颁布之后，才成为司法系统的既定组成部分。

其次，普特南还纠正了当时存在的一种误解，即中央政府在1381年农民起义中同治安法官合作并派遣后者镇压暴乱。她认为事实正好相反，即治安法官的权力遭到削弱，真正获得权力的是政府专门组成的特殊委员会。由此可以看出，普特南研究上突出的特点是其实证性及观点的独创性。在此后长达数十年的时间里，普特南的研究堪称“正统理论的代表”[③]。

J. R.兰德的《1461—1509年的英国治安法官》一书可谓另辟蹊径，作者并未将叙述重点放在治安法官的司法管辖权变迁上，而是关注于治安法官的人员构成。通过对1461年至1509年间被任命为治安法官的2500人的统计分析，兰德发现治安法官群体中有贵族、乡绅、教士，但主要还是以乡绅为主。虽然有一些显赫的乡绅家族世代都有成员担任治安法官，但拒绝参与治安法官工作的家族也不乏其例。关于治安法制度诞生的原因，兰德的观点和普特南相似，他认为治安法官制度并非中央的法律专家强加给地方的“有序方案”[④]，而是中央和地方之间的一种不太庄严的妥协。

---

① B.H.Putnam, *Proceedings before the Justices of the Peace in the Fourteenth and Fifteenth Centuries, Edward Ⅲ to Richard Ⅲ*, p.113.

② Thomas Frederick Tout, *Conflicting Tendencies in English Conflict Administrative History*, Manchester: Manchester University Press, 1924, p.22.

③ Peter Coss, *The Origins of the English Gentry*, New York: Cambridge University Press, 2003, p.181.

④ J. R. Lander, *English Justices of the Peace, 1461–1509*, Wolfeboro Falls, NH: Alan Sutton, 1990, p.3.

20世纪下半期曾涌现出一批治安法官研究方面的专著，代表者如伯特伦·奥斯本的《1361—1848年治安法官》、J. H.格里森的《1558—1640年英国治安法官》、托马斯·斯凯姆的《治安法官形象演变》和《治安法官史》等。[①]但这些研究更多关注于近代治安法官的发展状况，而对中世纪治安法官注意较少。同一时期，还出现了一批有关14、15世纪司法演变的论著。学者们在各自的论著中对治安法官制度产生的原委或曰中央将司法权下放到地方的动因，提出了新的观点。

如理查德·考珀的著作《战争、正义和公共秩序：中世纪后期的英国与法国》阐述了百年战争促成了王室将权力下放至地方阶层的观点。在考珀看来，"战争国家"和"法律国家"势不相容。战争消耗了大量资源，致使政府没有能力为他的臣民提供公平正义。譬如爱德华三世为确保议会提供战争的资金，不得不向议会妥协，将大量的司法权力下放到地方。[②]

在其所著《黑死病时代的英国法律，1348—1381：治理与法律的转变》一书的开篇，罗伯特·C.帕尔默简明扼要地介绍了其主要观点——黑死病对英国的司法发展产生了根本性的影响。在帕尔默看来，黑死病带来的社会问题促使上层阶级团结在一起，通过制定新法律来迫使上下级成员履行各自的义务，以此维护现有的阶级结构。为了保障法律的实施效果，中央政府将当时最重要的新社会立法即"劳工法令"的责任下放到由地方土地所有者组成的劳工法官和治安法官身上。帕尔默强调绅士的权力并不是建立在阶级地位上的，而是建立在他们作为中央代理人的职能之上的。虽然帕尔默坦言自己并没有确凿的证据证明司法的变革同黑死病之间存在直接的因果关系，但他还是坚持此种关系是存在的。[③]

---

① Bertram Osborne, *Justices of the Peace, 1361-1848*, Shaftesbury, Dorset: The Sedgehill Press, 1960; J. H. Gleason, *The Justices of the Peace in England 1558-1640: A Later Eirenarcha*, Oxford: at the Clarendon Press, 1969; Sir Thomas Skyrme, *The Changing Image of the Magistracy*, London: MacMillan Press Ltd, 1983; Sir Thomas Skyrme, *History of the Justices of the Peace*, Chichester: Barry Rose, 1994.

② Richard W.Kaeuper, *War Justice and Public Order: England and France in the Later Middle Ages*, Oxford: Oxford University Press, 1988, p.290.

③ Robert C. Palmer, *English Law in the Age of the Black Death, 1348-1381: A Transformation of Governance and Law*, Chapel Hill: University of North Carolina Press, 1993, p.61.

安东尼·默森和W. M. 阿莫诺合著的《英国司法的演进：14世纪的法律、政治和社会》则借用达尔文的社会进化论来考察14世纪英国司法的明显变化，并认为这些变化是漫长演进的过程，而不是短暂的变革或转变的结果。治安法官的兴起被包括于执法机构的变化这一主题之中，并受到了严格审视。普特南早先提出的一些观点受到了质疑。首先是治安法官同巡回法庭等司法机构中的司法官员之间的关系问题。普特南倾向认为两者之间存在着强烈的竞争关系，而默森和阿莫诺通过对比机构之间的人员构成得出了相异的观点。他们发现治安法官和其他法庭的法官在人员构成上存在着相当程度的重合，两者之间的强烈对立关系并不存在。其次是对治安法官兴起动因的解释。两位作者认为普特南的下议院努力推动说、帕默尔的黑死病决定论都过于片面。在他们看来，治安法官兴起是由各种外生和内生力量促成的。具体来说，外生力量包括战争、经济危机、民众骚乱等，内生力量则主要包括“消费者需求”“司法职业”和“立法”等方面。两位作者强调外部因素只能影响法律发展的速度，而不会改变法律的发展方向，换言之，瘟疫在治安法官兴起中所起的催化作用是有限的。民众增长的诉讼需求和专业律师对司法系统的塑造及议会的立法作用等内生因素，推动了法律的内部发展，同样应该受到重视。与此同时，两位作者还强调外生因素和内生因素的影响是长期的，中央将治安法官纳入司法体系是综合之前放权和收权的实验最终做出的结果，瘟疫促成治安官“转变”为治安法官的说法并不妥当。最后，两位作者认为普特南的议会促成治安法官兴起之说背后隐含着地方胜利主义的观点，并对这种地方胜利主义进行了反驳。[①]因为王室在14世纪始终掌握着司法塑造权，其授权给地方官员是为了在地方树立王室司法的权威，换言之，以王室为代表的中央政府才是真正的胜利者。但正如有的评论家指出的，默森和阿莫诺将普特南放在了“权力下放”后果的评估上进行了评价，但普特南虽对议会崛起持肯定态度，却未评估权力下放到底带来了分权还是集权的后果。[②]

---

① Antony Musson and W. M. Ormrod, *The Evolution of English Justice Law, Politics and Society in the Fourteenth Century*, London: MacMillan Press Ltd, 1999, pp. 76-160.

② Charles Donahue Jr, "The Evolution of English Justice: Law, Politics and Society in the Fourteenth Century", in *Michigan Law Review*, Vol. 98, No. 6, 2000 Survey of Books Related to the Law(May, 2000), pp. 1729-1731.

（二）社会经济史中的治安法官

社会经济史方面的研究集中在治安法官对经济生活的管制权方面。鉴于治安法官对经济生活的管制权主要是由劳工法令所赋予的，故而相关研究多围绕劳工法令展开。20世纪初，普特南在《劳工法令在黑死病后第一个十年的实施》一书中曾详细考察了1349—1359期间劳工法令在全国的实施情况，其以现存诉讼记录中存在大量涉及劳工法令的案件为据，认为执法官员严格执法并取得了一定的成果，初步遏制了劳工工资的增长。① 普特南之后的学者则更多关注受劳工法令管辖的劳工的工资状况，并以此为据，评价劳工法令实施的效果。

如诺拉·凯尼恩的《理查德二世在位时期埃塞克斯郡的劳动状况》一文，主要考察了1390年治安法官被授予根据当地情况调节工资和价格的自由裁量权之后，埃塞克斯郡劳工的工资情况。由于这一时期埃塞克斯郡劳工的工资稳步上涨，劳工因为收取高工资被治安法官审判的情况较少，所以凯尼恩认为这是治安法官使用自由裁量权达到的一种新的经济平衡。② R. 普斯在《黑死病后的农村社会：1350—1525年的埃塞克斯》中也认为，黑死病之后埃塞克斯劳工的工资呈上涨趋势，14世纪后期涨幅更加明显。但普斯也强调中世纪劳工的工资总体来说还是偏低的，而治安法官进行审判时对劳工年工资的评估往往偏高。故此普斯认为治安法官执行劳工法令的效果并不理想。③ 无独有偶，西蒙·A. C.佩恩和克里斯托弗·戴尔的《中世纪后期英国的工资和收入：以劳工法令的实施为证》一文也认为劳工的工资往往比劳工法令规定的要高。且到了14世纪后期，治安法官处理的违反劳工法令案件的数量极大地减少了，由此可见劳工法令的实施并不彻底。作者认为乡绅作为案件的审理者对诉讼程序施加了很大的影响，他们可能为了自己的利益来操纵法律。但是操纵法令的并不只有他们，也可能是村警和陪审团——他们往往由富裕

① B.H.Putnam, *The Enforcement of the Statutes of Labourers During the First Decade After the Black Death*, 1349-1359, New York: Ams Press, 1908.

② Nora Kenyon, "Labour Conditions in Essex in the Reign of Richard Ⅱ", in *The Economic History Review*, Apr., 1934, Vol. 4, No. 4(Apr., 1934), pp. 430-443.

③ L. R. Poos, *A rural society after the Black Death: Essex 1350-1525*, Cambridge: Cambridge University Press, 1991, p.214.

的农民和工匠组成，同样有着限制工资增长的需求。[①]

戴尔在《转型的时代：中世纪晚期英国的经济与社会》中对相关问题进行了进一步的探讨。他强调王室同担任治安法官的土地贵族之间存在的是一种合作关系而非之前的庇护关系，因为“当贵族来自土地的利益减少的时候，国王无疑可以帮助他们解决他们的经济问题”[②]。另外，戴尔认为当局试图限制和控制劳动力市场的尝试“只是在很小程度上获得了成功”[③]，因为尽管治安法官有权限制所管辖郡内人员流动，但是总体来看，人员流动仍然是存在的。

此外，吉文·威尔逊的《英国政府语境下的劳工问题，约1350—1450》一文则从国家发展的视角出发肯定了政府直接参与经济管控的尝试。他强调自己所指的政府并非单指皇家官僚机构，而是指当时在英国共同负责决定和执行政策的国王、上议院和下议院组成的联盟。治安法官和下议院的构成人员是同属一个群体的，这两个来自同一社会群体的制度同步发展。在威尔逊看来，治安法官在调节劳工工资、限制人员流动方面的实践促进了政府权威在地方的树立。[④]

另有一些学者将治安法官对社会经济的直接参与同1381年的农民运动联系在一起。如R.H.希尔顿在《1381年前英国的农民运动》一文中指出，执行劳工法令的劳工法官或治安法官很容易操控法律，维护自身作为雇主的利益。执法者操控法律的行为损害了富农的利益，加剧了富农和领主之间原有的矛盾。尽管“不同的农民群体受到劳工立法的影响是不同的”，但“国家机关直接执行劳动纪律起到了统一不满的作用”，从而导致富人和穷人联合起来对抗

---

① Simon A. C. Penn and Christopher Dyer, “Wages and Earnings in Late Medieval England: Evidence from the Enforcement of the Labour Laws”, in *The Economic History Review*, New Series, Vol. 43, No. 3(Aug., 1990), p. 359.

② 克里斯托弗·戴尔：《转型的时代：中世纪晚期英国的经济与社会》，莫玉梅译，社会科学出版社，2010年版，第110页。

③ 克里斯托弗·戴尔：《转型的时代：中世纪晚期英国的经济与社会》，莫玉梅译，社会科学出版社，2010年版，第226页。

④ Chris Given-Wilson, “The Problem of Labour in the Context of English Government, c. 1350-1450”, in James Bothwell, P. J. P. Goldberg and W. M. Ormrod, *The Problem of Labour in Fourteenth-Century England*, Suffolk: York Medieval Press publication, 2000.

相同的敌人。[①] R.B.多布森在其论著《1381年农民起义》中表达了类似的观点。在他看来，起义中农民对治安法官的攻击表明了治安法官在起义之前已激起了一波敌意。[②]

总之，虽然学者们对治安法官和劳工法令产生的影响问题仍存分歧意见，但是也达成了某些共识。如他们都强调促成法令产生的官员和执行法令的官员来自同一个群体，他们的目的始终都是维护自身的利益。治安法官的雇主身份和执法者身份产生了冲突，致使其未能切实执行劳工法令。

（三）文化史中的治安法官

鉴于治安法官一般是由乡绅担任的，故而关于乡绅及其文化方面的研究多会涉及治安法官。

如克丽丝汀·卡本特的《地方和政府：对沃里克郡有地者社会的研究，1401—1499》一书细致考察了15世纪沃里克郡的乡绅群体。作者关注于不同时期上层乡绅和下层乡绅担任治安法官的情形。根据作者的考证，15世纪前期，担任治安法官的多是处于下层的乡绅，到了中后期，处于上层的骑士、从骑士才成为治安法官的主要构成来源。作者认为这种转变可以归结为两个原因。其一是因为1461年相关法令赋予了治安法官高于郡守的权力。治安法官职位的上升使其受到了上层乡绅的青睐。其二是因为地方权力发生了变化，贵族在地方的影响被削弱，上层乡绅的自身观念随之发生了改变，他们认为自己有义务代表下层乡绅加入包括治安法官在内的公共机构之中治理地方社会。[③]

另在其著作《一个乡绅社会：15世纪的莱斯特郡，约1422—约1485》之中，艾利克·艾奇逊也注意到了乡绅在地方上的职务高低同他们的财富相关联，但他更强调大小乡绅作为一个整体垄断了包括治安法官、郡守、验尸官等职位，使得莱斯特郡拥有了强大的凝聚力。在艾奇逊看来，乡绅阶层足够灵活，会通过抓住一切可能的经济机会巩固从土地上获得的收入。治安法官

---

① R. H. Hilton, "Peasant Movements in England before 1381", in *The Economic History Review*, New Series, Vol. 2, No. 2(1949), p. 120.

② R. B. Dobson, *The Peasants' Revolt of 1381*, London: The Macmillan Press Ltd, 1970, p.18.

③ Christine Carpenter, *Locality and Polity: A Study of Warwickshire Landed Society, 1401-1499*, Cambridge: Cambridge University Press, 1992, pp.639-640.

这种司法机构自然也会被乡绅们所利用。乡绅经济地位的加强又会反过来加强他们对地方官职的掌控力。[①]

再如彼得·库斯在其《英国乡绅的起源》一书中倾力考察了治安法官的兴起同乡绅阶层形成之间的关系。库斯认为治安法官的兴起是乡绅阶层形成的重要特征。乡绅这种社会形态实质上是13世纪中期到14世纪中期特定政治条件的产物。该时期，王室迫于战争、财政危机、民众司法诉求众多等种种压力，选择将一部分权力下放到小土地所有者手中，其中最重要的就是司法权的下放。库斯认为地方法院和议会之间的互动促成了乡绅的集体利益表达。地方和政府之间的关系由此发生了质的转变，从基于义务的关系转变为乡绅们积极寻求同政府合作的关系。在库斯看来，乡绅们不是中央政府的代理人，而是"必不可少的合作伙伴"[②]。随着地位的上升，乡绅群体愈加意识到治安法官职权对于维护群体利益的重要性，故而下议院的乡绅代表一直努力为治安法官争取更多的权力。治安法官制度同乡绅阶层一起发展起来。

二、国内研究现状

较之国外，国内研究尽管相对薄弱，目前尚无专著，但亦不乏亮点，业已取得了一定成果。国内有关治安法官问题的论述多见于英国通史、政治制度史、司法史等方面的论著中。

在通史方面，马克垚先生在其名著《英国封建社会研究》中对治安法官这一"地方机构"的演变做了简单回顾，认为自1361年成立以来，治安法官权力不断扩大。"到15世纪，治安法官组织成为地方上的最有效率、最有权力的司法行政机构。"[③]另钱乘旦先生等编写的多卷本《英国通史》第二卷也总结了治安法官的演变发展历程，并强调治安法官系王室所授权，代表着王室的威严。[④]等等。

在政治制度史方面，阎照祥先生的《英国政治制度史》在论述"普通法

① Eric Acheson, *A Gentry Community: Leicestershire in the Fifteenth Century, c. 1422-c. 1485*, Cambridge: Cambridge University Press, 1992, p.75.

② Peter Coss, *The Origins of the English Gentry*, New York: Cambridge University Press, 2003, p.180.

③ 马克垚：《英国封建社会研究》，清华大学出版社，2005年版，第274页。

④ 钱乘旦等编：《英国通史》（第二卷），江苏人民出版社，2016年版，第102-103页。

的成长”时，肯定了中世纪晚期各地治安法官在实施普通法方面起到的作用，并指出“由于时间限制，治安法官的作用还不明显”。[①]

在司法史方面，程汉大先生的《司法制度史》着力于治安法官主持的季审法院。作者认为，14世纪以后，地方公共法院和巡回法院日益衰落，“由治安法官组成的季审法院逐步控制了地方刑事司法权以及行政管理权”。[②] 季审法院最初有权审理除叛逆罪之外的各种轻罪、重罪案件，18世纪以后，只剩下了轻罪案件审判权。程先生强调季审法院和中央法庭及巡回法院一样，“严格遵循普通法的起诉和审判程序”，“审判案件采用陪审制和对抗辩论方式”。[③] 而于明在其论著《司法治国》中则着眼于中央和地方的关系，着重探讨了治安法官对早期英国国家治理的意义。在回顾普特南、默森、阿莫诺等人观点的基础上，他认为简单划分中央和地方、巡回法官和治安法官的做法，“已经难以准确地描述中世纪地方治理的真实图景”。[④] 在他看来，中世纪晚期的地方治理中，并不存在鲜明的“集权主义”和“地方主义”的竞争，也不存在“控制”和“自治”的对立。中央自上而下的“控制”和地方自下而上的“自治”诉求是同时存在的，两者相互交融，而这种共存代表的是“更为精致、安全和节省的治理策略”[⑤]，预示着新的国家治理技术的诞生。

目前相关论文数量不少，下面选择其中代表性文章予以说明。

长时段考察类，如顾荣欣的《12—19世纪英国治安法官的起源与流变》[⑥]是国内较早的专题研究，论述了治安法官的起源、发展和衰落及产生的影响，虽不够深入全面，但仍有一定参考价值。而刘舒窈的《12—16世纪英国治安法官制度研究》和刘显娅的《英国治安法官研究——以17—19世纪治

---

① 阎照祥：《英国政治制度史》，人民出版社，2012年版，第72页。

② 程汉大、李培峰：《英国司法制度史》，清华大学出版社，2007年版，第14页。

③ 程汉大、李培峰：《英国司法制度史》，清华大学出版社，2007年版，第15页。

④ 于明：《司法治国——英国法庭的政治史（1154—1701）》，法律出版社，2015年版，第186页。

⑤ 于明：《司法治国——英国法庭的政治史（1154—1701）》，法律出版社，2015年版，第190页。

⑥ 顾荣欣：《12—19世纪英国治安法官的起源与流变》，载《法律文化研究》（第三辑），2007年。

安法官的嬗变为线索》更为具体细化，两人均已关注到了1361年治安法官诞生之后20年间职权的不稳定。刘显娅重点关注的是17—19世纪间治安法官的嬗变，而未对中世纪治安法官的影响进行深入评价，只是肯定治安法官“在15世纪的行政、司法管理方面表现出巨大的潜能”[①]。刘舒窈则对治安法官制度与地方自治、治安法官制度与王权之间的关系加以探讨。其认为“治安法官制度自身就体现着一种中央与地方的关系”[②]，治安法官由中央授予职权，解决的是地方治理问题。在治安法官以王室代理人的身份参与地方治理的过程中，国王的权力也在地方上树立起来。另杨松涛在《14—18世纪英国的犯罪与地方社会秩序》一文中详细考察了治安法官的司法权，包括逮捕、保释、审判权等，指出治安法官能够灵活地处理犯罪问题。[③]等等。

关于治安法官与其他司法机构的关系问题，初庆东和邵政达的《近代早期英国巡回法庭探析》一文探讨了治安法官和巡回法官的关系。他们认为，15世纪末国家法令授予了巡回法官对治安法官的指导和监督权，但是治安法官也可以支持或反对巡回法官，两者绝非简单的上下级关系。[④]

关于治安法官执行劳工法令管控社会经济的职能也受到了学者们的关注。如柴彬在《英国近代早期的劳工工资问题与国家管制》一文中回顾了近代之前的劳工工资国家管制，肯定了执法者虽曾努力工作，但劳工法令实际上收效甚微，并指出原因有二：一是政府通过劳工立法强行降低雇工工资的做法与当时劳工力短缺的社会现实脱节；二是“因为各地的劳工们经常逃跑和联合抵制”[⑤]。另王超华的《中世纪英国劳工法令的颁布、执行及其影响》和许

---

① 刘显娅：《英国治安法官研究——以17—19世纪治安法官的嬗变为线索》，华东政法大学博士论文，2008年，第17页。

② 刘舒窈：《12—16世纪英国治安法官制度研究》，天津师范大学硕士学位论文，2017年，第38页。

③ 杨松涛：《14—18世纪英国的犯罪与地方社会秩序》，天津师范大学硕士学位论文，2004年，第42页。

④ 初庆东、邵政达：《近代早期英国巡回法庭探析》，载《大连大学学报》2017年第4期，第57页。

⑤ 柴彬：《英国近代早期的劳工工资问题与国家管制》，载《世界历史》2007年第6期，第36页。

明杰的《封建危机与秩序重建——从劳工法看中世纪晚期英国社会与政治的互动》也肯定了劳工法令曾在一定程度上遏制劳工工资的上涨。王超华认为"法令制定者和执行者早就对工资上涨的趋势有清醒认识，但他们至少阻止了工资按照劳动力市场自由竞争的要求去发展"。[①]许明杰则认为政府的劳工立法运动对英国政治体制产生了重要的影响，在扩大议会的权力的同时也扩大了治安法官的权力，促进了治安法庭的发展。治安法庭的发展又提高了普通法的影响力，加强了国家对地方的控制。[②]此外，罗夏萌的《中世纪后期英国劳工立法研究》在肯定执法人员的执法力度的同时，也认为劳工法令曾在短期内遏制了劳工工资的自由增长。而国家也通过立法，加强了对地方官员的控制，扩大了中央的权力。[③]

关于乡绅阶层同治安法官的关系也有若干文章论及。如陈日华在《中古英国地方自治研究》中指出，乡绅阶层积极参与到地方治理中，担任地方政府官员与各种委员会成员，切实维护自身利益。[④]而贺亚丽在《15世纪英国乡绅的政治生活研究》中提出，从15世纪晚期治安法官地位提升开始，治安法官愈加受到乡绅的重视。治安法官制度成为乡绅最主要的政治参与途径。[⑤]

结　语

目前，经过一代代国内历史学人的不懈努力，对于中世纪英国治安法官问题的研究发展态势良好，研究广度与深度日益扩展，体现出多层次、多视角的形态。但囿于种种限制，国内相关研究尚存不少短板，与国外研究者相比尚有一定差距。

首先，迄今国内学界尚缺乏大部头的治安法官方面的通史通论性研究著

① 王超华：《中世纪英国劳工法令的颁布、执行及其影响》，载《古代文明》2015年第1期，第40页。

② 许明杰：《封建危机与秩序重建——从劳工法看中世纪晚期英国社会与政治的互动》，载《世界历史》2017年第4期，第85-86页。

③ 罗夏萌：《中世纪后期英国劳工立法研究》，陕西师范大学硕士学位论文，2015年，第60-65页。

④ 陈日华：《中古英国地方自治研究》，天津师范大学博士学位论文，2005年，第114页。

⑤ 贺亚丽：《15世纪英国乡绅的政治生活研究》，兰州大学硕士学位论文，2016年，第26页。

作，很少有学者进行国外同行那种整体史研究的尝试。其次，各种新资料与原始文献的使用亟待加强，国内许多研究成果主要引用国外著作中的二手材料，多使用国外学者既有统计数据与研究结论。不少研究成果呈现出重观点罗列，长于宏观分析与综合而轻史料应用的倾向，凸显了在史料利用上的短板。这些都要求国内学者务需直面挑战，奋起直追。

1970—2010年美国清洁能源政策研究综述

张彩玲

能源是国民经济、现代生活和文明的基础，清洁能源在美国能源结构中所占比重的上升，清洁能源经济与美国乃至世界各国经济发展的机遇，使得关注美国清洁能源政策的演变及影响这一演变的因素显得举足轻重。21世纪以来，清洁能源这一新兴产业在全球范围内得到迅速发展，清洁能源经济逐步成为世界经济增长的新引擎和世界经济新格局的重要组成部分。美国是全球最主要的石油消费国和原油进口国之一，美国经济的长期繁荣依赖于安全、可靠和可持续的能源供应。与此同时，美国经济的现行发展模式面临着环境与气候的挑战。发展清洁能源经济对美国意义重大。现就美国自20世纪70年代以来的能源政策的研究予以梳理，以便对美国能源政策的发展进程有一个直观连续的认识。

一

无论是研究队伍还是研究成果的社会影响，中国美国史研究在改革开放以来进入了一个前所未有的繁荣时期，继续保持着世界地区国别史研究中名列前茅的地位，并为学界所公认。[①]从美国史研究成果的总量、类型，还是参考资料、学术规范、提出学术问题的意识和对研究生教育的关注程度等等，都表明中国美国史研究已进入成熟阶段。数量上，1989到2000年发表的关于美国史研究的论文976篇，2001到2010年的研究成果增长到1278篇，如果加

【作者简介】张彩玲，西北师范大学商学院教师。

① 王立新：《改革开放30年的中国美国史研究：成就与问题》，载《史学集刊》2009年第3期。

上综述、书评和札记等，过去10年内的论文总量将会增至1926篇以上。[①]从2005年到2010年，国内出版的美国史书籍共56种，不含修订和重印的著作，也不包括一般美国研究图书，发表的美国史学术论文、文章约1200篇，通过答辩的美国史博士论文有84篇。[②]

美国清洁能源的研究在国内还属于一个新生的研究领域，随着美国2009年《清洁能源与安全法案》的通过，以及中国发展清洁能源经济的需求和发展过程中出现的种种制约性因素，关于美国清洁能源发展的举措、通过的能源法案等问题的研究逐渐活跃。就研究领域和主题而言，对清洁能源的研究不少学者从气候变化、能源独立与安全、公共政策、单个能源法案的意义以及对中国的借鉴意义的视角来讨论问题。研究者注重对国外原始文献资料的占有和运用，重视国内外学术界对这一问题的相关研究状况。

对奥巴马政府新能源政策和气候应对政策的研究可谓是清洁能源问题研究中最突出的现象。[③]有学者认为奥巴马政府对美国能源政策的重大调整，包括扩大国内油气资源开发、大力发展清洁能源、提高燃油经济性标准和控制碳排放量以及实现美国能源结构转型等措施将引起全球能源市场和地缘政治格局的重要变化。[④]《美国研究》学术顾问、中国社科院荣誉学部委员陈宝森认为奥巴马的清洁能源政策可以说是一箭三雕："第一，清洁能源政策将有可能使美国摆脱对中东石油的依赖，这将影响到美国的中东政策，进而将连带地影响到美国整体外交战略的走向；第二，清洁能源可能成为拉动美国经济的一个新的增长点；第三，清洁能源政策可以促进环境与气候问题的解决。"[⑤]与此相应的就需要关注美国最新的政治变化动态，2010年美国中期选

---

① 梁茂信：《对"三十而立"的反思与期待——2001—2010年中国美国史研究的回顾》，载《史学月刊》2012年第1期。

② 李剑鸣等：《近五年国内美国史研究概述》，载《世界历史》2011年第2期。

③ 孔祥永：《奥巴马政府能源政策调整的成效与影响》，载《现代国际关系》2013年第1期；孙海泳：《奥巴马气候新政的双重博弈及对中国的启示》，中国人民大学国际关系学院硕士学位论文，2010年4月；李海东：《奥巴马政府的气候变化政策与哥本哈根世界气候大会》，载《外交评论》（外交学院学报）2009年第6期；罗如意：《奥巴马政府太阳能光伏政策初探》，载《科技管理研究》2012年第15期。

④ 孔祥永：《奥巴马政府能源政策调整的成效与影响》，载《现代国际关系》2013年第1期。

⑤ 卢宁：《〈美国研究〉编委会会议纪要》，载《美国研究》2010年第2期。

举后，共和党取得了国会众议院的控制权，加剧了两党政治立场的极端化，增强了共和党的政治影响力，加大了奥巴马政府在制定和执行国内清洁能源政策上的难度。[①]

《清洁能源与安全法案》是奥巴马政府新能源政策推行的纲领性法案，不同的学者从该法案发展可再生能源、提高能效措施，以及限额贸易市场机制的设计入手，认为该法案虽然只是一部国内法，但是以国际协同应对气候变化为背景进行设计，确定减排目标，部署减缓行动，其内容也几乎可以覆盖国际协议中所有的关键要点，为美国参与国际谈判提供国内法律支撑。[②]杨泽伟以21世纪以来国际能源关系的发展为背景，论述了美国、英国、法国、日本、澳大利亚等发达国家和地区的新能源法律与政策，阐释了气候变化对人权国际保护的影响，论证了碳排放权是一种新的发展权，并就美国2009年《清洁能源与安全法案》出台的背景、立法目标、主要内容、主要特点、国家影响和对中国的启示做了详细研究。[③]美国的“能源独立”议题在一定程度上是观察美国的一个窗口，从中可以窥见美国综合实力相对衰落过程中美国民众复杂的心态及美国国内保护主义与孤立主义的抬头。奥巴马政府大力开发清洁能源的政策，是当前美国民众关注“能源独立”的原因及背景，也带给美国民众摆脱进口石油依赖的期望。[④]油价上涨，通货膨胀压力增大是美国加快能源消费结构调整的主要推动因素。[⑤]

基本上每一篇谈及能源问题的论文，大都提到了对中国能源开发的借鉴

① 周琪、王欢：《2010年中期选举及其对美国内外政策的影响》，载《美国研究》2010年第4期；张业亮：《2010年中期选举及其对美国政治的影响》，载《美国研究》2010年第4期。

② 王谋：《〈美国清洁能源与安全法案〉的影响及意义》，载《气候变化研究进展》2010年第4期。

③ 杨泽伟：《发达国家新能源法律与政策研究》，武汉大学出版社，2011年版。

④ 赵宏图：《美国“能源独立”辨析》，载《现代国际关系》2012年第6期。

⑤ 李长久：《处在十字路口的美国经济》，改革开放30年来中美经贸关系的回顾和展望研讨会论文，广州，2008年6月。

意义。[①]这些论文都是针对美国当前社会政治经济环境下清洁能源发展出现的问题和发展趋势做的相关研究，从选题到论证方式都透露出强烈的现实关怀，反映了世界史研究“经世致用”的社会功用，为中国现代化建设提供的借鉴意义。年轻一代学者对于自己研究的现实意义，抱有很高的期许，甚至觉得针对某种现实需要来进行研究，乃是一种社会责任。对于许多学者来说，对学术现状和社会现状的双重“现实关怀”的最终指向，乃是为政府的相关决策提供参考或施加影响。[②]21世纪以来，清洁能源经济已逐步发展成为世界经济新的增长点，美国奥巴马政府重视清洁能源经济的发展，通过增加清洁能源投资、提高能源效率、加强清洁能源技术合作等举措，全力推进清洁能源经济的发展。[③]美国清洁能源经济发展的经验可以更好地推动中国清洁能源发展。有论文就美国的清洁能源战略对我国具有的启示意义，概括为几个方面：“我国应从战略高度构建完整统一的国家能源法制体系，以确保国家能源安全。要根据国情确立能源安全的长期目标和近期目标，中美两国应继续加强新能源领域的合作，以取得优势互补、互利双赢的效果，我国应利用清洁发展机制争取早日进入世界碳交易市场。”[④]

也有相关论文研究美国单一的能源法案，分析它的影响意义，作为能源法案一脉相承的材料，来突出不同时代要求下的能源策略。赵庆寺从能源立法与能源安全之间的价值契合与功能联结出发，揭示了美国能源立法与能源安全战略的向度和限度，探讨了世界能源安全的基本形势，深入论述了美国能源安全立法的政治过程，重点考察了美国能源立法的历史进程和发展趋势，在相互依存日益增强和国际危机日益增多的时代，对美国能源安全法律政策的研究有利于我们认识世界体系的变革和美国霸权的兴衰。[⑤]在探讨美国新能

① 杨泽伟：《〈2009年美国清洁能源与安全法〉及其对中国的启示》，载《中国石油大学学报》（社会科学版）2010年第1期；谈尧：《美国清洁能源与安全法案概览及对中国的影响》，载《广东财经职业学院学报》2009年第6期；林晶：《美国能源政策法对中国能源立法的借鉴价值》，载《暨南学报》（哲学社会科学版）2012年第7期；侯佳儒：《美国可再生能源立法及其启示》，载《郑州大学学报》（哲学社会科学版）2009年第6期。

② 李剑鸣：《改革开放以来的中国美国史研究》，载《史学月刊》2009年第1期。

③ 杨丽花、李捷理：《清洁能源经济：美国经验与中国发展》，载《新视野》2012年第1期。

④ 王北星：《美国的能源战略及其启示》，载《中外能源》2010年第6期。

⑤ 赵庆寺：《美国能源法律政策与能源安全》，北京大学出版社，2012年版。

源和可再生能源的立法模式时，有学者将美国在其新能源和可再生能源立法过程中的单一法案与综合性法案、专门法案与配套法案比较之后，认为大型综合性法案是美国能源立法的一大特色，是美国执行国家能源政策的重要渠道。而理解大型综合性法案需要以美国独特的政治、经济和文化体制为背景，进行换位思考。[①]阎政以美国核法律的内容和历史渊源为主线，系统阐述了在民用核能源利用领域涉及的法律和国家管理职能等各个层面的政府管理手段和原理。[②]

气候变化以及国际气候大会与能源法案的联系问题也是一个讨论的热点。气候变化危机存在于外交、国家安全与发展的相互联系之中。它是一个环境问题，一个健康问题，一个经济问题，一个能源问题及安全问题。它是一种全球性的威胁，但在影响上却又具有地方性与国家性。美国在相关气候变化方面的利益考虑，可以从经济复苏、国家安全、世界领导地位三个方面加以概括。[③]国际气候大会的多次召开和成效微弱，从更本质的不同类型国家的利益分配关系层面分析则是关系到全球气候变化规则的制定。它将决定清洁能源与低碳经济的发展进程，重塑全球产业结构的形态和布局，以及不同类型国家在未来国际分工中的地位。[④]最新公布的2010年《美国能源法》相较于2009年《美国清洁能源与安全法案》和其他法律法规，表明美国的气候立法政策在促进国内清洁能源发展，减少温室气体污染，应对气候变化的国际行动等方面都更进了一步。"作为新生事物的应对气候变化问题，从某种意义上说是对能源问题的发展。全球各国减排温室气体的措施，主要还是能源生产和利用方面的技术和措施。这也启示我们应对气候变化的政策和行动不能与能源政策相分离，突破能源对发展的硬约束是政策的核心。"[⑤]

相关研究也出现了诸多多维度、跨学科的研究新领域和新见识。如从政治经济学视角对美国能源政策的制定过程进行研究，认为一项经济政策的出

① 罗涛：《美国新能源和可再生能源立法模式》，载《中外能源》2009年第7期。

② 阎政：《美国核法律与国家能源政策》，北京大学出版社，2006年版。

③ 李海东：《奥巴马政府的气候变化政策与哥本哈根世界气候大会》，载《外交评论》（外交学院学报）2009年第6期。

④ 李向阳：《全球气候变化规则与世界经济的发展趋势》，载《国际经济评论》2010年第1期。

⑤ 高翔、牛晨：《美国气候变化立法进展及启示》，载《美国研究》2010年第3期。

台受到政府、党派、国会、选民和利益集团等的影响，在能源领域尤为突出。美国能源政策的制定主体是政府与国会，而利益集团通过国会或直接游说政府等手段参与政策制定。①关于清洁能源政策的研究，不同学科的专家学者从不同的专业背景出发进行了相关的研究。有清洁能源法案的研究，有清洁能源政策理论的研究，有清洁能源政策出台后经济效益的研究，体现了这一研究的跨学科性。②

综合来看，首先，从研究范围上，国内学者对气候变化和能源问题的研究侧重于对气候变化的研究，过程中都提及了清洁能源的发展以及与清洁能源相关的法案内容的简单介绍。研究内容既涉及气候立法进程、国家能源安全，也有政策法规、核能发展等具体的领域。其次，从研究进程上来看，气候变化和能源问题主要是在21世纪以来兴起的一个研究领域，这与其本身的时代性密不可分。再者，从研究路径上看，跨学科研究是一大趋势，众所周知，气候变化和能源问题是一个涉及政治、经济、环境、法律等多领域、多学科和跨国界的综合性全球问题，它不仅具有环境意义，还具有经济、政治和国际战略意义。在资料的搜集应用上，近年来，国内的美国史资料建设工作进展很大，史学电子资源日趋丰富，使用也愈益便捷。我们在重视传统的纸质文献的同时，要大力利用网上史学资源，如美国国会图书馆的免费数据库等。有些大学还建有专题性史料数据库，也可以免费获取。③

二

国外对于美国清洁能源的研究，已达到一定的水平。与能源相关的期刊

① 魏晓莎：《石油危机后美国能源政策制定的政治经济学研究》，吉林大学经济学院博士学位论文，2013年6月；吴小丽：《美国能源利益集团与政策议程设置关系研究——以〈2009年美国清洁能源与安全法案〉为个案》，中央财经大学政府管理学院硕士学位论文，2010年4月。

② 杨丽花、李捷理：《清洁能源经济：美国经验与中国发展》，载《新视野》2012年第1期；孔祥永：《奥巴马政府能源政策调整的成效与影响》，载《现代国际关系》2013年第1期；李超民：《美国空军的替代能源政策》，载《美国研究》2008年第2期；李超田：《WTO制度下〈美国2009年清洁能源与安全法案〉国际储备配额制度研究》，中国政法大学国际法学硕士学位论文，2011年3月；樊瑛、樊慧：《美国2007新能源法案的政治经济学分析》，载《亚太经济》2008年第3期。

③ 李剑鸣：《改革开放以来的中国美国史研究》，载《史学月刊》2009年第1期。

就有《能源政策》《能源》《自然资源杂志》《能源法律杂志》等，发表的论文从选题到研究思路和解释框架的形成方面，许多学者都具有借鉴相关学科理论和方法的意识。文章的主题有清洁能源法律、可再生能源法律与发展和可再生能源，也有与气候变化相关的全球变暖下的可再生能源的未来。一些学者探讨清洁能源政策和能源效率的市场、文化阻碍；比较欧盟、德国与美国可再生能源政策的异同，“电价补贴”的成效；风能、太阳能的发展等。[①]在文献和立论上都有很多值得我们学习之处。

杰勒德·约瑟夫·怀特从分析美国新能源战略的有效性和成本入手，梳理和评估了美国政府的新能源方案，同时提出一些关于清洁能源的建议。选择美国推广清洁能源行为作为对象来讨论，不仅因为美国是世界上最大的清洁能源和可再生能源的投资者，同时还强调美国在运行这一投资的时候并没有使用自由市场来推动，而是完全由政府买单和控制。最后得出结论，认为清洁能源实施项目非常低效，并且提出一系列的证据表明这些项目在没有政府巨额经费支持的情况下是无法继续的，同时表明在没有严格的项目完成日期、持续发生超过预算的额外支出的情况下，政府的支持计划很可能和初衷背道而驰。[②]

剑桥能源研究协会主席丹尼尔·耶金认为美国开展节能和利用太阳能的阻力和障碍很少是技术方面的，虽然有一些阻力是经济方面的，但大多来自制度、政治和社会方面。然而作者却没有真正分析来自制度、政治方面的阻力，而是就事论事地说节能的一个主要障碍是节能本身缺乏吸引力和非常琐碎的特点，还有就是美国舆论界关于能源问题无休止的论战以及过分听任市场自行其便而没有采取一定的行政措施等等。作者得出结论说：“我们主张用财政上的刺激，鼓励消费者利用节能和太阳能，并不是这些能源有什么其他好处，而是因为它们有利于国民经济。”[③]本杰明·K.索瓦库尔关注文化对于

① Frank N. Laird, Christoph Stefes, “The Diverging Paths of German and United States Policies for Renewable Energy: Sources of Difference”, in *Energy Policy*, 37(2009); Danyel Reiche, Mischa Bechberger, “Policy Differences in the Promotion of Renewable Energies in the EU Member States”, in *Energy Policy*, 32(2004).

② Gerard Joseph White, “U.S. Clean Energy Benefits and Costs”, in *Resources and Environment in the Yangtze Basin*, Vol.21, No.7, July 2012.

③ R.斯洛鲍、D.耶金：《能源未来》，北京大学出版社，1983年版。

能源效率技术和设施以及可再生能源发电的障碍影响，探讨风力发电农场和太阳能电池以及其他可再生能源发电遭到反对，不是因为它们相对于化石燃料的弱替代性，而是因为人们不理解为何需要发展可再生能源。作者认为，在美国真正阻碍可再生能源和能源效率提高的是文化和制度的因素多于科学技术方面。美国人相信他们有权利享受便宜而丰富的电力，公用事业想要保持分配电力的方式，政治家希望保持电力和能源的低价格。这些文化上对于清洁能源的障碍提醒我们决定需要哪种技术远高于技术的可行性。大规模的技术体系具有重大的政治、社会、经济和文化资本，他们发展或衰落的原因也往往是社会和技术同时作用的。文化层面上的障碍对于清洁能源技术意味着政策的制定者在以错误的方式促进替代技术。[①]

玛里琳·A.布朗通过大量令人信服的案例和数据分别从市场失灵：错误的激励机制、财政与调控政策的扭曲、高昂的成本、高服务；市场壁垒：能源问题和消费者的低优先、资本市场的障碍、对能源效率不完善的市场，表明美国大规模的市场失灵和壁垒妨碍了消费者以最小的成本获得能源。大量的能源政策和项目证明政府政策机制的干预可以消除、减少或是弥补市场的缺陷。并在文章中讨论了清洁能源的未来场景。[②]理查德·L.奥廷格在概述了能源效率的提高、节能的措施与经济优势后，通过一些发达国家和发展中国家效率应用的例子，主要是美国的能源效率经验，指出发展安全、经济、环保的可再生能源是减少对化石能源和核能的依赖，保护环境，减轻世界不安全因素的有效措施。同时，节能技术可以提供最快捷、最经济、最安全的能源应对能源危机、环境问题和全球变暖。[③]乔治·O.G.洛夫分别从太阳能的特点、转换、主要用途，以及太阳能加热和制冷的过程，通过热过程法和光电

① Benjamin K. Sovacool, "The Cultural Barriers to Renewable Energy and Energy Efficiency in the United States", in *Technology in Society*, 31(2009).

② Marilyn A. Brown, "Market Failures and Barriers as a Basis for Clean Energy Policies", in *Energy Policy*, 29(2001).

③ Richard L. Ottinger, "Energy Efficiency: The Best Immediate Option for a Secure, Clean, Healthy Future", in *Natural Resources Forum*, 30(2006).

伏获取太阳能电力几个方面，论证太阳能是取之不尽的清洁能源。[①]

美国智库皮尤智慧信托基金2009年6月的研究报告认为美国的清洁能源经济对美国经济发展的促进作用是明显的，并建议美国应制定全面、广泛经济性的清洁能源政策和计划。[②]迈克尔·B.杰勒德认为要同时解决化石能源的有限供应和所排放温室气体对全球变暖的威胁问题，最有效的解决方法即提高能源利用效率和积极开发可再生能源，并对清洁能源的未来充满信心。[③]约翰·C.德恩巴赫和玛莉安娜·蒂勒尔重点从联邦政府能源效率和保护相关的法案入手，探讨了对这些法案的不同的观点，展现了在气候变化和清洁能源政策体系中能源效率与保护的目标特征，介绍了欧盟的能源效率标准。[④]亚历山德拉·B.克拉斯和约翰·K.哈廷介绍了联邦政府和地方政府的能效资源标准以及税收刺激措施，认为能效资源标准是一个基于市场的机制，可以克服传输、电力应用等方面的障碍。[⑤]

戴维·M.豪根和苏珊·马瑟提供了研究可再生能源的新视角，在其编著的论文集中将一系列对可再生能源发展的相反的见解集中在一起，给人一种疑惑感和问题意识，思考究竟哪一种观点是正确的。这也是编者想要传递的一个信息，那就是在我们思考、识别、检验他人观点的有效性时，把握完全相对的观点对我们了解事实的真相意义更大。如在讨论可再生能源能帮助解决全球气候变化问题这一主题下，格林皮斯认为可再生能源能停止气候变化；贾森·哈罗认为不能。马克·布坎南的观点是依赖可再生能源会危害地球。

---

① George O. G. Lof, "Solar Energy: An Infinite Source of Clean Energy", in *Annals of the American Academy of Political and Social Science*, Vol. 410, The Energy Crisis: Reality or Myth, November 1973.

② The Pew Charitable Trusts, *The Clean Energy Economy: Repowering Jobs, Businesses and Investments Across America*, June 2009.

③ Michael B. Gerrard, *The Law of Clean Energy: Efficiency and Renewable*, Chicago: American Bar Association, 2012.

④ John C. Dernbach and Marianne Tyrrell, "Federal Energy Efficiency and Conservation Laws", in Michael B. Gerrard, eds., *The Law of Clean Energy: Efficiency and Renewable*, Chicago: American Bar Association, 2012.

⑤ Alexandra B. Klass and John K. Harting, "State and Municipal Energy Efficiency Laws", in Michael B. Gerrard, eds., *The Law of Clean Energy: Efficiency and Renewable*, Chicago: American Bar Association, 2012.

乔治·马里德认为可再生能源可以稳定能源价格；戴维·W.克罗伊策坚持可再生能源将会增加能源价格。在关于由非再生能源如何转化为可再生能源问题上，蒂姆·迪金森赞同实施大规模的可再生能源项目；约翰·法雷尔则认为小规模的可再生能源项目可以实现能源民主化。世界自然基金会的报告指出可再生能源能满足能源需求；特德·特雷纳则不认同这一观点。查尔斯·福斯伯格看好核能的发展前景；理查德·沃德则相信天然气才是最好的补充能源。①

从研究范围上看，美国学者对气候变化和能源问题的研究呈现出全面性和多元性。研究主体中既有耶鲁大学、麻省理工学院等大学的教授，又有政府部门如国防部，还有一些智库的研究人员和环保活动家；研究内容既涉及环境、能源和安全等“硬”的方面，也有政策法规等“软”的领域；研究成果中有的以专著和论文集的形式出版，有的则是以报刊评论等形式发表。

综上所述，1970—2010年美国清洁能源政策的研究已取得了一些可喜的成果，但同清洁能源这一新兴产业在世界范围内迅速发展情况和对美国经济繁荣的支持以及发展清洁能源经济对美国意义来说，成果是微不足道的，研究也任重道远。对美国清洁能源政策的研究，我们期待有更多的成果问世。

① David M. Haugen and Susan Musser，*Renewable Energy*，Detroit：Greenhaven Press，2012.

多学科视野下的中国与中亚人文交流
——第二届中国与中亚人文交流与合作国际论坛综述

马玉凤

在“一带一路”倡议提出5周年之际，2018年9月7日至10日，第二届中国与中亚人文交流与合作国际论坛在古丝绸之路重镇甘肃省敦煌市成功举办。该论坛由中国社会科学院中国边疆研究所、西北师范大学、敦煌研究院、吉尔吉斯国立民族大学、哈萨克斯坦塔拉斯师范大学联合主办，西北师范大学中亚研究院、敦煌学院，《中国边疆史地研究》编辑部，敦煌研究院丝绸之路与敦煌研究中心，吉尔吉斯国立民族大学吉中“一带一路”研究中心承办。来自中国、吉尔吉斯斯坦、哈萨克斯坦、俄罗斯、希腊等“一带一路”沿线国家50多所高校和科研单位的120余名专家学者参加了本次论坛。论坛共收到论文80余篇，其中有十多位专家做了大会主题发言。与会专家围绕丝绸之路历史文化、当代中国与中亚人文交流、东干语言文化等主题进行分组研讨，提出了许多具有启发性的见解和观点，取得了诸多共识。现根据提交的会议论文及发言，对会议研讨情况做如下综述。

一、大会主题发言

中国社会科学院中国边疆研究所所长邢广程研究员的《“一带一路”与欧亚经济合作》指出，欧亚大陆是中国“一带一路”的重点合作空间，中亚地区是欧亚空间的枢纽，中亚不是中国向西发展的终端，中国是中亚走向亚

【作者简介】马玉凤，西北师范大学历史文化学院讲师。

太的桥梁。“一带一路”倡议开启了中国与中亚交流的新时代，中亚各国与中国应积极加强战略对接，共同打造利益共同体。敦煌研究院张先堂研究员的《弘扬丝绸之路精神，促进文化交融创新》指出，通过“商业+文化”的交流模式，大力传承和弘扬和平往来、平等交流、兼容并包、互学互鉴、互利共赢的丝绸之路精神，是促进丝绸之路沿线国家文化交融创新的一个着力点。吉尔吉斯国立民族大学校长卡纳特（Kanat Sadykov）教授认为，伟大的丝绸之路为东西方经贸和人文交流做出了巨大的历史贡献。今天我们所有人都是创新意义上的丝绸之路复兴的见证者，这首先应归功于当代交通、信息和全球化进程的飞速发展。吉尔吉斯斯坦位于丝绸之路上的重要节点，“一带一路”倡议的“五通”中最重要的是巩固和发展不同民族间的人文交流和联系，没有丝绸之路沿线所有国家民众的参与和支持，“一带一路”倡议是不可能实现的。

丝绸之路始于西汉张骞出使西域之时，中国人民大学王子今教授的《博望：中原西望中亚的视窗》认为，张骞“凿空”之举开拓了中原与西域的交通路线，汉武帝以封“博望侯”嘉奖其功业。“博望”名号成为标志性的文化符号，形成了典型的纪念意义。

中国社会科学院中国边疆研究所李大龙研究员的《中国粟特研究现状分析》以文献计量学基本理论和方法为指导，以文献题录信息统计工具和社会网络分析工具等相关分析软件为技术手段，借助于中国知网数据库（CNKI）和中国引文数据库（CCD），通过数据挖掘、信息处理、知识计量等手段和量化指标，在分析粟特研究文献产出量、研究热点、核心作者、研究机构、文献来源等状况的基础上，对粟特研究现状做了评析，认为国内粟特研究虽然取得了一定成绩，但出版的论著数量并不多；中国粟特研究虽然被认为在国际上处于领先地位，但对粟特及粟特人的了解还不够全面和具体；粟特研究存在泛化问题；粟特研究队伍的建设仍然是一个大问题。

中国人民大学刘后滨教授的《平时安西万里疆——安史之乱后的西域与唐人的安西想象》指出，唐前期对中亚的军事征服和羁縻统治，确立了中原王朝与中亚地区政治、经济和文化关系的基调。安西四镇的设立和移置，表明唐朝所要安定的西方是一个没有边界的疆域。中亚从此与中国内地的关系更加紧密，从中国内地经过河西走廊、天山南北前往中亚和欧洲的陆上丝绸之路，很长时间内是中国与外部世界经济与文化交流的主渠道。安史之乱以后，唐朝对西域政治和军事上直接的控御和占领中断，但并不意味着经济文化交流的终止。不仅名义上还设立着四镇北庭行营节度使并兼领泾原等州节度使，而且在更深的层次上演绎着经济文化的交流与融合。在此基础上，盛唐诗人在边塞诗的创作中传递出来的辽远西域风情和积极进取精神转化成一种深层的记忆，在一定程度上进入日常生活和文学书写的语汇之中。

南京大学刘迎胜教授的《蒙元时代东西交通的沙漠绿洲之路》认为，丝绸之路指的是古代异质文化之间的往来，最显著的文化特征是跨文明的交流，其遗产价值分为物质与精神两个层面。古代东西交往中的沙漠绿洲之路保障了不同文明的交往和技术的传播。蒙元时代全线贯通的绿洲丝绸之路，成为欧亚大陆自西向东和自东向西物质与文化交流的通道，在技术传播与文明交往方面对彼此皆产生了重大影响。

俄罗斯冬宫博物馆中亚分馆馆长卢湃沙（Pavel Lurje）研究员的《波斯史诗〈列王记〉与中亚蓝厅壁画》认为中亚粟特九国是5至8世纪欧亚丝路文明的纽带，九国中最东部、紧靠帕米尔雪山的就是片治肯特古城。粟特王公贵族在此留下了大量的壁画作品。在出土的壁画中，蓝厅壁画是最大的一件作品，经历15年的修复，如今已成为冬宫博物馆的镇馆之宝。

首都师范大学张萍教授的《环境、民族与文化交流：2017—2018年中亚、西亚考察记》阐述了她与项目组两次赴乌兹别克斯坦、吉尔吉斯斯坦、伊朗考察的过程。对沿途各国地理环境、民族、宗教、历史及文化遗存做了详实的报告，并且分析了该区域社会现状及其成因。

北京大学希腊学研究中心艾莲娜（Elene Avramidou）教授的《希腊化中亚古城：阿伊哈努姆》指出，研究希腊化中亚古城，是我们重走玄奘之路、响应“一带一路”倡议、开拓河西走廊与中亚五国深度文化外交的重要一环，并从考古学角度分析了亚历山大古城阿伊哈努姆的城池、神庙、剧场、雕像、金币等，结合希腊罗马史料，重现了希腊化中亚人的工作、休闲、议事、竞赛、节庆、祭祀等生活全景。

西北师范大学中亚研究院李建民研究员的《“一带一路”视域下的中国与中亚人文交流》强调，人文交流成为中国对外关系的重要支柱。中国与中亚人文交流源远流长，“一带一路”为中国与中亚国家人文交流提供了新动力，其中教育交流是中国与中亚人文交流的重点，旅游、考古和媒体交流是人文合作的新亮点。

哈萨克斯坦塔拉斯国立师范大学佳吉拉（Tokbergenove Zagira）教授的《“一带一路”倡议及高等教育的作用》认为，丝绸之路是世界文明史最重要的成就之一，直到今天这条路线仍旧是跨文化对话的方式之一，有助于巩固世界和地区的和谐与团结。“一带一路”是一项宏伟的倡议，由中国提出，面向新丝绸之路沿线国家，将推动跨文化交流的加强以及在教育领域的合作，如发展与中国高校的学术联系，启动大学学科和学术交流领域的合作方案；发展与合作组织的地区联系；制定教育领域所必须发展的关键方向等。因此实践“一带一路”倡议是发展哈萨克斯坦与中国学术、科研和人文关系的有效推动力，是进一步促进“一带一路”倡议的关键环节。

中国现代国际关系学院许涛研究员的《国际大变局下的中亚地区人文合作意义》认为，建设丝绸之路经济带是中国政府为区域经济发展和探索新型国际治理路径提供的重要公共产品，近年来得到相关国家尤其是中亚各国的积极支持。与经济领域中已取得的成就相比，人文领域中的合作明显滞后。在当前大国关系发生重大变化的形势下，地区合作被提到更加重要甚至关键性地位，加强中国与中亚的人文交流与合作具有重要的现实意义。

西北师范大学王宗礼教授的《人类命运共同体视阈中的中国与中亚关系》梳理了中国与中亚国家关系的历史变迁，认为自中亚五国独立以来，中国与中亚国家的关系相继经历了探索适应、建立合作框架、全面深化合作三个阶段。习近平总书记提出构建人类命运共同体的理念，为中国与中亚国家关系的发展注入了新动能和新内涵，中国与中亚国家的关系进入了以构建命运共同体为核心价值的寻求共同价值观的新时代。在这一新时代，中国与中亚国家的关系，必须进一步深化人文领域的交流与合作，不断培植共同价值观，超越比较优势的利益导向，摒弃国强必霸逻辑，为中国与中亚国家关系的发展奠定坚实的民心基础。

西北师范大学武和平教授在《承续祖辈记忆，架设沟通桥梁，培养丝路人才》中指出，2013年，西北师范大学华文教育基地积极响应习近平总书记发出的“一带一路”倡议，在国务院侨办的大力支持下，开始实施中亚东干族中华语言文化本科班项目。目前，已连续招生六届，已有近百名学生顺利毕业，成为密切中国与中亚联系的友好使者和丝绸之路经济带建设的新生力量。该项目的主要特色有：通过感知中国文化和丝绸之路文化，理解和体认“一带一路”倡议的深刻内涵；培养具有服务于建设“一带一路”和中国—中亚人文交流的远大志向的青年人才；通过挖掘东干语言文化的中国元素，高效培养“一带一路”急需的既熟悉中亚国情习俗又熟练掌握中华语言文化的双语双文化人才；通过特色汉语课程，培养丝绸之路经济带建设紧缺急需的汉语+商贸（旅游、文化传播）等领域的复合型人才。

二、丝绸之路历史文化分论坛

（一）丝绸之路历史文化与古代中西交流

敦煌是丝绸之路上一颗璀璨的明珠，见证着丝绸之路的演变。西北师范大学李并成的《敦煌资料所反映的丝绸之路上的西域与东西文化交流》指出，敦煌是丝绸之路上东西交通的枢纽和具有国际意义的文化汇流之地，敦煌遗书和敦煌壁画对此有着生动的反映。他通过梳理敦煌文书中汇聚的丝绸之路沿线许多民族文字的文献，敦煌文化中融入诸如赛祆胡俗、服饰胡风、饮食胡风、乐舞胡风、婚丧胡风等胡文化因素和敦煌医药学中所体现的中西文化交流交融，认为每一个民族都要学习和汲取其他民族文化的营养来推动自身的发展，悠久的中华文化在其漫长的发展过程中，从来就没有脱离过与其他民族文化的交光辉映。河西学院贾小军的《汉代酒泉郡驿置道里新考》根据悬泉里程简所载汉代酒泉郡境内的驿置道里情况，指出酒泉郡自东而西设有表是、乐涫、玉门、乾齐等11处驿置，从酒泉郡表是到敦煌郡渊泉的道路里程为694汉里（约合289公里），每个站点平均相距69.4汉里（合28.9公里）。乾齐是酒泉郡最西的驿置，位于沙头之西；渊泉为西汉敦煌郡属县，其故城必不在三道沟，当从他处寻之。嘉峪关长城博物馆张晓东的《明代〈蒙古山水地图〉探微》指出《蒙古山水地图》的发现意义非凡，对林梅村提出的该图绘于嘉靖三年至十八年的说法提出质疑，认为《蒙古山水地图》的绘制时间在弘治之后，嘉靖二十一年之前。暨南大学李春尧的《简论耶律楚材〈西游录〉及其反映的佛道矛盾》梳理了《西游录》成书及流传，对其内容以及所反映的佛道矛盾予以阐释。西北师范大学刘再聪的《黄河水运与丝绸之路文化交流》指出随着丝绸之路的历史价值受到越来越多的关注，黄河水运在丝绸之路路线中的地位亦将得到重视，同时通过对从汉代至清代黄河上游干流长途水运变迁和黄河上游过河方式的演变等方面的考察，探讨了黄河与丝绸之路文化交流的关系，认为甘青宁等黄河上游地区是建设丝绸之路经济带的重要区域，发展前景辉煌。西北师范大学张连银的《清王朝的藩属体制与中亚政局》认为，乾隆朝在中亚构建的藩属体制是清王朝传统藩属体制与“因俗而治”政策相结合的产物，同时也是中原王朝传统的治理模式与中亚诸国互相冲突、碰撞的结果。藩属体制确保了乾隆朝中亚政局的稳定，但由于同中亚构建的藩属体制带有很大的随意性，故中亚各国与清王朝的关系主要取决于清王朝的政治需求。清王朝军事力量下降，浩罕、阿富汗等中亚强国崛起，英、俄等国势力深入中亚，导致清王朝在中亚的藩属体制受到挑战，逐渐失去了稳持中亚局势和维护新疆天山南路稳定的作用。

（二）中亚历史文化

中亚与中国交流源远流长，中亚历史的部分资料保留在汉籍史料之中。甘肃简牍博物馆张德芳的《汉简中的丝绸之路：大宛和康居》指出，汉简中有关大宛、康居的丰富记载，主要反映了今天土库曼斯坦南部及阿富汗一带两千多年前与汉王朝的关系；汉简中关于罽宾的记载，主要反映印度西北及克什米尔等南亚次大陆同汉王朝的关系；汉简中关于乌弋山离的记载，主要反映伊朗与汉王朝的关系。当时的这些地区，是民族、人种、文化碰撞、交流和融合的历史舞台。波斯文化、希腊文化、本地的农耕定居文化以及北方塞人的游牧文化，都曾在这里发生过深刻影响。丝绸之路的开通，把东西方连接在一起，为人类文明的进步和世界历史的发展做出了重要贡献。敦煌研究院杨富学的《洛阳新见墓志所谓郭虔瓘“破拔汗那十六城”考实》指出，唐代宿将郭虔瓘长期供职西域，曾任北庭副都护、北庭都护、安西大都护、安西副大都护等要职，一度成为主兵西域的唐军最高军政长官。从洛阳新近发现的郭虔瓘墓志可以看出，他曾“克拔汗那十六城”，平息叛乱，但史书对此事却了无记载。综理墓志行文以及敦煌藏文本《大事纪年》、两唐书、《资治通鉴》等相关文献，可以推定郭虔瓘曾于公元700年赴中亚拔汗那税甲税马，激起反叛，西突厥可汗阿史那俀子与吐蕃联合进攻安西四镇，郭虔瓘袭取拔汗那诸城，占领西突厥大本营，最终导致突厥攻四镇战役的失败，阿史那俀子不知所终。这一记载填补了唐朝与中亚关系历史记载的空白，具有极高的史料价值。敦煌研究院毛铭的《敦煌和中亚壁画中的白匈奴使臣》利用文献、图像和考古材料，指出大夏白匈奴使臣扎发带，男性戴单边耳环、戴手镯，具有多须鬓、“国”字脸、希腊鼻等特征，其携带的外交礼物主要是中亚狮子和宝石。这些图像反映了在公元562至755年之间白匈奴汗国被突厥击败后该族群在中亚和河西走廊的活动情形。河北大学历史学院郭云艳的《嚈哒与拜占庭帝国的往来及其在丝绸之路上的影响》通过对各种文献、考古资料的分析与梳理，旨在全景展现嚈哒汗国与拜占庭帝国的联系，考察其对丝绸之路经济、文化交流的重要影响，强调其中古时期在中亚社会所扮演的军事保护和政治管理者的角色。河南财经大学徐浩的《敦煌本〈大般若经〉残卷及背面胡语文献缀合研究》，在对七组正面抄有汉文《大般若经》的敦煌残卷进行缀合的同时，也从正背面关系入手，对背面书写的于阗文、回鹘文文献加以缀合，在还原敦煌藏经洞写卷原貌的同时，为相关胡语文献的研究提供材料上的支持。山西省长治学院齐小艳的《中亚出土的唐代粟特钱币研究》结合《魏书》《旧唐书》《新唐书》《唐会要》《册府元龟》《太平寰宇记》和《长安志》等文献中关于撒马尔罕国王的记载以及一枚“无名王”钱币，认为伊赫希德王朝应该包括11位国王。撒马尔罕中国仿造币并不是丝绸之路上主要的流通货币，其铸造目的在很大程度上是出于政治和利益需求，是撒马尔罕承认唐朝宗主权的表现之一。哈萨克斯坦塔拉斯师范大学萨尔罕（Sellihan Tokbolat）的《丝绸之路上的瑰宝——塔拉斯市的历史》介绍了塔拉斯的历史。塔拉斯是哈萨克斯坦江布尔州的首府，位于哈萨克斯坦南部的塔拉斯河畔。塔拉斯是近十年变更的地名，1997年前称江布尔，唐代称为怛罗斯，为石国大镇，玄奘取经印度时曾路过此地。通过对塔拉斯的地理环境、出土文物的介绍，使我们对塔拉斯市的历史有更直观的了解。陕西师范大学龙国仁的《费尔干纳——中亚火药桶?》对流传的费尔干纳是中亚地区的火药桶的说法进行了考察，认为费尔干纳地区虽然有诸多问题，但并非中亚火药桶，中亚火药桶之说是不能成立的。

三、当代中国与中亚人文交流分论坛

吉尔吉斯国立民族大学巴特巴耶娃（Batayrbaeva）的《丝绸之路文化遗产研究框架下的中世纪遗址希尔达克别克》认为，吉尔吉斯斯坦境内有三条丝绸之路的分支——费尔干纳盆地分支、南路分支、北路分支。丝绸之路吉尔吉斯斯坦段在数个世纪中形成的商队系统是不同种族、不同语言、不同宗教的人所建立和发展的交流互通的多样化体系。在2014年通过的世界文化遗产项目“丝绸之路长安—天山走廊”中，没有把这些地区的一些非常有名的遗迹列入其中，建议“丝绸之路长安—天山走廊”能够得到扩展，把这些重要的遗址纳入其中。同时希望借助“一带一路”的有利时机，加强中国和吉尔吉斯斯坦两国的联合考古，对这些古城遗址进行发掘和保护，使两国人民能够在共同的历史文化遗产基础上互相理解，进一步加强联系。西北师范大学僧海霞的《环境决定论视野下的20世纪初中亚人群性格及成因探析》以美国地理学家亨廷顿20世纪初的中亚考察为基础，探讨他在环境决定论影响下对中亚人群性格的认识。西北师范大学马玉凤的《交流史视野下的中国与中亚新型关系》指出，中亚是我国最早的对外交流区域之一，中国与中亚地区的交流历史源远流长，经济互补性强，“一带一路”倡议的提出，上海合作组织的建立，助推我国与中亚国家各领域的交流与合作。只有秉持丝绸之路精神，进一步加强战略互信，密切人文交流，夯实民心基础，才能提升中国与中亚国家合作共赢的水平，才能构建休戚与共、安危共担、长久和平、共同繁荣的利益共同体、责任共同体和命运共同体。

在“一带一路”背景下，如何深入发展中国与丝绸之路沿线国家跨境旅游成为中国发展对外人文交流的重要课题。西北师范大学欧阳正宇的《文化整体观视野下中国—中亚丝绸之路遗产旅游发展研究》以文化整体论为理论依据，分析丝绸之路文化线路遗产的特性，提出文化整体观视野下发展丝绸之路遗产旅游的观点。从旅游资源上，在共同的背景环境和文化关联下注重物质和非物质文化遗产的融合开发；从发展形势上，注重以点串线，以面涵点，形成带状区域化的旅游合作模式，以便提高丝绸之路遗产旅游的经济性和高效性。西北师范大学柴亚林的《中国—中亚五国旅游产业研究述评》认为，中国与中亚五国的旅游研究已进行了30余年，其中的热点问题是中国与中亚五国之间的旅游合作如何开展，该领域研究应当发展的方向是由宏观转向具体，由指导性转向操作性，从现实语境、历史语境和全球语境出发来思考核心旅游吸引物的建构和旅游产品的打造，始终将产业发展作为先导，是中国—中亚五国之间深度区域旅游合作的必然选择的路径与范式。西北师范大学梁旺兵、高璐的《"一带一路"倡议下中国与中亚边境旅游发展模式及其运行机制研究》认为，"一带一路"倡议使古老的丝绸之路重新焕发了生机，中国与丝绸之路沿线多个国家在贸易、投资、金融、交通等多方面开展合作，我国边境旅游人数与收入持续增长，中国与中亚边境旅游也因此实现快速发展。发展中国与中亚边境旅游，其模式是政府规划协定，互补开发，要素协同；运行机制是政府推动，利益协调，跨区域合作，由此促进中国与中亚边境旅游实现全面可持续发展。西北师范大学王力、王琼的《基于网络游记的哈萨克斯坦旅游形象感知研究》指出，哈萨克斯坦自然旅游资源在中亚地区极具独特性，极具竞争优势，是中亚地区旅游业较为发达的国家，吸引了众多国内外旅游者的关注。作者以马蜂窝、携程、穷游等网站搜集到的哈萨克斯坦游记为样本，采用内容分析法进行词频分析、情感分析、社会网络与语义网络分析，研究旅游者对哈萨克斯坦旅游形象的感知，提出完善国际旅游签证制度、完善交通运输建设、提高旅游服务水平、打造多元旅游形象等建议，推动哈萨克斯坦旅游业持续蓬勃发展，实现历史观光游向文化体验游的升级和传统旅游向时尚旅游的转变。四川大学蒋瑛、周俊的《四川参与中哈旅游合作的动力、现状与路径》认为，近年中国与哈萨克斯坦的旅游合作逐渐升温，四川在旅游资源、旅游产业、旅游人才等方面具有明显的比较优势，在参与中哈旅游合作中走在前列。但其中依然存在一些不足和具体的挑战，从理论和实践上看，四川应进一步加强政府主导和宣传引导，加强与周边省市合作，共同开发旅游产品，以购物旅游、教育旅游等特色产品开发与合作为突破口，更加深入地参与中哈旅游合作。

俄罗斯与中亚各国有千丝万缕的联系。华南师范大学张来仪的《俄国伊斯兰教研究三题》认为伊斯兰教传入俄罗斯已有1300多年的历史，其传播形成了复杂性、多教派性、苏菲主义盛行以及异化等现象。当今俄罗斯涉及伊斯兰教的诸多问题具有神秘、敏感、复杂、模糊等特性，对此有深入研究的必要。中国社会科学院俄罗斯东欧中亚研究所白晓红的《东西方之间的俄罗斯》认为俄罗斯与欧洲、"俄国与西方"是俄国历史发展的基本问题，而早在19世纪俄国思想家就认为"欧洲不喜欢俄罗斯"，而俄欧关系也不断地证明这一点。欧洲排斥俄罗斯的主要原因在于俄罗斯的民族主义。从文化角度上讲，俄罗斯文化的矛盾性也是欧洲惧怕俄罗斯的原因。西北师范大学张玉霞的《后苏联时期的阿塞拜疆移民问题初探》认为苏联解体导致了民族主义情绪高涨、种族冲突甚至是内战，并且产生了大量的难民和流民，在整个苏联境内引起了移民模式和移民规模的变化。而阿塞拜疆的劳动移民具有大规模的特点，它触及了社会的各个方面，并对国家的社会经济和政治进程产生了影响。

四、东干语言与文化分论坛

研究东干语言与文化有助于推动中国与中亚各国之间的人文交流。北方民族大学林涛的《中亚东干族的方言和民族共同语》认为，东干族有民族共同语和方言之分，其民族共同语是以我国近代汉语西北方言基本词汇和语法结构为主体，以甘肃话（伏龙芝方言）语音为标准音，融合和吸收了中亚地区常用的俄语、突厥语族诸语言及阿拉伯语、波斯语等的某些语言成分，在语言要素上发生了一定变化所形成的一种汉语跨境方言。新疆大学海峰、张灯柯的《东干语与中亚七河地区的各类型语言间的语言接触》分析了东干语与汉语、东干语与阿尔泰语系语言以及东干语与印欧语语言接触的影响，认为七河地区语言种类繁多，东干语是能够体现七河地区语言接触演变与文化适应现象最为典型的语言，为铺路“一带一路”建设和构建“七河地区语言联盟”提供了范例。西北师范大学陈立佳、杨鸿武的《基于深度神经网络的东干语语言合成》则利用现代计算机技术对东干语进行了合成技术上的创新。作者通过提出一个基于深度学习的东干语的语音合成框架，利用东干语的语音语料和文本语料训练出基于深度神经网络的声学模型，将东干语的语言特征作为网络输入，预测东干语的声学特征，最后获得东干语语音。研究表明，这一方法比传统的方法合成的东干语的自然度更高。西北师范大学刘显翠、周爱保的《汉语名字和俄语名字对东干人自我的表征》探索了东干人和回族的自我心理特征，用实证的方法探明了自我在不同社会文化背景以及在同根同源的民族中的心理特征，为揭示同根同源的东干人和回族的自我提供了理论指导和实证支撑。西北师范大学刘珂、康小明的《陕西支东干话声调格局实验研究》通过语音实验呈现出陕西支东干话的四声格局，并将其和祖源方言即陕西关中方言进行比较后可知，两者声调调型一致而调域调值有别，总体呈现出同中有异、相似性大于差异性的特点。这主要是由于语言传承、民族语言认同、文化孤岛和方言岛的渐变式发展等方面的原因所造成的，加之东干话在语言接触中所受声调方面的影响比较小，因而和祖源方言相比保留了更多的相似性。

关于东干文化、教育及人才培养，西北师范大学魏梓秋的《从文化孤岛到沟通桥梁——东干族在中国与中亚国家交往中的作用》认为东干学生来中国学习汉语激发了对东干语运用的信心和热情，并阐述了东干族在中国与中亚交流中的作用。新疆师范大学尹春梅的《中亚东干族母语教学状况调查研究》对吉尔吉斯斯坦东干语教学进行了实地调查研究，指出东干语教师热情很高，但发展状况不理想，并提出了开展东干语言文化生态保护、加强东干族中小学本土汉语教学的顶层设计与部门协作等建设性意见。

五、结语

总体看，本次论坛有以下突出特点：

第一，历史与现实相结合。既有对历史问题的深入研究，也有对现实问题的热切关注。参会学者不仅仅是从知识上讲述“丝绸之路”的史实和发展轨迹，而且是在深刻反思历史的前提下来关照现实与未来。

第二，研究视角多元化。从所提交论文和发言看，覆盖了历史学、地理学、考古学、人类学、宗教学、民族学、语言学、艺术学、经济学、政治学、管理学、心理学等多个学科。通过多学科视角聚焦特定议题的探究，相互启发，拓展了“一带一路”研究的学术视野，大大丰富了中国与中亚人文交流的内涵。

第三，研究方法多元化。每一门学科都有自己的理论框架和研究方法以及知识谱系，在各位专家学者发言中，文献研究、实证研究、比较研究、现代计算机智能统计研究以及跨学科综合研究方法都有所体现。

第四，资料多元化。本次论坛收到的论文资料丰富，有中外考古资料、出土文献资料、实地考察所得资料、口述资料及档案笔记等。资料的多元化为本次会议取得重要的学术成果奠定了坚实的基础。

第五，论坛报告水平高。本次论坛邀请到了国内外有关中国与中亚人文交流方面的多位著名学者发表学术见解，他们的发言高屋建瓴，视野宏大，启迪深刻，给参会代表留下了深刻印象。

通过研讨，与会专家与学者在以下问题上深化了共识：

第一，丝绸之路源于人类各种文明之间的相互吸引。古丝绸之路不仅是商贸之路，更是沟通东西方文明的桥梁。加强不同文明交流互鉴，促进各国、各族人民的“民心相通”，是建设“一带一路”最重要的文化基础。“一带一路”不仅仅是借用古代丝绸之路的历史符号，而且是继承和发扬古代丝绸之路精神，不断注入新的时代内涵。

第二，中国与中亚交往源远流长，中亚是古代中国对外交流的核心区域之一。自张骞“凿空”西域以来，中国与中亚国家通过古丝绸之路这一桥梁交流交融、互为借鉴，这种深厚的历史渊源推动了数千年来中国与中亚各国官方往来和民间交往，共同促进了丝绸之路的繁荣和发展。

第三，在当前国际大变局背景下，加强人文合作对“一带一路”建设意义重大。“一带一路”倡议提出五年来，得到相关国家的高度认同和积极支持，在战略对接和经济领域取得重要进展。同时，对出现的一些问题要冷静思考，认真总结，不断完善政策。特别是要强化和扎实推进人文领域的合作，不断增强与丝绸之路沿线国家民众的相互认知和理解。

第四，构建政府、社团、民间多层次人文交流合作的新机制。当务之急是要转变政府集中管理的模式，提高民间组织开展和参与文化交流的主动性和积极性，构建政府主导、官民并举、多方参与、合作形式多样的人文交流机制。

第五，要推动“一带一路”走稳走实。如果说过去五年主要是完成“谋篇布局”的话，那么，未来的任务将主要在于落实。换言之，如果说前五年更多的是共商的话，那么，今后更多的将是共建。衡量合作质量的标准有很多，其中一个很重要的指标就是惠及当地民生。只有给丝绸之路沿线民众带来切实利益，才能使“一带一路”合作共赢的理念深入人心，引起共鸣，反过来支撑和推动“一带一路”倡议的持续而又健康的发展。

西方中国抗日战争史研究述评

李 雪

中国人民的抗日战争，是世界反法西斯战争的重要组成部分。早在抗战时期，就已有诸多国外人士进行战地考察并写成著述，及至抗战胜利之后，更有许多学者从事有关研究。相比于欧洲战场和太平洋战场的研究，西方学界对中国抗日战争的关注度较低。尽管如此，还是出现了一些成果。现仅就美国、俄罗斯和日本学界有关中国抗日战争研究成果做一梳理。

一、美俄日学界对中国抗日战争的研究取向

美国的研究，无论是在战时还是在战后，无论当时的考察和事后的研究，都比较重视对中国实际情况的了解。①

斯坦福大学于1957年出版的博伊尔的《中日战争——政治勾结》，阐述了日本高层内部关于侵华策略的争论，以及日本侵略中国并在中国扶植华北、华中、蒙疆、汪精卫傀儡政权的经过，以及日、汪、蒋在整个战争期间既勾结又斗争的情况。对日本军国主义分子石原莞尔以及汪精卫进行了美化，而对中共和中共领导的军队在战争中所起的重大作用则没有涉及。密歇根大学于1982年出版的齐锡生的《抗战期间的国民党中国——军事失利和政治崩溃》，认为国民党因缺乏群众基础而带来的灾难比战争给它带来的灾难更为深重，这是导致其毁灭的重要原因；剑桥大学于1986出版的《剑桥中华民国史》，内容包括最初的战役和战略、战争动员、军队状况、外国军事援助、通

【作者简介】李雪，甘肃省兰州市第八十八中学教师。

① 张注洪：《国外中国抗日战争史研究述评》，载《北京党史研究》1995年第5期。

货膨胀以及工业基础等。

俄罗斯的研究，主要集中于共产国际、苏联与中国抗战的关系，特别着重于苏联对中国的援助。

科学出版社于1985年出版的奥夫钦尼科夫的《中国抗日民族统一战线的形成和发展》，分析了抗日民族统一战线的参加者中国共产党与国民党的立场以及建立合作关系的过程，比较过分地强调了苏联和共产国际所起的作用，对中国共产党的独立自主方针未尽理解，认为它使国共关系复杂化了；列多夫斯基的《苏联对中国的政策》，阐述了苏联同中国签订《苏中互不侵犯条约》、苏联“援助国民党而不援助中国共产党”、克里米亚会议在没有中国参加的情况下举行等诸多事件的经过和原因，有的观点比较客观，有的则显得牵强。

日本的研究，在重视程度和力量投入方面，远在其他国家之上，成果较多。其研究取向可分四类：

其一，为侵略战争翻案、美化日本军国主义。

日本的个别学者，不断为侵略战争翻案、美化日本军国主义，这主要表现如是：宣扬“大东亚战争肯定论”，为日本军国主义翻案；宣扬太平洋战争史观，否认日本对中国等亚洲国家发动了侵略战争；极力为南京大屠杀翻案，不承认有南京大屠杀。

其二，对战争中的暴行缺乏深刻反省。

日本侵华的战时政策，包括对中国抗日根据地的“三光”政策、对占领区强征土地、推行奴化教育、在各地掳掠精壮劳动力等。多数日本历史教科书提到了这些暴行，如日本文教社1997年版教科书记述了“陷入日中战争泥沼后，日军推进被称为‘三光’的作战”；清水书院2005年版教科书也记述“日军在占领地区征用物资和劳动力，食物补给也是就地解决。为此，屡屡发生抢掠物资、放火、残杀等行为”，“为了补充国内劳动力的不足，强制带走朝鲜人和中国人，让他们到煤矿和矿山等地进行劳动”。不过，教科书一般只是点到为止，

教科书遮蔽了许多日军在中国本土的暴行，例如731部队、细菌战、活体实验、对平民使用生化武器等。右翼扶桑社版历史教科书甚至宣扬日本国民如何克服困难、勤奋劳动、勇于战斗，把这场侵略战争逆转为爱国战争。

南京大屠杀，被一些历史教科书表述为“南京事件”，扶桑社版教科书只以注释的形式记述。至于南京大屠杀遇难民众的数字，在教科书中则用“很多”“大量”“据称”“据说”“多数”“数十万”“被推定上升至多数”等不确定词汇以淡化大屠杀的严重性。南京大屠杀惨绝人寰，但在日本历史教科书里只是选用了一些苍白无力的文字，与不遗余力地描绘被美国原子弹轰炸后的广岛惨状形成鲜明对比。[①]

其三，片面强调自身伤害。

关于日本战败阶段的历史叙述，日本中学历史教科书特别对原子弹轰炸做了大篇幅的、细致入微的描写，使人强烈地感受到原子弹轰炸给日本人民造成的骇人伤害，并以人类有史以来最大的惨剧来谴责美国的行为。对比对南京大屠杀的记述，反差鲜明。教科书明显地把学生的认知导向日本是战争的最大受害者。关于东京审判，大部分日本历史教科书的表述都是附带性的轻描淡写的，没有审判的经过和意义介绍，日本右翼的历史教科书，刻意从国际法论证东京审判的“非法性”，以此狡辩日本的侵略战争是自卫战争，全体将士都应无罪。[②]

其四，揭露日军罪行。

在日本，揭露日军罪行的著述是极少数。日本现代史学家藤原彰的《南京大屠杀》一书，叙述了南京大屠杀的报导在世界舆论引起的反响，指出日本政府当时是如何对日本人民封锁大屠杀的消息的，直到战败在东京审判战争罪犯的法庭上才真相大白。认为大屠杀的原因：一是日本军部蔑视中国的思想；二是日军把中日战争称作“支那事变”，由于不是战争所以不适用作战法规。书中认为中国军民被杀不少于20万人。东京文光社于1982年出版的中国归还者联络会编写的《三光——日本战犯侵华罪行自述》[③]，如实写出了当年日本侵略者在中国所犯的累累罪行。

二、美俄日学界对中国抗日战争史的主要关注点

美国的研究，内容比较宽泛，也多可取之处，大都在不同程度上反映了

---

① 杨彪：《日本中学历史教科书中的中国抗战》，载《历史教学问题》2015年第6期。

② 杨彪：《日本中学历史教科书中的中国抗战》，载《历史教学问题》2015年第6期。

③ 作者都是日本投降后曾在中国抚顺战犯管理所拘留过的战犯。

抗战的历史实际并力求对涉及的问题做出分析，比如对中共的独立自主方针、延安道路、陕甘宁边区以及中外关系的某些侧面和史料对我们的研究都富有启发意义和参考价值。[①]关于中国国民党的军事失利与政治崩溃、晋察冀边区的抵抗运动、中国中部和东部的共产主义运动、抗战中的山东根据地、战争和革命中的国民党中国、美国对中国的经济政策、中国抗战的悲壮胜利为主题的著述均有一定质量。

特拉华大学教授庞百腾主编的《抗日——现代中国的战争》，涉及中国抵制日军在华北的走私贸易[②]、德国军事顾问的部署、战时货币操纵、战时军事医疗组织、当地百姓对国民党、共产党的支持，以及中国共产党对日本战俘的动员等。

斯坦福大学于1976年出版的范力沛的《敌与友：中共党史中的统一战线》，系统地考察了中共党史中的统一战线问题，认为中共是从中国的实际而不是从俄国人的愿望出发，独立自主地制定了那些政策，共产国际的指示是个重要因素，但不是决定性因素。

涉及抗战时期外国人对中国共产党和敌后抗日根据地的报道和考察的相关性著作，也有出版。哈佛大学于1971出版的马克 · 塞尔登的《中国革命的延安道路），认为“延安道路”不仅是指一个革命根据地的发展情况，而且包括了中国抗日战争时期全部的革命经验。陕甘宁边区，是共产主义运动的模范地区。“毛泽东和许多最高领导人所特有的远见卓识，实际上就是由边区首府延安的各种见解构成的。”这些观点，有其独到之处。

除上所述，还有加利福尼亚大学于1987年出版的麦金农的《中国报道：二十世纪三四十年代美国新闻口述史》，文化艺术出版社于2001年出版的彼得 · 兰德的《走进中国——美国记者的冒险与磨难》，商务印书馆于1982年出版的迈克尔 · 沙勒的《美国十字军在中国》，中国学术出版社于1982年出版的洛易斯 · 惠勒 · 斯诺编的《斯诺眼中的中国》等。

关于抗战时期外国人对中国共产党和陕甘宁边区的考察研究，取得了一定的果实，但是对于这一课题的研究仍存在一定的问题和不足。比如，缺乏

---

① 张注洪：《国外中国抗日战争史研究述评》，载《北京党史研究》1995年第5期。

② David Pong, *Resising Japan*: *Mobilizing for War in Modern China*, *1935-1945*, Norwalk: EastBridge, 2008, pp. 213-215.

一定的深度，对这一类的研究很难达到学术研究的目的，大多是从表层上叙述事件，未挖掘出其中重要的信息；研究缺乏全面性，对这一课题的研究主要以新闻研究、外交史研究居多，研究没有实现专门化、系统化、全面化。

俄罗斯的研究，大体围绕着抗战初期苏联对中国的援助，共产国际和抗日战争的关系，抗战时期的美日关系等，近年来对于共产党的土地政策，国民党政府的经济、文化等也有涉及。在地区研究方面，对东北地区的研究占有较大的分量。

日本学者则比较重视从军事、政治、外交、经济、思想、文化方面研究中日战争，有一定深度。[①]

东洋经济新报社于1953年出版的历史学研究会的《太平洋战争》，运用原始资料，比较客观地叙述1931年"九一八"至1951年旧金山和约这一时期日本政治、外交及战争的情况，并阐述了日本社会、经济和文化的演变；吉川弘文馆于1984年出版的习古层哲夫的《日中战争史研究》，是京都大学人文科学研究所对"日中战争时期的政治和社会"这个主题进行集体研究的成果，篇目包括抗战前日本侵华政策的发展及其结构、中日战争和日英对立、"九一八"事变和民众动员等内容；日本教育社于1977年出版的幻黑羽清隆的《日中15年战争》，通过对各种史料的综合分析，揭露了这场战争的侵略本质，暴露了日本帝国主义的侵华罪行，赞扬了中国人民的反侵略与日本人民的反战斗争。

鳟书房于1953年出版的服部卓四郎的《大东亚战争全史》，宣扬大东亚战争史观，提出所谓正当防卫论，认为由于中国单方面收回国家主权运动，中国政治家利用排日运动解决内政问题的做法，动摇了"日本在满蒙的特殊地位"，日本是为了保护"在满蒙的特殊地位"，为了防卫才发动战争；小学馆于1976年出版的伊萨隆的《日本的历史·15年战争》，坚持皇国史观，对15年战争持肯定态度，对战争的侵略本质避而不谈，完全站在军国主义立场美化和歌颂侵略者；护摩书店于1975年出版的西义之的《谁是法西斯主义者》，认为只有意大利、德国那种有着"自下而上"群众运动的法西斯主义，所谓日本的"自上而下"的法西斯主义是一种"虚构的理论"，全面地否定日

① 张注洪：《国外中国抗日战争史研究述评》，载《北京党史研究》1995年第5期。

本法西斯主义的存在，公开为日本侵略战争和日本法西斯主义辩护。[①]

对于日本挑起“九一八”事变，日本历史教科书基本都是承认的。这可能和东京审判中，日军证人提供了切实有效的证据及达成的共识有关。但是，日本历史教科书中关于为什么会爆发的真相却是较模糊的。学图出版社于1986年出版的教科书认为，“九一八”事变的起源是“国民政府推进国内统一，但是尚未将统一及于东北。另一方面，存在着国民政府将日本权益赶出东北的动态”；日本书籍社2005年版教科书则认为，“1928年进入北京后，国民党的势力逐渐影响到日本权益集中的东北”。多种日本历史教科书都倾向把战争责任首推给中国，认为中国统一，威胁到日本在中国东北的权益，所以日本才挑起军事行动。日本右翼扶桑社2001年出版的教科书甚至提出，是中国民众的排日运动高涨，才迫使日本发动“九一八”事变的。这些，都反映了日本社会右翼的战争认识。[②]

“卢沟桥事变”，是日方蓄谋已久的，但日本各版历史教科书对“卢沟桥事变”的历史背景和真实原因的记述基本都轻描淡写，清水书院于2005年出版的教科书则表述为“1937年，在北京郊外日中两国军队发生冲突”。从这记述可以看出，日本历史教科书一般都使用“冲突”一词，使人难以分清是非真伪，甚至指中方首先挑起的事端，有的教科书则将战争长期化归咎于中国。[③]

三、美俄日学界对中国抗日战争史的研究方法

在研究方法方面，美国学者力求广泛地收集资料并有准确根据。费正清主编的《剑桥中华民国史》抗日战争部分，重视借助第一手资料和华裔学者研究成果以提高资料的可靠性，重视抗战史的宏观和微观研究的结合，注意运用比较研究、数量分析、心态史学，使其思考角度具有新意。但是也应该看到由于作者的立场观点和价值取向各异和史料不足的限制，有些论著仍有不足之处。比如，在关于中日关系问题上，在一定程度上存在“侵略有理

① 张注洪：《国外中国抗日战争史研究述评》，载《北京党史研究》1995年第5期。

② 杨彪：《日本中学历史教科书中的中国抗战》，载《历史教学问题》2015年第6期。

③ 杨彪：《日本中学历史教科书中的中国抗战》，载《历史教学问题》2015年第6期。

论”，[①]对日本侵华的企图和罪行，缺乏必要的揭示和公正的评价；在关于中国抗战与世界反法西斯战争的关系上，忽略甚至贬低中国抗战对世界反法西斯战争所做的贡献。[②]在资料利用上，对中文抗战史料的掌握和理解不够。有的研究基本把中国当作若干大国玩弄策略的对象，未能依据丰富的资料准确阐述中国战时外交的目的和内容。有的著述缺乏深入的理论分析，以主观推断代替史实分析的现象仍有存在。

俄罗斯则多采取收集史料、分析史料，特别重视将共产国际文件与中共文件对比的研究方法。研究取得了一定的成果，但问题仍存。比如，在相当长的时期内把意识形态斗争作为抗战史研究的出发点，使一些重要问题难以正确地阐明；对中国人民的抗日战争在第二次世界大战亚洲战场所起的作用估计不足，过高估计苏联红军的贡献。

在国共两党关系上，强调王明在统一战线形成中的作用；在抗战时期国际关系中，强调中国的抗日活动应该属于保卫苏联的所谓利益；重视档案的原始性值得称赞，但对档案是否真实地反映了客观情况，往往缺少科学的分析；在研究资料方面，对档案资料比较重视。不论对共产国际与中国抗战关系，还是苏联对中国抗战的帮助，都注意对史料和档案的运用。

日本学者则比较重视原始资料的搜集、整理、编辑和利用，诸如各个战区战役情况以及作战日记等重要史料，无不编辑出版问世，论著中也多重视引用丰富资料。同时，注意具体细节，并注意量化的表述。

乐游书房于1981年出版的浅田乔二的《日本帝国主义统治下的中国》，从经济角度分析中日战争，并叙述日本占领中国一部分领土时对中国农业与矿业资源的掠夺过程、控制在中国占领地的通货金融与交通的手段，最后叙述了解放区的形成及其与日本在经济方面的斗争；青木书店于1984年出版的石岛纪之的《中国抗日战争史》，认为中国的抗日战争应从1931年开始到1945年止，应是“十五年抗战”而不是“八年抗战”，本书注意全球的视野，各个侧面、各党派、各种力量的全面研究。[③]

综上所述，中国人民的抗日战争是世界反法西斯战争的重要组成部分，

① 费正清主编：《剑桥中华民国史》，中国社会科学出版社，1998年版，第973-974页。

② 张注洪：《国外中国抗日战争史研究述评》，载《北京党史研究》1995年第5期。

③ 张注洪：《国外中国抗日战争史研究述评》，载《北京党史研究》1995年第5期。

相比于欧洲战场和太平洋战场的研究，西方学界对其关注度较低。尽管如此，还是取得了一定的学术成果。美国、俄罗斯和日本学界有关中国抗日战争研究成果，各具特色，大体如上所述。我们期待着，关于中国抗日战争史的研究有更多的成果问世。

中外电子商务发展现状与趋势述论

马　婕

电子商务是随着信息技术发展的一个新型行业，是因特网爆炸式发展的直接产物，也是网络技术应用的全新发展方向。电子商务的发展，带动了其他行业的发展，对创新、就业、改善民生服务，对工业化、信息化、城镇化和农业现代化的发展都具有积极的作用。对于国民经济，缓解了传统产业对我国经济可持续化发展的压力，促进了产业结构的优化，加速第三产业的发展。为此，电子商务的发展已然成为国家关注的重点。本文结合电子商务发展的积极作用，探讨中外电子商务发展的现状和发展趋势。

一、国外电子商务发展现状和发展趋势

电子商务活动是一种新型的商业运营模式。随着经济全球化，电子商务就成为经济全球化的重要部分，电子商务的发展，带动了国际贸易。随着信息网络技术的发展，全球的上网人数、网站数目以及各地区互联网覆盖都有了增长，各个国家电子商务市场都有了更高的发展。世界各地电子商务的发展情况，各个国家互联网技术的发展有着一定的联系。2019年，全世界的互联网用户已经超过了40多亿，互联网的覆盖比例达到50%以上。

就全球的互联网覆盖情况来看，互联网用户最多的就是亚洲，欧洲、美洲的互联网覆盖率最高。相比较之下，针对互联网覆盖率来讲，亚洲还处于

【作者简介】马婕，西北师范大学知行学院教师。

相对落后的阶段，覆盖率位居第二。[①]

美国是世界经济强国，其电子商务的发展已经成熟。美国的人口有3.3亿人，据相关统计，互联网用户大约为2.4亿以上。就电子商务市场发展来讲，在2015年的时候全球零售电子商务市场排名美国超过了中国。美国电子商务的数据分析起步比较早，得益于传统零售市场的强大及供应链和渠道方面，促进了美国电子商务的发展。[②]

美国的大型电子商务企业亚马逊，作为美国最大的网上购物商场，也是美国最大的一家网络电子商务公司，是网络上最早开始经营电子商务的公司之一。亚马逊2017年的销量在美国网络零售额比例达到30%以上，2018年亚马逊的市场价值突破了6000亿美元，超过美国其他上市零售店。美国电子商务的发展现状和发展趋势：首先美国电子商务发展速度变缓，因为美国环境影响导致电子商务市场的增长变缓，每年的电商零售市场的交易额依然平稳提高，美国的电子商务市场并没达到饱和，还具有很大的提升空间。其次跨境电商为美国电子商务带来新的市场发展，利用跨境电商平台，促进了对外销售，扩展了市场。再者美国移动电子商务市场规模增长迅速，电子设备的普及和发展，为电商市场带来巨大的潜力。而且全渠道成为美国电商发展的重要战略，提供更好的服务。

法国为欧洲第二大电子商务市场站，法国的人口为6000多万，作为世界上较大的电子商务国家之一，在线销售额占零售总额的6%。相关数据显示，2019年法国电子商务市场的收入预计在499.29亿美元，互联网销售额持续增长，预计突破1000亿欧元，线上购物的人数达到3880万人，占比接近90%。其中有超过50%的不同规模的商家网站是在国际上销售。

法国电子商务之所以得到迅速发展，原因如是：首先，物流信息化作为法国电子商务发展的优势，电子物流的发展促进了法国电子商务的发展。利用互联网的技术来完成物流全过程的协调、控制和管理，为法国的电商发展提供保障基础。其次，重视人才培养，为电商发展提供人才支撑，法国对于电商人才的培养采用的是院校系统理论知识与企业实际最新需求相结合的方

① 朱玥、樊重俊、赵媛：《全球电子商务：发展现状与趋势》，载《物流科技》2020年第43期。

② 叶波：《论国际电子商务规则的发展趋势》，载《国际商报》2019年第25期。

式，实现理实结合。

法国的电子商务在得到迅速发展的同时，也存有一定的问题。比如，支付安全问题。法国电子商务未来发展最需要注意的主要问题之一是支付安全问题，这也是可持续化发展面对的最大问题。现今，法国正在不断地研究安全问题，力求为电商的发展确保支付安全。①

韩国位于东亚朝鲜半岛南部，韩国电子商务的基础设施在国际社会上公认为世界级水平，在信息化的排名中，韩国居世界的第八位、亚洲首位。信息化的发展为其电子商务的发展提供了基础和可能性。在2003年的时候，韩国电子商务的规模达到了2040亿美元，2014年，10年的发展，韩国电子商务规模达到10000亿美元。韩国统计局数据显示，在2016年的时候，网上购物交易额达到了64.9万亿韩元。在2019年，预计韩国电子商务市场的收入达到685.54亿美元，收入年增长4%，用户的普及率达到90%。例如韩国最大的综合购物网站，在韩国在线零售市场中的商品销售总值方面排名第一。该平台拥有1100多万的独立访问者，在2006年开始提供英语语言服务，并开设了中文网站，开始全球化的运营，2015年的时候退出了移动应用程序，创新了付款的方式。韩国电子商务的发展：首先其具有一个良好的发展环境，韩国网络技术设施建设比较完善，其网速、无线连接速度等居世界第一，为电子商务的发展提供了良好的网络基础条件。同时韩国政府针对电子商务发展提供了大力的支持，制定了一系列的优惠政策。其次是它的用户体验，配送速度快、完善的客户服务、个性化的专营独立网站，都给用户带来独特的体验，促使用户增加网购的行为。最后是多样化的销售手段，促进了电商的发展。在发展中运用移动电商和社交电商，运用顾客积分制等，提高网购体验。在未来的发展中，研究对跨境电商的运用，满足全球消费者的需求，促进其对外销售。②

① 王天野：《浅析电子商务全球化与我国电子商务创新发展研究》，载《纳税》2018年第11期。

② 刘志军、王春宝：《浅析国内外电子商务立法的发展现状》，载《中国商贸》2011年第36期。

二、中国电子商务发展现状及趋势

电子商务目前已经成为当前社会经济中的重要组成部分，在人们的日常生活中发挥着不可缺少的作用。发展电子商务不仅可以节约运营成本，还能提高公司的运作效率，对国民经济和社会发展也具有积极的意义，有效地推动了国民经济增长方式的转变，对提高我国国际竞争力具有积极的作用。电子商务还能促进社会主义市场经济体制走向完善。[①]

中国电子商务发展起步相对比较晚，起步阶段：1990—1993年，这一阶段正是电子数据的交换时代，进一步地推动了电子商务的形成与探索。形成阶段：1993—1997年，随着电子数据的发展和经济的发展，电子商务发展逐步形成。发展期：1998—2000年，互联网技术的发展，促进了电子商务的发展。电子商务正式开通，网上购物也进入了应用阶段。稳定期：2000—2009年，电子商务得到了快速的发展，互联网技术的发展为其提供网络基础，其发展也进入了可持续化发展的稳定阶段。直到现在，随着中国科学技术的发展，电子商务发展进入成熟期，国家也认识到电子商务发展的积极作用，给予了高度的重视，电子商务形成了相对比较完善的运营模式。[②]

到目前为止，随着互联网的发展和移动终端设备的普及，电子商务已经渗透到各个领域，带动了传统行业的转型升级。互联网和移动互联网不断渗透，为电子商务快速发展奠定了基础，中国也清晰地认识到其发展作用，制定了一系列政策措施，其中就包括了《互联网行业“十二五”发展规划》《电子商务“十三五”发展规划》，还有一些“互联网+”“信息化建设”等策略的提出，都积极地推动了中国电子商务的发展。此外还有“脱贫攻坚”战略的提出，农产品的网络销售，进一步地促进了电子商务的发展。在“一带一路”倡议发展引导下，也为电子商务的发展打开国外市场，促进了跨境电商的发展。

现在，经过多年的努力，中国的电子商务已经取得了一定的成就。

其一，法制建设方面得到完善。《中华人民共和国电子商务法》在2019年初正式实施，通过立法促进了电子商务的发展，规范发展并且为其提供保

① 张卓异：《电子商务对我国国际贸易的影响及发展对策》，载《时代金融》2020年第12期。

② 高兰英：《我国电子商务发展的特点和趋势分析》，载《财富时代》2020年第2期。

障权益。

其二，创新驱动保障市场快速增长。技术创新提升了电子商务的运营水平，比如智慧物流、智慧仓库等；模式创新激活了网购消费能力，比如一些直播平台进一步满足了消费者多层次、多样化的需求；然后是跨境电子商务的发展，全球品牌加速双向互动，丰富境内消费市场；综试区持续开展政策创新；农村电子商务协助扶贫，促进农村发展，电子商务加入脱贫攻坚战略中，促进了农产品销售，农产品也成为电子商务的新品牌，农村电子商务成为探索的一个新模式。

其三，“一带一路”倡议加速了电商国际化的发展，积极促进电子商务进口出口。中国目前电商平台有淘宝、京东等，比如淘宝，是中国最大的电子商务平台之一，2003年创立，经过10多年的发展，已然成为亚太地区较大的网络零售商圈。目前在中国有5亿以上的注册用户，每天的固定访客更是超过了6000万，每天的在线商品数已经超过了8亿件，平均每分钟售出的商品在48000件以上。随着淘宝网规模的扩大与用户数量的增长，淘宝也从单一的C2C网络集市变为集多种电子商务模式在内的综合性零售商圈。淘宝每年的“双十一”可谓是一次次超越，从2009年开始，每一年的“双十一”淘宝加上天猫的销售额都处于增长的趋势，2015年“双十一”销售额达到912亿元，2016年达到1207亿元，2017年的“双十一”更是达到1682亿元。这一数据的变化，也表示了中国电子商务的发展。

随着互联网技术的发展，电子商务已经成为日常生活的一部分，特别是上班族，更加愿意网上购物。随着互联网的普及，电子商务发展具有很大的潜力，发展趋势也更加明显。

首先，电子商务服务业服务模式更加多元化，随着大数据等先进技术的更新，也推动电子商务的发展，实现数字化的发展。进一步带动传统行业的发展，目前电子商务已经开始与一些传统行业进行融合，比如农业、教育、金融等，随着发展，其融合也会更加深入，促进传统行业的转型升级。

其次，是农村电子商务的发展，电子商务加入脱贫攻坚战略中，农村电子商务发展已经成为必然趋势。政府也针对其发展发布了《关于推进农业高新技术产业示范区建设发展的指导意见》，并指出要促进信息技术与农业农村全面深度的融合，加强农业农村的信息化建设。发展农村电子商务，促进农村产业振兴和人才振兴，农村电商拓展乡村产业的网络销售，带动产业发展和实现农民增收，也催生了一些新兴产业。发展农村电子商务，也带动了年轻人农村创业，有利于解决农村人才问题。2019年的中央“一号文件”也指出要持续开展电子商务进农村综合示范。在此背景下，农村电子商务发展也是未来的一大发展趋势，与中国乡村振兴战略紧密联系在一起。然后是跨境电子商务的发展，跨境电商发展也是电子商务未来发展的一大趋势。截至2018年，中国跨境电商保持快速增长的态势，多业态融合推动新模式的成长，也优化供应链管理，加速产品对外贸易。在经济全球化的趋势下，国际贸易的加强，跨境电商的发展已经成为未来的必然要求。跨境电商的进口规模进一步扩大，创新融合成为跨境电商新的增长点，中国跨境电商将进入规范发展阶段，为中国经济全球化的实现发挥积极的作用。

最后，电子商务在未来的发展中，会加强诚信建设，完善法制体系，随着《电子商务法》的正式实施，促进了中国电子商务的诚信建设，加强了信用监管和协同监管。通过信用建设，电子商务信用信息共享和信用产品制度将逐步完善，有利于电子商务市场的健康发展。①

综上所述，本次述论主要是探究中外电子商务的发展现状和发展趋势，在对电子商务的分析基础上，对全球电子商务的发展进行了分析，结合一些国家的发展做了说明，并且分析了中国电子商务的发展现状和发展趋势。对于中国电子商务的发展，应该加强中国电子商务与国外发达国家电子商务的对比分析，借鉴国外先进的经验，促进中国电子商务的发展。

① 刘若朋：《电子商务发展趋势研究与对策建议》，载《人民邮电》2020年第16期，第5页。

世界通史教学要关注高中课程改革

张礼萍

高中新课程改革在青海省推广实施以来，2013年首批课改后的学生参加了高考，作为我省专门培养基础教育师资力量的地方师范院校，我们迎来了课改后的第一批学生。通过几年的教学实践，我们发现课改后高中历史教学发生了较大变化，中学历史教学内容变化明显。作为历史专业的基础课——通史课，如何适应课改后的教材变化，与时俱进，更好地为我省基础教育服务是我们必须认真思考和不断探索的问题。

一

新课改后的高中教材内容放弃了以往通史的讲述方式，按照历史发展的阶段特征分模块和专题精心设计，就世界通史的相关内容来说，体现出以下特点。

（一）世界近现代史的内容比重偏大

就我省目前采用的新课标历史教材来说，历史必修3本，选修3本，共6大模块、45个专题，其中历史必修的政治、经济和思想文化3大模块共25个专题，涉及中国史14个、世界史11个。历史选修《近代社会的民主思想与实践》介绍的是近代以来民主思想的发展历程与实践问题，共5个专题，内容主要以西方民主政治的发展演变为主，其中涉及了中国对民主的理论探索及创建民主制度的斗争；历史选修《历史上重大改革回眸》共9个专题，中国

【作者简介】张礼萍，青海师范大学文学院教授。

史4个，世界史5个；历史选修《20世纪的战争与和平》6个专题，均为世界现代史内容。6大模块的45个专题中国史占18个、世界史占27个，世界史内容分量比重偏大。世界史的27个专题中涉及古代史的2个，其余都是和世界近现代史有关的内容。可见编者的意图侧重于体现世界历史的内容和特点。

（二）专题内容时间跨度大，涉及范围广

现行高中教材的编写者在各自领会《历史课程标准》的前提下，对历史现象、历史问题和历史结论做出不同的解释和叙述，正是新课程理念下的“有自己鲜明的个性和风格”，符合历史学科多元、科学性的特点。由于高中历史教材采取模块和专题的体例，或着眼于背景，或着眼于因果，或着眼于时限，或着眼于补述，或着眼于结论，而且各模块和专题之间有一定联系。特别是有些专题内容讲述时间跨度大、涉及范围广，学生把握难度较大。例如历史必修二的专题五《走向世界的资本主义市场》，其内容贯穿了从16世纪到19世纪末世界近代史的始终，编者试图用世界市场的形成和发展贯穿近代世界经济发展过程，涉及商业资本主义和工业资本主义历史，欧美主要国家在近代的发展、崛起和竞争都包含其中，突出体现了世界近代史作为世界历史转折点的发展主线，要让学生完全理解专题内容，教师必须把握好世界历史发展的整体化进程和现代化特点。

（三）提出历史课程“三维目标”

此次课改的一个突出特点是在课程目标上从过去的知识、能力和思想教育目标转变为现在的三维目标——知识与能力、过程与方法以及情感、态度和价值观。课程目标是一门课程学习的总体要求，包括学生的学习过程、学习方法、学习策略等方面所要达到的教学目的，反映了国家和社会对课程的教育宗旨和基本要求。如果我们把历史课程的编制与实施看成是一个系统的话，课程目标就是支撑这一系统的支柱。历史教育的重要性体现在其特有的教育目标上。从过去的知识、能力和思想教育目标到现在的三维目标，历史学科教育目标的表述越来越明确。“知识与能力”目标，强调历史学科的基本知识和基本技能，这是历史教育的基础要求；“过程与方法”目标，强调历史认知的过程与方法，要求教师在注重引导学生参与历史学习的过程中，帮助学生形成正确的学习方法，培养学生的科学素养和实践能力，这是历史教育的关键环节；“情感、态度和价值观”目标，凸显新课程“以人为本”的教育观，是促进学生健康成长和全面发展的灵魂与核心要求。[①]“三维目标”的提出是此次课改的一大进步，虽然在历史教育实践中对此还存在诸多争论和歧义[②]，但还是值得引起培养中学师资力量的地方师范院校的关注，在通史教学中如何贯彻和落实“三维目标”需要我们认真地思考和努力。

二

随着中国经济、社会快速发展以及就业竞争加剧所带来的新形势和新要求，中国的高等教育面临着转型，高校培养的学生能否顺应社会发展和时代要求，适应激烈的社会竞争，已成为高等教育改革的重要内容。为适应社会需求，高师历史系专业开始从以知识传授为核心的传统教育转向以能力培养为核心的素质教育，培养既具备历史学专业知识，同时又能适应社会需求、能力突出的人才。作为地方师范院校，我们在学生培养中必须密切关注中学教育改革的发展动向，适时调整通史课的教学内容，以适应中学历史课程改革的新变化。如果我们对此不闻不问，坚持传统教学内容和方法，势必使我们的学生无法驾驭中学历史教学，在激烈的社会竞争中难以胜出，也必将使我们自身在今后的激烈竞争中无立足之地，因此我们必须结合中学课程改革进程，加强和改革通史教学。

（一）世界通史教学一定要突出世界历史的特点

世界通史是历史系学生的两门专业基础课之一，从人类起源一直讲到20世纪末，内容包罗万象，加之许多高校的通史课时都大大压缩，课堂教学如何把握确实比较困难。笔者认为，高校世界通史课的教学必须体现出世界历史的特点。那么什么是世界历史呢？正如吴于廑先生所说的“世界历史是历史学的一门重要分支学科，内容为对人类历史自原始、孤立、分散的人群发展为全世界成密切联系整体的过程进行系统探讨和阐述”[③]。这里明确了世界历史的发展主线是世界整体化的进程，所以马克思说“世界史不是过去一直

① 孙才周：《课程改革需要新历史教育》，载《历史教学问题》2013年第2期。

② 赵亚夫：《新课程〈历史课程标准〉急需解决的几个问题》，载《首都师范大学学报》2006年第5期。

③ 吴于廑、齐世荣主编：《世界史·近代史编》（上卷），高等教育出版社，2001年版，《总序》第4页。

存在的，作为世界史的历史是结果”[①]。因此，世界通史的课堂教学一定要牢牢把握世界历史发展的特点，特别是世界近现代史的教学要在教学内容的选择上始终贯穿这条主线，无论是重大历史事件的阐述还是历史发展线索梳理都要突出世界历史由分散向整体化演进的发展主线。否则面对纷繁复杂的各国历史发展内容，教师便无从下手，更难以把握世界历史的发展路径和主要内容，最终使学生形成世界通史就是一堆零零星星的知识碎片的认识，难以形成较为完整的世界历史发展线索和体系。

（二）把握史观教育在近现代史教学中的地位

史观教育是历史教学不可或缺的重要内容，也是通史教学中教师比较难把握的问题。表面上看史观问题属于史学理论的范畴，但在通史教学中，史观教育却时刻在主导教师对通史内容的讲授，自觉不自觉地对师生的历史认识产生影响，特别是在世界近现代史的教学中这个问题尤为突出。

由于世界近现代史是以欧美资本主义的兴起推动世界历史体系的形成，所以“欧洲中心论”一直是占主导地位的史观，无论是教材编写还是课堂讲授都难以避免“欧洲中心论”，比如由于课时压缩，世界近代史教学中基本只能围绕资本主义兴起和发展的主线重点讲授欧美近代历史发展的重大事件，很难涉及欧美以外地区的发展状况，给学生的印象就是欧美资本主义主导世界历史，“欧洲中心论”自然而然地形成，这也是教师在教学中容易表现出来的问题。但事实上“欧洲中心论”绝不应成为主导世界近代史教学的唯一史观。[②]唯物史观是马克思主义史学理论的基本观点，也是世界近现代史教学研究的基本原则，我们必须坚持。同时“全球史观”“文明史观”和“现代化史观”也是值得学习和借鉴的史观，特别是“现代化史观”在改革开放后极大推动了中国的世界史学科发展。现行高中新课标的内容在这方面也多有体现，教师如果没有对现代化史观的把握和了解，很难真正体现高中教材专题教学内容的深刻内涵和相互联系。[③]此外讲授这一时期的通史内容还要防止对英雄

① 《马克思恩格斯选集》（第2卷），人民出版社，1995年版，第28页。

② 周小兰：《世界近代史教学中存在的史观问题——从“欧洲中心论”到“全球史观”》，载《中学历史教学》2013年第3期。

③ 卞姗姗：《现代化史观与世界近现代史教学》，载《中学历史、地理教与学》2013年第5期。

史观的宣扬和扩大，因为前资本主义的历史都受英雄史观的支配，到工业化时期英雄崇拜依然盛行，东西方史学都受到影响，所以课堂教学要特别注意。[①]

二战以后，史学越来越走向多元化，我国的世界史学科也以开放的胸襟容纳百川，取得突飞猛进的发展。作为世界通史课的教师一定要树立多元史观，认真研读，细心体会。并努力体现在教学过程中，让学生通过世界通史的学习，了解人类历史的发展，树立正确史观，形成开放、包容、多元、进取的人生观和价值观。

（三）注重学生知识体系的构建

作为地方师范院校必须为学生以后从教的职业发展考虑，我们必须认识到师范院校的学科专业课程，就是为师范生教师职业能力所需知识提供的保证。任何职业都具有一定的知识体系，都以对知识的学习与应用为基础。教师职业更是以知识的传承和创造为宗旨，而学科专业知识的学习和掌握自然就成为重中之重。没有相应的学科专业知识，教师的职业行为就成了无源之水、无本之木。由于师范生具有“师”与“生”相兼容的角色特点，这就要求师范院校在进行知识传授中应努力建立与师范生身份特点相协同，与其职业发展相统一的课程体系和评价体系。现行高中新课程的模块、专题编写方式时间跨度大、内容范围广，学生很难形成系统的知识体系。实施课改后我校招收的学生多以本省州县学生为主，由于州县教育资源的欠缺和不足，一些教师对课改后教材内容的把握不是很透彻，学生对世界史的掌握“知识碎片化”现象较严重。所以在世界通史教学中我们要特别注意知识体系的构建，特别是世界通史涉及的国家地区广、时间跨度大，又不能讲成国别史的堆砌，因此教学难度较大。例如，高中新课标历史必修二中的专题七《苏联社会主义建设的经验与教训》，虽然只讲了三个大问题，实际涵盖了苏联历史的全部内容。如果没有完整的知识体系，教师很难把握教材，更难达到三维目标的要求，也容易使学生对社会主义运动产生误解。再比如，高中新课标历史选修《近代社会民主思想与实践》的专题二《走向民主的历史步伐》中的第一个大问题“写进法律文献的民主”后面的自我测评，需要学生掌握17世纪英

---

① 王加丰：《当前历史教育要提防英雄史观的渗透》，载《中学历史、地理教与学》2013年第5期。

国革命、18世纪法国革命和美国独立革命的完整内容，但课本实际只讲了《权利法案》《独立宣言》和《人权宣言》，教师应帮助学生构建三次革命的知识体系，才能使学生更好理解自我测评内容的深刻含义。所以，我们在通史教学中一定要兼顾通史知识体系的构建，只有学生具备扎实的通史知识体系，才能具备从事中学教学活动的基本能力，也才能熟练驾驭课改的教材体系，胜任教学工作。

总之，作为主要培养基础教育师资力量的地方师范院校，我们的教学内容始终要关注中学课程改革的发展动态，不仅在实践教学方面与基础教育相结合，而且在培养方案和专业课程设置上要紧跟我国基础教育改革的发展变化，与时俱进，开拓创新，努力培养适应新时期基础教育和素质教育发展需求的师资队伍和专门人才。

高校历史教学中原始资料运用的若干思考

鞠长猛

我国《面向21世纪教育振兴行动计划》（以下简称《行动计划》）要求：“高等学校要追踪国际学术发展前沿，成为知识创新和高层次创新性人才培养的基地。”历史学作为我国高等教育的基础性学科，按照《行动计划》的要求，应着力培养学生的创新精神，提高他们运用知识的能力，承担起塑造民族精神，提高社会认同方面的责任。目前，关于这方面研究的论著较多，但大多学者主要从课程设置、教材编修和教学方法等方面进行论述。他们的论著开阔了高校历史学发展的思路，但往往较为宏观，追求面面俱到，鲜有深入地阐释某一方面的论文发表。本文结合笔者近几年在本科教学中对学生的调查和访谈，运用课程论和教育学的相关知识，着力考察原始资料在历史教学中的运用问题，以期采用以小见大的形式探讨历史学教学创新问题，得出一些有益的认识。

一、历史教学中原始资料运用的必要性

高校本科历史专业课程内容涉及中国史、世界史和考古学三个一级学科，共有70多个学分。传统上，教师在教授具体课程时十分重视讲授法教学，希望在有限的时间内讲述更多的教学内容，以达到强化记忆的作用。讲授法虽然具有简捷和高效的优点，却忽视了对学生各方面能力的培养，使教师在教学过程中扮演着“授之以鱼”的角色，并没有做到“授之以渔”，无法充分调

【作者简介】鞠长猛，江苏师范大学历史文化与旅游学院副教授。

动起学生的学习积极性，导致课堂封闭、沉闷，缺乏开放性、创新性和个性。在各高校不断要求提高教育质量、提升人才培养水平的背景下，不少学者已经认识到讲授法的不足，试图从教材内容、教学方法、课程设置以及专业前景等多个方面寻找解决方案，先后提出了不少可贵的见解，并将其运用到教学中。但许多新方法所取得的效果并不明显。对此，史学家马克垚颇为无奈地指出："有时老师启发学生讨论，提出问题要学生回答，可是还是讨论不起来，弄得兴味索然。"[①]为了找到该问题的症结所在，笔者从任职以来，经常以小型问卷或访谈的形式进行调查。从反馈的结果看，上述问题主要是由学生兴趣和课程内容两个原因造成的。

从学习兴趣方面来看，历史专业学生或多或少存在着"理想与现实之间的矛盾"心理。所谓"理想与现实之间的矛盾"，主要体现在学生不认可历史学的"钱途"，过于担忧未来的就业和收入问题，因而消磨了学习热情。这是现阶段历史学面临的一大现实问题。在目前整个社会商业化色彩日趋加强、高校毕业生就业形势日益严峻的背景下，历史专业作为一门基础性学科，重在培养全民的正确历史价值观，虽然不存在被裁撤的问题，但因为缺乏有效创收渠道，"在高校中持续弱化和边缘化，进而影响到师生的精神状态"[②]，使学生对这一学科缺乏信心，因而在一定程度上丧失了深入研究的兴趣。目前历史专业已然成为高考填报志愿的"冷门专业"，第一志愿录取率一般不超过30%。历史学教师应正确认识和处理这一客观存在的矛盾，加强对学生的引导。所幸，现实困境并没有完全掩盖学生对历史知识本身的兴趣。从教学实践中看，教师可以通过合理的教学方法，帮助学生认识到历史学的功用和价值，使他们逐步加强对历史学的认同感，最终形成比较强烈的学习热情。笔者在访谈中便发现，随着学生学习程度加深，80%以上的学生认为历史学比较有趣，是一门值得认真学习的学科；只有10%左右的学生认为历史学较为枯燥，但尚未发现学生对历史学毫无兴趣的案例出现。由此可见，历史学本身的魅力可以抵消掉"钱途"问题所产生的消极影响。诚然，要彻底解决该问题，需要从社会层面上重视历史学的学科价值，加大对历史学等基础学

---

① 马克垚：《大学历史教学浅谈》，载《历史教学》（高校版）2001年第1期。

② 王灿、王佑江：《近十年高校历史教育研究综述》，载《广州广播电视大学学报》2011年第6期。

科的支持力度。但目前情况下，历史学教师应从教学方面实现创新，提高学生对历史学的认可和兴趣。

从教学内容上看，历史课堂缺乏生机的原因主要存在于知识层面，传统历史教学方法和教学内容不利于激发学生的积极性。一方面，这与历史教学内容的难易程度有关。笔者在教学过程中发现，学生普遍认为他们在学习历史时面临的最大困难是“历史脉络复杂、思路不够清晰，导致知识点难记、难背”。当被问及哪一门专业课最难时，70%的研究生和90%的本科生认为是世界古代中世纪史，5%的学生选择了中国古代史和世界近现代史，而只有2%的学生选择了中国近现代史。这种状况与他们的历史知识储备有密切关系。中小学期间，学生已经系统学习过中国史和世界近现代史，因此在大学期间再学习相关内容时便“轻车熟路”。相比之下，他们在本科阶段才开始全面学习世界古代中世纪史，短时间内难以形成完整的知识框架，因而普遍认为该门课程最难。不过，经过本科期间的学习，进入研究生阶段后，学生认为该课程最难的比例已经有明显下降。这也从一个侧面证明了知识难易程度而非学习兴趣是目前影响历史教学的一个重要问题，因而需要教师在教学方法上采取针对性的措施进行克服。另一方面，学生对历史学的兴趣也与教学方法有关，传统教学方法已经显得过于陈旧，不符合当代学生的认知需求。通过对学生的访谈发现，学生普遍认为历史课堂充斥着背景、意义和评价等说教性的内容。虽然这些内容都是多年来史学研究的精华内容，但缺乏推理过程，导致代入感较差，使学生失去了思考归纳并与教师进行讨论的动力。这就需要教师在教学内容上进行突破，让历史更加贴近现实，提高历史教学内容的趣味性。

通过上述研究便可发现，本科学生实际上对历史课的兴趣是比较浓厚的。纵使目前高校历史学科面临着来自社会环境及内容创新方面的困境，但这都不能消减历史学自身所具有的魅力。在目前无法改变社会环境的条件下，高校历史教师应着力在教学内容上进行革新，充分发掘历史学的趣味性，增强学生对历史学的信心。因此，在现阶段现有条件下，如何找到简便而有效的方法是困扰学界的一个重要问题。本文根据问卷调查，并结合具体的教学经验认为，通过加强原始资料运用可以有效克服某些教学内容陈旧的问题，将历史的“内容”而非史学研究的“结果”呈现在课堂上，将有助于激活学生的兴趣点，达到活跃课堂的目的。

二、原始资料的主要类型及其特点

原始资料在历史教学中的运用价值是由历史学的性质决定的。历史学的研究对象是已经逝去的“历史事实”，具有不可复原的特点，只能“有一分史料说一分话”[①]。史学研究者要做到“论从史出”，首先需要掌握准确而翔实的史料，才能深入探究历史现象，继而运用历史思维对“历史事实”进行建构，最终得出合乎逻辑的历史认识。这样的研究方法既符合历史知识形成的基本规律，也适用于历史教学。学生只有将知识建立在史料基础上，才能深入思索历史事件，梳理出历史发展的脉络，对历史知识形成深刻的认识，塑造正确的史学观念。

传统上，我们将历史学的史料区分为原始资料和二手史料。其中，原始资料主要是指“那些被当时的人们写下来的文献或是他们创造的历史文明，换言之，是那些直接的行为参与者或目击者所创造出来的文献或文化遗存”[②]，其以多种形式存在，包括历史文献、历史遗存、图像资料、口述资料等。对于高校历史教学来说，每一种原始资料都有其独特的利用价值和不足之处。

历史文献主要是书写的资料，可分为两类：一类是历史档案资料，包括各级公共管理机构的官方资料，如法律法规、税收户籍档案、教会档案，也包括私人的书信、日记、碑刻等。这类资料一般具有较高的可信度，可以源源不断地为历史教学和研究提供资料来源，缺点是没有经过系统整理，内容较为庞杂混乱，无法直接进行运用。另一类是历史文献，主要是历史事件发生不久后，相关学者根据直接经验或调查研究写成的论著，如二十四史、《荷马史诗》《伯罗奔尼撒战争史》《英国法总论》等。这类资料经过了作者的思考和加工，能够从整体上反映出各个时代的思想观念和文化价值，可以直接用于历史教学和研究。但缺点是作者受到时代的束缚，对资料进行了取舍，不利于当代学者全面地认识历史问题。以二十四史为例，古代人重视政治史研究，主要记载“王侯将相”参与的国家大事，对下层民众社会生活的记录

① 崔玉淑：《历史教学中如何指导学生阅读史料》，载《课程教学研究》2013年第27期。

② 朱孝远：《如何学习研究世界史》，北京大学出版社，2011年版，第65页。

较少，致使今天的学者在研究社会史时严重缺乏原始文献资料。

历史遗存主要是以非文献形式存在的历史证据，包括历史遗址、历史建筑、生产生活用品、工艺品等，反映了当时人们的生产生活状况，是历史研究的“活化石”。这类资料可信度高，呈现形式较为鲜活，是历史教学和研究的重要素材。但其缺点是分布较为分散，较难组织学生进行充分的实际体验，大多数情况下只能以图片和影音的形式呈献在历史课程上，因而在一定程度上减弱了其“鲜活”的特点。

图像资料主要是人类留下的带有图像性质的可视的遗迹，包括各种画像、雕塑、摄影照片、电影电视画面、时装玩偶、工艺品、奖章和纪念章等，甚至包括地图和建筑等。[①]图像资料具有比文献资料更直观的表现力和感染力，它重现了历史的真实场景，将历史瞬间最大限度地展现出来，因此有学者认为“摄影之类的图像从来不是历史证据，它们本身就是历史性的”。[②]学术界已经认识到图像资料的重要性，大英博物馆便收藏了大量拍摄于19—20世纪的图像影音资料供史学研究者参考。山东画报出版社以“观照百多年来人类的生存和发展”为主题出版的《老照片》，也起到了“定格历史，收藏记忆”的作用，为历史研究提供了新的史料和思路。但图像资料也有局限性，由于受到拍摄器材性能的限制，早期的图像资料往往模糊不清，降低了该资料的质量。同时，图像资料只是一个历史片段，容易造假，需要研究者进行大量的考辨，否则就会断章取义或误读，进而得出错误的结论。

口述资料是一种“通过录音设备来收集和分析口头流传的历史资料的研究方法，其主要价值在于说明和确定没有留下文献资料的阶级、阶层和社会集团的生活习惯，记述普通人民群众的作用和历史”。[③]这类原始资料弥补了传统历史文献因主要记录“王侯将相”等社会上层人士的缺陷，注重记录下层文化，且修饰成分较少，成为一种存在形式新颖的原始资料。但该类资料可信度并不高，受访者可能因为防备心理、思路不清，或者受到错误引导等原因而没有表述真实的想法，因而只能当成传统原始资料的必要补充。

---

① 彼得·伯克：《图像证史》，杨豫译，北京大学出版社，2008年版，第3页。

② 曹意强：《可见之不可见性——论图像证史的有效性与误区》，载《新美术》2004年第2期。

③ 曲钦岳：《当代百科知识大词典》，南京大学出版社，1989年版，第100页。

在教学工作中，每一种原始资料的运用方法都是不同的，教师应扬长避短，合理使用。文献资料和图像资料在收集和整理方面存在较大难度，需要教师在课前进行长时间的精心准备，但使用起来较为方便，成本也较低，只需在讲授过程中以语言、文字或图像的形式呈献给学生即可，可以加强学生对某段历史的认识。这类资料并没有突破传统历史教学方法，学生的参与程度较低，不利于从质的层面提高学生的学习兴趣。历史遗存的使用符合“读万卷书，行万里路”的中国传统治学精神，要求教师带领学生到历史古迹、博物馆、图书馆等地进行现场参观学习，还可以进行考古挖掘等教学活动。这类资料有利于学生在真实的历史场景中学习知识，立体感强，参与程度较高。但在运用这类资料时涉及组织学生、安排交通住宿、联系接待单位等一系列问题，而且花费较多，目前并没有被普遍采用。口述资料运用是一门实践性很强的活动，需要采访和记录等方面的专业知识，基本操作步骤包括“选题、访谈、口述资料的整理和编辑、口述资料的保存和传播等步骤”①。目前条件下无法大量使用，但可以通过鼓励学生在假期中进行实践，如采访家属或长辈，了解中华人民共和国成立之后我国社会主义现代化建设的成就及面临的困难，逐步培养学生在运用口述资料方面的能力。

正确分析各种原始资料的类别、优缺点和使用方法，是高校历史教学中合理使用原始资料的前提。结合目前我国高校历史教学的现实，讲授法虽然不利于发挥学生的主动性和创造力，却可以在有限时间内讲授大量的知识，避免学生在学术上走弯路，因而在未来很长一段时期中还会继续存在。如果在讲授式授课的基础上，教师补充大量具有理论性和直观性的历史遗存和口述资料，将有助于拓宽学生的学习思路，培养学生分析问题和解决问题的能力，达到事半功倍的效果。

三、原始资料运用的方法

历史学是一门处理史料的学科，但不是仅仅停留在史料的阶段，高校历史教学也是如此。高校历史教学运用史料的本质目的是提高学生的知识和能力水平，提高学生综合分析问题和解决问题的能力，培养他们的创新意识和

① 杨祥银：《与历史对话：口述史学的理论与实践》，中国社会科学出版社，2004年版，第40页。

创新能力。因此，利用原始资料进行教学旨在发挥学生的自主性，改变以教师为中心的教学模式，树立起学生的自主学习地位。这要求教师变“讲授者”为“引导者”，打破学生的思维惰性，充分调动他们的积极性。而要做到这一点，往往要求教师花费较多的时间进行准备。具体的教学方法可以分为四个部分。

（一）原始资料的收集与选择

原始资料是历史的直接参与者或目击者创造出来的文化遗存，因此是研究历史的第一手资料。借助原始资料，学生可以认识历史知识的来源，重构历史的发展过程，形成正确的历史思维。但原始资料的特点是数量庞大，可谓“汗牛充栋”，需要教师根据教学目标和教学内容，对原始资料进行收集、选择和整理，以方便学生在课堂上参考使用。

在原始资料的收集方面，应力求全面准确。教师在收集原始资料时，除参考目前已经出版的高校教学参考书外，还应进行更加广泛的搜集，尽量多地占有历史文献、图像资料等，为课堂教学选取尽可能多的素材。只有每一个观点建立在多个原始资料基础之上，才能呈现出一个多维的历史过程，改变以往课堂上因主要讲解历史背景、结果和意义，而导致学生被迫死记硬背应付考试的局面，有利于学生培养思考和学习的兴趣，形成系统的知识。

在原始资料的选择方面，应保持客观公正，坚持史料批判精神。史料本身并不能直接揭示历史真相，只有运用科学的方法进行批判，才能发现真实的历史。史料批判分为外部批判和内部批判。外部批判主要是排除史料的错误成分，增强史料的可信性；内部批判解决史料的理解问题，找到更符合历史逻辑的理解方式[1]，把握好原始资料的质量问题。因此，教师应挑选典型的一手资料，真实地展示历史的本来面目，同时有意选择一些不确切、不完整或者立场有偏颇的资料，作为反例提供给学生，加强学生对真实史料的认识，增强学生的辨别和判断能力。

在原始资料的整理方面，应遵循教育学和心理学规律，以最符合教学目的的方式将各类原始资料呈献给学生。教师应对文献资料进行节选，对图片影音类原始资料进行剪接。随后，按照不同类型原始资料的内在逻辑性进行

① 朱孝远：《如何学习研究世界史》，北京大学出版社，2011年版，第65页。

重新排列组合，将不同的历史片段连接成一条完整的历史线索。

（二）教学过程

原始资料教学适合采用探究式和研讨式教学方法，需要学生在上课之前便对教材有所了解。这就要求教师在学期开始时把教学大纲发给学生，留给学生提前熟悉教学内容的时间。进入课堂教学阶段，教师以传统的观点为切入点，运用大量史料进行反驳，激发学生对旧问题的思考，接着将历史过程环环展开，形成新的观念。原始资料必须结合教材内容使用。否则，“缺乏想象力、不做准备地使用档案资料，要比不做准备地使用教科书和听写本更缺乏创造性”。[①]教师需要把史料与讲课内容有机地融合为一体，合理地插入PPT课件或教案中。篇幅较长的史料也可以打印出来，作为延伸性阅读内容分发给学生使用。借助这些史料，教师可以抓住学生的兴奋点，引导学生进行思考，带动学生快速进入思考状态。在条件允许的情况下，教师还可以将一部分教学内容用于课堂讨论，通过讨论引导学生进行思考，开发学生的独立性、积极性和自主性。在课堂讨论时，教师也应积极备课，重点收集国内外学者对原始资料的解读和评论，为解答学生的疑问做准备。当每个讨论专题结束时，教师应进行必要的点评和总结，帮助学生将琐碎的知识连接起来，形成整体的认识，起到“画龙点睛”的作用，防止学生只见树木不见森林。当然活跃的课堂气氛并非混乱的课堂秩序，在教学实践中有的教师为了活跃课堂气氛，有意只选取趣味性强的内容进行讲解，这并非正确运用原始资料的方法。

（三）实地考察

实地考察主要目的是接触和探索历史遗存资料。历史遗存种类较多，但它们有一个共性，即都凝结着人类的智慧和创造力，是人类文明兴衰荣辱的标志，体现出世界的文化多样性和普遍性，具有不可替代的学术价值。目前，我国高校历史教学在这一方面还比较欠缺，这固然与教育经费短缺、学生管理等问题有关，同时也与教育理念的落后有较大的关系。欧美高校的历史专业较为重视实地考察，要求历史学专业学生必须进行考古学技能实训，以提高学生对实物史料的研习。以英国为例，各高校鼓励历史系学生走出课堂，

① 蒂姆·洛马斯：《论史料教学》，载《历史教学》1998年第2期。

通过参观著名历史遗迹来感知历史，通过运用实物史料来提高运用历史证据的能力。“英国许多优秀的历史教师现在都花大量的时间来设计与历史遗迹考察有关的教学内容，以便使历史知识更具有趣味性和探究性。”[①]国内高校的历史系也应学习国外的先进经验，将历史专业学生的调查研究能力当成一项重要素质进行培养。目前，在我国高校办学经费不断增长的条件下，结合我国高校的教学特点，高校历史学系有必要加大对学生科研和教学项目的扶持力度。通过鼓励学生申报校级、省级和国家级的“大学生创新创业项目”，让更多的学生参与科研项目。这样，学生便有机会感受科研工作的基本流程，直观体会史料在史学研究中的重要地位，提高他们整合史料和论证问题的能力，进一步发挥他们探索历史研究的主动性和积极性，带动学生发现问题、思考问题和解决问题的创新意识，拓展历史专业学生的创新实践能力，进而提高他们的综合素质。

（四）课后辅导与指导

原始资料教学激发了学生的创新思维，提高了学生的独立思考能力和学习兴趣，引发了学生阅读史学资料和论著的热情。随之而产生的问题是，课堂教学时间有限，学生该如何在课外时间向教师咨询疑问。该问题需要通过两方面的努力解决：一方面，高校历史学教师需要加强课后辅导，把教学从课堂延伸到课下，课堂教学完成后可以在教室停留一段时间，接受学生的咨询。在平时，教师应保持通信工具畅通，及时回答学生提出的各种学术问题。课后辅导虽然占用了教师的非教学时间，但却是教学工作不可缺少的一环，也体现出教师的职业素养和敬业精神。另一方面，历史学教师在指导学生科研和教学项目时，需要加强与学生的沟通交流，把理论知识放到课外。大学生创新项目一般在教师的指导下完成，选择考察对象、史料的收集和采纳也需要教师给予充分指导。只有教师将自己的实践能力不断传授给学生，才能补足学生在实践环节的不足，拓宽学生的知识面和提高学生的自我探索能力。

综上所述，原始资料教学代表了未来历史学教育的一个发展方向。2012年3月，教育部出台的《教育部关于全面提高高等教育质量的若干意见》明确规定，创新教育教学方法，提倡启发式、探究式、讨论式、参与式教学。

① 陈新民：《英国历史教学中的史料教学》，载《学科教育》2001年第8期。

原始资料教学符合我国的人才培养目标，符合历史教学的规律，也符合历史学的发展趋势。对于历史学科来说，原始资料教学构筑了史学教育的坚实资料基础，突出了原始资料的作用，有利于体现历史学原本具有的生动、睿智和鲜活色彩，也进一步加快了史学教学和研究的科学化水平。对于学生而言，原始资料教学可以督促学生进行学习与实践，有利于开拓他们的视野，启发他们的独创性思维，提高他们掌握和灵活运用理论知识的能力，加强了他们的团队合作和社会交际能力，为学生将来从事科研、教学或其他工作打下良好的基础。虽然在目前条件下推进原始资料教学还是一个十分复杂而艰难的任务，却值得高校史学工作者不断进行探索，在教学实践中加以推进。

试论中学历史教学创新的核心内涵

陈丽珠　李　雪

中学历史教育的使命，是向学生介绍人类历史上一切文明进步的成果，使学生形成科学的世界观、人生观和价值观，培养学生的爱国情操和用所学历史知识解释社会现象的能力。要实现上述使命，教师就必须改变落后观念，对教学理念、教学方法及学生思维能力的培养方式进行全面创新。创新，不仅是中学历史教育改革的时代要求，也是历史学彰显生命力的重要途径之一。本文拟就这一创新的核心内涵做一论述。

一、理念创新是中学历史教学创新的先决条件

作为教学理论与实践联系的“桥梁”的教学设计，在各类教学活动中均起着支撑作用。一堂课、一门课程的教学效果如何，关键在于教学实施之前系统设计的优劣，而教学设计成败的关键又在于理念。我们认为，理念创新是教学设计的灵魂。

教学的成功，不是教学过程中某一环节的“出彩”，而是整个教学活动思想与过程的统一，是用创新的理念指导教学设计的结果。这一指导过程，体现在教学目标和内容、师生关系、学习方式及媒体使用等多个方面的设计理念的创新。

传统观点认为，课程的教学目标和内容，是教学大纲指导下的知识技能的学习和掌握，而创新的课程教学则突破了知识与技能这一“唯一教学目

【作者简介】陈丽珠，广东省四会市四会中学教师；李雪，甘肃省兰州市第八十八中学教师。

标”，而把过程方法、情感态度与价值观也作为教学的重要内容。[①]

教学理念的创新，是教学实践创新的前提。历史学科教学创新的关键在教师，要培养学生的创新思维能力，教师必须具备创新的观念和创新的素质。在历史教学中，学生是知识学习的主人，但学生创新意识的形成、创新能力的培养都需要教师的点拨和帮助。

历史教师对历史教育所追求的价值的认识，决定了教师的教育观念和他所追求的教育理念，进而决定了他的教育状态。[②]

首先，培养学生历史创新思维能力的过程是学生个性形成的过程。在历史教学中，深入挖掘学生的创新潜能，培养学生的创新思维能力，培养学生的创新精神，有助于促进学生的个性发展。其次，培养学生历史创新思维能力的过程是唤醒学生沉睡的创造潜能，促进其创新精神和创新品格形成的过程。历史教师在培养学生创新思维能力的过程中应充分发挥学生的主动性，激发学生学习的积极性和创造性。在这个过程中，学生的主体意识得到发展，有利于学生内在知识的升华，提高综合应用能力。

历史教师良好的知识结构表现在“专”和“博”两个方面，既要专业精深，又要博采众长。历史教师的学习也应该是一个积极而深入的过程，既要在实践方面不断推陈出新，发现问题、解决问题，更要在理论上不断摸索，拓宽眼界，培养创新意识，提升历史素养。当历史教师开始在教学实践和教学研究中不断追寻新的可能，教育教学理念会不断充实、更新，学生创新思维能力的培养也就有了源头活水。[③]

二、方法创新是中学历史教学方式创新的重要内容

在传统的教师、教材、学生的教学模式下，学生的主体地位没有发挥出来，学生往往是被动地接收知识，学生的整个学习过程只有背诵和考试两个环节。这种情况，对于学生对历史知识的掌握和对历史规律的理解均无益处。

① 高国元：《理念创新：教学设计的灵魂——一次全国中学物理教学大赛的启示》，载《基础教育研究》2004年第1期，第50页。

② 王清华：《中学历史教学中学生创新思维能力的培养》，载《教学探讨》2020年第2期，第208页。

③ 王清华：《中学历史教学中学生创新思维能力的培养》，载《教学探讨》2020年第2期，第208页。

历史是随着时间的推移而不断变化的主观认识，对于历史事件的看法，在十多年甚至更短的时间内都会发生变化，这种情况就要求学生在学习历史时应该勇于挑战权威，进行独立思考。要做到这一点，仅仅依靠学生自身的努力还不够，还必须借助教师的正确引导和科学的分析，把史实教育变为学史教育。

历史学科教学有一个显著的特点，就是教师所讲述的内容都是历史上所发生的各种事件。如果教师不注意把握，往往会将整个历史教学变成历史事实的教育。这样一来教授给学生的就只是一些枯燥的历史史实，导致学生只知其然而不知其所以然。因此，中学历史教师在授课前就必须十分注意对历史事件或历史知识的分析，不仅要让学生认识历史上发生的一些历史事件，更重要的是要引领学生分析这些事件发生的前因后果，以及我们应该吸取的经验和教训。

在讲中国古代史三国部分的时候，我们首先要向学生介绍东汉末年的政治割据局面以及三国鼎立的形成。但是，如果我们忽视了对东汉末年政治形势的分析以及曹操、孙权和刘备三大势力的形成和他们各自的有利条件的分析和讲解，学生就不易理解为什么说东汉的灭亡和三国的鼎立是历史发展的必然趋势。

同时，中学历史教师具有了这样一种将史实教育变为学史教育的观念之后，就很容易使课堂教学中的气氛变得活跃，从而激活学生的思维，促使学生探究性地思考问题。[①]

采用教师引导，学生自主学习的方法。把同学分成若干讨论小组，由教师发放任务和导学材料，学生根据导学计划进行自主学习，定期进行小组讨论，总结对所学内容的理解、看法和问题，小组成员之间相互沟通，然后进行组与组之间的讨论甚至辩论，通过竞赛的方式加深印象，这种方式也取得了不俗的成绩。

历史教学和学习的最终目的，是使人们了解历史、掌握历史并为现实生活服务。通过对历史知识和历史事件的学习，为人们的生活和行为提供正反两个方面的经验和教训。因而我们的中学历史教师在教学中就必须结合现实

① 杨春花：《中学历史教学创新思考》，载《林区教学》2010年第11期，第80页。

生活，使所讲授历史知识能为学生分析、解释社会现象服务。

在讲授近代西方主要国家发展的时候，就应该将其教育事业的举办与国家的发展，以及与我国的经济发展联系起来，以说明教育举办的成功，是西方主要国家经济高速发展的重要因素。

19世纪后期，是美国产业革命的高潮时期，也是它的教育发展的高潮时期。为了保证教育的稳定发展，美国各级政府都为教育拨付了大量经费。据统计，美国每年平均为每人所支付的教育费比其他国家都多，这就保证了近代美国普通中小学教育的迅速发展。在普及中小学教育的同时，美国还迅速发展了高等教育。那些大学，既是培养科技人才的基地，又是科研中心。美国各级学校培养了各种经济建设人才，提高了美国人民的科学文化水平，壮大了科学技术队伍，推动了工农业生产的发展。

德国很早就注意从发展教育入手发展经济。在实行初等义务教育的基础上，还迅速发展了中等教育，其中等教育办得很有特色。传统的文科中学增开了数学和自然科学常识课程。另外，政府还开办了一种新型中学即实科中学。这类中学开设的数、理、化等自然科学课程比较多，大约是文科中学的两倍。[①]中等教育的迅速发展，使德国的国民素质普遍得到提高，这不仅为大学奠定了坚实的生源基础，也为社会培养了大批优秀的劳动后备力量。

除中小学教育之外，德国的高等教育发展得也相当快。到第一次世界大战前夕，德国平均每万名居民中有在校大学生近12个。[②]德国的高等教育，不仅发展迅速，而且很有特色。在教学和科研相统一的原则的指导下，各大学为德国培养了欧洲最优秀的科学家。

明治初年，日本以西方为楷模建立了现代教育制度，发布了100多种教育法令。到19世纪末，已基本普及了初等教育。在发展初等教育的同时，还迅速发展了中等教育和高等教育。在政府的努力下，各种大学和实业学校纷纷建立。教育事业的发展，配合并推动了日本的工业化。

通过这样的讲述，就可以为我们今天的各项工作提供借鉴，同时也使学生能将历史知识与政治生活和社会现实结合起来，使学生学到的不仅仅是知识，更是素质的培养和能力的提高。

---

① 曹孚：《外国教育史》，人民出版社，1979年版，第317-318页。

② 林进成：《德国工业化道路的一些特点》，载《世界历史》1982年第5期，第24、25页。

除上所述，历史教育也应与时代相结合。在历史教学的过程中，我们必须以马克思列宁主义、毛泽东思想为指导，保证历史教学方向的正确性和观点的准确性。当社会上发生了重大的事件时，中学历史教师应该尽快向学生传播这些信息，并结合历史知识用历史的方法对这些现象进行分析。

教学形式的多样化和教学方式的灵活化，也是中学历史教学方式创新的重要内容。要做到上述两化，应注意以下几点：

第一，根据我国区域性教学水平不均衡的情况，统一的历史教材无法被所有地区接受。因此，适当放开一些地区编制课程教材的权力，使地方能够根据本地教育水平编制适合的教材。

第二，提升教师业务水平。教师的水平对于历史教学的重要性不容忽视。一位成功的教师能够把表面无趣的书本知识讲解得绘声绘色，这对于历史教学来说尤为可贵。要提高中学历史教学水平，教师的水平必须提高。教师的自我修养和知识水平直接影响教课能力。传统的历史教学，一支粉笔、一块黑板和一名教师就可以完成，但如今学校多媒体的利用已经很普遍，利用声像教材进行多媒体教学不失为一个新选择。教师要掌握多媒体教学技术，制作高水平的多媒体课件，并与传统的教学方式结合。①

第三，重视学生的主体地位。改进传统的教学方式，采用灵活多变的活动等让学生主动参与学习过程。比如，可以让学生在自学之后轮流给大家讲课，让学生讲课的方式会使学生对自己所教的课程记忆深刻。②

三、学生创新思维能力的培养是中学历史教学创新的必要举措

学生创新思维能力的培养，是中学历史教学的重要目标之一，涉及史料教学、社会生活史教学等。

在史料教学方面，要让史料教学成为创新思维能力培养的重要途径。史料教学，是指学生在教师的指导下，通过对史料的选择、甄别、分析和运用，体验还原与重构历史的过程与方法，其根本目的在于帮助学生学会像历史学

① 张乃军：《中学历史课程教学的多样化利于学生成才》，载《成才之路》2014年第5期，第61页。

② 张乃军：《中学历史课程教学的多样化利于学生成才》，载《成才之路》2014年第5期，第61页。

家一样去思考问题。

使用史料重在调动学生积极思考的兴趣，激发学生的历史思维。通过史料教学，可以让学生从相互矛盾的历史史料中辨析思考、去伪存真、还原历史真相，也可从纷繁碎片化的史料中，通过合理的想象和联想，尽可能勾勒出历史事件的全貌。

在中学的历史教学中，要培养学生的创新思维能力，需要学生通过教师提供的史料来评人论事、分析历史现象、知晓历史规律，甚至总结历史经验教训。在学习史料的过程中，可以通过鉴定史料真伪、评判史料中体现的作者主观意向等提高分析、判断和评价的能力。上述过程，是研读史料的过程，也是创新思维能力形成的过程。长此以往，经过长期积淀，学生总能在史料中有新发现、新诠释、新见解，并能做出新评价。①

历史资料丰富多彩，为我们提供了一幅意蕴深厚的历史画卷。作为历史学科独具特色的教学方法之一的史料教学，只要我们重视起来，就一定能获得可喜的成效。

除史料教学之外，社会生活史教学也应予以重视，它也是学生创新思维能力培养的必要手段。

社会生活史教学，与政治史、制度史教学在内容和方法上有很大的不同，它的教学内容与学生的日常生活密切相关，学生能够从日常小事中分析历史和了解历史，这样的教学内容更能激发学生的学习兴趣，所以教师也要采用相对应的教学策略来促进其教学。

“中国近现代社会生活的变迁”这一专题，课程标准内容目标中规定：了解近代以来社会习俗变迁和物质生活变化的史实，探索影响其发生变化的主要因素；了解中国近代以来通信、交通工具的进步，认识这种变化对百姓生活的影响；认识我国近现代报业、影视的逐渐普及变化，说明大众传媒的发展给人们生活方式带来的巨大变化。

在教学活动建议中提到，调查本地区交通方式的变化，讨论交通发展对当地经济和人们思想观念产生的影响。以课程标准为基准，来探讨社会生活史教学策略。

---

① 王清华：《中学历史教学中学生创新思维能力的培养》，载《教学探讨》2020年第2期，第208页。

为提高教学效果，在这里可以补充一些相关史料。

随着社会生活史的发展使得研究视角发生转换，民间合同、房产清单、个人自传、日记、回忆录、碑刻、口述资料以及话本等，都进入历史学家的视野，被视为历史的证据。教师不应该仅限于教科书内容，还可以从丰富的社会生活史史料中筛选出符合课程标准和教学内容的部分，并把这些内容引进有限的课堂时间里，运用相关史料来创设历史情境，引发学生的问题意识，以推动学生主动探究的积极性。

在讲授“断发易服”之时，可以引用多个史料，从以“断发易服”为中心的材料中，让学生明白“断发易服”的背景：随着中国与西方社会频繁的接触，人们开始从“万国交通，一切趋于尚同”的角度对中国人的服饰、发辫进行反思，认为传统的服饰、发辫已经不能适应时代的发展，对生产、生活、战争都有不利的方面，应当做出改变；19世纪末20世纪初，“断发易服”的呼声日益高涨，其中留学生鼓吹得最为激烈。他们指斥“今之辫、服，牵掣行动，妨碍操作”，并从多方面论证剪发易服的合理性和积极意义；发辫与国家政治联系起来，百日维新的失败即被归咎为“变法之初不先变发”。

随之让学生进一步明白：清末要求剪发辫、易服装的要求，已越来越多地得到有识之士的认同和支持，逐渐演变为“断发易服”的时代潮流。在近代中国，“断发易服”不仅是对旧的传统习俗的冲击和对新的文明风尚的提倡，更明显地具有观念变革的意义，在一定程度上还与对清朝统治的抨击甚至反清革命联系在一起。

在讲授近代中国饮食的变化之时，可以提供内容通俗易懂的史料，以便学生通过史料更深刻地理解西方饮食文化对中国饮食文化的影响。让学生进一步懂得，在西餐传入的同时，也推动了中西方饮食的融合。为了满足市场多样化的需求，中国的餐饮行业融合了一些西方饮食的元素，这就在促进我国“吃”文化发展的同时，也使得国人的饮食越来越丰富。

中国近现代社会生活史专题的教学，约有90%的教师使用的教学资源是教材，由此可知，教科书对于教师和学生是多么重要。历史教师可以根据学生的兴趣，依据教科书内容和学生的生活实际进行合作探究。

综上所述，中学历史教育是基础知识的教育，也是思想教育，其使命是向学生介绍人类历史上一切文明进步的成果，使学生形成科学的世界观、人生观和价值观，培养学生的爱国情操和用所学历史知识解释社会现象的能力。要实现上述使命，历史教学就要注重创新。创新，不仅是中学历史教育改革的时代要求，也是历史学彰显生命力的重要途径。